Im Wandel der Zeit
Wie ich wurde, was ich bin

# Max Kruse

# Im Wandel der Zeit

## Wie ich wurde, was ich bin

Thienemann

# Inhaltsverzeichnis

## Die versunkene Zeit

## Die behütete Zeit

## Die verwandelte Zeit

Die versunkene Zeit

*Max Kruse mit seiner Mutter Käthe Kruse*
*Ende der Vierzigerjahre*

## Herkunft

Bad Kösen ist eine kleine Stadt in der Mitte Deutschlands. Dort wurde ich geboren, 1921. Der Erste Weltkrieg war seit drei Jahren vergangen. Für meine Mutter, für meinen Vater und sogar für die älteren Geschwister war er fast noch Gegenwart. Er saß ihnen – vor allem mit seinen Hungerzeiten und den Kohlrübensuppen – noch im Nacken und im Sinn. Ich wusste nicht, dass es den Menschen schlecht gehen konnte. Wenig ist nachteiliger für die menschliche Entwicklung als das Fehlen von Zwang, sich gegen Not behaupten zu müssen.

Meine Eltern waren das, was man »berühmt« nennt. Vor allem war es meine Mutter, während der Vater seine große Zeit bereits hinter sich hatte, als ich zur Welt kam. Ihr Ruhm strahlte auf mich über. Ich nahm ihn wie selbstverständlich auch für mich in Anspruch. Das musste später zu Enttäuschungen führen.

Ich kam im Bett meiner Mutter zur Welt. Und da behielt sie mich auch – angeblich über ein Jahr. Sie sagte, sie habe mich über ein Jahr lang gestillt. Schließlich wurde das sogar ihrem gutherzigen alten Hausarzt zu viel. »Na, Frau Professor«, riet er, »nu setzen Sie den Maxl mal ab.«

Mein Vater kannte seine Käthe wohl besser. »Geben Sie's auf, Herr Sanitätsrat, die beeden kriegen Sie nich auseinander.« Meine Mutter kokettierte mit dieser Geschichte. Sie erzählte sie oft, auch in meiner Gegenwart. Dann schämte ich mich.

Eine andere Lieblingsgeschichte meiner Mutter war, wie ich zu meinem Namen kam. Ich heiße nach meinem Vater, Max. Sie hatte schon sieben Kindern einen Namen gegeben, sechs leben-

9

den, einem tot geborenen. Ich sollte – nach dem Willen meiner Eltern – das letzte sein. »Und der soll Max heißen«, bestimmte sie, schon als sie mich noch trug. Meinem Vater war das nicht recht. Einen zweiten Max Kruse wollte er nicht. Er wehrte sich. Vergebens. Seine Hoffnung war, dass ich ein Mädchen würde. »Dann nenn ich sie Maximiliane«, erklärte meine Mutter. Da gab er es auf.

Das Bett meiner Mutter war breit und braun. Massive Holzwände am Fußende und am Kopf. Vier gedrechselte Säulen, von Zwiebeln gekrönt. An der Tapete kletterten Rosen empor. Vor dem Fenster stand eine hohe Birke, alles Licht kam durch das Filigran ihrer Äste, durch das helle Grün ihrer Blätter. Und an den Wänden hingen viele Bilder. Da gab es Aquarelle, Landschaften, von meiner Mutter gemalt, und Kinderszenen: Bäumchen, Schäfchen, kleine Mädchen. Die hatte alle die Mutter mit Wolle gestickt und sie war stolz darauf.

Ich war also das achte Kind, und immer das Nesthäkchen. Meine Mutter hat den Tod ihres Johannes nie verschmerzt. Mal hieß es, das Kind sei tot auf die Welt gekommen, ein andermal, es sei gleich nach der Geburt erstickt. Ich glaube, es hat kurze Zeit gelebt. Sonst ergäbe der Entschluss meines Vaters, meine Mutter zu heiraten, kaum einen Sinn. Sie waren nämlich nicht verheiratet, lebten, wie man das damals nannte, in »wilder Ehe«, und zwar aus Protest gegen »diese verlogene, bürgerliche Form«. Zwei uneheliche Mädchen waren schon da. Maria und Sophie. Nun kam ein Bub, und der sollte Johannes heißen und sollte »es« – nämlich das »Uneheliche« – nicht in die Militärpapiere kriegen. So mein Vater.

Meine Mutter sagte, da hätte sie sich geärgert. Eine Ehe, nur deswegen? Aber sie heirateten trotzdem. Aus Vernunft. – Und natürlich aus Liebe! Das sowieso. Sie liebte den Vater ja abgöttisch.

Das nächste Kind war dann wieder ein Mädchen, das dritte. Das hieß nach dem »toten Bübchen« Johanna. Aber endlich gab es danach vier Jungen. Erst Michael, dann Joachim – und 1918, als man sich so sehnlichst den Frieden wünschte, den Friedebald.

*Mutter Käthe und Vater Max Kruse*

Und schließlich mich. Die Mutter war da schon 38 Jahre alt. Mein Vater sogar 68. Für mich war er nie das, was man einen Vater nennt. Sogar für einen Großvater wäre er fast zu alt gewesen. Er war eine Art Sagengestalt, der Göttervater Wotan vielleicht, mit seinem langen, grauen Bart und dem brummig-verschlossenen Wesen. So sah ich ihn: schweigend in der Stube hin und her stapfend. Oder schweigend im Ohrensessel sitzend. Und meist einen Stumpen rauchend, von dessen Saft sich sein Bart unter der Unterlippe gelb färbte. Er starrte vor sich hin. Manchmal trommelten seine kräftigen Finger – die Finger einer Bildhauerhand – Rhythmen auf die Armstützen. Er war ein Patriarch. Acht – oder also sieben – Kinder hatte er aus seiner zweiten Ehe, vier schon aus der ersten. Er fand es notwendig, sich fortzupflanzen. Was später aus den Kindern wurde, bekümmerte ihn wenig. Dass sie alle hochbegabt waren und sich daher selbst durchsetzen würden, war seine feste Überzeugung. Dazu brauchten sie eigentlich nicht einmal etwas zu lernen. Denn:»Genies setzen sich immer durch!«, meinte er. Und:»Auf den Akademien trägt man seine Begabungen zu Grabe!«

Ich höre ihn das noch sagen mit seiner tiefen, knurrenden Stimme, die keinen Widerspruch duldete. Im Prinzip war meine Mutter wohl derselben Ansicht. Aber sie war immerhin so vorsichtig, ihre ersten Kinder auf Schulen zu schicken. Bei mir versuchte sie lange, das zu umgehen. Es gelang ihr ziemlich gut. Ich habe wohl die ungeordnetste Schulbildung, die man sich denken kann. Wenn ich heute davon erzähle, genieße ich Heiterkeitserfolge. Aber könnte ich mein Leben zurückdrehen, möchte ich es anders machen.

## Die Mutter

Als ich – der Jüngste – geboren wurde, lag schon ein reiches Leben hinter meiner Mutter. Sie hatte eine»Weltfirma«. Die Firma war klein, ihr Name war groß, unverhältnismäßig groß. Da blieb immer ein Missverhältnis, das sie durch ihre starke Persönlichkeit ausfüllte.

Außer dem Betrieb hatte sie sieben Kinder. Sie war mehr als beschäftigt. Auch der Vater brauchte sie mehr und mehr, er war ihr keine Hilfe, sondern das Gegenteil, ganz natürlicherweise des Alters wegen. Aber ohne ihre Kinder hätte sie andererseits die Firma auch nicht gehabt, nicht ihre Aufgabe, nicht ihren Ruhm. Die Geschichte, wie sie zu ihren Puppen kam, musste immer und immer wieder berichtet werden. Bei jedem Interview, in allen Zeitungen, im Rundfunk und später im Fernsehen. Bei jeder Gelegenheit. Auch wir Kinder mussten sie erzählen, sie verfolgte und verfolgt uns bis ins Alter.

Die Mutter war nicht groß, eine kleine, eine zierliche Frau. In meiner Kindheit hatte sie Zöpfe, die sie in der Mitte des Scheitels zusammenrollte, kunstvoll und geschickt. Da trug sie dann ein kleines geflochtenes Krönchen, eine Art Nest. Die »Schnecke« nannte sie diese Frisur.

Wenn ich morgens aufwachte, stand sie oft am Waschtisch. Da schlief ich zwar schon in meinem eigenen Bett, aber mit ihr im selben Zimmer. Es war so schmal, dass das Kopfende meines Bettes von einem Waschtisch verdeckt wurde, das Fußende von dem Kleiderschrank. Doch erzeugte diese Enge das Gefühl großer Geborgenheit. Hier konnte ich mich verkriechen, wie in einer Höhle.

Die Mutter wusch sich, im schwarzen, kunstseidenen Unterrock, in der Porzellanschüssel mit Rosen. Das nannte sie Katzenwäsche. Über ihre blassen Arme spannten sich dünne Träger. Sie goss das kalte Wasser aus dem Krug in die Schüssel, plätscherte, prustete, seufzte wohl auch, putzte sich die Zähne und gurgelte mit »Odol«-Mundwasser – denn sie war mit einem Direktor der »Odol«-Fabrik in Dresden befreundet. Danach goss sie das Wasser in einen grauen Eimer, genauer gesagt, in dessen etwas vertieften Deckel, wo es durch ein Loch in der Mitte abfloss. Heute gehörte so ein Eimer mit seinem Häubchen über der Mittelöffnung in ein Museum.

13

*Käthe Kruse mit einigen ihrer ersten Puppen*

Durch diese reinigende, melodiöse, klingelnd-plätschernd-gurgelnde Morgenveranstaltung wurde ich aus meinen Kinderträumen gerissen. Das fand ich behaglich. »Guten Morgen, mein Herzblatt!«, begrüßte mich meine Mutter, vielleicht mit der Zahnbürste zwischen Zähnen und Backe, dann etwas undeutlich und mit Schaum auf den Lippen. Da sie zum Waschen keine Brille trug, wirkte sie auf mich seltsam fremd, mit graublauen, verschwommen schauenden Augen.

Aber je älter ich wurde, je öfter kam es vor, dass meine Mutter noch in ihrem breiten Bett am Fenster schlief, wenn ich erwachte. Sie war eine Nachtarbeiterin. Sie saß im Nebenzimmer, am Schreibtisch, wenn das ganze Haus dunkel und still war, wenn niemand sie störte, kein Telefon, kein Mensch, nur die Kuckucksuhr beruhigend tickte. Dann machte sie sich Notizen fürs nächste Diktat, schrieb zahllose Zettelchen mit Anweisungen für die Mitarbeiter in der Werkstätte, bearbeitete Katalogtexte, schnitt Puppen aus Fotos aus und klebte sie zu Prospektentwürfen zusammen, verfasste Artikel und Radiovorträge.

Ihre Unermüdlichkeit, eine bis zur Penetranz gesteigerte Genauigkeit, überschäumende Vitalität und Herzlichkeit hatten sie zu dem gemacht, was sie war. Ihre Begabung allein hätte kaum genügt. Denn ihr Leben begann düster.

1883 wurde sie als Katharina Simon in Breslau geboren. Es war die »Gründerzeit«, Bismarck regierte, Deutschland war ein Reich geworden. In den Straßen fuhren Pferdekutschen und man beleuchtete seine Zimmer nachts mit Kerzen, Petroleumlampen oder Gas. Die Wirtschaft florierte – ihre Eltern spürten nichts davon. Ihre Mutter, eines von siebzehn schlesischen Bauernkindern, schlug sich – schon mit sieben Jahren Waise geworden – mühsam als Näherin durch. Katharina war ihr einziges Kind und unehelich. Das galt damals als Schande, auch für das Mädchen. Bedrückend war die Kindheit, qualvoll, von Armut verdüstert. Ihren Vater sah sie nicht oft, er lebte mit einer anderen Frau zusammen in unglücklicher Ehe. Nur manchmal unternahm er an Sonntagen mit seiner Käthe kilometerweite Spaziergänge, die sie überanstrengten. Er war Stadtschreiber im Breslauer Rathaus, selbstverständlich schrieb er damals noch mit Feder und Tinte. Dichterisch begabt, musste er die Hoffnung auf ein Studium aufgeben, als er früh ein Kind bekam, heiraten musste, eine Familie ernähren. Sein Sohn Georg, meiner Mutter Halbbruder also, beging später Selbstmord. Sogar das belastete dieses sensible Mädchen.

Eine erste Aufnahme gibt es von ihr, wohl sechs oder sieben Jahre alt. Im bestickten Kleid, am Hals hochgeschlossen, sitzt es auf einer Kiste beim Fotografen, die Hände still gefaltet. Streng und kurz geschnitten, ganz glatt liegen die Haare um seinen Kopf, lassen die wohlgeformten Ohren, die hohe Stirn frei. Ernst, unter dichten Brauen blickt sie zur Seite, mit großen, wehmütigen Augen, nur ihr Mund versucht ein Lächeln. Es ist ein verhangenes Gesicht, rührend, weil man ihm frühes Leid ansieht und ein großes Liebesbedürfnis. Dieses Kind, fragt man sich, kann es laut und strahlend lachen? Die kleine Katharina ist nicht niedlich,

*Käthe Kruse als Kind: die kleine Katharina Simon in Breslau*

nicht bezaubernd, kein Sonnenstrahl – sie wirkt weltverloren und heimatlos, wie ausgesetzt. In der Schule fand sie einen verständnisvollen Deutschlehrer. Gab es etwas vorzulesen, rief er sie auf. Mit sechzehn war der Unterricht beendet. Sie ging aus eigenem Antrieb zum Breslauer Stadttheater. Man ließ sie vorsprechen. Sie überzeugte. Der erste Charakterspieler nahm sie als Schülerin an, er berechnete ihr nichts: Sie war begabt. Als er von einer Theateragentur nach einer Darstellerin für die Premiere eines Stückes von Sudermann gefragt wurde, nannte er Katharina – sie fuhr nach Berlin in die Großstadt. Sie stellte sich im Lessingtheater vor – wurde sofort engagiert, siebzehn war sie erst. Sie ließ die besorgte Mutter nach Berlin kommen, damit sie ihr den Haushalt führte. Sie reiste mit dem Ensemble unter dem Künstlernamen Hedda Somin zu Gastspielen nach Warschau, Moskau und Petersburg. Sie stand mit den bekanntesten Darstellerinnen ihrer Zeit, mit Agnes Sorma und der weltberühmten Eleonora Duse auf der Bühne. In Berlin lernte sie den Vater kennen, dreißig Jahre älter war er als sie, Bildhauer, Professor, ein bekannter, ein bedeutender und ein schöner Mann, wie sie sagte. Sie liebte ihn leidenschaftlich. Noch keine zwanzig, da erwartete sie bereits ein Kind. Er heiratete sie nicht. Er vertrat die Meinung, dass die wahre Liebe keiner bürgerlichen Fesseln bedürfe. Sie verließ das Theater, übersiedelte mit den ersten beiden Töchtern – Maria und Sophie – nach Ascona, in die berühmte Künstlerkolonie am Monte Verità, bewohnte dort ein winziges Vogelstellerhäuschen, das Roccolo. Es stand wie ein Türmchen aus Granitgestein in einem Wiesenhang. Ihre eigene Mutter starb in einem Nachbarort am Lago Maggiore an Tuberkulose.

Dann wünschte sich ihre älteste Tochter, Maria, auch ein Kind: »Come tu e la madre Maria.« »Wie du eines hast und die Mutter Maria.« Sie schrieb es dem Vater nach Berlin. Doch der sagte: »Ich koof euch keene Puppen, ick find se scheußlich. Macht euch selber welche. Eine bessere Gelegenheit, dich künstlerisch zu entwickeln, kannst du dir gar nicht wünschen!«

Nun, meine Mutter ergriff »die Gelegenheit«. Aus warmem Sand und alten Handtüchern machte sie die ersten drolligen Geschöpfe. Man schrieb 1905. Da war sie dreiundzwanzig. 1910, mit achtundzwanzig, wurden ihre Puppen in Berlin ausgestellt, im Warenhaus Tietz, »Spielzeug aus eigener Hand«. Die »Käthe-Kruse-Puppen«. Die Presse fand, sie seien das Ei des Columbus, »warm, weich, natürlich, unzerbrechlich«. Es kamen sofort Aufträge. Es folgten schüchterne Versuche einer Herstellung, mit Nähnadel und Faden zunächst in Vaters Berliner Bildhaueratelier, Fasanenstraße 13. Später – schon etwas handwerklicher – in Bad Kösen an der Saale.

Dort lebte sie dann mit ihren sieben Kindern, die sie rasch nacheinander »Mimel-Fifel-Hanne-Michel-Jochen-Friedebald-und-Maxl« rief. Hier arbeitete sie. In der Werkstätte hatte sie siebzig Mitarbeiter, dreißig Heimarbeiterinnen dazu. Ihre Puppen wurden fast in alle Welt verkauft, nach den USA, nach England, Holland, Skandinavien und in die Schweiz. Sie wurden nachgeahmt. Sie prozessierte, sie gewann vor dem Reichsgericht, es gab das grundlegende »Kruse-Urteil«, das eine besondere Art des Kunstschutzes begründete.

Sie wurde eine der bekanntesten Frauen Deutschlands und blieb es länger als irgendeine andere. Sie wurde in gewissem Sinne stilbildend. Noch heute sagen junge Fernsehregisseure, die weder sie noch eine ihrer ersten Puppen gesehen haben: »Da muss noch ein bisschen Käthe Kruse rein!«, wenn sie eine liebenswerte Wirkung erzielen wollen.

In ihrer Aura wuchsen wir Kinder auf. Um sie war immer etwas los: Zeitungsartikel, Interviews, Rundfunkvorträge, es riss nicht ab. Ihr Ruhm kam nicht nur von ihren Puppen, er resultierte ebenso aus ihrer Natur. Ein großer Schriftsteller mag seinen Kreis haben, seine Gemeinde, diese Frau aber kannte damals jeder. Sie wurde verehrt von Fleischermeistersgattinnen, die ihre Puppen aus Schweineschmalz im Schaufenster nachbildeten, sie erhielt Tausende von Dankesbriefen. Auch einen von der kleinen Elisabeth, die später Königin von England wurde. Mit ihren Puppen spielte der Kinderstar Shirley Temple, ihre Puppen erwähnte Thomas Mann im *Doktor Faustus*, wenn er eine bürgerliche Kinderstube schilderte – und viel später Günter Grass in der *Blechtrommel*.

Ich glaube, wir Kinder fühlten uns alle wie von Goldglanz umgeben. Und oft hat man mich später gefragt, ob es denn nicht ein besonderes Glück sei, so bekannte Eltern zu haben. Ich glaube das nicht. Die meisten Kinder berühmter Eltern haben es schwer, manche, wie der Sohn von Thomas Mann, nehmen sich das Leben. Für meine älteren Geschwister war es aber sicher schwieriger als für mich, denn ich war ja viele Jahre weniger dem übermächtigen Einfluss ausgesetzt.

Meine Mutter regierte ihr Familien-Imperium wohl so ähnlich wie die Königin Victoria. Es führte kein Weg an ihr vorbei. Sie ebnete alle Wege – aber sie verschloss sie auch wieder. Sie breitete ihre Hände über und unter alles. Immer fand sie für ihre Kinder Gründe, warum es für diese besser und richtiger war, heimzukehren – zu ihr.

## Der Vater

Den Vater verglich meine Mutter gern mit Leonardo da Vinci. Er sah ihm auch wirklich ähnlich, vor allem seinem wunderbaren Altersbild; dem zerfurchten Gesicht mit dem wuchernden Bart. Auch die forschenden, prüfenden Augen glichen sich. »Und, wie Leonardo da Vinci«, meinte die Mutter, »ist er ein Universalgenie.«

Unser Vater war Bildhauer, Maler und Zeichner. Begonnen hatte er als Ingenieur. Erfinder blieb er sein Leben lang. Er konstruierte eine »Bildhauerkopiermaschine«, die jede Plastik in jedem beliebigen Material und in jeder beliebigen Vergrößerung oder Verkleinerung mehrmals reproduzieren konnte. Es war ein Apparat, der nach dem Storchschnabel-Prinzip arbeitete. Ein Hebel tastete das Original ab, ein anderer übertrug die Formen auf eine Kopie. Ein wirtschaftlicher Erfolg wurde es nicht, allein das Modell der Maschine muss den Vater ein kleines Vermögen gekostet haben. Gedacht war sie zur Ausbildung junger Bildhauer, denen sie zeitraubende Vorarbeiten abnehmen sollte. Auch Seine Majestät der Kaiser zeigte kein Interesse, obwohl gerade damals großer Bedarf an Denkmälern herrschte.

Die bedeutendste »Erfindung« des Vaters, diejenige, die bis in die heutige Zeit wirkt, war die Umgestaltung des Bühnenbildes. Max Reinhardt trat an ihn heran – 1902 – im Berliner Kaffee des Westens, dem sogenannten *Kaffee Größenwahn*. Er suchte »eine Sensation« für die geplante Eröffnung des Neuen Theaters am Schiffbauerdamm. Der Vater entwickelte seine Pläne: »Man muss aus der Dekoration ein Bühnenbild machen, mit richtigen Lichtern und Schatten, man muss die ganze Bühne in Plastik umsetzen.«

Max Reinhardt bat den Vater, die Ausstattung für Oscar Wildes *Salome* zu übernehmen. Der Vater ließ alle Kulissen herausnehmen. Er legte einen Halbkreis aus Leinwand in den Hintergrund, versah ihn mit Löchern, zog ihn empor und beleuchtete ihn von hinten. Durchschimmernd wie Luft wirkte der Stoff und die Sterne stiegen symmetrisch geordnet empor – eine unendliche Kuppel. Darunter ließ er eine Landschaft modellieren, die nach hinten immer kleiner wurde – zur unendlichen Kuppel kam der unendliche Raum. Und da hinein stellte er den Palast des Herodes –.

Nie – sagt die Mutter, und so stand es in den Zeitungen, so stand es in dem blauen Buch mit den Goldbuchstaben über den Vater – nie habe sie einen größeren Theatereindruck gehabt als damals, als sich der Vorhang über dem menschenleeren Bühnenbild öffnete und sich das Publikum unwillkürlich atmend zurücklehnte, denn es war, als flute die blaue Nachtluft von der Bühne herab. Gern machte die Mutter dieses aufatmende »Ahhh« nach, das von den Sesseln aufstieg.

Übrigens war auch Richard Strauss angeblich so beeindruckt, dass er daraufhin seine Oper *Salome* komponierte. Einige hundert

*Bühnenbildentwurf von Vater Max Kruse zu Oscar Wildes »Salome«:*
*der Palast des Herodes mit der Kuppel des Sternenhimmels*

Mal ging die Aufführung über die Bühne – dennoch kam es zu Missverständnissen zwischen Reinhardt und dem Vater, Reinhardt ließ sich den Rundhorizont patentieren, bekam das Patent jedoch nur für einen gemauerten. Der Vater kümmerte sich selbst zu wenig um seine Rechte, er verlor einen matt und ungeschickt geführten Prozess gegen eine Bühnenausstattungsfirma, die seine Entwürfe an alle deutschen Theater verkaufte, ohne ihm einen Pfennig zu zahlen –, er verlor Geld, verlor den Mut und hat keine Arbeit für das Theater mehr angerührt.

Ein anderes: Ähnlich wie Leonardo da Vinci wollte auch mein Vater den Menschen durch Muskelkraft in die Luft erheben. Er konstruierte eine Flugmaschine – in den ersten Jahren des 20. Jahrhunderts. Er zeichnete und bastelte. Auf den sanften Hügeln der Insel Hiddensee trug er die Modelle in den Wind – über-

einander angeordnete, stoffbespannte Flügel. In der Mitte sollte
der »Luftschiffer« sitzen. Dann kam der Motorflug und des
Vaters Ideen waren überholt. Doch sann und grübelte er immer. Sein ganzes Leben.
Noch an einem seiner letzten Weihnachtsabende, als der Uralte im
Lehnstuhl saß und den italienischen Tenor Benjamino Gigli aus
dem Grammofon singen hörte, erklärte er mir, dass diese Wiedergabe technisch viel zu wünschen übrig ließe. Er entwarf mit in die
Luft zeichnenden Händen eine riesige Glocke, eine Kuppel, die
man über die Sänger und die Instrumente stülpen müsste –:»So
groß, siehst du, so groß! Und da oben …«, er zeigte hinauf zur
Zimmerdecke, wo der Kronleuchter mit seinen Prismen funkelte,
»da oben, in einer Art Laterne, also wie in der Kuppel des Peters-
doms, da müsste das Mikrofon angebracht sein.«

»Und warum, Herzlieb, machst du das nicht?«, fragte ich ihn.

»Ach …«, antwortete er und blies mir den Qualm seines Stum-
pens ins Gesicht.

Ich kann mich nicht an viele derartige Unterhaltungen mit meinem Vater erinnern. Er stand für mich schon zu fern, am Rande
des Lebens, weit entrückt. Als er geboren wurde, schrieb man
1854. Seine Großeltern lebten im preußischen Stettin. Er kam in
Berlin zur Welt, dort wuchs er auch auf. Und Berlin war damals
noch fast ein Dorf. Milch- und Gemüsewagen, mit Pferden, Hunden oder Eseln bespannt, kämpften sich allmorgendlich über die
Tempelhofer Chaussee zum Halleschen Tor. Da wurden die Heuwagen von den Steuerbeamten mit langen, eisernen Spießen nach
»Contrebande« untersucht. Am Engelufer, das so hieß, weil hier
so oft Wasserleichen angeschwemmt wurden, betrieb sein Vater
eine Dampfschneidemühle. Ringsum, in den Feldern und Äckern
hausten die Landstreicher, die »Pennbrüder«. Auf den Rixdorfer
Höhen drehten sich die Flügel der Windmühlen.

Die Wurzeln seiner Familie reichten nach Schweden und
Schottland, aber auch zu den Hugenotten gab es wohl Verbin-
dungen. Gern wurde bei uns diese Genealogie verbreitet: Seine
Mutter war eine Bethe, und die Bethes stammten vom Duc de

Bethune ab, und dieser wieder von König Macbeth. So schauerliches und auch fürstliches Blut hatten wir in den Adern. Von des Vaters Onkel Carl, der einen Weinberg in Bordeaux besaß, bewahrten wir schöne, leuchtende Aquarelle auf, und noch heute existiert in Bordeaux eine große Weinhandlung, Cruse Fils, mit der wir uns verwandtschaftlich verbunden fühlten.

Jedenfalls – anders als die Mutter – erlebte mein Vater eine glückliche Kindheit in einer kleinen Familie, die ihm immer als Ideal vorschwebte. Zwei Geschwister hatte er, beide älter. Sein Bruder Oskar war fast fünfzig Jahre lang Kaufmann, ehe er seine Begabung für die Malerei entdeckte. Er kam zu bescheidenem Ansehen, verpulverte all sein Geld im Bau der Lietzenburg auf der Insel Hiddensee, war ein gemütvoller Mann und einer der begabtesten Erzähler, den Berlin hervorgebracht hat. Wenn er erzählte, kam er vom Hundertsten ins Tausendste.

»Onkel Oskar«, wie wir ihn nannten, war kein »Schreiber«, nichts hat er aufgezeichnet. Es gab Leute, welche mit plumpen Zweifeln und peinlich realistischen Zwischenfragen Onkel Oschens wunderbare Erzählungen zu unterbrechen imstande waren.

Ich muss gestehen, dass ich mich meinem Onkel recht verwandt fühle, vor allem, was die Art seines Erzählens betrifft.

Seine Schwester, Anna Kruse, liebte mein Vater sehr: »Ich habe kein weibliches Wesen kennengelernt«, erklärte er, »das ich ihr gleichstellen könnte.« Sie hat aquarelliert und komponiert. In des Vaters Elternhaus wurde überhaupt viel musiziert, Quartett gespielt und gesungen. Der Vater selbst bekam nach dem Stimmbruch einen so wohlklingenden Tenor, dass dem Jüngling von seinem Gesangslehrer eine große Bühnenlaufbahn prophezeit wurde. Aber er entschied sich für den Architektenberuf. In Aarau besuchte er die Kantonsschule, danach das Polytechnikum in Stuttgart, begann Akt zu zeichnen, kehrte nach Berlin zurück, war »angeekelt von den Veränderungen der Stadt durch die Gründerjahre«, von der »stillosen Bauwut und dem kulturlosen Neu-Reichtum«, modellierte als Erstes eine Porträtbüste seiner kranken Mutter, war gerade 27 Jahre alt, als er den Siegesboten von

*»Mimerle«, Holzplastik vom Vater Max Kruse*

Marathon modellierte, erhielt dafür die große goldene Medaille der Berliner Kunstausstellung 1882 und den Rompreis. Die Nationalgalerie kaufte das Werk. In Berlin steht es noch heute.

»Ruhm«, sagte er später, »kommt immer zu früh.« Vielleicht war es bei ihm so. Bekannt war er jedenfalls, ohne zu den Erfolgreichen zu gehören. Einige schätzen ihn als den Erneuerer deutscher Holzschnitzkunst, als den gewissenhaften Handwerker, als den Sucher zu neuen plastischen Formen. Er schuf Büsten vieler berühmter Zeitgenossen: von Gerhart Hauptmann und von dem Dirigenten Karl Muck, von den Malern Walter Leistikow und Max Liebermann – die einzige Büste auch von Friedrich Nietzsche, zu welcher der umnachtete todkranke Philosoph selber Modell saß. Die Begegnung mit Nietzsche, sagte er, war sein bewegendstes, menschliches Erlebnis. Immer war er am Experimentieren, Erfinden. Aber nie packte er zu, niemals ging er »zu den Leuten«, die Leute sollten zu ihm kommen. »Wie unendlich viele Stunden meines Lebens habe ich erwartet und erwartet«, schrieb er. »Ein Wunder ist nicht gekommen …«

In diesem Satz ist mein Vater. Vielleicht ist das Wunder ja doch gekommen, mit Käthe, seiner zweiten Frau. Aber das war wohl nicht sein Wunder, nicht das Wunder, auf das er hoffte. Eher im Gegenteil. Denn als er die Mutter kennenlernte, war er ein namhafter Bildhauer, achtundvierzig Jahre alt und Vizepräsident der Berliner Sezession; auserwählt, als Juror 1883 an der Weltausstellung in Chicago teilzunehmen. Und sie? Eine blutjunge Schauspielerin, knapp achtzehn Jahre alt, noch unbekannt.

Doch schon wenige Jahre später sah man in ihm nur noch ihren Mann. Das Haus, das er bewohnte, war »das Haus von Käthe Kruse«. Kamen Reporter von der Presse, vom Funk, dann interviewten sie die Mutter, nicht ihn. Die Mutter verdiente das Geld, sie ernährte die Kinder und ihn – und das mit einer Arbeit, die in seinen Augen ja keine Kunst war, höchstens Kunstgewerbe. Immer zum Grübeln neigend, verlor er mehr und mehr die Motivation zu eigenen Arbeiten. Öffentliche Aufträge für Bildhauer gab es nach dem Ersten Weltkrieg, nach dem Ende des Kaiserreiches, so gut wie keine mehr. Auch war er da schon hoch in den Sechzigern. Seine Bewegungen wurden langsamer, seine Gedanken negativer, ein Werkzeug nach dem anderen legte er aus der Hand. Eine Weile knetete er noch – zögernd, zweifelnd – am Portrait seines vor ihm gestorbenen Bruders Oskar »für dessen Grabstein in Hiddensee« – dann ließ er auch das.

So sah ich ihn – mit dem langen, roten Bart. Vielleicht hatte man sich den Herrgott so vorzustellen, so entrückt und schweigsam bis zur Wortlosigkeit, selten daheim. Ja, der Vater war immer auf Reisen, oder er lebte irgendwo, einmal in Rom, dann wieder in Berlin oder auf Hiddensee, begleitet stets von meiner ältesten Schwester Maria. Die Mutter hatte zu tun, sie arbeitete, leitete die Werkstätte, war ebenfalls viel verreist, aber zu ihren Kunden, niemals zur Erholung, sondern um Geld zu verdienen.

Eigentlich ist »Geld verdienen« aber ein zu oberflächliches Wort. Geld stand bei ihr nie im Vordergrund. Sie war besessen von ihrer Arbeit. Was dem Vater fehlte, die Vitalität und das Durchsetzungsvermögen, die Kunst der Menschenbehandlung auch, das alles besaß sie im Überfluss. Die Arbeit war einfach ein Teil ihres Wesens, so wie die Liebe ein anderer war oder das sich ununterbrochen verströmende, manchmal lästige, kaum zu kontrollierende Gefühl. Selbst von ihren Reisen überschüttete sie uns Daheimgebliebenen mit Zärtlichkeiten, mit Briefen und Telefonanrufen – sobald es Telefone gab.

Vom Vater hörte man nie etwas, monatelang. So war ich nicht nur durch die Jahre, sondern auch durch den Raum von ihm entfernt. Er war nicht eigentlich »mein Vater«. Er führte nicht, er war kein Vor- und auch kein Gegenbild, er war kein Gegenstand der Reibung, kein Ziel des Trotzes, des Widerspruchs, kein Gesprächspartner.

Ja, ich fürchtete ihn ein wenig, von früh auf. Einmal besuchte ihn meine Mutter in Hiddensee. Sie trug mich auf dem Arm. Als der Dampfer am Bollwerk anlegte, reichte sie mich ihm über die Reling. Er küsste mich.

»Lassen Sie das!«, rief ich da empört, kaum vier Jahre alt.

*Vater Max Kruse mit Schwester Maria beim Spaziergang auf Hiddensee. Im Hintergrund die Lietzenburg*

»Was sagst du, du Schuft?«, fragte er verblüfft.

»Sie sollen das lassen, ich mag das nicht«, erklärte ich noch einmal mit Nachdruck.

Zwar änderte sich später unsere Beziehung, ganz herzlich wurde sie nie. Er war oft knurrig, aber er tobte nie, nie war er laut. Als ich fünf oder sechs Jahre alt war, stellte ich mich einmal vor den grünen Ohrensessel, in dem der Alte saß, und bat: »Herzlieb, hau mich doch mal, ich möchte wissen, wie das ist!« Und der Vater gab mir lachend einen Klaps.

»Herzlieb«, das war sein Kosename. Meine Mutter nannte ihn so, wir Kinder sprachen es nach. Ob sie diesen stillen, in sich selbst vergrabenen Mann wirklich noch als »Herzlieb« empfand?

27

## Das Zuhause

Sogar im kleinbürgerlichen Bad Kösen gab es schönere Häuser als das unsere, da standen einige der berühmten Villen von Schulze-Naumburg etwa. Unser Haus war höchstens praktisch, vielleicht nicht einmal das. Wir hatten weder eine Zentralheizung noch fließendes Wasser in den Schlafzimmern. Das Haus stand auch nicht allein – mit seinem Zwilling im Nachbargarten und dem kurz abgeschnittenen Turmgeschoss wirkte es fast trutzig, grau, fabrikähnlich. Vom Nachbarn sahen und hörten wir aber trotzdem nichts. Ich wusste kaum, wie er hieß, kaum wie er aussah. Sein Haus war eine Pension für Badegäste. Man lebte nebeneinanderher, ohne sich zu kennen. Büsche und Bäume versperrten den Blick. Wir Kruses galten wahrscheinlich als arrogant. Aber wir hatten mit niemandem Streit, oder soll ich sagen: Vielleicht nicht einmal das?

Der Eingang zu unserem Haus lag eine halbe Geschosshöhe über der Erde. Eine steinerne Außentreppe führte empor, wie eine Veranda eingeglast. Darunter stand ein zerrupfter Oleanderbusch im grünen Holzkübel, er wanderte im Winter in den Keller.

Wie oft wohl bin ich diese Treppe emporgeklettert, habe geklingelt und gewartet, bis sich die weiße Holztür mit dem Schnörkelgitter öffnete? Sehr still war es meist im Haus. Selten lebten die Geschwister hier. Die Mutter war tagsüber in der Werkstatt, nicht weit entfernt, aber doch nicht ganz nah. Nur die Hausgehilfin »Martchen« klapperte in der Küche.

Das Haus gehörte mir, vom Keller bis unter das Dach. Im unteren Flur neigte sich mir ein großer Spiegel im vergoldeten Gipsrahmen entgegen, er stand hoch über einem ebenfalls goldenen Tischchen mit ausgebuchteten Beinen. Schaute ich hinauf, sah ich wie von oben auf mich selbst herab, auf meinen runden Kopf mit den braunen langen Haaren, auf mein Kittelchen, auf meine rutschenden Wollstrümpfe. Hier unten war das Reich des Vaters. Aber seine Räume standen leer und warteten auf ihn. Sie lagen hufeisenförmig um den schmalen Flur, eines ging in das andere über, eine leblose Welt, ein Museum mit Familienbildern, Familienmöbeln, Plastiken, Korkschnitzereien, Büchern hinter Glastüren, dem Sekretär mit der runden Schiebeklappe.

Da wanderte ich im Lautlosen herum, nur das Parkett knackte. Die Mahagonimöbel hatten grüne Sitzpolster, das breite Sofa, die Stühle. Ernst und würdig blickten die Großeltern aus voluminösen Goldrahmen auf mich herunter, hier tickte nicht einmal eine Uhr. Ich ging vom Arbeitszimmer des Vaters – wann arbeitete er hier? – ins lang gestreckte Esszimmer, in dem normalerweise nie jemand aß. Den Geschirraufzug, hinunter zur stillgelegten Küche im Keller, mochte ich. Ich zog ihn hoch und ließ ihn hinuntersausen. Ich klimperte auf dem schwarzen Bechstein-Flügel, ich schob einen Stuhl an die Wand und drückte mit den Fingern die Bäume und die Fassaden der Häuser in unendlich fein und mühevoll geschnitzten Korkbildern meines Urgroßvaters ein. Es waren Wunder geduldiger Arbeit, äußerst seltene Stücke. Ich wollte hinter ihre Geheimnisse kommen. Das tat ihnen nicht gut.

Im nächsten Zimmer, so dunkel wie die Abenddämmerung, strahlte Weihnachten der Baum, und im Großelternzimmer, zur Linken, gab es reizende kleine Möbel aus dem Rokoko; Sesselchen, zu unbequem, um darauf zu sitzen; Schränkchen, zu klein, um sie zu benutzen, aber so fein auf dem dicken Teppich unter dem zierlichen Kronleuchter.

Im ersten Stockwerk war alles ganz anders. Da lebten wir. Da arbeitete die Mutter. Hier klingelte das Telefon, es hing an der Wand, reckte einem den Schalltrichter entgegen und musste mit einer Kurbel bedient werden. Ferngespräche vermittelten das »Fräulein vom Amt«, manchmal nach stundenlangem Warten. Hier oben duftete es aus der Küche, hier schliefen wir – die Sekretärinnen kamen zum Diktat und brachten einen Hauch von »Drüben« mit, aus der Werkstätte. Ich konnte sie begrüßen, necken.

Noch weiter oben, unter dem Dach, richtete sich später die Schwester Fifi ein Atelier ein, da gab es Gästezimmer und Abstellkammern, da wohnte Martha, unser Hausmädchen, und da hinauf huschten wir morgens barfuß ins neu eingerichtete Badezimmer.

Das Parterre, die Etage des Vaters, blieb immer unberührt. Auch behielt meine Mutter ihre Zimmer stets so, wie sie einmal waren. Aber aus allen anderen Räumen zogen wir Kinder und die Dienstboten wechselnd um, aus und ein. Das Haus war vollgestopft mit Möbeln, die selten zueinanderpassten, mit kleinen und größeren Kunstwerken, mit Plastiken und Handarbeiten der Kinder. Es quoll über von Akten, Büchern, Kartons und Bindfäden, denn meine Mutter brachte es nicht übers Herz, irgendetwas wegzuwerfen. Es war voller Kunstmappen und kaputter Koffer; es war die Heimat von Mottenschränken und Chiffonieren, deren Schubladen von eingerollten Stoffresten überquollen; von Kleidern, die längst verschlissen waren. Es war ein Museum auch für des Vaters Holz- und Bronzeplastiken, ein Sammelsuriumsgehäuse, in dem jedes Ding seine Geschichte hatte und von Gefühlen umgeben war. Diese drei Stockwerke waren das vollkommene Zuhause, in dem alles zu uns sprach, oder schwieg, wie wir es bedurften und in das wir eintauchten – ja, fast wie in ein Aquarium der Geborgenheit.

Aber alle Geborgenheit kam letztlich doch von der Mutter. Vielleicht lag es auch am Ticken der Uhren, die niemals stehen bleiben durften. Oft ging sie nach durcharbeiteter Nacht, im Morgengrauen, noch leise durch alle Räume, um sie aufzuziehen: den großen Regulator im Flur mit seinem schwingenden Perpendikel; das verspielte Tempelührchen zwischen den vier Marmorsäulen im Wohnraum und die Schwarzwälder Kuckucksuhr in ihrem Arbeitszimmer. Wenn ich erwachte, hörte ich das leise Schnarren der Zahnräder und Ketten, an denen die Tannenzapfengewichte baumelten.

# Erste Erinnerungen

In unserem Vorgarten stand eine Kastanie, hoch wie ein Dom, ein Wunder, ebenmäßig gewachsen, gewaltig. Sie überragte unser Haus weit und verlieh ihm Schönheit und Würde. Im Herbst war der Weg von bunten Fächerblättern und braunen Kugeln überdeckt. Sie lagen wie gelackt zwischen den aufgeplatzten Schalen. Im Frühling steckte der Baum seine Kerzen auf, er warf sie über sich, Meisterstücke von Silberschmieden mit weißen, rotgeränderten Blüten, eine Illumination.

Ich war noch klein, saß im Vorgarten auf einem Holzstuhl, meine Füße reichten nicht auf den Boden. Ich spielte mit farbigen Bauklötzen, setzte sie aufeinander – zwei oder drei, immer wieder andere.

Die Kastanie blühte hoch über mir.

Eine Schwester kam, Maria, die älteste. Sie war gutherzig, aber auch dickköpfig, sie wusste vieles anders, jedenfalls immer besser und blieb dabei. Sie fragte mich, welches wohl die schönsten Farben seien, sie malte ja und wollte auch in mir den Sinn für Schönheit wecken.

»Rot und blau!«, sagte ich.

»Rot und blau? Nein, rot und blau passen gar nicht zusammen.«

»Du bist blöd«, antwortete ich und beharrte auf meiner Meinung.

Ein wenig später dröhnte der Flügel durchs offene Fenster. Maria war musikalisch. Sie spielte Klavier und konnte improvisieren. Dann tönten ihre Gefühle.

Viel mehr weiß ich nicht aus dieser frühen Zeit. Meine Mutter fand mich »süß«, aber vielleicht nicht ganz so strahlend wie Friedebald, den nächstälteren Bruder. Er war das, was sie einen »Wonneproppen« nannte, jedermanns Entzücken mit seiner Lockenpracht. Ich war eher ernst, etwas blass, guckte groß und erstaunt – das fand sie freilich auch schön. Noch heute zeigen mich so die ersten Fotografien.

Um diese Zeit kam ich zum ersten Mal von zu Hause weg, ich weiß nicht warum. Einige meiner Geschwister waren in der Odenwaldschule, dem fortschrittlichen Landerziehungsheim von Paul Geheb, wo die Kinder nach dem Ersten Weltkrieg in internationalem, humanem Geist aufwachsen sollten. Es war ein schönes Heim, das aus einer Anzahl großer, behaglicher Gebäude bestand, die mit tief herabgezogenen Dächern auf Hügeln im Wald verstreut waren. Ich erinnere mich an die schmale, gewundene Straße von Heppenheim an der Bahnstation, hinauf nach Oberhambach, zur Schule, müde, im Dunkeln, denn man hatte ja schon eine lange Tagesreise hinter sich. Der Motor dröhnte zwischen den eng zusammenstehenden Häusern der Dörfer, die wie ausgeschnitten von den Scheinwerfern aus der Nacht gerissen wurden.

Ich fühlte mich heimatlos, traurig.

Ich kam in den Kindergarten, schlief, erwachte, der Mond stand voll über den dunklen Baumriesen, die Kinder in ihren Gitterbettchen ringsum schlummerten, so friedlich-behaglich, aber meine Matratze war nass. Das war ein Schrecken, eine tiefe Scham, ich kletterte über das Geländer, holte ein Handtuch aus dem Waschraum und versuchte, die nasse Stelle trocken zu reiben. Ich weiß nicht, ob es mir gelang, ich weiß nicht, was am Morgen war, ich sehe nur den Mond, weiß in meinem Kummer.

Ich erinnere mich an einen großen Knaben, einen dunkelhäutigen Amerikaner. Er ließ mich auf seinen Schultern reiten, rannte mit mir im Galopp von Haus zu Haus zwischen den dunklen Bäumen, die Treppen hinauf und hinab. Ich krallte mich in seinen Haaren fest, sie waren schwarz wie Kohle und federnd kraus wie die zusammengeknäulten Pferdehaare im Sofapolster.

Wir lebten im Wald, wir spielten im Wald, wir bauten eine Höhle aus Zweigen, sie erschien mir riesig. Wir wanderten, blieben die Nächte über auf den Hügeln, kuschelten uns in Schlafsäcken auf den weichen Boden, auf die braunen Nadeln. Unter dem Kleinholz wurde eine Blindschleiche entdeckt, sie war wie ein kostbares, silbernes Geschmeide, gar nicht ekelhaft, wir Kinder betrachteten sie entzückt.

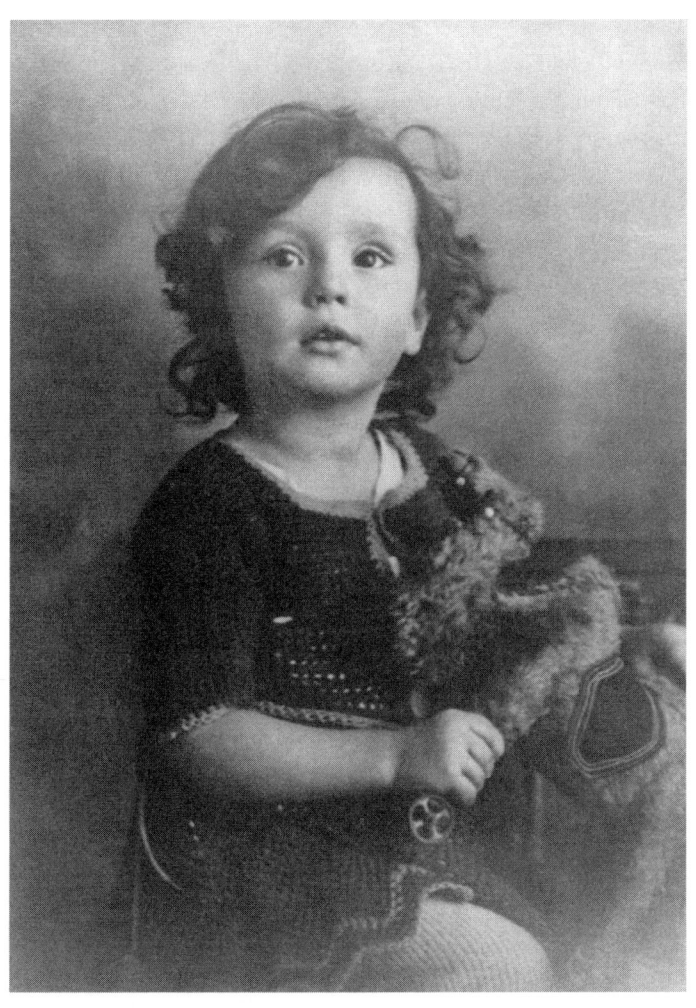

*Der kleine Max, aufgenommen im Fotoatelier von Bad Kösen*

Es war eine schöne Nacht, der Wind erzählte etwas, man verstand es nicht, aber die Bäume flüsterten, das Dunkel war sanft, der Himmel voller Sterne und ein Käuzchen rief.

Am Morgen frühstückten wir gemeinsam im Goethehaus, dem größten Gebäude, da war ein Saal, Holztische, Kinder, Buben und Mädchen jeden Alters, die Koedukation, die gemeinsame Erziehung beider Geschlechter, war noch nicht selbstverständlich, hier war sie es bereits. Meine Mutter fand das auch richtig. Sie war besorgt, ihre Buben könnten sonst vielleicht homosexuell werden. Denn so schlimme Dinge wurden zum Beispiel aus anderen Landschulheimen berichtet. Und darauf standen damals noch strenge Strafen.

Ich wusste nicht, wovon getuschelt wurde, aber die großen Brüder steckten die Köpfe zusammen und flüsterten.

An einem gesonderten Tisch saß Paul Geheb, der Leiter und Gründer der Schule, Paulus genannt. Er sah bedeutend aus, sein Bart war so lang und so dicht wie der meines Vaters, vielleicht glich er ja dem Apostel gleichen Namens – als Einziger bekam er den morgendlichen Haferbrei mit Ei, Butter und Sahne. Sein Bart war gelb verkleckert.

Dieser Aufenthalt endete plötzlich. Im Wald, beim Spielen, stürzte ich von einem Stein, gewiss war er nicht hoch, aber in meiner Erinnerung ist es ein Felsen. Ich sehe mich fallen, mit ausgebreiteten Armen, die Kinder schrien, danach weiß ich nichts mehr. Ich biss mir die Haut unter der Unterlippe durch, zum Glück nicht die Lippe, das hätte mein ganzes Leben verändert, wie eine Hasenscharte. So sah man wenig, nur ein Geflecht von Narben blieb, und die oberen Schneidezähne wuchsen in die Waagerechte, zur Qual meiner Kindheit.

Danach kam ich wieder nach Hause, nach Kösen.

Und die Trotzzeit begann. Ich hasste es, den Besuchern »schön die Hand« geben zu müssen, »artig einen Diener« zu machen, ich verkroch mich unters Sofa, lag dort im Dunkeln, besah mir die Spiralfedern, wie sie sich zusammenschoben, wenn sich einer – um mich zu ärgern – auf das Polster setzte und mir die Gurte bedenklich auf die Nase gedrückt wurden. Ich war unfähig, wieder hervorzukriechen, über Stunden. Es wurde schlimm mit dem Trotz. Ich war ganz ausgefüllt, ganz dunkel, konnte nichts anderes denken, nichts anderes empfinden, nur einen dumpfen Druck.

Wir reisten in die Dolomiten, eine Denkwürdigkeit, denn es war wohl das erste, und blieb das einzige Mal, dass wir alle mit Mutter und Vater in die Ferien fuhren. Der Vater war zweiundsiebzig, er stapfte schweigsam am Bergstock, ich war gerade vier Jahre alt.

Diese Reise wurde zu einem Familienereignis, man sagte später:»vor der Dolomitenreise«und»nach der Dolomitenreise«, als sei sie eine Zeitwende. Die Schwester Maria dichtete viele Verse:»Der Friedel ist faul und beim Steigen nicht munter: Warum soll ich rauf, ich muss bloß wieder runter!«Manchmal wurde das Lied mit dem»Holladrioh«-Refrain zu Hause gesungen.

Ich wurde krank, lag in der Pension auf dem Sella-Joch unter aufgetürmten Federbetten, sah die Felskegel vor dem Fenster, der Bruder Jochen ließ aus Papier geschnittene Tierfiguren über meine Bettdecke laufen. Das war die Prärie. Die fieberhafte Erkältung hatte ich mir am Dorfbrunnen geholt, unter dem Kirchturm, als ich die hölzerne Eisenbahn durchs eiskalte Wasser fahren ließ.

Auf dem Kirchturm spielten die Brüder, Michel und Jochen, der Michel zog am Glockenstrang, die Glocke schlug an, dem Jochen an den Kopf, eine Wunde klaffte, die Pfarrköchin verklebte sie mit Honig und einem Verband. Darüber zog er die Zipfelmütze. So saß er an meinem Bett, zur Ruhe verbannt. Deshalb zeichnete er mir die Tiere. Dazu war er begabt.

Als ich wieder gesund war, wanderte die Mutter mit mir an den Karersee. Die finsteren Tannen wuchsen so hoch, sogar die Schroffen des Rosengartens verschwanden dahinter. Doch wenn ich auf den See schaute, sah ich sie wieder, die Wipfel, doch nun nach unten gerichtet.

# Entdeckungen

Der Blick zurück geht wie in eine andere, sehr ferne Zeit. Heute denke ich, sie war dem Mittelalter näher als dem Heute. Wir kommen aus einer »heilen Welt«, und das ist wörtlich zu verstehen. Ich meine nicht den Krieg, den Hunger, die Arbeitslosigkeit, die Not. Das alles war schlimm, aber kaum schlimmer als es auch heute in vielen Teilen der Welt ist. Ich meine, dass die Welt selbst, die Erde, noch »heil« war. Die Natur war noch nicht zerstört, die Flüsse waren noch sauber, die Meere, die Luft. Dass meine Generation am Ende ihres Lebens auch das Ende der Menschheit vor sich sieht: Einen solchen Gedanken hätte man damals noch für vollkommen absurd gehalten.

Die Technik steckte noch in den Kinderschuhen. In meinen ersten Jahren musste ich zum Baden in den feuchten Keller hinab. Die Treppe war steil, sie ächzte und knarrte. Der Keller muffelte, es war düster. Ich fürchtete, dort unten wohnten die Zwerge in den Kohlehaufen. Um meine Angst zu übertönen, sang ich laut. Wenn ich schwieg, lachten die Wichtel, sie wisperten und krochen aus den Verschlägen.

Die Badewanne stand auf eisernen Beinchen in einer winzigen Kammer, man heizte das Wasser mit Holz, der Ofen glänzte kupferfarben, er bullerte, es roch nach Rauch und er qualmte. Immerhin kam das Wasser aber schon aus der Leitung, nicht mehr aus einem Brunnen. Es floss nach dem Bad in eine Sickergrube vor dem Haus. Ich blieb immer in der Wanne, bis es ganz niedrig geworden war. Dann bildete sich über dem Ausfluss ein Wirbel. »Die Hexe tanzt« nannte ich ihn und freute mich daran, wie sie sich hin und her neigte, sich wehrte, gurgelte, bis sie ganz hinabgesogen war und verschwand.

Allen war die Badestube im Keller ein Gräuel. Glücklicherweise wurde sie ein paar Jahre später unter das Dach verlegt. Es war, als ob damit das ganze Haus heiterer würde. Allerdings gaben nicht nur vernünftige Überlegungen den Ausschlag, meine Mutter gab nicht leicht Geld aus, nur um etwas zu verbessern. Aber wenn sie mit einer Herstellerfirma in geschäftliche Beziehungen kam und von dort direkt etwas billiger bekommen konnte, dann »bezog« sie es vielleicht sogar, ohne es dringend zu brauchen. In diesem Fall war es ein Hersteller von Gasbadeöfen, Küchenherden, Backöfen. Großartige Erfindungen. Denen verdankten wir die neue Badestube, den Durchlauferhitzer, das warme Wasser in der Küche, den Gasherd – eine mit Gas in Papiertüten gebratene Gans – noch später sogar einen Kühlschrank. Die ganze Familie, einschließlich der Haushilfe Martha, segnete diesen Fabrikanten. Und die Mutter betrachtete ihn, nach ihrer Art, als guten Freund.

Da oben gab es keine Zwerge mehr. Da schien die Sonne durchs Dachfenster – oder der Vollmond. Dort waren auch Kammern, vollgestopft bis an die Schräge, Kisten und Kasten – und lange Regale, wacklige Regale, mit verstaubten Flaschen, Vasen, Väschen, Dosen, Medizinfläschlein. Des Vaters lange schon unbenutzter Handdrucker stand hier, zentnerschwer neben einer Petroleumlampe. Besonders liebte ich die Laterna Magica mit ihren bunten Bildern: den Bären und Offizieren, den uniformierten Reitern und Harlekinen. Heute findet man so etwas höchstens noch auf Flohmärkten.

Einmal entdeckte ich einen Stapel großformatiger Blätter, der Staub stob auf, als ich sie unter zerknüllten Faschingskostümen hervorzog. Es war ein »Totentanz«, ich weiß nicht von welchem Meister, er hatte mit der Französischen Revolution zu tun, denn die Guillotine war zu sehen, abgeschlagene Häupter, eine wilde Menge, die Barrikaden und Paläste erstürmte, durch die Straßen wogte. Prächtig erschien mir ein riesenhaftes Weib mit der Jakobinermütze, ihr linker Busen war entblößt und groß und üppig, den nackten Fuß setzte sie auf übereinandergetürmte Leichen, in der rechten Hand hielt sie die Trikolore, die Fahne der Revolution, mit der linken hielt sie den Kopf eines Mannes hoch, aus dessen Hals das Blut tropfte. Andere Darstellungen von Gewalt habe ich in meiner Kindheit kaum zu Gesicht bekommen, ich kann mich an keine erinnern. Auch das: eine heile Welt? Jedenfalls, wenn man an heute denkt, wo Gewaltszenen, Krieg, Mord und Totschlag als tägliche Rationen verabreicht werden.

Ich warf die Blätter auf die in einer Kiste liegenden Faschingskostüme. Dann ging ich in den Hinterhof, ans Gartenhaus. Da endete das Regenrohr, eine Regentonne gab es nicht. Ein kreisrunder Fleck schwarzen Schlamms hatte sich gebildet. Schön, darin herumzupatschen und sich das Gesicht zu beschmieren. Dieses Fehlen all der Massenmedien, mit denen wir und unsere Kinder heute so selbstverständlich leben und leben müssen, ist kaum noch vorzustellen. Wir Kinder mussten unseren Freiraum selber ausfüllen, den Freiraum auch an Zeit. Wir hatten lange kein Radio. Zwar gab es Kino, aber erst spät in Kösen. Die ersten Stummfilme sah ich in einer verrauchten Gastwirtschaft, zappelnde, schwarze Gestalten. Und wir hatten ein kleines Marionettentheater, eine zusammenlegbare Bühne mit kleinen Figuren an Fäden. Es gehörte den Geschwistern, ich hab sie aber nie spielen gesehen, nie eine Aufführung erlebt. Sie waren schon zu erwachsen. Meine Mutter erzählte nur lachend, dass die älteste Schwester, Maria, um ihren Text aus einem Kasperl-Stück des Münchner Grafen Pocci zu lernen, sich ins Klo eingeschlossen hätte, aus dem es dann schallte: »Ich bin die Fee Zimberimbimba, und sitze in einer hohlen Eiche«. Saß sie dort lange genug, konnte sie ihren Text, ertönte die Wasserspülung.

Ich vermochte das komplizierte Gestänge des Theaterchens nicht zusammenzusetzen, der rote Vorhang gefiel mir mit seinen goldenen Ringen, die Pappkulissen, die Bäume und Häuser. Auch die Figürchen lagen über- und ineinander, die Prinzessin auf dem Bauch des Polizisten, der König umarmte den Teufel. Elfen und Feen gab es und den Kasper in seinem bunten Kostüm. Ich versuchte, sie an ihren verwirrten Fäden zu bewegen, sie guckten mich aus ihren Punktaugen starr und fast blödsinnig an, statt des Ärmchens hoben sie irgendein Bein, sie nickten mit dem Kopf oder mit dem Po, der Wachtmeister trat dem Minister ins Kreuz – sie schienen mir unwillig und eigensinnig zu sein.

# Das Kind

Ich kam noch einmal in ein Heim. Es blieb nicht das letzte. Auf den Fotos aus dieser Zeit wirkt das Kind (das ich hier »ich« nenne, obwohl es mir fast so fernsteht, wie irgendein anderes) pausbäckig und gesund. Aber es scheint schwächlich gewesen zu sein und wurde noch schwächlicher mit zunehmenden Jahren.

Damals kam ich nach Riezlern im Kleinen Walsertal. Ich trug einen Russenkittel über der »Spielhose«, die glich einer aufgeblasenen Pagenhose auf den Gemälden alter Meister. Aber ich musste dazu lange, von Hand gestrickte Wollstrümpfe anziehen, die Haare hingen mir bis auf die Schultern und in die Stirn. So trugen sie damals eigentlich nur Mädchen.

Das Kinderheim hieß Sonneck, es war ein Bauernhaus auf der Alm, weit ab von der Gemeinde, davor stand das aufgeschichtete Brennholz, die Fensterläden hingen schief, sie kreischten in ihren Angeln. Gingen wir nach Riezlern hinab, liefen wir durch eine Schlucht, in der ein Bach schäumte. Manchmal wanderten wir auch durch die Breitnachklamm, die erfüllt war vom Tosen des Wildwassers, es stäubte wie feiner Regen und hing in Schleiern zwischen den Felsen. Wir zogen hintereinander auf schmalen Steigen, klammerten uns ans Eisengeländer, in Lodenmänteln, mit der Kapuze auf dem Kopf, dunkle Zwerge.

Dann kam die Krankheit. Zuerst erwischte sie die anderen. Das ging schnell, die Kindergärtnerinnen sprachen von einer Epidemie. Die Kameraden bekamen rote Punkte und Fieber. Ich nicht. Da war ich stolz. Man brachte mich in Quarantäne – des Wortes erinnere ich mich gut, ich verstand es nicht, aber gerade das fand ich wundervoll, wie eine Auszeichnung! – Eine »Tante« zog mit mir um, in ein winziges Häuschen weit weg, durch die Schlucht und auf die gegenüberliegende Seite wieder einen Berg hinauf. Da saß ich auf der Wiese zwischen blühenden Gräsern. Der Sommer duftete. Doch bald überfiel es auch mich. Ich musste zu den anderen, ins Krankenhaus. Ich glühte. Ich sah nur noch Schleier, das waren die weißen Wände. Sie standen nicht still, sie

*Kinderheim Sonneck in Riezlern, 1929*

schwankten. Und wenn wir aufs Töpfchen mussten, saßen auch wir schwankend neben den Betten.

Kaum genesen, kappte man mir die Mandeln, man machte sie kleiner, schnitt sie ab. Ich fürchtete mich vor dem Eingriff, die anderen Kinder machten mir Angst, ich würde an meinem eigenen Blut im Hals ersticken, ich müsste alles trinken, trinken und trinken.

Dann lag ich voll Furcht auf dem Operationstisch, eine weißgekleidete Gestalt beugte sich von hinten über meinen Kopf, »Blut trinken«, stöhnte ich, der Arzt drückte mir ein Tuch auf den Mund, träufelte Tropfen darauf. »Zähle!«, befahl er. »Eins – zwei – drei –«

Ich war schon hinüber.

Als ich erwachte, saß ein rosa Marzipanschweinchen vor mir auf dem Bett. Das hatte die Mutter bestellt. Mein Schlund brannte wie Feuer. Doch ich durfte bald wieder nach Hause.

Daheim kam der Mann mit dem Tanzbär. Er stieß den Stab mit den Schellen auf den Boden und blies die Mundharmonika auf einem Gestell vor den Lippen. Eine Pauke hatte er vor dem Bauch und auch auf dem Rücken, die eine schlug er mit der Hand, die andere mit dem stampfenden Bein, mittels Seilzug. Mit der rechten Hand führte dieser so vielfältig begabte Künstler den Bären, ein tollpatschiges Ungetüm, größer als der Mann selbst. Der Bär hatte einen Riemen ums Maul und einen Ring in der Nase. Er torkelte herum auf kurzen krummen Beinen, das zottige Fell schlotterte tief im Schritt, er hob die Vorderpfoten und brummte.

So zogen die beiden von Haus zu Haus, von Straße zu Straße, wir Kinder umringten sie, liefen hinterher, bezahlten unsere Groschen.

Mir tat der Bär aber leid. Er war ein gefangenes Tier, und einen Ring durch die Nase hätte ich auch nicht haben wollen.

Es gab viele Bettler damals, sie schlurften über die Straßen, klingelten an den Hoftoren. Es waren bitterarme Leute, solche Armut kennt man heute nicht mehr. Es gab ja keine Sozialhilfe, kaum jemals Arbeitslosenunterstützung. Sehr verständlich, dass die meisten kein Brot mochten, sondern dringend Geld brauchten. Aber Martha schmierte ihnen dicke Stullen, Brotscheiben mit Butter und Wurst. »Geld versaufen die nur«, hieß es. Manche sagten »Danke«. Manche murrten. Manche legten das Brot beim Nachbargrundstück unter die Hecke. Wir sahen auch sonderbare Zeichen, wie Runen, in den Putz der zwei Säulen des Tores geritzt, eine Geheimschrift. Was für Leute hier wohnten, wurde so dem nächsten Landstreicher berichtet. Und dass es hier kein Geld gab, sondern nur »Bemmen«, wie es auf Thüringisch-Sächsisch hieß.

Vielleicht hielt das manch einen armen Teufel ab.

Der Mann mit dem Leierkasten aber bekam seine Groschen. Man wickelte sie in Papier und warf sie in den Hof aus dem Fenster hinab, oder legten sie in seine Blechdose. Es war ja leicht einzusehen, dass er nicht so viele Stullen essen konnte, aus allen Häusern, in allen Höfen. Seltsam nur, dass man den Bettlern einen so unersättlichen Magen zutraute – ein Brot an jeder Haustür.

Der Leiermann hatte ein Äffchen, das hockte auf dem Kasten, kratzte sich und blickte uns mit dunklen Augen an. Manchmal auch krächzte oder kreischte es. Meist war es still. Es lauste sich. Zog der Leiermann weiter, saß es auf seiner Schulter. Er und sein Äffchen machten mich trauriger als der Bärenführer. Er leierte auch so traurige Lieder; vom Morgenrot, das zum frühen Tod leuchtete; vom Mariechen, das weinend im Garten saß.

Dieses Lied liebte Martha, unsere Haushilfe. Sie hatte einen Buckel und ein uneheliches Kind, das sah ich nie, denn sie schämte sich seiner, es war eine Schande. Aber eigentlich hätte sie doch darauf stolz sein sollen. Beim Lied des Leiermanns vergoss auch sie Tränen.

Mich tröstete mein Teddybär. Sein Fell war aus weißem Plüsch, doch innen war eine rote Gummiblase. Ich konnte sie aufpusten, so entstand ein prächtiger Eisbär. Und die Luft wieder herauslassen. Dann wurden seine Wangen hohl, die Nase spitz, Bauch und Beine fielen in sich zusammen. Nur seine Glasaugen veränderten sich nicht, sie sahen mich dunkel und klagend an.

Dann ähnelten sie den Augen der Mutter. Auch sie konnte einen so weh anschauen, und nicht nur mich. Sie verleugnete nie, dass sie einmal Schauspielerin gewesen war. Sie schmollte nachdrücklich und gern, dann blickte sie arm und verloren aus kurzsichtigen Augen, nahm, weil es wirkungsvoller war, vielleicht die Brille ab und seufzte: »Ach, mein Herzblatt!« Stundenlang konnte sie gekränkt sein, zog sich zurück, sprach nicht, war voll stummen Vorwurfs, wartete, dass man sich entschuldigte, tat man's, meinte sie: »Das wollen wir aber bestimmt nie wieder tun!« – Bat man selbst nicht um Verzeihung, kam sie wohl auch selber und meinte: »Man soll nie böse aufeinander zu Bett gehn.«

Genauso vollendet war sie komisch. Gern gab ich ihr saueres Obst, grüne Äpfel und noch lieber Sauerkirschkompott. Sie spielte immer mit, führte den Löffel scheinbar ahnungslos in den Mund – um gleich darauf das ganze Gesicht schaudernd zusammenzuziehen. Sie sog die Wangen ein und formte mit den Lippen einen Rüssel, während sich ihre Augen erschrocken vergrößerten. Dazu schnurrte sie in sich zusammen. So schaute sie mich an, scheinbar hilflos vor Entsetzen, gleichzeitig erstarrt und verkrampft, schaudernd. In Wahrheit aber selbst höchst belustigt und erfreut über die Wirkung, die sie erzielte. Denn ich schüttete mich aus vor Lachen. Und durchschaute ihr Theater.

Sie ließ mich viel allein, besuchte Kunden, überall, in Deutschland, in Österreich, in der Schweiz, in Holland, England, Dänemark und Schweden. Jede ihrer Abreisen war ein tumultuöses Ereignis. Ihre Stimme gellte durchs Haus: »Marthale! Finerle!« – so nannte sie die Schwester Sophie (oder Fifi). »Finerle … Wo habe ich denn … Ach, wo ist denn nur …« Es fehlte immer etwas. Vor dem Gartentor wartete das Taxi mit ratterndem Motor. Martha schleppte die Koffer zu ihm hinab. Immer viel zu viele. Fifi rief: »Nun mach doch! Beeil dich! Du kommst wieder zu spät!«

Und »Käthchen« – so nannten wir die Mutter bald, je älter sie wurde, desto mehr wünschte sie es – Käthchen sauste die Treppe im Haus herauf und herab, suchte Briefe, telefonierte »rasch noch mal« mit der Werkstätte, fand ihren Hut nicht, die Handschuhe, die Akten – die Hunde (oft hatten wir zwei) jaulten, tobten, angesteckt von der Unruhe.

Sie verließ das Haus immer in der letzten Minute.

War sie daheim, arbeitete sie von früh bis in die Nacht. Auch am Samstag, auch am Sonntag. Sie kannte keine Feiertage. Sie nahm auch niemals Urlaub. Arbeit und Leben waren für sie das gleiche. Solange sie atmete. Aber wenn sie in Kösen war, konnte ich sie immer ansprechen, oder in der Werkstätte anrufen. Vielleicht sagte sie: »Aber Herzblatt, ich diktiere doch gerade.« Doch das war bereits der größte Tadel. Auch während sie arbeitete, war sie mit all ihren Gefühlen immer da, immer in der Familie, bei uns. Nie empfand ich, dass sie entfernt von mir sei, fühlte mich niemals allein, niemals verlassen. Vielleicht empfand ich dieses nahtlose ineinander Verwobensein von Arbeit und Leben auch deshalb als so natürlich, weil sie ja viel daheim arbeitete, weil ihr Arbeitszimmer zu Hause auch eine Wohnstube war, weil sie auch morgens im Bett schon die Post erledigte, telefonierte. Sie hatte zwar nie Zeit, aber andererseits hatte sie eben immer mal Zeit, zwischendurch.

So war es zum Beispiel mit dem Heckpfennig. Ich weiß nicht, ob sie dieses Spiel selbst erfunden hatte – oder woher sie es kannte. Sie stellte unter die runde, aufschiebbare Klappe ihres Schreibtisches an versteckter Stelle ein winziges Schmuckkästchen aus Pappe und polsterte es mit rosa Watte aus. Da hinein durfte ich einen neuen Pfennig legen. Der Pfennig war rund und schimmerte kupferrot, »wie die untergehende Sonne«, sagte sie. Nachts »heckte« dieser Pfennig, er bekam Kinder. Dann lag er am Morgen umgeben von anderen Pfennigen, wie eine säugende Sau auf dem Wattepolster. Mal hatte er drei, mal elf Abkömmlinge, dabei war er ja eigentlich männlich, der Pfennig – es geschah wohl durch Zellteilung. Freilich waren seine Kinder meist alt und abgenutzt, es störte mich nicht, dass sie schon viel mehr erlebt hatten und schon durch viel mehr Hände gegangen waren als ihr Erzeuger. Ich wusste ja, wer die Pfennige nachts in das Kästchen legte, aber wir spielten beide mit vollem Ernst.

An Wunder glaubte ich bald nicht mehr, weder an den Osterhasen noch an den Weihnachtsmann. Man war aufgeklärt bei uns. So richtig glaubte auch niemand an den lieben Gott. Der Bruder Michael wurde später Physiker, er kannte nur Ursache und Wirkung.

Einmal geriet ich aber ins Wanken: Gab es vielleicht doch einen hilfreichen Herrn der Schöpfung? Ich saß im offenen Küchenfenster, im ersten Stock. Neben mir stand eine Porzellantasse, gefüllt mit Seifenwasser. Ich blies Seifenblasen in den Wind. Sie stiegen schillernd empor und zerplatzten.

Unter mir, auf einer Betonplatte, die zur Jauchegrube gehörte, balgten sich zwei Katzen. Wahrscheinlich waren es Kater, liebestoll, die sich um eine Kätzin stritten. Es war ein Höllentheater. Ich erschrak, wischte dabei die Tasse vom Fensterbrett, während

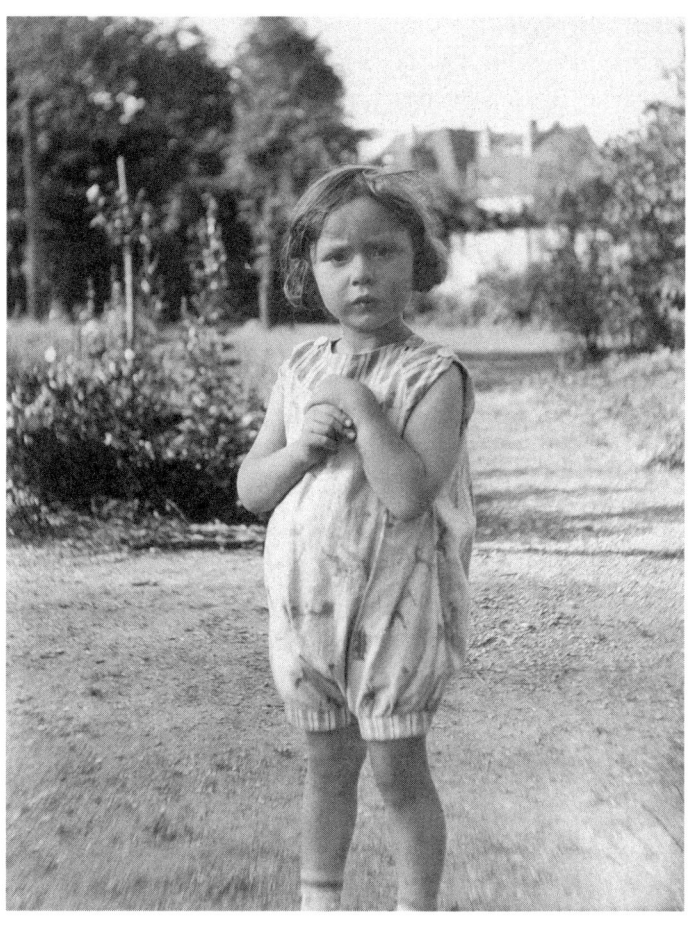

*Max*

sie noch fiel, und also noch ganz war, aber doch gleich zerschmettert werden musste, betete ich laut: »Lieber Gott, hilf!«

Und die Tasse ging nicht kaputt. Sie knallte nur wie ein Schuss. Die Katzen stoben davon. Die Tasse blieb heil. Nicht einmal der Henkel brach ab.

Das kam – sagte der kluge Bruder – aber nicht vom lieben Gott, sondern vom Seifenwasser. Das stabilisierte sie. Wäre sie leer gewesen, wäre sie zersprungen.

Nun ja, vielleicht. Vielleicht aber auch nicht. Niemand wagte es, den Versuch zu wiederholen. Übrigens wäre ja auch nie etwas zu beweisen gewesen. Der schöne Zweifel an Gottes Hilfe (ich sage nicht: der Glaube an Gottes Hilfe), der Zweifel wäre immer geblieben. Er kann auch, vernünftigerweise, immer bleiben.

Nach dem Mittagessen legte sich die Mutter ein wenig hin. Dann sollte das Haus in Ruhe versinken. Es wurde auch ruhig, totenstill. Martha schloss die Küchentür, Straßenlärm gab es kaum. Aus der Werkstätte telefonierte in dieser Zeit niemand. Nur die Uhren tickten, aber das war ja beruhigend, ein Takt der Geborgenheit.

Die Mutter bettete sich, angezogen, auf ein Sofa mit steiler Lehne, eine Art Récamière, fast ein Lehnstuhl. Sie legte sich die »Katze« über die Beine, eine struppige, gelblich-braune Felljacke. Manchmal guckten unten ihre Füße in den grauen Strümpfen heraus. Irgendwo fand auch Bömby, der Hund, seinen Platz. Er war bestimmt still und schlief. Und die Mutter zog sich die aufgeschlagene Zeitung, das Naumburger oder das Berliner Tageblatt, übers Gesicht. Da hatte sie es dunkel. Und die Fliegen konnten sie nicht kitzeln.

Da ich ihr immer »sehr zart« zu sein schien, musste ich mich auch hinlegen. In ihrem Zimmer war noch ein Sofa, hinter dem ovalen Tisch. Ich lag da wie in einer Höhle. Ich versuchte zu lesen, aber jedes Umblättern der Seiten knisterte. Ich versuchte es ganz langsam, im Zeitlupentempo. Es knisterte nur noch mehr.

Die Mutter seufzte. Ein Zipfel der »Katze« rutschte, er näherte sich dem Boden.

Der Tisch neben mir war überfüllt, Akten, Briefe, Zeitungen, Bücher, Schächtelchen, Klebstoff, Scheren, Bleistifte, Büroklammern. Mein Wunsch nach Schere und Bleistift wurde übermächtig. Ich schob mich empor. Das Sofa knarrte.

Die Mutter seufzte zweimal.

Meine Hand kroch wie eine kleine Ratte über den Tisch, zwischen den aufgestapelten Akten hindurch, irgendwo musste die Schere doch liegen. Irgendwo lag sie auch.

Aber irgendein Schächtelchen knallte bestimmt auf den Boden. Die Mutter schreckte auf. Ihre Zeitung segelte raschelnd hinab. Die »Katze« rutschte auf den Teppich. Bömby hob den Kopf.

»Aber Herzblatt!«

Ich legte mich – seufzend und schuldbewusst – zurück.

Die Mutter brachte »Katze« und Zeitung erneut in die richtigen, bedeckenden Positionen. Bömby schlief ohne Schwierigkeiten wieder ein. Ich aber litt. Überall kitzelte es, die Haare, die Beine, der Po. Ich musste mich kratzen. Kratzen macht Krach.

Die Mutter stöhnte.

Ich versuchte, stocksteif dazuliegen.

Im Sommer gab es Fliegen. Ich lag nicht unter einer Zeitung …

»Aber Herzblatt!«

Dann musste ich mal. Vielleicht musste ich ja nicht wirklich, nicht dringend. Aber mir war so. Und je mehr ich darüber nachdachte, umso mehr war mir so. Ging ich nicht, machte ich mir in die Hosen. Dann hätte es geheißen: »Warum bist du nicht aufs Klo gegangen?«

Langsam und leise streckte ich die Beine aus und versuchte, mit den Füßen den Boden zu erreichen. Irgendwie musste ich ja aufstehen und mich irgendwie unter oder am ovalen Tisch vorbeischlängeln.

Und auf Zehenspitzen zur Tür.

»Herzblatt! Ach, Herzblatt! Kannst du denn nicht einmal fünf Minuten Ruhe geben?«

Herrlich! Sie war wach. Bömby hob interessiert den Kopf. Die Katze rutschte auf den Boden. »Ich muss mal!«, flüsterte ich.

»Schon wieder?«

Ich war draußen. Auf dem Klo stand ich dann lange am winzigen Fenster und schaute hinaus. Drüben war das Kinderheim »Bubiag«. Das bedeutete nicht »Bubi AG«, sondern »Braunkohlen und Brikett Aktiengesellschaft«. Da liefen die Kinder der Bergarbeiter im Hof herum. Glückliche Kinder: Sie brauchten am Nachmittag nicht zu ruhen. Rings über den Gärten und Bäumen türmten sich die Wolken.

Unten summten die Fliegen um die Aschentonnen.

Blieb ich zu lange, konnte die Mutter auch nicht schlafen. Sie rief nach mir: »Herzblatt! Wo bleibst du denn? Du sollst dich hinlegen!«

Dann nahm ich den Porzellangriff in die Hand und zog an der Kette der Wasserspülung. Nicht immer hatte ich auch etwas gemacht. Das fiel mir bald wieder ein, freilich erst, wenn ich wieder auf dem Sofa lag. Nun musste ich es aushalten.

Über mir hing eine Gitarre. Käthchen hatte sie sich aus Neapel mitgebracht. Sie schwärmte von Neapel. »Vedere Napoli e poi morire…«, seufzte sie. Sie hatte ein wenig Italienisch gelernt.

Auch der Vater war in Neapel gewesen. Und Onkel Oskar hatte dort Aquarelle gemalt, den Vesuv, eine glutrote Wolke über der Bucht. Die Gitarre aus Neapel war aber nur Schmuck. Die Mutter spielte nicht. Sie beherrschte zwar einige Akkorde. Einmal, ein einziges Mal bettelte ich so, dass sie sich das Band um den Hals legte, auf den Stuhl setzte und sang: »Sul mare luccia, l'astro d'argento …«

Sie sang ein wenig unsicher, ungeübt. Vielleicht schämte sie sich sogar. Aber ich war gerührt. Gerne hätte ich mehr gehört, aber sie hängte die Gitarre wieder an ihren Platz. »Genug«, sagte sie und strich mir lächelnd übers Haar. »Ich hab's ja nicht gelernt.«

»Hast du nie ein Instrument spielen gelernt?«

»Ein wenig Zither!«

Das fand ich seltsam. Dieses bäuerliche Instrument kannte ich kaum. »Wieso gerade Zither?«

»Mein Mutterle hatte mir eine geschenkt!«

»Aber warum eine Zither? Warum kein Klavier?«

»Du Dummerle, dazu war sie ja viel zu arm! Sogar die Zither konnte sie kaum bezahlen.«

Da schämte ich mich, schämte mich tagelang. Ich hatte brennendes Mitleid mit der Mutter und mit ihrer Armut.

Auf der Gitarre hat sie nie mehr gespielt. »Ich bin ganz unmusikalisch«, meinte sie. Musik bedeutete ihr wirklich nie viel.

Meine Mutter wollte mich immer schonen. So sollte ich abends auch früh schlafen gehen. Ich drückte mich, solange ich konnte, hielt mich zurück, war leise, um ja nicht aufzufallen, um vergessen zu werden. Half das nichts, bettelte ich: »Nur noch fünf Minuten!«

Vergeblich. »Nein, Herzblatt! Mach keine Geschichten, sei ein artiges Kind.«

Ich trödelte beim Ausziehen, beim Waschen. Lag ich endlich im Bett, setzte sich die Mutter zu mir. »Nun wollen wir beten.« Sie faltete ihre Hände und sprach das Vaterunser mit warmer Stimme.

Ich war noch klein, als ich über die Unendlichkeit von Raum und Zeit zu staunen begann. Wo kam dieses Staunen her? Von meiner Mutter nicht, sie hat, soweit sie es vermochte, behutsam geantwortet, aber sie hat keine Zweifel, keine Fragen in mein Herz getragen, für die ich noch nicht reif war. Die Fragen kamen doch wohl von mir, von meiner räumlichen Vorstellung: Wo endete das All, wo begann es? Wo endete die Zeit und wann begann sie? Und was ist dahinter, was davor? Meine Kindergedanken spazierten durch den Weltraum und stießen überall und immer wieder an das Unvorstellbare.

»Gott hat alles geschaffen!« Diese Antwort befriedigte mich nie. Ich war früh ein Zweifler, denn ich fragte gleich: »Aber wer hat Gott erschaffen?« Noch unerklärlicher und unglaubwürdiger als die Entstehung dieses gewaltigen und wunderbaren Weltalls mit all seinen Millionen und Milliarden von Himmelskörpern, Sonnen und Milchstraßen und allen Geschöpfen aus dem Nichts, war für mich die Entstehung eines Wesens (noch dazu eines Wesens, dem wir Menschen ähnlich sein sollten und das sich um jeden von uns kümmert!) aus dem Nichts, das all dies geschaffen haben sollte. Ein so unfassbar-gewaltiger Verstand, eine solche Schöpferkraft! War es möglich, dass Gott von Anbeginn an da war ... Wo – da? – Und von welchem Anbeginn an? – War er aus eigener Herrlichkeit entstanden, so konnte die Schöpfung genauso auch ohne ihn entstanden sein.

## Die Schwestern

Es gibt kein Datum und kein Ereignis, an das ich mich erinnern könnte, und an dem mir bewusst geworden wäre, dass ich Geschwister, sogar viele Geschwister hatte. Es ist ja eine der Eigentümlichkeiten des kindlichen Wesens, dass es alles als ganz selbstverständlich hinnimmt. Die Geschwister waren einfach da, von Anfang an.

Ich sah sie allerdings selten. Sie waren fast immer in der Odenwaldschule, in Weimar oder in Berlin. Eigentlich wuchs ich doch als Einzelkind auf, so groß unsere Familie auch war. Die Geschwister waren alle älter als ich. Maria – auch Mimerle genannt (was sie hasste) oder Mimusch – hätte doch auch meine Mutter sein können. Als ich geboren wurde, war sie neunzehn. Sie war fast immer mit dem Vater auf Reisen, in Italien, in Rom – oder auf Hiddensee.

Ihre ersten Jahre hatte Maria mit der Mutter in Ascona verlebt, im Roccolo, dem winzigen Vogelstellerhäuschen. Die Mutter hat es mehrmals gemalt. Dort gab Maria der Mutter den Anstoß zu ihren Puppen. Ich erzählte es schon. Später besuchte sie ein Lyzeum, jedoch ohne Abschluss, denn Vater und Mutter meinten, Mädchen brauchten keine Ausbildung, sie heiraten ja sowieso. Mimusch studierte Klavier und Komposition und verstand zu improvisieren. Wenn sie daheim war und vor dem mächtigen Bechsteinflügel saß, gab sie gewaltige Töne von sich, ganz ohne Noten. Ich schaute gern von unten in den Kasten, der dort golden war, und sah die Hämmerchen mit ihren weißen Häubchen gegen die Saiten schlagen, während sich die schwarz lackierten Dämpfer hoben und senkten.

Vielleicht liebte ich das wilde Springen, Purzeln und Hüpfen sogar noch mehr als die rauschende Musik. Maria hob und senkte den Oberkörper rhythmisch, der Kopf hing verträumt vornüber, sie neigte sich nach rechts und nach links, indes ihre Arme weich auswärts, einwärts, hoch und nieder wallten und ihre Finger über die Tasten hüpften. Dabei balancierte sie auf einem dreibeinigen Hocker, dessen runde Sitzfläche sich mittels einer Spindel in der Höhe verstellen ließ. War sie weit emporgedreht, schien es, als ob Marias wogender, wiegender Oberkörper nur auf einem dünnen Stängel lastet, der sich unter ihrem Gewicht seitlich neigte und abzubrechen drohte. Manchmal wünschte ich es, manchmal drehte ich die Spindel bis zu ihrer äußersten Windung, sodass sie nur noch wenige Millimeter in ihrem Gewinde steckte. Aber vergeblich, die Schwester kurbelte sie zurück.

Und oft musste Maria vor Gästen beweisen, wie »begabt« sie war. Dass wir alle nämlich auf die eine oder andere Weise begabt waren, verstand sich für die Mutter von selbst. Für uns übrigens auch. Dann improvisierte also Mimusch – mehr oder weniger freiwillig. Und hatte sie ihr Musikstück beendet, das immer ein Unikat blieb und nie wieder zu hören sein würde, denn es entstand ja im Moment und verging im Moment, ruhten ihre Hände auf dem Schoß aus und alle anderen lauschten stumm und verdutzt den Tönen nach. Dann rief ihre Mutter beglückt: »Sehr hübsch, mein Mimerle, sehr hübsch!«

Maria bekannte, dann hätte sie ihre Mutter erschlagen mögen.

Später komponierte sie ein *Hiddenseer Fischerspiel*, das auf der Insel mit Einheimischen aufgeführt wurde. Sie reimte lieb, zeichnete und malte. Es wurde immer viel gemalt und in vielen Künsten dilettiert in unserer Familie. Ich liebte Mimusch, weil sie mir ein ganzes Buch mit Wasserfarben illustrierte. Ich war vernarrt in Moscheen und Minarette, immer wieder Moscheen und Minarette. Vom Islam hatte ich aber keine Ahnung. Ich wollte nur runde und grüne Kuppeln sehen und schlanke, bleistiftdünne Türme mit den Balkonringen für die Muezzine. Mimusch malte mir alles in Herzensgüte und Geduld, sogar Kamele und Araber in braunen Gewändern.

Die zweitälteste meiner Schwestern war Sophie, also Fifi. Sie hatte kupferrote Haare, weshalb ihr die Brüder einen schlechten Charakter andichteten. Ihr rundliches, hellhäutiges Gesicht war mit Sommersprossen übersät. Sie hielt den Haushalt zusammen. Sie war die praktische. Sie lernte als Erste das Autofahren. Dafür freilich wogte sie auch niemals am Flügel. Doch den Führerschein erwarb sie schon in jungen Jahren und chauffierte die Mutter durch halb Europa, zu einer Zeit, als Frauen am Steuer noch Aufsehen erregten. Dieses Aufsehen genoss sie.

Im offenen Wagen, ein eng anliegendes Käppchen auf den wehenden Haaren, fuhr sie die Mutter nach Holland und zur Weltausstellung nach Barcelona. Von dort kamen bunte Postkarten zu mir.

Es ging ja damals alles viel bescheidener zu als heute. Es war – 1929 – undenkbar, dass jede deutsche Firma selbst bei der Weltausstellung ausstellte. Die Mutter bekam die ehrenvolle Aufgabe, die gesamte deutsche Spielwarenindustrie in Barcelona zu vertreten. Sie sollte die Erzeugnisse der verschiedensten Hersteller dort aufbauen – dekorieren. So mühte sie sich also auch, gemeinsam mit Fifi, Hunderte von Nürnberger Zinnfiguren korrekt aufzustellen. Es waren kunstvolle, handbemalte Gebilde, einerseits südamerikanische Azteken und spanische Eroberer, andererseits die Armee Friedrichs des Großen. Hatten sie eine Reihe von Grenadieren nebeneinandergestellt, genügte ein Windhauch, sie wieder umzukippen, einen nach dem anderen, im Dominoeffekt.

Da die Mutter und die Schwester von Paradeordnungen nichts verstanden, hatte ihnen der Fabrikant den richtigen Platz jeder Figur auf Packpapier aufgezeichnet. So weit, so gut. Entnervt vom ständigen Umfallen kamen die beiden Frauen nach Mitternacht vor der Ausstellungseröffnung auf den genialen Einfall, die Figuren mit Syndetikon festzukleben. Syndetikon war damals der festeste Kleber, den man kaufen konnte.

Wunderbar!

Bis der deutsche Geschäftsträger am frühen Morgen zur Kontrolle kam und ein betretenes Gesicht machte. Jede Figur stand zwar an der richtigen Stelle, an ihrem Platz, aber genau verkehrt herum. Da marschierten die einfachen Soldaten vorn und hinten folgten die Trommler, die Offiziere, zuletzt die Fahnen …

Alle Figuren mussten einzeln wieder umgedreht werden. Ich bekam sie nach der Weltausstellung geschenkt. Das hat ihnen noch weniger gutgetan. Die Reste gibt es noch. Wer sie erwerben will, kann sich an meine Erben wenden.

Etwas später reiste Fifi nach London. Allein. Sie sollte ihr Englisch verbessern. Die Puppenfirma gewann internationales Ansehen und Kunden. Auch von dort schickte sie mir viele bunte Postkarten. Von daher rührt mein Hang zu monarchischer Prachtentfaltung: Da saß der König von Großbritannien in seiner offenen Kutsche, sechsspännig – so habe ich es in Erinnerung –, Lakaien im Rücken und Reiter auf Schimmeln zu beiden Seiten. Die Reiter trugen hohe, gelackte Stiefel, wallende Federbüsche an den Helmen und schulterten blitzende Degen. Vor allem die Garde mit den Bärenfellmützen begeisterte mich. Dennoch kam es mir nie in den Sinn, auch so ein Soldat werden zu wollen. Aber ich malte sie mit Bleistift und Wasserfarben ab, eine Bärenfellmütze nach der anderen.

Diese Postkarten aus London bildeten mit denen aus Spanien den Grundstock meiner geografischen Bildung. Ich ordnete sie in ein schweres Album, steckte sie mit ihren vier Ecken in vorgestanzte Schlitze. Rathäuser aus Holland und Schweden, der Zeitglockenturm aus Bern, das Schloss von Kopenhagen, der Arc de Triomphe von Paris. So lernte ich Namen.

Als Fifi aus London heimkehrte, erschien sie mir unverändert. Sie sprach noch deutsch und trug keine Bärenfellmütze. Bald chauffierte sie die Mutter wieder – im offenen Wagen. Möglicherweise holte sie sich da die Gebrechen, die sie mir so interessant machten. Sie litt an Ischias und Migräne, wechselnd und anfallsweise. Mir war es egal, an was sie litt, ich fand die Namen ihrer Leiden interessant, interessant auch ihr wehes Gesicht. Dann zog sie sich in ihre Kammer zurück, in die Dämmerung. Ich besuchte sie gelegentlich. In diesen Zeiten schien sie sich ausschließlich von Tabletten zu ernähren. Zum Geburtstag schenkte ich ihr ein selbst genähtes Kissen, in das ich getrocknete Farnkräuter gestopft hatte. Sie knisterten geheimnisvoll und dufteten würzig. Der Rat stammte von einer Bäuerin mit Kiepe. Das Kissen sollte gegen Ischias helfen. Eigentlich wünschte ich, es hülfe nichts. Nicht, weil ich die Schwester gerne leiden sah, sondern weil ihre Leiden mit ihren fremdartigen Namen eine so schöne, das Gemüt bewegende Abwechslung in mein Leben brachten.

Die Schwester Johanna – Hanne, oder das Hannerle – war die dritte der Töchter. Sie war jenes Mädchen, das dem totgeborenen Johannes das Leben verdankte. Ich sah sie am wenigsten. Sie galt als kapriziös und die Mutter meinte, sie sei die hübscheste.

Auch ihre Schulzeit liegt für mich im Dunkeln. Doch sehe ich sie als einzige meiner Schwestern – im Sinne der Koedukation – mit meinen Brüdern in der Odenwaldschule. War sie aber wirklich da? Das Abitur machte sie jedenfalls nicht, weder dort noch woanders. Dass auch Töchter eine Schule bis zum Abschluss besuchen sollten, ein solcher Gedanke lag der Mutter ja fern, ich sagte es schon. Das war damals so. Und vielleicht nahm es ihre Hanne auf der OSO mit der Koedukation auch zu genau, was der Mutter nicht geheuer gewesen sein mag. Jedenfalls – eines Tages drang die verblüffende Kunde nach Kösen, dass Hanne auf einer Haushaltungsschule in Rothenburg ob der Tauber Hühner fütterte. Warum? Eine solche Ausbildung lag uns Kruses doch überhaupt nicht! Es mochte wohl etwas mit Männern zu tun haben, vielleicht im Hinblick auf eine Ehe, im Sinne einer Erziehung zur perfekten Hausfrau. Die Mutter berichtete es jedenfalls mit einer gewissen Verlegenheit. Sie versuchte dann später mehrmals wieder, das Hannerle gut zu verheiraten, gegen deren energischen Widerstand.

Wie dem auch sei – ich schätzte an dieser stillen Schwester das madonnenhafte Antlitz und die aschblonden Haare. Sie schien mir auch ständig umschwärmt zu sein und das machte sie mir zeitweise noch interessanter als Fifi mit ihrem Ischias.

## Die Brüder

Mit Michael wurde dann endlich ein Junge geboren. Er war elf Jahre älter als ich, ein hohes Wesen. Er fiel auch sonst aus der Rolle, der dunkle, etwas klein geratene Knabe, denn er war ein fleißiger Schüler, fast immer Primus. Als Einziger besuchte er das humanistische Landschulheim Schulpforta bei Kösen, das ursprünglich ein Zisterzienserkloster gewesen war: Monasterium Sanctae Mariae de Porta, 1134 gegründet. Eine schöne, rein erhaltene Anlage. Von daher trug Michel einen Glorienschein. Wo andere flatterten, war er würdevoll, ernst.

Schulpforta war nur wenige Kilometer entfernt. Man konnte es auf einem breiten Weg neben der Chaussee auch zu Fuß erreichen, immer unter Bäumen dahin. Leider hatten unsere kleine Stadt und die strenge Schule aber nichts miteinander im Sinn. Für den normalen Kösener lag Schulpforta wie auf einem anderen Erdteil. Was das Klostertor verschluckte, blieb verborgen. Es erreichte uns auch keine Kunde von dort. In völliger Abgeschlossenheit lag diese Welt der Wissenschaft mit ihren alten, grauen, spitzgiebeligen Gebäuden, den dunklen Schieferdächern und der Kapelle hinter dem hohen Mauerring. Später machten die Nazis eine nationalpolitische Erziehungsanstalt, eine Napola, daraus.

Aber das war damals noch nicht zu ahnen. Michel brachte von dort Berichte heim aus Schlafsälen, von älteren und jüngeren Schülern, die der Mutter bedenklich erschienen. Michel wechselte zur musischen, weltoffenen Odenwaldschule.

Einmal kam er von dort – mit den anderen Geschwistern – in den Ferien nach Kösen. Da hatte er den Wunsch, uns seinen Mut zu beweisen. Im Hinterhof stand das Gartenhaus mit dem flachen

Dach. Es war wohl als Teehaus gebaut worden, geschnitzte Rahmen umgaben die Fenster, in die Blumen und Ornamente eingeschliffen waren – für uns war es nur noch eine Rumpelkammer.

Michel bestieg ihr Dach. Er verkündete, er wolle hinabspringen. Um die Höhe jedoch etwas zu verringern, wurde unten ein Leiterwägelchen aufgestellt. Ich weiß nicht von wem, vielleicht sogar von mir. Michel hüpfte hinein. Der Wagen, von diesem Gewicht erschrocken, flüchtete nach vorn. Michel stürzte, da knackste sein Bein. Es musste in Gips und er humpelte auf Krücken herum. Ganz gerade wuchsen die Knochen nie wieder zusammen. Stolz zeigte er uns das Narbengeflecht der Verletzungen.

Auch er zollte dem sanften Wahn der Familie, dem Künstlertum, seinen Tribut. Viele Jahre lang schleppte er ein Cello mit sich herum – und spielte sogar darauf. Ja, er erzeugte Töne und schwankte sägend mit dem Oberkörper. Es gibt eine Fotografie, auf der er mit den Schwestern Hanne und Maria und dem Bruder Jochen musizierend zu sehen ist. Das war zu der Zeit, als Hanne es mit der Geige probierte, nach meiner Erinnerung vor den Hühnern in Rothenburg.

Aber irgendwann gab es Michel auf, den Cellobogen hin und her zu bewegen. Er erkannte, dass er den Rechenstab genauer zu schieben vermochte und darin uns allen weit überlegen war. Die Mutter genoss sogar das. Er war ihr »begabtes Männerle«.

Für mich wurde Michel aus einem anderen Grund zu einem wahren Gott, zum Spender unermesslicher Vergnügen. Er bekam einen der ersten Amateur-Filmapparate geschenkt, mit einer Feder aufzuziehen. Ich war hell entzückt von den schattenhaften Szenen, am meisten von einem Picknick mit der Mutter, bei dem sie ein weiches Ei ausschlürfte. In flatternden Einstellungen, in unregelmäßigen Tempi und ungefährer Belichtung hob sie ihre Hände, zackig und immer wieder abgerissen, vom Tischtuch, das über den Waldboden gebreitet war, warf ruckartig den Kopf zurück, öffnete die Lippen, setzte das Ei an, schlürfte und schluckte … es gab nichts, was mich mehr belustigte als diese trickartige Karikatur meiner Mutter mit ihren Kasperle ähnlichen Bewegun-

56

*Hausmusik bei Kruses. Maria am Flügel, Michel mit dem Cello,*
*Hanne mit der Geige und Jochen mit dem Blasinstrument*

gen. Ich krähte, kreischte, presste meine Hände vor den Mund
und Tränen flossen mir über die Backen. »Na na, mein Herzblatt«,
meinte die Mutter ein wenig konsterniert, »so blödsinnig komisch
bin ich doch nun auch wieder nicht.«

Leider filmte Michel später nicht mehr und diese ersten Streifen gingen verloren.

Mir – als dem zuletzt Geborenen – boten sich die Brüder und
Schwestern immer sinnvoll aufgeteilt dar. Ich sah sie als zwei
gleich große Blöcke: zuerst die drei Mädchen, dann die drei Jungen. Ich gehörte nicht eigentlich zu ihnen, sie waren mir symmetrisch zugeordnet, und zwar nur mir, denn kein anderer konnte
sie so sehen wie ich.

In dieser Ordnung hatte jeder seinen ganz festen, unverrück-
baren Platz. Jochen – eigentlich Joachim – war immer der Bruder
in der Mitte, zwischen Friedebald und Michel. Aber nach diesem

Bruder suche ich in meiner Kindheit mit einem geheimen Kummer. Ich wusste, dass es ihn gab, doch sah ich ihn selten. Der Kummer kommt daher, dass ich zu Jochen später ein besonderes Verhältnis gewann, dass er aber im Krieg starb, recht elend, indem er als »Simulant« aus Griechenland an die Front versetzt wurde. Auf dem Weg nach Russland verlor er die Besinnung, er erlag einem unerkannten Gehirntumor.

Ein wenig fremd, scheint mir, lebte Jochen unter seinen Geschwistern, oder überhaupt in der Familie, als sei er da nur zufällig, wie spazierend, hineingeraten. Schon äußerlich gehörte er nicht recht dazu, er galt immer als das hässliche junge Entlein, blond und blauäugig, dünn und schlaksig – und gestraft mit einer übertrieben großen Nase. Er sah von klein auf schlecht, musste eine Brille tragen, eine armselige, mit dünnen Drahtbügeln und trauriger Einfassung. Er war still und schüchtern. Er hätte aus einem Berliner Hinterhof stammen können, wo es an Sonne mangelt. Die Geschwister meinten, er sei ein Fehltritt der Mutter, ein Kuckucksei, oder untergeschmuggelt. Bestenfalls wäre sein Vater ein preußischer Prinz, ein Abkömmling des Alten Fritz, der absonderlichen Nase wegen.

Jochen ertrug viel Spott, doch vielleicht mauserte er sich gerade deshalb zu einem eleganten Jüngling, zu einem Schwarm der Mädchen. Da nannten ihn die Geschwister »oberflächlich«. Er trug hochmodische Maßanzüge, er spielte Instrumente, die »einfach irre« waren, zunächst das Banjo, später ein Saxofon und entwickelte eine Vorliebe für den Jazz. Das alles war ganz unkrusisch, eigentlich »unter unserem Niveau«. »Ramona« hieß ein Tango, den damals alle Welt tanzte, und Jochens jaulendes Saxofon brachte die Mutter zur Verzweiflung. »Ach, mein Jockerle, muss denn das sein?«, rief sie, halb wütend, halb lachend durchs Haus und hielt sich die Ohren zu. Meist räumte sie dann das Feld und flüchtete in die Werkstätte.

Jochen bildete sich später auf der Reimann-Schule in Berlin zum Gebrauchsgrafiker aus. In den Weihnachtsferien sah man ihn daheim witzige Glückwunschkarten zum Jahreswechsel zeichnen, die er in der Werkstätte vervielfältigte. Da klammerte sich ein Schiffbrüchiger in stürmischer See an einen Baumstamm und hielt Ausschau nach Rettern. Der Vers dazu lautete:

Das alte Jahr hat sich verkrochen,
viel Glück zum neuen wünscht der Jochen.

Jochen war einer der wenigen Kruses, wenn nicht der einzige, der außer Humor auch schlagfertigen Witz besaß.

Sein vollkommener Gegensatz war Friedebald – oder Friedel –, von klein auf nach der Mutter Meinung: »ein Wonneproppen«. Und zwar sowohl im Aussehen als auch im Wesen. Die Mutter erzählte zahllose »niedliche« Geschichten von ihm. Er erschien in den Wohnungen der Werkstättenmitarbeiter zur Essenszeit, ließ sein Pferdchen auf Metallrädern, das er an einem Ohr durch die Straßen zu ziehen pflegte, vor der Tür stehen und bettelte um Nahrung mit der Begründung: »Bei uns gibt es Spinat, den mag ich nicht.«

Er war anzusehen wie aus einem Bilderbuch, er hatte ein drolliges, rundliches Gesicht, das von blonden Locken umrahmt war, sein »Mäulchen« – war rund und »wie eine Kirsche« – und er hatte blaue »Kulleraugen«.

Friedebald, 1918 geboren, verdankte seinen Namen der Sehnsucht nach Frieden am Ende des Ersten Weltkrieges. Er stand mir im Alter am nächsten, unsere Beziehungen waren daher auch am engsten. Freilich war auch er fast immer woanders. Drei Jahre älter als ich und wesentlich kräftiger, hatte er Macht über mich und übte sie aus. Er hätte sie noch viel mehr ausüben können, wäre er nicht so gutherzig gewesen.

Einmal fuhren wir mit dem Auto auf den Brocken im Harz. Solche Ausflüge waren selten, die Mutter hatte kaum Zeit für ein Privatleben im üblichen Sinne. Aber der Thüringer Wald lag ja nahe. Die »Schmücke« war eines unserer Ziele, die Mutter liebte diese Landschaft, das kleine Gasthaus auf der Höhe mit dem Blick auf die grünen, von einem dichten Laubwald bedeckten Hügel,

*Mutter Käthe Kruse
mit ihren beiden
Jüngsten, Friedebald
und Max*

die sich weit in die Ferne dahinbuckelten. Auf dem Brocken, über
1400 m hoch, hatte man einen noch weiteren Blick. Das Hotel
lag auf der kahlen Kuppe. Ich war mit Friedebald in einem Doppelzimmer untergebracht. Es war ein schwüler Sommerabend, ein
Gewitter lag in der Luft, dunkle Wolken türmten sich auf, hingen über den umliegenden Höhen und Tälern.

Und Friedebald genoss es, er erzählte mir von den Hexen, die
auf ihren Besen von weit her geritten kamen, um sich hier in der
Walpurgisnacht mit dem Satan zu vermählen. Die Walpurgisnacht war heute. Die Hexen waren überall, man konnte sie nur
nicht sehen, aber spüren konnte man sie, sie saßen auf den
Schränken und unter den Betten, unsichtbar zwar, aber umso
mächtiger. Der Teufel wird sie gleich mit Donner und Blitz empfangen, er liebt dieses höllische Feuerwerk … Und gleich darauf
donnerte es, der Wind heulte, er riss an den klappernden Fens-

terläden, und als die Blitze zuckten, flammten sie aus dem Wolkengebräu, blendeten uns, es ging Schlag auf Schlag.

Ich verkroch mich unter die Decke.

Aber Friedebald tanzte im Nachthemd und barfüßig ans Fenster, er riss die Flügel weit auf, der Wind verwirbelte seine Haare, die Regentropfen klatschten in sein Gesicht und er rief begeistert: »Mensch, det is knorke!« Er begriff nicht, dass ich mich fürchtete.

Er schien immer rundum gesund und völlig harmonisch zu sein, er betrachtete alles mit Einverständnis und Freude. Er verbreitete Behaglichkeit und Herzlichkeit. Wie kam es, dass dieses heitere Kind, dem es nie an Zuneigung mangelte, eine Zeitlang Bettnässer war? Ob daran nicht vielleicht die übertriebene Liebe der Mutter zu mir schuld war? Vielleicht schlug sie sich ihm auf die Blase? Vielleicht – geredet aber wurde über eine Nierenschwäche – und es wurde überhaupt viel und ernsthaft davon geredet. Es wurden Ärzte konsultiert und Medikamente genommen. Es half nichts. Lange Zeit. Wohl gab es freudige Tage, an denen sich morgens Betttuch und Matratze trocken anfühlten, aber sie waren selten.

Ich weiß nicht, ob Friedebald selber darunter litt, ich kann ihn mir immer nur heiter vorstellen.

Jedenfalls – unsere Mutter erfuhr von einem Augendiagnostiker. Er praktizierte in Pößneck am Thüringer Wald. Fifi chauffierte uns zu ihm.

Im überfüllten Wartezimmer hing der Druck eines großen Auges. Es starrte unheimlich. Die Sektoren und Pigmentzellen der Iris waren darin wie Edelsteinsplitter. Der Heilpraktiker selbst ging barfuß. Nicht nur Friedebald, auch ich musste hinter seinem Augenmikroskop Platz nehmen. Er schaute in uns hinein, wir glotzten ins Licht. Ich bekam Fläschlein mit Tropfen, zur Stärkung. Friedebald aber sollte täglich eine ganze Flasche Saalfelder Heilquelle trinken, ein schwefelhaltiges Wasser, das unerträglich nach faulen Eiern stank.

Ekelerregend durchdrang dieser Geruch alle Räume unseres

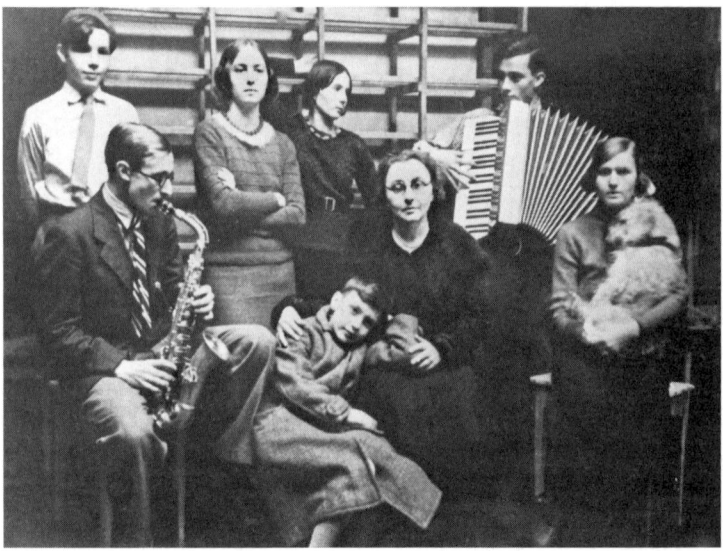

Foto: Käthe Kruse Puppen GmbH, Donauwörth

*Käthe Kruse mit ihren sieben Kindern: (v.l.n.r.) Friedebald (stehend),*
*Jochen (mit Saxofon), Hanne, Maria (beide stehend), Max (sitzend*
*mit Mantel), Käthe Kruse, Michel (mit Akkordeon),*
*Fifi (Sophie) mit Hund Bömby*

Hauses. Ich weiß nicht, wie lange sich Friedebald überwand –
plötzlich war sein Leiden dahin und zwar für immer. Vielleicht
war sein Widerwillen gegen das Getränk doch stärker als seine seelischen Beschwerden, die sich offensichtlich nicht auszahlten.
Und was uns betraf, so verstanden wir uns immer besser.

Manchmal durften wir ins Kino. Das fand die Mutter immer
ein wenig bedenklich. Ob es mich auch nicht verdürbe ... Ob es
mich nicht zu sehr aufrege? Zu sehr aufregen, ja, das tat es! Aber
man kann ein Kind, und sei es das – scheinbar – zarteste, doch
nicht von allem fernhalten. Sie selbst war ja fasziniert von der
neuen Kunst, obwohl sie sich sehr im Zweifel war, ob es überhaupt eine Kunst war, oder nicht eher ein Verderbnis. Manchmal
erzählte sie mir von Filmen, die sie gesehen hatte, in Berlin oder
auf anderen Reisen. Sie lachte Tränen über Charlie Chaplin – und

dann wusste sie selber nicht, ob es nicht eigentlich zum Weinen traurig gewesen sei. So unendlich rührend! Ja, Charlie Chaplin liebte ein blindes Blumenmädchen. Er hielt ihr den Strang, von dem sie Wolle abwickeln wollte. Aber sie erwischte den Faden seiner Hose. »Sie konnte ja nicht sehen, mein Herz! – Und er war zu zartfühlend, als sie auf ihren Irrtum aufmerksam zu machen. So stand er da – und drehte sich – und drehte sich um sich selbst, während sie seine Hose aufribbelte, von oben nach unten ...«

Tief berührt war sie auch von einem Film aus dem kommunistischen Russland. Er hieß *Der Weg ins Leben*. Er zeigte, wie verwahrloste Jugendliche durch sinnvolle Tätigkeit wieder zu ordentlichen Menschen wurden. Sie bauten irgendwas, ich glaube Straßen, sie fuhren auf Loren – es gab viele Konflikte. Aber irgendwie war alles positiv und der Kommunismus hatte offenbar auch gute Seiten.

Die Filme für mich durften selbstverständlich nur »jugendfrei« sein. Und Friedebald musste mich begleiten, alleine konnte ich nicht gehen. So wanderten wir über die Saalebrücke. Ich war voller Erwartung, wie im Fieber. Das »Lichtspielhaus« war weit entfernt, fast eine halbe Stunde liefen wir, am Bahnhof vorbei, in ein Stadtviertel von Kösen, an der Saale, das mir immer etwas schmuddelig erschien.

Da gab es eine Zementfabrik, von der lag Staub auf allen Dingen. Da war auch noch ein anderes Werk, Lacke und Farben, das war eines Nachts in Flammen aufgegangen, wir sahen den Glutschein am Himmel – und gleich war auch der Verdacht einer Brandstiftung da. Warum wohl? Ich verstand nicht, wie man sein Eigentum vernichten, verbrennen konnte. Friedebald erklärte es mir. Wegen der Versicherung. Die Polizei kam. Und wirklich fand man in der Garage des Mannes Zeitungen, mit einem Datum, aus dem ganz klar wurde ...

Nichts war mir klar. Zwischen dem Feuer, der Brandstiftung und dem Datum auf der Zeitung bestanden für mich unentwirrbare Verbindungen. Friedebald gab es auf, das kleine Dummerle zu belehren.

In dieser staubigen, unheimlichen, nach Brand und Verbrechen riechenden Gegend war also das Kino, in einer heruntergekommenen Gastwirtschaft. Der Saal roch nach gescheuerten Tischen, nach Rauch und abgestandenem Bier. In der Mitte stand der Projektionsapparat, auf einem Gestell erhöht. Ein Mann daneben leierte die Kurbel. Auf einem verstimmten Klavier wurden Töne erzeugt. Der Lichtstrahl suchte seinen Weg durch Qualm und Mief. Auf der Leinwand erschienen zappelnde, blasse, lautlose Bilder. Zu hören war nur das Rattern des Vorführapparates. Friedebald lachte über *Dick und Doof*. Ich mochte die beiden Schauspieler nicht. Ich fand sie ekelhaft, so gewöhnlich! Der Dicke erinnerte mich an unseren Nachbarbuben, an Gerhard Schmohl aus der Kneipe gegenüber, vor dem fürchtete ich mich. Ich verstand auch die Komik der Stummfilmszenen nicht. Aber ich hütete mich, das zu verraten. Denn dann hätte ich ja nicht mehr ins Kino gedurft.

Es gab bald auch andere, höhere Genüsse. Ich wurde älter, man konnte mir mehr zumuten. Ich verliebte mich in die Schauspielerin Brigitte Helm, wunderschön war sie im Film *Die Frau im Mond* – hätte ich mir je träumen lassen, selbst zu erleben, dass Menschen den Mond betraten? Friedebald teilte meine Liebesglut. Wir schwärmten von ihrem marmor-klassischen, ihrem griechischen Profil. Und das durften wir, denn »griechisch« galt als künstlerisch. Vielleicht war sie eher langweilig, indem sie immer die gleiche, makellos-starre Maske trug. Aber ich war berauscht von ihr als Herrin von *Atlantis*, sie erschien mir edler als die Geparden, mit denen sie sich umgab.

Mit Friedebald saß ich auch zum ersten Mal vor einem Radio. In Kösen hatten wir noch keines, aber der Vater hatte sich in Berlin so einen Teufelskasten zugelegt, der alle Kultur zerstören würde, wir würden es noch erleben! Der Vater war ja immer an Technik und Erfindungen interessiert, hatte er doch ein Ingenieurstudium absolviert.

Er wohnte damals in Berlin, Fasanenstraße 13, in einer Atelierwohnung – die Adresse war ein bekanntes Künstlerhaus. Ich erinnere mich an ein behagliches, rotes Backsteingebäude, das man durch den Hof betrat. Dort kletterte Efeu die Wände empor.

Ich liebte Berlin, an der Wohnung donnerte die S-Bahn vorbei, etwa in gleicher Höhe mit den Fenstern. Ratternd tauchten die schnellen Züge auf, alles zitterte, bebte – und schon waren sie wieder verschwunden. Ich liebte die Milchwagen von »Bolle« mit den bimmelnden Messing-Glocken und den braunen Pferden; ich liebte die Straßen voller Menschen, die Autos und Droschken; die Zeitungsjungen rührten mich, die auf den Plätzen standen und ihre Schlagzeilen brüllten. Es waren ja Buben wie ich, nicht einmal viel größer, aber so mager, so arm, so abgerissen. Sie hatten es schwer, erzählte die Mutter, sie verdienten kaum das Allernötigste zum Leben, litten Hunger und froren im Winter.

Auf dem riesigen Alexanderplatz zeigte die berühmte Normaluhr den Verliebten die Zeit für ihr Rendezvous. Da tauchten sie aus der Erde auf und verschwanden wieder im Untergrund, in den U-Bahn-Schächten mit den großen blauen Zeichen. Daneben standen die dicken, bunten Litfaßsäulen, sie lockten zu Bällen, Varietés, in den »Wintergarten« mit Girls mit schlanken Beinen – für die ich jetzt noch zu klein war, aber später …

Ich war nicht oft in Berlin. Meist nur kurz, etwa auf der Durchreise nach Hiddensee. Aber jedes Mal war es ein Fest, ein Wunder, ein Taumel.

Der Radioapparat des Vaters stand auf einer Kommode. Wir durften ihn eigentlich nicht berühren. Aber wir waren einen Abend allein, Friedebald und ich. Da stand er, eine Art Zigarrenkiste, ein Holzkasten mit Drehknöpfen, mit gewickelten Drahtringen und Glasröhren, die rot glühten, wenn man das Gerät einschaltete. Wir saßen in Nachthemden davor, mit nackten Füßen. Es war alles dunkel im Raum, wir machten kein Licht. Doch die Röhren leuchteten auf, als ob Teufel darin erschienen, langsam erwärmten sie sich – und dann ertönten aus dem Lautsprecher Geräusche, Stimmfetzen, Piepsen, Heulen und Jaulen …

Der Bruder drehte die Knöpfchen, das Pfeifen und Jaulen hüpfte vorüber, sprang, klopfte. »Das sind die verschiedenen Wellen«, erklärte Friedebald, er behauptete, Moskau gehört zu haben, Berlin und Paris, ich kann mich an keinen verständlichen Laut erinnern, aber ich war erregt, mein rechter Fuß kletterte am linken Schienbein empor, die großen Zehen verhakten sich ineinander.

Ich glaube, es gab damals noch Gasbeleuchtung in dieser Wohnung. Die Technik steckte ja erst in den Kinderschuhen. Wir wussten noch nicht, dass sie das eigentliche, das große Schicksal unserer Generation werden würde. Wir sahen nur den Fortschritt, das Wunder, ahnten nichts von den Schattenseiten. In meiner Kindheit war die Welt noch im Lot. Wir freuten uns, dass wir keine Petroleumlampen mehr brauchten, wie noch in der Lietzenburg auf Hiddensee, sondern dass wir in Bad Kösen das elektrische Licht schon mit wackligen Porzellanschaltern anknipsen konnten. Die Drahtleitungen zogen sich in Form geflochtener, weiß übertünchter Schnüre an den Wänden empor und an den Decken entlang, von fingerhutgroßen Porzellanisolatoren in schwebendem Abstand gehalten.

Ich betrachtete ihr Linienspiel gern, knipste man das Licht an, warfen sie Schatten auf die Wände. Eine Zeitlang schlief ich mit Friedebald im gleichen Zimmer, er musste sich – in der Odenwaldschule verbummelt – auf seine Aufnahmeprüfung für die deutsche Aufbauschule in Weimar vorbereiten. Da rasselte der Wecker schon um fünf Uhr morgens für ihn. Es war dunkel. Stöhnend knipste er die Deckenbeleuchtung an, stöhnend stand er auf, stöhnend rannte er später zum Bahnhof. Ich konnte im Bett liegen bleiben und die Augen an den Kabeln, die das Licht in die Glühbirnen brachten, ohne dass man es sah, entlangwandern lassen. Zauberei.


## Lebewesen

Unsere Mutter war einer der zärtlichsten Menschen der Welt. Nur die Stärke und die Aufrichtigkeit ihrer Gefühle verhinderten, dass sie verkitschte. Und ihr Humor. Oft balancierte sie auf dem schmalen Grat zwischen dem noch Erträglichen und dem schon Peinlichen und dann konnte sie uns verschmitzt hintertrieben ansehen, mit leicht gespitzten Lippen und amüsierten Augen, als ob sie prüfen wollte, wie wir reagierten – sich stets die Ausflucht offen lassend: So ernst war es ja gar nicht gemeint.

Ich bin nie dahintergekommen, ob sie immer so intensiv empfand. Ich glaube wohl. Aber sie war sich auch bewusst, dass ihre von Gefühlen überströmende Ausdrucksweise ungewöhnlich, verblüffend, sogar manchmal peinlich war. Sie liebte es, diese Wirkungen zu erzielen, sie wusste, dass man sie »überwältigend« fand. Bewusstes Kokettieren und vollkommene Naivität waren bei ihr so ineinander verwoben, dass sie selbst dieses Knäuel nicht zu entwirren vermocht hätte – hätte sie es gewollt. Ich weiß nicht, ob es das geben kann: eine vollkommen bewusste Naivität – das scheint sich ja auszuschließen. Aber wenn irgendjemand – so brachte sie diese Symbiose fertig, auf eine vollkommen artifizielle Art naiv, und auf vollkommen naive Weise artifiziell zu sein. Ich habe nie einen ähnlichen Menschen erlebt.

Wir Kinder litten oft. Wir kannten ja die Schau, die sie abzog – so würden wir heute sagen – während sie für alle anderen Menschen originell und einnehmend sein konnte. Aber indem sie diese Schau abzog, indem sie ihre Besucher, Geschäftspartner, Freund oder Feind mit Zärtlichkeiten und Herzlichkeiten geradezu übergoss – zog sie schon wieder keine Schau mehr ab, spielte sie kein Theater mehr, wurde ihr die Rolle zur Natur.

Sie hatte nacheinander mehrere Autos, zu einer Zeit, als das noch etwas Seltenes war. Für sie waren es keine Dinge, keine Maschinen, es waren Gefährten mit Namen.

Zuerst kaufte sie den »Felix« – einen siebensitzigen weinroten Buick. Er hatte gelbe Speichenräder und sechs Zylinder, er war ein Ungetüm. Meine Schwester Fifi machte den Führerschein, darauf war die Mutter womöglich noch stolzer als die Tochter.

Sie wurde geehrt. Sie war glücklich. Die Mutter war es auch: »Meine Finusch!«

All ihre Autos spielten im Leben der Mutter eine große Rolle.

*Max als Kühlerfigur auf »Felix«*

Sie gehörten – mit ihren Namen – ganz zur Familie. Sie besaß drei in den Jahren von 1926 bis 1939, und es waren eben nicht der »Buick«, der »Chevrolet« und der »Röhr«, es waren der »Felix«, das »Brigittchen« und die »Trudel«. Die Mutter sagte: »Nun komm!« zu ihnen und »Willst du wohl?« – oder »der Felix hat heute schlechte Laune« – »das Brigittchen muss saufelen« – »die Trudel hat Durstel«. Statt in die Garage, musste »das Brigittchen ins Bettele« oder »ins Ställchen« gebracht werden.

Doch hinderte diese zärtliche Fürsorge nicht, dass Schlimmes passierte. Der Felix hielt sich bis Anfang der Dreißigerjahre, dann vergaß man, im bitteren Winter »das Wasserle« abzulassen, das nahm es übel, der Kühler fror ein, platzte, zwei Mechaniker reisten heran, smarte Burschen auf Motorrad und Beiwagen. Ich durfte in der wippenden Seitengondel mitfahren, durch Dörfer knattern, zu Schmieden, zu Materiallagern. Der Riss wurde geschweißt, er hielt nicht, Felix verschwand, ihm folgte »Brigittchen«.

»Brigittchen« war schon schrottreif, ein hochrädriger Chevrolet. Die Türen gingen teils nicht auf, nicht zu, man kletterte hinten durchs Fensterloch ein, »Brigittchen« war ein geschlossener Wagen, ein Kasten. Gewollt hatte sie niemand. Die Mutter hatte bereits einen eleganten Ford bezahlt, die Fotografie stand auf dem Schreibtisch. Der Autohändler machte vor der Lieferung pleite, der Mutter blieb aus der Konkursmasse nur das älteste, klapprigste Modell, fahruntüchtig. Es rostete auf dem Hof, fünfzig Reichsmark bot ein Altwarenhändler – da tat ihr das Auto leid! So ein armes, so ein trauriges Geschöpf! Es sah sie so flehend an, mit seinen schielenden Scheinwerfern. Ach Gott! Und die Sitze waren so zerschlissen – ihr war sofort klar, es konnte nur »Brigittchen« heißen und sie würde es bei sich aufnehmen. »Du sollst es gutel haben. Du wirst schon sehen!«

Sie ließ »Brigittchen« nach Bad Kösen schleppen, versteckte sie hinter dem Wohnhaus im Hof. Den ältesten Bruder, Michel, der Ingenieur werden wollte, bestach sie. »Wenn du sie mir wieder ganz machst, darfst du mit mir nach Holland fahren.«

*Der Buik »Felix«, die Familienkutsche, mit Fifi am Steuer,*
*neben ihr Käthe Kruse auf dem Beifahrersitz,*
*dann (v.l.n.r.) Friedebald, Max, Hanne,*
*Michel und Jochen*

Holland – das war fernes Ausland, ein magisches Wort, weite Ebenen, Kanäle; Amsterdam, die schöne Stadt; internationales Flair; Meisjes – Michel legte sich unter den Wagen, war verschmiert bis in alle Poren, Haare, Hände … Und das Wunder geschah. Eines Tages ratterte »Brigittchen« auf die Straße. »Ach, ich hab's ja gewusst, mein Männerle!«, jubelte die Mutter und küsste den Bruder, der das weniger mochte.

Wir fuhren diesen Wagen viele Jahre. Ihm folgte »Trudel«, ein offener Röhr, hochmodern damals. Der Bruder Friedebald pries mir des Wagens Vorzüge, wir wanderten unter den Linden auf der Landstraße in Richtung Weimar, der Sommer duftete, Vögel lärmten im Baumgrün. Der Friedebald war gerade zwölf, trug kurze, gewirkte »Bleyle«-Hosen, die am Po rasch glänzten, aber praktisch waren, und vor allem war die Firma »Bleyle« der Mutter Kunde. »Nichts spürt man mehr«, versprach mir der große Bruder vom Auto, »kein Schlagloch, keine Bodenwelle. Der Wagen fährt, als ob er flöge, er hat nämlich eine Schwingachse.«

Ich nickte begeistert, ich freute mich aufs gleichsam schwebende Auto. Schon auf der ersten Fahrt wurde mir speiübel und ich wünschte mir »Brigittchens« stoßharte Federung zurück.

Warum gab die Mutter ihren Autos so liebevolle Namen – und nicht nur diesen? Sie meinte es ja vollkommen ernst. Ja, allem, auch dem Unscheinbaren (vielleicht gerade diesem) schenkte sie Liebe, weil sie selbst diese Liebe empfand und mit allen Dingen und Wesen Mitleid verspürte. Aber wenn sie alles beseelte, lebendig machte, so auch deshalb, weil sie selbst aus jener fernen Zeit stammte, in der die Menschen noch kaum von funktionierenden Apparaten, Maschinen, schon gar nicht von Robotern und Computern umgeben waren. Je geringer der Raum ist, den die Technik einnimmt, desto größer ist der Anteil des Lebendigen. In der Mutter Kindheit gab es zwar schon die Eisenbahn, aber in den Städten fuhr man noch meist in Kutschen und Pferdewagen. Man ging oder man ritt, was sich auf diese Art fortbewegte, war lebendig. Auch das Feuer im Ofen war es, lebendig, wenn auch nicht beseelt. Oder etwa doch? Es hatte ja seine Launen, es war unberechenbar, gefährlich, tröstlich und behaglich, es knackte, prasselte und flüsterte. Die Welt war noch voller Märchen, und viele konnte man glauben, gerade Schlesien, wo die Mutter herkam, war auch die Heimat der Sagen. In dem Brunnen wohnte der Nickelmann, im Wald der Schrat, in den Bergen Rübezahl – und aus der Tiefe des Wassers rief die versunkene Glocke.

Das war die Welt der Mutter, hierfür blieb ihr Gemüt empfänglich, ihr ganzes Leben lang.

Und nichts genügte ihr. Die Autos waren das Allermindeste. Da waren die Kinder, die Freunde, die Puppen, überall Menschen, Menschen … Es würde Bände füllen. Und da waren die Tiere. Die Hunde vor allem. Wahllos. Vom räudigsten Köter bis zum überzüchteten Rassehund – nein, den mochte sie weniger. Je ursprünglicher, desto besser. Hauptsache, er hatte »vier Beine und einen Schwanz«, das war das Kriterium. Der Schwanz durfte auch fehlen, wenn er kupiert war. Er war ja mal dagewesen.

Den ersten Hund, den ich erlebte, brachte die Mutter von der Weltausstellung in Barcelona mit, 1929. Es war eine Dandy-Dimmont-Terrier-Hündin, sie hieß »Bumblebee«, Hummel, wurde aber einfach »Bömby« genannt. Es ging die Rede, die seltene Rasse sei entstanden auf einem Wettbewerb zur Züchtung des komischsten Hundes.

Bömby begleitete die Mutter auch auf Reisen. Sie selbst erzählte im Rundfunk diese Geschichte: Der D-Zug von Bad Kösen nach Berlin war knüppelvoll, nirgends ein Sitzplatz, nur im Gang konnte sie ihren Koffer abstellen. Da wickelte sie ihren Pelzmantel, die »Katze«, um Bömby und bettete sie auf den Koffer, während sie selbst daneben stehen blieb. In Halle stieg ein Herr aus, warf einen vorwurfsvollen Blick auf den im Pelzwerk schlummernden Hund und sah die kleine, mühsam stehende Frau tadelnd an: »Na, Fräulein«, sagte er, »Sie sollten sich mal lieber ein Kind anschaffen!«

Da hatte die Mutter schon sieben und fuhr zur Feier ihres fünfzigsten Geburtstages nach Berlin.


## Der Gärtner – die Gärten

Die heimatliche Welt lag inmitten von Gärten, Bäumen und Büschen, und rings um Bad Kösen waren die Wiesen und Felder, die Höhenzüge aus Kalksandstein; der grüne Galgenberg; die weiten Laubwälder, die sich über die Hügel zogen, Polster aus gedämpften Farben; Sonnenstrahlen; Vogelgezwitscher; Kissen aufwirbelnder Blätter; Farnkräuter und herabgefallene, knackende Äste. Und Schmetterlinge.

Vor dem Wohnhaus, dem grauen, schmucklosen, lag eine quadratische Rasenfläche, umgeben von allerlei Büschen. Sie wuchsen, wie sie wollten, da war die Birke, die große Kastanie. In der Mitte des Rasens sollte ein Rondell sein aus Blumen, es war auch meist da, ein runder Schildkrötenrücken, im Frühjahr pflanzte der Gärtner Wagner dort Stiefmütterchen, gelbe, blaue, betrachtete sie, vergaß sie.

Auch wir machten uns nicht viel daraus.

Ewald hieß der Gärtner mit Vornamen, man muss dieses Wort sächselnd aussprechen, dann hat man den schmächtigen Mann vor sich, der immer emsig war, immer still, in großen, brüchigen Lederstiefeln herumeilte, alles machte, stets liebenswürdig zu dem Kinde war, von dem hier erzählt wird.

Ewald Wagner lebte mit seiner rundlichen Frau in einer kleinen Dachwohnung, eine halbe Stunde Fußweg von der Werkstätte entfernt, am Morgen hin und am Abend zurück. Ich besuchte ihn einmal dort, wunderte mich, wie man so eng, auch so düster leben konnte, weiß nicht, was die Leute damals machten am Feierabend in so engen Behausungen – diese Welt war weit entfernt von der meinen, ich bezweifle, ob ich sie überhaupt bewusst wahrnahm.

Ewald Wagner war uns ein treuer Helfer. Er hatte eine besondere Stellung bei der Mutter, halb war er selbstständig, halb Angestellter, am Vormittag dies, am Nachmittag jenes, aber ich glaube, die Übergänge waren noch fließender, noch unklarer, denn Ewald Wagners Aufgaben waren vielfältig. Er heftete die Puppenkartons an der Heftmaschine mit Fuß und Hand; er stanzte die Körperschnitte der Puppen aus fleischfarbenem Nessel, der in vielen Schichten aufeinanderlag: scharfe, unregelmäßig geformte Messer, die großen Keksformen ähnelten, wurden daraufgesetzt, Ewald Wagner betätigte »die Stanze«, das Stahlgewicht, an einem Hebel. Er stanzte so auch das Rohmaterial für die Puppenköpfe aus Stoff, Pappe und Jute; am Abend fuhr er die versandfertigen Pakete zur Post, über die Brücke, über rumpelndes Kopfsteinpflaster. Meist nahm er dazu den leichten Schubwagen mit großen Eisenreifen, der war gut gefedert, hüpfte klirrend über die Steine, war meterhoch mit Kartons beladen, und so sehe ich ihn eilen, in seiner verwaschenen Kluft aus derbem Leinen.

Seltener benutzte er den sizilianischen Eselwagen, den bunt bemalten, schirrte die kleine Eselin an, die Rosinchen genannt wurde. Oft bediente er sich des Esels nicht, obwohl dieser es nötig gehabt hätte, denn er wurde rund und runder vom Müßiggang – aber manchmal, wenn die Kurgäste in Bad Kösen waren, im Sommer, dann gehörten Esel und Wagen zur Werbung. Das Gespann war ja eine kleine Attraktion, reizend anzusehen, der Esel so zierlich, überaus fantasievoll-orientalisch geschmückt, Scheuklappen, Geschirr mit bunten Bändern, mit Steinchen und blitzenden Spiegelscherben, ein Papageienfederbusch zwischen den Ohren, ein noch größerer, in allen Farben prangender Federstrauß auf dem Rücken, über dem funkelnd bunten Kammdeckel, an dem die Deichseln befestigt waren. Die Speichen der großen Räder waren geschnitzt und bemalt, da drehten sich Ritterköpfchen mit Helmen und dunkelhäutige Sarazenen – und der Wagen selbst zeigte um und um Szenen aus der staufischen Zeit Siziliens. Edle mit wallenden Mänteln, Speere und Schwerter und Palmen. Auf den Seitenbrettern erhoben sich Ritterköpfchen »zum Anfassen«, pausbäckig, lustig, wie aus den Marionettentheatern Palermos.

Es war für Ewald Wagner sicher mühsam, Rosinchen anzuschirren. Sie war bockig, ließ sich schwer einfangen, schlug Dutzende von Haken, keilte aus, galoppierte davon – und nur, wenn es gelang, sie in eine Ecke oder in den Stall zu treiben, konnte man ihr das Geschirr über den Kopf ziehen. Ehe der Gärtner das alles auf sich nahm, schob er die Pakete schon lieber selber zur Post. Wenn im Jahr vier- bis fünftausend Käthe-Kruse-Puppen versandt wurden, so hat Ewald Wagner im Laufe von drei oder vier Jahrzehnten mehr als hunderttausend durch die Stadt geschaukelt und ist dabei einmal um die Welt gelaufen.

Trotzdem hat er mir, wann immer ich darum bat, zu jeder Tageszeit, aus jeder Arbeit heraus, Rosinchen angeschirrt und gesattelt.

Darüber hinaus war der stille Mann für mich wie ein Beschließer von Schatzkammern, er war der Herr über Pappen, Packpapiere und Kartons, Knochenleim und unendliche Mengen von kleinen Materialien, die er in verschiedenen düsteren, unaufgeräumten und verstaubten Räumen verwahrte – Schatzkammern, die da untergebracht waren in Gebäuden mit klingenden Namen: im Gelben Haus, im Schuppen und im Blauen Haus. Dieses war das geheimnisvollste, selten betreten, ein schmalbrüstiges pastellblaues Gebäude, in dem alte Möbel, Spielsachen und Rohmaterialien verwahrt wurden, niemand wusste wohl wirklich genau, was in das blaue Haus im Laufe der Jahre alles hineingestopft worden war.

Jedenfalls, wann immer ich Lust dazu verspürte, konnte ich leimen, kneten, heften, hämmern, ich bastelte mir aus Kartons Pyramiden, Zylinder, Buchhüllen und andere Mappen – ich brauchte nur zu Ewald Wagner zu gehen.

Für die Werkstätte reinigte er die Klos, er leerte die Jauchegruben, er fegte den Hof, er fütterte den Esel und die Katzen, er versorgte die Zentralheizung – und er bewirtschaftete seinen Garten. Da war er dann sein eigener Herr. Wie er dies alles schaffte, weiß ich nicht, ich sehe ihn von einer Beschäftigung zur anderen schlurfen, quer über den Werkstättenhof, den Kopf gesenkt, immer in Eile, in halbhohen Stiefeln.

Mit seinem Garten war es so, dass er mit der Mutter eine Absprache getroffen hatte. Zur Werkstätte gehörte ein Grundstück, über zwei Morgen groß und zweigeteilt, durchschnitten von einer hohen Mauer. Der vordere Teil war »der Park«, die Mutter ließ ihn verwildern – wunderbar! Der hintere Teil war der Gemüsegarten. Ewald Wagner durfte ihn in eigener Regie bewirtschaften, er bezahlte keine Pacht, musste uns dafür aber mit Gemüse beliefern. Da behauptete die Schwester Fifi oft, er verkaufe die besseren Früchte an seine zahlenden Kunden, zu denen unsere Mitarbeiter gehörten, und an die umliegenden Häuser. Mittags läutete er die Glocke am Werkstättentor, er schwenkte den Lederriemen, der unter dem Schwengel hing – das gellte weithin. Und die Männlein und Weiblein aus der Puppenfertigung strömten sogleich heraus, in weißen Kitteln und Schürzen, und folgten ihm zum Einkauf von Blumenkohl, Rhabarber, Wirsing und Kohlrabi.

75

Bei so zahlreichen Tätigkeiten war es nur zu verständlich, dass sich auch sein Garten stets im Zustand malerischer Verwahrlosung befand. Zerborstene Scheiben auf den Frühbeeten, morsche Umrahmungen, Leitern ohne Sprossen, Harken ohne Zähne – alles wackelte, der schwere Schubkarren aus Holz lief auf schiefem, eierndem Rad – auf den Beeten wucherte das Unkraut. Periodisch erbat ich mir von ihm Hacke und Spaten, oder ich holte sie mir, um im »Park« eine sinnlose, zerstörerische Aktivität zu entfalten, ich verpflanzte wunderschön an verschiedenen Stellen blühende Iris, wenn sie in voller Pracht standen – denn nur da gefielen sie mir – auf ein mühevoll umgegrabenes Beet, fasste sie ordnend zusammen, es wurde eine kurze Pracht, denn natürlich gingen die Blumen ein. So vernichtete ich im Laufe der Jahre Schwertlilien, Kaiserkronen und Pfingstrosen.

All sein Gartenwerkzeug, die Rechen, Schläuche, Gießkannen und Bastschnüre, bewahrte Ewald Wagner in einem Holzhäuschen ohne Fenster auf, es sah aus wie ein mannshohes Vogelbauer. Das Holz war grau und verwittert, die Tür hing lose in den Scharnieren und doch, nirgends war der Sommer so wie hier, in dieser Bude war er eingefangen mit seiner unbewegten, wohligen Wärme, mit seinem Geruch nach Korn und Erde, der Sommer mit seinem geheimnisvollen Licht, das ein gedämpftes Licht ist, ein Schattenlicht, durch zahllose Ritzen und Spalten der Bretterverschalung brach es ein, stach mit flimmernden Strahlen quer über und hinüber, kam ringsum aus goldenen, blendenden Schlitzen, die von der Pracht draußen erzählten, wo die Vögel lärmten und der Komposthaufen duftend vermoderte.

Oft saß ich in den Bäumen, wenn die Pflaumen oder die Kirschen reif waren, »Zwillinge« über den Ohren, also zwei Kirschen an miteinander verbundenen Stängeln. Zwischen Daumen und Zeigefinger sprangen die glatten Kerne davon und Schwärme von Spatzen stoben auf, wenn die Katzen kamen.

Unser Park also verwilderte. Im Frühjahr leuchteten Hunderte von Narzissen, dann Osterglocken, Szylla und Primeln. Die Veilchen liebten den Schatten unter Bäumen, die Obstrabatte faulte, die Rosenlaube zerfiel, Fliederbüsche bildeten kleine Haine, ein Maulbeerbaum breitete seine Zweige himmelhoch aus, Akazien lockten die Bienen an, Hainbuchen standen entlang geschwungener Wege, auf denen das Unkraut Muster bildete. Schneebälle hingen über dem schiefen Zaun. »Knallerbsen« wuchsen zu undurchdringlichen Dickichten zusammen, eine ausgetretene Steintreppe führte zu einem erhöhten Sitzplatz, überall konnte man sich verstecken, träumen, war man allein, hörte man Vögel, sah man Schmetterlinge taumeln – Rosinchen graste irgendwo, hatte dieses Reich für sich, weidete friedlich, ließ Häufchen fallen, die Ewald Wagner irgendwann einsammelte und unter seinem Kohl verteilte.

In meiner frühesten Kindheit hatte die Mutter den Park noch als Versteck für Ostereier benutzt, sie legte sie in die Astgabeln, auf die Lehnen verrotteter Bänke, zwischen Primeln und Osterglocken und in das Kletterrosengitter. Wir entdeckten niemals alle, bis zum Herbst stießen wir auf zerlaufene Eier in buntem Stanniolpapier, irgendwo … Eier, die auch Rosinchen nicht aufgestöbert hatte.

In der Mittagspause schlenderten die Mitarbeiter der Werkstätte auf den Kieswegen, in der Hand die »Bemme«, in Butterbrotpapier, doch wenn Ewald Wagner die Pause wieder ausgeläutet hatte, am Ledergriff des Glockenschwengels, versank der Park erneut in Schlaf.


*Martha*


Unser Wohnhaus mochte vor unserer Zeit herrschaftliche Jahre erlebt haben, davon zeugte noch eine gewaltige Küche im Kellergeschoss. Ich kannte sie nur als Abstellraum. Von ihr führte ein Essensaufzug ins Speisezimmer, zwei Bretter an Flaschenzug und Seil, in dem Bruder Friedebald manchmal auch mich, zusammengekrümmt, hinauf- und hinabbeförderte. Wenn ich das Märchen vom Dornröschen las, dann stellte ich mir die Schlossküche so ähnlich vor, mit ebensolchen weiß gekachelten Wänden, mit der feuchten, abbröckelnden Decke, mit dem großen Kohleherd und seiner silbernen Stange, in der die Kochlöffel und die Schürhaken eingehängt wurden, mit dem Schiff, in dem stets heißes Wasser dampfte, und mit den sich verjüngenden Herdringen.

Doch nun gab es dieses Reich der klappernden Töpfe, der klopfenden Messer, der raunenden Geschichten und prasselnden Feuer nicht mehr. Man sparte Personal. Die Küche war nach oben verlegt worden, ins Helle, mit Blick auf den Hinterhof und über die Gärten bis zum Galgenberg. Statt des Kohleherds gab es einen vierflammigen Gaskocher.

Und hier herrschte Martha.

Martha war nicht groß, sie hinkte ein wenig und hatte einen kleinen Buckel. Das Haar trug sie streng gescheitelt, im Nacken zu einem Knoten aufgesteckt. Knochig, hager, mit muskulösen Armen sauste sie im weißen Kittel hektisch und mit zackigen Bewegungen vom Schrank zum Herd und erledigte den Berg von Abwasch Tag für Tag an zwei tonnengroßen Blechschüsseln, indem sie das Geschirr vom linken Schmutzwasser ins rechte Spülwasser gleiten ließ.

Aber oft saß sie auch versunken am Tisch. Dann blickte sie zum Fenster hinaus und träumte von einem Familienglück, um das sie das Leben betrogen hatte. Vielleicht dachte sie dann an ihr Kind ohne »richtigen« Vater.

Martha bewohnte ein schmales Zimmer unter der Dachschräge. Es war immer peinlich sauber und aufgeräumt. Ich betrat es fast nie, sie hielt es verschlossen. Aber wenn ich doch einmal dort eindrang, stieg mir der scharfe Geruch von Moschus, Seife und billigem Parfüm in die Nase. Manchmal schnüffelte ich am Schlüsselloch.

Was tat sie abends in diesem Raum, der so winzig war, nur aus Bett und Tisch und Stuhl und Schrank bestand? Sie ging auch kaum jemals aus. Damals besaß nicht einmal die Mutter ein Radio – und lesen habe ich Martha nie gesehen, obwohl die Flucht in die Traumwelten der Courths-Mahler und der Marlitt gut zu ihrem kargen Dasein gepasst hätte. Wahrscheinlich sank sie, nachdem der Abwasch erledigt und die Küche geputzt war, spät am Abend übermüdet ins Bett.

Zu ihrer Hilfe kam von Zeit zu Zeit eine Waschfrau. Dann stiegen Schwaden feuchten Dampfes aus der Waschküche im Keller empor ins Haus, es roch nach Seife. Martha und die Wäscherin kochten die grobe Wäsche im Kupferkessel, unter dem das Holzfeuer loderte, sie standen in Holzpantinen in Wasserlachen, auf denen Seifenblasen schillerten, sie schrubbten die Leibwäsche auf Waschbrettern – mit aufgekrempelten Ärmeln, sodass die Muskeln und Sehnen auf Marthas Arm stark hervortraten. Am Spätnachmittag hingen die Laken und Hemden auf der Wäscheleine, die kreuz und quer durch den Hinterhof gespannt war, gestützt von schräg stehenden Stangen.

Martha hatte aber doch Verwandte, die wohnten am Stadtrand Bad Kösens, in einem winzigen Haus zwischen Bahndamm und Saale. Einmal nahm sie mich dorthin mit, ich glaube, heimlich, zu einem Schlachtfest, das hätte die Mutter kaum erlaubt, wahrscheinlich war sie auf Reisen. Ich konnte mir nichts unter einem Schlachtfest vorstellen, war freudig erregt, dachte an Musik und Fröhlichkeit, an spielende Kinder.

Es war auch eine große Gesellschaft versammelt im winzigen Hof, das Bild ist mir haften geblieben. Alle waren heiter, lachten, scherzten, sie setzten mich auf einen Hocker zum Zuschauen, sie hüllten sich alle in Kittel, auch Martha, dann kam ein muskulöser, ein bedrohlicher Mann mit einer braunen Schürze, die bis zu den Füßen reichte.

Martha verschwand im Häuschen, aus Tür und Fenster quollen Dampfwolken, aus dem Ställchen wurde eine Sau getrieben, sie war am Hinterbein gefesselt und quiekte in Todesangst, ich hielt mir die Ohren zu. Ich schaute aber doch gebannt hin, wie der Schlachter den Bolzen ansetzte, draufhieb, wie die Sau umfiel, das Quieken in einem Gurgellaut abriss, die Beine noch zuckten, dann aber schlaff absanken und der Metzger ans blutige Aufschlitzen ging. Die Großmutter fing den dunklen Strom in der

Schüssel auf, das Schwein wurde mit heißem Wasser geschrubbt, für mich hatte man kein Auge.

Mir war übel, ich versuchte, mich tapfer zu halten, ließ mir nichts anmerken, die Blutsuppe rührte ich nicht an und tappte schweigend neben Martha nach Hause. Doch wurde ich lange das Entsetzen nicht los und träumte davon.

Vielleicht schlug Martha ein wenig das Gewissen. Doch war sie ein hartes Dasein gewöhnt. Und vielleicht wollte sie dem verzärtelten Buben einmal zeigen, dass Blut und Tod zum Leben gehören. Sie war länger bei uns als ein Jahrzehnt.

## Die Welt

Wie war dieses Leben sonst für mich?

Unser Haus war die Mitte der Welt und die Welt war ringsum, war nur da, damit das Haus ihre Mitte sein konnte. Frühmorgens brachte das Lehrmädchen die Post, Karten und Kuverts mit bunten Briefmarken mit allerlei Bildern, immer wieder mit dem Kopf des Reichspräsidenten von Hindenburg. Aber auch den englischen König bekam ich zu sehen, gekrönte Häupter überhaupt, aus Holland und Schweden. Die Marken waren beziffert in fremden Währungen, Cents oder Gulden, Kronen und Dollar. Auch über den Ozean waren die Briefe gereist, aus Amerika kamen sie, wo man in »Wolkenkratzern« wohnte.

Es war mir unbegreiflich, mit wie vielen Menschen die Mutter korrespondierte. Ich fand dieses fremde Wort alleine schon wunderbar. Jeden Morgen las die Mutter ihre Briefe im Bett, neben sich heißen Tee, den sie mit viel Zucker trank. Sie setzte die Brille auf und öffnete die Kuverts mit einem schmalen, silbernen Brieföffner.

Es schrieben ihr Kaufleute, Lieferanten und Spielwarenhändler, ihre Kunden. Für alle hatte sie eine zärtliche Anrede, »Lieber« oder »Liebster« war fast jeder für sie. Ein »Sehr geehrter Herr« war fremd oder feindlich. Ihre Schlussfloskeln waren ebenso überschwänglich, »Herzliche Grüße« waren das wenigste, viele »innige«, »allerschönste« und »wärmste« die Regel. »Freundliche Grüße« – das empfand sie als »kühl«, und »hochachtungsvoll« schrieb man nur an Prozessgegner, um sie tief zu verwunden.

Mit den größten Zärtlichkeiten bedachte sie immer die Männer. Sie diktierte täglich einige Stunden, lange, sehr lange und sehr herzliche Briefe. Sie wickelte jedermann mit dieser Herzlichkeit ein, die Portiers von Hotels, Beamte, Präsidenten, Wirtschaftsminister. Der Direktor der Karstadt AG war nicht »Lieber Herr Direktor Voss«, er war »Liebstes Vosschen«, der Reichsbankpräsident war nicht »Präsident« oder »Doktor«, nicht einmal »Herr«, er war »Lieber, guter Schacht«, und die Inhaberin eines Kinderheimes in Arosa, in das ich später gebracht wurde, ward nicht »Sehr geehrte« oder »Liebe Frau Suter« angesprochen, sondern »Ach, liebste Suterin!«.

Oft schrieben auch Mütter, viele dankbare, doch auch solche, die Reklamationen vortrugen. Sie beantwortete alles, seitenlang, unermüdlich. So entwickelten sich Brieffreundschaften über Jahre. Wenn sie selbst eine Frage oder eine Beschwerde an ihren Betrieb hatte, telefonierte sie gleich vom Bett aus: »Lieber, guter Renner«, auch wohl: »Rennerle« – oder: »Liebste Babu, Babu, mein Herz«, versah die Briefe mit Notizen und reichte sie weiter zur Erledigung.

Ich lernte bald – noch ehe ich lesen und schreiben konnte – die Namen der großen Spielwarenhäuser Deutschlands kennen, auch einige aus dem Ausland. Da gab es das Kinderparadies in Hamburg, Roskothen in Essen und Duisburg, Wiedling in München, von denen ein Namensvetter das Haus Obletter am Stachus führte; D.H. Wagner & Sohn in Leipzig und viele, viele andere, die zum Teil nicht mehr existieren, wie der Mutter größter Kunde in Berlin, Mathes, der nach dem Zweiten Weltkrieg unterging. In der Schweiz gab es Franz Carl Weber, in Amsterdam den Vertreter Kamlag, in New York F.A.O. Schwarz mit dem Einkäufer Ströbel, in London den schwatzhaften Vertreter Seelig.

*Käthe Kruse mit ihrem Hund Bömby*

Mehr als nur ein Begriff wurde das Haus D.H. Wagner & Sohn in Leipzig für mich, dort stellte die Mutter zur Mustermesse aus, in der Grimmaischen Straße, und später auch im Messehaus Wagner. Manchmal durfte ich sie dort besuchen, Leipzig war anderthalb D-Zug-Stunden von Kösen entfernt. Die Stadt war voller Menschen, Fahnen flatterten – und ich spielte bei D.H. Wagner & Sohn mit den wunderbarsten Dingen, während die Mutter arbeitete. Es gab dort ein Spielzimmer für die Kinder der Kunden, wir fuhren Roller und Holländer und bauten Häuser mit dem Anker Steinbaukasten.

In der Mittagspause nahm mich die Mutter zum Essen mit, sie war da stets dunkel gekleidet, oft trug sie einen eng anliegenden Hut und zog einen fein gewebten Schleier über Brille und Nase. Wir gingen in den Auerbachskeller, der lag nahe, einige Stufen hinab, Menschengewimmel, volle Tische, Stimmen und Gespräche, die sich unter den Gewölbedecken in ein Brausen verdichteten.

Die Mutter bestellte fast immer »Hausmacher Nudeln mit Hühnerklein«, das war billig und nahrhaft und schmeckte uns beiden. Dann schob sie die haarfeinen Schleierfäden über den Hut empor, und während ich mit den langen, breiten Nudeln kämpfte, die so leicht vom Löffel rutschten und spritzend in die Suppe zurückklatschten, ermahnte sie mich: »Schmatz nicht so, Herzblatt! – Halt dich gerade! – Du sollst den Ellenbogen nicht auf den Tisch stützen!« Sie erzählte mir aber auch von Goethe und seinem Doktor Faust, der hier im Auerbachskeller mit dem Teufel zu Gast war und den Studenten die herrlichsten Weine zauberte. Die Wände waren mit Bildern dieser Szenen geschmückt.

Lieber als der Doktor Faust aus dem Auerbachskeller war mir aber »der liebe, gute Kamlag« aus Amsterdam. Von ihm brachte die Mutter den Hagelslack mit, Körner aus Schokolade, die ich zentimeterdick aufs Brot häufte, und wenn sie herabrieselten, vom Teller aufleckte.

Einmal kam Herr Ströbel aus New York, er war einer der ältesten Kundenfreunde der Mutter, ein wenig beleibt, aus Berlin stammend, jetzt Deutsch mit Akzent sprechend. Er schenkte mir eine Dollarnote, die ich über den Krieg hinweg bei mir hatte, er erzählte von Wolkenkratzern und Straßenschluchten und von einer Stadt, so laut und so groß, wie ich mir es nicht vorstellen konnte.

Schön und freundlich war diese Welt um mich, die aus Spielwarenhändlern bestand mit Mengen von Spielzeug. Schön waren die Briefe, die bunten Briefmarken, die Postkarten und die Geschenke. Überall wohnten freundliche Menschen, die die Mutter liebten und verehrten und die von der Mutter wiedergeliebt wurden; liebste, beste Freunde, von denen Lübecker Marzipan kam und Nürnberger Lebkuchen und Franz-Schneider-Bücher und Karl-May-Bände.

Ja, die Mutter war eine Meisterin der Menschenbehandlung und wir kamen nie dahinter, ob aus Raffinesse oder von Natur. Sie erinnerte sich grundsätzlich an keinen Namen und machte sogar daraus eine Kunst. Menschen und Gesichter merkte sie sich, aber nicht mit wem oder was sie zu tun hatten, wem sie gehörten. Sie wusste nur: Den kenne ich doch! (Hilf Himmel, wer ist das nur?)

So konnte sie bitterböse und wütend auf jemanden sein, sah sie ihn nach einiger Zeit nur von Ferne, im Messehaus oder auf der Straße, irgendwo, dann »erkannte« sie ihn auf ihre ahnungsvolle Art, sie flog auf ihn zu, umarmte ihn, küsste ihn vielleicht sogar auf die Backe und strahlte: »Ach Liebster, wie schön, Sie endlich wieder einmal zu sehen.« Und gleichzeitig flehte sie Gott an, er möge sie mit seinem Namen erleuchten.

Der völlig Verblüffte – so überschwänglich begrüßt – war dann in der Regel geschmeichelt und brachte es kaum übers Herz, noch böse zu sein. Peinlich konnte das nur für uns Kinder werden, wenn sie – kokett oder hinterhältig – mit flehendem Blick fragte: »Ach, Herzblatt, sag mir doch schnell, wer das ist! Du weißt ja, ich kann mir keine Namen merken.«

Dann liefen wir Kinder rot an und kochten vor Wut. Denn wir wussten es auch nicht.

Nur ihre Sekretärinnen kannten fast alle, die Kunden, die Lieferanten und flüchtigen Bekannten. Auch diese Sekretärinnen gehörten zu den liebsten Menschen – übrigens auch für mich. In die herzlichste Beziehung trat ich zu »Dinah«, an deren echten, bürgerlichen Namen ich mich nicht erinnere, denn er kam nie vor. Sie war einfach »Dinah« oder »Dinahle« – von Anfang an. Ein gesundes, blondes, blauäugiges Geschöpf aus Naumburg, adrett gekleidet, angenehm anzusehen, äußerst still, liebevoll und bescheiden, fröhlich und herzlich, für mich ein wahrer Schatz, für die Mutter auch, denn Dinah war unbegrenzt fleißig, trug alles und jedes mit Geduld, arbeitete klaglos bis in die Nacht und samstags und sonntags und – so schien mir – sie war uns immer wohl gesonnen und menschlich verbunden.

Die Mutter diktierte ihr daheim, am großen, runden Esstisch, sie diktierte ihr telefonisch vom Bett aus, sie diktierte ihr in dem kleinen »Privatbüro« im Betrieb, eine Art Allerheiligstes, das niemand sonst benutzte.

Es war still in der Mutter Privatbüro, einem winzigen Raum hinter dem Musterzimmer mit Puppen in Holzregalen. Hier hing des Vaters großes Porträt. Es kam selten mal ein Besucher, die Spielwaren-Kunden reisten auf die Messe oder bestellten nach dem Prospekt. Doch manchmal verspürten Kösener Kurgäste den Wunsch, hereinzuschauen, im Sommer, ihren Mädchen eine Kruse-Puppe zu schenken, direkt »ab Werk«, obwohl sie da auch nicht billiger waren. Aber die Auswahl! Und alle waren ja so entzückend!

In der Regel dämmerte das Musterzimmer in Verschlafenheit vor sich hin. Diktierte die Mutter im Privatbüro, war man im Hauptbüro – das noch Comptoir hieß – ein wenig leiser. Nur den Gärtner Wagner bekümmerte es nicht. Ihm oblag es, die Jauchegrube auszuschöpfen, und die war nun gerade vor dem Privatbüro. Er verwendete die wässrig-braune, unappetitliche Flüssigkeit zum Düngen seiner Gemüsebeete. Er schob seine quietschendeeiernde, hölzerne Schubkarre, in der er sein uraltes Jauchefass festgeklemmt hatte, vor das Fenster, öffnete den eisernen Deckel der

Grube, senkte seine Schöpfstange mit dem Eimerchen hinab, hob den Schatz, goss ihn behutsam über den Rand …

»Ach, lieber, guter Wagner, muss das denn gerade jetzt sein?«, ertönte der Mutter Klage aus dem Fenster. Besonders an heißen Tagen, wenn alle Fenster geöffnet waren und die Luft im Werkstättenhof unbewegt stand, war der Geruch der Verwesung betäubend.

Der liebe, gute Wagner murmelte vielleicht eine Entschuldigung: »Nu, wenn de Jrube aber doch ieberläuft …«, und schlug die Klappe wieder zu. Er schob die Schöpfstange neben die Tonne, und schlurfte, schwankend unter der Last, davon. Wenn das Fass voll war, schwappte es rhythmisch schmatzend über.

Die Mutter diktierte dann lieber daheim.

## Die Werkstatt

Mit einer feinen, noblen Fassade, so präsentierte sich die Firma nach außen, nur drei Stockwerke hoch, eine frühere Schule. Breit erstreckte sie sich entlang einer Kreuzung, links die grünen, hochgeschwungenen Tore der Hofeinfahrt, grün vor dem Haus die mannshohe Ligusterhecke, hinter der auf schmalem Rasenstreifen der Esel graste. Und weit nach rechts dehnte sich der Park mit seinem braunen Zaun, mit seinen wuchernden Büschen, mit den Kuppeln der Bäume. »WERKSTÄTTE DER KÄTHE-KRUSE-PUPPEN« war dezent und in klassischen Großbuchstaben zwischen die Mittelfenster der ersten Etage gemalt.

In häufigen, wenn auch nie vorhersehbaren Abständen ertönte vom frühen Morgen bis in den Abend hinein der herzerschütternde Klageruf des Esels, jenes qualvolle, nach Luft ringende Jammern einer im Leid ertrinkenden Seele, das in mehrmaligem Röcheln erstarb – bis es von Neuem erklang. Durchdringend, ein ganzes Stadtviertel melodisch erfüllend.

Nie hat sich einer der Mitarbeiter, nie ein Nachbar, nie ein Kurgast beschwert.

*Die Käthe-Kruse-Werkstätte in Bad Kösen*

Hinter dem Haupthaus gruppierten sich um einen geräumigen, mit Kies belegten Hof, in dessen Mitte ein Walnussbaum stand und Früchte trug, Eselgehege, Wellblechgarage, Gelbes Haus, Schuppen und Blaues Haus. Ich sah sie noch, in frühen Jahren, die zwei zarten, alten Leutchen, die früheren Besitzer des ganzen Ensembles, die hier ihre pädagogische Arbeit geleistet hatten. Still und gebeugt huschten sie manchmal aus dem Blauen Haus, biedermeierklein, das nun ihre Wohnung war. Die Mutter hatte ihnen alles abgekauft, gegen eine Leibrente auf Brotbasis, das war ein fester Wert in der Inflationszeit. Sie versuchte, es mir zu erklären mit gedämpfter Stimme und bekümmerten Augen –, denn womöglich bereitete ihr dieser Vertrag selbst oft Sorgen. Doch die alten Leutchen welkten langsam dahin und starben bald. Da war sie die Last los und das Blaue Haus wurde zum Lager Scharen von Mädchen, Näherinnen, Stopferinnen, Malerinnen, Perückenknüpferinnen, Zuschneiderinnen und Bürokräfte kamen am

*Bruder Friedebald mit der nach ihm*
*benannten Puppe im Park von Wörlitz*

Morgen, ehe Ewald Wagner die Glocke zum Arbeitsbeginn läutete. Und ich ging in der Werkstatt ein und aus wie ich wollte,
doch immer ein wenig scheu unter so vielen Blicken, zwischen so
vielen Kitteln.

Aus Puppen machte ich mir nichts. Es waren einfach zu viele.
Ich besaß wohl auch einmal einen »Max«, und die Mutter verbrei-
tete die Mär, dass alle ihre Kinder, auch die Jungen, ganz wunder-
bare Puppenmütter seien. – Auf mich traf das nicht zu. Meine
Puppe steckte zwischen Kartons und Kästen im Spielzeugschrank.
Ein ungeliebtes Kind.

Nur meinem Bruder Friedebald machte es Spaß, sich eine Zeitlang mit einer Puppe zu zeigen, mit der Puppe seines Namens
»Friedebald«, deren Vorbild er war, auch die Puppe VIII oder »das
deutsche Kind« genannt. Er war stolz darauf.

Als wir einmal den Park von Schloss Wörlitz besuchten, und
auf dem See ruderten, an der Rousseau-Insel vorbei, an Wiesen,

Weiden und Schafen, hatte er sie auf dem Schoß. Am Parktor wurde er von Buben gehänselt, er setzte sein Kind auf die Säule, krempelte die Ärmel hoch und verprügelte sie. Er imponierte mir.

In der Werkstätte gab es natürlich Puppen, Puppen und Puppen. Sie standen nackt oder angekleidet auf den verschiedensten Stellagen, sie lagen zu Haufen getürmt in Körben. Auf den Staffeleien der Augenmaler die Köpfe ohne Rumpf, aufgereiht; bei den Stopferinnen die Körper, die Arme und Beine aus fleischfarbenem Nessel – Händchen, vorstehende Däumchen – fertig oder noch in Arbeit. Überall quollen die Rentierhaare graubraun aus den Öffnungen. Die Friseusen knüpften die Perücken mühsam mit der Hand in die Müllergaze, Haarstrang neben Haarstrang. Und in der Versandabteilung warteten Puppen auf Stufenregalen auf die Endkontrolle, fertig gekleidet und frisiert, schauten lieb aber stumm, waren reizende und kleine Wunder sorgfältigster Handarbeit. Denn es war ein ungeheuerer Aufwand an Zeit und Sorgfalt, der damals noch getrieben wurde – getrieben werden konnte. Schon längst ist eine so lohnintensive Herstellung unerschwinglich geworden.

Ich bemerkte die Puppen kaum noch. Für mich war die Werkstätte vor allem ein wundervolles und unerschöpfliches Materiallager. So viele Räume, Schuppen, Zimmer, Verschläge waren da. randvoll mit Rohstoffen und Einzelteilen. Niemand sieht einer Puppe ja an, aus wie vielen verschiedenen Dingen sie besteht, was alles gebraucht wird: Pappen für die Fußsohlen; Leder für die Schuhe; Stoffe, Stoffe und nochmals Stoffe, für den Körper, die Unterwäsche, die Strümpfe, die Kleidchen, die Hüte und Mäntel; Sonnenschirme und Spazierstöcke; Stopfmaterial; Farben; Leime; rote, blonde und braune Menschenhaare; Nägel, Drähte, Schnüre, Garne, Stärke, Jute …

Diese Rohmaterialien waren meine größten Schätze. Nichts – außer den teuren Menschenhaaren, die aus Sizilien kamen – wurde mir vorenthalten. Alles wartete in stillen Räumen auf mich, duftete eigenartig, scharf oder muffig – ich klebte, kleisterte, bezog, bespannte und malte, nie gehindert, nie gestört, nie getadelt.

*Die Augenmaler in Bad Kösen. Der zweite von links:*
*Herr Müller, der dritte: Herr Hirschfeld*

Aber auch wenn ich nicht bastelte, standen mir alle Räume offen. Ich schaute den beiden Augenmalern zu, dem knotigen Herrn Müller und dem schlanken Herrn Hirschfeld, die ihre Arbeitsplätze unter dem Dach an den Fenstern hatten, im Nordlicht. Wie viel Tausende von Puppenmündern entstanden unter ihren feinen, dünnen Pinseln, geschwungene Lippen, Nasenlöcher, Augenbrauen, Pupillen, darin die Iris, die Lichtpunkte!

Nur sie konnten mir die Farben anrühren, die ich brauchte, aus bunten Pulvern, mit Terpentin, Siccativ und Leinölfirnis.

Und jedes Auge, das sie so sorgfältig, so geduldig Strich für Strich gemalt hatten, wurde vor dem Versand noch einmal von der schweigsam-mürrischen Frau Busse einer Retusche unterzogen.

Über die Stoffe verfügten Fräulein Zorn, die Zuschneiderin, und Babu – bürgerlichen Namens Hedwig Mehle-Dankhoff. Fräulein Zorn war eine Meisterin des Zuschnitts, flink sauste ihre

Schere ohne zuzuklappen durch das geblümte Leinen, schlug Haken, formte Bogen, Kurven, schuf Gnome, Zwerge, Trolle und sonderbare Tiergestalten, aus denen dann, wenn sie zusammengenäht waren, plötzlich Puffärmel, Leibchen, Höschen oder Schürzen wurden.

Auch die Modelle nähte »Zornchen«, auf der Nähmaschine mit dem Fußtritt, dem Schwungrad und dem Transmissionsriemen. Manchmal nähte sie auch mir Teile zusammen, Bezüge für Buchhüllen, Kostüme für Marionettenfiguren.

Über allem herrschte lange Zeit Babu, so genannt von Bruder Friedebald, als er noch ein Kleinkind war. Sie war in der Werkstätte, solange ich denken konnte. Sie war klein, nicht gerade dick, aber leicht rundlich, energisch und auf ihre Kompetenzen bedacht.

Babu bewohnte das Untergeschoss einer behaglichen Villa in einer Parkstraße, ihre Tante Rieke sorgte für sie, die war groß, schlank und würdig, trug hochgeschlossene lange Kleider und eine Brosche am Hals. Gleich doppelt ließ sich Babu bewachen, ich weiß nicht, vor wem sie sich fürchtete, vielleicht vor Herrn Renners »Zudringlichkeiten«, vielleicht vor Dieben. Im Vorgarten unter den Büschen gab es »Selbstschüsse« – deren Wirkung malte mir Friedebald in grimmiger Deutlichkeit aus. Wo ich ahnungslos hintrat, konnten sie mich erwischen, zerfetzen oder mein Ohr abreißen. Schlimmstenfalls war ich gleich mausetot.

Die kleine Warntafel auf der Wiese, zwischen Nelken und Pfingstrosen, sah eher harmlos aus. Gefürchtet habe ich mich aber zunächst mehr vor Babus großem Bernhardiner, der überragte mich und bellte mit tiefer, volltönender Stimme. Er biss mich nie, aber er leckte mich ab und sabberte lange Fäden. Doch bald mochte ich das gutmütig tappende Tier, es ließ mich auf sich reiten und hatte ein weiches, haarendes Fell. Als sich Babu ein Haus mit rundem Erker am Fuße des Galgenberges baute, mit dem Blick auf die Äcker und den fernen Wald, nahm sie den Bernhardiner mit, die Selbstschüsse ließ sie zurück. Unsere Mutter schenkte ihr zum Einzug einen kleinen Bastard aus Bömbys Fehltritt mit dem Gassenköter. Dass sie sich dieses Haus leisten konnte, war für mich wie ein Wunder – wie es mir überhaupt lange als wunderbar erschien, dass Menschen so große Dinge wie Häuser zu bauen vermochten. Vor allem aber waren die Zeiten doch schwer, man hatte wenig Hoffnung. Babu erklärte es oft mit gedämpfter Stimme. Geld war nie da, die Mutter hatte kein Kapital, war nie in der Lage, es zu sammeln, arbeitete immer auf Kredit, hatte kaum Sicherheiten, verschwendete viel an uns, ihre Kinder, brauchte viel für die Schulen, den Vater, für die Lietzenburg.

Hans Renner, der Prokurist – er war lang und hager –, litt gewiss unter den finanziellen Schwierigkeiten, unter dem Talent der Mutter, notgedrungen Vabanque zu spielen. In schöner Regelmäßigkeit sandte er ihr Briefe von der Werkstätte in die »Villa«, schrieb ihr: »Liebe Frau Professor!«, stellte ihr düstere Prognosen, lehnte jede weitere Verantwortung ab – war jahrelang auf dem Absprung, blieb aber fast ein ganzes Leben. Hans Renners private Verhältnisse waren etwas verworren, der so knochentrocken, so urenglisch erscheinende Mann war schon einmal verheiratet gewesen, hatte eine Frau, die ihn auch verließ, und eine Tochter, Ruth, die sie mitnahm, zu meinem Kummer. Vielleicht auch zu meinem Glück.

Solange ich denken konnte, wurden die Mutter und ihre Werkstätte getragen von einem Fabelwesen, von einem unsichtbaren Gott. Er hieß Christian Krüger, eine Art Buddenbrook, ein Privatbankier, zu dem die Mutter jeweils einmal im Jahr, im Frühling, wenn die Bilanzen erstellt worden waren, wallfahrtete. Schon Wochen vorher sah sie sorgenvoll aus, Hans Renner – jede Verantwortung weit von sich weisend – versah sie mit Zahlen, von denen sie behauptete, dass sie ihr »böhmische Dörfer« seien, was nun wiederum mir ein Rätsel war. Wieso »böhmisch« und »Dörfer«?

Christian Krüger bewohnte die einzig wirklich vornehme Villa Bad Kösens direkt an der Saale, am Rande eines verträumten, schattigen Parks. Da hielt er sich verborgen. Nie sah ich diesen so wichtigen Mann. Nie besuchte er seine riskante Gläubigerin, nie wurden wir zu ihm eingeladen. Auch seine »Bank« ist mir nachträglich ein Geheimnis, keine Schalter, kein Firmenschild, keine aus und einströmenden Kunden: ein verschwiegenes graues Haus unter verschwiegenen Bäumen.

War dieses In-der-Stille-Dahindämmern die wahre Welt des Reichtums?

Jedenfalls: Kam die Mutter nach Stunden heim, war ihre Miene entspannt. Wieder einmal war es ihr gelungen, einen Kredit über hunderttausend Mark »zu ergattern«. Das war die Summe, die sie Jahr für Jahr brauchte, um »das Saisongeschäft« vorzufinanzieren. Denn gearbeitet wurde vorwiegend für die Weihnachtszeit.

Dann stürzte sie sich erneut in ihre Arbeit. Begutachtete neue Kleidermodelle, neue Perücken, fotografierte und klebte Prospekte, bereitete Ausstellungen vor, telefonierte – und brachte die Mitarbeiter durch ihre gefürchteten Kontrollen zur Verzweiflung, wenn sie nicht auf Reisen war.

Meist am späten Abend, oder sogar in der Nacht, wenn niemand mehr da war, wenn vollkommene Ruhe im menschenleeren Gebäude herrschte, ging sie in die Werkstätte und knipste in der »Expedition« alle Lampen an. Hier standen die versandbereiten Puppen auf den Treppenregalen, zwei Wände, breit und hoch. Sie nahm jede einzelne in die Hand, betrachtete alles, fand immer etwas auszusetzen und befestigte an den Körpern mit Stecknadeln die von allen Mitarbeitern gefürchteten Zettelchen. Es war ein recht grotesker Anblick, diese Reihen von Puppen mit den weißen Plakaten auf den Bäuchen. Sie schrieb aber nicht etwa knapp und klar ihre Beanstandung, schrieb nicht einfach: »Augenbrauen runder!« oder »Mund schmaler«, immer redete sie den betreffenden Mitarbeiter direkt an: »Ach, lieber Herr Müller, die guckt aber stier!« – »Ach, liebster, bester Hirschfeld, es tut mir so leid, aber die schielt wirklich, bitte, bitte, ändern Sie das!« – »Gutes Zornchen, dieser Ärmel, nein, wer hat denn den eingesetzt?« – »Ach, Frau Busse …« – »Aber Babu, wie konnte denn das passieren?« Und so fort. Meist fand sie an den Augen etwas auszusetzen. Hier fehlte der Lichtfleck oder er saß nicht richtig. Eine andere Puppe »glotzte leblos«. Die »lächelt nicht zärtlich genug!« »Die hat wohl Magenschmerzen?« – »Nein, das geht aber wirklich nicht!« – »Bitte, bitte, aber …« – Alle – die Näherinnen wegen krummer Nähte; die Beinstopferinnen wegen schiefer Waden; die Armstopferinnen wegen verkrüppelter Fingerchen; die Perückenknüpferinnen wegen »Scheitelchen, in denen die Motten waren«; alle wurden kritisiert. Sie lasen die Zettel am Morgen beim Arbeitsbeginn, seufzten heimlich, änderten, verbesserten: Rationell war das keinesfalls. Aber kein Zweifel, dass die Mutter mit dieser Genauigkeit, die durch nichts zu beirren war, mit ihrem scharfen Blick, ihrem unnachsichtigen Darauf-Beharren, dass »nichts durchging«, ihre Puppen zu dem gemacht hatte, was sie waren und was die Kunden schätzten.

Manchmal, wenn es nicht zu spät war, holte ich sie in der Werkstätte ab. Musste ich auf sie warten, war sie noch nicht fertig, stand sie noch vor dem Regal, den Bleistift zwischen den Lippen, eine Puppe in der Hand, die sie drehte und wendete und stumme Zwiesprache mit ihr hielt, dann verkroch ich mich wohl unter Fräulein Zorns Nähmaschine, zog den Lederriemen vom Rad und ließ es wirbeln, indem ich das Trittbrett mit der Hand wilder und immer wilder niederdrückte. Die Stange tanzte wie ein Kolben, und ich fuhr im Dampfer über den Ozean, zu den Wolkenkratzern; ich stieg im Flugzeug empor, schlug Loopings und ließ Trumpf-Schokolade vom Himmel regnen, oder ich reiste mit meiner eigenen Lokomotive zu Kamlag, um mir den Kohlentender in Amsterdam mit Hagelslack, der Streuschokolade, füllen zu lassen.

Rief mich die Mutter endlich, hatte ich keinen Blick für die Zettelchen. Mich betrafen sie ja nicht. Meine Klebearbeiten bewunderte die Mutter ausnahmslos, als ob sie blind gewesen wäre für schiefe Kanten und Flecke. »Schön, mein Herzblatt, sehr begabt!« – Ich war in jeder Weise bevorzugt. Sogar die Damentoilette durfte ich benutzen, da war es eng, winzig, und winzig war auch das Fenster. Um die Kloschüssel stapelten sich Kartons,

Büchsen, Eimer und Flaschen, bis zur Decke hinauf – es roch scharf nach Desinfektionsmitteln und an der Tür hing ein Spruch: »Verlasse diesen Platz so sauber wie die Katz, damit ihn auch der Hintermann genauso sauber halten kann.«

Das war Poesie und mit dem Hintermann konnte nur ich gemeint sein, denn sonst kamen ja nur Frauen hierher.

Die Männertoilette war über dem Hof, nicht im Haus, sie hätte keine Wasserspülung, hölzerne Plumpsklos, die stanken. Unten wohnten angeblich die Ratten. Die Mutter fand sie zu unappetitlich für mich, und das in kleine Quadrate geschnittene Zeitungspapier kratzte.

Machte die Mutter nun alle Lichter aus, schloss sie die Türen mit dem langen, zusammenklappbaren »Generalissimus«, der in alle Schlösser passte, dann gingen wir durch die Nacht nach Hause.

Über den Bürgersteigen brannten die Laternen mit den kleinen Birnen unter den Blechschirmen, die aussahen wie Chinesenhüte. Von Zeit zu Zeit hörte man von fern ein Auto auf der Naumburger Straße oder einen Zug über der Saalebrücke. Von der Kirche schlug die Uhr – schwere, dunkle Töne.

Die Mutter nahm mich an der Hand, ihre Hand war weich und warm. Das war die Geborgenheit. So gingen wir nebeneinander, sprachen kaum, selten begegnete uns jemand.

Bad Kösen war eine stille Stadt.

## Bad Kösen

Durch Bad Kösen, das – wie es hieß – im Grünen Herzen Deutschlands liegt, in Thüringen, fließt die Saale. Der lehmige Strom hat ein breites Tal aus dem Sandstein gewaschen. Höhen, Hochebenen mit schroff abfallenden Hängen sind übrig geblieben. Auf einem Felsen erhebt sich die Ruine der Rudelsburg, ihr benachbart ist die Burg Saaleck, zwei Zahnstümpfe. Die von Grünspan überzogenen Türme des Naumburger Domes stehen acht Kilometer weit östlich, im Dom die Stifterfiguren Ekkehard und Uta.

Vierzig Kilometer entfernt im Westen liegt Weimar, die Stadt Goethes und Schillers, deutsche Klassik, aber noch mehr Biedermeier, solides Bürgertum, ein Geist, der in behaglicher Selbstzufriedenheit eingeschlafen war. In dieser Landschaft raunten die Sagen, Raubritter machten in sehr fernen Tagen die Straßen unsicher. Wir Kinder besangen die öden Hallen und die zerfallenen Fenster: »An der Saale hellem Strande …« Nicht weit entfernt träumten die Dornburg-Schlösser. Die Pappelalleen an den Chausseen hatte angeblich Napoleon gepflanzt. Auf den Sandsteinhöhen erinnerte ein »Napoleonstein« an ihn – der französische Kaiser war hier nach dem Sieg über die Preußen auf seinem Schimmel über die Berge geritten. In den Mauern der Häuser an der Brücke steckten noch die schwarzen Kugeln der Kanonen mit der Jahreszahl 1806: Jena – Auerstedt. Einer seiner größten Siege und schlimmsten Niederlagen Preußens.

Die Jenaer Studenten hatten sich im Kösener S.C., dem Kösener Studenten-Corps, zusammengeschlossen und marschierten einmal im Jahr vom Bahnhof durch die Stadt – in vollem Wichs mit Säbeln, hohen Stiefeln und Käppchen. Sie randalierten, soffen, wir hatten uns vorzusehen, manchmal waren morgens die Fenster des Hotels »Mutiger Ritter« eingeschlagen.

Wir gingen kaum zwanzig Minuten zu Fuß durch den Buchenwald zum Vogelherd, auf halber Höhe gelegen, da war eine Lichtung, rund und verschwiegen. Hier stand eine Hütte, ein Unterstand, offen nach allen Seiten, und sollte Heinrich der Vogler zum deutschen Kaiser berufen worden sein. Gewiss war es nicht wirklich dieser Platz – aber vorstellbar war es. »Herr Heinrich saß am Vogelherd …« Man sah ihn sitzen unter den grünen Blättern. Hier konnte auch die Heimat der Grimm'schen Märchen gewesen sein – in diesen Wäldern, Flusstälern und Burgen.

Am Vogelherd lärmten die Vögel. Die Zeit stand still. Damals wurde es mir noch nicht bewusst, wie sehr dieses scheinbare Verharren der Zeit Geborgenheit bedeutet. Nichts, gar nichts änderte sich in Bad Kösen seit meiner Geburt. Es wurde kaum ein neues Haus gebaut, kaum eine Straße asphaltiert. Alles blieb, wie es war. Die meisten Häuser waren in den vergangenen zwei Jahrhunderten entstanden – im Biedermeier und in der Gründerzeit. Und so blieben sie. Der Bahnhof sah aus wie auf einer vergilbten Fotografie, da war vielleicht schon Bismarck durch die Halle geschritten. Kösen war ja einmal ein beliebtes Kurbad der Berliner Gesellschaft gewesen, Fontane erwähnt es und aus jenen Tagen bewahrte es seinen verfallenden Charme. Später hat Gottfried Benn es noch einmal in Gedichtform gebracht.

Solange ich als Bub in dieser kleinen Stadt lebte, ging ich die gleichen Wege unter den gleichen Bäumen, durch den Kurpark oder am Gradierwerk entlang. Da war nichts »schön«, außer der Natur, aber alles war so verlässlich. Wenn man verreiste und erst nach Jahren zurückkehrte, war nichts anders, nichts war fremd geworden.

Eines der ältesten Anwesen an meinen Wegen war wohl der Schafstall, groß wie ein Gutshof; graue, im Geviert angeordnete Gebäude mit hohen Dächern und Giebeln wie aus einem Bilderbuch. Allabendlich führte der Schäfer die Herde heim, Hunderte von Tieren. Sie füllten die ganze Straße, vom Bürgersteig bis zur Kastanienallee. Um die wolligen sandfarbenen Felle wirbelte der Staub. Das war wie ein Erdrutsch. Zwei Hunde sausten an den wellenden Körpern entlang, vor und zurück, unaufhörlich tönte das Blöken, der alte Mann wanderte ruhig voraus. Sein brauner Mantel fiel bis auf die Füße, er stützte sich auf den knotigen Hirtenstock.

Im Schafstall holten wir abends die Milch. Sie kam vom Rittergut Kukulau. Gleich neben dem Tor stand das winzige Haus des Schäfers, die Erwachsenen zogen die Köpfe ein, so tief waren die Decken. Im Vorraum stellten die Nachbarn ihre Kannen auf den Holztisch, die Frau des Schäfers schöpfte die Milch aus dem Bottich – weiß und sahnig floss sie von der Kelle.

Die Kaufleute hatten enge, kleine Läden, sie bewahrten den Gries, die Haferflocken in Schubladen, füllten das Mehl und den

Zucker in braune Papiertüten. Ein Kaufmann war über der Brücke, hoch über dem rauschenden Fluss. Einmal in der Woche bekam er frischen Fisch, jeden Freitag. Dann spannte er den Schimmel vor seinen Wagen, der war wie ein Trog, darin lagen die hellen Leiber mit geöffneten Mäulern und blauer geschuppter Haut.

Manchmal durfte ich ihn begleiten, dann saß ich neben ihm auf dem Bock. Ich hielt die Peitsche, wohl auch einmal die Zügel; der Schimmel war gutmütig, er kannte seinen Weg. Ein scharfer Geruch stieg von den toten Fischen auf, er war mir nicht unangenehm, er erzählte vom Meer und der Seejungfrau, wenn der Kaufmann in ein Haus gegangen war, der Schimmel ausruhte, den Kopf senkte.

Auch die Postkutsche kam mit einem Pferd, einem Braunen. Der Kasten war schmal und hoch und leuchtete gelb. Seine Tür hinten war tief heruntergesetzt, zwischen die großen Räder, man klomm über Trittstufen empor. Im Inneren fand ich es gemütlich, rechts und links gab es Bänke, vollgepackt mit Paketen.

Aus noch früheren Zeiten stammte die Fähre über die Saale. Sie war vielleicht schon da gewesen, als es die große, steinerne Brücke noch nicht gab. Der Fährmann zog sie am Drahtseil, das über den Fluss gespannt war und durch zwei Holzrollen rumpelte. Die spazierenden Kurgäste benutzten sie, oder wir nahmen sie zur Abkürzung auf dem Weg zum Bahnhof, bezahlten unsere Groschen. Kam das Motorboot von der Rudelsburg, musste das Seil ins Wasser hinabgekurbelt werden. Dann stand man da und wartete und schaute, wie es versank. Es teilte sich, die Enden liefen auseinander zu den beiden Ufern – und endlich liefen sie wieder aufeinander zu, bis sie vereinigt waren und das Seil emporstieg, sich spannte, die Tropfen herabperlten.

Im Sommer waren die Motorboote beliebt, neben den Kurgästen saßen die Ausflügler aus der Umgebung, aus Naumburg, Weißenfels oder Leipzig, oder auch Arbeiter der Leunawerke – die wir nur Leuna-Arbeiter nannten – mit ihren Frauen. Sie hatten sich fein gemacht, die Männer trugen Sonntagsanzüge, die Frauen blumige Kleider aus Kunstseide. Die Boote folgten den Windungen des Flusses durch niedriges Unterholz, an der Badeanstalt vorbei mit ihren schaukelnden Stegen, dem Sprungturm. Da freuten sich die mutigen Schwimmer über die Wellen. Nach gemächlicher Fahrt kam man unter die Rudelsburg: hoch und schroff ragte der Kalksandstein empor, auf dem die hellen Mauern mit den Fensterhöhlen standen.

Zu Fuß war es ein weiter Spaziergang, durch märchenhafte Buchenwälder. Da konnte ich an die Burgherren denken oder auch an die Kaufleute aus Naumburg, die Pfeffersäcke, die in ständiger Fehde mit den Raubrittern lagen. Am liebsten ritt ich auf Rosinchen. Ihre unbeschlagenen Hufe pochten so gleichmäßig auf den weichen Boden, ich saß krumm im Sattel, ließ den Kopf hängen, die Füße baumeln und träumte.

Kam ich schließlich über die Zugbrücke, schaute ich hinauf zum Turm, um den die Raben und Krähen kreisten. Rosinchen schnaubte und spielte mit den Ohren.

## Höhepunkte

Für uns Kösener Kinder war Naumburg eine Großstadt. Man konnte auf der Saale hinrudern, das taten wir nie, die Eisenbahn fuhr dahin und vor allem die Blaue Tante – der Omnibus. Er trug die Stadtfarben Kösens: blau-weiß, daher hatte er seinen Namen.

Wir stiegen am Metzgerladen ein, oft hingen die aufgeklappten Schweine neben der Tür des Fleischers. Dann ratterte man unter den Kirschbäumen und Napoleons Pappeln dahin, durch die Felder und an Schulpforta vorbei, kam nach Naumburg und zur dortigen Strafanstalt. Die hohen schmutzigen Mauern waren mir immer beängstigend, wie auch das Wort: Zuchthaus. Manchmal sah ich die Gefangenen bei der Straßenarbeit, sie trugen gestreifte Uniformen und Käppis und wurden von Wärtern mit Gewehren bewacht. Dann schaute ich beiseite. Ich schämte mich, sie anzusehen. Der Bruder Friedebald nahm es robuster, hatten sie doch – wie er meinte – nicht nur geraubt, sondern auch Menschen erschlagen und sogar kleine Kinder geviertelt.

In Naumburg kauften wir ein. Da gab es eine Konditorei am Marktplatz. Sie war innen ganz in Rosa getaucht und mit weißen Möbeln ausgestattet, wie aus Zuckerguss. Es gab hier die Eisenwarengeschäfte, das Reformhaus, den Schneider, den Buchbinder. Hier praktizierte der Zahnarzt, der meine Zähne gerade richten sollte. In Naumburg, das mit seinem Dom, den verwinkelten Gassen, den spitzgiebeligen Häusern, dem Kopfsteinpflaster, der Mauer mit den Wehrgängen, der gotischen Wenzelskirche und der Renaissancefassade des Rathauses noch von früheren Jahrhunderten erzählte, war auch die »Reichskrone«, ein Saalbau, in dem Sinfoniekonzerte, Vorträge und Theateraufführungen stattfanden – und Filmvorführungen, die wir damals Lichtspiele nannten. Die »Reichskrone« war unser Luxuskino. Hier rührten mich die ersten Tonfilme zu Tränen, ich erinnere mich an Sonny-Boy und seine tieftraurige Geschichte.

Friedebald und ich wanderten heimlich zu Fuß zur »Reichskrone«, anderthalb Stunden hin, anderthalb zurück, um San Francisco in Erdbeben und Feuer untergehen zu sehen. Friedebald schwärmte von der schönen Schauspielerin Jeanette McDonald und ihren schlanken, langen Beinen.

Es war bei uns immer erregend, wenn abends einmal der Gedanke aufkam, nach Naumburg ins Kino zu fahren. Ich geriet in fieberhafte Vorfreude, wir suchten die Zeitung, das Programm: Ach, wird es die Mutter erlauben, war der Film jugendfrei, hoffentlich! – Das Lebensglück hing davon ab. Dann der Anruf – mit Kurbel und Fräulein vom Amt – gab es noch Plätze? Dann das Hasten über die Treppe, immer zu spät, zur Bushaltestelle, in die Blaue Tante, an die Kasse, in die Reihen. Und der Zauber begann mit rauschender Musik.

Hinterher taumelte ich benommen hinaus, die Gegenwart war ärmlich, düster, das Wunder lag hinter mir, mein Herz war erfüllt, der Traum summte noch, ich sah die Stadt, die Straße kaum – drüben, über dem Platz wartete der Autobus, matt erleuchtet. Begann die Rückfahrt, erlosch das Licht, draußen huschten die Häuser vorbei, alles war kleinbürgerlich, ärmlich.

In Naumburg beging man ein Kirschfest, zur Erinnerung daran, dass die Stadt von den wilden Scharen der Hussiten – oder waren es die Schweden? – im Dreißigjährigen Krieg verschont worden war, der Kinder und ihrer Kirschen zuliebe – eine rührende Geschichte.

Kleinbürgerlich war eigentlich auch Bad Kösens jährliches Brunnenfest. Doch mich versetzte es in Hochstimmung. Es war ein heiterer Rummel auf der Wiese an der Saale. In der Schule bekamen wir Gutscheine, ein jeder fünf, für Karussellfahrten, eine Thüringer Rostbratwurst, eine Limonade, Kasperletheater, Schiffsschaukel oder ein anderes Vergnügen nach eigener Wahl. 1930 fiel das Brunnenfest mit der 200-Jahrfeier Bad Kösens zusammen. Da wurde die kurze Geschichte der Stadt in einem Umzug nachgebildet. Zweiundzwanzig Wagen und kostümierte Gruppen bewegten sich durch die Straßen, es wurde getrommelt, gepfiffen und gepaukt.

Allen voran marschierten die Musiker der Braunkohlengesellschaft in ihren schwarzen Knappschaftsuniformen. In der Szenenfolge der Zeiten bildete die Käthe-Kruse-Werkstatt die vorläufig letzte Seite. Über den sizilianischen Eselwagen hatte die Schwester Fifi eine kunstreiche Dekoration gewölbt. Auf kreuzweise gebogenen Buchsbaumgirlanden saßen, hingen und schaukelten Puppen, zuoberst ein »Dummerle« mit Quastenmütze und rotem Spielanzug. Dieses Schaustück mit dem zierlichen Esel im blitzend-bunten Geschirr erhielt viel Beifall.

Der Gärtner Wagner führte das trippelnde Tier, er schritt ernst geradeaus, die Stiefel gewichst, die Hose gebügelt, er trug eine neue gestreifte Gärtnerjacke, sein Blondhaar war sauber gescheitelt und er hatte sich einen strohfarbenen Schnurrbart wachsen lassen. So klein er selbst war, Rosinchen wirkte noch winziger neben ihm, ihr nickender mit den bunten Scheuklappen und dem Papageienfederschmuck versehener Graukopf reichte ihm kaum bis zur Hüfte und der zweirädrige Karren wippte von ihren wip-

penden Schritten, sodass auch die Puppen auf den Girlanden
schaukelten und hüpften.

Auf dem Kutschbrett saß ich – verkleidet als Käthe-Kruse-
Puppe. Man hatte mir eine gestreifte, lange Spielhose mit Brust-
latz genäht und den passenden Stoffhut dazu – zeit meines Lebens wurde ich es nicht los, dass man eine Kruse-Puppe in mir
sehen wollte.

Abends gab es in der Wandelhalle unter dem Gradierwerk eine
Kostümprämierung. Die »Halle« war eigentlich nur ein lang ge-
strecktes Dach, gestützt von Baumstämmen und Ästen, es sollte
Schutz bieten vor dem Solenebel und den salzigen Tropfen, die
über das Astgeflecht des Gradierwerkes rieselten – im Laufe der
Jahre hatten sich Holzstacheln, überzogen mit dicker, gelblich-
grüner Salzkruste, gebildet, lutschte man an den abgebrochenen
Stücken, schmeckte es wie konzentriertes Meerwasser.

Aus mir hatte die Mutter ein Holländer Meisje gemacht, die
Tracht war echt, sie hatte sie aus Amsterdam mitgebracht: Kappe,

Wollrock, schwarzes Mieder und Holzpantinen. Auch der Bruder Friedebald war holländisch verkleidet, er aber als Junge, da fühlte ich mich herabgestuft und war gekränkt. Doch wir gewannen zwei erste Preise, da war ich wieder stolz und genoss das Feuerwerk wie zu meinen Ehren. Auch die Mutter war glücklich. Die Kostüme benutzte sie als Vorlage für neue Puppenmodelle, und die Originale zog sie später ihren Schaufensterkindern an. Im Alltag trugen Friedebald und ich fast immer Matrosenanzüge von Bleyle. Einmal bekamen wir Mützen mit flatternden Bändern und Goldbeschriftung dazu: MS Europa, MS Bremen. Der Stapellauf des Ozeanriesen *Bremen* im Jahr 1929 erregte unsere Fantasie – oft und gern betrachtete ich die Fotos, auf denen die Mutter so winzig, eine Ameise unter Ameisen, neben dem riesenhaften Schiff zu sehen war. Friedebald prunkte mit einem schier grenzenlosen Wissen. Die Schiffe seien höher als Hotels, sie durchpflügten die Wellen mit tausend Knoten und hatten eine sagenhafte Tonnage. Ich verstand nichts, aber es klang interessant.

Unsere Begeisterung für die Seefahrt wurde noch gesteigert, als wir erfuhren, dass wir einen entfernten Verwandten hatten, den wir zwar niemals zu sehen bekamen, dem die Mutter aber ihre herzlichen Briefe schrieb. Er sollte ein Großonkel sein und ein Kommodore, der erst für die Hapag-Lloyd den Ozeanriesen *Resolute* über die Weltmeere und rund um die Erde führte, und der nun das Kommando der *Bremen* erhielt, des schönsten, größten und schnellsten Schiffes der Welt.

Doch damals begann ich auch das erste Mal, lebhaft am Anstand der Mutter zu zweifeln. Eine große illustrierte Zeitung schrieb nämlich ein Preisausschreiben aus – es könnte *Die neue Linie*, *Die elegante Welt* oder die *Berliner Illustrierte Zeitung* gewesen sein. Da waren Fotos bekannter Orte ohne Erklärung abgebildet, Häfen, Städte, Küsten, die Kreidefelsen von Dover, Capri, die Freiheitsstatue, die Tower-Bridge … Und man sollte sie erraten. Es war eine Seite, die mir gefiel, am meisten begeisterte mich ein eleganter Dampfer: Der erste Preis war eine Kreuzfahrt auf diesem Schiff. Die Mutter schien meine Begeisterung zu teilen.

In ihrem Privatbüro, unter dem Bild des strengen, schönen Vaters, löste sie mit mir alle Rätsel, wusste und erkannte jeden Ort, setzte die richtigen Antworten in die Kästchen, schrieb auch meinen – nicht ihren! – Namen als Absender und versprach, den Brief mit der nächsten Post absenden zu lassen.

Ich schwelgte in Vorfreude, war mir meines Sieges gewiss, da ja die Mutter alles so sicher gewusst hatte – und erwartete die goldene Benachrichtigung … Bis ich eines Tages durch Zufall im Ablagekörbchen den Durchschlag des Begleitbriefes der Mutter an die Redaktion entdeckte: Sie habe mir die Freude machen wollen, aber sie bitte herzlich darum, mir ja nicht den ersten Preis zu verleihen, ich sei ja noch viel zu klein für die Reise und zu zart und überhaupt noch ein Dummerle, ein zärtlich geliebtes.

O, ich hasste sie! Das Schlimmste wollte ich ihr antun! Fortlaufen! – Aber wohin? Ewald Wagner sattelte mir Rosinchen und ich kam getröstet und ermattet aus dem Walde zurück. Ich sagte ihr, sie sei eine falsche Schlange. Sie lachte und antwortete, es täte ihr leid. Aber eines Tages würde ich schon selber einsehen, dass es richtig war, was sie getan hatte.

Dann kam ein Zirkus, und ich vergaß die Seefahrt und alle Dampfer der Welt. Der Treck mit den bunten Holzwagen, mit den zottigen Pferdchen, zog über die Brücke. Harmlose, freundliche Leute, braun gebrannt, winkten aus den Fenstern mit den Tüllgardinen, darunter baumelten Eimer, aus den Dächern ragten rostende Ofenrohre, verstruwwelte Kinder, viele barfuß, liefen nebenher. In einem roten Wagen befand sich die Menagerie mit den kleinen Tieren, doch ein Löwe war auch dabei, er wurde später in den Pausen der Vorstellung gezeigt. Und ein Kamel schritt überaus hochmütig, wiegend, weich tappend hinter dem Zug.

Ich war nicht der einzige schaulustige Bub, viele Kösener Kinder begleiteten die Wagen, lachten, plapperten – aber ich biederte mich bei den fahrenden Leuten an, blieb bei ihnen, als sie ihre Wagen aufstellten und den Raum für die Manege absteckten, das Zelt hochzogen. Alles musste schnell gehen. Ich half die Seile herbeitragen, Heringe einschlagen, Werkzeuge zureichen, als sei ich einer der ihren und erhielt zur Belohnung eine Freikarte für den Nachmittag. Das war wohl eher eine kluge Investition, denn der Zirkus war am Nachmittag sowieso halb leer, nicht viele der Arbeiterkinder bekamen von den Eltern das Geld für den Eintritt. Ich aber durfte nicht allein gehen, Martha begleitete mich, und diese Karte – die sonst gewiss nicht verkauft worden wäre – musste natürlich bezahlt werden, zum vollen Erwachsenenpreis.

Ich sah und staunte, ich glühte, ich bewunderte den Mann, der helle Flammen aus seinem Hals ausstieß, ich zitterte um die schöne Frau des Messerwerfers, nach der ihr Mann mit den scharfen Klingen zielte – wagte kaum hinzuschauen –, konnte aber auch nicht wegsehen. Des Zirkusdirektors dürres Töchterchen wippte graziös auf dem Seil, und dies regte mich mächtig an: In unserem Park spannte ich eine Wäscheleine von Baum zu Baum, kaum hüfthoch, stand dann lange auf der kleinen Trittleiter daneben und wagte schließlich meinen Fuß daraufzusetzen. Das Seil senkte sich, ich rutschte und zog mich mit dem dekorativ aufgespannten Regenschirm auf die sichere Leiter zurück. Ich verlegte das Seil hinab, eine Handbreit über den Boden, doch es sank auch da durch, ich spazierte auf dem Rasen, machte ein paar balancierende Bewegungen und schaute, was blieb mir übrig, sehnsuchtsvoll in den Wipfel der Linde empor und von da hinüber zum Maulbeerbaum. Da oben, in solch schwindelnder Höhe, hätte ich tanzen wollen, und alle hätten mir zugejubelt.

Ich versuchte mich als Cowboy, zog das Seil durch eine Schlaufe, wirbelte es im Kreis, über meinem Kopf, aber wenn ich es warf, war es nur noch ein langer Strick. Da graste Rosinchen, nun ein feuriger Mustang, und rupfte die Halme – könnte ich ihm kühn die Schlinge über den Hals werfen, dann bräuchte ich Ewald Wagner niemals wieder. Doch Rosinchen wechselte nur gelassen die Standbeine mit den kleinen Hufen, wenn ihr das Seil auf die Schenkel klatschte, sie schüttelte die Ohren und bewegte sich einen Schritt weiter im Klee.

Aber die Zirkusprinzessin: Auch auf dem Rappen hatte sie ja ihr Können gezeigt, sie flog aus dem Stand auf seinen Rücken, ohne Sattel, kniete auf zwei Beinen, dann sogar nur auf einem, streckte das andere nach hinten und breitete beide Arme aus. So wippte sie auf dem wippenden Pferderücken. Auch das war begeisternd. Ewald Wagner zwängte Rosinchen ins Geschirr. Ich jagte sie durch den Werkstättenhof, hielt die Zügel, rannte neben ihr her, gespannt zum Aufsprung. Ich sprang auch, mit Todesmut –, und fand mich auf der anderen Seite am Boden, im Kies. Babu versorgte meine blutenden Knie.

Ich liebte den Clown und lachte über den dümmsten seiner Späße. Dass er immer so traurig aussah und dabei doch so lustig war, wie kam das? Ich fragte die Mutter, sie sagte mir, dass Komik und Traurigkeit Zwillinge sind, eineiige Zwillinge – das erklärte alles. Der Clown war zwei Wesen in einem, so war auch ich, ich war klein und traurig und doch groß und lustig. Ich dachte darüber nach und fand das ganz richtig so. Nur den eineiigen Zwilling konnte ich an mir nicht entdecken. Ich blieb eine Einzelperson.

Als bald darauf der Zirkus Sarrasani nach Naumburg kam, auf die große Vogelwiese, da war er wie eine kleine Stadt aus Wagen und einem Riesenzelt. Er hatte sogar sein eigenes Elektrizitätswerk. Der Bruder Friedebald wusste das. Ja, der Zirkus leuchtete in blendender Pracht. Nicht nur der Name »Sarrasani« überstrahlte die schwarze Nacht, auch die Linie des Zeltdaches war mit Glühlampen nachgezogen. Ich war wie berauscht, atemlos, benommen! Die Löwen, die Kosaken auf ihren rassigen Pferden, diese fliegenden, wirbelnden Körper in dunkelgrünen Röcken; die Hanswurste und Jongleure; die Pyramiden aus schwerelosen Geschöpfen … Ich ließ kein Auge von der Chinesin, die an ihren langen schwarzen Haaren hing, schaukelte und dabei vom gedeckten Tisch aß. Doch alles verblasste, wie ja überhaupt das Licht unten erlosch und nur noch oben strahlte, in der Kuppel, so schwindelnd hoch, wenn dort die Drahtseilartisten hin und her schwangen, Könige der Lüfte, und Königinnen! So zierlich, zerbrechlich sahen sie aus, in ihren engen, weißen Körpertrikots, nackt die Arme und Beine, die schmale Binde ums Handgelenk war wie ein Verband. Sie schwangen wie Klöppel von Kirchenglocken, lösten sich, flogen durch den Raum, von Trapez zu Trapez, federleicht, anmutig, wirbelten hinauf und hinab, sich überkreuzend, drehten den doppelten, den dreifachen Salto, begleitet vom dumpfen Trommelwirbel.

Sie waren es, die mir auf Wochen hinaus nicht aus dem Sinn gingen. Mich selbst sah ich so fliegen, oben im Licht, von unten aus dem Dunkel angestarrt mit atemloser Bewunderung. Ich starrte, anbetend, verblüfft, zu meinem zweiten Ich empor, das alle Schwere überwunden hatte und nur noch schlanke Leichtigkeit war – während ich doch bleiern und müde in meinen Fieberträumen lag – im Bett.

## Hiddensee

Irgendwo im Norden lag eine wundersame Insel, das Eiland mit der Burg, Hiddensee, wo der Vater oft war. Der Vater liebte die klare, kühle Schönheit ihrer Landschaft, die grünen Hügel, das Meer und die Kiefernwälder. Die Schwester Maria begleitete ihn dorthin, wie auf all seinen anderen Reisen. Auch in Hiddensee schnitt sie Zwiebeln in kleine Streifen und servierte sie ihm zu Quark und Brot. Einmal hatten die beiden sogar auf Hiddensee überwintert, ganz allein in dem riesigen Haus, das so schlecht zu heizen war und wo der Wind durch alle Ritzen pfiff. Es hieß »Die Lietzenburg«, war aus rotem Backstein und hatte einen kleinen Turm als Ausguck, und überall heulte der Wind hinein. Das war schlimm gewesen, erzählte die Schwester, die Ostsee eine Eiswüste, Schnee aufgetürmt ringsum, Eisblumen und Eiszapfen, dazu das Pfeifen des Sturmes, eine große Einsamkeit und nur der Vater tappte schweigend in seinem Atelier herum und brummte manchmal vor sich hin.

Ich hörte von Hiddensee daheim, die Mutter erzählte halb schwärmerisch, halb leidend, Hiddensee sei der Inbegriff des Schönen – und was für ein Wort war das: der Inbegriff, wenn die

*Die Lietzenburg auf Hiddensee, im Vordergrund der »Siegesbote von
Marathon«, Plastik des Vaters Max Kruse (Berlin, Nationalgalerie)*

Mutter es aussprach – aber es verschlang eben auch Geld in Mengen, das die Mutter verdienen und ausgeben musste, dem Vater
zuliebe, es war ein Fass ohne Boden. In dem Fass saßen also der
Vater und die Schwester, er qualmte Stumpen, las und grübelte;
sie kochte, komponierte und fror.

Onkel Oskar, des Vaters Bruder, der Maler, hatte nämlich von
dem ihm zugefallenen Teil des väterlichen Erbes ein sehr großes
Grundstück auf Hiddensee erworben. Er hatte auf dem verlasse-
nen, damals noch unbekannten Eiland die Lietzenburg zu bauen
begonnen, eine Künstlerkolonie wollte er gründen, und das ist
ihm in gewissem Sinne auch gelungen, denn Hiddensee kam in
Mode, nicht zuletzt durch Gerhart Hauptmann, der zuallererst
auf unserer Lietzenburg wohnte. Aber Onkel Oskar ging an dem
Bau pleite, die Lietzenburg, zu großartig geplant, verschlang sein
Vermögen, seine Geschwister, Tante Anna und der Vater, gaben
das ihre auch noch dazu.

Eines Sommers kam ich selbst auf die grüne Insel. Aber ihre

herbe Schönheit erschloss sich mir noch nicht gleich. Ich ging im Kiefernwald spazieren, der war nun wirklich unendlich, kaum zu glauben, dass ihn Menschenhände geschaffen hatten. Die Bäume waren knorrig, Onkel Oskar hatte sie pflanzen lassen. Der sandige Boden war federnd, weich und braun von den herabgefallenen Nadeln, die Wege waren schmal und verschlungen, es gab viele Hecken, unter denen ich mich verstecken konnte. Die rote Burg ragte in einen Himmel, der sich ständig änderte, immer im Hellen, im Licht – über den Wolken zogen, die von weit her kamen und sehr weit hin gingen, sie wanderten von Horizont zu Horizont, immer. Fern lag die Insel Rügen als schmaler grüner Streifen, im Osten schwamm sie auf dem Meer. Und in der Nacht kreiste der Strahl des Leuchtturmes durch die Dunkelheit, das war geheimnisvoll, ein langer, goldener Balken, man sah ihn selbst freilich nur, wenn es dunstig war, an klaren Tagen blinkte die Glashaube über dem Dornbusch auf. Kam der Nebel hoch, war dieser dick und dicht, undurchdringlich, noch stiller wurde es dann auf der Insel, als sei sie versunken im Schweigen. Das Nebelhorn tutete, eine düstere Stimme, vor der ich mich fürchtete.

Auch sonst war mir manches unheimlich, im Haus, in der Lietzenburg, die ein berühmter Bau des Jugendstils war, aber davon wusste ich nichts. Freilich war die Lietzenburg ganz anders als das Kösener Haus, so großräumig, bereits die Eingangshalle mit dem Kamin war weit und hoch. Die Halle war ausgemalt, alle Wände ringsum und die Decke, da schwebten rosafarbene Mädchen und ihre aufgelösten Haare wellten dahin. Sie segelten irgendwie durch grüne Pflanzen, die auch wogten und sich bogen und neigten. An die braunen Türen waren kupferne, gewölbte Platten geschlagen und in unregelmäßig schwingenden Formen ausgeschnitten, da leuchteten honigfarbene Bernsteine drauf.

Das alles war so nicht unheimlich, doch wenn die Nacht einbrach in diese riesige Halle, in der zugleich die Treppe hochstieg, wenn sich auf alles die schwarze Dunkelheit legte, wobei der Raum – indem er verschwand – noch beklemmender wurde, dann kam die Angst. Damals gab es noch kein elektrisches Licht in der Lietzenburg, überall nur Finsternis, einige Petroleumlampen und Kerzen. Aber die Lampen waren nie dort zu finden, wo ich sie gebraucht hätte.

Wollte ich aus meinem Zimmer im ersten Stock aufs Klo, dann musste ich die Treppe hinab in die Schwärze und durch sie hindurch, mit der flackernden Kerze. Da zuckte mein eigener Schatten so wild, und oft wurde sogar die Kerze ausgeblasen, weil es ja, selbst im Sommer, überall zog. Auch im winzigen Klo war ich nicht in Sicherheit, gebannt starrte ich auf das Licht vor mir auf dem Boden – schon begann es zu tanzen, wurde ganz flach und riss ab, ich wagte kaum zu atmen.

In der großen Halle brannte nie Licht, das Leuchterweibchen über dem Sitzplatz vor dem Kamin trug seinen Namen zu Unrecht. Es leuchtete nicht. Bei Tag und Nacht schwebte es so dekorativ wie absurd und nutzlos unter der Decke, lachte naiv in seinem Kleid aus buntem Holz, mit seinen Apfelbacken aus Ölfarbe, und hielt die unbenutzten Kerzen in seinen vorgestreckten Fäusten. Wer wollte auch allabendlich – gar noch mehrmals – zu ihm hinaufsteigen, um die Kerzen anzuzünden? Außerdem drohte ja ständig Feuergefahr.

Und der Kamin war fast genauso nutzlos. An kühlen Herbstabenden hatte man wohl Lust, es mit ihm zu versuchen, doch man ließ es bald wieder. Dieser Kamin war, wie so vieles hier, mehr künstlerisch als praktisch. Grüne Ranken wucherten über seine Schürze, sie war mit Versen in Plattdeutsch beschriftet und es gab eine gemütliche Nische, in die Polsterbänke eingelassen waren – er war ein Schmuck- und Ausstellungsstück. Aber wehe, wenn er loderte! Dann zuckte sein Flammenschein durch Schwaden von Qualm, die sich in der Halle verbreiteten, alles ausfüllten, ehe sie gemächlich über das Treppenhaus nach oben stiegen. Allen tränten die Augen, alle husteten.

Das Haus war reich an Räumen mit lustigen Namen, der »Himmel« war unter dem Dach, da blickte man über die Insel bis zum Leuchtturm und fast bis nach Stralsund. Ein »Erker-« und ein »Balkonzimmer« gab es, vier »Vogelbauer«, winzige Kämmerchen, wie Schlafwagenkabinen. Des Vaters Atelier lag gegen Norden, war angefüllt mit Plastiken auf Modellierböcken, aus Gips oder Marmor, auch aus Holz, es war für mich ein befremdlicher, ein kühler Raum. Aber schön fand ich das von Ornamenten und Bernstein umrankte Waschbecken, das in einem mit Kupfer verzierten Wandschränkchen versteckt war. Oft stand der Vater hier stumm vor der Gesichtsmaske seines Bruders, die er für dessen Grabstein modellieren wollte, stundenlang, in dumpfes Grübeln versunken. Manchmal klebte er einen Klumpen schwarzen Wachses mit der breiten Fingerkuppe darauf, verstrich ihn und schälte ihn mit dem Modellierholz wieder ab.

Vor der Bibliothek, vor der Veranda, vor dem Gartenzimmer: überall Kiefernwälder, die rauschten – und an schönen Tagen waren die Räume erfüllt von Licht. Große Plastiken des Vaters standen vor den Bäumen, der »Siegesbote von Marathon« aus Bronze, kurz bevor er – der Sage nach – zusammenbrach, und die »Persephone«, wie sie aus der Unterwelt wieder ans Licht stieg, erwachend: der Frühling.

Aber das Haus war ja eine Burg, die Lietzenburg, und so war ich der König. Mit dem Zepter aus Holz und der Krone aus Pappe, im Umhang aus Krepppapier wachte ich vor dem Tor, fühlte mich mächtig. Stand dort geduldig. Der Dichter Gerhart Hauptmann kam vorbei mit der Gattin, er atmete schwer, blieb stehen, auf den Stock gestützt, hob mir das Kinn, blickte mich aus wässrigen Augen an, strich mir unter das Kinn, lächelte, seufzte, und wanderte langsam weiter, als ob es ihm Mühe machte, die Füße zu heben. Doch vielleicht waren es nur seine großen Gedanken, die so schwer waren.

Als Gast des Vaters kam Thomas Mann, doch den sah ich nie. Wohl aber Graf Coudenhove-Kalergi, er war elegant und geistreich, ein Komet. Mit dem Vater spazierte der Graf über die Hügel, er sprach von seiner Idee eines vereinten Europas, und der Vater hörte zu, schwieg wie immer, war aber zustimmend berührt und ich trug lange das goldene Abzeichen dieser »Pan-Europa-Bewegung« mit dem roten Kreuz in goldenem Grund. Es war klein wie ein Hemdknopf.

Einmal geschah fast Unglaubliches auf der stillen Insel, die ja durchaus still bleiben sollte, ein Refugium. Sogar Autos waren verboten, nur der Arzt hatte eines. Sonst gab es da nur den Schimmel von Dittmann, dem Kramwarenhändler.

Doch nun donnerte ein Wasserflugzeug von Stralsund herüber, eine Junkers-Maschine mit gelbem Propeller und ganz aus Wellblech. Es wasserte vor dem Bollwerk auf Kufen, die waren wie geschlossene Ruderboote, nur länger und schlanker, und alle Fischer und Gäste liefen zusammen. Eine Postlinie sollte eingerichtet werden – wozu? Man ließ es schließlich.

Aber Friedebald begeisterte sich: Das neue Zeitalter bräche an – fliegen würden wir alle. Hoch über dem Flugzeug, das im Schilf schaukelte, hing der weiße, der blasse Mond. »Schade«, klagte der Bruder, »zu ihm hinauf kommen wir niemals, die Schwerkraft der Erde ist unüberwindbar. Schau mal«, sagte er, »renn mal los!« Und ich rannte. Der Bruder hielt mich am Kragen zurück. »So hält uns die Schwerkraft«, erklärte er. »Da kann man nichts machen.« Und ich verstand ihn. Er war ja viel stärker als ich!

Als es Spätsommer wurde, das Korn auf den Feldern des Klostergutes geschnitten war, kam die Zeit, heimzureisen. Onkel Oskars Grab auf dem Friedhof wurde besucht – es lag vor dem weißen Kirchlein, ein grauer Findling. Da also sollte das Gesicht des Onkels drauf, das der Vater modellierte, ins obere Drittel, wo die Wildrosenranke herunterhing.

Der Stein ist dort heute noch blank.

Bei der Abfahrt war der Bodden nicht ruhig. Ich saß hinten im Dampfer – *Swantje* – im Freien. Hier gurgelte das Wasser, empor gewirbelt von der Schraube. Die Wellen hoben und senkten sich und die Bänke hoben und senkten sich. Eine Dame saß mir gegenüber, eine fremde Frau. Sie trug ein schwarzes Kleid und schwarze Strümpfe, ganz ruhig saß sie da, mit ein wenig gespreizten Beinen. Ihr Rock war wie eine Schale, etwas ausgebeult. Und ich neigte mich vornüber, sodass mein Kopf über der Schale war, und ich öffnete den Mund und würgte alles, was aus meinem Magen kam, dort hinein.

Ich erinnere mich nicht, was die Dame sagte.

## Das Fest

Weihnachten war nicht nur ein Fest, einige Feiertage, es war ein Einschnitt. Weihnachten kam über die Familie und veränderte alles. Man lebte auf den Heiligen Abend hin, immer intensiver, wenn der Herbst kam mit seinen langen Nächten. Die Mutter wusste nicht aus noch ein vor Arbeit, denn in der Puppenwerkstatt war nun Hochkonjunktur. Das ganze Jahr hatte man auf Vorrat gearbeitet. Nun kam »das Geschäft«. Diese Hektik steigerte jeden, auch die Mutter – denn wenn man nun überall nach ihren Puppen verlangte, die eiligsten Bestellungen kamen, das Telefon klingelte, aufgeregte Mütter wissen wollten, ob denn ihre Reparaturen auch ja noch rechtzeitig fertig werden würden, nervöse Händler Lieferungen anmahnten, alle Mitarbeiter so eifrig wie erschöpft waren, dann geriet auch sie wie in ein Fieber, dann konnte sie nicht genug tun an Geschenken und Liebe und Verwöhnung.

Wie in vielen Familien – damals – wurden auch bei uns hinter verschlossenen Türen Handarbeiten gemacht. Wir spielten das Spiel der Heimlichkeiten, nahmen es übertrieben ernst – Gekauftes zu verschenken wäre erbärmlich gewesen.

Und die Familie fiel ein in Kösen, wie ein Schwarm, soweit sie auswärts lebte: aus Schulen, aus Berlin, aus Weimar – zu Weihnachten reisten alle an, manchmal kamen auch Bekannte, die Freundin, der Freund. Sämtliche Zimmer öffneten sich und wurden belegt. Allein schon diese Belebung des ganzen Hauses bis in den hintersten Winkel erzeugte freudige Erwartung. Sogar die unteren Räume, die Monat für Monat in staubig-stiller Dämmerung geschlafen hatten, wurden geöffnet, jetzt kam ihre Glanzzeit. Zunächst freilich wurden sie hermetisch verschlossen zur Lagerung der Pakete. Vaters sogenanntes Arbeitszimmer füllte sich mit Kartons, kleinen und großen. Im Esszimmer wurde der Eichentisch mit den klobig gedrechselten Füßen vier Mal ausgezogen – jetzt füllte er den ganzen Raum. Die Schiebetür zum Musikzimmer wurde zugemacht. Ein Baum, über drei Meter hoch und breit ausladend, kam in die Werkstätte.

In frühen Jahren, ich war wohl fünf oder sechs Jahre alt, ein Dreikäsehoch, nahm mich der Bruder Friedebald, alten Bräuchen folgend, an die Hand und zog mit mir in die Nachbarschaft, von Haus zu Haus. Eine Puppe der Mutter hatten wir, ein Träumerchen mit geschlossenen Augen, schwer wie ein Neugeborenes, das diente als Christkind, und eine umgedrehte Fußbank als Krippe. Der Bruder trug den großen, schlappenden Hut des Vaters und einen Mantel; Josef stellte er dar, mit dem Knotenstock. Ein über den Kopf geworfener Schal machte aus mir eine Mutter Maria, das Christkind hatte ich zu wiegen und dazu zu summen, Eia, Eia, während Josef recht ruppig um Unterkunft und Nahrung bat. Verfressen war dieser Josef auch, doch als er einmal keine Milch bekam und polternd zu Maria sagte: »Die bösen Leute wollen uns nichts zu trinken geben, nimm dein Kind an die Brust«, und als ich mir das Hemd aufknöpfte und den kalten Puppenmund an die winzige Warze presste, empörten sich die zu wenig ergriffenen Zuschauer moralisch. Die Mutter wurde verständigt, und wir heiliges Paar gingen nicht mehr auf Betteltour.

Eine andere Vorbereitung mochte ich weniger: die Proben zu Tante Annas Weihnachtsmusik. Da war ich schon etwas älter. Tante Anna war ja wie eine Familienheilige; die Lieblingsschwester meines Vaters, älter als er und mit einem tragischen Hüftleiden behaftet – man sagte »tragisch« mit gedämpfter Stimme! –, um dessentwillen sie von ihrem Verlobten sitzengelassen worden war. Energisch und etwas altjüngferlich-herrschsüchtig hatte sie dem Vater ständig in seine Herzensangelegenheiten hineingeredet – er liebte sie trotzdem. Und Tante Anna hatte nicht nur hübsch mit Wasserfarbe gemalt, sie hatte auch komponiert, Kinderlieder nach Gedichten von Johannes Trojan, liebe Erzeugnisse eines freundlichen Gemüts und ebenso eine Weihnachtsmusik für die Familie.

Von Zeit zu Zeit – zu meinem Glück nicht jedes Jahr – wurde diese Weihnachtsmusik aus der Schublade geholt, dem Vater zuliebe. Maria, das »Mimerle«, übernahm die Einstudierung und den Klavierpart, die Geschwister je nach Alter und Können die anderen Stimmen, die Trompete, die Zimbel, die Knarre, die Trommel, den Kuckuck, die Nachtigall. All diese Instrumente lagen als unordentlicher Haufen im altdeutschen Schrank, immer bereit, aber wir Geschwister waren weniger bereit, wir kicherten, verpatzten die Einsätze, schmetterten oder klingelten an den falschen Stellen. Die »Nachtigall« war ein mit Wasser gefülltes Ei aus Blech, in dessen Röhrchen man mit Gefühl zu blasen hatte, bis es tirilierte. Wir aber pusteten so heftig, dass der Ton im Sprudeln ertrank – und der Fußboden nass wurde. Dann schimpfte Maria.

Zum Glück war es nicht schwierig, die Trommel zu rühren oder den Kuckuck erschallen zu lassen, wenn man es nur an den richtigen Stellen tat. Am Heiligen Abend, wenn die Tür zum Zimmer mit den Geschenken bereits weit aufstand und der große Baum im hellen Lichte seiner zahllosen Wachskerzen strahlte, wenn er den Raum ausladend, duftend, und mit lang herabhängendem Lametta glitzernd erfüllte, dann ging das musikalische Spiel meist flüssig vorbei, die Mutter blickte uns mit verklärtem Lächeln an, der Vater hatte feuchte Augen, und wir waren uns alle bewusst, bedeutende Glieder einer bedeutenden Familie mit großer künstlerischer Tradition zu sein.

Es gehörte sich dann, nach dem Verklingen des letzten Tones, noch einige Sekunden in stiller Rührung zu Boden zu schauen, sich ein wenig verlegen oder liebevoll anzublicken, ehe man nach seinem Geschenktisch suchte.

Einmal, auch da war ich noch recht klein, dachten sich die Schwestern eine besondere Überraschung aus. Ich musste eine eigene musikalische Vorstellung geben, zu meinem Schrecken. Die Anregung dazu erhielt die Schwester Fifi von einer kleinen Puppe, die damals zur Schaufensterdekoration hergestellt wurde. Ein knapp achtunddreißig Zentimeter großes Figürchen, weich gestopft, mit rundem, lieblichem Gesicht und gemalten, fragenden Augen, wurde in eine steife Rüstung aus gefaltetem Goldpapier gesteckt und mit Flügeln versehen. Und so ward auch ich als Rauschgoldengel verkleidet, nur war das Goldpapier kräftiger, die Falten größer und steif wie Metall: Sie zielten ringsum von der Hüfte auf den Boden, wo der Rock sich weit verbreitete. Oben trug ich ein Hemdchen, das mit goldenen Bändern geschmückt war, ein Goldband hielt meine damals noch langen braunen Haare und über meiner Stirn strahlte ein Stern aus Papier. Zum Überfluss wurden mir auch noch riesenhafte goldene Flügel auf den Rücken gebunden. Die Flügel wippten bei jeder Bewegung, ich wippte mit, das Gehen in dem steifen Rock war fast unmöglich, denn er gab ja nicht nach und stieß auf dem Eichenparkett auf. Dazu musste ich auch noch einen Tannenbaum aus Pappe in der linken Hand tragen, an dessen Zweigen Silberglöckchen baumelten, acht an der Zahl, eine Oktave. Mit einem Hämmerchen hatte ich auf diesen Glöckchen »Stille Nacht, heilige Nacht« zu spielen: Bim bimbim bam, bim bimbim bam …

Im Flur nahm ich Aufstellung, kunstvoll verkleidet, und nachdem man den Baum entzündet und die Flügeltür zum Esszimmer aufgeschoben hatte, wo die Familie zusammenstand, schubste mich Fifi ins festliche Zimmer. Von links erschien ich im Bühnenraum, schob mich wackelnd-wippend bis unter den Baum. Er strahlte in illuminierter Pracht, mein goldener Rock schob sich schleifend über das Parkett und drückte mich in die Hüften, die Mutter, überrascht von der Darstellung, seufzte: »Wie süß, ach, mein Maxl!« Und ich ließ mein schüchternes Bim-bimbim-bam erklingen.

Den Bescherungen bei uns gingen die Feiern in der Werkstätte voraus, am Abend vorher. Dort stand der Baum, derselbe, große, senkte die Zweige unter dem Gewicht der Kerzen, flimmerte, duftete. Der Werkstättenchor sang, Herr Müller, der Augenmaler, dirigierte mit seinen knotigen Händen und mit ruckendem Kinn.

Seine Kugelaugen ermunterten, dämpften, beschworen – es summten und jubilierten die Mädchen; und Herr Hirschfeld, alle um einen Kopf überragend, sang mit ruhigem Bass. War das heilige Lied verklungen, trat Herr Müller bescheiden, auf Zehenspitzen, in die Reihe zurück und nickte, sich selbst gratulierend.

Hans Renner sang nie.

Oft las die Mutter die Weihnachtsgeschichte. »Es begab sich aber zu der Zeit ...« Sie sprach mit Wärme. Vielleicht – in diesem Augenblick – begab »es« sich wirklich, sie spürte es so. Dann schwieg sie, und alle schwiegen in ihren Sonntagskleidern und empfanden, dass Weihnachten war. Eine Weile später stimmte Herr Müller den Chor noch einmal summend auf den rechten Ton ein und dann war »Ein Ros entsprungen«. Schließlich hielt die Mutter eine Rede, sie sagte »Meine lieben Mitarbeiter ...« und noch viel Herzliches, sie sprach auch von der Not und den schlechten Zeiten und den vielen Schwierigkeiten, aber wie man sie gemeinsam gemeistert habe und gemeinsam meistern würde und voll Vertrauen sei. Und sie entschuldigte sich, wenn sie die Mitarbeiter gequält und »gepiesackt« habe – gepiesackt war eines ihrer Lieblingswörter –, entschuldigte sich für die vielen Zettelchen und all ihre Änderungswünsche –, aber dass es doch notwendig sei für die Qualität und für das Produkt. Die Mitarbeiter nickten und lächelten im nur von den Kerzen honiggolden erhellten Raum und waren wieder guten Willens.

Manchmal sprach auch Babu, öfter auch Herr Renner im Namen der »Belegschaft«, man dankte jedem von jedem, in späteren Jahren sagte sogar die Schwester Fifi einige Worte – als sie Betriebsleiterin geworden war, musste sie es wohl. Dann hatte sie immer erst einen Kloß in der Kehle, sie machte es auch meist kurz und leitete schnell zum praktischen Teil über, fort von der Rührung zum Verteilen der Päckchen, obwohl sie selber so gerührt war, oder vielleicht gerade deshalb.

Am nächsten Morgen schleppte man den Baum über die Straße in die »Privatwohnung«, wo er wieder geschmückt wurde zum wirklichen, dem einzigen Heiligen Abend.

Die Bescherungen der Mutter waren immer überwältigend, schlechthin unbeschreiblich. Für alle sieben Kinder, für sich selbst, für den Vater und für Martha, für die anwesenden Freunde auch gab es Plätze mit Geschenken. Die Pakete und Präsente waren überall aufgebaut, auf den Sofas, auf Wandborden, auf großen Ohrensesseln, auf dem Harmonium, auf Bänken – und auf kleinen Tischen, sogar auf dem Fußboden. Meist erstreckte sich diese Dekoration der Verschwendung und Liebe über drei zusammenhängende Räume, wobei um den mächtigen Baum ein freier Platz blieb, zum Schauen, sich bewegen, hin und her schlendern. Man wanderte, nachdem man seinen eigenen Platz gefunden und die Geschenke das erste Mal zurückhaltend betrachtet hatte, von einem zum anderen, um auch dort zu verweilen. Und jeder schien zu leuchten. Man war weihevoller Stimmung, man ging wie schwebend.

Überall gab es zu staunen. Kleider, Wollschals und Plaids, Tabakpfeifen und Bücher, Bügeleisen und Schallplatten – man fand kein Ende. Dazu die selbst gebastelten Schächtelchen der Kinder, die Buchhüllen, Buchstützen, Papierkörbchen, die Zeichnungen und Bildchen.

Es wurde auch gesungen bei den Kruses – gleich nach dem Öffnen der Schiebetür und noch vor der Bescherung. Obwohl Schwester Maria es an kräftig stützender Klavierbegleitung nie mangeln ließ, war es doch ein recht klägliches Unternehmen. Des Vaters schöner Bass legte zwar einen tiefen Grund, aber schon die Mutter summte nur leise. Unsicher ging sie nach den Worten und nach der Melodie auf die Suche. Die Schwester Fifi stürzte sich mit der ihr eigenen Tatkraft ins Unvermeidliche, doch hätte vielleicht gerade sie es nicht tun sollen, meist sang sie falsch. Lieblich dagegen, wenn auch zart, erklang Hannes Stimme. Die Buben, alle drei, brummten, murrten und hauchten sonderbar durcheinander, Bruder Michel stets um Anstand bemüht mit tödlichem Ernst, Bruder Jochen immer halb lachend und nur Bruder Friedebald sang unbefangen, laut und schmetternd, er genoss immer alles.

Das Festmahl wurde klugerweise erst nach der Bescherung eingenommen. Denn Geduld erforderte es, die hätte man vorher nicht gehabt. Auch der Esstisch war festlich geschmückt. Da funkelte das beste Porzellan mit dem Goldrand, von dreiarmigen Leuchtern hingen bunte Bänder auf die Damastdecke herab, um jeden Teller rankte sich schmückendes Beiwerk, duftende Tannenzweige, Lametta und Weihnachtskugeln blitzten. Und ernst, aber freudig gestimmt, versammelte man sich hinter den gedrechselten Stühlen, um dann auf den durchgesessenen Ledersitzen Platz zu nehmen.

Denn nun folgte das Mahl des Zusammennehmens, ein Festessen, gewiss, aber ein Leid für fast jedermann, vielleicht sogar für die Mutter, die doch darauf eigensinnig bestand. Aus ihrer Heimat hatte sie den polnischen Karpfen hier eingeführt, ein Gericht, das eigentlich niemand mochte, denn es war weder Fisch noch Fleisch. In einer undurchsichtig braunen, dicken und klebrig süßen Biersoße schwammen die fetten Stücke des ausgelösten Fisches, sie schwammen da mit ihren spitzen Gräten, die einem unversehens im Zahnfleisch steckten oder ganz hinten in den Backentaschen, denn, wie gesagt, die Soße war dunkel, dick und undurchdringlich.

Der polnische Karpfen gehörte zu Schlesien, zu Mutters Heimat, vielleicht gedachte sie dabei ihres »Vaterles« oder »Mutterles« – es war eine schlesische Tradition.

Und immer zog sich dieses Mahl viel zu lange hin. Mir schmerzten Po und Rücken. Mit meinen Füßen konnte ich den Fußboden ja nicht erreichen, ich thronte auf einem dicken, viereckigen Rosshaarkissen. Ich hasste den Karpfen, er schmeckte mir nicht. Die Polen, die ihn auch noch mit diesem dicken Bier übergossen und Rosinen hineinwarfen, hatten schon einen sonderbaren Geschmack gehabt. Die Mutter übrigens auch. Denn wenn schon mal eines der Kinder meuterte, von einem Braten schwärmte und von herzhaft einfacher Küche, die rasch einzunehmen gewesen wäre, blickte sie schmerzlich-vorwurfsvoll, als ob man den lieben Gott lästere, und meinte: »Aber Herzblatt! Das ist polni-

*Vater und Sohn Max Kruse im Weihnachtszimmer. Der Vater*
*bemüht sich, die elektrische Eisenbahn zu reparieren*

scher Karpfen!«, nur dies: »Polnischer Karpfen«, aber mit welcher
Betonung! – Als sei damit alles geklärt und der ganze Erdkreis
habe auf die Knie zu sinken.

In meiner frühen Kindheit ging die Mutter mit mir und den
Geschwistern wohl auch in die Kirche, später nicht mehr. Zu Fuß
wanderten wir durch die Nacht, dick eingemummt, zur Weih-
nachtsandacht. Es war der Weg einer Viertelstunde, bei bitterem
Frost führte er durch eine tief verschneite Landschaft wie aus dem
Märchen, die Saale war zugefroren, ihr Rauschen verstummt, nur
das Eis knackte unter der Brücke, auf deren weit gespannten Bö-
gen, genau in der Mitte, eine Straßenlaterne brannte. Es stand
dort ein Häuschen mit steilem Dach, ragte ein Erker über den
Fluss hinaus, und mit seinen hohen, spitzen Fenstern und der
grauen Schieferabdeckung, die nun überzogen war von der glitzernden Schneehaube, wirkte es wie eine gotische Kapelle. Über
dem weiten, stillen Saaletal spannte sich der klare, schwarze Him-

mel mit den unruhig flackernden Sternen, da und dort waren die Schritte der Menschen zu hören, die zur Kirche gingen und – weil es so kalt war – wenig redeten. Und plötzlich fingen die Glocken der Kirche zu läuten an, mit einem vollen, vieltönigen Gesang, der über dem Schnee und der reinen Luft so prachtvoll getragen wurde, dass die Mutter stehen blieb, meine Hand fester fasste und sagte: »Ach, hör mal, mein Liebling!« Als ob ich es nicht selbst hätte hören müssen, so erfüllt war ich ja auch bis innen hinein vom Vibrieren der Tonschwingungen. Mehr sagte die Mutter nicht, doch ich verstand auch so, dass sie glücklich-erstaunt und überrascht den Schritt verhielt, um einer Verheißung zu lauschen, die ihr Herz berührte.

In der Kirche, im kalten, kahlen Raum, bei der Predigt des strengen Pastors und beim kümmerlichen Gemeindegesang vernahm sie die Botschaft nicht mehr, da bekam sie, wie sie bemerkte, kalte Füße.

Daheim dann wurden die Kerzen noch einmal angesteckt, weiße Wachskerzen. Niemand wurde gedrängt, ins Bett zu gehen, auch ich nicht, der Kleinste. Mit wachsender, immer mühsamer bekämpfter Müdigkeit blieb man noch einige Zeit »unter dem Baum« beisammen. Der Vater saß schweigend im Ohrensessel und rauchte den kräftigen Stumpen, während er mit der linken, knochig ausgearbeiteten Bildhauerhand einen Marsch auf die Armlehne klopfte, die Geschwister plauderten bei ihren Geschenken.

Und langsam brannten die Lichter herab. Man ließ sie ausgehen, zu vorgerückter Stunde wurden sie nicht mehr erneuert. Wenn die letzten noch leuchteten, kurze Stummel, mehr und mehr in ihrem Bett flüssigen Wachses versinkend, dann rief die Mutter mich zu sich. Ganz still hatte ich neben ihr zu stehen, an sie gelehnt, und während die Dunkelheit in der Weihnachtsstube wuchs, musste ich zu den letzten Kerzen schauen; wie sie zuckten, sich neigten, abrissen, wieder aufflammten und endlich erloschen. In meinen Augen, wo sie sich winzig widerspiegelten, wollte die Mutter sie ausgehen sehen.

So war es am Heiligen Abend, an den Feiertagen und an Silvester. Aber der Heilige Abend übertraf alle anderen. Wenn ich am nächsten Morgen, am ersten Feiertag, voll Freude über meine Geschenke früh schon im Bademantel hinunterschlich ins Weihnachtszimmer, um mit ihnen zu spielen, dann überfiel mich das frühe Tageslicht ernüchternd. Noch war die Weihnachtszeit zwar nicht vorbei, noch war man zusammen, eine volle Woche, es gab noch Gänsebraten und Torten und viele Stunden der Gemeinsamkeit. Aber es war trotzdem alles entzaubert. Nie mehr würde es sein wie gestern Abend. Hatte ich Glück, dann durfte ich mit den großen Brüdern ein wenig Eisenbahn spielen. Es war eine Mammutanlage, die Schienen, die den Strom führten, hatten eine Spurbreite von etwa 10 cm und schlängelten sich mit Weichen und Kurven durch alle drei Räume. Einen Trafo gab es nicht, die Bahn fuhr mit 110 Volt, und wenn ich die beiden Schienen versehentlich gleichzeitig berührte, dann bekam ich »einen gewichst«, einen elektrischen Schlag, der nicht von Pappe war.

Am Abend zog der Vater das Grammofon auf und ließ Heinrich Schlusnus »O, du mein holder Abendstern« singen. Die Mutter schätzte seinen warmen Bariton über alles. Doch eigentlich tönte die *Tannhäuser*-Arie recht blechern aus dem Trichter, und wenn die Feder nicht richtig aufgezogen war, dann sank die Stimme mit ersterbenden Silben in unverständliche Tiefen.

Auch der Vater sang den *Tannhäuser*, seine Stimme war kraftvoll und wohltönend, längst kein Tenor mehr, ein Bass-Bariton. Am liebsten jedoch trug er die Lieder vor, die er schon in seiner Jugend gesungen hatte, Carl Loewe vor allem, der selbst noch im Haus seiner Eltern ein- und ausgegangen war.

Die Schwester Maria begleitete ihn am Flügel, im Esszimmer stand das Instrument. Der Vater wendete der feierlich gestimmten Familie seine imponierende Figur zu und das Gesicht mit dem wallenden Bart. Er trug stets einen grauen Anzug aus derbem Stoff mit Pfeffer-und-Salz-Muster. Sein Bauch gab der Weste eine bedeutende Form. Unter seiner Wölbung schaukelte die goldene Uhrkette.

Gern sah ich zu, wie diese Kette bei jedem Atemzug lang gestreckt wurde und sich – indem der Wohlklang aus dem Mund strömte – wieder locker senkte, hin und her. In der Mutter Augen standen Tränen.

Und draußen, ums Haus, war Winter.

## Winter

Der Winter war vielerlei, er war Nässe, Nebel und Kälte, es schneite ja selten in Mitteldeutschland, meist war es nur grau und feucht. Aber zum Winter gehörte auch die behagliche Wärme der Kachelöfen, Stunden des Lesens und Träumens, Langeweile kannte ich nicht. Der Winter begann mit meinem Geburtstag im November mit vielen Geschenken, Weihnachten kam danach und Silvester – und irgendwie war der Winter dann fast schon wieder vorbei, obwohl er doch eigentlich erst richtig begann. Ich lebte von früh auf immer in der Zukunft, was gerade anfing, besonders wenn es schön war, wusste ich im Voraus schon vergangen. So lebt man in Kummer.

Einmal brach der Winter mit einer Kälte ein wie seit Jahrzehnten nicht mehr, so sagten die Erwachsenen. Es war der bitterste Frost des Jahrhunderts. Die Mutter füllte das Vogelhäuschen mit Körnern und Brotkrumen, sie machte es rasch, sie öffnete das Fenster nur kurz, sie zog sich vorher die »Katze« an und schlug den Pelzkragen hoch. Denn die Luft, die ihr von draußen entgegenschlug, war eisig.

»Die armen, armen Pieperle«, klagte die Mutter.

Und die Vögel kamen. Sie schwirrten an und schwirrten davon, ich hielt mich im Hintergrund, beobachtete die Spatzen, Dompfaffen und Kernbeißer.

In dieser Wintererstarrung litten auch die Menschen. Von Arbeitslosigkeit, Armut und Hunger hörte ich täglich, obwohl ich nichts davon sah. Aber ich war verwirrt, denn die Mutter klagte viel, sie schlief wenig und ruhelos. Auch die Mitarbeiter in der

Werkstatt waren bedrückt. Es war von »gemeinsam durchstehen« die Rede. Aber was das nun eigentlich war, »arbeitslos«, das konnte ich mir nicht vorstellen, es war doch eigentlich schön, nicht arbeiten zu müssen. Und doch gab es schlimme Geschichten, über die Not von Hänsel und Gretel zum Beispiel, die nichts zu essen hatten. Freilich war das nur ein Märchen. Anders im Lesebuch, da wurde von einer Arbeiterfamilie erzählt, die frierend ihre Wassersuppe löffelte, mit abgehärmten Wangen. »Abgehärmte Wangen« – das war wohl bitter.

In Kösen brach die Wasserversorgung zusammen. Nur zu einer bestimmten Stunde, mittags, teilte man Wasser aus den Hydranten aus. Dann liefen die Männer und Frauen, vermummt, mit langen, hängenden Mänteln, Mund und Nase unter dem Schal und eine Wollmütze über den Ohren, mit Krügen und Eimern herbei. Der nächste Hydrant war an der Ecke beim Schuster Bauer. Eigentlich war ja der Hydrant zum Feuerlöschen da, aber nun sprudelte der Strahl in die Gefäße, und wenn man auch nur ein bisschen über die Füße bekam, bildete sich dort eine Eisschicht. Es sah lustig aus, wie die Männlein und Weiblein gleich Gnomen aus den Häusern huschten, schwarze Figuren, die den Platz belebten, die Eimer abstellten und sich die Arme um die Schultern schlugen. Da wurde nicht viel geredet, man steckte lieber den Mund tief in die Wolle.

Das war der kälteste Winter, den ich jemals erlebte. Sonst waren die Monate eher mild, und wenn sie freundlich waren, legten sie weiche Pelzmützen auf die Äste. Selten gab es so festes Eis, dass die Saale zufror, über dem Wehr, wo die Strömung aufgehalten wurde. Doch dann kamen da Leute alle zusammen, die Kinder vor allem, die Ufertreppen hinab und auf die glitzernde Fläche. Dass man hinüber und herüber konnte, ganz ohne Brücke und auch ohne Fähre, die festgeklemmt lag, das war schön. Kam es vor, dass das Eis nicht hielt, dass einer einbrach und mit Leitern und Stangen herausgezogen wurde, sprach man lange darüber. Und die Mutter bat uns, das Eis auf der Saale zu meiden.

Hinter dem Kloster Schulpforta wurde ja auch oft eine Wiese

überflutet, die lag zwischen der Pappelallee und dem Laubwald, der jetzt kahl war und verschneit. Der Bruder Friedebald fuhr mit mir hin, in der Blauen Tante, die Schlittschuhe am Strick um den Hals.

Da war der Platz voller Kinder und großer Leute, sie übten Schritte und glitten dahin, die Paare kreuzweise untergefasst, die Einzelnen mit ausgebreiteten Armen. Rasch leierten wir uns die Schlittschuhe unter die Stiefel, sie hielten selten und wackelten immer. Doch Friedebald sauste davon. Er hatte ein Mädchen aus Naumburg gesehen, Zöpfchen und lustige Augen. Sie war mit dem Schlitten hier und er schob sie, die Hände auf ihren Schultern. Ich war nicht mehr für ihn da – mir war es recht, ich stolperte vor mich hin. Man kann an alte niederländische Bilder denken, man braucht nur ein wenig Fantasie, und die Jahrhunderte verschwimmen. Die Unterschiede der Kleidungen vergehen, die Gruppen und Figürchen sind nicht dieselben, doch fast die gleichen. Sie wirbeln und wirbelten durcheinander. Von Pieter Bruegel gemalt könnte auch die Kulisse sein, das Kloster im Hintergrund, die dunklen Schieferdächer, die spitzen Giebel und Türme über der grauen Mauer.

Am Abend läuteten die Glocken, es war ein helles Bimmeln, wie zum Gebet.

Verträumt stand der Bruder danach im Bus, die Eisenkufen vor seiner Brust stießen zusammen und klirrten. Gern hätte ich teilgenommen an seiner Verliebtheit, gern hätte ich viel erfahren, Geheimes, Verwirrendes. Doch der Bruder schwieg. »Dass du mir ja deine Klappe hältst!«, das war es, was ich zu hören bekam.

Dass der Winter verging, der Frühling kam, mit fruchtbarer Feuchtigkeit, erkannte ich auch an den Hamburger Zimmerleuten. Wenn sie wanderten, dann wusste ich, dass Rodelschlitten und Schlittschuhe endgültig auf den Speicher gehörten. Sie kamen ausgreifenden Schrittes über die Brücke, um deren Pfeiler die Schmelzwasser schäumten. Sie erschienen mir wie Fabelwesen. Ganz in Schwarz waren sie gekleidet, in schwarzen Samt, die langen Hosen unten trompetenförmig – sehr weit. Die Burschen waren schlank und muskulös, sie hatten kecke weiß-rot gemusterte Tücher um den Hals und auf den Köpfen schwarze Schlapphüte, riesengroß. Ihr Zunftzeichen war ein schwarzer Spazierstock aus gedrechseltem Holz, er drehte sich in einer Spirale vom Boden hinauf zur kräftigen Faust. Aus Hamburg kamen sie übrigens nicht, nur ihre Vereinigung nannte sich so. Schön stellte ich es mir vor, über das Land zu ziehen und mal hier, mal dort bei einem Meister anzuklopfen – vor allem, wenn er auch eine schöne Tochter hatte. Auch bei uns gab es Meister, zwei Schuster, ganz in der Nähe. Der netteste arbeitete gleich gegenüber, er machte die Sohlen und Absätze neu. Schuster Simon hieß er, klein war er und schmächtig, ging stets gebeugt – und klein und gebeugt musste er sein, denn auch seine Wohnung war klein, im Hinterhaus, und die Werkstatt war niedrig, die Decke hing tief. Vorn in der Werkstatt hatte er seine Regale mit den lagernden Schuhen, hinten arbeitete er, eine Stufe empor, noch niedriger der Raum, ringsum Fenster. Kaum Platz zum Treten, alles war vollgestellt, Tischlein, Nähmaschinen. Auf dem Boden lagen die Lederreste und Werkzeuge herum. Aber er fand doch, was er brauchte, unter den Sohlen, Pfriemen, Hämmern, Lochzangen, Schachteln, Büchsen, Holznägeln, Stricken und Fäden, unter all den gerollten Häuten und zerschlissenen Schuhen. Immer war er, einen Faden zwischen den Lippen, an der Arbeit. Flink schlug er die kleinen, angespitzten Holznägel in die vorgebohrten Löcher der Sohlen, und manchmal erzählte er von seiner Handwerksburschenzeit.

Dass er Sozialist, sogar Kommunist war, daraus machte er keinen Hehl, als aber Hitler an die Macht kam, übte er sich im Schweigen, und so überstand er die Jahre.

## Der Esel

Das Frühjahr, der Sommer, der Herbst – das waren Jahreszeiten auch wieder für Rosinchen, die Eselin. Sie gehörte zu meiner Kindheit, die zierliche, mit den spielenden Ohren, dem tiefen

*Der sizilianische Eselswagen im vollen Schmuck, mit den Kruse-Kindern*
*(v.l.n.r.) Hanne, Max, Friedebald und Michel*

Blick, den schmalen Fesseln und dem staubigen Fell. Sie war so
selbstverständlich vorhanden wie das Haus, der Garten, die Werkstätte und alle Geschwister.

Früher waren meine Geschwister oft mit ihr ausgefahren, in
einem kleinen Leiterwagen, ich stieg lieber in den Sattel. Da hockte ich nachlässig mit rundem Rücken, in kurzen Hosen, mit nackten Schenkeln und rutschenden Strümpfen. Immer wieder versuchte ich, Rosinchen selber anzuschirren, stolperte mit dem
Zaumzeug hinter ihr her, um sie in eine Ecke oder in ihren Unterstand zu drängen. Aber sie bockte, kobolzte und trabte, schlug
aus und galoppierte – als ob sie sich über mich lustig machte.
Dann kam Ewald Wagner, sagte nicht viel, drückte Rosinchen gegen den Zaun, zwängte ihr die Trense zwischen die angewidert
entblößten Zähne und warf den Sattel auf ihren Rücken.

War sie einmal gesattelt, konnte ich mit ihr ausreiten, über die
frischen Wiesen oder über die Stoppelfelder, von denen die Krä-

*Max auf dem Esel*
*Rosinchen, 1927*

hen aufstoben; durch den Wald, der sich kilometerweit um Bad
Kösen ausdehnte.

Einmal musste sie hart arbeiten! Es fing recht harmlos an. Immer wieder hatten Kinder von Kurgästen darum gebeten, auch
einmal reiten oder ausfahren zu dürfen. Friedebald und ich kut-
schierten sie, wenn wir sie mochten, manchmal im sizilianischen
Karren, dem ungefederten, ohne Sitzbank. Die Kinder kauerten
auf dem harten Holz und hielten sich an den Ritterköpfchen fest.
Sie hatten auch jeden Halt nötig, denn der hübsche Wagen
sprang, wippte und rumpelte.

Vielleicht kam Friedebald bei diesen Ausfahrten auf seine Idee,
aus dem Esel Kapital zu schlagen: Der Anlass jedoch war ein ver-
lorener Regenschirm, der Schwester Fifi war er abhandengekom-
men, das Klagen war groß.

Aber bald hatte sie ja Geburtstag, im August, in den großen Ferien. Ein neuer Regenschirm musste her, Friedebald beschloss es, ein schönes Geschenk für die Schwester. Nur: woher nehmen? Eine solche Anschaffung überstieg die Möglichkeiten des Zwölfjährigen bei Weitem. Sein Sparstrumpf gab nichts her. Und eigentlich sollte das Geschenk ja auch erarbeitet werden.

So stand er eines Nachmittags am Gradierwerk, selbst gemalte Plakate hingen an den Bäumen: »Eselreiten 10 Pfg«. Den Esel führte er hinter sich – und er brauchte nicht lange zu warten. Im Nu war er umringt von schreienden Kindern, im Nu auch plünderten diese ihre Taschen oder bettelten die Erwachsenen an.

Der Bruder Friedebald bekam zu tun. Er geriet außer Atem, er musste rennen, die Kinder verlangten es, eine Strecke ging er gemächlich, dann aber im Trab, und zurück im Galopp. Da kam auch der Bruder in Schweiß. Und am Startplatz standen schon andere, warteten. Da hielt das Kassieren auf – Geld wechseln – und rechnen – ein Gehilfe musste her. Ich ließ mich breitschlagen, Friedebald versprach mir zehn Prozent der Einnahmen. Später reute ihn seine Großzügigkeit, verschlagen meinte er: »Du kannst natürlich auch fünf haben, wenn dir das lieber ist.«

Da lernte ich rechnen. Ich war beschäftigt als Ordner und Kassierer, mit einer schwarzen Umhängetasche, während der große Bruder mit offenem Hemd um den Platz trabte und abmagerte.

Der Regenschirm wurde gekauft, dann waren die Ferien zu Ende – das Gewerbeamt rief bei der Mutter an: Der Bruder hätte keinen Schein und das Unternehmen verstieß gegen die Ordnung.

Im nächsten Jahr allerdings telefonierte der Kurverein – die Gäste beklagten sich, die Attraktion für die Kinder fehle. »Ja, Tableau!«, sagte die Mutter. »Da beschweren Sie sich mal ein Zimmer weiter bei Ihrem Gewerbeamt.« – Und der Bürgermeister erteilte eine Ausnahmegenehmigung – mit vielem Dank.

Bruder Friedebald aber mochte nicht mehr. Er wurde zu sehr strapaziert. Auch war der neue Regenschirm ja noch da – so übernahm ich das Unternehmen – ohne Gehilfen. Die Groschen waren mir heilig. Abends stapelte ich emsig einen auf den anderen, je zehn, Türmchen für Türmchen. So ließen sich die Mark leichter zählen. Es kam was zusammen. Ich legte mein Kapital in Büchern an, trug das Geld zum Buchhändler Donath und schleppte Gedrucktes nach Hause: Abenteuer und Spannung.

## Gebrechen

Von klein auf war ich ein zartes Kind und wurde von der Mutter noch übermäßig verzärtelt. Vielleicht war es sogar eine echte Krankheit, eine Unordnung des Wachstums, die sich in Fieber äußerte, immer wieder. Ich sehe mich in einem Zimmer, erst wenige Jahre bin ich alt, die Mutter steht vor mir und ein Arzt. Sie sehen mich besorgt an – es ist etwas mit meinen »Drüsen«, sie sitzen irgendwo im Inneren meines Körpers und sind blutig, weich und fleischig wie Pflaumen.

Gelitten habe ich aber nie, die Krankheit kam ohne Schmerz, mit wohltuender Mattigkeit, und ich verdanke ihr die Befreiung von vielen Lasten und Anstrengungen. Oft besuchte ich den liebenswürdigen, väterlichen Sanitätsrat Riemann in seiner Praxis, erster Stock, nahe dem Hotel »Mutiger Ritter«. Er bewohnte ein Biedermeierhaus, aus der Zeit, als Goethes Arzt Hufeland die segensreiche Wirkung der Kösener Sole erkannte und das Bad in Mode brachte. Wilder Wein deckte die lange Seitenfront wuchernd zu – flammend im Herbst. Und der alte Sanitätsrat war auch eine biedermeierliche Erscheinung, behäbig, still und gütig. Er drückte mir das hölzerne Rohr an die Rippen, es schmerzte, denn ich war dünn. Er lauschte, befühlte die Halsmandeln und ließ sich den Schlund zeigen, indem er mir den Spachtel in den Rachen schob. Aber sonst war alles freundlich, die Praxis war eine gemütliche Stube mit Lehnstuhl und Schreibtisch, Vitrinen und Stichen an den Wänden.

Manchmal brachte ich ihm am Morgen ein vor dem Frühstück gefülltes Fläschchen. Der Inhalt war gelb und warm, man wickelte es in Zeitung, damit es die anderen Leute nicht sahen. Sie hätten sich geekelt, und ich hätte mich geschämt. Dr. Riemann ekelte sich nicht, er füllte das Gelbe in längliche Gläser und schüttelte sie über der Spiritusflamme, betrachtete sie gegen das Licht – doch auch danach blieben es die Drüsen. Er schrieb lateinische Wörter auf ein Rezept. Ich trug sie in die Apotheke, wo der Apotheker sie in weiße runde Pastillen verwandelte, in ein Pulver oder in eine Flüssigkeit. Mir war alles recht, wenn es kein Lebertran war.

Zur Apotheke musste ich über die Saalebrücke, am Laden Donath vorbei. Zuvor ging es unter der Bahnüberführung hindurch. Wenn die Züge kamen, donnerte es, die Eisenträger über mir bebten, es war immer zum Fürchten, aber auch interessant.

Vor der Apotheke lag ein winziger Garten, das Haus war niedrig, das Dach tief herabgezogen. Auch die Apotheke verdankte es Hufeland, dass sie eine Goldgrube war. Die Theke und die Wandregale waren aus Nussbaumholz, es roch nach heilkräftigen Essenzen, ringsum standen weiße Porzellantöpfe mit Kugeln auf den gewölbten Deckeln, die mich an Zuckerbonbons erinnerten.

Ich schluckte die Pastillen des Apothekers nicht ungern, sie schmeckten nicht bitter, und halfen sie nicht, so verschlimmerten sie doch nichts. Und grad so war es recht, denn so blieb alles angenehm in der Schwebe. Wären sie heilsam gewesen, dann hätten sie ja meiner Freiheit geschadet und ich hätte Tag für Tag in die Schule gemusst, was bestimmt schädlich gewesen wäre. Doch das geschah nicht – glücklicherweise. Ich war nie ganz gesund und nie ganz krank. Es war eine interessante Anfälligkeit und sie gehörte genauso zu mir wie mein magerer Körper. So war ich nun einmal: zart und kränkelnd.

Sicher hätten ein energischer Vater oder eine andere Mutter mich anders aufgezogen. Der Vater aber kümmerte sich nicht mehr um mich. Und die Mutter hielt nichts von Gewaltkuren, gleich gar nichts von spartanischer Erziehung. Anfallsweise versuchte sie es mit mäßiger Abhärtung. Dann machte sie mir nasskalte Umschläge, rieb mich mit kaltem Wasser und Franzbranntwein ab.

Aber wenn das Fieber kam – und es kam immer – dann steckte sie mich sogleich ins gemütliche Bett. Sie fürchtete vielleicht eine Tuberkulose und dachte an den Tod ihrer Mutter. Sie sorgte sich, ich könnte etwas geerbt haben. So meinte sie vielleicht: Dumm darf er bleiben, aber am Leben. Mit Dummheit kann einer leben bis ins hohe Alter, mit einer schweren Krankheit nicht. Außerdem fand sie mich ja nicht dumm, ich lernte nur nichts.

Ein schmächtiges Kind war ich, ging gebeugt, gebückt, da traten die Schulterblätter vor. »Herzblatt, halt dich doch gerade«, bat die Mutter, manchmal packte sie auch meine Oberarme und presste sie schmerzhaft zurück. Ich schwieg, schüttelte alles ab, schob die Unterlippe vor, an die vorstehenden Zähne. »Schön siehst du aus mit dem Flunsch«, spottete sie, »wenn du dich selber sehen könntest …« Ich verdrückte mich, der Kopf war wieder unten, der Blick irgendwo auf dem Boden. Immer dachte ich an irgendetwas, immer hatte ich Pläne, Träume.

Und immer wieder suchte ich das Bett auf, einen Ort äußerster Behaglichkeit. Hier war ich geschützt vor jeder Unbill. Hierher flüchtete ich mich mit glühender Stirn und glänzenden Augen.

Da hatte ich Ausschneidebögen zum Zusammenkleben, ein Tablett auf den Knien, stinkendes, stark pappendes Syndetikon, viele Spielzeuge, Steckbaukästen und Mosaike, die Strickliesel. Ich hatte Bilderbücher in Fülle, eine ganze Schublade voll in der Kommode unter dem Bild von Böcklins Faun. Die Schublade war so schwer, ich vermochte sie kaum aufzuziehen. Da gab es die Bücher von Ernst Kreidolf und Else Wenz-Vietor, Geschichten von Zauberschlänglchen mit Goldkrönchen, es gab Erzählungen von Spielzeugpferden, die reden konnten, die Bücher der Josephine Siebe, *Kasperles Abenteuer* und natürlich *Peterchens Mondfahrt*. *Humpti-Dumpti* flog mit einem großen Luftballon – und *Dr. Doolittle* mit all seinen Tieren war mir der liebste Freund. Paula und Richard Dehmels *Rumpumpel* stand bei der Mutter in großem Ansehen, ich verstand die Gedichte nicht so gut und las sie mehr ihr zuliebe.

Dies war auch die Zeit meiner glühenden Sonnenuntergänge, ich malte sie mit Aquarellfarbe und Pinsel, auf dem Krankentisch, den man über die Bettdecke schob. Ich steigerte mich in einen wahren Schaffensrausch, malte Meeresbuchten und Segelschiffe im Dutzend – vollkommenes Glück. Damals schuf ich auch die Gemälde vom Begräbnis des Reichsaußenministers Stresemann. Die Mutter empfand seinen Tod als deutsches Verhängnis. Ich bestattete ihn auf einem hohen Berg im Mausoleum, und britische Soldaten mit Bärenfellmützen marschierten zu ihm empor, unter vielen Pappeln.

Als ich endlich lesen gelernt hatte, erweiterte sich meine Welt fast grenzenlos. Ich las Dutzende, Hunderte von Büchern, bis ich endlich die Höhe der Literatur mit Karl May erreichte. Seine Bände trafen in Stapeln ein, mit der Paketpost, die Witwe des Schriftstellers tauschte mit der Mutter, da kamen auf eine Puppe zehn Exemplare, das Buch zu drei Mark sechzig. Ich verschlang alle atemlos, das Fieber ging niemals runter, jeden Morgen ein neuer Band, bei siebenunddreißigacht, jeden Abend die letzte Seite bei neununddreißigdrei, von Stunde zu Stunde kletterte die Quecksilbersäule, Kara Ben Nemsi und Hadschi Halef Omar, Old Shatterhand und Winnetou, so hießen meine Bakterien.

Man versuchte, auch die segensreiche Wirkung des Kösener Solebades für meine labile Gesundheit zu nutzen, aber sie war wohl das Rechte nicht. Ein- oder zweimal steckte man mich in die grünlich-salzige Lauge. Sie wurde mit Eimern von der Quelle herbeigeschleppt und auf dem Gasofen erwärmt, damit sie meine Konstitution kräftige. Sie kräftigte sie aber nicht, ich war im Gegenteil hinterher über jedes gewohnte Maß hinaus matt und kroch sofort wieder in die Federn.

Die Mutter verwöhnte mich maßlos, wo sie nur konnte. Gab es Spargel, den ich nicht mochte, schnitt sie mir sämtliche Spitzen ab, sodass für sie selbst und die Geschwister nur die dicken, härteren Stangen blieben. So jedenfalls erzählten es die Brüder und Schwestern, so erzählte es die Mutter selbst, lachend, fand, es sei eine schöne Anekdote.

Vielleicht war es nicht einmal ganz so gewesen, aber es hätte zu ihr gepasst, denn sie liebte es, die anderen zu reizen.

Den Geschwistern halte ich zugute, dass es mir keiner nachtrug. Ich selbst wehrte mich, so gut ich es verstand, gegen die einseitige Bevorzugung durch Abwehr oder auch durch nachlässiges Hinnehmen. Die Mutter war niemals zu bremsen, niemand konnte sie ändern. Sie blieb überschwänglich in allem, vor allem in ihrer Liebe zu mir. Hie und da entschuldigte sie sich: »Ein guter Charakter kann gar nicht verdorben werden!« Ich bin nicht so sicher, ob's stimmt.

Manchmal schickte sie mich ins Kurmittelhaus. Es gab da eine Inhalationskammer, die war voll feuchten Nebels, eine fremde, märchenhafte Welt. Schon der Zugang war vornehm, zwischen grünen Wiesen und bunten Blumen, ausladenden Baumgruppen. Daneben lag ein dunkler See, auf dem schwammen die weißen Schwäne. Und hinauf schritt man wie in einen griechischen Tempel mit korinthischen Säulen. In der Halle des Kurmittelhauses umgab mich Vornehmheit. Damen in weißen Mänteln empfingen mich behutsam, zuvorkommend, ich sah erwachsene Menschen hin und her wandeln, das Soleglas in der Hand, ernstlich besorgt um ihr Heil. Mäntel, Schirme und Taschen – alles gab man ab und hüllte sich selbst in einen Kittel. Dann öffnete sich die Nebelkammer. Da war nur weißes Gewölk, es erschien unendlich. In diese nebelhafte Unendlichkeit sollte ich – ich blieb zunächst an der Tür, bis sich die Augen gewöhnten. War man drinnen, kamen schattenhafte Gestalten auf einen zu und entfernten sich wieder. In dieser Nebelkammer herrschte auch eine beinahe geisterhafte Stille, man dämpfte unwillkürlich die Stimme oder man sprach gleich gar nicht. Und die wenigen Worte, die man redete, waren wie in Watte gepackt.

Das Fieber wurde durch die nebelfeuchten Kuren auch nicht gesenkt, die Sole-Inhalationen waren mehr für die oberen Luftwege gut, an diesen litt ich selten.

Wie gut lernte ich damals das Ausweichen vor allen Schwierigkeiten: ins Bett, da war ich geborgen.

Schmerzen hatte ich dann doch zu leiden, und zwar nicht geringe. Als ich in der Odenwaldschule von dem großen Stein stürzte, war dies ein zu harter Schlag für meine Oberzähne. Sie schoben sich nach vorn, die vier mittelsten. Ich begann zu nuscheln. Hielt meist eine Hand vor den Mund. Wenn ich sprach, konnte man mich kaum verstehen. Da wurde Dr. Hildebrandt zurate gezogen, er praktizierte in Naumburg gegenüber der Wenzelskirche – immer sah ich die hohen, gotischen Fenster, wenn ich mein entstelltes Gebiss dem Zahnarzt darbot – und nahm es der Gotik lange übel. Dr. Hildebrandt war zwar ein lieber Mann, aber vielleicht nicht ganz auf der Höhe seiner Kunst – oder die Kunst war damals noch nicht auf der Höhe. Was er in meinem Oberkiefer erprobte, um die aufgebäumten Vorderzähne zu zügeln, war teuer und schmerzhaft, aber nicht hilfreich. Er schliff die gesunden Backenzähne zurecht, umgab sie mit Goldmanschetten, er trat auf den Fußhebel, um Bohrer und Schleifscheiben zu betätigen, er ließ es surren und knirschen, worauf ich Zahnstaub auszuspucken hatte. Die Manschetten waren dünn und scharf, sie schnitten schmerzhaft ins Zahnfleisch, die Klammer, daran befestigt, rutschte empor, bis auch sie tief unterm Zahnfleisch war, wo sie sich wohlfühlte – und nichts mehr nützte.

Dr. Hildebrandt fand dies nicht richtig, er überlegte, er zog die Klammer vorn herab, durch ganz kleine Häkchen, die er um die Zähne bog. Feine, harmlose Gummiringe hatte er auch, er zeigte sie mir, sie waren auch harmlos, solange er sie auf dem Handteller hatte. Schnippte er sie mir aber über Klammer und Häkchen, hörten sie auf, harmlos zu sein, der Kiefer mochte sie nicht, er schmerzte, ich weinte.

Der Kiefer wäre zu eng, befand mein Zahnarzt. Dem Druck von außen setzte er den Druck von innen entgegen. Also noch eine Klammer. Und der Kiefer war immer noch zu eng. Ich hatte, befand er, zu viele Zähne. Er nahm einen raus, mit der Zange, der war ganz gesund gewesen, aber eben zu viel, für den Doktor. Jetzt gab's eine Lücke, links. Die war erst voll Blut – und bald war sie nicht mehr da. Da waren die anderen Zähne hineingerutscht. Da war das Gebiss auch seitlich verschoben, was Dr. Hildebrandt wunderte. Er zückte die Zange.

Doch den rechten gesunden Zahn verweigerte ich. Es war ihm dann recht. Vielleicht wäre nun doch eine Lücke geblieben.

Über Jahre hinweg, meine ganze Kindheit und fast meine ganze Jugend, kniff, drückte, peinigte, quälte mich dieses Marterwerkzeug, das ja auch nicht nach erprobtem Plan entstand, sondern in vielen Überlegungen und für den Meister vielleicht selbst quälenden Versuchen –, monatelang, jahrelang. Stets wurden Bohrer und Schleifer wieder aktiv. Dr. Hildebrandt trat den Fußhebel, er wippte selbst nachdenklich und betätigte sich schmerzhaft in meinem Mund.

Ich weinte und fluchte.

Die Mutter blieb diesmal hart. Hässlich durfte ich nicht sein, später, wenn ich ein Mädchen liebte, wenn ich heiraten wollte, dann war das Unglück zu groß.

Es blieb bei der Qual. Es blieb aber auch bei der vorgehaltenen Hand, dem Verlegen-beiseite-Sprechen und dem Nuscheln. Jetzt schämte ich mich doppelt, auch noch wegen der Spange.

So war es viele Jahre, Klappschuljahre, Kinderheimjahre, Pubertätsjahre. Bis ich siebzehn geworden war, da waren die Zähne endlich gerade. Und Dr. Hildebrandt entfernte die Klammer.

Drei Monate später waren die Zähne wieder vorn. Der Kiefer war zu eng, es war alles umsonst. Jahre später, als ich mich wirklich verliebte, ließ ich mir Jacketkronen anfertigen, in Berlin, bei einem berühmten Zahnarzt und ohne gotische Fenster. Das war aber auch – auf andere Weise – ein Fehler, die toten Stümpfe eiterten, nach meiner Heirat.


## Schule

Die Schule, das Lernen, diese Qualen jeder Kindheit: Ganz vermochte sie die Mutter nicht von mir fernzuhalten. Drei Jahre lang dispensierte sie mich aber – mit Sanitätsrat Riemanns Hilfe. Diese drei Jahre – über das sechste hinaus – blieb ich gänzlich ungeschoren, vielleicht nicht gerade blöd, doch ein Analphabet. Ob der Schulrat dann ein Machtwort sprach, ob er gar mit der Polizei drohte – ich weiß es nicht, ich glaube, die Mutter hatte schließlich doch ein zu schlechtes Gefühl: Was sollte aus mir werden? Ein Dichter? Gewiss! – Doch einer, der weder lesen noch schreiben kann, gibt es das?

Herr Wenzely kam ins Haus. Er war Lehrer an der Volksschule. Ich hatte viel nachzuholen. Die Mutter kaufte ein Pult, mit Bank und Lehne. Und Herr Wenzely war lieb. Er hatte einen runden Bauch, der war elastisch und gespannt, er schob ihn würdevoll vor sich her. Ich musste ins Pult schlüpfen, Griffel und Schiefertafel zurechtrücken und die Fibel öffnen. Viele bunte Bilder sah ich, Tiere und Buchstaben. Der Hahn war das H und der Adler das A, das K das Kaninchen und das F der Fisch. Ich hätte ja lieber die Tiere gemalt als die Buchstaben, doch setzte ich einen neben den anderen, krumm und schief. Der Griffel knirschte, und dann trat wieder der Schwamm in Aktion.

Herr Wenzely litt. Er schritt in der Stube auf und ab. Sein Bäuchlein wippte. Manchmal zog er die Uhr aus der Tasche und ließ den Deckel springen. Dann wieder blieb er stehen, schob sich über das Pult, begutachtete das Werk, sagte enttäuscht in seinem singenden Thüringer Tonfall: »Solln das edwa weeche Bees sein? Die grümmn sich ja vor Machenschmerzn!«

Endlich war mein Können aber doch über Hahn, Fuchs und Adler hinausgewachsen. Nun las ich Herrn Wenzely traurige Geschichten vor: vom einsamen Mägdelein; von den armen Spatzen, die im Schnee kein Futter fanden, und von dem Maurer, der im Winter keine Arbeit bekam. Alles Traurige ergriff mich: Warum hatte der liebe Gott das so eingerichtet?

Herr Wenzely meinte: »Wenn de größer bisd, wirsdes schon versteeen.«

So lernte ich lesen und schreiben, brauchte mich vor den Gleichaltrigen nicht mehr zu schämen und konnte die Schule besuchen. Neun Jahre war ich inzwischen und trug noch lockige, braune Haare wie ein Mädchen. Vielleicht hätte mich die Mutter weiter so gehen lassen, hätte mich der Hänselei der Schulkameraden ausgesetzt. Damals war ein Junge mit langen Haaren unmöglich, er musste verrückt sein und aus einer verrückten Familie stammen.

Schwester Fifi brachte mich heimlich und entschlossen zum Friseur. Mir war das recht. Der Meister arbeitete in einer Holzbude, die war unter der Eisenbahn, darüber kreuzten sich Schienen und Autostraße. Und während ich vom Mädchen zum Buben gemacht wurde, auf dem hohen Stühlchen, von dem meine Füße herabhingen; während ich eingehüllt war in das weiße Tuch und mich neugierig-unsicher im Spiegel betrachtete, donnerten über mir die Züge, bebten die dünnen Holzwände, klirrten die Flakons und Gläser.

Unter dem Brausen des Weltverkehrs, dem Tosen der Wagen von München nach Berlin, von Köln nach Dresden, fiel der Schmuck meiner frühen Kindheit.

»Ach, du siehst aus!«, rief später die Schwester verblüfft und besorgt, als sie mich abholte. Die abgeschnittenen Haare wickelte sie in Seidenpapier – die Mutter daheim tat so, als fiele sie in Ohnmacht. Sie saß in ihrem Arbeitszimmer, die Schwester stellte mich in den Vorgarten, rief sie ans Fenster – da fiel sie um und war verschwunden. Auf dem Teppich fand ich sie, sie atmete noch. Ich schob ihr das Päckchen mit den Haaren unter den Kopf. Sie erholte sich endlich und fand es schließlich vernünftig.

Für den Schulweg bekam ich ein Fahrrad und liebte es gleich. Nur musste ich fahren lernen. Die Mutter erzählte, sie habe es selber nie geschafft, auf ein Stoppelfeld war sie gerast und dort gestürzt. Und die Schwester Maria sei sogar gegen die Mauer von Schulpforta geprallt, sie konnte weder steuern noch bremsen. Sie war hinabgebraust, vom Hügel, und die Mauer war rasend schnell näher gekommen. Maria hatte die Griffe umkrallt – da knallte es auch schon. Das Rad war kaputt und sie probierte es niemals wieder. Das sagte die Mutter.

In die Schule ging ich dann lieber zu Fuß.

Nun war ich also bald zehn. War es nicht höchste Zeit, endlich nachzuholen, was ich bis dahin versäumt hatte, worin mir alle anderen weit voraus waren? Dachte die Mutter auch so? Vielleicht, aber sie sorgte sich um mich. Sie ging mit mir ins Biedermeierhaus. Der Sanitätsrat ließ sich die Zunge zeigen und drückte das Hörrohr an meine Brust – und wieder sprach er von Schonung. Er schrieb einen Brief, den die Mutter dem Schulrat schickte. Mochte der sehen, wie er mit ihr fertig wurde.

Freilich, alles konnte nun nicht mehr vermieden werden, so mächtig war auch die Mutter nicht. Das Allernötigste musste sein, und allernötigst waren drei Fächer: Rechnen, Deutsch und Geschichte, mehr braucht der Mensch nicht zu lernen, wenn er begabt ist. Leider war es nicht möglich, den Stundenplan so zu gestalten, meinetwegen, dass diese drei Stunden immer zusammenlagen, sie waren – schien mir – recht willkürlich über die Woche verstreut. Da gab es Tage, an denen musste ich gleich dreimal zur Schule, mit jeweils einer Stunde Pause dazwischen. Klappstunden nannte man diese Zeit, vom Zuklappen des Pultes. Ein andermal ging ich nur einmal um acht und war ab neun wieder vogelfrei, nach zehn Minuten Hausaufgaben für den nächsten oder den übernächsten Tag. Oft – wenn die anderen über den Büchern schwitzten – trieb ich mich im Wald hinter der Schule herum und sang laut unter grünen Bäumen. Damals wucherte meine Fantasie – Zucht und Ordnung lernte ich kaum. Wenn es regnete, saß ich auf der steinkalten Treppe im Schulhaus und las.

Das Kösener Schulhaus sah einem Gefängnis ähnlich, es war ein grauer Kasten, drei Stockwerke hoch, ohne Schmuck, öde Fensterreihen, trist. Das Treppenhaus war dunkel, die Klassenzimmer scheußlich, drangvolle Enge, Sitzbank an Sitzbank, das Pult des Lehrers, die schwarze Tafel, ein Schrank, ein Stöckchen und das Bild des Herrn Reichspräsidenten. Er schaute greisenhaft, aber doch väterlich auf uns Kinder herab.

Die Klassen waren überfüllt, wir waren wechselnd zwischen vierzig und sechzig Schüler, Buben und Mädchen gemischt, da war man fortschrittlich. Auch wurden die Mädchen nicht geschlagen, mit dem Rohrstock, weder auf den Po in der Unterhose noch auf die vorgestreckte Hand. Aber auch sonst herrschte nicht gerade Tyrannei in dieser Schule, das hätte der zarte Rektor nicht geduldet.

Für mich war es nicht einfach, mich unter so vielen Kindern zurechtzufinden und mich zu behaupten, zu sehr war ich ans Alleinsein gewöhnt und ans liebevolle Eingehen auf all meine Bedürfnisse. Hier sah ich mich zunächst einer Mauer von Ablehnung gegenüber, etwas Besonderes wollte ich wohl sein, hatte bisher nicht in die Schule gehen müssen und hatte auch jetzt nur drei Fächer – so etwas fordert Feindschaft heraus.

Aber sie hielt nicht lange. Schnell passte ich mich an, rasch gewöhnten sich die anderen an mich: bald hatte ich auch einen Freund, Karl-Heinz, der war umgänglich mit allen, das kam auch mir zugute. Wolfgang Schmohl – dessen Mutter eine Bierkneipe unserem Haus gegenüber führte und der kräftig zuschlagen konnte, erwies sich als gutmütig. Es ließ sich leben und Komplexe hab ich von daher keine heimgetragen, Kummer, Missverständnisse und Feindschaft, das wohl, aber nicht mehr als üblich und notwendig.

In die Schule oder nach Hause spazierte ich außerdem, des besonderen Stundenplans wegen, meist allein. So blieb ich fast völlig von Rempeleien verschont.

Nur einmal litt ich – da hatten sie etwas gefunden, mich zu ärgern. Mir war das Wort »unser Hausmädchen« entschlüpft, die Mutter mochte es gar nicht, wenn wir das gebräuchliche »Dienstmädchen« verwendeten. Den Mitschülern aber klang Hausmädchen ulkig. Da hatte ich meinen Spitznamen weg, »unser Hausmädchen« riefen sie, wo ich auftauchte, »da gommt unsr Hausmäädchn!« – »Unsr Hausmäädchen hadd eene schwarze Nase.« Ich brauchte lange, bis ich mich an diese Hänseleien gewöhnte, ich gab mir Blößen, wurde zornig, zu Hause weinte ich – aber irgendwann war das Spiel nicht mehr interessant. Doch oft habe ich damals Umwege gemacht, um keinem zu begegnen.

Zum Beispiel an der »Kunst« entlang. Die »Kunst« war ein Gestänge aus derben Balken, viele hundert Meter lang, eine altmodische Kraftübertragung von der Saale hinauf zur Solepumpe, und von da aus noch weiter zum Gradierwerk. Unterhalb des Hotels »Mutiger Ritter« schäumte die Saale über zwei riesige Mühlräder. Nachts waren sie sogar beleuchtet. Und die Räder betrieben die »Kunst«. Vor und zurück schob sich die Balkenkette, knarrend, unter einem Holzdach. Altmodisch wirkte das, und etwas heruntergekommen, aber auch stilvoll.

Eigentlich war er düster, der Weg an der »Kunst« entlang, schmal eingeschnitten am Abhang, neben verfallenen Holzzäunen, durch deren Zwischenräume die Schneebeeren wucherten. Aber er war verträumt und verschwiegen.

Sehr unlieb war es mir auch, im Schulklo gesehen zu werden, es genierte mich über die Maßen. Hier vollzog sich ja alles in der Öffentlichkeit! Wie dezent war es doch daheim, das kleine Örtchen, die schmale Tür, der Blick auf Gärten, Häuser und Bäume. Ob man da saß oder stand, hinter verschlossener Tür, das wusste niemand! Nun aber, auf dem Schulhof, im ebenerdigen Häuschen, da waren die Seiten schwarz geteert, am Boden eine Rinne, in der alles davonlief, was alle gemeinsam gegen die Wände sprudelten – und es stank! Ich hielt mir die Nase zu und stieg auf Zehenspitzen herum, denn auch der Fußboden war nass.

Der Hof lag hinter der Schule, das Rennen, Jagen und Brüllen war uns verboten. In Zweier-Reihen, immer im Kreis, sollten wir marschieren und uns gegenseitig unterhalten. Ein Lehrer führte die Aufsicht. Einmal wollte der Lehrer gesehen haben, dass ich gerannt sei – aber ich war nicht gerannt, nicht einen Schritt, ich beschwor es, es half nichts. In der Klasse musste ich vortreten, ans Pult, ich musste mich vorbeugen, Hände auf die Knie – und dann pfiff das Stöckchen. Der Schmerz war höllisch. Er war wie von glühenden Eisenstangen und es gehörte zur Prozedur, nun kläglich zu brüllen. Doch ich jammerte nicht. Schweigend und finster verstockt setzte ich mich in die Bank, tief beleidigt, weil mir so bitteres Unrecht geschah.

Auf dem Heimweg erwog ich alles, was zur Vernichtung der Rohrstöcke schon überlegt worden war, ich verbrannte sie, gut war es auch, sie auszuhöhlen und mit Tinte zu füllen, dann wurden sie spröde und brachen.

Die Eltern schlugen mich nie! Bisher hatte ich nie darüber nachgedacht, aber jetzt erkannte ich es. Es ging mir auf – wie am Morgen die Sonne. Ich lehnte mich auf das Brückengeländer, das Kinn auf die Hände und schaute hinab zum eiligen Fluss. Was für wunderbare Eltern hatte ich doch! Die besten Eltern der Welt! – So gut waren sie, so lieb – und berühmt außerdem, die bedeutendsten Menschen – und ich war ihr Sohn! Nie wollte ich mich von ihnen trennen. Und wenn ich groß war, würde ich die Mutter heiraten. Denn bis dahin war der Vater, so lieb und bedeutend er auch sein mochte, doch sicher schon tot aber ich noch lebendig.

Der Mutter verschwieg ich die Schläge nicht – wohl aber meine Gedanken. Übrigens war ich von ihr enttäuscht: Sie empörte sich nicht, nahm es gelassen, meinte nur, daran stürbe ich nicht, und schon morgen sei alles vergessen.

Es war ja auch meine spärliche Schulzeit keineswegs voller Leid und Qual. Sie bestand nicht aus Schlägen, Demütigungen und Ungerechtigkeiten. Sie erfüllte mich auch mit Befriedigung. Im deutschen Aufsatz war ich meinen Kameraden schon früh überlegen. Wo ihnen nichts einfiel, begann ich munter zu fabulieren, erzählte von einer elektrischen Eisenbahn, die wir in einem Saal unter dem Dachboden hätten – weder die Eisenbahn gab es in dieser Perfektion, noch hatten wir schlossähnliche Säle unter dem Dach. Es waren Wunschträume, die ich für wahr ausgab. Ich ließ die Züge durch ferne Kontinente brausen, sie wurden aufgehalten von Kamelen und standen erstarrt im Eis, oder sie schlängelten sich durch die Prärie. Der Lehrer las den Aufsatz vor, vier volle Seiten hatte ich verfasst, allein diese Menge machte mich stolz. Das meiste war allerdings kaum zu entziffern, meine Handschrift war verheerend. Meine Mitschüler bestaunten mein Werk, andere fanden »du schpinnsd woohl?«. Aber ich sah mich auf dem Wege, ein zweiter Karl May zu werden. Der Lehrer gab mir eine Eins für den Inhalt, eine Sechs für die Schrift. Diese Sechs behielt ich zeitlebens, zu Einsen reichte es später kaum noch.

Mit den Zahlen tat ich mich nicht so leicht. Als ich das kleine Einmaleins lernte, memorierte ich, wo ich lief oder stand, schon morgens im Dunkeln oder am Tag auf der Straße. Ich stellte mir die Zahlen auch körperlich vor, jede hatte ihren Platz in einem aufsteigenden Raum, wie auf einer Leiter, sie hatte auch eine Farbe, sie war dunkel oder sie leuchtete diffus. Sie stand aber auch nicht fest, sie schwebte, und es kam vor, dass sie mir entschwand in ein Nebelloch!

Am schlimmsten waren die Sieben und Acht, ich brachte sie stets durcheinander, obwohl ich ein Büchlein hatte, in dem alles so übersichtlich gedruckt war. Nur war es verboten, es aufgeschlagen unter dem Pult zu haben. Aber verboten ist viel, es galt nur aufzupassen. Der Lehrer ging durch den Mittelgang, blitzschnell war er da und hatte es schon erwischt. Dann musste ich meine Hand vorstrecken und der Rohrstock sauste. Das tat weh.

Im Kopfrechnen blieb ich eine Niete. Wir mussten alle aufstehen, wie beim Morgengebet, der Lehrer rief uns Aufgaben zu und wer sie löste, durfte sich setzen. Ich stand da und träumte, es war ein Gebräu in meinem Kopf – ich dachte an den Zirkus, ans Esel-Reiten, an Winnetou – und bald an meine erste Liebe – die Liebe hindert immer, beim Rechnen, beim Denken, bei allem.

Ich war nicht getauft, man hatte es immer versäumt, so wichtig erschien es den Eltern auch nicht, nun war ich ja eigentlich kein Christ, sondern ein Heide, und irgendwie war ich stolz darauf. Trotzdem besuchte ich eine Zeitlang freiwillig den Religionsunterricht, was unserem Pfarrer gefiel, und heilig erhoben ging ich zu ihm in den Kindergottesdienst, in die kahle, die leere Kirche, kniete mich auf die Bank und sang Lieder aus dem schwarzen Buch. Die Texte kannte ich nicht, die Noten noch weniger, es war aber gleich, was man sang, die Orgel brauste laut über uns hin und der Pastor sang selbst mit kräftiger Stimme, er hörte uns nicht.

Was mir wirklich gefiel, das waren all die Geschichten von David und Goliath, von König Salomon und Josef mit den sieben mageren Jahren. Schön waren die Zeichnungen in dem Buch, Männer mit wallenden Mänteln und großen Turbanen, sie hatten unendlich viele Söhne und Töchter, die wieder Söhne und Töchter gebaren, und wieder gebaren, sie lebten Hunderte von Jahren, erstarrten aber auch zu Salzsäulen, sie lebten in Unzucht und Sünde – die Flut kam und Noah baute die Arche. Von der Grausamkeit dieser Geschichten nahm ich damals noch nichts wahr.

Da alles freiwillig war, hörte alles auch freiwillig wieder auf, die Geschichten konnte ich genauso gut zu Hause lesen, konnte mir aussuchen, was ich wollte: die alt gewordenen Könige, die sich auf der Harfe vorspielen ließen, zu denen sich Jungfrauen legten, um sie zu erwärmen und vielleicht auch Jünglinge, denn deren Liebe ist ihnen, wie es hieß, »sonderlicher gewesen, denn Frauenliebe ist«.

Wir unternahmen Wanderungen mit der Schule, Tagesausflüge in die Umgebung, die mochte ich nicht so gern, ich schleppte mich lustlos mit und fand keinen Gefallen am Trott. Nur als es zu einem Ritterspiel ging, auf einer Freilichtbühne, da lebte ich auf, glühte. Die Burg lag im Eichenwald. Ritter donnerten auf schweren Rössern über die Wiese, sie trugen silberne Helme, ihre Mäntel wehten rot, und sie verteidigten arme Witwen und Waisen. In der Pause beruhigte ich mich mit süßer Limonade, es gab sie an Brettertischen unter Holunderbüschen.

Und manchmal kam die Tierschau. Zwanzig Pfennige zahlten wir, die sammelte der Lehrer ein. Ein derb riechender Mann brachte uns Papageien. Sie kreischten, rückten und nickten auf ihren Stangen und plapperten schwer verständliche Worte; ein Äffchen turnte auf einer Schaukel – und Grausen erregten die fliegenden Hunde, obwohl sie nicht flogen. Ihr Meister zeigte sie schlafend, die spitzen Mäuler nach unten. Er zog ihnen die Flügel auseinander, damit wir das feine Gerippe in der dünnen Flughaut betrachten konnten, Überbleibsel aus grauer Vorzeit waren sie, erklärte der Lehrer – sie ließen sich nicht wie Haus- oder Hofhunde abrichten und oft bekamen sie Läuse.

Läuse – auch wir Kinder, vor allem die aus den Arbeitervierteln, wurden von ihnen geplagt, ich blieb verschont. Sie verursachten jeweils viel Aufregung – der Aussätzige musste heim – erschien er wieder, war sein Haupt kahl geschoren, mit Läusesalbe beschmiert und bandagiert, die Binde wurde bald schwarz und stank infernalisch.

## Neue Horizonte

Ich wuchs, wurde älter. Die Grundschule brachte ich hinter mich, in zwei Jahren, immer nur mit drei Fächern. Eine höhere Schule gab es in Kösen nicht, doch wurden vier Aufbauklassen eingeführt. Da kam ich wieder zu Herrn Wenzely und seinem Spitzbauch, er wurde mein Klassenlehrer und hatte mir eine gewisse Sympathie bewahrt. Nun hatte er mir mehr zu bieten: deutsche Gedichte und Balladen. Das leiernde Aufsagen hatte er aber satt, er sagte es oft, es »schlüche sich ihm uffn Machen«. Er bat mich vorzutreten, aufs Podest, aus pädagogischen Gründen, seine Leidensmiene wurde heiterer, er sprach vom »gudn Beeschbiel« und »da gönndr euch ne Scheebe von abschneedn«. Ich jubilierte vom Brunnen vor dem Tore und vom Röslein auf der Heiden. Es half den anderen aber nicht, es wurde weiter geleiert.

Vielleicht half die Musik? – Vielleicht lockerte eine dramatische Darstellung die Hemmungen?

»Drei Burschen zogen wohl über den Rhein, bei einer Frau Wirtin, da kehrten sie ein ...« Die drei Burschen, ich unter ihnen, zogen zwischen den Bänken durch den Mittelgang, und das Lied ward angestimmt vom brummenden, zwitschernden Chor, im Thüringer Tonfall, bis wir »drei Burschen« nacheinander unser Solo darbrachten, im Wirtshaus – das war vorn auf dem Podest und bestand aus mehreren Stühlen. Da erfuhren wir von der Wirtin: »Mei Döchdrlein liecht auf dr Dodenbahr...« und das war traurig. In die Kammer – zwei Stühle weiter – traten wir nun, falteten die Hände, da lag das Töchterlein, es lag auf einem länglichen Tisch und war meines Freundes Karl-Heinz Gottschlings kleinere Schwester, Liby, ach, auch sie hatte die Hände gefaltet und die Augen geschlossen. Wolfgang Schmohl, der kräftige, schaute sie an mit verschleiertem Blick, wie es der Dichter verlangte, und brummte: »Ach, leebdes de noch, du schööne Maid …« Karl-Heinz breitete ihr den Schleier – sein Taschentuch, sauber war es ja nicht – fürsorglich über das blasse Gesicht, wendete sich ab und greinte: »Ich haab dich geliebet so mahansches Jahr.« Dabei grinste er aber und der Schwester bebte das Zwerchfell.

Ich lachte nicht. »Den Schleier hob er auf sogleich und küsste sie auf den Mund so bleich.« Nein, ich küsste sie nicht wirklich. Ich stockte über Libys Mund – und jetzt hielt sie ganz still, vielleicht erwartete sie etwas? »Dich lieb' ich immer, dich lieb ich noch heut, und werde dich lieben in Eheewigkeit«, sang ich laut – und war ganz durchglüht von Gefühl.

Aber da kicherten die Mädchen in den Bänken und hielten sich die Hände vors Gesicht.

Gern ging ich zu Rektor Haubold in die Lateinstunde. Der Rektor gab Privatunterricht, in seinem Büro, da stand eine Bank. Nur ich und Karl-Heinz kamen zu ihm – so wollten es unsere Eltern. Bei Karl-Heinz war es der Vater, er war von Beruf Oberkellner im Hotel »Mutiger Ritter«, er wusste, wie wichtig Fremdsprachen sind und dass Latein der europäischen Sprachen Wurzel ist. Bei mir war es die Mutter. In diesem Fall war sie für Schule, für klassische Bildung, das konnte ich brauchen. Das Lehrbuch *Ludus Latinus* wurde bei Herrn Donath erworben, ich erfuhr, dass das Huhn gackert: »*gallina cantat*« und dass sich die Dunkelheit (in der Mehrzahl) nahte: »*tenebrae appropinquabant*«. Mit Cäsar war ich im Forum Romanum, mit Hermann dem Cherusker schlug ich die Römer aufs Haupt, mit Mucius Scaevola legte ich meinen Arm in die Flammen. Mit Leidenschaft tauchte ich in die alte Kultur ein – nicht, dass mir die Sprache, *lingua*, flüssig von der Zunge, auch *lingua*, gegangen wäre, und noch weniger leicht floss sie mir aus der Feder, *penna*, auch besserte sich meine Schrift, *scriptum*, keinesfalls. Aber die Geschichten aus dem alten Rom, von den Kaisern, Bürgern und Göttern; die Zeichnungen von den Tempeln, Toren, Waffen und Gewändern begeisterten mich – wie mich sogar das Unverständliche, Rätselhafte der Sprache anzog – so sehr, dass ich versuchte, auch die Mutter emporzuheben in die höheren Gefilde. Ich bedrängte sie mit dem Lateinbuch und mit meinem gewaltigen Wissen – zweimal, dreimal ließ sie sich herbei, lauschte meinem Unterricht mit gerunzelten Augenbrauen in ihrem Privatbüro. Brav las sie dann auch die einfachen Texte aus dem Buch und verstand ihren Sinn sofort, und doch gerieten wir in Streit, weil sie alles italienisch aussprechen wollte. Sie hatte nun einmal mühevoll ein wenig Italienisch gelernt im Selbststudium – Methode Langenscheidt – und warum sollte sie das jetzt verleugnen? Sie wusste es vielleicht sogar besser als der Rektor, der nie in Rom gewesen war.

So sagte sie »Tschezar« statt Cäsar und sang überhaupt melodisch, vokalreich und voller Betonung, wo doch der Rektor gerade erzählt hatte, was für eine klare und logische Sprache Latein ist, die Sprache eines sachlichen Volkes. »Ach, Herzblatt«, widersprach mir die Mutter. »Logik – davon verstehe ich nichts. Gefühl ist alles – wenn du erst einmal d'Annunzio lesen kannst, oder Dante: ›Lasciate ogni speranza, voi ch'entrate‹, das ist Dichtung, mein Herzblatt. Und weißt du wohl, dass ich mit der Duse Theater gespielt habe … Die sprach ein Italienisch! Das war Musik!«

O Santa Lucia! Ich verfolgte den Plan, der Mutter Latein beizubringen, nicht weiter.

Da erschien mir Schwester Hanne doch verständnisvoller. Nicht, dass sie Latein gelernt hätte, das nicht. Und wozu auch. Aber es machte ihr nichts aus, meine Sklavin zu sein. Sie befand sich damals vermutlich in einer glücklichen Phase, vielleicht war sie verliebt, sie kannte wohl Dorul van der Heide schon und schaute vergnügt in die Zukunft. Sie strahlte von innen, selbst ich Bub merkte das, ich kommandierte sie herum, herrschte sie an, dass sie mir den Rücken seife, dass sie mir das Badelaken reiche, dass sie mich ins Bett geleite, der ich eingehüllt war in die Toga aus Frottee.

Sogar auf die Knie ließ sie sich vor mir nieder – wenn auch lachend – und sagte »Gute Nacht« auf gut Deutsch. »Schlaf wohl, mein Cäsar.« Sie kicherte, küsste mich auf die Backe, und das war seltsam, denn sie hasste eigentlich alle Zärtlichkeiten und das übertriebene »Getue« der Mutter ganz besonders. Gnädig legte ich ihr die Hand auf den hübschen, blonden Scheitel und murmelte herablassend: »*Vale*, Sklavin.«

Der Rektor bemühte sich redlich um uns. Er war ein schmächtiger Mann, der mit leiser Stimme sprach – alles an ihm erschien mir fein. Seine Augen blickten verhalten durch eine schmale Brille, sein Haar lag dünn aber gepflegt über seinem wohlgeformten Schädel, die Haut über der hohen Stirn war durchscheinend, seine Hände schmal. Es war undenkbar, dass der Rektor tobte, er redete gedämpft, aber eindringlich, auf Deutsch wie auf Lateinisch. Er hielt die Schule auf seine ruhige Art in Zucht. Vielleicht war Rektor Haubold keine Leuchte der Wissenschaft, auch kein genialer Kopf. Aber ich lernte mit ihm einen Menschentyp kennen, der klar, sachlich und frei von Emotionen dachte – er führte mich in eine Welt ein, die sich von der meines Elternhauses grundsätzlich unterschied, denn da war alles durchtränkt von Gefühlen, da herrschten individuelle Empfindungen, da äußerten sich schweifende Begabungen mit wechselnden Launen.

Für den Vater bastelte ich zum Weihnachtsfest ein Heftchen, in dem der italienische Stiefel sich auf jeder Seite wiederholte, und jeweils war das Römische Reich in seiner durch die Jahrhunderte wachsenden Ausdehnung daraus so ausgeschnitten, dass es sich – wenn man Seite auf Seite aufblätterte, rot ausgemalt – vom winzigen Anfang anschaulich über Europa und Nord-Afrika ausbreitete. Das war keine Schulaufgabe und der Vater betrachtete das Geschenk lange, bis er den Rauch seiner Zigarre durch die Aussparungen blies, die das Weltreich darstellten, und sagte: »Sic transit gloria mundi.« – So vergeht der Ruhm der Welt.

Im Kino gab es *Ben Hur*, das spielte unter Römern mit römischen Helmen und die Säulen vor den Palästen sahen aus wie im Lateinbuch. Um Christus und um das Kreuz ging es in diesem Film, um viel Glauben und hohen Mut. Das Wunderbild eines edlen Römers war der Schauspieler Ramon Novarro, ich sah das Kreuz über den Hügeln von Golgatha strahlen und weinte bittere Tränen. Gegen den Schuft Messala führte Ben Hur seinen Wagen zum Sieg, im römischen Wagenrennen, im Zirkus Maximus, der Zirkus hieß beinahe wie ich, oder ich hieß fast wie der Zirkus. Dramatisch, wild und gepeitscht jagten die Pferde nebeneinander her, Schimmel und Rappen, die Ledergeschirre ächzten, die Rösser keuchten und die Umhänge der Wagenlenker flatterten.

Da versuchte ich, aus Kisten und Rädern einen Wagen zu bauen, einen römischen Wagen, den hängte ich hinter Rosinchen – da nannte ich sie wieder mit ihrem richtigen, lateinischen Namen »Asina«, Eselin, – im Werkstättenhof. Weiter kam ich nicht, der Wagen wollte nicht stehen auf seinen zwei Rädern, er kippte entweder nach vorn oder nach hinten, als römischer Wagenlenker fand ich keinen Halt und Rosinchen bemühte sich auch nicht, sie jagte nicht, sie keuchte nicht, sie ließ etwas fallen, was Ewald Wagner im Frühbeet brauchen konnte.

Das war Rom – und von China hörte ich auch in der Schule, ein fernes, so fernes Land, sehr fern und sehr groß. Aus China kamen das Porzellan und die Seide. Seidenraupen konnte man züchten, sie nährten sich aber nur von den Blättern des Maulbeerbaumes und der einzige Maulbeerbaum Kösens stand in unserem Park bei der Werkstatt. Herr Wenzely besorgte mir Raupen, nackte, weißliche Würmer, ich riss die Blätter ab. In unserem Gartenhaus, in Schuhkartons, ließ ich die Würmer fressen, satt werden und sich einspinnen. Federleicht war der Kokon aus dem silbernen Faden – aber niemand war da, der ihn aufwickeln konnte. Wäre das nicht etwas gewesen für die Puppenwerkstätte – die eigene Seide? Die Mutter winkte ab: »Ach, Herzblatt!« Sie hatte andere Sorgen.

Schon wieder war ich in neuen Welten: Bilderschecks aus Zigarettenpackungen. Die Mutter rauchte nicht, aber einige Freunde, der Bruder Jochen. Die Bilderschecks sammelten wir in der Schule, tauschten sie miteinander. Man hätte sie nach Nummern ordnen müssen, von 1 bis 100, aber wirkungsvoller waren die Briefe der Mutter an die Werbeabteilung von Reemtsma, da kamen die bunten Bilder auch so, sehnlich erwartete Pakete. Da kam die weite Welt, da kam die Kunst. Die Goldmaske des Pharao kam und seine Mumie, gedruckt auf Papier; deutsches Handwerker- und Zunftleben im Mittelalter; die Malerei der Gotik und die der Frührenaissance; die Malerei des Im- und die des Expressionismus. Man konnte Alben kaufen – und ich kaufte sie –, Alben auch für die historischen Miniaturen. Ich sammelte, ordnete, leimte, ich klebte Giotto und van Gogh, ich pappte Max Liebermann ein und erfuhr, dass der Vater ihn gut gekannt hatte, denn Liebermann war Präsident der »Berliner Sezession« gewesen und der Vater der Vize. Ich klebte mit Pelikanol und mit der Zunge, die Spitze wanderte über die Lippen, sie wurden rau und die Zunge wurde wund, seitlich im Gaumen, weil Dr. Hildebrandts Zahnklammer sie aufriss. Da waren auch viele Bilder, gotisch, sanfte Madonnen, ich hatte sie lieber als die Fenster gegenüber vom Zahnarzt, Dürer, Cranach und die Engel Matthias Lochners mit den geschwungenen Flügeln. Ich verzieh der Epoche, was ich in ihrem Anblick gelitten hatte und leiden musste.

Fuhr ich jetzt mit der Mutter aus, im Auto, dann sah ich mehr, dann erfuhr ich mehr. Ich sah nicht nur die Messehäuser in Leipzig, die Mutter ging mit mir zum Völkerschlachtdenkmal. Das war ein gewaltiger Koloss, mir erschien er erdrückend. Ich stand mit der Mutter oben im Wind und sie erzählte von Napoleon und dass er hier besiegt worden sei von vielen Völkern, Tausende von Soldaten waren unter uns gestorben, verblutet – Geschrei und Kanonendonner und das Stöhnen von Sterbenden.

Aber jetzt war Frieden und der Friede würde bleiben, denn niemand wollte Krieg. Dafür hatte man nun in Genf den Völkerbund, und Deutschland hatte einen so großartigen Außenminister, der hieß Stresemann, der machte jetzt alles gut.

Auf der Heimfahrt nach Kösen, es war Nacht und dunkel, kamen wir durch Lützen, ein winziges Dorf. Die schmale Straße schlängelte sich an einer Kirche vorbei – hier war Gustav Adolf gefallen, der König von Schweden, er hatte für die Protestanten gekämpft und Protestanten waren wir Kruses auch, Hugenotten. Aber andererseits war ja auch Wallenstein nicht direkt ein Feind, denn wenn man Schillers Tragödie sah – die Mutter kannte sie gut – dann litt man mit ihm und hasste seine Gegner, die ihn hinterrücks erdolchten. Max Piccolomini hieß einer seiner Getreuen, ein feiner Held, denn er trug meinen Vornamen – und Wallenstein sagte viele tiefe und schöne Dinge: »Spät kommt ihr, doch ihr kommt, der weite Weg, Graf Isolan, entschuldigt euer Säumen«, und: »Nacht muss es sein, wenn Friedlands Sterne strahlen.«

Das passte jetzt gut, denn es war ja Nacht, als die Mutter es deklamierte, im Auto hinter Lützen und die Sterne strahlten und der Weg nach Hause war weit.

Als das Jahr 1932 kam, ich war elf Jahre alt, beging ganz Deutschland Goethes hundertsten Todestag. Es war ein Jahr voller Weihe auch für die Mutter, trotz aller geschäftlichen Sorgen. Es wurde ein schöner, ein warmer Sommer und glücklicherweise hatte Goethe ja auch noch im August Geburtstag gehabt – alles was dieser große, wundervolle Geist tat, war weise, so auch der Tag, den er sich ausgesucht hatte, um auf die Welt zu kommen. Die Mutter fuhr mit uns zum Kickelhahn, dem bewaldeten Hügel, wo er *Über allen Gipfeln ist Ruh* geschrieben hatte. Ich sah die Holzhütte auf der Höhe und wusste, dass ich auf heiligem Boden stand. Die Mutter fuhr mit uns zu den Dornburg-Schlössern, die hoch und steil über dem Saaletal stehen. Wir gingen zwischen den geschnittenen Hecken, den Laubengängen, den Rosenspalieren und Rabatten, den Skulpturen und Brunnen, wohin Goethe sich nach dem Tode seines Freundes, des Großherzogs Karl-August, zurückgezogen hatte; sie wanderte mit uns durch den Park von Tiefurth, dort standen die Marmornymphen hinter den Büschen. Am Abend kam der Nebel auf, der Nebel stieg aus der Ilm und die Ilm war das Flüsschen, über dem der Mond so rund stand, als Goethe die Frau von Stein liebte. »Füllest wieder Busch und Tal still mit Nebelglanz, lösest endlich auch einmal meine Seele ganz«, das hatte Goethe geschrieben – übrigens noch mit einer Entenfeder, und nicht mal gekleckert.

Und »Ja« sagte der Bruder Friedebald, das Gedicht hatte er in der Schule auch gelernt: »Füllest meinen Suppentopf still mit Ochsenschwanz, und ich neige meinen Kopf und ich schlürf sie ganz!«

»Ach, Friederle, Herzblatt!«, rief die Mutter und blickte erschrocken. »Und so was ist nun der Sohn eines deutschen Bildhauers!«

»Es könnte auch ›… und ich schlürf ihn ganz‹ heißen«, sagte der Bruder treuherzig, »denn es kommt darauf an, ob der Schwanz oder die Suppe gemeint ist!«

Im Goethe-Haus am Frauenplan stand eine gewaltige Büste der Göttin Juno aus Gips, die hatte sich der große Geist aus Rom mitgebracht. Ich fand, es war ein monströser Kopf und jedenfalls viel größer als die Marmor- und Holzköpfe vom Vater, die bei uns auf den Wandschränkchen standen und auch nichts sagten. Der berühmte Dichter hatte doch einen sonderbaren Geschmack gehabt. »Eine Geliebte hat er gehabt, in Rom«, wusste Friedebald, aber war die denn auch so voluminös gewesen?

Friedebald war damals mit großer Leidenschaft Statist am Weimarer Theater. In der Oper *Tannhäuser* tanzte er in der Venusgrotte mit wenigen Schleiern bekleidet mit Mädchen, die auch sehr wenige Schleier trugen – weshalb man die Grotte selbst auch hinter einem Schleier verbarg und in ein magisch-sündiges Licht tauchte, das eigentlich ein Halbdunkel war. Ich konnte meinen verschleierten Bruder beim besten Willen nicht erkennen, so begierig ich auch schaute, aber immerhin sah ich doch viele schlanke Leiber in fleischfarbenen Trikots um Frau Venus und Tannhäuser herumhüpfen, sich ineinander verschlingen und verheddern, wobei ihre Arme über den Köpfen blumig hin und her wehten. Mein Bruder wollte zum Theater.

Auf der Türschwelle zu Goethes Gemächern, gleich wenn man die Treppe hinaufgestiegen war, stand das Wort »Salve« zur Begrüßung der Gäste. »Siehst du, mein Herzblatt, das ist lateinisch«, erklärte die Mutter und fügte pädagogisch hinzu: »Goethe hat natürlich Latein gekonnt.« Das »Salve« hatte ich schon lange vor ihr entdeckt. »Es heißt ›Sei gegrüßt‹«, sagte ich zum Bruder und nickte bedeutend.

Aber Goethe war tot, weshalb auch ganz Deutschland seinen Todestag beging mit Feiern und Reden. Überhaupt, so schien es mir, waren viele Dichter schon tot.

Da standen sie nun – im Bücherschrank.

## Freunde

Der Knabe, der meinen Namen trug, war immer ein Einzelgänger, ich war nicht das einzige Kind, aber das letzte. Meist war ich allein bei der Mutter, oder sogar allein im Haus, wenn die Mutter verreist war. Schaute ich aus dem Fenster, sah ich die Buben und Mädchen des Kinderheims Bubiag – die Braunkohlenkinder – vorbeimarschieren. Sie sangen vom schönen Westerwald und dass dort der Wind so kalt weht. Sie waren blass und ärmlich gekleidet. Manchmal winkte ich ihnen zu, wenn sie an hellen Sommerabenden in ihren weißen Leibchen im Nebenhaus am Fenster standen, um sich für die Nacht auszuziehen.

Einen Sommer lang spielte ich mit drei Kindern aus der benachbarten Pension in der anderen Hälfte unseres Hauses, die der unseren spiegelbildlich glich. Da waren zwei Mädchen und ein Junge zu Gast. Sie schaukelten im Garten, getrennt von mir durch die Holunderhecke. Die Mädchen sprachen mich schließlich an, ich hätte es nicht gewagt, nun schlüpfte ich hinüber und war von da an täglich mit ihnen zusammen. Die Mädchen trugen Zöpfe und hatten Rüschen an den Kleidern – aber ich war ganz gefangen von dem Buben im Samtanzug, der mich mit Prinzenaugen anlächelte und überhaupt sanft, braun und dunkel war. Er war ein wunderschönes, ebenmäßiges Kind, sehr zierlich, er kam mir vor wie aus einem Märchen. Dass er Alfons hieß, wie ein König von Portugal, verzauberte mich noch mehr. Portugal – portugiesisch – das war wie eine Kette aus blauen und roten Kugeln, mit zwei silbernen Perlen darin, die beiden »I«.

Aber trotz meiner Verzauberung empfand ich keine Freundschaft für Alfons, er war nicht das, was man einen Kumpel nennt. Ich war vielmehr berührt von seiner Schönheit, wie von der Schönheit an sich, als ob sie unabhängig von der Person sei und er ganz ohne Verdienst an ihr, wie er ja auch seinen Namen mit den blauen und roten Vokalen nur zufällig trug. Ich ging manchmal wie im Traum umher, doch der stille, braune Knabe war da wie der Sommer und verschwand wie dieser.

Unser Gegenüber, an der Kukulauer Straße und ihren Kastanien, war die Kneipe von Frau Schmohl. Da war nun nichts von ätherischer Schönheit zu finden. Der Vater Schmohl war früh dahingegangen, er muss wohl das Urbild eines Mannes gewesen sein. Vielleicht hat er sich zu Tode gesoffen. Er hinterließ eine Witwe und zwei Söhne – Wolfgang der eine, er war mir einigermaßen verbunden; Gerhard der andere, der jüngere, ihm begegnete ich immer mit Vorsicht, denn er konnte gemein sein. Alle in der Familie Schmohl waren dick, nur bei Wolfgang war es weniger Fett als Kraft. Die Mutter aber barst aus allen Fugen, ihr Körper war schwer und teigig, sie zwängte ihn in eine Kittelschürze, aus deren kurzen Ärmeln die Oberarme herausquollen. In ihrer winzigen Küche, in der sich alles abspielte, von früh bis spät, wo auch die Speisen der Gäste zubereitet wurden, herrschte ein drangvolles Durcheinander. Auf dem einzigen Tisch lagen die aufgeschlagenen Hefte und Schulbücher der Buben, voller Fettflecken, zwischen geleerten Biergläsern unter klebrigen Fliegenfängern, an denen Insekten im Todeskampf brummten; da gab es Spielzeug, aber auch frisch gebratene Würste – und über allem hing eine Glocke fetten Dunstes, durchsummt von Fliegen, die noch nicht in die Falle gegangen waren. Es war dies fast wie ein modernes Kunstwerk: »Das pralle Leben« – ein groteskes Arrangement.

Die brave Frau Schmohl brachte sich und ihre beiden Söhne aber mit Anstand durch, ohne dass einer an Volumen verlor. In ihrer Wohnküche stopfte sich jeder in den Mund, worauf es ihn gerade gelüstete und was der Augenblick bot. Irgendein Gericht dampfte immer auf dem Herd, irgendwelche Teller mit Resten standen immer herum. Abends saßen die Arbeiter im Gastzimmer – auch da war es düster und muffig und der Geruch nach schal gewordenem Bier und Rauch wehte einen Übelkeit erregend an. Nur der winzige Vorgarten, unter den großen Bäumen, den man durch das bogig aufgewölbte Firmenschild betrat, atmete eine gewisse Heiterkeit. An sonnigen Tagen war er übervoll. Rollte der Bierwagen an, aus derbem Holz, davor zwei prächtig-muskulöse Rösser, dann polterten die Bierfässer über Bretter herab; die Kutscher in ihren langen, braunen Lederschürzen sahen aus wie die Helden einer Sage, und während sie die vollen Fässer gebückt über den Kies rollten und gegen die leeren Fässer tauschten, kauten die Pferde gemächlich den Hafer aus Futtersäcken.

Es war nur natürlich, dass Wolfgang Schmohl mich an die verbotenen Genüsse heranführte. Er kam leicht an Zigaretten. In die labyrinthische Höhle des Gradierwerkes, unter das versalzte, verkrustete Flechtwerk, krochen wir wie in einen verzauberten Berg. Hier waren wir sicher, in einem magischen Bezirk, in einem riesenhaften schwarzen Kirchenraum, in dem sich die Verstrebungen der Balken in die Höhe reckten. Das Licht sickerte gedämpft durch die tropfnassen Wände und die Luft war von Sole durchfeuchtet.

Wolfgang verteilte Streichhölzer und Zigaretten, duftende weiße Stängelchen, an fünf Knaben, zu denen außer mir auch Karl-Heinz Gottschling gehörte. Wir brannten darauf, erwachsen zu werden. Wir hockten auf dem nassen Boden im Kreis, wie die Indianer. Lässig steckten wir uns die eleganten Röhrchen aus der bunten Packung und dem Silberpapier zwischen die Lippen, wie wir es bei den Großen, den Brüdern und Bekannten gesehen hatten. Wolfgang strich das Streichholz an, es ging feierlich von Hand zu Hand, meine Kameraden schlossen die Augen, lehnten sich zurück, schienen in Welten märchenhafter Genüsse zu versinken – nun kam Karl-Heinz an die Reihe, er zwinkerte mir listig zu, vielleicht hatte er schon einmal geraucht, der Oberkellnersohn.

Ich war der Letzte, machte nach, was ich gesehen hatte, zog eifrig, schluckte alles in meine mehrfach durchleuchtete Lunge – da zerriss es mich. Ich zerbarst, ich hustete nicht nur, ich explodierte – Spucke, Rauch und Schleim. Da saß ich, der Held, mein Mund stand trichterrund offen, ich war inwendig entflammt bis zum Zwerchfell, und während ich würgte, guckte ich stier, wie verblödet mit schwimmenden Augen und tropfender Nase. Wolfgang Schmohl ließ den Rauch sanft und künstlerisch aus seinen Nasenlöchern kräuseln. »Na …«, meinte er väterlich, »hasde dich verschluggt?« Und ein anderer, der den Stängel fein zwischen Zeige- und Mittelfinger hielt, sagte tröstend: »So isses mir 's erschde Mal ooch gegangn.« Langsam kam ich wieder zur Besinnung. Karl-Heinz neigte sich zu mir und klopfte mir auf den Rücken. »Warum inhaliersde denn ooch, du Dämlagg?«

Ich habe so bald nicht wieder geraucht. Und die Knaben waren alle nett, niemand hat mich gehänselt. Überhaupt gingen diese Kinder, Kleinstadtkinder, damals viel gelassener miteinander um, sie waren frei von Aggressionen, geborgener in ihren Familien und hatten kaum das Bedürfnis, andere kleinzukriegen, um sich selber groß zu fühlen. Eine Ausnahme machte nur Gerhard, Wolfgang Schmohls kleinerer Bruder. Er konnte roh und hinterhältig sein – der arme war ein Fass, eine wabernde Tonne – aufgetriebener Hefeteig. Er konnte kein frohes, ausgeglichenes Kind werden. Da passierte es mir schon einmal, dass mir plötzlich der Arm nach hinten gedreht wurde oder dass ich über ein rasch vorgestelltes, prallfettes Bein stolperte.

Dann saß ich mit Karl-Heinz zusammen und schmiedete Rachepläne, die von Karl May inspiriert waren und niemals ausgeführt wurden. Wir waren uns unserer Machtlosigkeit vollkommen bewusst und Karl-Heinz tröstete mich: »Ach, weesde, der gehd uns ja jarnischt an, der gann uns mal!«

Karl-Heinz war zierlich, freilich nicht kränklich, nicht von Fieber geplagt, ganz und gar gesund, von drahtiger Zartheit, schmal in allen Gliedern, ein wohlansehnlicher Knabe, biegsam und höchst gelenkig, mit frischen, dunklen Augen. Seine schmale, reizend geformte Nase stand über dem ebenso reizend geformten Mund, sein Teint war bräunlich – er war ein romanischer Typ, und nicht nur er, die ganz Familie war so, sein kleinwinziger Bruder, den wir als störend empfanden, da er oft gehütet werden musste; die jüngere Schwester Liby, ein Quirl mit Zöpfen, in die ich mich wohl nur deshalb nicht rasend verliebte, weil mein Herz schon anderweitig gebunden war – töricht, denn mit Liby wäre es vermutlich eine lustige, turbulente Kinderliebe geworden. Der Vater, Herr Gottschling, waltete seines Amtes im »Mutigen Ritter«, das war ein Prachtbau im Zustand langsamen Verfalls, eine Halle mit Plüschsesseln, Marmortischen und Zimmerpalmen. Herr Gottschling schwebte, dessen war ich mir sicher, wie ein Gott durch die luxuriösen Räume, er hatte niemanden über – und auch niemanden neben sich. Sein Beruf brachte es mit sich, dass wir ihn selten zu sehen bekamen, denn er übte seine Tätigkeit mit fliegenden Frackschößen ja an den Nachmittagen und Abenden aus, wie auch an Sonn- und Feiertagen.

Die Mutter Gottschling fiel ein wenig aus der weltgewandten und munteren Art. Sie war zwar lieb, doch ruhig und trat kaum in Erscheinung. Allerdings bediente sie die Wäschemangel, die stand ganz hinten im schmalen Gärtchen, in einem engen Schuppen, ein Schild wies draußen darauf hin. Da kamen die Frauen mit ihren Wäschekörben, nach Vorbestellung, wir hörten den gewaltigen Kasten schon von Weitem rumpeln, sehr gemächlich, sehr gleichmäßig. War der hölzerne, mit Sand gefüllte Sarkophag an der einen Seite angelangt, gab es ein polterndes Geräusch, dann schlugen die zwei Rollen unter ihm zusammen, der Kasten bekam das Übergewicht, er senkte sich, auf der gegenüberliegenden Seite stieg er empor, ächzend; geschwind zogen die Frauen das Laken hervor und breiteten ein anderes darunter. Das musste rasch gehen, denn schon begab sich das Ungetüm knarrend wieder auf den Rückweg. Und währenddessen fuhren die beiden Balkenreihen der »Kunst« in rhythmischer Gegenbewegung am Gärtchen entlang – hin und her, die Ständer schwankten, ohne jemals das Übergewicht zu bekommen, sie stiegen empor und senkten sich rückwärts herab – alles schwankte, fiel und hob sich, schob sich gegen- und auseinander – da konnte ich lange zusehen, und die Scharniere quietschen, das Holz quarren hören.

Mit Karl-Heinz verband mich die innigste Freundschaft, mit ihm saß ich in der einzigen Schulbank beim Rektor Haubold. Wir verehrten die gleichen antiken Helden, wir fragten uns Vokabeln ab und übersetzten dieselben Texte. Wir waren Winnetou und Old Shatterhand, der Kurpark hinter dem Gradierwerk war unser Wilder Westen, dort wo die kränkelnden Kurgäste wandelten, ihrer Gesundheit zuliebe. Da brachen wir aus dem Gebüsch, schwangen plump geschnitzte Holzmesser, waren verkleidet, die Hemden flatterten, Karl-Heinz trug einen Cowboyhut, ich eine schwarze Perücke. Freundliche Mädchen aus der Werkstätte hatten sie mir geknüpft, aus Perlgarn. Die Zotteln hingen lang herab, ein rotes Band lag über meiner Stirn und hinten steckte eine Adlerfeder.

Wir brüllten, eine Dame schrie, sie schien zu Tode erschrocken, ihr Gatte eilte zu ihrer Hilfe herbei, da waren wir rasch verschwunden. Aber die Mutter erhielt einen bösen Brief, sie solle ihre Kinder gefälligst besser erziehen. Sie dachte nicht daran, sie fragte nur: »Aber mein Herzblatt, müsst ihr denn gleich skalpieren?« Sie diktierte einen ihrer lieben Briefe an die Dame, die sie – unter uns – eine hysterische Ziege nannte, und plauderte im Rundfunk über Kindererziehung – da hatte sie die Lacher wieder auf ihrer Seite.

Ich durfte sie sogar nach Leipzig begleiten, ins Funkhaus, und während sie im Aufnahmeraum war, stand ich am offenen Fenster und schaute auf den Marktplatz hinab und hoffte, dass recht viele Menschen mich hier oben sähen und bemerkten, dass ich dazugehörte und daher eine bedeutende Persönlichkeit war. Hinterher zeigte man mir das Mikrofon, es hing an vier Gummischnüren federnd in einem Ring, man zeigte mir die beiden zentimeterdicken Wachsplatten für die Aufnahme und Wiedergabe, die sich immer wieder abschleifen ließen. Sie waren so hintereinandergeschaltet, dass sie auch lange Sendungen ohne Unterbrechung aufnehmen konnten, obwohl ihre Spieldauer jeweils nur wenige Minuten betrug.

Die Mutter hörte mit mir zusammen ihren Vortrag ab, alle, die Redakteure, der Aufnahmeleiter, der Tonmeister, waren zufrieden, man fand, sie habe so spontan, so natürlich und menschlich gesprochen, nur ich war erstaunt, denn aus meinem Karl-Heinz, dem Freund, hatte sie kühn den Bruder Friedebald gemacht. Das nahm ich ihr übel. Aber für sie bestand eben die Welt vor allem aus ihren Kindern, und außerdem war der Friedebald doch gerade das Vorbild für eine so beliebte Puppe geworden, die seinen Namen trug. Da war es doch viel wirkungsvoller seinen Namen zu nennen: »Verstehst du das nicht, mein Liebling?«

»Wenn's doch nicht wahr ist!«

»Wahr nicht, aber hübscher«, antwortete die Mutter. »Ach, weißt du, die Wahrheit ist oft so langweilig!«

Eine Puppe Karl-Heinz gab es nie, sosehr ich auch drängte.

Abgesehen von dieser Eskapade wandelten Karl-Heinz und ich jedoch meist auf kultivierteren Pfaden. Ich – im Besitz einer Pappschachtel voller Muscheln und Donnerkeilen aus Hiddensee – gründete einen »Altertumsverein«, wir gewannen drei andere Knaben als Mitglieder, ich ernannte mich selbst zum Vorsitzenden, Karl-Heinz zum Schriftführer, er hatte die bessere Handschrift und überhaupt war das Arbeit. Ich entwarf Satzungen, die der Schriftführer in einem Heftchen festhielt. Es war die reinste Tyrannei, es ward bestimmt, »jedes »Mitglied hat … Und alle »Mitglieder sollen …«, dem Vorsitzenden, dessen Entscheidungen unanfechtbar waren, und der selbst zu gar nichts verpflichtet war, »unverbrüchlich treu sein und in allen Dingen folgen«. Die »Altertümer« selbst kamen in den Satzungen nicht vor. Unter einer Holunderhecke wurde der Bund beschworen, die Satzung von allen unterschrieben, wir trafen uns noch einige Male, steuerten sogar den einen oder anderen Gegenstand bei, Kupfermünzen und Hühnerknochen – sowie Tonscherben von Blumentöpfen. Doch nach und nach löste sich die Vereinigung von selber auf, worüber niemand Bedauern empfand, wir hatten längst Bedeutenderes im Sinn und beschäftigten uns nicht mehr mit Kindereien.

Denn es kam ein Theater nach Kösen, ins Parkhotel, das versteckt am Waldrand über der Kirche lag. Am Nachmittag wurde gespielt, für uns Kinder, den Eintritt bezahlten wir in der Schule – es war eine Schülervorstellung mit deutschem Aufsatz danach. Das Stück hieß *Wilhelm Tell* und war von Friedrich Schiller, er hatte es in Weimar geschrieben, als Goethes Freund, und er konnte nur schreiben, wenn ein Apfel neben ihm lag und verfaulte. Der faulige Duft war das Geheimnis seines Genies. Um einen Apfel ging es ja auch in dem Stück, der Landvogt war ein Tyrann, er ritt auf einem lebendigen Ross in den Wald aus Pappe. Von meines Vaters plastischer Bühne hatte die Truppe offenbar noch nichts gehört, denn die Bäume waren flach und wackelten.

»Nein!«, schwor Wilhelm Tell, er wollte den Hut auf der Stange nicht grüßen, was doch ganz verständlich war, aber den Landvogt ärgerte, der rutschte vom Ross und befahl, Wilhelm Tell solle dem Sohn, seinem eigenen Fleisch und Blut, einen Apfel vom Haupte schießen, mit einer Armbrust, die hatten die Schweizer jetzt auf der Schokolade und auf den Briefmarken.

Es gab dann noch Sturm und Aufruhr und den berühmten Rütlischwur, den wir in der Schule auch aufsagen mussten: »Wir wollen sein ein einig Volk von Brüdern …«

Nachhaltig und tief wirkte diese Bühnenkunst auf mich und Karl-Heinz – aber warum sich nur vorspielen lassen, warum nicht selber agieren? Auf dem Heimweg, auf der Saalebrücke beschlossen wir es, es dämmerte schon und der Fluss rauschte unten so mächtig. Ich entschied sofort, dass es ein eigenes Stück sein müsse und Karl-Heinz war bereit, für den faulenden Apfel zu sorgen, aber den Duft brauchte ich nicht. Das Stück war schon fertig, gleich auf der Brücke, es stand im Lateinbuch und hieß *Der*

*Kampf im Teutoburger Wald.* Es ist eine Geschichte mit riesigen Armeen von Römern und Germanen, doch mit denen hielten wir Künstler uns gar nicht erst auf, sie wurden gestrichen.

Ich schlief wenig in dieser Nacht, ich lag im Bett und erfand ohne Papier und Bleistift, ich hatte alles im Kopf. Schon am nächsten Tag begannen die Proben, im dämmernden Musikzimmer, das war ja sowieso leer und ein herrlicher Bühnenraum. Im Esszimmer sollten die Zuschauer sitzen, auf den Lederstühlen, oder auch auf den Rokokosesseln, das war dann die Loge. Viele Pausen würde es geben, um die beiden Vorhänge auch mehrmals öffnen und schließen zu können. Vorhänge gehören zum Theater und wir hatten ja einen aus schwerem roten Samt, aus dem es sanft stäubte.

Auf Dekorationen verzichteten wir. Desto verschwenderischer war die Kostümausstattung. Es gab unter dem Dach eine hölzerne Kiste, ich kannte sie gut. Sie wurde nie mehr genutzt, das war lange her, als die Mutter noch in Berlin auf Kostümfeste ging, auf den Reimannball, unter Künstler und Bonvivants. Jetzt tat sie es nicht mehr. Damals hatte sie auch ihre Tochter Fifi eingeführt in den farbigen Rausch aus Tanz und Musik. Die Kostüme lagen nun hier, in der Kiste, zwei seidene Umhänge, Dominos oder so was, der eine rot und der andere grün, den roten hatte die Mutter getragen. Und sie hatte den Pelzkragen hochgeklappt gegen die Backe und seitlich hinübergelächelt. Jetzt roch alles nach Mottenpulver.

Einen Helm hatte die Mutter auf ihre Haare gestülpt, einen Goldhelm aus Messing, der lag ganz fest an und war völlig glatt, er reichte bis über die Ohren. Nur vom Scheitel bis in den Nacken war er offen mit einem Schlitz, deshalb federte er und haftete auf jedem Kopf. Den Helm requirierte ich für mich, ich spielte den römischen Kaiser, das konnte ich nicht ohne goldenes Haupt. Ich spielte ihn im ersten Akt, als er seinen Feldherrn aussandte, den Varus, um die wilden Germanen zu unterwerfen, und spielte ihn im letzten, wo er die Nachricht von der Vernichtung all seiner Legionen bekommt: »Vare, Vare, redde mihi legiones!«, ächzte da der Kaiser, »Varus, gib mir meine Legionen wieder.« Das hätte der Varus ja sicher ganz gern getan, aber nun war er tot, ermordet vom eigenen Schwert und vermodert im Sumpf. Da konnte auch der Kaiser nur noch die Toga zerknüllen und den Goldhelm zu Boden werfen, sodass es schön schepperte. Der Helm federte, er hüpfte wie ein Frosch.

Im zweiten Akt, im Teutoburger Wald, wo der Verrat raunte und rauschte, spielte ich wieder den anderen Helden, Hermann, den Cherusker. Er war schon ein Verräter, aber er war es aus edlen Motiven und für sein Volk. Ein Bärenfell trug er um seinen mageren Leib, darunter war er dann nackt: Rippen und Schulterblätter und eine Badehose. Zwei Schilde aus Holz sägten wir, zwei Schwerter dazu, die splitterten leicht, Ewald Wagner zerlegte dünne Kisten. Und die Augenmaler rührten die Goldbronze an.

Doch die Proben befriedigten zuerst nicht so recht – es fehlte etwas: Kein Schauspiel ohne ein Weib. »Du hasd eene Meise«, meinte Karl-Heinz. Aber die schmächtige, zierliche Liby zeigte sich überraschend gefällig. Und das Bettlaken stand ihr, mit allen Falten und Sicherheitsnadeln. Liby kniete als Sklavin in Rom vor mir und reichte dem Kaiser die silberne Schale mit Wein, damit er sich atze und schmatze. Im Walde stellte sie Tusnelda dar, Hermanns Gemahlin, um die er den Arm schlang und fragte: »So soll ich es tun?«

Und »Ja!«, hauchte sie. »Du musd, mei Gebieder, fier mich, fier dei Volg!«

Drum tat er's.

So fing ja alles gut an. Nur kam der Bruder Friedebald aus Weimar, der Statist, vom Theater und aus der Venusgrotte. Er ließ sich auf einen Lederstuhl nieder, stützte das Kinn auf die Faust und führte Regie. Er zeigte der Sklavin, wie eine Sklavin kniet, er machte es vor und breitete die Arme aus, so! Er zeigte dem Kaiser aus Rom, wie er auf dem Thron zu sitzen habe, und auch, wie ein Kaiser schmatzt. Denn ein Kaiser schmatzt feiner als ein Vasall. Dann tauchte Schwester Maria auf. Und leidenschaftliche Gefühle drückt man am besten in Tönen aus, sie öffnete den Flügel, sie drehte den Spindelhocker empor und wogte. Sie brauchte ja keine Noten, sie hatte doch alles im Kopf, ihren Carl Maria von Weber und ihren Richard Wagner, Tuba-Getöse in Rom und flüsternden Wind in den Bäumen, das Kaiser-Motiv und das Hermann-Motiv, das Freiheits-Motiv und das Todes-Motiv.

Leidvoll erkannte der kleine Max: Je mehr Schöpfer beteiligt sind, desto schwieriger wird so ein Werk. Aber natürlich auch großartiger.

Der Helm durfte nicht mehr hüpfen.

Eigentlich hatten wir ja alles nur als ein Spiel geplant – zum eigenen Vergnügen. Aber nun – Einladungen wurden verschickt.

Die Mutter saß in der Loge, im Großvaterstuhl; der Lungenarzt Kuni aus Halle reiste heran; Rektor Haubold erschien, zurückhaltend gekleidet; Hans Renner setzte sich ganz weit nach rechts, Babu ganz weit nach links.

Die Ouvertüre erklang mit allen Motiven, Freiheit und Tod, als Maria nickte, zog der Regisseur den Vorhang auf – er war faltig und blutrot.

Und da saß der Kaiser in roter Toga und Goldhelm und die Mutter jauchzte verhalten: »Ach süß! Mein Maxl!« Sie beugte sich zu Fifi und fragte: »Weißt du noch, mein Finerle, die Reimannbälle?! Es war eigentlich doch entzückend!«

»Psst!«, machte Fifi.

Das Spiel schritt dann munter voran, es war ja nicht lang, nur gewaltig musikalisch. Maria geriet in Schwung, das Publikum stimulierte sie. Sie improvisierte nach Laune, und wir erkannten bald die Motive nicht wieder.

Doch alles gelang – irgendwie. Nur als Hermann und Varus miteinander fochten, verlor Hermann sein Schwert, es rutschte unter das Sofa. Der Held musste auf dem Bauch hinterher, im Bärenfell. Und Varus wartete verlegen und edel, statt ihn zu meucheln.

Die Mutter verkniff sich das Lachen. Der Beifall prasselte. »Wie hübsch, mein Mimerle, wirklich sehr hübsch!«, rief die Mutter. Sie strich ihrem Jüngsten über die Haare und sagte: »Fein, mein Maxl. Aber weißt du, das nächste Mal sprecht ihr in Versen.«

»Des nächsde Mal sprech ich gar nischt, da hübfe ich bloß schdumm rum«, zischte Karl-Heinz dem Dichter ins Ohr. Und Liby flocht sich die Zöpfchen.

Das nächste Mal hüpfte er wirklich, da verblüfften wir die Mutter ganz ohne Musik und Regie mit Zauberkunststücken, wir jonglierten mit Keulen und beendeten unsere Darbietungen mit einer Fakir-Nummer. Ich legte mich auf den Fußabtreter, auf den eisernen, rostigen, mit nacktem Rücken, und Karl-Heinz sprang auf meine Brust, auf die nackte, mit nackten, frisch gewaschenen Füßen. Da verlangte die Mutter auch keine Verse.

So wohlgeordnet, so fest gefügt schien diese kleine Welt. Es gab nichts Unerwartetes, höchstens dass die Geschwister aus ihrem anderen, reiferen Leben Unruhe brachten, Kunde von Liebschaften und Kummer. Es kamen auch Freunde ins Haus, die belebend wirkten, hindurchrollten wie Kugelblitze, herein und hinaus. Ihre Dramen, ihre Leidenschaften flogen an mir vorüber, ich nahm sie mit Neugier zur Kenntnis, war teilnahmsvoll, wurde aber niemals beunruhigt. Lange Zeit litt die Schwester Fifi unter einer innigen Freundschaft zu einer Tänzerin, Elinor Tordis, ein Wunderwesen musste sie sein, den Leiden der Schwester nach zu urteilen, ein kapriziöses, ein hochbegabtes Geschöpf, dazu in Wien lebend, der Hauptstadt Österreichs, was sie zusätzlich mit einer Gloriole umgab, denn Wien stand für Glanz und Adel, Wien waren Schlösser – und Wien war Musik. Ob Elinor wirklich so war – bildschön und kapriziös, ich kann es nicht sagen, ich habe sie nie gesehen, doch die Schwester war ganz erfüllt von ihr.

Aber all das, dieser Strom des Lebens, die Menschen, Künstler, neuen Freunde, es war nur ein Wirbel um einen ruhenden Mittelpunkt. Die Heimat, Bad Kösen, blieb unverändert wie am ersten Tage. Alles war unverändert, nicht nur Straßen und Häuser, auch die Menschen, Kameraden und Freunde waren es, nur ein wenig älter wurden sie, aber auch das nur im gleichen Maße, wie auch ich wuchs. Indem sie mit mir durch die Jahre gingen, blieben sie dieselben. Die kurzen Abstecher, Reisen, Aufenthalte, in die Dolomiten, ins Kinderheim nach Riezlern, nach Hiddensee, nach Berlin, änderten nichts am Bild dieser Beständigkeit, im Gegenteil, sie bestätigten es. Zurückkehrend war ich wieder im Vertrauten.

Aber dauernd bleiben konnte es so nicht. Indem ich größer wurde, erfuhr ich Neues, Fremdes. Schließlich drängte es mich auch danach. Als ich elf Jahre alt wurde, kam ein Hamburger Junge in unsere Schule, mit dem verstand ich mich gut. Es war ein dicklicher, gemütlicher Knabe, der viel las und blass war, er hatte Kummer. Die Eltern hatten sich scheiden lassen, das quälte ihn, aber er sprach nicht darüber, er schämte sich, damals schämte man sich einer Scheidung noch. Auch dass er Jude war, erzählte er nicht, aber irgendwie war es durchgesickert, und wenn man es ihn auch eigentlich nicht spüren ließ, ein Jahr vor Hitlers Machtergreifung, erwähnte man es doch als eine Besonderheit, die vielleicht bedenklich war. Wir Kinder konnten uns freilich nichts darunter vorstellen, nur dass es etwas anderes war, das begriffen wir.

Die Mutter des Hamburger Jungen war dem Vater davongelaufen, so hieß es, zu einem anderen Mann, und dem Vater war er »zugesprochen«, was immer das sein mochte. Der Bub also lebte beim Vater, das heißt, der Vater hatte ihn nach Bad Kösen in eine Pension gegeben, in eines der feineren, stilvolleren Häuser im »besseren Viertel« hinter dem Friedhof. Er wollte seinen Sohn wohl fern vom Schuss haben, aus den Streitigkeiten heraus, vielleicht auch konnte er ihn in Hamburg, wo er arbeitete, gar nicht brauchen im frauenlosen Haushalt. Und Geld hatte er.

Bücher las der Hamburger viel, auch mir borgte er welche. Sie waren von etwas anderer Art, historisches Interesse und Vorliebe für fremde Welten tat sich in ihnen kund, ganz so, wie ich mir eines Hamburger Interessen vorstellte, er kam ja aus der Hansestadt mit den Schiffen, am Ozean. So las ich von der Leidenschaft, den Kämpfen und den Intrigen um die ersten Tulpen, besonders um die kostbarste, die schwarze, und das alles war von Holland ausgegangen, was ja ganz nah bei Hamburg lag. Auch über Orchideenjäger im Urwald Südamerikas las er, der neue Freund war, wenigstens in den Büchern, ein Liebhaber der Blumen.

Ich hatte sie, im großen Garten, bisher eher gleichgültig betrachtet. Im Garten hoben wir zusammen eine tiefe Grube aus, auch Karl-Heinz Gottschling war dabei, mitten im großen Fliedergebüsch, was eine beträchtliche Arbeit war, denn die Wurzeln hinderten. Wir bedeckten das Loch mit Kistenbrettern und möblierten den Raum mit Töpfen, Teekesseln, Fußbänken und Fleckenteppichen. Wir fühlten uns wohl darin – nur die Fliederbüsche litten.

Aber eines Tages war der Bub weg, verschwunden, er fehlte einfach in der Schule. Rektor Haubold sah besorgt aus, der Vater aus Hamburg reiste an, auch er gequält und unausgeschlafen. Ich wurde aus der Klasse gerufen, der Vater befragte mich eindringlich: »Er war doch dein Freund!« Aber ich wusste nichts, nur den Kopf konnte ich schütteln. Der Vater ging mit mir all die Wege, die der Sohn wohl auch gegangen war, am Friedhof entlang, die Kukulauerstraße und in die Schule. Er blieb verschwunden.

Schließlich, als letzte Hoffnung, verlangte der Vater die Grube im Flieder zu sehen. »Ach nein, da ist er doch nicht«, rief ich, aber ich führte ihn in den Garten und der Vater hob die Bretter auf und sprang hinab und klopfte an die Wände, ob da nicht doch noch ein Hohlraum sei.

Dann drehte er sich um und weinte, weinte inmitten des Fliederstrauches, der damals grad blühte, und ich dachte beklommen, dass der Hamburger Junge irgendwie mit den Blumen verknüpft war, auf nicht erklärbare Weise, zuerst mit den schwarzen Tulpen, den wilden Orchideen und nun mit dem Flieder. Gottlob war die Grube doch nicht sein Grab.

Später erfuhr man, im Morgengrauen sei ein Auto bei der Pension vorgefahren, nicht genau davor, es hatte an der Ecke gehalten. Eine Dame sei darin gesessen, das sei die Mutter gewesen, reich, elegant und entschlossen habe sie ausgesehen. Auch einen Chauffeur habe sie gehabt. Und als der Bub zur Schule gehen wollte, habe sie ihn in den Wagen gezogen und sei mit ihm davongefahren.

Ich habe nie wieder etwas von ihm gehört. Der Vater aber erschien mir traurig, er rührte mich in seiner Hilflosigkeit, ich hätte ihm gerne geholfen.

## Erste Liebe

Ruth hieß das Engelskind, sie war Hans Renners einzige Tochter, des hageren Mannes, der die Puppenwerkstatt kaufmännisch leitete. Er hatte gewiss kein leichtes Brot, denn er war ja – sieht man von Ewald Wagner, dem Gärtner ab, von zwei Augenmalern, einem Friseur und einem Präger für die Köpfe – der einzige ansehnliche Mann in dieser Puppen erzeugenden Weibergesellschaft voller Nähnadeln und Scheren, voller Eifersüchteleien, Gekränktheiten, stets aufgewühlter Gefühle, Gerüchte, Liebe und Hass. Er war daher auch in mehr als eine Affäre verwickelt: in der Firma, außerhalb der Legalität mit Vehemenz – und außerhalb der Werkstätte, innerhalb der Legalität, ohne Fortune.

Wie es sich nun verhielt, ob er geschieden und zum zweiten Male verheiratet war, oder ob damals seine erste Gemahlin versuchsweise noch einmal in den brüchigen Hafen der Ehe zurückgekehrt war – jedenfalls lebte er mit einer Frau Renner in einer von Bäumen beschatteten Wohnung, nicht allzu weit von der Werkstätte entfernt – und bei ihnen wohnte nun Ruth. Sie war ein schlankes Geschöpf mit braunen Haaren, ein stilles Kind. In dieser Ehe, wo es ständig kriselte, konnte sich kaum ein Ausbund an Fröhlichkeit entwickeln. Aber gerade ihr stiller Ernst rührte mich. Am Morgen, wenn es mit meinen unregelmäßigen Schulstunden zusammenpasste, wartete ich unter den Linden an der Straßenecke auf sie und war froh, ihr die Schultasche tragen zu dürfen. Dabei sprachen wir kaum etwas miteinander, wir hatten uns wenig zu sagen. Mir war es aber genug, stumm neben dem geliebten Mädchen herzugehen.

Dafür erduldete ich viel Spott. Meinen Schulkameraden blieben weder meine Eskapaden noch mein verträumter Blick verborgen. Gerade hatten sie aufgehört, mich »unser Hausmädchen« zu rufen. Nun musste ich neue Hänseleien ertragen: »Hallo, hier kommt deine Frau« – »Vergiss nicht, deine Frau zu grüßen« – »Deine Frau hat ihr Heft liegengelassen«. Diese Anpflaumereien ärgerten mich, aber es erschien mir auch ehrenvoll, meiner Liebe wegen zu leiden.

Nachts lag ich nun im Bett, im Kiefer drückten und zerrten die Zähne, in der Brust drückte und zerrte das Herz.

Die Mutter sah dem eine Zeitlang zu. Doch es gefiel ihr nicht, auch meine Wahl fand sie nicht gut. »Das lohnt nicht«, meinte sie, »Ruth ist nur ein unreifes Gänschen. Weißt du, ich möchte dich vor einer Enttäuschung bewahren, mein Liebling!«

Ich war damals überhaupt anfällig für Anbetung und Heldenverehrung. Von Old Shatterhand, Kara Ben Nemsi und Hadschi Halef Omar träumte ich Tag und Nacht. Als Winnetou starb, im Arm des in Versen betenden Freundes, und brechenden Auges zum wahren Glauben fand, da heulte ich Rotz und Wasser – und schämte mich meines Schluchzens nicht: Was war mir die Welt nun noch wert?

Ich litt aber auch mit den tapferen Männern, die den Nordpol suchten und unvorstellbare Strapazen erduldeten. Nobile und Amundsen waren mir innig vertraut – und Andrés Ballonfahrt über das Eis und sein bitteres Ende erzeugten in mir Fieberschübe. Auf Fotos sah ich ihn nun mit seinen Männern, dick eingepackt. Ach, ihr Ballon hatte sich doch zunächst kühn über Spitzbergen in die Luft erhoben, aber dann gab es ein Unglück nach dem anderen, bis die Ballonhülle vereiste und die Männer zu Fuß den Rückweg über das Treibeis suchten. Umsonst – viele Jahre später fand man ihr letztes Lager und ihr Tagebuch.

Oder Siegfried – gewiss, das war lange her – aber was ist Zeit? Siegfried war gegenwärtig. Ich sah ihn mit seinen blonden Locken – und ich liebte Kriemhild, indem ich Siegfried war. Wie schön und rührend war diese Liebe, beendet durch schnöden Verrat. Zum Teufel mit Hagen von Tronje! Da lag nun Siegfrieds Leichnam vor Kriemhilds Tür, in dunkler Nacht, und sie warf sich klagend darüber.

Ich las das Epos in der Nachdichtung von Wilhelm Herzog – ein Buch voller Heldenpathos.

Und nun hatte Ruth Renner Geburtstag, und ich wurde mit einer Einladung beglückt. Sogleich fieberte ich, aber wohl temperiert, mein Besuch wurde dadurch nicht gefährdet. Ich fieberte vor Freude, aber auch wegen des Geschenkes: Was könnte es sein, so kostbar, so schön und – vor allem – so beziehungsreich?

Siegfried! Ja, sie würde lesen und verstehen! Ich war ja Siegfried und sie war Kriemhild, und sie würde sich über meine Bahre werfen bei Fackelschein, und die Welt war ihr fortan kein Lächeln mehr wert, weil ich tot war ...

Der Mutter ging das gegen den Strich. Ein Veilchenstrauß! Oder noch besser: ein kleiner Kaktus. »Kakteen sind ja so dankbar, Herzblatt, sie brauchen so wenig Pflege!«, das wäre es gewesen.

Wer sprach hier von Pflege?

»Aber Herzblatt: so ein kostbares Buch!«

»Kostbar? Wieso? Kann man es denn nicht kaufen?«

»Nein«, sagte die Mutter – sie log womöglich? »Nein, es ist vergriffen.«

»Dann schenke ich ihr meines!«

Die Mutter hob die Schultern. »Du wirst es bereuen.« Aber ich radierte die Fingerpatzer vom Einband, wickelte den Band in buntes Papier, kämmte mich, klingelte bei Renners, und Ruth öffnete mir, mit Zöpfen und Sonntagskleidchen.

»Danke, sehr nett, aber das war doch nicht nötig«, sagte sie und legte Siegfried neben die Kerzen und Haarschleifen auf ihren Geburtstagstisch. Auch ihre Mutter fand freundliche Worte. Dann ging man zu Schokolade und Kuchen über. Ich stammelte noch etwas, von der herrlichen Dichtung, vom edlen Helden, von ewiger Liebe – »Jaja«, meinte Ruth, »jetzt iss mal die Torte, meine Mutter hat sie selber gebacken.«

Da erkannte ich, dass sich Ruth niemals über meine Bahre werfen würde. Schade, dass ich keinen Kaktus hatte.

Frau Renner verließ ihren Mann bald, diesmal endgültig, Ruth zog mit ihr, die Nibelungen nahm sie mit, es war mir recht. Mir brach auch nicht das Herz, ich vergaß rasch. Das Leben erschien mir voller Wunder – immer größer, immer weiter wurde die Welt. Und Bücher gab es in Hülle und Fülle.

## Bücher

Solange ich sehen konnte, hatte ich Bücher vor Augen – solange ich denken konnte, war ich ihnen ausgeliefert. Sie waren, mit Konrad Lorenz zu sprechen, meine Graugansmütter und ich ihr Graugansküken.

Trotzdem – warum ließ ich mich ausgerechnet von Büchern »prägen«, warum nicht von elektrischen Schaltern, von Möbeln oder gar von Puppen? Ich war ja nicht nur von Büchern umgeben, das Haus der Mutter war kein Haus der Bücher, sie hatte keine »Bibliothek«, ja, eigentlich war unser Bücherbestand eher gering. Gewiss, im Arbeitszimmer des Vaters gab es einen Schrank mit Glastüren, in dem sich die Kunstbücher stapelten. Er war nicht verschlossen, aber sein Inhalt interessierte mich nicht. Darüber hinaus hatte die Mutter nur noch ein offenes Bücherregal, es stand auf einer Truhe, nicht eben groß und auch nicht besonders auffällig unter den anderen Möbeln, dem Sekretär, der Chiffoniere mit ihren sieben Schubladen, dem Kachelofen, den Tischen, Liegemöbeln, der Uhr und den Bildern.

Aber mein Schicksal wurden die Bücher. Vielleicht deshalb, weil die Mutter mir früh schon vorlas, Geschichten von Feen und Zwergen und Schwiegermüttern und Froschkönigen und Prinzessinnen und Aschenputteln, dem kleinen Muck und Zwerg Nase. Alle diese Wunder standen in Büchern, und wenn man sie zuklappte, waren auch die Wunder fort, sie hatten nicht mit dem wirklichen Leben zu tun, sie hatten ihr eigenes Leben und ich hätte es sogar schlimm gefunden, hätten sie nicht ihren eigenen Glanz und ihren eigenen Zauber gehabt.

Vielleicht rührte meine frühe Bindung an die Literatur aber auch daher, dass die Mutter immer eine verklärte Stimme bekam, wenn sie von einem Dichter oder Schriftsteller sprach, auch ihr Gesichtsausdruck war dann entrückt – so, wie Madonnen auf Gemälden ihr göttliches Kind anblicken. Diese Verklärung der Dichter kam wohl aus ihrer bitteren Kindheit, von der Armut und Not ihrer Jugend, aus der die Literatur sie ja wahrhaftig erlöst hatte und schließlich – über die Schauspielkunst – ihr ganzes Leben veränderte, erhöhte und über die frühen Leiden hinausführte. Nur ihre Liebe zur Dichtung, ihre Hingabe an die Bühne hatten ihr den Weg geebnet ans Lessingtheater und dadurch zum Vater. Die Dichtung war für sie die Brücke gewesen zu einem erfüllten Leben. So behielt sie in ihrem Herzen immer den höchsten Platz.

Viel Zeit zum Lesen hatte sie nun nicht mehr, aber sie las immer und wählte mit Geschmack – nach ihrem Gefühl. In ihrem Bücherregal stand natürlich eine Ausgabe »ihres« schlesischen Dichters Gerhart Hauptmann, sie las Hermann Hesse und Knut Hamsun, Jakob Wassermann und Jakob Schaffner, Thomas Mann und Friedrich Nietzsche – und viele, viele andere.

All diese Namen kannte ich, lange ehe ich selber lesen konnte. Ich hörte sie von der Mutter. Und ich spielte unter dem Bücherregal – baute kleine Häuser mit Holzklötzchen, schob Wägelchen über den Teppich – und immer, wenn ich aufsah, hatte ich die Bücherwand über mir, sie erschien mir riesig, bis zur Zimmerdecke reichte sie. Sie hatte Ähnlichkeit mit einem Altarbild, ja, das Buchregal mit der Truhe darunter war Altar und Altartafeln. Die Tafeln waren nicht mit Figuren geschmückt, sondern mit bunten Buchrücken, die goldene Namen trugen, auch die Bibel war darunter und die Bibel hieß die Heilige Schrift. So wurden mir Goethe und Schiller zu Vertrauten. Das Wort *Faust* ging mir leicht über die Lippen – ohne Sinn und Verstand. Mir war die *Jungfrau von Orleans* – das Schauspiel von Schiller – ein so fester Begriff wie anderen die Jungfrau Maria – aber ich wusste nichts von ihr,

außer dass sie »Lebt wohl, ihr Wälder, ihr geliebten Triften …«
gesagt hatte, mit überschwänglichem Gefühl, wie die Mutter es
zitierte. Ich kannte Titel über Titel und Namen über Namen, aber
ich wusste nichts, verstand nichts – wie wäre es auch möglich gewesen.

Niemals – zum Beispiel – vermochte ich zu ergründen, was es
mit dem Titel von Gerhart Hauptmanns *Der Narr in Christo
Emanuel Quint* auf sich hatte. Gab es da nun einen Narren in einem Mann, der Christo Emanuel Quint hieß? Oder einen Narren in Christo, einen christlichen Narren, der Emanuel Quint
hieß? Ich fragte nie danach, aber ich liebte diesen Titel mit all seiner Unbestimmtheit. Überhaupt hatten die Buchtitel ja so viel
Rätselhaftes, ob es sich nun nur um Namen handelte oder um Begriffe. *Der Dechant von Gottesbüren* – ein einziges Geheimnis. *Der
Fall Maurizius* nicht minder – *Also sprach Zarathustra* – das klang
wie Musik. Und Rätsel, Geheimnis und Musik blieben mir die
Bücher immer, solange ich zu ihren Füßen auf dem Teppich spielte, denn niemals drang ich zu ihrem Inhalt vor, der mich ja auch
grenzenlos gelangweilt hätte. Niemals schlug ich ein Buch auf, es
genügte mir, die Verfasser und die Titel zu kennen. Und so stand
es schon früh für mich fest, dass auch mein Name einmal in Bücherregalen zu finden sein würde, in Goldbuchstaben.

Deutlicher wurde mir die Literatur, als ich selbst lesen konnte,
da war es Sophie Reinheimer, die den einfachen, herzinnigen Ton
fand, den man für Kinder zuträglich hielt. Die Mutter hatte sie
kennengelernt, oder Sophie Reinheimer die Mutter, es wurden
liebe Briefe gewechselt, eines Tages kam sie nach Kösen, ein
schmächtiges, altjüngferliches, bescheidenes Geschöpf, nichts
Großmächtiges war an ihr, nun, von ihr hatte die Mutter ja auch
nur herzlich, nicht aber verklärt gesprochen. Ich war ein wenig
enttäuscht. Sophie Reinheimer plauderte mit mir, strich mir
übers Haar, später schrieb ich ihr zwei oder drei Briefe, der Zweck
ihres Besuches bei der Mutter war ja ein Buch gewesen, das sie
verfassen wollte: »O Fritz, wohin sind wir geraten«, so hieß es und
war die Geschichte zweier Puppen, die gestohlen wurden und

schließlich in unserer Werkstätte landeten. Es wurde ein erfolgreiches Buch, wie fast alle Bücher der Reinheimer, und ich durfte ihr brieflich einige Anregungen geben. Das nahm ich ernst, ich warf mich in eine Fieberperiode, die waren ja stets schnell erzeugt, ich diktierte »Dinah« vom Bett aus – ich kam dann auch mit vollem Namen in der Geschichte vor, ich las die Stelle mehrmals, aber eigentlich erkannte ich weder die Mutter, noch die Schwester Fifi, noch mich selbst so richtig wieder.

Höher in der Gunst der Mutter als Sophie Reinheimer stand ein Kinder-Autor, ein Mann, Adolf Holst, er war Hauslehrer, oder – wie sie sagte – »Prinzenerzieher« in Bückeburg, ein armer Teufel übrigens, auch das erwähnte die Mutter. Adolf Holst schrieb hübsche, eingängige Verse, die Mutter schätzte seine gedichteten Märchen vom *Weihnachtsstern* und von *Hans Wundersam*, dem Wanderburschen. Mit Vorliebe las sie mir diese Geschichte vor: »Ein Wanderbursch zog über Land, der ward Hans Wundersam genannt, trug Ränzel, Stab und Nagelschuh und pfiff sich eins und fror dazu.« Recht innig war das und auch ich mochte es, mit all den bunten Bildern von Ernst Kutzer. Aber am meisten mochte ich *Fridolin der Osterhase*.

Auch Adolf Holst besuchte Kösen, doch schrieb er kein Buch über die Mutter, er kam zu einer Dichterlesung, in eine bescheidene Gastwirtschaft nahe der Schule, da gab es einen dunklen, geeigneten Saal. Kurz davor hatte hier ein Marionettentheater gastiert, zwei Abende hintereinander, ich besuchte beide Vorstellungen: Das Rittermärchen vergaß ich schnell, das Volksstück vom Doktor Faustus bewegte mich, dass ich Puppen sah, wusste ich und vergaß es doch, die Verzauberung wirkte nachhaltig. Dr. Faustus in seinem schwarzen, mittelalterlichen Gewand, mit dem knochigen, leidvollen Gelehrtengesicht, der in einer Dekoration aus gotischen Säulen und Spitzbogenfenstern den Rätseln der Welt nachging und sich mit den höllischen Geistern verbündete; sein Bursche, der Kasper; der Teufel Mephistopheles mit dem Zaubermantel – glühend vor Spannung und alles in mich einsaugend, saß ich auf dem harten Stuhl, stopfte mir abwechselnd einen Finger oder gleich mehrere in den Mund, rückte unruhig hin und her und kehrte aufgewühlt nach Hause zurück.

Die Lesung von Adolf Holst war dann freilich viel stiller, viel weniger aufwühlend, es fiel mir schwer, ruhig auf dem Stuhl zu sitzen, auch die anderen Kinder zappelten, husteten und scharrten mit den Füßen. Adolf Holst las aus seinen Geschichten, die ich alle schon kannte, aber das störte mich nicht, eher im Gegenteil. Vorne saß der Dichter am runden Tisch, ein kleiner, etwas gebückter Mann. Ich schaute ihn an – viel anders als unsere Lehrer sah er nicht aus, überhaupt unterschied er sich nicht von den anderen Menschen. Wer ihm auf der Straße begegnete, hätte ihn wohl überhaupt kaum für so etwas Erhabenes wie einen Dichter gehalten.

Aber ich war doch stolz, dass Adolf Holst Gast bei uns war, ja, die Mutter beherbergte ihn, man hatte ihm eine winzige Stube unter dem Dach eingerichtet, da schlief er, ich erzählte es allen Schulkameraden, und genauso stolz ging ich nach der Lesung an seinen Tisch, sagte, wie gut es mir gefallen habe, dass ich auf ihn warten wolle, bis er fertig sei, denn es kamen einige Kinder, die um sein Autogramm baten. Adolf Holst zeichnete lustige Tintenmännchen in die vorgelegten Bücher, das war seine Eigenart und dazu schrieb er wie ziseliert seinen Namen.

Dann ging ich neben ihm nach Hause, Adolf Holst fragte mich über die Schule aus, wunderte sich, wie wenig ich lernte, zeigte sich aber nachsichtig, es ließe sich alles nachholen, meinte er, vielleicht, weil er selber Hauslehrer war. Aber er redete nicht gern von seiner Tätigkeit, auch nicht von den Prinzen, die er unterrichtete, es waren vielleicht auch nur Buben wie wir.

Hier hätte ich nun eine Gelegenheit gehabt, etwas von der harten Realität des Dichterberufes zu erfahren, aber ich nahm sie nicht wahr. Ich machte mir keine Vorstellungen von diesem Metier.

Übrigens währte es nicht mehr lange, dann stieg ich selbst mit Intensität ins Handwerk ein, ich hatte ein eigenes Sekretariat, »Dinah«, die flink stenografierende Sekretärin, und es war gut, dass sie so flüssig stenografieren konnte, denn ich sprudelte alles nur so heraus. Um Dinah war immer eine fröhliche Atmosphäre. Das erleichterte mir die frühe Arbeit. Dinah lachte viel, es schien, dass ihr meine Werke gefielen. So etwas beflügelt.

Es kam zu dieser ersten und luxuriösen Dichterwerkstatt, weil die Mutter verreist war, für längere Zeit. Briefe des üblichen Inhalts, »Mir geht's gut, wie geht es dir, ich muss jetzt wieder arbeiten, deshalb mache ich Schluss«, mochte ich nicht schreiben. Da fiel mir nichts ein. Aber Geschichten fielen mir ein. Auch gut, sagte die Mutter, schreib mir Geschichten. Und vielleicht war sie glücklich, dass ich so rasch schon den mir offenbar vorbestimmten Pfad betrat. Der Vater hatte ihr das Puppenmachen angeraten: »Eine bessere Möglichkeit, dich künstlerisch zu betätigen, kannst du dir gar nicht wünschen.« Die Mutter riet mir das Geschichtenerzählen. Und dass Dinah ihre Zeit opferte, am Stenoblock und an der Schreibmaschine, waren eben »Ausbildungskosten«.

Dinah kam ins Wohnhaus. Da lauschte sie mir, am runden Tisch, die Beine übergeschlagen. Ich rannte in der Stube auf und ab. *Die Abenteuer des Bobi Box* diktierte ich. »Es war um zehn Uhr, und donnernd brachen die Wogen in sich zusammen, als Bobi in das Licht der Welt sah. Er wollte hinaus auf das freie Meer, um gegen den Tod und für das Leben zu kämpfen. Gigantisch wälzte sich das Meer auf die *Luziana* zu.«

Ich band das auf fünfzehn Seiten angewachsen Œuvre selbst in Pappe, versah das bunte Titelbild mit dem mir geläufigen Sujet »Segelschiff im Sonnenuntergang« und Dinah verschickte das Bändchen mit der Post.

Als die Mutter heimkam, hatte sie wohl empfunden, dass es nun Zeit war, mich in die höheren Gefilde der Dichtung einzuführen – fort auch von Karl May, an den Born wahrer Poesie. Sie trug mir Balladen vor. Zwar las sie aus Büchern, aber sie las, als ob sie nicht lese, frei flog ihre Stimme mit den Worten dahin, die gelernte Schauspielerin fand zu ihrer Begabung zurück, sie war mitten in der Dichtung, mitten im Geschehen, im Vers, in der Empfindung, in der Tragödie.

Ich habe ihr immer für diese Stunden gedankt. Sie gehörten zu den stärksten Erlebnissen meiner Kindheit. Zum »Eisenhammer« ging die Mutter mit mir; zu »Dionys, dem Tyrannen«, dies oft und immer wieder; zwischen »Szylla und Charybdis« stand sie und warf den goldenen Becher hinab. Auch den »Handschuh« schleuderte sie den Löwen vor und den »Dank, Dame«, begehrte sie nicht. Was immer an deutschen Balladen ihr wert schien, das deklamierte sie und ich fühlte des Fiebers wohlige Wärme in mir aufsteigen. Bei der Bürgschaft, die über wilde, gefahrvolle Wege führte und mit dem »Dritten im Bunde« endete, stieg die Quecksilbersäule gefährlich: 39,5. Immer wieder entdeckte sie Neues: die »Füße im Feuer«, und die »Sonne, die es an den Tag brachte«. Es gab auch erholsame Zwischenspiele des Humors, die der Mutter behagten und die sie vielleicht noch trefflicher zu gestalten wusste, Wilhelm Busch war ihr teuer und sie ließ mich an ihrem Vergnügen teilhaben, seltener an Max und Moritz, häufiger an der Frommen Helene, am Heiligen Antonius von Padua und vor allem an Tobias Knopps Lebensweg vom bürgerlichem Ehestand bis zu seinem irdischen Ende. Sie wurde nicht müde zu zitieren: »Schnell verlässt er diesen Ort und begibt sich wieder fort«, oder auch »Mädchen – spricht er – sag mir, ob? – Und sie lächelt: Ja, Herr Knopp!«, ein Vers, der ihr reichlich Gelegenheit zu verschmitztem Mienenspiel gab, der ihr ganz aus der Seele gesprochen war, denn wohl niemals hat sie sich in ihrer »Rolle« als Frau unwohl gefühlt. Sie liebte Wilhelm Busch, sie kannte ihn in- und auswendig, und es focht sie auch nicht an, dass der Vater grantelnd von seinen Münchner Begegnungen mit Deutschlands Parade-Humoristen berichtete und herablassend von dessen »faulen Witzen« sprach.

Von anderer Art war der Humor Fritz Reuters, des niederdeutschen Dichters, wenn die Mutter ihn vorlas, lachte sie Tränen. Die Mutter hatte sich das Platt recht und schlecht zu eigen gemacht, die Eltern meines Vaters hatten es noch gesprochen, in Stettin, der Vater konnte es und die Fischer in Hiddensee redeten so. Auch ich verstand es, es war ein zusätzlicher Reiz, wie komisch war alles, was Onkel Bräsig in Berlin widerfuhr, wie er seine Geldtasche in der Hose auf dem Bauch verbarg, aus Angst vor den Dieben.

Berlinern konnte die Mutter auch – und so hörte ich die Geschichte, die »Onkel Oschen mit seiner Schwiegermutter in Amerika passierte«: Onkel Oskar, der Bruder des Vaters. Es war die einzige seiner vielen Schnurren, die Ernst von Wolzogen aufgeschrieben hatte, denn »Onkel Os« selbst schrieb nie etwas auf. »Sehr schade war das, mein Herzblatt, denn Onkel Os hat ja viel, viel besser erzählen können. Da rutschten alle vor Lachen unter den Tisch.« So war diese Geschichte aber auch. Noch in der Nacherzählung.

Aber natürlich wusste die Mutter, wo die wahre, die große Kunst beheimatet ist: im Drama. Das war jedenfalls ihre Meinung. Gern hätte sie vielleicht mit ihren Kindern Theater gespielt, aber das war undurchführbar. Dafür brachte sie es eine Zeitlang in Mode, mit verteilten Rollen zu lesen, wer gerade im Hause war von den Töchtern musste heran an den Text, ich natürlich genauso, »eine bessere Gelegenheit, die dramatische Dichtung kennenzulernen«, konnte ich mir ja gar nicht wünschen. Ich wünschte sie mir auch kaum. Mit von der zungenbrecherischen Partie war meist die Schwester Fifi, vielleicht auch einmal Hanne, doch seltener, weil sie wenig in Kösen war, und die Brüder schon überhaupt nicht, die lernten Dichtung in den Landschulheimen.

So war ich der einzige »Mann« in der Runde, kaum ein Viertel-Mann. Abwechselnd hatte ich den Königen des Griechenvolkes, Achilles und Odysseus, Diomedes und Antilochus meine noch ungebrochene Knabenstimme zu leihen.


*Bildende Kunst*


Künstlerisch waren alle in dieser Familie, vom Vater und der Mutter gar nicht zu reden, von denen kam es ja her, und noch weiter von den Eltern und von den Geschwistern des Vaters. Auch uns Kruse-Kindern konnte da kaum etwas anderes in den Sinn kommen, und es gereicht dem Bruder Michel zur Ehre, dass er, nur Cello spielend, der Versuchung widerstand, Musik zu studieren und stattdessen Physiker wurde. Aber er blieb die Ausnahme, auch insofern, als er sein Studium regulär abschloss, cum laude oder sogar summa cum laude: Er war ein gründlicher Mensch. Jochen wurde erst Grafiker, dann Fotograf, Friedebald wollte zunächst zum Theater, dann zur Architektur, er begann im Feld zu malen – diese beiden Brüder kehrten aus dem Krieg nicht zurück.

Und die Töchter? Maria komponierte, zeichnete, aquarellierte. Hanne machte dies und das, sie bildhauerte ein bisschen, sie aquarellierte ein bisschen, sie spielte Klavier, sie nahm Gesangsunterricht, sie wollte zum Film und hätte vielleicht Erfolg gehabt, wäre sie konsequent geblieben. Aber sie war immer vollauf beschäftigt mit sich und ihren Verehrern, die Kunst zu leben und zu lieben verlangte ihr viel ab. Sehr beziehungsreich schenkte ich ihr in meiner Latein-Epoche einen selbst gemalten, mit Girlanden geschmückten Wandspruch aus den Römerbriefen: »Glaube, Liebe und Hoffnung, diese drei, aber die Liebe ist die größte unter ihnen.«

Ich war es von früh auf gewohnt, als Modell benutzt zu werden, doch das Stillstehen oder Stillsitzen war eine Folter. Bereits in der Odenwaldschule, im Kindergarten, malte mich meine Halbschwester aus Vaters erster Ehe. Sie hatte bei Matisse studiert. Ich hockte auf einem Mühlstein, der als Tisch diente und auf der Mittelsäule wackelte, ich trug einen bunten Spielanzug, sodass es auch ein buntes Gemälde wurde. Der Bruder Friedebald stand neben mir. Und ringsum wucherten die Büsche.

Mieze wurde diese Halbschwester genannt, sie hieß Annemarie, ich sah sie selten, sie war etwa so alt wie unsere Mutter und hat an ihrer eigenen Mutter gehangen, der ersten Frau des Vaters, das machte es ihr nicht leicht, die zweite, so junge Frau und deren Kinder zu akzeptieren. Sie führte jedoch auch selbst ein leidenschaftliches Künstler- und Eheleben. Es kam aber auch keine Feindschaft von ihr. Wunderschön war sie, eine große blühende Frau mit schweren Augen unter starken Augenbrauen. In der

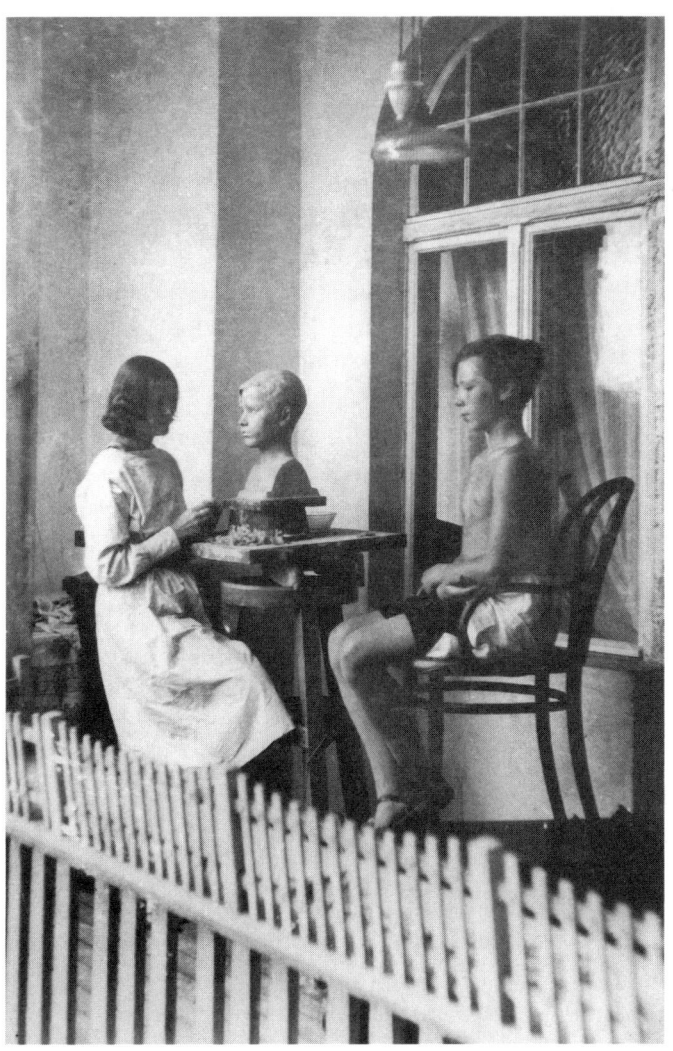

*Schwester Fifi modelliert den Bruder Friedebald auf der Terrasse*
*des Kruse-Wohnhauses in Bad Kösen*

Mitte gescheitelt, fielen ihr die braunen Haare reich und voll über die Ohren, im Nacken zu einem schweren Knoten gefasst. Den besonderen Reiz aber empfing dieses bedingungslose Gesicht durch die hoch stehenden, breiten Backenknochen – nicht nur die Tiefe ihrer Empfindungen, auch ihr Aussehen hatte etwas Asiatisches, sie heiratete Igor von Jakimow, einen russischen Bildhauer und Maler, eine elementare, ungebärdige Natur. Ich nahm sie hin wie alles, was um mich herum war, ich hatte sie auch recht gern. Vor allem aber schätzte ich es, dass Mieze mich zum fünffachen Onkel gemacht hatte, noch bevor ich selbst geboren wurde. Als sei dies ein Mirakel, erzählte ich gern: »Ich bin schon als fünffacher Onkel auf die Welt gekommen!«

Meine Schwester Sophie – Fifi – begann zu bildhauern. Den Bruder Friedebald mit seinem lieben Gesicht entdeckte sie zuerst, er musste ihr auf der überdachten Terrasse hinter unserer Küche sitzen, sie modellierte ihn dort, das war einfacher wegen der Fußbodenreinigung und das Licht war gut und kam von Norden. Einen großen Modellierbock mit drehbarer Platte baute sie auf und werkte mit den Fingern und mit Modelliereisen, der Bruder hockte sonnigen Gemütes, wie immer, kerzengerade auf einem Stuhl, mit heruntergestreiftem Hemd, denn es kam der Schwester auch auf die Nackenpartie an. Sie trug einen weißen Leinenkittel und arbeitete bedächtig, auch sie hatte – wie Mieze – das Haar in der Mitte gescheitelt, aber ihres war rotblond und lockig.

Aus dieser Büste wurde der Kopf für eine Schaufensterfigur, für die Kinderfigur Friedebald, die aber auch, mit Zöpfen oder Ponyperücke, beinahe noch öfter als Mädchen verkauft wurde.

Dass ihr Werk zur Handelsware wurde und rasch vervielfältigt, bremste vielleicht den Weg der Schwester in die hohe Kunst – öffnete ihr aber ein weites Feld der Betätigung, wenn auch nicht ohne Dornen, denn die Mutter war ja äußerst anspruchsvoll. Kinder modellierte Fifi noch viele, auch die Töchter von Kurgästen, die sich geehrt fühlten: Bruder Friedebalds erste Liebe, einen kaum schulpflichtigen Schmetterling. Dieses Mädchen, blondhaarig und blauäugig, war um und um liebenswert und so recht geschaffen zum Knuddeln – sie lag auch gern auf der Wiese in den Armen des älteren Jungen, und es dachte sich niemand etwas dabei, außer dass man die beiden reizend fand.

Dann aber geriet ich ins Blickfeld der Schwester, und es kam eine Leidenszeit auf mich zu, denn ich wurde nicht nur einmal modelliert, sondern in verschiedenen Reifestadien – und ich wuchs gerade so rasch! Ich hasste es, wie angeleimt zu sitzen, sei es nun auf der Terrasse oder in der Werkstätte, aber die Firma brauchte Kinderköpfe und ich war immer im richtigen Alter. Nun musste ich mich unbeweglich betrachten lassen und litt, ich litt aber nicht still, ich sagte es auch. Manchmal wurde mir vorgelesen, da ich ja selbst nicht lesen durfte, denn dabei hätte ich den Kopf gesenkt und ich musste doch stur geradeaus blicken und mich gerade halten, das fiel mir besonders schwer. Viele Franz-Schneider-Bücher mussten nun ins Haus, sie eigneten sich gut, denn sie waren leicht zu verstehen und nicht so lang. Geschichten von Jungens, die Autorennen gewannen oder in Australien als Schafzüchter erfolgreich waren, gefielen mir. Die Mutter korrespondierte also auch mit Frau Schneider und die Bücher kamen in festen Kartons, doch nicht nur von ihr, sondern auch von anderen Verlagen, unvergesslich ist mir der unübertreffliche *Kai aus der Kiste* mit seinem Staubsauger.

Schwieg die Stimme der Vorleserin – manchmal war es die Mutter, manchmal die Sekretärin Dinah – kam auch das Grammofon zu Ehren. Aber das musste man aufziehen mit der silbernen Kurbel und das kostete Zeit. Trotzdem – wieder und immer wieder wollte ich die Rosenarie aus Figaros Hochzeit vernehmen, bis die Schwester erklärte, wenn sie noch öfter »Komm, o mein Trauter« hören müsse, verginge ihr alles.

Als sie fortgeschrittener war, warf sie sich auf das Studium von Knabenkörpern. Nur das Allernötigste durften wir Buben, Friedebald und ich, mit einem Lendenschurz bedecken, und dann fertigte sie Ausschnitte aus Pappe von uns an, von der Seite und von vorne. Oder sie nahm den Fotoapparat, um Friedebald abzulichten, im Stehen wie im Sitzen – sogar auf der Wiese im Park

*So modellierte die Schwester Fifi (Sofie Rehbinder-Kruse) ihren kleinen Bruder Max als Vorlage für eine Schaufensterfigur*

mussten wir gymnastische Übungen machen, federnd springen und uns nach hinten durchbeugen, wobei der Bruder mir weit überlegen war. Er hatte überhaupt den hübscheren, viel harmonischeren Körper, die Mutter nannte ihn das Ideal eines griechischen Jünglings, und warum sollte die Schwester nur ein geschwisterliches Wohlgefallen an seiner Nacktheit haben?

Von alldem angeregt, gaben wir zwei einen Elfentanz zum Besten. Wir umhüllten uns mit Seidenschleiern, ließen sie wehen, durch die Luft flattern und zu Boden sinken. Die Musik dazu musste man sich leider denken, Maria war nicht daheim. Ziemlich ungraziös stelzte ich über den Rasen, warf meine Arme über den Kopf und reckte mich auf die Zehen, bemüht, Ergriffenheit auszudrücken. Mit Leichtigkeit stahl mir Bruder Friedebald auch hierbei die Schau.

Oft, zum Zwecke künstlerischer Studien, fuhr mir die prüfende Hand der Schwester am nackten Oberschenkel empor ins Hosenbein, hinauf zum Beckenknochen, verweilte dort und war wohl nicht ohne Teilnahme für das, was sich im Laufe der Zeit reckte und vom Kinde zu einem Knaben entwickelte.

Die bildende Kunst: den Vater, leider, sah man in Kösen niemals arbeiten. Er hatte hier kein Atelier, wollte es wohl nicht haben. Zu dieser Zeit war er aber auch schon weit über siebzig, fühlte sich um seinen Erfolg betrogen, da erlahmt die Schaffensfreude. Aber an ihm – vielleicht – hätten die Kinder Maß nehmen können.

Häufig fuhren wir damals nach Weimar, zum Gipsgießer, in eine winzige Werkstatt, auch der Meister war winzig und krumm. In seinem Hinterhofschuppen war alles voll Gips, es roch nach Gips und der Gips stäubte. Er goss Goethe-Köpfchen im Dutzend, da standen sie nun nebeneinander und schauten bedeutend. Auch Goethe-Plaketten – der Künstler holte sie aus dem Negativ, doppelt so groß wie Fünf-Mark-Stücke. Weiß kamen sie heraus, dann wurden sie bronziert, das ging schnell, nun waren sie wertvoll. Auch ich durfte die teigige Masse in die Form füllen und einen Goethe mit heimnehmen. Überall in dieser Werkstatt lagen Formen und Teile davon, Werkzeuge und Schalen. Ich fand dieses Durcheinander dekorativ, viel war zerbrochen, und es kam nicht darauf an, der Gips war ja billig. Die verlorenen Formen zerschlug man sowieso und warf die Scherben weg.

Der Schwester goss der Meister die Tonköpfe in Gips, die sie ihm brachte, in nasse Tücher gewickelt. Sie befestigte diese dann auf Sockeln und tönte sie bräunlich. So stand der Bruder Friedebald in der Mutter Arbeitszimmer, mit modellierten Locken und herzlichem Blick.

Ich fand mich selbst nicht so gelungen und war wohl auch nicht so geeignet.

Doch reiste bereits Hannes Verlobter, der Maler Dorul van der Heyde, heran – auch ihm musste ich sitzen zum »Bildnis eines lesenden Knaben mit Hund«. Ich mochte dieses Gemälde nie, denn es zeigte mich in langen Wollstrümpfen, was ich vielleicht noch hingenommen hätte. Dass aber zwischen Strickstrumpf und kurzer Hose die blasse Haut meines Oberschenkels hervorschaute, war mir peinlich. Ich schämte mich.

Die Mutter fand es entzückend. Sie hängte das Bild neben die anderen.

Und schließlich kamen Annot und Rudolf Jacobi, Maler beide, aus Berlin. Eine Freundschaft war da entstanden – zwei elementare weibliche Naturen, Annot und die Mutter, fühlten sich zueinander hingezogen. Annot hatte in Berlin einen Namen, nicht nur, weil sie die Großnichte des kleinen großen Geheimrates Adolph von Menzel war, was die Mutter gern erwähnte, sondern auch, weil sie selbst große Leinwände mit kraftvollen Pinselstrichen füllte, so farbig wie ausdrucksvoll.

Annot war selbst eine raumgreifende Persönlichkeit, wenn sie ins Zimmer kam, fühlten wir uns wie an die Wand gedrückt. Sie schrieb auch so – mit breiter Feder und temperamentvoller, wilder Schrift, und sie malte immer in Öl.

Ihr Mann, Rudolf Jacobi, war dagegen ein feiner Aquarellist, er wirkte still neben ihr, leicht in Gefahr, völlig zu verblassen – und doch: eben diese stille Art rettete ihn vor dem Übersehenwerden, wir suchten gern seine Ruhe auf. War er in Kösen, so wanderte er mit dem Aquarellblock hinaus und saß stundenlang an der Saale oder am Schienenstrang, um vor der Natur zu malen, Bilder in lichten Farben, schräg dahinfließende Telegrafenmasten, sonnengefleckte Wege, hellen Schotter und dunkel lagernde Holzschwellen; Spaziergänger auch, deren Kleider nur aus Strichen zu ahnen waren, explosive Büsche am Wegrand – und die zarten, hellgrauen Silhouetten der Höhenzüge.

Annot dagegen gruppierte die ganze, ihr zugetane Familie im Bodenraum der Werkstätte. Sie verschwand selbst völlig hinter der großen Leinwand und schaute nur manchmal, den Pinsel zwischen den Zähnen und die Palette unter dem Daumen, hinter ihr vor. Ganz so groß wie Rembrandts Nachtwache wurde das Bild nicht, aber doch repräsentabel. Ich verlangte nachdrücklich, dass meine neue Armbanduhr auch zu sehen sei, und Annot erfüllte mir seufzend den Wunsch. Es war eine ganz besondere Uhr, die erste meines Lebens. Schon in diesen Tagen verlor ich sie, draußen im Park, irgendwo im nassen Gras. Da fing ich auch die erste Ohrfeige der Mutter ein, sie entwischte ihr einfach und hinterher war sie selber erschrocken. Ich war aber auch verblüfft und äußerst verwundert. Am liebsten hätte ich die Mutter getröstet. Ich ging noch mal suchen und fand die Uhr, sie lief sogar noch.

Für diese *Familie mit Uhr* bekam Annot wenige Jahre später in den Vereinigten Staaten einen der bedeutendsten Kunstpreise. Er half ihr und Rudolf Jacobi, dort Fuß zu fassen, als die beiden aus Deutschland emigrierten, nach Hitlers Machtergreifung. Die National Gallery in Washington kaufte eines ihrer Bilder, und viel später der Deutsche Bundestag ein anderes.


## Zeitwende

Wie aber war die Zeit, was sah ich davon – was von der Politik, was von der Wirtschaft?

Die Zeit war nicht gut.

In Kösen rotteten sich zwar keine Arbeitslosen auf den Straßen zusammen, Arbeitslose aber gab es überall. Durch die Strudel der Inflation hatte die Mutter ihre Werkstatt nur führen können, wie sie sagte, weil sie nach den USA, nach Schweden, Holland und nach der Schweiz exportierte. So bekam sie Devisen, Goldmark. Es ging so recht und schlecht – einige Jahre. Wenn ich auf der Saalebrücke stand, die Eisenbahnschranke herniedergelassen worden war und die Güterzüge mit nicht endender Wagenfolge nach Westen rollten, über die zitternde Friseurbude hinweg, dann erklärten mir die Leute auf der Straße, dass dort die deutschen Milliarden nach Frankreich transportiert würden, und ich sah sie vor mir, Sack für Sack, Goldbarren für Goldbarren.

Es kam die Zeit von Reichskanzler Brünings einander jagenden Notverordnungen. Die Betriebsleiterin Babu und der Prokurist Renner hatten Ringe unter den Augen, die nicht mehr von ihrer unglücklichen Liebesgeschichte herrührten. »Ach Maxl, Maxl, wo soll das noch enden«, seufzte Babu oft und warf früh ein weiblich-hoffendes Auge auf Adolf Hitler. Hans Renner stand ihm skeptischer gegenüber.

Zwar entließ die Mutter keine Leute, aber sie setzte alle Löhne und Gehälter herab. Hans Renner sah sich nach einer neuen Stelle um, schrieb 1932 in einer Bewerbung: »Der Grund ist der, dass Frau Käthe Kruse radikal abgebaut hat und mir ein Gehalt zahlt, mit dem ich in dem teuren Badeort mit meiner Familie nicht mehr auskommen kann.« Und die Mutter, um einen Kredit nachsuchend, erklärte dem Landrat: »Es ist mir nur mit unendlicher Mühe möglich, den Handarbeitsbetrieb – ich beschäftige etwa 70 Arbeiter und Arbeiterinnen in meiner Werkstätte und noch etwa 30 Heimarbeiter – über den schweren Sommer aufrechtzuerhalten … Und das alles kann ich allein, d.h. aus meinen eigenen, erschöpften Mitteln, nicht länger durchführen.« Dieses »allein« mag ein Schlüsselwort zu ihrem Verständnis in diesen und in den kommenden Jahren sein, denn allein war sie wohl immer gewesen mit sich und ihrem Werk, zeitlebens, trug allein die Last der Arbeit und der Verantwortung, hatte im Vater, dem männlichen Partner, keinen Halt und keine ratende, tatkräftige Unterstützung, musste sich viel eher gegen seine wachsenden Ansprüche behaupten.

Manches aber war damals auch fröhlich, schien mir toll zu sein. Im Hochsommer gab es allwöchentlich einen »Gala-Abend« im Hotel »Mutiger Ritter« oder eine »Reunion« – das war etwas Festliches, Frohes – Glück der Erwachsenen. Wilde Musik klang dann nachts von dort herüber bis in unser Haus, man spielte Charleston und Jitterbug. Die Tanzfläche war im Garten, unter Bäumen, beleuchtet von roten und grünen Lämpchen.

Wir Kinder sangen: »Was macht der Meier am Himalaya« – »Wer hat denn den Käse zum Bahnhof gerollt« und »Was machst du mit dem Knie, lieber Hans, mit dem Knie, lieber Hans, beim Tanz«. Die Mutter fand diese Lieder scheußlich, ein Grund mehr, sie laut zu grölen und »Wenn die Elisabeth nicht so schöne Beine hätt'« dazu.

Eines Nachts aber verstummte die Tanzmusik aus dem Hotel, das heißt, die betörenden Klänge von Saxofonen und Banjo, die in Wellen zum offenen Schlafzimmerfenster hereingeweht worden waren, wurden übertönt von einem gleichmäßigen, lauten Brausen, das sich gemächlich näherte – alles ringsum brauste und klirrte mit – ich sauste ans Fenster, lehnte mich weit, weit hinaus – ganz ruhig, langsam, gewaltig schwebte der Zeppelin tief über unser Haus. Er zog schwarz mit seiner leuchtenden, gold blinkenden Gondel über die Birke und zeichnete sich nur schwach vor dem nachtblauen Himmel ab, der aber eben doch nicht ganz dunkel war, sondern durchleuchtet – durchleuchtete, mit Sternen bestückte Nachtluft, gleichzeitig kühl und schmeichelnd, ganz so wie in Vaters Bühnenbild zu der Salome. Und jetzt brauste sie auch noch, die Luft.

Mein Herz schlug heftig. Ich empfand, wie groß das Ereignis war und wie schön die Zukunft, die Wirtschaftskrise würde man schon überwinden und im Übrigen hatte man ja auch bisher trotz der Wirtschaftskrise so schön gelebt. Es war eine Zukunft voller schneller Autos, die mich erwartete, am Sonntag hing ich am Radio, jetzt hatten wir eines, und hörte die Reportagen von der Avus, der Berliner Rennbahn, von den Autorennen und den Siegen Rudolf Caracciolas oder Hans Stucks. Es war eine Zukunft mit Flugzeugen, mit rollenden Bürgersteigen, wie sie im *Neuen Universum*, der Jugendzeitschrift, beschrieben wurden, eine Zukunft mit Ozeandampfern und vielleicht sogar mit Mondraketen, der Bruder Friedebald konnte schließlich auch nicht alles wissen. Ein Schienenzeppelin brauste von Hamburg nach Berlin, oder vielleicht war es von Bremen nach Berlin, er brauste jedenfalls, so wie der *Graf Zeppelin* über das Haus und die Birke brauste und mit seinem schwarzen, spitz zulaufenden Ende nun über dem Dach von Schmohls Gastwirtschaft verschwand.

Ja, es würde eine herrliche, eine brausende Zeit werden. Nur jetzt war sie es noch nicht ganz. Aber jeder wusste: Die Zukunft wird besser. Alle wollten das Beste für ihre Kinder.

Es wurde viel gewählt, damals, immer wieder, ich sah eine Menge der verschiedensten Plakate an Wänden und Bäumen, immer andere Männerköpfe, Parolen, Zeichen aus Buchstaben und Emblemen, das Hakenkreuz war nur eines unter vielen. Fragte ich die Mutter, was sie wähle, sagte sie wohl: »Es ist eine geheime Wahl«, nicht weil sie mir ihre Meinung verschweigen wollte, sondern, weil es ihr in dem kleinen Ort geraten schien. Sie gab dann aber auch zu, das Zentrum gewählt zu haben oder eine andere Partei aus der bürgerlichen Mitte.

In Bad Kösen gab es damals nicht wenige Sozialdemokraten, auch Kommunisten. Die Stadt war gespalten, gespalten auch politisch durch den Fluss. Auf der einen Seite, rings um das Gradierwerk, wohnten die Bürger, hier standen die bescheidenen Villen in bescheidenen Gärten. Auf der anderen Seite wohnten die Arbeiter. Es gab viele Arbeiter in Kösen, die meisten mussten ins Leunawerk, etwa 40 Kilometer entfernt, Morgen für Morgen, um fünf Uhr früh, im Winter bei nächtlicher Dunkelheit, fuhren sie im rußgeschwärzten Personenzug über eine Stunde in die riesige Fabrik bei Merseburg und kehrten frühestens um die Abendbrotzeit heim – und manche fuhren zur Nachtschicht – ein hartes Dasein, von dem man nur deshalb so wenig spürte und erfuhr, weil die Männer ja an sechs Tagen in der Woche, den halben Samstag eingeschlossen, nicht daheim waren, am Sonntag ihre Ruhe haben wollten und überhaupt in ihrem eigenen Stadtteil wohnten. Sie verirrten sich höchstens an Sonn- und Feiertagen in die Kurpromenade oder in Schmohls Gastwirtschaft. So ganz geheuer waren die »Leuna-Arbeiter« mir irgendwie nie, ich hätte nicht sagen können, warum, vielleicht, weil ich sie zu wenig kannte und weil sie eine Menschengruppe für sich blieben.

Das Leunawerk selbst sah ich ja kaum, manchmal von der Eisenbahn aus, man kam dann dicht daran vorbei. Es war groß, unendlich groß, und hässlich, es bestand nur aus eisernen Rohren und Kesseln, aus Rohren, die Hunderte von Metern über- und untereinander herliefen – und nebeneinander, in ganzen Gruppen.

Die Rohre schlugen Haken und stiegen in Windungen empor und herab, da gab es eiserne Treppen und Türen und Umgänge, viele Hallen und Schuppen und viele zerbrochene Fensterscheiben. Alle diese Röhren und Treppen und Schuppen waren rot, rostrot und rostbraun, es stank und es dampfte. So sah ich das Leunawerk und es erschien mir fast wie ein Schrecken, wie ein Gefängnis. Nur nachts verwandelte es sich. Dann wurde diese Fabrik zu einem Wunder, zu einer Zauberarchitektur, die sich aus Lichtpunkten auftürmte und streckte, die Lichter rannten am Zugfenster vorbei, die vorderen, die hinteren schienen zu stehen. Flammen loderten aus hohen, dünnen Schornsteinen, der ganze Himmel war gluthell erleuchtet, ja, weiter oben, wo eigentlich die Sterne sein sollten, verdunkelte er ganz. Es war wie ein Feuerwerk, das auf seinem prächtigen, tausendfältigen Höhepunkt erstarrt war.

Am Tag aber war es all seines Zaubers beraubt, dann, wenn die Leuna-Arbeiter aus der Umgebung kamen, auch die aus Kösen, dem anderen Kösen, aus dem Viertel um den Bahnhof. Niedrige, enge Häuser ohne Gärten standen hier, Wand an Wand, lange Zeilen, Kopfsteinpflaster, winzige Kramläden, ärmlich. Hier war der singende, schleifende, die Vokale verschmierende thüringische Dialekt in seiner unschönsten Ausprägung zu Hause.

So empfand ich es, der Junge, der auf der Sonnenseite aufwuchs. Einmal kam ich einem Leuna-Arbeiter auch nahe. Eines unserer Hausmädchen, ein hübsches Ding, das nur ein kurzes Gastspiel gab bei uns, heiratete ihn, aber der war etwas Besseres, ein Werkmeister, und hielt sich viel darauf zugute. Ich wurde eingeladen, war stolz, ging in die enge Wohnung, ins Zwergenhaus am Eck zweier Gassen. Da trat ich in eine Schönheit aus Plüsch, Nippes, Fransendeckchen – Stehlampe mit Troddelschirm, röhrende Hirsche an der Wand – aber sie röhrten nicht wirklich, sie hielten nur ihre Schnauze offen.

Der Werkmeister war laut, herzlich, er hatte einen Spitzbauch wie Herr Wenzely, er sprach dröhnend, bewirtete mich mit Zuckerplätzchen, trank selber »was für Männer, dazu bisde noch zu gleen«, und klopfte seine junge Frau viel auf den Hintern, was diese stolz machte. Der Werkmeister war auch stolz auf alles, wozu er es gebracht hatte, Heim, Weib und Stellung, er ging nach dem Schnaps zur Zigarre über, »ooch was für Männer«, und wurde, nachdem er »seene Gleene« noch häufiger auf den Po geklopft hatte und die Hand immer häufiger dort verweilen ließ, schließlich sentimental, bekam einen verklärten Blick und schickte mich nach Hause, weil er »nu erschd rischdsch Abbedied uffs allerscheensde für Männer hadde«.

Es war ein netter Besuch gewesen, der mir recht gut gefiel, leider verlor ich den tonnenbäuchigen Werkmeister aus den Augen, ehe er mir tiefere Einblicke in sein Leben als Leuna-Arbeiter und Mann zu geben vermochte.

Keinen tiefen Einblick, aber doch einen flüchtigen Eindruck von etwas Großartigem, Bedeutendem gewährte mir ein Besuch des Reichspräsidenten von Hindenburg, er nahm an einem Begräbnis in Bad Kösen teil – wohl weil, soweit ich es verstand, ein Kriegskamerad und höherer Offizier hier zu Grabe kam. Ich sah nicht den Leichenkondukt, auch nicht, wie der Sarg in die Erde versenkt wurde, der Friedhof war abgesperrt durch Soldaten und Polizisten, ich hätte aber sowieso nicht den Mut gehabt, mich unter die Trauergäste zu mischen, wo ich doch den Toten nicht einmal dem Namen nach kannte.

Der Reichspräsident fuhr im großen Wagen vor, der Kühler des Autos schien mir wirklich besonders lang zu sein, und auf dem vorderen rechten Kotflügel stand eine Standarte. Noch drei andere Wagen folgten, uniformierte Herren kletterten heraus, salutierten und verstellten den Blick auf den alten, schwer und majestätisch wirkenden Mann, der zwar langsam, aber doch unverzüglich, im lang herabhängenden Mantel hinter der Friedhofsmauer verschwand.

Diesem Reichspräsidenten, der mir fast zum Anfassen nahe gewesen war, gehörte von da an meine Sympathie. Sie wurde von Karl-Heinz, dem Freunde, geteilt, als 1932 die Stichwahl zwischen Hitler und Hindenburg nötig wurde. Der großväterliche Herr, in der Würde eines Generalfeldmarschalls, behagte uns sowieso mehr als der unbekannte Hitler mit dem Oberlippenbärtchen und dem rechten Scheitel. »Hindenburg erwache, unter Schlosses Dache – Hitler verrecke, in der Kuhstallecke!«, grölten wir laut und von Herzen überzeugt auf dem Schulweg, der an Hunderten von Plakaten entlangführte. Wir konnten umso überzeugter sein, als wir auch die Meinung unserer Eltern wiedergaben, nicht nur die Mutter, auch Karl-Heinz' Vater wählte so.

Dass Deutschlands Unheil und das der Welt doch nicht zu verhindern war, ahnte damals noch keiner. Hitlers Machtergreifung stellte sich mir nur ein Jahr später als ein völkischer Aufbruch dar, dessen Wucht auch ich spürte, der mich vermutlich auch dann mitgerissen hätte, wenn ich kritischer gedacht hätte. Es gab aber niemanden mehr, im weiten und näheren Umkreise, der dieses Ereignis nicht mit einem Funken Hoffnung entweder hinnahm oder sogar begrüßte.

Die Mutter wünschte den wirtschaftlichen Aufschwung, sie brauchte ihn dringend, alle Mitarbeiter der Werkstätte, für die sie sich verantwortlich fühlte, sehnten ihn herbei. Nationalsozialistin war die Mutter trotzdem nicht. Dass man so vieles von dem, was später kam, hätte vorhersehen können, wenn man Hitlers Schriften ernst genommen hätte, ist wahr, aber ich kenne keinen aus dieser Zeit, der »Mein Kampf« gelesen hätte, und wer ihn doch las, der nahm ihn nicht ernster, als man Wahlreden und Propaganda eben ernst nimmt, heute wie damals – und so, wie man heute die vorprogrammierte ökologische Katastrophe noch immer nicht wirklich wahrhaben will. Es fehlte unseren Eltern nicht an der bitteren Erfahrung eines Krieges. Und fast alle waren sich einig, dass Kriege immer ein Unheil sind. Selbst Hitler wurde ja nicht müde, ständig seinen Friedenswillen zu beteuern. Was dieser Generation aber gänzlich fehlte, das waren Erfahrungen mit einer so skrupellosen, irrwitzigen Tyrannei, mit so blutigem, grauenhaftem und erbarmungslosem Rassenmord. Noch nie in der Menschheitsgeschichte hatte es Vergleichbares gegeben. Wie hätte man das damals vorausahnen können, ohne selbst die Wahnideen eines Hitlers zu haben?

Längst hatte ich die Schmähverse vergessen, mit denen ich »des Führers« Verrecken im Kuhstall gefordert hatte. Hitler war Reichskanzler geworden, die Schule summte vor Erregung, die Schüler teilten sich in zwei Lager: Der Bürgermeister der Stadt weigerte sich, die Hakenkreuzflagge auf dem Rathaus zu hissen, weil sie nicht die Fahne des Staates war. Menschengruppen rotteten sich zusammen, nahmen Partei dafür oder dagegen, beschimpften sich auf gut Thüringisch, manche lachten noch. Bald lachten sie nicht mehr. Wenig später stieg die rote Fahne mit dem Unglückskreuz in der weißen Scheibe am Mast empor und leuchtete vor dem Winterhimmel, am 30. Januar. Ein Trupp SA-Männer hatte den Bürgermeister gezwungen, wenige Tage darauf wurde er abgesetzt.

Ich nahm an Zusammenkünften des »Jungvolks« teil, halb überredet, halb neugierig. Ein länglicher Kellerraum mit Tonnendecke in der Schule war der Treff- und Sammelpunkt. Da saß ich Klappschüler abends, es wurde früh dunkel, eingepfercht, Schulter an Schulter und Arm an Arm mit der völkischen Jugend. Die Knie angezogen hockte ich auf dem Fußboden und sang im Chor nationalsozialistische Lieder. Es war ein mir neues Gemeinschaftsgefühl und das rieselte heilig den Rücken hinunter.

Ich bekam auch ein braunes Hemd und eine schwarze Samthose, ebenso einen Schulterriemen und ein Koppel. Gürtel und Schulterriemen waren aus braunem Gummi, nicht ganz korrekt, auch die Samthose war nicht korrekt, man nahm es damals noch lässig.

Zur Sonnwendfeier brach ganz Kösen auf, zog auf den Berg, der Schulpforta vorgelagert war, da loderte der Holzstoß in die klare, schwarze Nacht. Lieder auch hier, und Fahnen, und viel Kameradschaft – das Richtige für einen Jungen, der Siegfried noch im Herzen trug. Ein Fackelzug in die Stadt zurück, Lichtpunkt an Lichtpunkt, das prasselnde Pechholz in der Rechten, die linke Hand auf dem Koppel und Marschtritt. Es lag ein Zauber über dieser Nacht – woher hätte Kritik kommen sollen?

Trotzdem war Hitler fern, nah war nur der »kleine Trommelbube«, der erschlagen worden war, das Lied, das wir sangen über der Brücke, zu Trommeln und zum Fanfarenzug, ein sentimentales, zu Herzen gehendes Lied, ein Lied für Deutschland, oder was man darunter verstehen sollte.

Ob wir alle Juden seien, wir Kruses, das fragten wir Kinder die Mutter beim Frühstück, auf der überdachten Terrasse zum Hinterhof, bei Vogelgezwitscher und Sonnenschein und Marthas Tellergeklapper aus der Küche. Die Mutter verneinte, aber sie musste auch erst nachdenken, so ganz sicher war ja wohl keiner, was sich in seiner Ahnenschar tummelte. Was für ein Schicksal die Antwort von uns abwendete, ahnten wir nicht, erleichtert waren wir trotzdem und die Brötchen schmeckten gleich besser.

Man dachte ja auch noch, so heiß, wie die Suppe gekocht wird, wird sie nicht gegessen, kommt Zeit, kommt Rat – und ähnliche Weisheiten. Noch keine Regierung nach dem Ersten Weltkrieg hatte sich lange im Amt halten können, sie waren einander gefolgt wie wechselnde Jahreszeiten. Auch die Regierung Hitlers würde sicher rasch scheitern und abgewählt werden. Jüdische Freunde hatte die Mutter viele, es verbanden sie nicht nur die herzlichsten Beziehungen zu »Assi«, Dr. Assenheim, dem Direktor der Odol-Fabrik in Dresden, von dem ich das Bilderbuch *Tante Zahnweh* bekam. Die Zusammenarbeit des Vaters mit Max Reinhardt war noch nicht vergessen, und er präsidierte neben Max Liebermann die Berliner Sezession. Sein Bekannten- und Freundeskreis aus prominenten Persönlichkeiten der Weimarer Republik war groß.

Doch die Propagandamaschinerie des »Dritten Reiches« war immer weniger zu überhören. Sie verkündete nichts Gutes, auch dass ich im Jungvolk mitmarschieren musste, behagte meiner Mutter nicht – die politische Entwicklung erschien ihr ungewiss. Ein Lager des zunächst noch freiwilligen Reichs-Arbeitsdienstes wurde gegenüber der Werkstätte eingerichtet, die ersten feldgrau uniformierten Burschen marschierten durch Kösen, noch mit geschultertem Spaten, noch nicht mit dem Gewehr, aber laut singend. Ein rundlicher, etwas weicher Mann, zwischen vierzig und fünfzig, stand täglich vor dem Zaun, manchmal mit einem Kuchenpaket. Ich schloss Freundschaft mit ihm, es war ein Vater, dessen Sohn mit den anderen jungen Männern schaufelte. Der Vater war melancholisch – ihm gefiel diese Sache nicht. Er hatte sich in einer Pension an der Saale eingenistet, um seinem Buben nahe zu sein, und beobachtete sein Marschieren aus umflorten Augen. Vielleicht war der Sohn ja zum Arbeitsdienst gegangen, um sich vom väterlichen Einfluss zu befreien? Jedenfalls war es der zweite Vater, in kurzem Abstand, den ich um sein Kind bangen sah, und ich konnte mir nicht vorstellen, dass »Herzlieb« ein Gleiches getan hätte – wäre ich in ähnlicher Situation gewesen.

Dann stand der Reichstag in Flammen, wer hatte ihn angezündet? Das war ein schlimmes Zeichen! Es gab erregte Gespräche, die Gemüter waren aufgewühlt, die Unsicherheit wuchs. Aus dem Radio gellten die scharfe Stimme des Richters und die wütenden Behauptungen Görings. Der Angeklagte Van der Lubbe dagegen sprach leise. Überall schwirrten Mutmaßungen, auch in der Kurpromenade kannte man nur dieses Thema. Schlecht wurde mir bei dem Gedanken, dass ein Mensch hingerichtet werden sollte, ich versuchte es mir vorzustellen, die Urteilverkündung, die letzte Nacht, den Gang zur Vollstreckung. Es war neu für mich, mit einem gewaltsamen Tod konfrontiert zu werden, neu auch – wenn auch nur im Radio – die Stimme eines Menschen zu hören, dem so Grauenhaftes widerfahren sollte.

Da traf es sich, dass die Mutter mit einer Verehrerin aus der Schweiz korrespondierte, die ein Kinderheim führte, in Arosa, 1800 Meter hoch, im Gebirge. Um Puppen ging es zwar zunächst, doch bald schon nur noch um das zarte Kind, ihr Maxl. Bestimmt wäre es gut, ihn eine Weile aus Deutschland wegzubringen, ins neutrale Ausland, in die internationale Schweiz, dort war er besser aufgehoben und geschützt. Mit meiner Gesundheit stand es ja immer noch nicht zum Besten. Mit dem Nebel, dem Regen, der Kälte – mit der Schule kam wieder die Anfälligkeit. Liegekuren, Schnee und hohe Luft würden mir guttun. Thomas Manns *Zauberberg* gehörte zu der Mutter Lieblingsbüchern, es hatte wohl anregend gewirkt. Dr. Kuni in Halle war auch für den Klimawechsel, sowohl für den atmosphärischen als auch für den politischen. Für den November wurde er vereinbart, dann wurde es in Kösen kühl und feucht, und meine Bronchitis war fällig. Der Zahnarzt in Naumburg musste noch einmal sein Äußerstes tun, außerdem versah er mich mit einer Schachtel kleiner Gummiringe, mit denen die vordere Klammer nach hinten gezogen wurden, auch in Arosa: »Immer straff, Maxl, immer straff, hörst du?« vor gotischen Fenstern.

Der günstigste Zug ging nachts um eins ab Leipzig, ein Schlafwagen war reserviert. Die Schwester sollte mich nach Arosa bringen. Die Mutter begleitete uns noch von Kösen nach Leipzig. Dort aßen wir bei einer befreundeten Familie zu Abend, die besaß kostbares Geschirr, eine gepflegte Tafel und zwei Töchter. Die Jüngste, Jutta, war in meinem Alter. Jahre später verwirrte mich ihr üppiger Busen, aber jetzt war ihre Brust noch so flach wie meine. Da rührte sich nichts.

Dass ich vor der Abfahrt schlafen musste, mitten in der Nacht aufstehen, verträumt, dumpfen Sinnes, war wie eine Zäsur. Diese Nacht und dieser Schlaf schufen den Abstand zur frühen Kindheit. In der Dunkelheit begann etwas Neues. Es änderten sich nicht nur die Räume. Nun ließ ich zwölf fest miteinander verbunden gewesene Jahre hinter mir.

Doch zunächst war ich nur müde. Und das Heimweh schickte den ersten Vorboten, als die Mutter auf dem Bahnhof zurückblieb, unter den Lampen, von Schwärze umgeben und in jenem Ruch von Staub und Ruß, der damals auf allen Bahnhöfen, in allen Zügen war und alles überzog, wurde mir weh ums Herz.

Die Entfernung von daheim wuchs von Stunde zu Stunde. Die Überfahrt über den Bodensee, von Friedrichshafen nach Rorschach, legte einen fast endlosen Raum aus Licht zwischen die gewesenen und die kommenden Dinge. Das Licht hatte keine Grenze, vom Himmel bis in die Tiefe. Es war wie ein Nichts, in dem die Zeit stillstand und sich nur der Dampfer langsam bewegte.

Und ich fütterte die Möwen.

Die behütete Zeit

## Arosa, eine neue Welt

Als ich in Arosa ankam, nach der Fahrt mit der Chur-Arosa Bahn, die vielfach gewundene Strecke empor, waren die Berge schon tief verschneit, während in Kösen doch noch feuchter Herbst geherrscht hatte, grau, kühl und unbehaglich. Aber den Schnee sah ich nicht gleich, es war bereits dunkel im kleinen Bahnhof und mit meiner Müdigkeit kam eine Vorahnung von Verlassenheit. Zwar hatte die Fahrt im Pferdeschlitten unter der Pelzdecke, mit Glöckchenklingklang und schnaubenden Pferden, durch die lange Dorfstraße mit den erleuchteten Fenstern den Berghang hinauf etwas Märchenhaftes, ich spürte auch, dass die Luft hier oben frischer war und dünner als daheim. Aber das Heim war mir dann fremd, die Kinder unbekannt, sie sprachen in einer so unverständlichen Sprache, Schwizerdütsch, noch dazu verschiedene Dialekte, rau und kehlig. Das alles verstärkte meine Gefühle der Verlorenheit.

Ich stand im Flur des Heimes, im matten Licht der Lampe, in dem alles undeutlich und schummrig wurde, und suchte die Hand der Schwester. Frau Suter begrüßte mich zwar herzlich, sie bemühte sich auch, Hochdeutsch zu sprechen, aber auch das klang mir fremd.

Sollte ich wirklich hierbleiben, und noch dazu alleine?

Am Morgen blendeten die Berge ringsum. Ich hatte noch nie so ein strahlendes Weiß gesehen, so makellos, eine so lückenlos helle Welt. Ich hatte aber überhaupt kaum jemals so hohe Berge gesehen, wenigstens nicht mit Bewusstsein. Denn als ich vor Jahren im Kinderheim gewesen war, im Kleinen Walsertal, war mir die Natur ringsum noch herzlich gleichgültig gewesen, hatte ich meine Umgebung wie träumend wahrgenommen.

War ich jetzt kein Träumer mehr? Begann ich etwa zu denken? Das wäre vielleicht zu viel gesagt, und doch rührten sich die ersten Empfindungen, die danach drängten, sich zu artikulieren.

Die Berge, das Schiesshorn und den Schafrücken, das Rothorn und das Hörnli, hatte ich nun ständig vor Augen, Tag für Tag. Und das waren manchmal lange Tage, mehr als fünfhundert, die aufeinanderfolgten, ein und ein halbes Jahr lang – quälend lang: ich litt oft unter Heimweh, und zwar schlimm.

Davon wusste ich freilich noch nichts in den ersten Tagen, solange die Schwester Fifi noch bei mir war.

Das Kinderheim hieß »Chalet Tschuggenweg«, nach der Straße, an der es lag. Dieser Tschuggenweg führte steil aus Arosa, aus dem Dorf und vornehmen Wintersportplatz hinauf auf den Tschuggen, der die Rolle eines Hausbergs für unser Heim einnahm. Die ungeteerte Straße verlief zunächst an zahlreichen Holzhäusern, Pensionen und Hotels vorbei, auch am vornehmen Hotel »Excelsior«, in dem der Maharadscha von Hyderabad logierte. Er stieg dort ab, wie Frau Suter es nannte, er mietete die beste Suite, mehrere Zimmer, an Geld mangelte es ihm nicht. Wir Kinder munkelten, er sei der reichste Mann der Welt, und verspürten dabei einen wohligen Schauder. Manchmal fuhr er im roten Schlitten, von vier Schimmeln gezogen, vorüber. Da klangen die Glöckchen und der Maharadscha lehnte im Polster. Aber auch er war nur zugedeckt mit den gleichen langhaarigen Pelzen, wie die anderen Leute und genoss schließlich auch keine andere Luft als wir Kinder, die wir doch gewiss nicht zu den reichen Leuten gehörten.

Arosa – das war wohl eine schöne, eine vornehme Welt. Nur unser Kinderheim war eher bescheiden, ein Schweizer Holzhaus, drei Stockwerke hoch, das Erdgeschoss mitgerechnet. Es lag auf einem Eckgrundstück, einige Meter über der Straße, man stieg vom Weg durch ein Türmchen mit Holztreppe, die sich im Inneren rund empordrehte, polterte mit derben Stiefeln hinauf. Auch das Dach dieses Treppentürmchens war rund, hoch und steil, es hatte eine spitze Mütze aus schwarzen Schindeln, auf der sich Bergfinken niederließen, hell gefiedert.

Ich liebte damals meine Schwester heiß, inniger als jemals zuvor, hier verkörperte sie für mich das Zuhause, sie war die Verbindung zu Kösen, zur Mutter. Sie schlief einige Tage mit mir im gleichen Zimmer, obwohl sie ja kein Kind mehr war und überhaupt nicht in ein Heim gehörte. Sie sollte auch nicht lange bleiben, nur bis ich eingewöhnt sei. Sie arbeitete ja schon in der Puppenwerkstätte der Mutter. Morgens, wenn sie erwachte, mit ihren rötlichen Haaren und den vielen Sommersprossen im Bett gegenüber, eine Kommode dazwischen, kroch ich zu ihr und überschüttete ihr Gesicht mit Küssen. Ich konnte nicht genug Zärtlichkeit geben und bekommen. Da nannte sie mich eine Kussmaschine. Sie sagte »Mäxchen« oder »lieber Schatz« zu mir.

Zum Waschen musste ich schrecklich früh im Pyjama in einen Waschraum, der in einem angebauten Schuppen lag. »Debout!«, rief Frau Suter durchs Haus, sie weckte uns schallend französisch. Sie hatte auch Kinder aus der »welschen« Schweiz, wie man hier statt in der französischen sagte. Dann gab es Gepolter und Geschrei in allen Zimmern. Über einen offenen Umgang liefen wir hinaus, schlotternd in den Winterfrost, der uns schneidend empfing, noch bei Dunkelheit. Auch der Waschraum war kahl und feucht, klirrend kalt. In den Waschschüsseln war das Wasser gefroren, wir schlugen das Eis auf, ehe wir uns die Nasen betupften.

Die Schwester Fifi feierte mit mir noch meinen zwölften Geburtstag. Das schien mir eine bedeutende Jahreszahl zu sein, ich war ja fast schon erwachsen. Herr Suter stellte uns sein Wohn- und Arbeitszimmer zur Verfügung, das ringsum mit Kiefernholz vertäfelt und mit Bücherregalen verkleidet war. Die Holzwände leuchteten in Honigfarbe, ich fühlte mich wie in einer Schatulle. Davor erstreckte sich ein Balkon über die ganze Breite des Hauses. In diesem behaglichen Raum baute die Schwester meinen Geburtstagstisch auf, entzündete zwölf Kerzen. Ich erhielt meine Post und wurde überschüttet mit Geschenken. An ein großes Puzzle vom Heidelberger Schloss erinnere ich mich, an ein Feuerwehrauto zum Aufziehen und ein neues Jahrbuch vom *Guten Kameraden* – Lesestoff für die langen Liegestunden.

Ich stand im Matrosenanzug mit dem großen, weiß umrandeten Schulterkragen auf dem Balkon und Fifi fotografierte mich für die Mutter daheim, die Berge, vor denen dunkle Tannen aufragten, als Hintergrund. Danach sagte sie mir, dass sie mich nun bald hier allein lassen würde, mir unbegreiflich.

Herr Suter war ein stiller, immer freundlicher Mann, der an der Lunge litt und nicht mehr arbeiten konnte. Das war wohl der eigentliche Grund für seine Frau gewesen, dieses Kinderheim einzurichten. Sie verdiente so den Lebensunterhalt und ermöglichte ihm gleichzeitig den Aufenthalt in der höheren Luft, von der man sich damals Heilung erhoffte.

Die Schwester Fifi fuhr dann wirklich bald heim, obwohl die Mutter ausdrücklich gewünscht hatte, dass sie lange bliebe, um sich zu erholen. Ja, sie empfahl ihr sogar, sich recht sehr zu mopsen, denn nichts sei besser für die Erholung als Langeweile. Fifi sei in der letzten Zeit daheim recht zappelig gewesen. Aber länger mochte sie doch nicht bleiben, kein Wunder, denn womit sollte sie sich hier auch beschäftigen, der zwölfjährige Bruder war kaum der rechte Gesellschafter für die bald dreißigjährige Frau. Sie wäre gern verheiratet gewesen, hätte gern selbst Kinder gehabt. Hier langweilte sie sich wirklich und in Bad Kösen wartete ihre Arbeit.


## Schaufensterfiguren

Die Mutter hatte damals, in Ergänzung zu ihren Spielpuppen, die Herstellung verstellbarer, verblüffend menschenähnlicher Schaufensterfiguren begonnen. Vorläufig waren es nur Kinder, für die Fifi die Köpfchen modellierte. Sie war bildhauerisch begabt, vielleicht ein Erbe des Vaters, und überwachte außerdem die Herstellung der Körper, der Arme und Beine, die mit Mullbinden und

Zellstoff über ein Metallskelett gewickelt wurden, eine zeitaufwendige Arbeit.

Die Mutter war von einem großen Kinderbekleidungsgeschäft angeregt worden, Puppen in Kindergröße für die Schaufenster, zum Dekorieren von Kleidern und Anzügen zu entwickeln, und auf ihre eigenwillige Art wollte sie absolut nicht diese »steifen Böcke« machen, keine »Mannequins«, die noch dazu aus Gips und daher äußerst zerbrechlich waren, sondern sie begann gleich wieder »die Revolution des Schaufensters«, mit unverwüstlichen Figuren, die verstellbar waren, nicht etwa beweglich, auf diese Unterscheidung legte sie Wert, denn beweglich war nur, was sich selbst bewegen konnte, verstellbar dagegen das, was sich in eine bestimmte Stellung bringen ließ. Man durfte diese Figuren auch nicht »Puppen« nennen, denn die Käthe-Kruse-Puppe war und blieb etwas anderes als die Käthe-Kruse-Schaufensterfigur. Beides waren verschiedene Begriffe und Dinge. Freilich verlangten diese Figuren von den Herren Dekorateuren fast bildhauerische Fähigkeiten, einen Blick dafür, wie sich der Mensch richtig bewegt, wie er sich hinstellt, Standbein-Spielbein, und den Ellenbogen nicht sperrig abwinkelt – und dieses Können war äußerst selten, die Figuren standen meist steifer in den Auslagen als die wirklich steifen, aber ursprünglich von Bildhauern modellierten Figuren, und waren scheußlich anzusehen. Das freute die Dekorateure nicht, zumal die Mutter dann herbeieilte und Stunde um Stunde in den Schaufenstern wirkte. Sie brachte die sorgfältige Dekoration der Blusen und gesteckten Kleider auf Ständern oder an den Rückwänden durcheinander und verursachte einen ungeheuren Wirbel.

Dafür war sie nun ständig unterwegs, stellte ihre Kinder richtig hin, bildete kleine Szenen, ließ sie Ball spielen und sich an den Händen fassen, Reifen treiben oder schaukeln. Sie kroch in die Vitrinen und von dort wieder auf die Straße, um von draußen alles zu kontrollieren, krabbelte zurück, um zu berichtigen, zu ändern, immer und immer wieder hin und her, unermüdlich und Dutzende von Malen, war nie zufrieden. So eine Mühe machte sich kein Dekorateur, daran krankte die schöne Idee, daran starb sie schließlich auch, wenn auch viel, viel später. Die Schaufensterfiguren lebten bis Ende der Fünfzigerjahre, und immer bildeten sich Trauben von Schaulustigen vor den Fenstern, wenn die Mutter eine lebensechte Szene dekoriert hatte. Das freute die Geschäftsinhaber. Und die Dekorateure? Manche litten schweigend, manche nahmen es der Mutter übel, andere bewunderten aber auch ihre unermüdliche Aktivität.

## Das Ausland

Als die Schwester Fifi mich verlassen hatte, überfiel mich das Heimweh zum ersten Mal. Es war unbeschreiblich, dunkel, ein niederdrückendes Gewicht, ein dickes Tuch, das mich völlig einhüllte, sodass ich die Welt nicht mehr wahrnehmen konnte. Ich weinte hemmungslos, tagelang und vor allem am Abend. Ich weinte mich in den Schlaf. Und doch war das erst der Anfang, noch vergleichsweise milde. Ich wurde krank, bekam Fieber und durfte ins Bett, wo ich mein Puzzle zusammenfügte und Zane Gray las, spannende Western aus Herrn Suters Bibliothek. Ich las sie zwar gern, aber Karl May, Winnetou und Old Shatterhand war doch unvergleichlich viel schöner gewesen, daheim, in Bad Kösen.

Frau Suter setzte sich auf meinen Bettrand. Sie war eine warmherzige Frau. Aus der Küche, wo sie das Essen für uns Kinder bereitete, kam sie immer wieder einmal zu mir herauf, umgeben von Küchendunst. Ihre Wangen waren freundlich-rund, sie trug eine weiße Schürze mit viereckigem Latz. Sie wollte mich trösten und sagte das Falsche. Ich solle mich doch darüber freuen, dass ich in der Schweiz sei, statt zu weinen. Ich sei doch in einem freien Land, gerade jetzt …

Wieso gerade jetzt?

»Weil es hier keinen Hitler gibt. Er ist ein schlimmer Mann und ein Diktator. Er sperrt seine Feinde ein und ermordet sie. Er wird Deutschland ruinieren und Europa dazu, wenn man ihn lässt. Auch der Reichstag wurde auf seinen Befehl angezündet, um einen Grund für die Unterdrückung der freien Parteien und der Demokratie zu schaffen. Gerade wurde ein Gesetz dazu erlassen. Wir wissen das alles aus unseren freien Zeitungen. Bei uns können die Redakteure nämlich schreiben, was sie denken und was die Wahrheit ist. Ja, Hitler wird Unheil über die ganz Welt bringen.«

Frau Suter verachtete Hitler aus ganzem Herzen.

Ich konnte ihr nicht glauben und war böse auf sie. Ich trotzte und hasste sie fast. Was ging sie Deutschland an? Kurz vor meiner Abreise in die Schweiz hatte ich in der Naumburger Reichskrone einen Film gesehen: *Der Hitlerjunge Quex,* ich hatte geweint, als der heldenhaft-edle und tapfere Bub von den gemeinen Kommunisten ermordet worden war, ich konnte mich hier dieser Tränen nicht schämen, nur Frau Suter zuliebe, der Schweizerin. Ihr war es ja immer gut gegangen, sie hatte keinen Weltkrieg verloren, sie hatte keinen Kaiser, der in Holland im Exil leben musste und nie mehr nach Deutschland zurückkehren durfte, sie wusste nicht, was Hunger und Arbeitslosigkeit waren.

Nicht dass mir Hitler viel bedeutet hätte, und ich hatte auch daheim durchaus kritische Stimmen gehört. Aber das war eben zu Hause gewesen, in der Heimat, es waren Deutsche gewesen, die zweifelten, sich Sorgen machten oder Hitler verachteten. Frau Suter aber war Ausländerin. Sie hatte doch kein Recht, solche Dinge zu sagen. So wurde Hitler hier für mich, was die Mutter hatte vermeiden wollen, zum Bannerträger Deutschlands, Symbol der Heimat – zum Führer. Ich hatte sogar eine Postkarte mit seinem Bild, er streichelte seinen Schäferhund. Diese Karte stellte ich nun auf meine Kommode, nur für einige Tage, dann verschwand sie wieder in der Schublade. Ich tat es Frau Suter zum Trotz und freute mich, dass sie sich darüber ärgerte.

In Kösen hatte ich auch ein farbiges Bild von Hitler gehabt, ebenfalls in Postkartengröße. Da stand der Führer vor blauem Himmel. Aber das Besondere war, dass er in Leuchtfarben gedruckt war. Legte man die Postkarte zum Speichern des Lichts in die grelle Sonne und knipste nachts die Lampe aus, so fluoreszierte der Führer geisterhaft in der Dunkelheit. Darüber konnte man damals noch lachen und die Mutter erklärte: »Das ist nationaler Kitsch!«

Bevor sie abfuhr, war ich mit der Schwester Fifi den Weg durch Arosas Wald gegangen, unter dicht stehenden, hohen Tannen. Arosa war berühmt für diese Spazierwege, damals noch mehr als heute, denn der Alpinskilauf begann erst zögernd, zur Mode zu werden. Es gab noch keine Lifte. Skilaufen war ein recht anstrengender Sport. Wir quälten uns zu Fuß die Hänge empor, mühsam, ehe wir endlich abfahren konnten, ach, wie kurz! Unser Spazierpfad, der hinter dem Heim herumführte, hieß »Eichhörnliweg«. Auf ihm wandelten ältere Leute und an Tuberkulose erkrankte. Auch Thomas Mann war hier mit seiner Frau Katja gewandelt, es war erst wenige Monate her, im März dieses Jahres. Der Dichter war freilich nicht lungenkrank, ganz und gar nicht, er rauchte ja ständig dunkle Zigarren, aber er hatte – wie Fifi sagte – »Deutschland den Rücken gekehrt«, er wollte nicht mehr in Deutschland leben, obwohl Hitler doch so um ihn geworben hatte und man ihm gewiss nichts Böses angetan hätte.

Wem wollte man denn Böses antun?

Die Schwester zuckte die Achseln. »Es gibt immer Feinde einer neuen Regierung«, meinte sie ausweichend. »Und es ist halt so, dass einige Leute die Nationalsozialisten bekämpfen. Manche kommen auch ins Gefängnis.«

Ich lockte die Eichhörnchen, sie sprangen von den Bäumen, stellten die spitzen Ohren, hatten flinke, witzige Gesichter, witterten, kletterten an meinen Hosenbeinen wieder empor und auf die ausgestreckte Hand, wo sie die Nüsse mit ihren Pfötchen packten, sich aufrichteten, die Kerne vors Maul führten und knabberten. Die Schalen spritzten zur Seite.

## Briefe und Besuche

Von der Mutter kamen dann viele Briefe, sie trösteten mich. Sie reiste in ganz Deutschland umher, schrieb von überall, von Bahnhöfen, aus Wartesälen, aus Hotelzimmern, sie erzählte von einer Luther-Feier aus einer Stadt, die ich nicht kannte: »Abends am Marktplatz (bisschen kleiner als Naumburg, musst Du Dir denken) hatten alle Fenster Kerzen angesteckt, und vor dem Rathaus brannten Fackeln, und der alte Pfarrer hielt eine Rede und dann sangen alle Leute: ›Nun danket alle Gott‹, das war schön, ganz ohne elektrische Beleuchtung.«

Ja, so war Deutschland und davon wusste Frau Suter eben nichts.

Auch Luther war ein Deutscher gewesen und viele andere bedeutende Männer, deren Namen ich schon gehört hatte. Aber ein Schweizer fiel mir nicht ein – außer Wilhelm Tell, den sie hier als Marke auf die Briefe klebten, und an den erinnerte man sich auch nur, weil der wunderbare deutsche Dichter Schiller, von dem mir die Mutter so viele Balladen vorgesprochen hatte, ihn zu einem Drama verarbeitet hatte.

Die Mutter schrieb mir auch: »Mit der Schule plag Dich nur nicht!«, wozu gar keine Veranlassung bestand, denn ich ging in Arosa ja nicht in die Schule, es wurde gar nicht daran gedacht, solange ich so zart und kränklich war. »Wenn Du Zeit und Lust zum Lesen hast«, schrieb die Mutter, »so will ich Dir gern geschichtliche Romane schicken.« – Ja, wieso sollte ich hier keine Zeit zum Lesen haben, ich lag ja wie eine Mumie in viele Decken eingewickelt Tag für Tag – jeweils fünf Stunden – auf dem Liegestuhl unter einem Vordach im Freien neben den anderen Kindern, bei jedem Wetter, auch bei Schneesturm und grimmigem Frost. Und »geschichtliche Romane« wollte die Mutter mir immerhin schicken. Ganz ohne Bildung sollte ich doch nicht bleiben. Sonst las ich ja auch viel, vor allem die Jahrbücher: *Der gute Kamerad* und *Das neue Universum*, in denen die technische Zukunft beschrieben wurde.

Auf den Brief der Mutter notierte ich mit unsicherer, großer Krakelschrift: »Beantwortet«. Ich hatte Anfälle von Ordnungsliebe und außerdem war ich faul. Zweimal wollte ich mir die Mühe des Schreibens nicht machen.

Dafür begann ich, ein Tagebuch zu verfassen. Unbekümmert wendete ich mich gleich an meine »Lieben Leser«, behauptete, das Wort »Arosa« habe schon daheim wie mit Goldbuchstaben über mir am Himmel der Wünsche geprangt. Und nun sei ich also hier. Vor dem Fenster standen die Tannen und der Schnee fiel in dichten Flocken, es sah aus wie weiße Schleier. Ganz still war es draußen … Viel mehr hatte ich nicht zu erzählen als von dieser Stille und von diesem Schneefall, sodass ich die mühevolle Arbeit bald wieder aufgab, mich ein- oder zweimal bei meinen Lesern entschuldigte, dass ich wieder so lange nichts berichtet hätte – dann ließ ich es ganz. Das dicke Heft mit dem schwarzen Einband aus Wachstuch blieb leer bis auf die zwei oder drei ersten Seiten: »Stille … Schneefall …«

Im Übrigen gab es Aufregendes genug in der Welt, nicht nur die Mutter erzählte davon, es stand in den Zeitungen und tönte aus dem Radio. Der Amerikaner Byrd war auf einer Expedition zum Südpol, der italienische Marschall Balbo, der mit dem runden schwarzen Bärtchen, gerade Mussolinis Statthalter im afrikanischen Libyen geworden, überquerte als Erster mit einem Flugzeuggeschwader den Ozean. Und immer wieder siegte Rudolf Caracciola über Nuvolari auf der Avus – oder umgekehrt.

Ein andermal schrieb die Mutter um drei Uhr nachts aus dem Wartesaal Dresdens: »Was soll ich schon tun, wenn ich mal nichts tue, ich denke an mein Geliebtes. – Ich habe hier in Dresden im großen Saal des Hygiene-Museums einen großen Vortrag gehabt. Ich habe Geschichten von Euch frei erzählt, der große Saal ganz dunkel, bloß meine Lampe auf der Bühne brannte – und die Leute alle, es waren wohl achthundert, waren so erwärmt und gingen so innerlich mit. – Hast Du nichts gespürt? Ach Männerle, die Menschen scheinen so froh zu sein, wenn sie mal nicht schrecklich gescheite Gesichter machen müssen, weil ihnen ir-

gendjemand was schrecklich scheinbar Gescheites erzählt –
sondern wenn sie einfach mit ihrem immer dummen, immer
zärtlichen Herzen ein bisschen mitgehen können.«

Ja, so dachte die Mutter: »Was scheinbar Gescheites …«, nur
scheinbar, also nicht wirklich gescheit … Und die Menschen hatten »immer dumme, immer zärtliche Herzen«.

Sollte ich auch so fühlen lernen? Die Mutter hoffte es wohl und
überforderte das Kind, säte Gedanken in seine unreife Seele, die
eigentlich zu bitteren Pflanzen hätten aufgehen müssen: »Verstehst du das, meine geliebte Sonne?« (Aber gleich wehrte ich
mich innerlich gegen diesen Überschwang!) »Meine geliebte
Sonne, aus der ich so gern einen Dichter ersteigen sähe, obgleich
ich doch genau weiß, wie schwer das wäre und was für ein Lei-
densweg.« Und rasch schränkte sie wieder ein: »Na, darum
brauchst Du Dich nicht zu kümmern, und ich bin auch nicht ehr-
geizig mit Dir, wenn Du nur auf irgendeine Weise glücklich wirst,
Deinen Platz ausfüllst im Leben … Ein ausgeglichener Mensch
sollst Du werden. Augenblicklich wirkst Du wieder arg unruhig.
Du liest vielleicht zu viel? Männerle, ach, lerne Dich kennen! Lern
selbst dieses Instrument, Deinen Körper, so kennen, dass er Dir
die schönsten Melodien hergibt – volle Töne. Schatzele, ich seh's
an Deiner Schrift: Sie ist zu fadenförmig, zu unachtsam, zu fah-
rig … Bitte, bitte, bitte, mach doch täglich Schreibübungen.
Bitte, bitte, bitte, tu's doch aus Liebe zu mir! Indem Du Deine
Hand zwingst, ruhig und geduldig zu sein, zwingst Du nämlich
auch Dein Herz, ruhig und geduldig zu schlagen!«

Sie hatte ja recht in der Sache, aber diese Weisheit verstand ich
noch nicht.

Ein Dichter – wie kam sie auf diesen Gedanken, da ich doch
nicht einmal in die Schule ging? Vielleicht gerade deshalb! Ein
Dichter ist ja begabt, er wird aus sich heraus, aus seinem genialen
Inneren, eine Ausbildung braucht er nicht. Und hatte ich nicht
schon der Dinah diktiert, meiner Mutter geduldiger Sekretärin,
wilde Geschichten von Abenteuer und Seefahrt. Das mochte
wohl zu den schönsten Hoffnungen berechtigen.

Andererseits war die Mutter aber auch hellsichtig, was ich damals noch nicht verstand. Sie schrieb mir: »Wir beide, mein Herzblatt, gehören zu den Leuten, die nur mit der Feder in der Hand denken können.« Woher wusste sie das damals schon, von mir? So war und ist es ja wirklich, mein ganzes Leben lang litt ich darunter, dass ich in Gesellschaft stumm blieb, bis zur Unhöflichkeit, und das auch empfand, mit wachsender Bitterkeit, während sich meine Gedanken erst mit dem Stift, der Schreibmaschine oder jetzt mit dem Computer zu Worten verwandelten. Offenbar ist bei mir die Verbindung zwischen Kopf und Zunge gestört, die bei vielen anderen Menschen so spielend funktioniert.

Rückwärts betrachtet war ich nie lange allein, obwohl es mir so erschien, denn in der Kindheit schleichen die Tage. Eine kleine Wallfahrt zu mir, dem zwölfjährigen Buben, setzte ein, von der Familie und von den Freunden, die gewiss nicht nur mir allein galt, denn Arosa war damals, mehr noch als heute, ein Ort mit geradezu magischer Anziehungskraft. Man sang das Lied der »Sonne von Arosa«, gelb und übergroß leuchtete sie auf den Plakaten aller großen Bahnhöfe … Arosa war nicht nur einer der schönsten Wintersportplätze dieser Jahre, sondern es war auch mondän. Das Bergtal war durchflutet von gleißendem Licht, das eine Steigerung meines Lebensgefühls bewirkte, wenn ich nicht unter Heimweh litt: Glanz, Weite, Helligkeit, strahlende, unberührte Berge, klarblauer Himmel!

Arosa war außerdem für uns Deutsche ja wirklich freies Ausland, eine Demokratie, es war »die Welt«. Das empfanden die Erwachsenen natürlich viel stärker als ich, auch wenn sie sich damals in Deutschland noch nicht wirklich unfrei oder geknechtet gefühlt hatten, viele waren ja auch noch voll Hoffnung. Aber dass man hier anders mit anderen Menschen reden konnte als daheim, das war doch allen bewusst. Man traf auf Widerspruch, auf andere Meinungen, man war hier ein fremder Vogel in einer absolut polyglotten Umgebung, kam ganz selbstverständlich mit Franzosen, Engländern, Amerikanern zusammen, hörte fremde Sprachen, Französisch und Italienisch wie selbstverständlich, denn das waren ja auch Schweizer Landessprachen, dazu Englisch und Spanisch – man las andere Zeitungen, die eine andere Meinung vertraten, mit der man vielleicht sogar nicht einverstanden war oder unter der man litt, aber das alles erhöhte den Reiz des Ortes viel mehr, als man sich das heute vorzustellen vermag. Das Reisen war oft noch eine stundenlange, tagelange Strapaze mit dampfenden Eisenbahnen, auf Ferngespräche musste man stundenlang warten, bis das Fräulein vom Amt einen verbunden hatte.

Als Erster kam der Bruder Friedebald zu Weihnachten, er wohnte bei mir in der gleichen Stube, schlief in dem Bett, in dem auch die Schwester Fifi gelegen hatte, als sie mich hergebracht hatte, im November, aber ich küsste ihn nicht. Im Gegenteil, die Mutter musste uns ermahnen: »Aber ihr zankt euch doch nicht, bitte!« Nun, das taten wir auch, und zudem war eine gewisse Fremdheit zwischen uns, damals. Friedebald war schon fünfzehn Jahre alt, er ging in Weimar auf die höhere Schule und fühlte sich fast erwachsen. Er interessierte sich viel mehr für Frau Suters zierliche Pflegetochter Beteli als für mich, ließ seine graublauen Augen, die er wohl von der Mutter geerbt hatte, wohlgefällig auf dem Mädchen im hellen Kleidchen ruhen, während sie ihre Zöpfchen drehte. Er musste nicht auf den Liegestuhl und dort stundenlang ruhen, ging aber mit mir kleinem Bruder und den andern Heimkindern doch gern zum Skilaufen, war von ganzem Wesen herzlich, fröhlich, manchmal auch laut – und erschreckend gesund. Er fuhr nach den Feiertagen wieder ab, ohne dass ich lange Heimweh nach dieser Abreise gehabt hätte.

Der Vater hatte uns beiden Buben zu Weihnachten geschrieben, es war einer der ganz wenigen Briefe, die ich jemals von meinem Vater erhielt, vielleicht war es sogar der einzige. Der nun schon neunundsiebzigjährige Mann schrieb an seine »lieben Jungens« in eckiger, zittriger Schrift. Er schrieb, dass er im Jahre 1870 in »seiner geliebten Schweiz« gewesen sei: »… damals kannte man in Aarau, wo ich nach der Schule war, von dem Lichterbaum noch sehr wenig.«

1870 – wann war denn das gewesen? Wohl im Mittelalter!

Grau war die Zeit jedenfalls, unvorstellbar weit weg, undenkbar auch, dass damals ebenfalls die Sonne geschienen hatte und der Himmel blau gewesen war. Die Menschen wohnten in Zimmern voller Plüsch, ohne elektrisches Licht – und die Geschichten, von denen der Vater erzählend schrieb, wie er nach Aarau gekommen war, interessierte uns beide Jungens herzlich wenig. Auch konnten wir seine »deutsche« Sütterlinschrift auf dem hellblauen Papier kaum entziffern, sogar Herr Suter vermochte uns wenig zu helfen, obwohl der Vater doch mit einer Lebensweisheit schloss: »Die Welt ist rund und dreht sich, so muss der Mensch eben mit und muss sich davor hüten, dass er nicht verdreht wird.« Er küsste uns »von Herzen«, der alte Vater, das tat er nur brieflich, kaum je in Wirklichkeit, und unterschrieb auch »Euer alter Vater« und mit seinem vollen Namen: »Max Kruse«. Da war er uns so fern, wie ein Fremder, der ein Dokument unterzeichnet.

## Winterleid und Winterfreuden

Der Winter war lang, aber die Tage waren kurz und sie waren oft schneidend kalt im Januar und bis in den Februar hinein. Wir Kinder lagen unter dem Balkon vor dem Haus, dick eingepackt, es war eine Übung zu stoischer Geduld und nicht geeignet, körperliche oder geistige Aktivitäten zu fördern. Die Ruhe begann am Morgen, gleich nach dem Frühstück, da waren die Tannen oft frisch verschneit. Dann kam der Postbote. Eine Stunde dauerte das erste Ruhen, drei Stunden das nach dem frühen Mittagessen, dann folgten zwei Stunden Spaziergang oder Skilauf, und am Abend, nach dem Vesperbrot, wenn es schon dämmerte, musste man noch einmal hinaus in die dicken Decken.

Am Tage flatterten die Bergfinken ums gelbe Haus gegenüber.

Nun also kam Weihnachten. Die Scherenschnittkünstlerin Maria Louise Kaempffe schickte eine von ihr geschaffene Postkarte, einen Scherenschnitt, schwarz das Bild auf weißem Grund. Darauf zogen deutsche Volksgenossen von rechts und von links einen imaginären Hügel hinauf zur Krippe des Jesuskindes mit dem Heiligenschein, mit dem anbetenden Elternpaar Maria und Josef. Der Hügel wölbte sich über einem Schriftband, auf dem stand: »Des Deutschen Volkes Winterhilfswerk«, und deutsche Volksgenossen brachten Maria und Josef für das Jesuskind einerseits ein Lämmchen, Kleidung und Säcke, ein Tamburin und betende Hände und andererseits eine Hakenkreuzflagge – seltsame Gabe! Darüber flammte der Weihnachtsstern mit dem Schweif – in Druckerschwärze. Sie schrieb mir, die Scherenschnittkünstlerin und Verehrerin der Mutter: »... damit Du siehst, wie Weihnachten hier in Deutschland ist, sende ich Dir dies Kärtchen, das soeben von mir erschienen ist.« So wurden wir von überallher indoktriniert, auch von Leuten, die ein harmloses und schlichtes Gemüt hatten. Es stand aber auch viel echte Hoffnung dahinter.

Nein, mein Weihnachten war nicht so wie auf dem Scherenschnitt, es war auch in Deutschland nicht so gewesen, die Postkarte war eine künstlerische Darstellung und doch auch »nationaler Kitsch«. Und die Mutter müsste es auch so nennen, ehrlicherweise.

An manchen Nachmittagen stapften wir Kinder im Gänsemarsch den schmalen Tschuggenweg hinauf und zogen die schwarzen Holzski am Strick hinterher. Da beneideten wir die reichen Leute, die sich auf Bauernschlitten von Pferden hinaufziehen ließen und uns überholten. Wir trugen dunkelblaue Überfallhosen aus dickem Stoff über derben Lederstiefeln, allseits geschlossene, mit Luftschlitzen versehene Sonnenbrillen aus silbrigem Blechrand, die wie Insektenaugen vorstanden, tiefdunkel. Hin und wieder, an Sonn- oder Feiertagen, schnallten wir auch Felle unter die Skier und erklommen das Weisshorn, zwei Stunden Aufstieg: »Langsam, immer langsam und gleichmäßig gehen«, ermahnte uns Herr Suter mit der angegriffenen Lunge, der bei Sport und Spaziergang die Aufsicht führte.

Wir bauten Schneehäuser vor dem Kinderheim im Garten und an Wegrändern. Ich lernte das Skilaufen und war stolz auf mein Können. Stahlkanten kannte man noch nicht, die Lederbindung wurde mit einer Schnalle am Absatz geschlossen, der Fuß war noch so beweglich darin, wie heute auf Langlaufskiern.

Kam der März mit seiner Sonne, war die Carmena-Abfahrt der Gipfel des Glücks. Der Weltmeister David Zogg fegte sie »im Schuss« hinab, sprang auf dem Hang zum »Golf Hotel« weit über Fahrwege und Hügel und wurde glühend bewundert.

Wir Kinder saßen auch auf den meterhoch verschneiten Dächern der Heustadel in der blendenden Sonne und verzehrten Brotscheiben und Schweizer Schmelzkäse, von dem sich das Silberpapier so schlecht abziehen ließ, weil es daran festklebte. Ich fühlte mich wie in Gold gebadet. In Gold – aber da war zugleich auch Sahne, denn das gleißende Licht zog einen schimmernden Schleier vor die grell strahlenden Berge und milderte ihre Sonnenfarbe. So dämpfte das Licht sich selber durch seine eigene Ausstrahlung.

Mit dem April und dem Mai kam die Schneeschmelze, Bächlein sprangen überall ins Tal, kaum kann man es anders ausdrücken als mit dieser idyllischen Sprache, wie sie Johanna Spyri in ihrem Kinderbuch »Heidi« benutzte. Auf den noch feuchtbraunen Wiesen zwischen den Schneebrettern aus Firn wuchsen Berganemonen und pelzige Glockenblumen und an den Wegrändern türmte sich der Schnee hoch und dicht. Sprang man übermütig hinein, versank man bis zur Taille und saß dann so fest, dass einem Angst wurde, die sich in Nasenbluten äußerte. Dann mussten einen die Kameraden wieder befreien. In seine leere, hohle Körperform blickte man danach wie in eine schimmernde, zum Anziehen aufgehaltene Hose.

Die Lawinen donnerten zu Tal, oft sah ich sie stäubend vom Schiesshorn hinabstürzen. Sie begruben auch Skiläufer unter sich. Rudolf Caracciola, der deutsche Autorennfahrer, eines der vielen Idole meiner Kindheit, hier verlor er seine Frau, unter einer Lawine wurde sie begraben. Sie war noch jung und den Rennfahrer traf es schwer, er war verstört und traurig. Ich Bub auf der Liegeterrasse litt mit ihm und konnte es ihm doch nicht sagen, denn ich habe ihn selbst nie gesehen.

## Vaters achtzigster Geburtstag

In der Berliner Atelierwohnung, Seesenerstraße 30, dicht beim Bahnhof Halensee, dort, wo unten eine der beliebten Eckkneipen lag, beging der Vater im April 1934 seinen 80. Geburtstag. 1854 war er in Berlin geboren worden – war das nicht schon Jahrhunderte her? Unsere Wohnung lag unter dem Dach, der Aufzug war eng und altersschwach, aber gemütlich, und seine Gittertür war vielleicht ein Kunstwerk. Ich kleiner Max, der ich meinen Namen von meinem Vater hatte, malte dem großen Max das Schiesshorn von Arosa in Aquarell, den Schneeberg mit Felsen und gründunklen Tannen, unter blauem Himmel. Ich signierte stolz mit meinem Namen, »Max Kruse«, und der Vater betrachtete das Bild unter all seinen Geschenken erstaunt, hielt es zuerst für ein eigenes frühes Werk, das man unter Gerümpel ausgegraben hatte, stand mit seinem Stumpen im Mund davor und fragte knurrig: »Na, aus wat für eener Periode stammt denn det?«

In der Kindheit des Vaters endete Berlin noch am Halleschen Tor, da wurden die Heuwagen mit Spießen nach Konterbande, also nach zollpflichtiger Ware, durchsucht. Er selber schildert Berlin zur damaligen Zeit so: »Von dem Sande in und um Berlin kann man sich heute keine Vorstellung mehr machen; die großen Plätze alle noch Sand, und gleich vor den Toren Sand, Sand, wieder Sand … Gleich hinter dem Halleschen Tor begann die Tempelhofer Chaussee; in gerader Linie standen die Pappeln wie Grenadiere zu beiden Seiten. Da wir meist am frühen Morgen gingen, so sahen wir all die Milch- und Gemüsewagen mit Pferden, Hunden, auch Eseln bespannt nach der Stadt fahren, auch große Planwagen gabs hier und da zu sehen und den für die damalige Zeit typischen Sandwagen. Damals wurden die Fußböden in den Stuben noch mit weißem Sand bestreut und der Sandmann war eine stehende Figur im Berliner Leben, alle Morgen hörte man ihn auf den Höfen sein ›Sand, Sand, wiete Sand‹ rufen.«

Die Familie feierte den alten Vater, auch die Berliner Presse erinnerte an ihn: »Ein Berliner Kind«, und von der neuen Regierung erschien Alfred Rosenberg zur Gratulation, nicht nur der Verfasser des verworrenen Propagandabuches *Der Mythos des 20. Jahrhunderts,* sondern auch der Leiter des Parteiorgans *Völkischer Beobachter,* den Hitler zum »Reichsleiter« gemacht hatte. Rosenberg benahm sich jedoch noch manierlich und zurückhaltend, er sagte seine Glückwünsche, aber der Vater wurde mit ihm in ein Nebenzimmer verbannt, weil im anderen Raum jüdische Freunde und Nazi-Gegner bei Kaffee und Kuchen saßen – diejenigen, die noch lebten und die Deutschland noch nicht verlassen hatten. Der Vater, so erzählte die Mutter, hatte immer nur gebrummt und genickt und kein Wort gesagt. Da war der »Reichsleiter« bald wieder gegangen.

Schon vorher hatte mir die Mutter geschrieben und mich ermahnt: »Vaterchens 80. Geburtstag wird festlich begangen werden. Du musst bestimmt etwas Hübsches machen. Malst Du gar nicht mehr? Es geht unmöglich, Schatzele, dass Du irgendetwas Fertiges kaufst, eine Fotografie oder irgend so was. Irgendeine Kleinigkeit, eine selbst erfundene Geschichte oder einen Aufsatz also oder eine Zeichnung, kurz, irgendetwas Selbstgemachtes, damit Du Dir Mühe gegeben hast, um ihm eine Freude zu machen, ist das einzig Mögliche. Das überleg Dir mal schön.«

So malte ich also die Berge.

Die Mutter fand später: »Es war ein fabelhafter Tag … Und Hindenburg sandte einen schönen Brief … und der Oberbürgermeister auch und die Technische Hochschule und die Akademie und Gott weiß was alles, also es war wunderschön, den ganzen Tag Telegramme und Blumen, Vaterchen war ganz überwältigt. Ich werde Dir Zeitungsausschnitte schicken. Zum Empfang hatte Mimerle ein Septett komponiert, das sie und Michel, Hanne, Jockel, Fifi aufführten. Fein!«

Fein? Wie mochte das geklungen haben? Mimerle, also Maria, das konnte ja noch gehen, aber Jochen und Fifi – singend? Nun, es war ja vorbei und es sagte mir nichts, auch unter »Septett« konnte ich mir nichts vorstellen.

Hindenburg war unser letzter Reichspräsident, schon uralt.

Und geschrieben hatte er den Brief an den Vater bestimmt nicht selbst, höchstens seine große, raumgreifende Feldherrenunterschrift daruntergesetzt.

## Kinderheimalltag

All das änderte auch nichts am Alltag in Arosa, an den Liegestunden, am Gleichmaß der Tage, an den fünf Marmeladebroten ohne Butter, die ich abends aß, von Frau Suter geschmiert, änderte nichts am Kartenspiel vor dem Schlafengehen. Und mittags gab es oft Kutteln, die ich hasste, eine schmutzig graue Masse, Kuhmagen. Die Kuh hatte wiedergekäut und wiedergekäut. Graue, kleine Zapfen standen innen, es ekelte mich.

Gemüse gab es wenig und Obst fast nie. Es war wohl zu teuer. So wurde dort der vitaminarme Boden für eine Spätrachitis gelegt, die meine Brust nach innen verformte, mich in der Jugend und Pubertät lang hemmte, mich schämen machte und in die Vereinzelung trieb, noch mehr, als es meiner Natur sowieso schon entsprach. Aber vielleicht hat sie mir das Leben gerettet, denn sie bewahrte mich davor, Soldat zu werden und in Hitlers mörderischen Krieg ziehen zu müssen. Vier vorstehende Oberzähne hatte ich freilich immer noch, die Veranlagung zur Rachitis war also vielleicht bereits da. Nun trug ich die Zahnspange von Dr. Hildebrandt, die oft höllisch schmerzte und mich quälte. Hässlich fand ich sie außerdem. Wenn ich sprach, hielt ich mir deshalb die Hand vor den Mund.

Mit geschlossenem Mund fand ich mich damals aber noch schön, meinen Kopf bedeutend. Saß ich beim Friseur, das weiße Tuch umgelegt, sodass darüber der lange, dünne Hals und das Gesicht mit den üppigen Haaren herausschauten, betrachtete ich mich stolz, sah mir selbst in die dunkelbraunen Augen, fand, ich könnte ein würdiger Papst sein oder sogar ein Heiliger, während die Schere klapperte und es nach Haarwässern duftete. Draußen, im großen Friseurspiegel, der hier Coiffeur hieß, schlängelte sich die Straße durch Arosa Mitte, gegenüber war der große Kursaal, wo die Erwachsenen nachts tanzten, flirteten und knutschten und wo überhaupt das vornehme, internationale Leben »pulsierte« – denn Leben »pulsiert« in Schriftwerken ja immer und überall, aber eben nicht das vornehme, das tat es nur hier. Zu diesem schönen Leben gehörte auch die Buchhandlung, in deren Schaufenster ich Bücher über das von uns erhoffte, vereinte Europa und die Pan-Europa-Bewegung des Grafen Coudenhove-Kalergi fand. Ich kannte den Initiator der frühen Europa-Bewegung ja bereits aus Hiddensee, von daher fiel also auch wieder bedeutender Glanz auf mich, in meinen eigenen Augen.

Aber ich lernte nichts, ich ging nicht in die Schule, keinen Tag. Nun ermahnte mich die Mutter in ihren zahllosen Briefen und Postkarten von überall her, dass ich doch anständiger schreiben möge, sauber: »… und Deine Orthografie, mein Herzblatt, ist wirklich verheerend.« Konnte sie denn anders sein?

Der stille Herr Suter gab mir dünne Broschüren zu lesen, eine preiswerte Ausgabe Schweizer Literatur, Vorläufer vielleicht unserer Taschenbücher. Da lernte ich Gottfried Keller kennen, Conrad Ferdinand Meyer und andere eidgenössische Dichter, deren Namen und Werke ich wieder vergaß. Herr Suter machte auch einmal den Versuch, mir etwas beizubringen, die Mutter hatte ihn wohl darum gebeten. Da saß der grau gekleidete Mann im großen Korbstuhl und rauchte seine Pfeife, was seiner Lunge doch gewiss nicht guttat, und ließ sich von mir den Anfang einer Weltgeschichte vorlesen. Er hörte schweigend zu, lehnte sich im Lehnstuhl zurück und schloss auch manchmal die Augen. Der Text handelte von der Entstehung der Erde aus Meeren und Ozeanen, von schwerfälligen Tieren, die aus den Fluten an Land stiegen, vor Wasser triefend, und alles bevölkerten. Sie brachen durch die Urwälder, die damals fast die ganze Erde bedeckten, diese Erde, die als eine große Kugel durch das All sauste und sich dabei auch noch um sich selber drehte.

Das erfuhr ich und behielt es als unklare Vorstellung. Mehr lernte ich nicht, hatte aber schon daheim doch manches gelesen von römischen Kaisern und Germanen, in der Lateinstunde beim freundlichen Rektor, das mochte genügen. Herr Suter war übrigens auch ein Schweizer Soldat, jeder Schweizer war ein Soldat und bewahrte sein Gewehr dann später daheim im Schrank auf. Als im Frühsommer in Arosa ein Manöver abgehalten wurde, von graugrün gekleideten Burschen, die auf den Wiesen des Tschuggen ihre Maschinengewehre aufbauten und in die Luft ballerten, erwies sich Herr Suter als sachkundiger Beobachter. Ich sammelte die leeren kupferfarbenen Patronenhülsen und brachte mit ihnen den Krieg in den Hof des Kinderheimes. Ich baute Stellungen auf dem Dach eines Schuppens und Herr Suter erklärte mir deren Schwächen oder Stärken.

Es waren aber doch harmlose Spiele – und rasch wieder vergessen, als die Soldaten fortzogen und die Stille wiederkehrte.

Im Frühjahr pflückte ich blaue Enziane, mit denen die Wiesen übersät waren, im Sommer wanderte Herr Suter mit uns Kindern. Wir erstiegen den Schafrücken, blickten ins blaugrüne Tal hinunter, auch auf die andere Seite nach Lenzerheide, pflückten Edelweiß, das ich trocknete und in Bücher presste, als Lesezeichen. Dann kam unvermutet und rasch ein Gewitter auf, düsterschwarze Wolken und gefährliche Blitze, gefährlich deshalb, weil sie so nahe waren, fast zum Greifen, und flammend den finstern Himmel durchschnitten mit Donnerschlag. Wir waren gerade auf dem Gipfel, nun flohen wir über den steilen Geröllhang, ließen uns auf den Kieseln hinabrutschen, im kollernden Stein selbst kollernde Steine, dann im Regen über die Wiesen, die steil, nass und glitschig waren.

Wir kamen heim mit klatschnassen Haaren, durchgeweichten Kleidern – und schnatterten vergnügt.

An schönen Tagen waren die hoch gelegenen Seen zwischen den Bergen klar und tiefblau, wie der Himmel. Ich baute aus Sperrholz ein Segelschiff, das nicht dicht war, voll Wasser lief und sank. Das Wasser war eiskalt und klar wie flüssiges Silber. Ich schichtete Steine an Gebirgsbächen zu Staudämmen auf und schnitt blaurote Alpenrosen für Frau Suter, knorrige Hölzer – von mir geliebte Blumen. Frau Suter dekorierte den Esstisch damit, auf den dann die Schüsseln mit Kutteln kamen. Ich hätte lieber aufs Essen verzichtet. Und aus dem pfeifenden Radio schallte Richard Taubers Stimme. Frau Suter verehrte diesen Sänger, der, wie sie mir sagte, ein Jude war, weshalb er Deutschland verlassen hatte und nun in Amerika Millionen verdiente. Ich kleiner Max fand seine Stimme schmalzig, das war aber gewiss kein frühes Zeichen eines guten Geschmacks, sondern weil es die Meinung der Mutter war, die ihn – den Tenor – mit dem von ihr so geliebten Bariton Heinrich Schlusnus verglich, der daheim auf der schwarzen Schallplatte als Tannhäuser »O, du mein holder Abendstern …« sang.

An Schlechtwettertagen drängten wir Kinderheimkinder uns im winzigen Spielzimmer zusammen, erzeugten Unordnung mit Holzautos und Bauklötzen, sodass keiner mehr treten konnte, ohne des anderen Werke zu zerstören. Wir spielten gefährlich, indem wir uns an den Händen fassten, eine Kette bildeten, und die beiden ersten oder letzten Kinder steckten je einen Nagel in die beiden Löcher der Steckdose. Durchzuckte uns der elektrische Schlag, schrien wir auf und ließen uns wie tot auf den Boden fallen. Ein unwiderstehlicher Reiz war das, dieses Spiel mit dem Schock, mit der Gefahr. Die Älteren mahnten uns, es zu unterlassen, was uns nur noch mehr dazu reizte.

Diese Sommermonate waren schön und klar, die Mutter schrieb, es sei schrecklich trocken und der Rasen sei ganz verdorrt. Und wirtschaftlich ginge es »recht mühsam, doch davon verstehst Du nichts. Und es regnete seit vielen Wochen nicht und heute war so eine Hitze wie Backofenluft.«

Ich wusste, wenn es heiß war, hielt es die Mutter nicht aus, dann war sie – nach eigener Aussage – lahm wie eine Fliege.

Trotzdem besuchte sie den neuen Reichspropagandaminister Doktor Joseph Goebbels in seinem Haus am Wannsee, das er gemietet hatte. Eigentlich besuchte die Mutter ja Frau Magda Goebbels, die zwei Kinder hatte, von denen die Schwester Fifi eines modellieren sollte, »dem Dr. zur Überraschung«. Die Mutter war selbst recht überrascht von diesem Besuch. »… denk Dir nur, er ist so bescheiden, so ohne jede Form und ohne jede Einbildung und Äußerlichkeit. Gar nicht militärisch, sondern wirklich menschlich und ungemein gewinnend. Ich fühlte mich kein bisschen bedrückt und bevormundet im Denken, ganz und gar nicht.«

Immerhin hatte sie das doch wohl vorausgesetzt. Und so wenig kann man sich auf seinen persönlichen Eindruck verlassen.

Damals warben sie noch um Sympathie, die Nazigrößen, vor allem um die der deutschen Prominenz.

### Taufe

Dann kam auch die Mutter zu Besuch. Ich freute mich mehr, als ich sagen konnte. Lange schon hatte sie sich angekündigt und die Reise immer wieder verschoben – im Hochsommer reiste sie endlich, viele Postkarten eilten ihr voraus. Der Bruder Jochen chauffierte sie. Ich durfte ihr in der Chur-Arosabahn entgegenfahren. Im Städtchen Chur drückte sie mich an ihr Herz und überschüttete mich mit ihrer Zärtlichkeit. Klein war sie geworden vom vielen Herumreisen, dachte ich, die kleine Frau, aber sie meinte, nein, das käme mir nur so vor, denn ich sei furchtbar gewachsen.

Sie erzählte von ihren Reisen und von ihrer Arbeit, als wir nun im sogenannten »Trudel« – einem damals ganz neuen grauen Auto, einem Kabriolet – die steile, vielfach gewundene Straße nach Arosa hinauffuhren, entlang an Almwiesen und durch Tannenwälder. Auf der Mitte des Weges machten wir halt, übernachteten in einem Dorfgasthof hinter braunen Holzschindeln, denn die Mutter fürchtete, dass ihr Herz den raschen Aufstieg ohne Pause auf eintausendachthundert Meter nicht vertrüge. Sie wollte sich langsam an den Höhenunterschied gewöhnen.

Die Mutter kam auch, um mich endlich taufen zu lassen, über zwölf Jahre lang war ich nun schon als Heide herumgelaufen. Es hatte mir eigentlich nicht geschadet, fand ich. Warum sollte ich nun kein Heide mehr sein? Eigentlich gab es doch kaum einen Grund, im neuen Nazideutschland wäre es bestimmt nicht nötig gewesen, »der Leute wegen« oder um Nachteile im Beruf zu vermeiden. Eher im Gegenteil. Aber vielleicht hatte die Mutter das unklare Empfinden, die Zugehörigkeit zu einer Kirche könnte mir einmal den Schutz einer größeren, mächtigeren Organisation gewähren, falls die politischen Verhältnisse dies nötig machen sollten. Sie hätte sich darin geirrt, wie in vielem. Nicht nur die evangelische, auch die katholische Kirche hatten ja rasch ihren Frieden mit den neuen Machthabern gemacht, schon im Juli 1933 hatte Kardinal Pacelli, der spätere Papst Pius XII., das Reichskonkordat unterschrieben und das Naziregime damit im In- und Ausland salonfähig gemacht.

Ich fragte die Mutter jedoch nicht nach Gründen. Mir waren sie herzlich gleichgültig. Allein dass sie nach Arosa kam, zu mir, und danach mit mir in der Schweiz herumreisen wollte, war Grund genug, mich taufen zu lassen.

Ja, ich nahm es so hin, weder freudig noch mit Protest. Und es war die nackte Wahrheit, dass mir Gott fern war in der kahlen Kirche von Arosa. Ich bemühte mich auch nicht darum, zu glauben. Zwar faltete ich abends die Hände vor dem Einschlafen und betete das Vaterunser, aber ich tat es aus Gewohnheit, weil es mich an daheim gemahnte und ein Gefühl der Geborgenheit erzeugte, das mich immer erfüllte, wenn die Mutter mit mir gebetet hatte.

Vor dem heiligen Akt freilich hatte ich jedoch in die Dorfschule gehen müssen, aber nur in die Religionsstunde. Der Pfarrer mochte wohl seine Bedenken gehabt haben, denn er hatte ja keinen unwissenden Säugling mehr über das Becken zu halten. Dieser Täufling hielt sicher still, aber was er dachte, war vielleicht nicht ganz im Sinne der Schweizer Kirche, die sich auf Zwingli gründete, der ein strenger Reformator gewesen war.

So marschierte ich, der Bub, also vom Kinderheim hinab in die Volksschule von Arosa, lernte die Zehn Gebote und den Kleinen Katechismus auswendig, sah aber auch viel zum Fenster hinaus, vom Holzpult auf die Berge und auf die Bäume, die im Schulhof wuchsen. Ein wenig fremd war ich schon unter den Dorfbuben, vor allem im Hof, in den Pausen, doch an ihre kehlige Sprache hatte ich mich endlich gewöhnt und bemühte mich, dem Pfarrer auch so zu antworten, auf Schweizerdeutsch. Es war trotzdem wohl nur eine Mischung aus Hochdeutsch, Züridütsch, Baseldütsch, Appenzeller, Zuger und St. Galler Tonarten, wie es die verschiedenen kleinen Gäste von Frau Suter durcheinandersprachen. In der Schule lachten die Buben über mich. Doch es tat mir nicht weh. Ich war Deutscher und Deutschland war viele Male größer als die Schweiz.

Der Bruder Jochen, eben einundzwanzig Jahre alt geworden, also schon erwachsen in meinen Augen und diesmal Fahrer der Mutter, war als Taufpate dabei. Er fand alles komisch. Frau Suter war meine zweite Patin. Die weihevolle Zeremonie sollte nach dem Gottesdienst stattfinden, in der hochgiebligen Kirche, die auf dem Hügel lag und mit ihrem spitzen, schlanken Turm auf vielen Postkarten zu sehen ist. So warteten wir also, in dunklen Anzügen – die Mutter im schwarzen Wollkleid mit dem gestickten Besatz von der Schneiderin in Bad Kösen – bis die letzten Kirchgänger das Gotteshaus verlassen hatten, Männer und Frauen, Bergbewohner; Touristen gingen kaum einmal in diese Kirche.

Als der Raum menschenleer und kahl war, schritten wir hinein. Die Nüchternheit war erkältend. Zwingli, der Eiferer, hatte alle Heiligenbilder verdammt, über die leeren Bänke wehte weit eher der Schauer des Todes als ein Hauch der Freude und Zuversicht. Ich zog die Schultern hoch. Die Mutter lächelte beklommen. An ihrer Hand schritt ich im Mittelgang durch die Reihen der Bänke. Frau Suter und Jochen folgten. Die Orgel spielte einige rauschende Töne. Die Mutter senkte die Augen. Ich zog meine Hand aus der ihren und verschränkte die Finger ineinander. Ich sollte ja beten.

So stand ich vor dem Pfarrer. Auf dem Altar brannten Kerzen. Der Geistliche schlug die Bibel auf und las seinen Taufspruch, der nun meiner wurde. Die Mutter hatte ihn ausgesucht, denn sie liebte und bewunderte die Bibel als Sprachkunstwerk. Aber ich vergaß diesen Spruch, da ich niemals Gebrauch von ihm machte. Auf der nüchternen Taufurkunde der Kirche steht er ebenfalls nicht. Es ging auch alles rasch. Der Pfarrer benetzte mich mit Wasser und gab mir die Namen Karl Max, die schon lange in meinem Pass standen. Keine Überraschung. Ich spürte auch nichts, vielleicht ein leichtes Kribbeln die Wirbelsäule hinab.

Und dann wieder Orgelmusik. Keiner sang. Es hätte auch gar zu kläglich geklungen: die Mutter singend, da hätte vielleicht selbst der Pfarrer gelacht.

Als wir die Kirche verließen, spöttelte Jochen: »Schade, dass du nun kein kleiner Heide mehr bist.« Das fand ich auch. »Aber Jockerle«, verwies ihn die Mutter. Sie war froh, es hinter sich zu haben.

Frau Suter, meine Taufpatin jetzt – nun sagten wir Du zueinander – gab ein Festessen, sie hatte eine Gans gebraten. Auch der Pfarrer war geladen. Er schmauste mit Appetit und reinem Gewissen. Das gute Essen hatte Zwingli wohl doch nicht verboten. Frau Suter schenkte mir einen grünen Wecker, hochmodern, mit weißen Zeigern, eine Schweizer Uhr, Qualitätsarbeit. Das runde, silbern gerahmte Zifferblatt stand auf zwei jadegrünen Kugelfüßchen und lehnte sich rückwärts gegen einen Metallständer. Frau Suter küsste mich sogar auf die Backe. Da reckte ich den Kopf beiseite und machte den Hals lang. Aber die Uhr gefiel mir. Sie begleitete mich viele Jahre.

Der Bruder Jochen konnte nicht bleiben. Er lernte in London Schaufensterdekoration und feine englische Sitten. Er war ja, ich hatte es bereits erwähnt, zum elegantesten, geistreich-ironischsten der Geschwister geworden, immer nach der letzten Mode gekleidet, sehr schlank, ganz blond, mit einem scharf geschnittenen Gesicht und charaktervoller Nase, voll Freude am treffenden, aber niemals derben Witz. Er liebte das Leben, die Anmut, den Charme, war der am wenigsten schwerblütige von uns Kruse-Kindern, vernarrt in hübsche Mädchen, wie die hübschen Mädchen in ihn. Es tat mir leid, dass er wieder abfuhr. Doch die Mutter blieb noch einige Tage. Sie ging mit mir auf den Spazierwegen, wo die Eichhörnchen im Winter auf den Tannen sprangen, von Ast zu Ast, sie atmete die reine Luft und freute sich, dass ich so gut aussah.

Ja, ein rundes Gesicht hatte ich bekommen von Kutteln und Marmeladebroten, aber ich hielt mich noch genauso schlecht wie zu Hause. Auch über Politik sprach sie mit mir, weil ich mich heimatlos fühlte in der fremden, dem »Führer« feindlichen Schweiz, der »Röhm-Putsch« hatte sie unsicher gemacht, sie sprach es auch aus, das heimtückische Morden an Hitlers eigenen Gefolgsleuten irritierte sie, sie suchte nach Erklärungen, nach Entschuldigungen, konnte der offiziellen Lesart, dass ein Staatsstreich geplant und daher rasches Handeln das Gebot der Stunde gewesen sei, nicht recht glauben – und rang die Hände. Aber andererseits – ging es nicht doch schon erstaunlich aufwärts in Deutschland? Arbeitslose sah man nicht mehr auf den Straßen, die Wirtschaft begann sich zu beleben, und man war doch auch nicht so unfrei, wie viele behaupteten! War ich, ihr Herzensmaxl, nicht in der Schweiz, das Jockerle nicht in England, konnte sie nicht mit dem Männerle, dem Michel, ihrem Ältesten, im Auto nach Holland reisen und überall hin, wenn sie nur wollte?

Dass ihr verehrter Dichter Thomas Mann Deutschland verlassen hatte, jetzt in der Schweiz lebte, in Zürich, machte sie aber doch unsicher. Warum hatte er das getan? Nun ja, ein Schriftsteller konnte sich das leisten, er hatte keine Werkstätte, so wie sie, er hatte keine Arbeiter und Angestellten, er hatte nicht sieben Kinder, die alle noch versorgt werden mussten, sondern nur sechs, von denen einige schon selbstständig waren, er war nicht gebunden an einen Ort, und dieser Nobelpreisträger fand auf der ganzen Welt seine Leser. »Werde ein Dichter, mein Herzblatt, ich wünsche es mir so sehr.«

Das Herzblatt schwieg. Ich dachte, dass ich ganz von selber ein Dichter werden würde, so bedeutend fühlte ich mich ja schon, und wenn ich beim Haarschneider in den Spiegel sah, im weißen Umhang und mit den großen Augen, dann musste es doch jeder erkennen.

Die Mutter nahm mich dann mit, ihren Goldschatz, sie reiste mit mir. In Zürich wohnten wir im Hospiz »Sankt Peter«, im Angesicht des viereckigen Glockenturms. Es war das modernste Hotel, das sie kannte, klar und nüchtern, mit einem Atriumhof, in dem ein Springbrunnen plätscherte und die Gäste noch nachts an Tischen saßen, plauderten und lachten, was sie oft ärgerte, weil es sie beim Einschlafen störte.

Sie besuchte ihre Kunden in Zürich, nicht den Dichter Thomas Mann, mit dem hätte sie sich vielleicht nicht verstanden, trotz aller Verehrung, und wer weiß, was der scharfe Geist danach über sie in sein Tagebuch notiert hätte. Es war vielleicht gut, dass dieses Treffen nie stattfand.

Das Spielwarenhaus Franz Carl Weber war ein Paradies, es lag in der luxuriösen Bahnhofstraße. Es übertraf alle deutschen Spielwarenhäuser, die ich kannte, an Größe und an der Fülle der bunten Waren zumal. Es war voll mit Spielzeug aus aller Herren Länder, darunter eben auch Käthe-Kruse-Puppen, diese galten als wunderschön, aber auch teuer. Doch das störte die Firma Franz Carl Weber kaum, denn sie verdiente ja auch gut an teuren Waren. Zwei oder drei Stockwerke hoch stapelte sich hier alles, was ein Kinderherz begehrt, und ich war noch nicht alt und abgeklärt genug, um nicht mehr zu spielen, um nichts zu begehren. Dennoch quälte ich meine Mutter nie mit Wünschen. Sie schenkte mir sowieso genug. Dieses Spielwarenhaus kannte in der Schweiz jeder, es wurde von zwei Brüdern geleitet. Carl war der ältere und er war väterlich zu mir, beugte sich zu mir herab, streichelte mir über das Haar, hatte selber Frau und Kinder. Er war immer liebenswürdig auch zu der Mutter, ein jovialer Mann und ein bedeutender Herr, ein klein wenig rundlich. Vor dem schlankeren Bruder Paul fürchtete ich mich eher, ich ging ihm gern aus dem Weg, er lachte selten, war immer sachlich, erschien mir fast feindlich. Gewiss war er es gar nicht. Zu meiner Freude schien Carl der eigentliche Geschäftspartner der Mutter zu sein, dem das Warenlager, der Ein- und der Verkauf unterstanden, während Paul für die Finanzen zuständig war.

Am Ende der Bahnhofstraße lag der Zürichsee, still, grau schimmernd, dort fütterte ich die Schwäne. Und das Kaufhaus Jelmoli galt der Mutter als das feinste der Schweiz. Sie verkaufte ihre Kinderfiguren dorthin und dekorierte mit ihnen. Ich war stolz darauf, dass ich mit ihr den großen, modernen Bau betreten durfte, durch die gläsernen Türen, dass man sie mit Achtung, ja mit Auszeichnung behandelte. Da fiel auch Glanz auf mich. Ich weiß nicht mehr, ob Herr Kleim, der Chefdekorateur, Deutscher war oder ob er nur mit Deutschland sympathisierte; jedenfalls war er Nationalsozialist, einer der überzeugtesten, die ich kannte, und das war eine Ausnahme in der Schweiz. Dass er so stark für Deutschland fühlte und es auch ausdrückte, darüber war ich glücklich, in der mir immer noch ein wenig fremden Schweiz, zumal er zu mir, dem Kind, auch freundlich war.

In der Schweizerischen Bundesbahn fuhr die Mutter mit mir durch die deutschsprachige Schweiz, überall hatte sie Kunden, die sie liebevoll begrüßte, umarmte, zu denen sie die herzlichsten Beziehungen pflegte. In Bern musste ich handgestrickte Strümpfe bekommen, aus scheußlich grauer Wolle, das Geschäft gehörte zwei älteren Damen, ich glaube, dass die eine Mary Christen hieß. Ich hasste diese Strümpfe. Ich musste sie mit einem weißen Strumpfhaltergürtel aus Gummi hochhalten. Dieser saß zwar unsichtbar unter meiner dunkelblauen Bleylehose, aber die Spangen, die über den Gummiknopf und den Strumpf gezogen werden mussten, schauten doch immer heraus, und meist auch noch ein schmales Stück des hellen Schenkels.

Auch Wollhandschuhe bekam ich von Mary Christen und einen Schal, das nahm ich gern entgegen, nur die Strümpfe waren mir zuwider, ganz und gar, doch die Mutter war fanatisch damit: »So eine gute, warme Qualität bekommen wir zu Hause nicht, so solide – und alles handgestrickt!«

Sie dekorierte den freundlichen Schwestern einige Kinderfiguren mit Pullovern und anderen Strickwaren, lebensecht, die Leute blieben auch hier vor dem Schaufenster stehen und bewunderten ihre Natürlichkeit. Den kleinen Laden fand ich aber trotzdem düster, er war ein länglicher Schlauch, in dem es dumpf nach Wolle roch.

Nicht weit entfernt lag das Hotel »Bären«, in dem die Mutter wohnte. Ich bestieg das Berner Münster, während sie arbeitete, fotografierte die spitzen Giebel der alten Stadt, schaute auf die leicht gebogene Marktstraße mit den mittelalterlichen Häusern und ihren Arkaden, auf den Zeitglockenturm – oder ich fütterte die lebenden braunen Bären im Zwinger.

Es war erst wenige Tage her, seit der Reichspräsident Hindenburg gestorben war. »Der Brief an Dein Vaterle zum 80. Geburtstag war einer der letzten gewesen, den er noch unterschrieb. Er war dann bald krank geworden. Im August starb er, Hitler bereitete ihm eine pompöse Begräbnisfeier im Tannenbergdenkmal. Und jetzt ist Hitler der Führer und Reichskanzler …«

»Gibt es denn keinen Reichspräsidenten mehr?«

»Nein! Hitler ist beides.«

»Ist das denn gut?«

»Ich weiß es nicht, mein Herzblatt. Wir müssen es hoffen. Weißt du, ohne Hoffnung kann man nicht leben. Sie haben es ja schwer, furchtbar schwer. Und wenn sie es nicht schaffen, dann ist es schlimm für uns alle. Dann müssen sie wieder gehen!«

Mit denen, die »es schwer haben«, meinte die Mutter die nationalsozialistische Reichsregierung. Und schwer hatten sie es nach ihrer Meinung damit, die Not in Deutschland zu beseitigen und internationales Ansehen zu gewinnen. Aber mit dem Gedanken: »Wenn sie es nicht schaffen, dann müssen sie wieder gehen«, gab sie sich einem Irrtum hin, wie viele Menschen damals. Dass diese Leute die Spielregeln der jungen deutschen Demokratie nicht einhalten würden, das wollten die deutschen Demokraten, eben erst ihres Kaisers ledig und dann von einem Regierungswechsel in den anderen taumelnd, nicht glauben. Es war ihnen selbstverständlich, dass die Regierungen verschwinden mussten, wenn sie ihre Aufgabe nicht erfüllten. So war es ja immer gewesen, seit dem Krieg. Konnten sie ahnen, dass es diese Regierung hier ganz anders machen würde – und bis zu welchem bitteren Ende? Und schien nicht auch alles immer besser zu gehen? Der Aufschwung kam ja, er war fast mit Händen zu greifen! Und außerdem machte das Ausland ja gute Miene, sogar immer bessere, zum Spiel, von dem nicht einmal die größten Skeptiker ahnten, wie böse es wirklich war und werden würde. Vielleicht wussten es damals noch nicht einmal Hitler und seine engsten Vertrauten. Der Mann liebte ja Schäferhunde und Kinder, konnte das denn ein schlechter Mensch sein? Und hatte der Duce Italiens nicht eben erst unseren Führer in Venedig getroffen?

Die Mutter reiste mit mir nach Interlaken. Da wusste ich aus der Lateinstunde – noch hatte ich es nicht vergessen – dass der Ort »Zwischen den Seen« hieß. Ich sah die drei Riesenberge, den Eiger, den Mönch und die Jungfrau, die Jungfrau vor allem. Ihr schneeweißes, hohes Haupt ergriff mich. Ich stand auf der Brücke zwischen den beiden Seen, zwischen den blauen, gleißenden Flächen, und über ihnen wölbte sich dieser seidenblaue Himmel. Da sprach die Mutter einen Nietzsche-Vers: »... Blaulicht von Seide!« Nietzsche, der große Philosoph, hatte den Himmel über Venedigs Campanile gemeint, aber vielleicht hatte er doch auch an einen Schweizer See gedacht, denn er hatte ja Richard Wagner am Vierwaldstädtersee besucht, in Triebchen. Und mein Vater hatte diesen bedeutenden Mann kurz vor seinem Tode modelliert. Überall konnte man Verbindungen herstellen, wenn man nur wollte.

Ich stand also auf der Brücke zwischen den beiden Seen und staunte mit großen Augen, saugte Blaulicht und Helligkeit in mich ein und schwor mir, weder dieses Bild noch diesen Augenblick je zu vergessen. Und damit ich nicht vergaß, ertrotzte ich mir von der Mutter ein Wetterhäuschen. Das stürzte sie in einen Zwiespalt: War so etwas denn nicht wieder Kitsch? Verdarb das nicht den Geschmack ihres Herzblatts? Immerhin war er doch ihr Sohn und der Sohn eines Bildhauers – sie kaufte es mir dann doch. Und ein richtiges Wetterhäuschen war es ja auch nicht, es erfüllte nur diese Funktion, es war ein Druck, kaum größer als eine Postkarte, bunt, blau der Himmel und der See und weiß die Jungfrau. Der Clou war eine Wolke, die an einer rückseitigen Feder vor dem Berg angebracht war. Sie reagierte auf die Veränderungen des Luftdrucks. Stieg dieser, dann stieg auch die Wolke über die Berge und die Stadtsilhouette, sank der Luftdruck, dann sank auch die Wolke und verhüllte den Gipfel.

Später, in Arosa, war diese Wetterkarte mit der Jungfrau und der Wolke mein Trost, wenn das Heimweh kam. Dann sehnte ich mich hierher zurück, auf diese Brücke. Und dann sah ich sogar, wie sich die Jungfrau zuckerrosa verfärbte, im Alpenglühen.

In Basel besuchte ich den Zoo, kaufte Tierbücher und malte im Hotelzimmer Löwenköpfe in Aquarell, wenn ich auf die Mutter wartete. Von Basel reisten wir nach Rheinfelden, das war eine ganz besondere Stadt, denn sie lag am Rhein, am deutschen Strom, der freilich aus der Schweiz kam. Allerdings verleugnete er beim Übertritt über die Grenze sogleich seine Herkunft aus der Urheimat der Demokratie. Dann war er nur noch deutsch und national: »Zum Rhein, zum Rhein, zum deutschen Rhein!«, so sang man, und so klang es in mir.

Am Rhein lag dann auch das Hotel, wo sich die Mutter über ein Wochenende mit mir erholte. Ich malte auch diesen Fluss und das jenseitige Ufer mit dem Teil des Städtchens, der sich in Deutschland befand, denn das war ja das Wunderbare an diesem Ort, dass er in zwei Ländern lag. Drüben war er deutsch. Ich ging über die Brücke, ich hatte einen Pass und war stolz auf den Pass, die Grenzbeamten hatten Verständnis und ließen mich für einige Schritte ins Vaterland. Sehnsüchtig war mir ums Herz und die Hakenkreuzflaggen, die so lang an der Grenzstation und vor den Häusern auf der deutschen Seite herabhingen, erzeugten in mir heilige Empfindungen. Ich sah sie mit den Augen des Heimwehs.

Ich ahnte nicht, wie blutig die Farbe der Fahne war.

## Jakob Schaffner

Die letzte Station dieser Reise führte uns mit Jakob Schaffner zusammen. Das war ein Schweizer Dichter, den die Mutter einige Monate zuvor kennengelernt hatte. Sie schätzte ihn, verglich ihn sogar mit Knut Hamsun, dem norwegischen Nobelpreisträger, und nicht nur sie tat es in diesen Jahren. Jakob Schaffner gehörte für viele zu den großen Epikern. Und wirklich hatte er dreierlei mit Knut Hamsun gemein. Zunächst natürlich, dass er ein Epiker war, ein genauer Schilderer der kleinen Leute vor allem; das zweite, dass er aus armem Hause stammte, ein einfacher Mann war, eine harte Kindheit verlebt hatte, hungerte, sich dann als Handwerksbursche durchschlug, als solcher zu schreiben begann und zum Dichter wurde. Das dritte Gemeinsame war seine Affinität zum Nationalsozialismus. Jakob Schaffner – ähnlich auch darin Knut Hamsun – sehnte sich nach einem germanischen Großreich. Er wollte eine die deutsche Sprache umfassende Nation. Er hatte ja auch die meisten Leser in Deutschland. Er verehrte die deutsche Literatur, die Literatur seiner Sprache – aber eben nicht seiner Nationalität. Er wollte jedoch ganz dazugehören und Hitler schien ihm zu erfüllen, was Deutschland schon lange brauchte: ein einiges Reich, die Beendigung deutscher Erniedrigung und Schmach nach dem Versailler Diktat.

Möglich auch, dass Jakob Schaffner, wie so viele bürgerliche Menschen damals – und ganz ohne Mordgedanken – von einfacher Herkunft, doch auch ein Antisemit war, von Misstrauen erfüllt gegen den »zerstörerischen jüdischen Intellekt«. Und dass die Juden überall die Spitzenstellungen besetzt hatten, in der Literatur, im Verlagswesen, im Journalismus, im Theater, das war ja offenkundig. Sie waren »zersetzend«. Mit dieser Meinung stand er bei Weitem nicht allein. Jakob Wassermann, Erich Maria Remarque, Emil Ludwig … diese seine Kollegen, die er möglicherweise beneidete um ihren Erfolg: alles Juden. Und sogar von Thomas Mann wurde behauptet, dass er Jude sei, er musste es einfach sein, denn keine andere Rasse brachte so große Begabungen hervor.

Das war ja das Bedenkliche! Man litt unter einem Minderwertigkeitskomplex. Und Hitler räumte damit auf. Das hinderte Jakob Schaffner freilich nicht, auch einige seiner Bücher vom Juden Samuel Fischer verlegen zu lassen.

Die Mutter kaufte alle seine Werke, sie liebte vor allem die Bücher über seine Kindheit und Jugend; der erste Band war wohl damals gerade erschienen, *Johannes*, darin erzählte er von der Schwere seines Lebensbeginns, wie er den Vater verlor, als er acht Jahre alt war: »... er legte sich aufs Krankenbett und starb nach einem kurzen, heftigen Kampf gegen die dunklen Geister, die seine letzten Tage umschwebten, am Nervenfieber«. Schaffners Mutter hat bald darauf »... ihren Koffer gepackt, um nach Amerika zu gehen und dort ihr Glück weiter zu versuchen«. Eine Zeit lang wohnte das Kind bei dem Großvater, der Gemeindemaulwurfsjäger war, kam dann aber in eine protestantische Armenanstalt, »... ein Gefangenenleben, eine Zwangsarbeit«, auf die eine ebenso harte Lehrzeit in einer Basler Schusterwerkstatt folgte.

Das alles hatte die Mutter stark berührt und an ihre eigene, bitterarme Kindheit erinnert. Sie hatte die Begegnung mit dem Dichter gesucht, und die Bekanntschaft, die fast eine Freundschaft wurde, hielt über die schlimmen Jahre bis zu ihrem grausamen Ende, das auch Jakob Schaffners Ende war. Er starb bei einem Bombenangriff auf Straßburg.

Wir trafen uns im Schloss am Hallwilersee, das zu einem Hotel umgebaut worden war. Wehrhaft lag es im Wasser mit grauen Mauern, spiegelte sich darin mit allen großen Bäumen, die über die Mauern hinausragten, mit seinen Walmdächern und Türmchen. Auf diesem See, in seinen Seitenarmen, ruderte ich kleiner Max den bedeutenden Mann, der körperlich so klein war, der mich »mein Admiral« nannte oder auch nur »mein Kapitän«. Er erzählte mir, wie schwer er es in seiner Jugend gehabt habe und wie gut ich es hätte. Er, der Dichter, hatte die höhere Schule nicht besuchen können und an ein Studium sei gar nicht zu denken gewesen. »Ja, wenn ich deine Möglichkeiten gehabt hätte ...«, meinte er, wie mir schien ein wenig neidvoll und mit leichtem Vorwurf. Er wünschte, den schwächlichen, laschen Knaben anspornen zu können. Ich sollte verstehen, wie gut ich es getroffen hatte mit meinen Eltern, ich sollte mich endlich in Zucht nehmen und etwas aus meinem Leben machen. »Dazu bist du geboren!«

Er war ein schöner Mann, der kleine Herr, damals schon über fünfzig Jahre alt, nämlich 1875 geboren, im gleichen Monat notabene wie der kleine Max, im düstersten Monat des Jahres, im November. Auch das verband uns.

Er hielt sich stolz und gerade, ein dunkler Bart umrahmte seinen ein wenig hochmütigen Mund, verdeckte die Lippen, lag weich unter der geraden, großen Nase, hing gepflegt und buschig unter dem Kinn. Er schaute aus dunklen Augen auf den Buben, der ihn ruderte, trug sein dunkles Haar glatt zurückgekämmt über einer hohen, kantigen Stirn. Und seine Ohren waren groß, die »Ohren kluger Menschen«, so meinte die Mutter, die selbst große Ohren hatte. Und er stand auf der Höhe seines Ruhmes, blieb auf dieser Höhe noch einige Jahre, nahm an Ruhm sogar noch zu, solange Hitler-Deutschland existierte.

Danach wurde er vergessen, so vergessen, dass man nicht einmal seinen Namen mehr kennt. Vielleicht, hätte er nicht diese unglückselige politische Überzeugung gehabt, wäre er eben nicht ein Schweizer Nationalsozialist gewesen, vielleicht würde man ihn heute in eine Reihe mit Conrad Ferdinand Meyer und Gottfried Keller stellen.

Nicht immer ist es gut für Dichter, sich politisch zu engagieren.


## Heimweh

Doch auch diese Tage gingen zu Ende. Damals, ja, vielleicht wirklich von jenen Tagen an, pflanzte sich in meine empfindsame Seele das Wissen von der Vergänglichkeit aller Dinge, von der Hinfälligkeit des Schönen. Die wunderbaren Tage kamen – und mussten doch wieder gehen. Nie wurde ich dieses quälende Gefühl los. Auf das Glück folgt der Schmerz. Wann immer ich eine Reise antrat – mochte sie nun hinführen, wo immer sie wollte –, ich sah an ihrem Beginn schon das Ende. Trat ich das erste Mal auf eine Terrasse über dem Meer, sah ich mich in Gedanken schon wieder umkehren, war ich bereits wieder auf dem Rückweg.

Ich musste mich von der Mutter trennen. Ich musste wieder ins Heim zurück nach Arosa. Die Rückfahrt war grausam. Der kleine Zug von Chur hinauf, am Bach entlang, der über Geröll und Steine eilt, dann in die Schluchten der schwarzen Tannen hinein … das alles presste mein Herz, es würgte mich. Ich hielt die Tränen zurück aus Scham vor den Leuten. Doch bei Suters öffneten sich alle Schleusen. Ich weinte hemmungslos. Frau Suter nahm mich an ihre weiße Schürze. Umsonst. Ich sank ins Bodenlose des Kummers. Nirgends fand ich einen Halt, eine Stütze. Nichts sah ich, nichts erkannte ich mehr, ich war nicht einfach nur traurig, ich war die Traurigkeit selbst. Ich war nicht besinnungslos vor Schmerz, nein, wer dieses Wort erfunden hat, weiß nichts vom Heimweh. Ich war ja ganz bei Besinnung, aber die Besinnung war eben nur Schmerz. Alles war grau, schwer lastend – und kein Wort konnte mich erreichen und beruhigen.

Erst Tage später brachte ich es übers Herz, das Wetterkärtchen aufzustellen, das mit der Jungfrau und der auf- und abschwebenden Wolke. Nach und nach fand ich ein wenig Erleichterung im Gedanken, dass die Mutter selbst sie mir geschenkt hatte. Und dann gab es wieder den Haferflockenbrei zum Frühstück, die Kutteln zu Mittag und Marmeladebrote am Abend. Und Liegestunden, Liegestunden.

Ein älterer Junge wurde ins Heim aufgenommen, er litt wohl an der Lunge, bereits achtzehn Jahre alt, ein Arbeiter oder Handwerker war er und kam aus dem Umland von Bern. Er musste mit uns liegen, der Achtzehnjährige, gut eingewickelt, als es Herbst wurde, unter dem Vordach. Das war nun kein Kind mehr. Er hatte die Pubertät gerade hinter sich und erzählte schwüle Geschichten, er genoss es, dass er uns Kleine zum Staunen, sogar zum Gruseln brachte. Er hatte schon eine Geliebte, nein, keine Braut, es war gar nicht sicher, dass er sie heiraten würde, obwohl sie ihn ja heiß liebte und geradezu darum anflehte. Aber so dumm war er doch nicht, dass er sich jetzt schon fürs ganze Leben band und dann keine andere mehr anfassen durfte. Davon wussten wir Zwerge noch nichts.

Daheim fuhr er ein Motorrad, der große Junge, der in Bernerdeutsch von seinen Liebesabenteuern prahlte, nach Feierabend donnerte er damit zu seinem Mädchen und dann machten sie Sachen miteinander, die einfach »das Höchste« waren, in kehliger Sprache. Vor allem sie machte solche Sachen mit ihm, da sie ganz verrückt nach ihm war. Ich konnte mir nichts darunter vorstellen, aber es hat mir auch nichts geschadet.

Lieber las ich denn doch *Jörg Jenatsch* oder *Der Schuss von der Kanzel* aus Herrn Suters Schweizer Bibliothek in bräunlichen Heftchen.

Außerdem war die Welt voller Mord und Totschlag, wieder und immer wieder. In Marseille wurden der französische Außenminister Barthou und Alexander, der König von Jugoslawien, ermordet. Das war in Frankreich, und nicht etwa in Deutschland. Die Menschen waren eben überall schlecht.

Dann geschah ein Wunder: Noch einmal musste die Mutter in die Schweiz, nur einige Tage, nach Zürich, zum Kaufhaus Jelmoli. Das hätte sie ihrem Jüngsten vielleicht besser verschwiegen, aber sie brachte es nicht über das Herz und ließ mich zu sich kommen. Nun fuhr ich mit der Chur-Arosa-Bahn wieder ins Tal, aber mit welch anderen Gefühlen. Wie schön war diese Reise, das Tal, der silberne Bach! Ich war erfüllt von Glück.

Die Fahrt wurde mir zu lang, die Stunden vergingen nicht, von Chur fuhr ich im Eilzug auf gewundener Strecke am Walensee entlang, unter den steilen Zinnen der sieben Churfirsten, den felsigen Bergen, Kurve auf Kurve, schlingernd, schaukelnd. Bei der Ankunft in Zürich dämmerte es bereits, eine Stimmung der Gräue, die mich zu Boden gedrückt hätte, wäre ich nicht so froh gewesen. Nun würgte es mich aber doch, wenn auch nicht aus Trauer. Mein Magen revoltierte. Ich drängte zur Tür, und als der

Zug endlich hielt, übergab ich mich auf den Boden, noch in den Wagen und die Trittstufen hinab.

Die Mutter hielt mich weit von sich ab: »Mein armes Herzblatt«, nahm mich an der Hand – in der anderen trug ich den Koffer – und zog mich in die Damentoilette, um mir wenigstens das Gesicht zu waschen.

In der Pension steckte sie mich in die Badewanne. Sie wohnte diesmal nicht im Hotel »St. Peter«. Vielleicht war es ihr zu teuer. Die Bahnhofstraße hinauf und am See entlang, dann links hinein, einige stille Straßen, an einem stillen Platz, der bedeckt war von goldenem Herbstlaub, dort hatte sie eine »behagliche« Herberge gefunden. Sie liebte es ja ruhig und behaglich. Es roch ein wenig nach Staub und nach Plüsch, es war ein kleines Haus, ausgestattet mit Mahagonimöbeln und dicken Teppichen. Das große Zimmer der Mutter mit den beiden Betten lag in der ersten Etage, eine enge, etwas steile Treppe ging es hinauf, sie war mit einem roten Teppich belegt.

Die Badewanne und die Treppe waren die bleibenden Erinnerungen dieses Aufenthaltes. Denn wenn ich in der Wanne lag, dann las mir die Mutter vor, Wilhelm Busch, aber auch aus Hubert Mummelters Ski-Fibel, die in Reimen damals gerade herausgekommen war. Ich war glücklich. Das Glück umgab mich wie das warme Badewasser. Die Mutter saß auf dem Stuhl davor, im dunklen Kleid, und las die Knittelverse, klug betonend, rhythmisch schwingend. Und ich genoss. Ging es doch um etwas, von dem ich mehr verstand als sie, ums Skilaufen. Darin war ich sogar meinen älteren, großartigen Geschwistern weit überlegen, inzwischen. Ich fuhr ihnen mühelos davon, im Schuss die Carmena oder den Tschuggen hinab, Schwünge nach rechts oder links, sodass der Schnee stäubte. Der Schwager Dorul hatte mich so fotografiert, ich zeigte das Bild gerne herum. Scherenkristianias mit vorne leicht geöffneten Skispitzen fuhr ich »wie der Teufel« – ich erzählte es gern.

Es ist vielleicht gar nicht auszuloten, wie viel diese frühe Fähigkeit des Skilaufens an meinem arg ramponierten, leicht beschädigten Selbstwertgefühl wiedergutgemacht hat. Da konnte ich mitreden.

Als dann der Abschied näher kam, die furchtbare Stunde, versuchte ich – raffiniert einerseits, aber doch auch voller Zweifel – die Zeit zu überlisten, sie gewissermaßen zum Stillstand zu bringen. Kam ich von der Straße die Treppe empor, die mit dem roten Teppich belegte, zwischen den eng beieinanderstehenden Holzwänden, dann kehrte ich auf der obersten Stufe um, ohne die Zimmertür zu öffnen, kehrte um und schlich auf Zehenspitzen wieder hinab … und ging dann die Treppe noch einmal hinauf, so wie zuvor – und oben angekommen machte ich das gleiche noch einmal … hinab … und hinauf, als sei es das erste Mal. Ich versuchte durch die Wiederholung der Handlung die Zeit zum Stehen zu bringen und begriff bald, dass ich es nicht konnte. Die Zeit verstrich immer weiter, unaufhaltsam und unbarmherzig. Ich setzte mich auf die oberste Treppenstufe und weinte, dicke, stumme Tränen.

»Ach, mein Herzblatt …«, sagte die Mutter, die es mir ansah und den Grund wohl ahnte.

Ich musste zurück ins Kinderheim nach Arosa. Die Mutter rief mich dort oben an. Ich heulte den Hörer nass.

Und dann kamen die Postkarten der Mutter: »Meine geliebteste Seele, auf der Fähre nach Friedrichshafen … Der Schweizer Traum ist aus … Nun sind wir so weit weg … Immer habe ich mich nach Dir umgesehen … Nach den flimmernden Lichtern der Schweiz am anderen Ufer, wo mein Herzblatt wohnt.«

Ich flüchtete mich mit meiner Trauer in die Erinnerung. Die Schweiz war mir nahegekommen. Ich zeichnete ihre Landkarte mit allen Kantonen und deren Wappen. Doch mit meiner Gesundheit stand es immer noch nicht zum Besten. Der herzensgute Arzt des Kinderheims, Dr. Amrein, der in einem behaglichen hellbraunen Holzhaus am Obersee wohnte, dort, wo an Sonntagen im Winter auf der gefrorenen Fläche die Skiläufer im Kreis hinter galoppierenden Pferden hersausten, im Skijöring, und die reichen Leute Curling spielten, Dr. Amrein bestellte mich zu sich, beschenkte mich mit Briefmarken für meine Sammlung und verordnete mir Atemgymnastik. Die Therapeutin praktizierte gleich hinter unserem Heim. Nun musste ich zu ihr, zweimal in der Woche. Ich hob die Arme, pustete tief aus, bis es nicht mehr ging und atmete wie von selbst wieder ein. Ich fand es lästig.

## Neue Aspekte

Ich saß ebenfalls auf einem Balkon in der Sonne, in einer Familienpension. Drei Kinder hatte ich beim Skilaufen kennengelernt, wir hatten uns angefreundet. Ich durfte sie besuchen. Sie kamen aus Belgien, waren Flamen, sprachen auch Deutsch und konnten sich ebenso gut auf Französisch unterhalten. Auch ich hatte nun einige Brocken aufgeschnappt, von anderen Heimkindern aus der französischen Schweiz. Wir blickten aufs weiß verschneite Schiesshorn, auf den Schafrücken.

Diese drei Kinder fand ich reizend, sie hatten flinke dunkle Augen, feine Hände, Gesichter wie aus dem Bilderbuch, ein Bub und zwei Mädchen, die Mädchenköpfe von Locken umrahmt. Und sie waren froh, dass sie nicht in Deutschland leben mussten wie ich, das sagten sie mir geradeheraus und ich wunderte mich:
»Warum?«

»Weil wir Juden sind.«

Ich wusste wohl, dass Hitler die Juden nicht mochte. Es wurde ja gegen sie gehetzt in allen Zeitungen. Schuld waren sie an allem, am deutschen Unglück, an der Niederlage im Weltkrieg, an der Wirtschaftskrise und dass es so viel Arbeitslose gab, auch daran sollten sie schuld sein. Aber diese Kinder auch? Das war nicht gut möglich.

Ich widersprach ihnen nicht. Ich war nun auch schon lange genug in der Schweiz, um viel Kritik an der neuen deutschen Regierung gehört zu haben. Der Bruder Jochen war auch nicht ihr Freund. Das hatte er wohl aus Paris mitgebracht, wo er kürzlich gewesen war und nicht nur geliebt, sondern auch über Politik ge-

*Max beim Skilaufen in Arosa, 1935*

redet und debattiert hatte. Nun war er in England. Dort mochte man die Nazis auch nicht. Und die beiden Brüder Jochen und Michel waren ja überhaupt in der Odenwaldschule ganz international erzogen worden, völlig anders, als Hitler es wollte, von dem genialen Pädagogen Paul Geheeb. Gerade jetzt emigrierte Paulus, wie er genannt wurde, in die Schweiz, um dort die École d'Humanité zu gründen. Auch ich war ja in früher Kindheit im Kindergarten der Odenwaldschule gewesen.

Aber mit diesen Kindern war es nun doch etwas anderes. Nichts war eigentlich geschehen, ich mochte sie und sie mochten mich. Wir waren Kameraden, Freunde, wären es vielleicht lange geblieben, wenn wir uns nicht schon bald wieder getrennt hätten. Nun – vor ihnen schämte ich mich plötzlich. Ich verteidigte Hitler nicht, wie ich es noch vor Frau Suter getan hatte, ich fühlte mich auf eine unklare Weise schuldig und vergaß auch Jakob Schaffners Eintreten für den Nationalsozialismus, des Schweizer Dichters Hinneigung zu Hitler und seiner Ideologie.

»Was wäre denn, wenn ihr in Deutschland lebtet?«

Sie zuckten die Achseln. Sie wussten es doch auch noch nicht. »Schlecht würde es uns wohl gehen«, meinten sie. So hatten sie es von ihren Eltern gehört.

Im Talkessel von Arosa, unter dem Kirchlein, drehte ich meine Kreise auf Schlittschuhen. Aus dem Lautsprecher klang »La Paloma«, die weiße Taube. Ich stieß mich mit den vorderen Zacken der Schlittschuhe ab. Ich versuchte den Mond, die gebogene Figur mit gegrätschten Beinen. Die Sonne erfüllte das Land mit Licht. Die Eisfläche spiegelte. Es war Helligkeit und Heiterkeit um mich. Die Welt konnte nicht schlecht sein.

Im Sporthotel »Maran«, am Ende der Abfahrt vom Tschuggen, überredeten mich die älteren Buben aus dem Kinderheim dazu, ein Glas Bier zu trinken wie sie. Das Bier hatte beinahe die Farbe des von der Abendsonne beschienenen Schneehanges. Es schmeckte mir nicht nur schlecht, sondern fast widerlich. Ich trank aber trotzdem aus, ich wusste, es gehörte dazu, dass man erwachsen wurde. Ich war ja erwachsen.

## Ascona

Im Frühjahr 1935 ging meine Zeit in Arosa zu Ende. Die Schwester Fifi und der Bruder Friedebald holten mich ab. Wir fuhren nach Ascona, wo die Mutter, ich erzählte es schon, lange vor meiner Geburt ihre ersten Puppenversuche gemacht hatte, nicht ahnend, was einmal daraus werden sollte.

Warum fuhren wir nun nach Ascona, die Fifi, der Friedebald und ich? Was war der Grund, was die Absicht? War es eine schöne Laune, eine Eingebung der Mutter? Oder wusste sie nicht, wo sie ihre Kinder sonst lassen konnte, ihr Finerle vielleicht in Kösen gerade nicht haben mochte? Fand sie es gut, dass wir noch im Ausland waren? Und wieso brauchte sie Fifi nicht in der Werkstätte? Ich weiß es nicht. Es war einfach so. Es wird schon Gründe gegeben haben, aber keine, die mich, den Jüngsten, etwas angingen.

Die Schweizer Landschaften, durch die wir reisten, waren frühlingshaft, atmeten Frische, begannen zu grünen. Wir steuerten den Gotthard an, überquerten den Pass aber nicht auf der Serpentinenstraße, sondern verluden das Auto in Göschenen auf einen offenen Güterwagen. Dann stiegen wir in den Zug und stießen in die lange Dunkelheit des Tunnels. Mir schien, er nahm kein Ende. Um so überwältigender war danach das Licht. Es wuchs langsam im Abteil und war plötzlich da mit all seiner Kraft. Ich empfand sofort, das war ein neues Land, nein, das war sogar ein neuer Erdteil. Alles schien zu funkeln, zu sprühen. Noch nie war ich so weit im Süden gewesen. Ich sah in Airolo, der ersten Bahnstation nach dem Gotthardtunnel, auch meine ersten Palmen. Sie schienen an mir vorüberzugleiten, während doch wir es waren, die fuhren. Denn dort, in Airolo, sollten wir eigentlich aussteigen, unser Auto abholen und mit ihm weitertrudeln, ins Tal, an den See. Unser Zug hielt aber nicht an, zu unserer Verblüffung, wir waren in den falschen eingestiegen, kurvten die Bergstrecke hinab bis Bellinzona. Dann mussten wir zurück. Der graue kleine Wagen stand als einziger, ganz verlassen, auf seinem offenen Waggon.

»Ach Gott, das arme Trudel«, meinte Fifi und schlug die Hände zusammen.

Es war dann ganz wunderbar, die Straße wieder hinabzurollen mit geöffnetem Verdeck, in diesen Frühling, in die Wärme, in tausend Blüten, Düfte. Nie wieder hat sich mir die Welt auf vergleichbare Weise präsentiert. Ich glaubte zu träumen und brauchte kein Erwachen zu fürchten, denn ich musste nicht ins Kinderheim zurück. Arosa lag hinter mir. Etwas Neues, ganz anderes begann, als sich der Lago Maggiore zwischen den Bergen öffnete, der den Himmel in sich aufgenommen hatte.

Ascona war damals noch ein friedliches Künstlerdorf. Wohlgeformte Häuser standen dort, weiß, sauber, nur zwei oder drei Stockwerke hoch. Und auf den Straßen war Stille. Es gab kaum Autos und keine Parkplatznöte, dafür aber Gärten, auf deren Mauern Bougainvillea wucherte. Palmen entfalteten darüber ihre aparten Fächerwedel, auf braunen Stämmen. Es war eine unbeschreibliche Üppigkeit, ein Grün, das musizierte, vielchörig.

Und die Steine waren warm wie Ofenkacheln.

Die Schwester fuhr zuerst die vielfach gewundene Straße empor, zum Monte Verità, dann gerade am Hang entlang – in Richtung Ronco. Dort bezogen wir unser erstes Quartier, eine einfache Ferienwohnung, in einer Art Gartenhäuschen. Aber was war das für ein Garten! Er wuchs üppig über uns die Anhöhe hinauf und unter uns bis hinab zum See, zum leuchtenden Auge. Ja, so empfand ich ihn, der See schaute zu uns empor und spiegelte die Berge. Davor aber waren die Bäume, ihre Wipfel, die Kugeln und aufgeworfenen Äste, nicht nur Palmen, auch Zedern und Zypressen und Arten, die ich nicht nennen kann und deren Namen ich noch nie gehört hatte. Viele Kastanien gab es mit Früchten, deren stachlige Schalen noch vom vergangenen Herbst auf dem Boden lagen. Oder Eukalyptus und manche Sorten von Buchen, vor allem die Blutbuche mit ihren dunkelroten Blättern, und Schlingpflanzen, die sich anklammerten und kletterten und zwischen den Ästen ein Gewirr bildeten, gleich Netzen, Flechten und andere dekorative Parasiten nicht zu vergessen.

Unser Zimmer war schlicht, ja, primitiv, das Ambiente dafür desto überwältigender. Es war ein Traum für uns Heutige, die wir urwaldartige Gärten ja gar nicht mehr kennen. Diese Bleibe gehörte Frau Hesse, der »geschiedenen Frau des Dichters«, wie Bruder Friedebald es wusste, der auch schon Hermann Hesse gelesen hatte.

Frau Hesse hieß mit Vornamen Maria und mit Mädchennamen Bernoulli, sie hatte dem Dichter drei Söhne geboren, erkrankte aber 1918 manisch-depressiv. Ich selbst kannte die Bücher des Dichters nur aus der Mutter Regal, sah ihre Rückentitel: *Unterm Rad, Der Steppenwolf* oder *Peter Camenzind* vor mir. Mehr wusste ich nicht, doch war es genug, für Frau Hesse Hochachtung zu empfinden. Ich fühlte mich hier wohl geborgen. Denn, wenn sie nun auch geschieden war, so war sie immerhin ja die Gattin des Dichters gewesen und dieser hatte sie also einmal geliebt.

Freilich erschien sie uns bald als etwas verschlampt und sonderbar. Ich behielt sie vielleicht in verzerrter Erinnerung, hager, mit vielen Falten im Gesicht, immer dunkel gekleidet – und von düsterem Wesen.

»Das kommt vom Kummer und von der Scheidung«, erklärte nun aber die Schwester. Sie warb um Verständnis für sie, »denn eine Scheidung tut weh!« Was wusste sie davon?


## Regenzeit – und eine schöne Freundin

Es wurde zunächst ein kalter April – Frau Hesse war auf Heizung nicht eingerichtet. Die Tessiner Regenzeit kam, es schüttete tagelang aus niedrig hängenden Wolken, in Strähnen so dicht wie aus einer voll aufgedrehten Dusche, das Wasser rann von den Bäumen, troff aus den Zweigen, tropfte von den Blättern. Wir lagen in der Stube, fröstelten, hüllten uns in Decken und lasen Abenteuerromane aus der Leihbücherei. Diese segensreiche Einrichtung war unsere Rettung vor Langeweile. Die Bücherei lag an der Straßenecke, wo die Treppe in die Seeuferstraße einmündete. Das wurde unser täglicher Gang unter dem schwarzen Schirm.

Aber der Regen verzog sich. Und mit der Sonne kam Frau Walthari. Was war das für eine schöne, elegante Frau, weit gereist, in vielen Ländern zu Hause! Nun hielt sie sich also auch einmal in Ascona auf. Die Schwester Fifi machte ihre Bekanntschaft, man freundete sich rasch miteinander an und wir Buben verehrten sie schwärmerisch. Sie duftete so verlockend und hatte goldrote kurze, aber dichte Haare. Ich schnüffelte gern an ihrer schmalen Hand und hätte noch lieber ihren roten Schopf gestreichelt, das war aber sicher Sünde, wenn auch die schönste. Ich wagte es jedoch kaum in Gedanken, geschweige denn in Wirklichkeit.

Frau Walthari war ein flüchtiger Stern, ein Komet, vielleicht war sie auf dem Absprung aus Deutschland. Sie äußerte sich verächtlich über den Lumpen, der den deutschen Reichskanzler spielte, Tölpel war noch ein viel zu schmeichelhafter Ausdruck.

Das war kein Bauer, auch kein Proletarier, das war Abschaum. Frau Walthari hasste und verachtete diesen Mann, ihre Augen funkelten böse und sie verzog die schönen Lippen in abgrundtiefer Verachtung. Aber auch ihr Funkeln sah schön aus, ihr verzieh ich den Angriff auf unser Staatsoberhaupt, was ich Frau Suter nicht verziehen hatte. Nicht nur dass Frau Walthari eben aus einer ganz anderen, viel vornehmeren Welt kam, es ging mir ja auch in Ascona unvergleichlich viel besser, ich hatte ein befriedetes Herz, ich litt nicht unter Heimweh, ich war mit Bruder und Schwester zusammen und genoss den Ort und die Zeit, von Wohlbehagen und Freude umgeben.

Meine Seele flog …

Abends schallte das Glockenspiel der Kirche über den See zu uns hinauf über den Gartenwald aus Palmen, Zedern und Araukarien … ein eigenartiges Anschlagen in einem Rhythmus, der zu einer Melodie wurde. Das fand ich so viel schöner als das ausschwingende, diffuse Läuten daheim, in Bad Kösen. Das Glockenspiel Asconas war klar, jeder Ton kam akzentuiert, es gehörte zum Tal und zum See, zu den umliegenden Bergen und zu den Mimosen, die überschwänglich zu blühen begannen, goldgelb im lichten Grün ihrer sensiblen Blätter.

Eines Tages war Frau Walthari wieder verschwunden, so plötzlich, wie sie erschienen war.

## Auf dem Saleggi

Und wir Kruse-Kinder zogen um. Wir verließen des Dichters Hermann Hesse geschiedene Frau. Wir suchten uns eine moderne Wohnung, wir fanden sie hinter dem Castell, wo die Aufschwemmung des Saleggi beginnt. Sie lag im zweiten Stock eines neu erbauten Hauses, ein Balkon draußen verband die Zimmer miteinander. Friedebald und ich schliefen in einem Raum zusammen, fast auf dem Fußboden, wir hatten Matratzen ohne Füße. Die Schwester bewohnte den zweiten Raum, der nicht nur ihr Schlafgemach, sondern auch die Küche und gemeinsame Wohnstube war. Dort brachte sie ihren Brüdern das Geschirrspülen mit Persil bei, was so herrlich mühelos war, weil wir nicht abtrocknen mussten, wir ließen das Wasser einfach ablaufen. Dort wurde ich zum bildenden Künstler, ich modellierte unter Fifis Anleitung kleine Reliefs: plastisch hervortretende Schalen, die ich mit gerundeten Tonorangen füllte. Fifi goss meine Werke in Gips und ich bemalte sie danach mit Ölfarbe, auf einer Isolierschicht braunen Schellacks, braun, grün und orange.

Ich liebte diese Arbeit, die viel mehr ein Spiel war. Die Reliefs hingen an der Wand und leuchteten bunt.

Im Nachbarhaus, im dunklen Zimmer – aber es war gut, dass es dunkel war, denn so blieb es kühl – gab Signorina Perucchi uns Unterricht in Italienisch. Ich lernte »*vado in strada*« und »*vorrei un bicchiere di latte*«. Ich fand, das sei eine schöne, eine wohlklingende Sprache und sie war ja auch herausgewachsen aus dem Latein, das ich beim Rektor Haubold der Kösener Volksschule in Privatstunden zu lernen begonnen hatte. Aber die Grammatik war dennoch mühevoll, die Vokabeln desgleichen. Es war überhaupt bedauerlich, dass alles Lernen so unendlich mühsam war und so lange dauerte.

Ob ich schmächtiger Junge eigentlich in die Schule musste, damals, nach der Mutter Willen, ist mir heute noch unklar. Im Zweifelsfall musste ich es wohl nicht. Ich begleitete aber den Bruder Friedebald eine Weile, vielleicht einige Wochen, zu einer Veranstaltung, die Unterricht genannt wurde. Der Bruder sollte sich ja auf sein Abitur vorbereiten, auch verspätet, aber nun doch aus eigenem Willen, und so konnte er die Zeit in Ascona nicht so vertrödeln, wie ich es wohl durfte.

Es gab eine Privatschule auf dem Saleggi. Ich erinnere mich dunkel an den Namen von Doktor Matzig. So ähnlich muss der Leiter geheißen haben. Das Schulgebäude war ein hochmoderner grauweißer Würfel mit flachem Dach und großen Fenstern. Es lag frei auf einer Wiese, die aus dem Geschiebe und Geröll des Maggiaflusses in Jahrmillionen entstanden war. Doktor Matzig

war so, wie man sich einen Intellektuellen vorstellen kann, hager
und auf dem Haupt spärlich behaart, aber – wie der Bruder meinte – desto reichlicher auf der Brust. Seine Stirn war hoch und glatt,
er trug eine Brille, seine Lippen waren aufgeworfen. Er verwandte
sie in jedem freien Augenblick dazu, sich an seiner kindlich-jun-
gen Frau festzusaugen. Die beiden standen in allen Pausen eng zusammen und wir ergötzten uns an ihren Verdrehungen. Sie waren wie Schlingpflanzen.

Viel mehr Erinnerungen an diese Schule habe ich nicht, nur
noch an helle, hohe Räume, an große Tische und Fensterglaswän-
de, die sehr geeignet waren zum Hinausschauen auf die Wiese, wo
Herr und Frau Matzig aneinander verglühten. An die Klassenka-
meraden erinnere ich mich ebenfalls kaum, es waren wohl auch
gleich wieder Ferien oder ich wurde vom Unterricht suspendiert,
was hier ja nicht schwer war und keines ärztlichen Attestes bedurfte. Nur ein rundlicher Knabe, weich gepolstert und weich
von Wesen und Sinnesart, prägte sich mir unklar ein, der Sohn
des berühmten Schriftstellers Emil Ludwig. Von seiner Mutter
habe ich nie etwas erfahren, aber sein Vater, ein glänzender Stilist
und Routinier der Sprache, hatte eine Napoleon- und eine Bis-
marck-Biografie geschrieben, die der Mutter Eindruck machten
und die auch ich in ihrem Bücherregal stehen gesehen hatte.

Der Dichter war aus seinem Vaterland geflohen, bei Tag und
bei Nacht, da er sich zu schwach fühlte, das Unheil Deutschlands
abzuwenden. Auf dem Monte Verità beklagte er jetzt sein Emi-
grantenschicksal, die Abtrennung von seiner Sprache und Kultur,
von seiner wirtschaftlichen Basis womöglich auch, und ertränkte
seinen Kummer im Alkohol.

Deshalb ging sein Sohn zu Doktor Matzig in die Schule. Vielleicht schlief der Vater gleichzeitig seinen Rausch aus, am Morgen. Denn nachts – so schwirrten jedenfalls die Gerüchte – 
zechte er mit seinem Kollegen Erich Maria Remarque und stellte
mit ihm die Spielautomaten auf den Kopf, buchstäblich, das
heißt, in der Realität, nicht nur sinngemäß. So angelten sie sich
die billigen Gewinne heraus.

Erich Maria Remarque war ein deutscher Schriftsteller, aber kein Jude. Er hatte das leidenschaftliche Antikriegsbuch *Im Westen nichts Neues!* geschrieben, das nach dem ersten Weltkrieg sehr erfolgreich war, aber im Mai 1933 mit vielen anderen Büchern den Flammen übergeben wurde. Schmutz und Schund, wie Goebbels bellte. Mich berührte das kaum. Mochte Goebbels doch die Bücher in den Scheiterhaufen werfen, die gleichen Titel standen doch noch in den Bücherschränken, überall, auch meine Mutter dachte nicht daran, sie zu entfernen.

## Monte Verità

Der Monte Verità war damals schon ein Hotel. Es lag auf dem Gipfel des Berges, den die Vegetarier und Utopisten »Berg der Wahrheit« genannt hatten. Schon 1869 hatte sich der russische Anarchist Michail Bakunin in Locarno niedergelassen und die »Herrschaftslose Gesellschaft« verkündet. Später plante Alfredo Pioda, Nationalrat aus Locarno, auf dem Hügel ein theosophisches Kloster, während 1902 die »Vertreter des dritten Weges zwischen Kapitalismus und Kommunismus« dort eine zunächst urkommunistische, dann individualistische und vegetarische Cooperative gründeten, aus der schließlich die Sonnen-Kuranstalt und das Sanatorium Monte Verità hervorgingen. Diese Gesellschaft von intellektuellen und künstlerischen Schwarmgeistern war ja auch für meinen Vater Anfang dieses Jahrhunderts der Anlass gewesen, die Mutter mit ihren beiden ersten Kindern nach Ascona zu schicken.

Baron Eduard von der Heydt, Bankier Kaiser Wilhelms II., einer der bedeutendsten Sammler moderner Kunst, hatte 1926 den Monte Verità übernommen und Park und Gebäude mit den Werken zeitgenössischer und außereuropäischer Kunst ausgestattet. So zechten Emil Ludwig und Erich Maria Remarque unter Bildern, die damals noch viel Kopfschütteln, Verwunderung und Ablehnung provozierten und in Deutschland wenig später als

»entartet« verfemt wurden. Hier hingen Gemälde von Picasso, fremdartig und eigenwillig in der Behandlung menschlicher Formen, und anderer in Deutschland unerwünschter Künstler. Dicht bei Locarno, in Minusio, war andererseits Stefan George 1933 gestorben, der Schmied »hoher Verse«, die er zunächst mit der Hand schrieb, bevor sie in Büchern gedruckt wurden. Und seit 1933 war Ascona das Ziel vieler Emigranten geworden – unter ihnen die expressionistische Schriftstellerin Else Lasker-Schüler und ihr österreichischer Kollege Albert Ehrenstein.

Sicher, wir Kruses gehörten nicht zu ihnen, wir hatten auch nicht die Absicht, in Ascona zu bleiben, obwohl die Mutter hier ein kleines Grundstück besaß, das als Wiese verwilderte. Aber wir standen den Emigranten auch nicht ablehnend gegenüber und begriffen deren Tragik wohl – freilich auch nicht mehr. Nie kam es auch zwischen uns Kindern in der Schule zu Streit oder zu Hänseleien, Friedebald verliebte sich in ein überschlankes Wesen mit braunen Haaren, das lässig schritt und noch lässiger ihre linke Hand vom abgewinkelten, waagrecht gehaltenen Unterarm herabhängen ließ. Mausi hieß dieses berückende Geschöpf. Friedebald fand sie reizend, es brachte ihm aber keine Gegenliebe ein. Mit mir kleinem Bruder musste er daher verwirrt und unruhig in den Frühsommernächten durch die warmen dunklen Wiesen streifen, über die zu Tausenden blinkende Glühwürmchen schwebten, aus den Gräsern stiegen, leuchtende Grafiken darüber zeichneten, aufstrahlend und verlöschend. Sie waren wie tanzende Sterne. Es duftete betäubend und die Zikaden schrillten. Wir konnten sie fangen und in die Hände nehmen, da hatte man eine erleuchtete Schale. Friedebald seufzte mal die Glühwürmchen, mal die Sterne an und ich hörte ihm zu, teils mit Teilnahme, teils belustigt, wenn ich mich auch hütete, ihn das spüren zu lassen.

Damals hatten wir gerade erfahren, dass er in zweieinhalb Jahren zum Arbeitsdienst musste. Die Einrichtung selbst war nicht neu, es gab sie schon seit 1932. Ich hatte ja bereits in Bad Kösen die Kolonnen dieser Jungens gesehen, den Spaten geschultert, uniformiert, im Gleichschritt und ein Lied auf den Lippen. Bisher war der Arbeitsdienst freiwillig gewesen, zur Verringerung der katastrophalen Arbeitslosigkeit, die alles Leben lähmte. Hitler hatte ihn zur Pflicht gemacht. Aber wir dachten, dass sich der friedliche, aufbauende Zweck nicht geändert habe.

Friedebald war der Gedanke daran zuwider. Er wollte das Abitur in Weimar machen. In Ascona waren wir ja nur vorübergehend. Er erklärte: »Nach dem Arbeitsdienst melde ich mich sofort zur Wehrmacht. Ich will das alles rasch hinter mich bringen. Ein halbes Jahr Arbeitsdienst, ein Jahr Wehrdienst, zusammen anderthalb Jahre. Mehr als genug für ein Menschenleben. Mir graust's.«

»Die Zeit geht auch vorbei. Der Führer will ja keinen Krieg!«, meinte ich tröstend.

Friedebald irrte sich übrigens, tragischerweise. Nach einem halben Jahr wurde der Arbeitsdienst auf ein Jahr verlängert. Und aus dem darauffolgenden einem Jahr Wehrdienst wurden zwei, gleich danach begann Hitlers wahnsinniger Krieg. Friedebald überlebte ihn nicht.

Aber in dieser betörenden Nacht waren wir noch zuversichtlich. Es hatte unglaublich geduftet in den dunklen Wiesen. Wahrscheinlich kann es nirgends auf der Welt ähnlich duften wie im Tessin und im Tessin in Ascona. Man könnte sagen, der Duft blühte. Unsere Mutter hatte eine Schallplatte des von ihr sehr geschätzten Baritons Heinrich Schlusnus, da sang er das Lied *Gang durch die Dämmerung* von Richard Strauss: »Eine Wiese voller Margeriten …« Wunderbar! Anders als zu Richard Tauber konnte ich die Bewunderung der Mutter für Schlusnus teilen, vielleicht lag es auch daran, dass mir der Bariton mehr liegt als der Tenor. Ich bin ja keine Frau.

Ich begann wieder zu dichten. Gewiss nicht so, wie es die Mutter sich wünschte. Ich schrieb schwülstige Geschichten, darunter die eines römischen Legionärs, der einem germanischen Legionär in unlösbarer Freundschaft verbunden war. Als diese beiden Soldaten, vom grausamen Schicksal dazu gezwungen, in gräulichen Sümpfen gegeneinander kämpfen mussten, hauchten sie ihr treues Leben aus, beide »Vale, amicus!« seufzend.

Ich, der Dichter, war tief ergriffen, als ich es schrieb, und der Bruder Friedebald, für so treue Gefühle gerade empfänglich, äußerte Anerkennung. Doktor Matzig gar, nicht minder treu liebend, gab mir den Rat, meine Elaborate der Jugendzeitschrift *Der gute Kamerad* zur Veröffentlichung anzubieten. Sie kamen freilich abgelehnt zurück. Es bekümmerte mich noch nicht stark.

## Die Mühle und verschiedene Künste

Es war ein Frühsommer der Pracht und der Hitze. Wir entdeckten eine verschwiegene Mühle auf dem Weg ins Valle Maggia, im dichtesten Kastanienwald. Da war nie ein anderer Mensch. Das Wasser brauste klar und kalt über das verfallene Mühlrad und ein wenig weiter im Dickicht stürzte ein Wasserfall noch kälter von einem Felsen. Er hatte eine Schüssel im Stein ausgewaschen, so entstand ein winziger See. Hier verbrachten wir lange Tage vom Morgen bis zum Abend. Es war das vollkommene Paradies, der Wildgarten des Glücks und des Lichts, das durch grüne Blätter gefiltert wurde und vielfältige Schattenornamente bildete. Es war auch eine Idylle des Vogelgezwitschers und Wasserrauschens. Wir badeten unter dem Fall, der auf uns trommelte, sodass wir es kaum aushielten, uns aber erfrischte. Wir picknickten, wir wanderten auch zur Maggia hinüber und beobachteten in ihrem niedrigen silbernen Gewässer die Forellen, die still über den Kieseln standen und plötzlich aufblitzend davonzuckten.

Ich befand mich in vollkommener Harmonie. Nichts bedrohte diese Empfindung, denn wie brüchig der Boden der Zeit war, das war mir nicht bewusst. Und wenn es uns von jemandem gesagt worden wäre, hätte ich es kaum aufgenommen. Meine Seele wäre unberührt geblieben.

Locarno war die nächste größere und lebendige Stadt. Wir mieden sie eigentlich, vielleicht nicht bewusst, aber wir hatten dort nichts zu tun. Nur einmal fuhren wir mit der Seilbahn zur Kirche »Madonna del Sasso« hinauf, fotografierten, setzten uns un-

ter ihre Säulen und schauten auf den unter uns liegenden See, in
die üppig-dunstige Landschaft.

In Locarno wurde auch ein Tonfilm gezeigt, der nach meiner
Erinnerung »Bengasi« hieß, eine grausam-spannende Geschichte.
Sie spielte in der Wüste unter Legionären. Es kam darin eine Fol-
terszene vor, wobei Streichhölzer, zwischen Fingernagel und
Kuppe gesteckt, abgebrannt wurden. Ich kann die Wüste noch sehen, die Tropenhelme, die Kamele, die Pferde und das Fort in dekorativen Sanddünen, alles in durchleuchtetem Schwarz-Weiß.
Natürlich ging alles um eine schöne Frau, aber sie haftete nicht in
meinem Gedächtnis, im Gedächtnis blieb mir dagegen die Hand
mit den ausgestreckten fünf Fingern, die alle flammten wie Kerzen. Die Schwester hatte uns diesen Film verboten, er sei zu grausam, zu aufregend, nichts für Kinder, aber wir logen ihr etwas vor
und wanderten heimlich in glühender Mittagshitze zu Fuß nach
Locarno hinüber, um die erste Nachmittagsvorstellung zu sehen.
Aufgewühlt kehrten wir heim und mussten unsere Erregung ver-

bergen. Es fiel mir schwer, nicht davon zu sprechen, denn ich fieberte. Vielleicht merkte es die Schwester ja trotzdem und schwieg, weil doch nichts mehr zu ändern war und sie uns sonst hätte strafen müssen.

Kunst war jedenfalls etwas anderes als Kino. Das wurde mir auch an Beispielen klargemacht. Fifi nahm mich in ein Konzert mit, in das kleine, feine Theater San Materno. Die halbägyptische Tänzerin Charlotte Bara hatte es für sich erbauen lassen. Für uns sang dort ein würdiger Künstler, möglich, dass er Karl Freund hieß. Er trug ausnehmend schöne Lieder mit wohltönender, dunkler Stimme vor, es gefiel mir durchaus. Er stand auf der Bühne im Frack mit hängenden Schößen, was mir neu war. Eine Pianistin begleitete ihn.

Ganz unbekannt war mir eine solche Darbietung sonst aber nicht. Ich hatte daheim ja den Vater schon singen hören, da hatte sich die Schwester Maria über die Tasten gebeugt. Freilich trug der Vater dabei keinen Frack. Aber so ähnlich war es doch auch hier. Der Sänger rang die Hände wie betend und öffnete sie wieder, breitete sie aus, hob sie empor, während er von Freude und Leid erzählte, in berühmten Tönen. Das alles nahm ich mit gesammeltem Ernst auf. Als der Sangeskünstler sich aber dann ausdrucksvoll auf die Fußspitzen hob und die Augen zum Himmel aufschlug, als er die Geschichte von dem König erzählte, der seinen Floh »gar nicht wenig liebte«, ihm Kleider anmessen ließ und ihn zum Minister machte, da war es um die Fassung des Buben geschehen. Ich lachte ungehemmt, ich konnte mich nicht fassen, nicht beruhigen. Es war der Schwester neben mir äußerst peinlich. Sie legte mir ihre Hand auf den Mund, was alles nur noch schlimmer machte. Ich kicherte und gackerte, versuchte es dann selbst mit dem Taschentuch, das ich mir zwischen die Lippen stopfte … Vergeblich. Auch ließ sich der Sänger ja überhaupt nicht von mir stören, obwohl ihn doch kaum noch einer richtig verstand. Nein, der Meister des Wohllautes hatte sichtlich Mühe, den Ernst des Vortrages beizubehalten, er lachte fast selber, er fühlte sich sichtlich animiert durch so viel Mitgehen und Zustimmung seines halbwüchsigen Zuhörers – schließlich lachten alle, der ganze Saal. Und der Künstler bedankte sich zum Schluss durch eine besondere Verbeugung nur zu mir hin, dem die Tränen des Vergnügens die Wangen hinunterkollerten. Er kratzte sich noch einmal und tat so, als habe er einen Floh auf seiner Hose erwischt, den er nun zwischen den Fingernägeln zerknackte.

Eine erhebende Kunst war dieser Gesang. Vielleicht war Sänger einmal ein Beruf für mich? Singen vor vielen Leuten, dafür Beifall bekommen, das war möglicherweise lustiger, als ganz allein viele Papierseiten vollzuschreiben mit Geschichten, die dann doch nur an mich zurückgeschickt wurden.

Singend ging ich aber damals doch nicht durch die Welt, ich lernte es auch später nie aus vollem Herzen und aus empfindsamer Seele, wie es wohl sein muss, um die Leute zu rühren. Aber fröhlich war ich, die Welt erschien mir heiter, ganz sonnendurchflutet.

Dem großen Bruder durfte ich helfen beim Schneider, Friedebald wollte sich eine Hose kürzen lassen, um den Reiz seiner schwellenden Beine besser zur Geltung zu bringen. Die Hose war sowieso schon kurz, wir alle bevorzugten die knappsten Hosen und zeigten Schenkel bis weit hinauf. Vielleicht hoffte der Bruder, mit kürzeren Hosen größeren Eindruck auf seine Mausi mit dem schlaff herabhängenden Händchen zu machen. Der Schneider sprach kein Wort Deutsch, das war das Fatale. Allein mit den Fingern, die Bewegungen der Schere nachahmend, kam der Bruder nicht ganz zurecht. Da sprang ich ein, nicht im melodiösen Italienisch, so weit war ich bei Signorina Perucchi noch nicht gekommen, wohl aber mit den wenigen französischen Brocken, die ich in Arosas Kinderheim aufgeschnappt hatte: »Le pantalon de mon frère«, radebrechte ich und: »Couper!« Und noch eindringlicher: »Un peu plus court.«

Der Schneider, ein ältlicher kleiner Mann mit Embonpoint, verstand freundlicherweise. Er war ein Tessiner mit französischer Bildung, nur die deutsche Sprache lehnte er völlig ab. Aber die Hose kürzte er gut, Friedebald war zufrieden und lobte mich gönnerhaft, seinen kleinen Bruder, der darauf strahlte und sich großartig vorkam.

Sonst hatten die Schenkel des Bruders aber keinen Effekt. Das Mädchen bemerkte sie vielleicht nicht einmal. Dem Bruder blieb wieder nur der Spaziergang in die sommerheißen nächtlichen Wiesen der schwirrenden Glühwürmchen mit ihrem taumelnden Sternentanz. Da schimpfte er auf »die Weiber«, was ihm wohltat.

## Ausflüge

Vielleicht um ihn abzulenken, unternahm die Schwester mit uns Brüdern einen Ausflug ins faschistische Italien. Wir fuhren die kurvige Straße am Westufer des Lago Maggiore entlang im offenen Auto, unter Palmen und tropischer Vegetation: Ronco, Brissago, Canobbio, Intra, Pallanza. Fifis Haare wirbelten unter dem Käppchen hervor. Die italienischen Grenzbeamten trugen prächtige schwarze Uniformen und hatten weiße Schulterriemen quer über die Brust. Auf den Straßen von Stresa trabten die Bersaglieri mit Federn auf grünen Hüten. Hier, in einem der weißen Paläste, die so wohlhabend in den üppigen Parks lagen, hatte vor wenigen Wochen Italien unter seinem Duce Benito Mussolini eine Front mit Frankreich und England gegen Hitlerdeutschland gebildet. In der Konferenz von Stresa verbündeten sich die drei Länder gegen Hitlers willkürliche Aufkündigung von Verträgen. Gerade hatte dieser erklärt, Deutschland sei von allen Rüstungsbeschränkungen des Versailler Vertrages befreit. Da hatte die offizielle, von Goebbels gleichgeschaltete Presse in Deutschland gejubelt: »Der Führer zerreißt die Fesseln des Schanddiktates!« Und der Deutsche konnte wieder stolz in die Welt blicken, stolz und gleichberechtigt – vielleicht sogar mehr als das. Die Saarländer hatten es ja schon getan, indem sie sich im Januar in geheimer Wahl für die Heimkehr ins Reich entschieden hatten.

Warum nun also dieser Dreibund? Wir wollten ja niemals etwas anderes als die Aggressoren abschrecken. Wir waren doch

*Friedebald rudert auf dem Lago Maggiore zur Isola dei Pescatori,*
*Nachbarinsel der Isola Bella*

rings umgeben von Feinden – so sagte man es uns jedenfalls: Was auch geschah, es diente alles nur dem Frieden, denn niemand wollte den Frieden leidenschaftlicher als unser Führer, der selbst Soldat gewesen, verwundet worden war und die Schrecken des Krieges kannte. Die einfachsten Leute, die Arbeiter, würden bald mit »Kraft-durch-Freude-Schiffen« nach Madeira fahren können. Wann hatte es so etwas schon gegeben? Und das erste Autobahn-teilstück von Frankfurt nach Darmstadt war im Mai dem Verkehr übergeben worden, das musste man doch anerkennen! Das Heer der Arbeitslosen war von den Straßen verschwunden.

Von der Konferenz war nichts mehr zu erblicken, keine Fahnen, keine Transparente – aber Italien war uns nun feindlich gesinnt, mochte es auch noch so faschistisch sein. Die Achse Rom – Berlin war noch in weiter Ferne.

Von der Feindschaft merkten wir freilich nichts, die Palmen standen hier so dekorativ am Ufer wie im Schweizer Ascona. Die

Schwester setzte mit uns zur prächtigen Isola Bella hinüber. Da gab es Barockfiguren im Barockpark, und weiße Pfauen – zwar schmutzig vom Staub – standen wie Geschmeide und zierlich auf den Geländern und schrien unmelodiös.

Der See zeichnete die Berge nach und war eine silberne Pracht, in der auch das Himmelsblau schwamm. Alles hatte die Schönheit von Preziosen und ihren Glanz. Und im Palazzo hatte der große Kaiser Napoleon eine seiner Nächte verbracht, in denen er nur drei Stunden schlief und mehreren Sekretären gleichzeitig diktierte.

Wir kehrten nach Ascona zurück, als der Abend kam, und waren zufrieden, nein – mehr als das.

Aber zu den schönsten Eindrücken zählte der Römerweg, der von Ascona nach Ronco führte, und zwar hoch über dem See, auf wild bewachsenem Hang. Er stieg schmale Treppen steil hinauf und lief geradeaus, ein schmaler Pfad, immer in der vollkommensten Üppigkeit, zwischen Pflanzengrün, Büschen, Farnen, Kräutern, immer im Duft, immer im Insektensummen, immer mit dem betörendsten Ausblick schroff hinab auf den See, der zum klarsten Spiegel geworden war. Das erzeugte ein schier uferloses Gefühl der Weite und Freiheit. Wir blickten, sonnendurchglüht, voraus auf das graue, isoliert stehende Kirchlein von Ronco, das auf dem senkrecht abstürzenden Felsen thronte, wir schauten zurück auf das Maggiadelta, auf dem das Städtchen Ascona lag.

Und wir fuhren ins Valle Maggia hinauf, auf die kahlen Berge. Dort lebten die Bauern in großer Bescheidenheit, wenn nicht in Armut. Ihre Häuser waren wie Hütten, grau und aus Stein, aus Granitplatten geschichtet, auch die Dächer. Die Bäuerinnen brieten uns Spiegeleier in schwarzen Eisenpfannen über offenem Feuer. Sie ließen die Butter so lange brutzeln, bis sie dunkelbraun wurde, erst dann schlugen sie die Eier hinein. Da wurde das Eiweiß um den Dotter herum zu einer Kruste. So sollte es sein. Kaum jemals hat mir etwas so gut geschmeckt – mit Ausnahme des »Risotto milanese«, den ich in der kleinen Pension am See, neben dem Castell, bekam: körniger Reis, buttergelb von Safran, mit Steinpilzen. Es müssen aber getrocknete, eingeweichte Steinpilze sein, keine frischen. Später, als ich meine Freundinnen mit meinen Kochkünsten verblüffen wollte, kochte ich den Reis gleich in dem Wasser, in dem ich die getrockneten Pilze aufgeweicht hatte. Es war dunkelbraun geworden und der Reis schmeckte unübertrefflich. Das ist ein Himmelsgericht, das mich von den Toten auferwecken kann.

## Freundschaft und Ausklang

Einmal, im Frühsommer, kam ein Bub in die Schule von Doktor Matzig. Er war noch etwas jünger als ich. André Molinari hieß er, seine Mutter fuhr den ersten Mercedes mit Heckmotor, braun wie ein Maikäfer. Ihr gehörte das »Hotel Ascona«, das auf halber Höhe über dem Städtchen lag, ein Bau, der sich mit weißer Fassade über den Hügel breitete, wie mit offenen Armen. André wurde mein Freund, wir lasen zusammen das Buch vom »Kampf der Tertia« und verstreuten daraufhin auf den Autostraßen die Papphülsen leerer Klopapierrollen, auf die wir »Seid gut zu den Tieren!« geschrieben hatten, in mehreren Sprachen: »Voi dovete esser buoni con gli animali!« Die Leute lachten oder schimpften, und André Molinaris Mutter wusste dann auch nicht, ob sie lachen oder schimpfen sollte, als wir die Gäste ihres Hotels durch eine Figur erschreckten, die wir aus Betttüchern bildeten und im halbdunklen Treppenhaus am Seil herabbaumeln ließen. Ein Kissen war der Kopf. Es sah gespenstisch aus, ein Erhängter im Nachthemd.

In Ascona suchte der Maler Gusto Gräser sein Tao, das heilende Geheimnis. Der alte Carlo Vesper badete jeden Morgen nackt in seinem eigenen, kalten Bergbach, auch im Winter, er aß nur selbst gebackenes Brot, lebte ausschließlich vegetarisch, trug, wenn er unter Menschen ging, Sandalen und speckige Bundhosen, und über seine Schultern fiel ihm lang herabwallendes Silberhaar. Man nannte ihn einen Naturisten.

Die Schwester besuchte mit uns einen expressionistischen Künstler, der still im Kastanienwald wohnte und feurige Bilder malte, die mir wenig gefielen. Er schimpfte auf Deutschland, sah eine konventionelle, realistische Kunst entstehen, gefördert von dem »Anstreicher, von dem verkrachten Architekten, der Deutschland verderben würde. Nun, jedes Volk hat die Regierung, die es verdient!« Er hatte einen bekannten Namen, dieser Maler, aber er bedeutete mir nichts, auch die Schwester konnte sich mit seinen Bildern nicht recht befreunden, das beruhigte mich. Seine politische Überzeugung – nun ja, hier in Ascona hatte ich ja schon viel erfahren. Dass dieser Maler und Jakob Schaffner sich ganz gewaltig in die Haare gekriegt hätten, das war mir klar und es verunsicherte mich schon, dass Menschen so gegensätzlicher Meinung sein konnten, zumal ich selbst noch keine eigene hatte.

Die Schwester meinte, als wir sein Haus und seinen wuchernden Märchengarten unter schattigen Kastanien verließen: »Das ist ein Edelkommunist!« Zum ersten Mal hörte ich dieses Wort. Es kam damals in Mode. Es klassifizierte und ordnete nachsichtig ein und beruhigte gleichzeitig. Ein Edelkommunist war ein guter Mensch mit achtbaren Motiven, der nur leider eine falsche Meinung hatte. Das ließ sich verstehen.

Bevor der Sommer auf seinem Gipfel kam mit unerträglicher Hitze und Schwüle, verließen wir drei Kruses Ascona. Aus welchem Grund? Er blieb mir so dunkel wie der unseres Kommens. Sicher war jedenfalls, dass Friedebald wieder in seine Schule musste, nach Weimar, wollte er das Abitur noch schaffen. Bei Doktor Matzig, angesichts so verschlungener Liebe, wurde er gewiss nicht ausreichend gefördert. Bei mir lagen die Dinge noch nicht ganz so tragisch. Ich war bisher fast wie ein Schmetterling durch Klassenzimmer getaumelt. Da spielte es für die nächste Zukunft auch keine Rolle. Ein Dichter würde ich so oder so werden, ich hatte es ja eben mit Legionären, die in Sümpfen versanken, wieder bewiesen. Zum Abschied fuhren wir noch einmal zum Roccolo empor. Es war ja fast ein heiliger Ort, geweiht jedenfalls, die »Wiege

der Käthe-Kruse-Puppen«. Das Roccolo war jenes granitgraue Vogelstellerhäuschen, in dem die Mutter mit ihren beiden ersten Babys gelebt hatte, damals, als sie noch malte und dichtete und die erste Puppe nähte. Jetzt stand das Häuschen im Grundstück des Schriftstellers Werner von der Schulenburg. Er besaß darunter eine prächtige Villa.

Für mich war es ganz selbstverständlich, dass Dichter so großartige Villen besaßen, es kam ganz von allein und war der Lohn ihres Schaffens.

Wir Buben kletterten über die niedrige Mauer, dort wuchs der Bambus, wir umkreisten das quadratische Türmchen, wir fragten die Schwester: »Erinnerst du dich noch?« Aber sie erinnerte sich an nichts mehr, nicht an ihre Säuglingszeit und nicht daran, dass sie – unwissend – der Anlass für die erste Puppe gewesen war.

»Nein, nein«, meinte sie, »aber es ist doch komisch, jetzt hier zu stehen, wo man vor so vielen Jahren gelebt hat, und dass man heute nichts mehr davon weiß.«

Bruder Friedebald schnitt Bambusstangen und befreite sie von den Blättern. »Los, du Traumtänzer«, rief er und warf mir eine Stange zu. »Wer sie länger auf einem Finger balancieren kann, ist Sieger.«

Wir versuchten es auf der Mauer des Dichters. Vom Kirchturm erklang Asconas Glockenspiel. Die melodischen Töne, metallisch und klar, waren für mich zum Synonym vollkommenen Glücks geworden.

## Vorderhindelang

Kehrte ich nun in ein geregeltes Leben zurück? Nicht nur zurück ins Haus der Mutter nach Bad Kösen, sondern zurück auch zur Arbeit, zum Lernen? Fast zwei Jahre hatte ich nun gefaulenzt und mein Leben vertrödelt, ich hatte in Arosa in der Horizontalen gelegen und gelesen, hatte von der Mutter überschwängliche Briefe bekommen und Skilaufen gelernt. Ich war an einem Tagebuch gescheitert und hatte gefühlvolle Geschichten geschrieben. Dann war ich unter Palmen spaziert und hatte über den Lago Maggiore geschaut, ich war mit dem älteren Bruder Friedebald durch nächtliche Wiesen voller Glühwürmchen gewandert und hatte von Emigrantenschicksalen gehört.

Meine Schulbildung war also ein Desaster. Als Siebenjähriger lernte ich beim Hauslehrer Lesen und Schreiben, als Neunjähriger schritt ich für Deutsch, Rechnen und Geschichte in die Volksschule, von allen anderen Fächern befreit, und erwarb ab dem zehnten Jahr beim Rektor Grundkenntnisse in Latein. Mit zwölf kam ich nach Arosa ins Kinderheim und pausierte gänzlich, mit dreizehn war ich in Ascona, im Wesentlichen auch ohne Schule, denn bei Doktor Matzig kam ich eher zu anderen Einsichten, vielleicht war es ja ein Beitrag zu menschlicher Reife, das mag sein, aber mein bescheidenes Wissen wurde nicht vermehrt.

Und nun kehrte ich also nach Bad Kösen zurück. Zunächst waren ja Sommerferien, glücklicherweise. Aber es wäre nun eigentlich trotzdem höchste Zeit für mich gewesen, Versäumtes nachzuholen und zu lernen, was in den völlig undisziplinierten und schweifenden, aber ausgeruhten Kopf nur hineinging.

Dachte die Mutter auch so? Nein, noch immer erschien ich ihr nicht gekräftigt genug. Auch konnte ich in Kösen ja nicht mehr in die Volksschule gehen, dazu war ich nun zu alt, und eine höhere Schule gab es nicht – wobei sich die Frage gestellt hätte, wie denn dieser Junge, der mit knapper Not Schreiben und Lesen gelernt hatte, mit grauenhafter Orthografie, überhaupt in eine höhere Schule hätte aufgenommen werden können. Ich musste also auf jeden Fall aus dem Haus, wohin auch immer. Fieberanfälle hatte ich zwar keine mehr, aber zart war ich immer noch. Auch die Vorderzähne mussten noch mit Klammern zurückgedrängt werden. Gesund erschien meiner Mutter ihr Jüngster also nicht und keinesfalls belastbar.

Sie suchte wieder ein Kinderheim! Es blieb ihr vielleicht gar keine andere Wahl. Sie fand es in Vorderhindelang, im Allgäu. Das Dorf bestand nur aus wenigen Häusern und erstreckte sich vor der eigentlichen Gemeinde Hindelang in einem langen Tal unter dem Oberjoch, umgeben von mäßig hohen Bergen. Jedenfalls erschienen sie mir nur mäßig im Vergleich zu den Zwei- und Dreitausendern Arosas, die ich gemalt hatte, von der Jungfrau ganz zu schweigen. Ich sah sie mit Abneigung, ja, ich hasste sie vom ersten Augenblick an. Bis hoch hinauf waren sie grün, da wuchsen sogar Bäume – es konnte keine Rede von einer hochalpinen Baumgrenze sein.

Ich war traurig, irritiert und wieder aus meinem seelischen Gleichmaß aufgestört. Meinen Kummer darüber, dass ich wieder von zu Hause fortmusste, übertrug ich auf die Landschaft, zu der ich keine Beziehung fand.

Das Heim nannte sich einfach Kinderheim Vorderhindelang, nach dem Ort. Es wurde von Georg und Elfriede Ehlert geleitet, die wir Onkel Georg und Tante Elfriede nennen sollten, abgekürzt; O-Gé und Ta-Frie. Es waren liebe Leute, die nichts dafür konnten, dass ich sie nicht mochte, wie ich alles nicht mochte, was daran »schuld« war, dass ich nicht daheimbleiben durfte.

Das Haus war eigentlich schön, ein moderner, funktioneller, lang gestreckter Bau, der sich mit einer großen Rundterrasse drei Stockwerke hoch auf dem Hügel erhob und umgeben war von Wiesen voller Margeriten, Glockenblumen und Wiesenkräutern, die eine satte Weide bildeten. Schmetterlinge flatterten darüber. Ringsum stand sonst kaum ein Haus. Die Räume waren licht-durchflutet, die Schlafzimmer der Kinder alle gleich, schmale Kammern mit je zwei Betten an den Wänden und einem Schrank, mit dem Blick auf die Berge – überall waltete Zweckmäßigkeit, Ordnung. Neben dem geräumigen Esszimmer mit seinen Fensterwänden, durch die wir ganz unmittelbar vom Gebirge umgeben waren, gab es einen kleineren Klassenraum mit schwarzer Tafel.

Im Nebengebäude mit künstlerisch schief herabgezogenem Schindeldach, das wie eine Mütze darauf saß, befand sich ein anderes, größeres Klassenzimmer mit einem einzigen runden Tisch, um den unsere Stühle standen. Dort hatte auch der Lehrer, Herr Pflüger, seine kleine Kammer. Der Schulunterricht – und das war es wohl, was die Mutter für dieses Heim eingenommen hatte – der Unterricht war staatlich anerkannt. So hieß es im Prospekt, und weiter: »Bei der geringen Schülerzahl ist es möglich, die Fähigkeiten des einzelnen Kindes zu wecken und zu fördern, sodass wir auch bei schwer lernenden Kindern gute Erfolge hatten.«

Ja, hier würden die Fähigkeiten ihres Herzensmaxls gewiss geweckt und gefördert werden. Und ein schwer lernendes Kind war er vielleicht nicht einmal – man hatte es ja noch nie erprobt.

Nur jeweils fünfzehn bis zwanzig Kinder wurden gleichzeitig ins Heim aufgenommen. Das war kein Massenbetrieb. Aber sonderbar – mir ist so gut wie keine Schulstunde in Erinnerung. Ich suche in meinem Gedächtnis vergeblich nach Aufsätzen und Rechenaufgaben, nach Sprachstudien und Geschichtslektionen. Wohl ist da ein Bild: Ich sitze in der Klasse und schaue zu, wie

*Max als Vierzehnjähriger auf der Terrasse*
*des Kinderheims in Vorderhindelang*

Herr Pflüger geometrische Formen an die Tafel zeichnet. Ich sitze schief da, auf meine krumme Art, und stütze mein Kinn auf den Arm. Und ich sehe Herrn Pflügers übergroße Warze, die rechts auf seiner Nase sitzt, die prächtigste schwarze Warze, die mir je vorgekommen ist. Sie gleicht auffallend einer Brustwarze unserer Hündin Bömby – oder einer Schmeißfliege. Daher hatte Herr Pflüger seinen Spitznamen. Er hieß unter uns Kindern »die Fliege«. So fiel es ihm schwer, Autorität zu entfalten, und er spürte das. Oft schaute er uns traurig an, tiefste Melancholie in den dunklen Augen. Ja seine Augen schwammen in Tränenflüssigkeit. Dabei sann er sicher doch nur einer mathematischen Aufgabe nach.

Herr Pflüger hatte aber wirklich Kummer, Herzenskummer, doch wussten wir zunächst nichts davon und hätten es wohl auch kaum verstanden.

So viel zunächst. Ich meine rückblickend, dass er sich viel Mühe mit uns gegeben hat, Mühe, die wir ihm nicht vergalten. Es war ja doch eine schwierige Aufgabe, so unterschiedliche Kinder zu unterrichten, verschieden im Alter und nach der Vorbildung. Wir waren Volksschüler und Gymnasiasten, kamen aus humanistischen oder naturwissenschaftlichen Lehranstalten, aus der Volksschule oder waren sogar ohne Grundlage. Jedes Kind hatte seinen eigenen, gesonderten Lehrstoff, vielleicht sogar seine eigenen Bücher.

Wie auch immer – ich lernte nichts, ich wurde nicht belastet und auch nicht gefördert. Ich ging in das Schulhaus – vielleicht, ich muss es wohl annehmen, aber ich blieb ein Träumer, in mir befangen und leicht zu verletzen.

Dass im September, zwei Tage vor der Mutter zweiundfünfzigstem Geburtstag, die Nürnberger Gesetze erlassen worden waren, nahm ich kaum zur Kenntnis. Ich war weit ab von jeglicher Politik und von jeder Diskussion um mindere oder wertvollere Rassen. Die Nürnberger Gesetz, »zum Schutze des deutschen Blutes und der deutschen Ehre«, machten aus den intelligentesten und einfühlsamsten unserer Mitmenschen Freiwild. Juden konnten nicht mehr Reichsbürger und nicht mehr Gemeindebürger sein, nur Staatsangehörige blieben sie, die Eheschließung mit Angehörigen »deutschen Blutes« wurde ihnen verboten, eine solche Ehe, etwa im Ausland geschlossen, galt als Rassenverrat. Spätestens jetzt hätte ein Aufschrei der Empörung durch Deutschland gehen müssen, aber die Wahrheit ist, dass Deutschland schwieg. Der Antisemitismus und der Neid auf die Juden waren überall vorhanden, auch in anderen Ländern Europas, und wenn kein richtiger Antisemitismus, so doch wenigstens der Zweifel, ob »die Juden« nicht tatsächlich die Ursache von Deutschlands Unglück waren. Dabei fragt man sich heute, was das denn 1935 überhaupt noch für ein Unglück war?

Irgendwann in diesem Herbst befahl auch Mussolini den Angriff auf Abessinien, die Zeitungen waren voll mit Nachrichten und Berichten, Hitler sympathisierte offen mit Italien und erwarb sich dadurch die Gunst des Duce, er erkaufte sie sich durch Lieferungen von Waffen und Munition. Rudolf Heß, der Stellvertreter Hitlers, der eigenbrötlerische, fanatische Mann, wohnte zeitweise in Hindelang. Im Herbst spazierte er einsam über die vernebelten Wiesen. Wir Heimkinder redeten darüber, manche wollten ihn gesehen haben, im Lodenmantel. Wir staunten, dass wir einem Großen, dem zweiten Mann nach dem Führer, so nahe waren.

## Weihnacht im Heim

Nachhaltiger freilich wirkte das Weihnachtsfest auf mich. Die Mutter wollte mich besuchen und mit meinen Geschwistern in der Bauernpension wohnen, die unterhalb des Kinderheims in der Wiese lag, ein bescheidenes Domizil. Die Kruse-Familie würde es ganz ausfüllen, mit allen Zimmern, deren Betten mit hoch aufgetürmten Plumeaus selbst schon den Raum ausfüllten.

Ich verwandelte mich in einen Hirten des Weihnachtsspiels, das vom Heim aufgeführt wurde. Ich schmächtiger Max lernte meine Verse mit Leidenschaft, ich lernte sogar das Singen, obwohl ich doch sonst beim Singen am liebsten im Erdboden versunken wäre vor Scham. Hier sang ich laut, mit noch ungebrochener Knabenstimme.

Nun verkörperte ich also einen Hirten, dessen Namen mir entfallen ist, und es bestand für mich kein Zweifel, dass meine schauspielerischen Fähigkeiten die aller anderen Mitspieler weit überragten, was vielleicht kein Wunder gewesen wäre bei so ausschweifender theatralischer Vergangenheit wie der meinen.

So stand ich mit Knotenstock und Schlapphut im Aufenthaltsraum, dessen Tür sich zusammenklappen ließ, hinter mir breitete sich das Panorama der Allgäuer Alpen aus. Sie waren, schon verschneit, durch die Fenster klar zu erblicken. Und vor mir, auf dem Fußboden verteilt – hockend, lümmelnd, auf Knien, Popos und Mänteln –, saßen die Hindelanger Bauernkinder. Sie staunten mich an, der ich Verse sprach und lauthals sang, und riefen mich, wenn sie mich später im Dorf sahen, mit dem Namen des Hirten, den ich verkörperte. Das machte mich so stolz wie heute einen Fernseh-Seriendarsteller, wenn er auf der Straße erkannt wird.

Vielleicht sah auch die Mutter das Weihnachtsspiel im Heim, mit den Geschwistern, ich erinnere mich nicht mehr daran. Wenn sie es aber gesehen hat, dann mochte sie sich wohl eher ein Lachen verkniffen haben.

Von dem Weihnachtsfest in der Pension ist mir das Prasseln der Scheite im Bauernofen in Erinnerung geblieben. Ich rieche den Duft des Holzes, mit dem die Zimmer getäfelt waren. Auch der Baum ist da, kleiner als daheim, denn die Stube war niedrig, aber mit Äpfeln und Lametta behangen. Nun konnte die Mutter wieder die Kerzen in meinen Augen verlöschen sehen, wie sie es gerne tat. Den größten Eindruck aber machten mir großformatige Hochglanzfotos, die der Mutter von einer Verehrerin zugeschickt worden waren. Diese Dame war eine leidenschaftliche Puppensammlerin und hatte ihr ganzes Wohnzimmer mit Puppen dekoriert. Sie war vor allem aber die Gattin eines Fleischermeisters aus Immenstadt im Allgäu, also nicht weit von hier, weshalb sie auch so sehr hoffte, die Mutter möge sie besuchen. Ihr, der Gemahlin des Metzgermeisters, oblag es, die Schaufenster der Schlachterei zu gestalten, und dabei war sie auf die originelle Idee gekommen, der Mutter Puppen aus Schweineschmalz nachzuformen, mit beachtlichem Geschick, mit Bordüren auf den ausgestellten Röcken, mit Schühchen und Henkelkörbchen. So standen weiße Schmalz-Kruse-Puppen innerhalb einer Winterlandschaft mit Butzenscheibenhäuschen, deren spitze Giebel ebenfalls weiß waren, aus Schweineschmalz, winterlich verschneit und romantisch. Zur Beleuchtung hingen elektrische Weihnachtskerzen in Girlanden über Püppchen und Häuschen und entfalteten ihren ganzen Zauber.

Es wurde bei uns viel gelacht über diese Bilder, die von Hand zu Hand gingen, nur die Mutter hörte unseren Spott nicht gern, denn: »Man darf sich nicht über den schlechten Geschmack anderer Leute lustig machen. Sie können ja nichts dafür.«

»Aber das ist doch Kitsch in Reinkultur!«, erklärte der Bruder Jochen respektlos.

»Ach nein, mein Jockerle«, meinte die Mutter. »Das ist kein Kitsch, das ist nur schlechter Geschmack. Kitsch, weißt du, das hat dein Vaterle so definiert: ›Kitsch ist: große Gefühle banal ausgedrückt‹.«


## Besuch des Vaters

Wo der Vater war an diesem Weihnachtsfest, ich weiß es nicht. Vermutlich hielt er sich mit der ältesten Schwester Maria in Berlin auf oder auf der Insel Hiddensee. Und doch hat er mich im Winter einmal besucht, er kam allein. Es mochte der Januar oder Februar 1936 gewesen sein. Da stand der Vater plötzlich im Kinderheim, unangemeldet: ein Ehrfurcht gebietender Greis mit langem Bart und kantigem Gesicht, zweiundachtzig Jahre alt.

Sofort bekam ich Heimurlaub. Ich nahm den Schlitten, der Vater setzte sich vor mich und rodelte mit mir die Fahrstraße hinab.

»Immer langsam mit die alten Pferde«, brummelte er, ein wenig unsicher. Und als wir unten angelangt waren, streckte er mir seine knochige Hand mit der faltigen Lederhaut entgegen und meinte: »Nu hilf mal Bräseken uff«, frei nach der ständigen Rede der gleichnamigen Romanfigur des plattdeutschen Dichters Fritz Reuter. Ich tat's und er klopfte sich den Schnee von den Hosenbeinen. »Det hätt' ick ooch nie jedacht, det ick uff meene alten Tage noch Kopp und Kragen riskieren muss! Schön war et ja, aber wir wollen es doch lieba nich wieda tun, hörste?«

Ich hörte es und mochte den Berliner Dialekt des Vaters.

Er stapfte dann neben mir nach Hindelang, auf dem Wiesenweg, der tief verschneit war. Er wollte zurück in seinen Gasthof. Er stellte mir unterwegs zahllose Fragen, die mir alle unangenehm waren: ob ick denn lernte und ooch nu endlich fleißig sei? Er hätte det ja nie verstanden, det meene Mutter mir so jarnischt hätte lernen lassen. Det konnte ja nich jut gehen, hatte er immer jedacht. Aber vielleicht wär ja nu endlich bei mir det jewisse Knöppchen uffjejangn und ick setzte mir uff den Hosenboden un machte allet wieda jut. »Weeste, meen kleener Max, deene Mutter hat mit dir immer ihren eegenen Kopp gehabt, da hatte ick nischt zu saachen. Und wenn man so sehr in die Jahre kommt wie icke … Ja weeste, meen Kleener, da lässte halt die Frauen alleene machen. Es hat ja doch keen Zweck mehr. Also lernst de nu oder lernst de nischt?«

»Ja, Herzlieb«, flüsterte ich und guckte auf den Boden.

»Aha!«, machte der Vater ahnungsvoll. Er steckte sich einen Stumpen an und pustete mir den Qualm entgegen. »Aha! Na, det heest ja nu allet oder nischt. Und so wird's ja wohl ooch sein. Wat soll denn nu aus dir werden?«

Ich zuckte die Achseln und bohrte meine Fußspitze in den Schnee.

Der Vater pustete wieder. Dann schwieg er lange. Und schließlich meinte er lakonisch: »Deene Mutter meint ja, du wirst een Dichter? Nu, denn mach man!«

Ich fand es »rührend« – dies ein Ausdruck der Mutter –, dass er mich besucht hatte. Es schaffte mir auch Ansehen bei den anderen Kindern. So einen uralten, gottähnlichen Vater hatten sie nicht vorzuweisen, nicht einer. Aber im Grunde war ich doch ganz froh, dass er am nächsten Tage schon wieder abreiste. Zu peinlich, zu unbequem waren mir seine Fragen und seine Ermahnungen. Ich wollte meine Ruhe haben.

## Christl – die erste Liebe

Meine Ruhe wurde mir gründlich geraubt, denn Christl kam – vierzehnjährig wie ich.

Am 9. Januar stand sie in der Tür und saß am Abend mit uns am Tisch, am großen runden, saß da mit grauem Flanellhosenrock, hatte entzückende, nackte Mädchenknie, dunkle, fast schwarze Haare, dunkle, fast schwarze Augen …

Ich vergaß das Essen, saß nur stumm da und starrte sie an. Es war die vollkommene Verzauberung, nicht zu vergleichen mit irgendeiner früheren und womöglich hat sie sich niemals wieder so vollkommen wiederholt. Es war ein Schlag ans Herz – und ich ging zu Boden.

Ich weiß nicht, wie ich das Abendessen hinter mich brachte, wie die Nacht. Am nächsten Morgen schon wählte mich Onkel Georg aus, Christl zur Poststation zu begleiten. Ihre Skier, die mit dem Bus gekommen waren, mussten abgeholt werden. Ich lief rot an vor Scham und Glück. Ich stolperte neben dem zierlichen Mädchen den Hang hinab, in derben schwarzen Lederstiefeln, den ausgefurchten Weg, rutschte und taumelte über den holprigen Schnee, über Unebenheiten und Löcher. Christl trug wieder ihren grauen Hosenrock, der die Knie frei ließ, und eine Strickjacke, einen Lumberjack, der in der Taille eng geschlossen war. Ich fand sie hübscher, als ich je ein Mädchen gesehen hatte.

Sie schwatzte mit mir über das Skilaufen, fragte, was für ein Wachs ich benutze, und gab so zu erkennen, dass sie auch etwas davon verstand.

Dann wollte sie wissen, ob ich einen Groschen verloren hätte.

Warum?

Weil ich dauernd zu Boden schaute.

Ihre Ski standen an der Autobushaltestelle. Es waren schwere Bretter aus Hickory, dem härtesten Holz, keine leichte Esche. Und ich, der ich mit schwächlichem Rücken jeder Anstrengung aus dem Weg ging, schleppte sie bis zum Kinderheim empor, den langen, mühsamen Weg, manchmal unter Tannen, die weiße Polster trugen, bergauf.

Damals schlief ich mit einem Günther zusammen im Zweibettzimmer. Dieser Junge war etwas größer, wohl auch reifer als ich. Ich bemerkte gleich, dass er sich ebenfalls in Christl verliebt hatte. Rivalitäten kündigten sich an. Christl andererseits wohnte mit einem aufgeschossenen, ebenfalls dunkelhaarigen, liebenswürdigen, ein wenig knochigen Mädchen zusammen, das ich zuvor gerngehabt hatte. Sie hieß Carla Hagen und kam aus Potsdam. Dort besaßen ihre Eltern ein großes Haus, über dessen Gartenmauer eine Trauerweide ihre Äste märchenhaft-schleierartig herabhängen ließ, ich sah es auf einer Fotografie. Jude war der Vater von Carla Hagen, ihre Mutter »Arierin«. Damals, so kurz nach dem Erlass der Nürnberger Gesetze, wurde uns das etwas deutlicher. Carla war also Halbjüdin, wie man sagte. Später verließ sie Deutschland mit ihrem Vater, sie siedelte nach London über, rechtzeitig. Einige Jahre lang wechselten wir noch Briefe, dann verlor ich sie aus den Augen.

Als ich damals am Abend meine Bettdecke aufschlug, lag ein Stück Marzipan darunter, auf meinem Kopfkissen. Das konnte nur von Christl sein. Es war klar, das war ein Dank und ein Gruß. Stolz zeigte ich es Günther, der sich ärgerte – aber dann war der Ärger bei mir, denn Günther fand das entsprechende andere Stück aus dem gleichen Marzipanfisch, sogar das Herzstück, während mir sein Schwanz zugefallen war. Ich wollte mich in mein Bett verkriechen, da ging die Tür auf und zwei Äpfel flogen herein, auf jedes Bett einer.

Als es still wurde im Haus, schlich ich mich zum Zimmer der

Mädchen, drückte die Klinke nieder, trat ein, ging auf nackten Füßen zu Christls Bett. Sie schaute mich aus kaum wahrzunehmenden Augen an. Niemand machte Licht, auch Carla rührte sich nicht und sagte kein Wort.

Ich hielt Christl meinen Apfel entgegen, murmelte: »Danke, du sollst ihn selber essen.«

Sie widersprach nicht. Als sei es die selbstverständlichste Sache der Welt, nahm sie ein zierliches Taschenmesser aus der Schublade, zerschnitt den Apfel, gab mir eine Hälfte und biss in die andere. Es krachte. Nichts hätte mir bedeutungsvoller erscheinen können.

Das Blut schoss mir zu Kopf und ich raste aus dem Zimmer. Bei mir angekommen, trat ich ans Fenster. Über dem Tal, über dem Berg stand der volle Mond.

Sein Licht floss an den Hängen hinab.

Wir besuchten gemeinsam die Schulstunde von Herrn Pflüger. Immer schauten wir gebannt auf seine Nase, ob sich die Warze nicht irgendwie verändert hatte. Manchen Kindern erschien sie mal blau, mal rötlich, mal violett, andere wisperten, dass er sich in hellen Mondnächten, so wie gestern, von einer Hexe besprechen ließe. Das dunkle Haar, das ihrer Mitte entspross, schnitt er oft ab, aber immer wieder wuchs es neu, wie eine Schweinsborste.

Christl zeichnete eine Karikatur des Unglücklichen in ihr Heft. Sie war recht ähnlich. Herr Pflüger trat hinter sie, sie wurde rot – wir erwarteten einen Wutausbruch. Doch Herr Pflüger schob nur die Unterlippe ein wenig vor, sagte nichts und gab uns Goethes *Erlkönig* zu lernen auf.

Am Sonntagnachmittag versammelte O-Gé seine Heimkinder im Ess- und Aufenthaltsraum. Er sang mit ihnen Volkslieder, das mochte ich. Vor allem war mir der »Meerstern, ich dich grüße, ooho Mahariihaa hilf!« irgendwie aus dem Herzen gesprochen. Auch den *Jäger aus Kurpfalz* hatte ich gern, aber am meisten vielleicht: »Ade nun zur guten Nacht, jetzt wihird der Schluss gehmacht, dass ich muhuss scheiheiden …« Da ließ ich im Sommer den Klee blühen und im Winter den Schnee fallen – da kam ich dann wiehieder.

Leider ließ O-Gé es nicht mit den bekannten Volksliedern bewenden. Er saß auf dem Stuhl vor uns, ein Bein hochgezogen, trug Knickerbocker, Überfallhosen, sie galten damals als männlich, besonders mit zopfmustrigen Wadenstrümpfen und Haferlschuhen. Wir waren im Halbkreis um ihn, teils auf Stühlen, teils auf dem Boden. Ich kann mich nicht erinnern, dass O-Gé der Nazi-Partei angehörte oder irgendetwas mit ihrer Ideologie im Sinn hatte, ein Wandervogel war er seiner Art nach schon eher, und in seiner Seele jugendbewegt, also der Jugendbewegung anhängend, die im Oktober 1913 auf dem Hohen Meißner bei Fackelschein und loderndem Feuer gelobt hatte, aus eigner Bestimmung und vor eigener Verantwortung, mit innerer Wahrhaftigkeit das Leben zu gestalten und für diese innere Freiheit unter allen Umständen geschlossen einzutreten.

Onkel Georg konnte 1913 natürlich noch nicht mit auf dem Hohen Meißner gewesen sein, aber ich könnte ihn mir gut dort vorstellen, auf der windigen Höhe am brennenden Holzstoß. Ein »Wandervogel« hätte er sein können, vielleicht war er es gewesen.

Hier war der flammende Holzstoß mein Herz – oder sagen wir bescheidener: der Holzscheit. O-Gé sang selbst gedichtete Schnaderhüpferl, besang jedes der Kinder:

Die Carla, die lange, die braune, die Schlange,
Die hat einen Blick, ach da wird mir fast bange!

Er sang:

Der Günther, der dicke, der runde, gesunde,
Der spricht mit den Händen und isst mit dem Munde.

So weit, so gut. Ich sang das allgemeine »Holladrihia, Holaladriho« einigermaßen munter mit, schon etwas ängstlich, unsicher, was wohl folgen mochte. Und dann kam:

Im oberen Flur musste Christl heut fegen,
Da hat Maxls Herzchen in Scherben gelegen.

Jetzt fühlte ich mich gekränkt, voller Scham, meine heiligsten Gefühle waren ans Licht gezerrt worden. Ich verbiss mir die Wut, sie
schnürte meine Kehle und nach dem Singen rannte ich aus der
Stube. Im Gang erwischte mich Christl, sie schien ganz heiter, sah
mich rätselvoll an und meinte: »Diese Singerei von Onkel Georg
ist doch blöd, findest du nicht auch?«
Ich nickte. Aber ich liebte sie nur noch inniger.
Herr Pflüger nahm auf seine Weise Stellung zu meiner Verwir-
rung. Er bat mich zu sich ins Schulhaus. Er saß mir mit der Warze
am großen runden Tisch gegenüber und redete als Erzieher mit
mir, der es gut mit mir meinte: »Du trittst jetzt in ein neues Sta-
dium deines Lebens ein«, sagte er, zunächst selbst verlegen, doch
sprach er sich frei. »Langsam wirst du erwachsen. Das ist nicht
leicht, ich weiß es!« Und dann wollte er mich vor Irrtümern und
Enttäuschungen bewahren, denn er merke doch, dass ich ganz besonders leicht aus der Bahn zu werfen sei. »Hänge dein Herz noch
nicht an ein Mädchen«, meinte er und blickte mich dabei verhangen an. »Hänge dein Herz nicht an sie. Sonst wirst du Schmerzen
leiden. Gib dir einen Ruck. Es ist noch zu früh!«
Ach, was weiß denn der, dachte ich und pulte am Fingernagel.
Aber Herr Pflüger wollte, dass ich ihm mein Herz öffne, und
behauptete, dass er nicht nur mein Lehrer geometrischer Formen
sei, sondern auch mein älterer Kamerad, der den Reiz, der vom
Weibe ausging, aus eigener, wenn auch bitterer Erfahrung kenne.
»Jeder kann sehen, was mit dir los ist«, warb er weiter, »das bekümmert auch mich. Du schläfst nicht mehr richtig, du wirst
blass und hast Ringe unter den Augen.« Dann legte er seine Leh-
rerhand auf meine Knabenhand, die ich nicht wegzuziehen wagte:
»Vergrab dich lieber in die Arbeit, Arbeit hilft über alles hinweg.
Ja, das Herz blutet so leicht!« Dabei sah er grauer aus im Gesicht
als ich und seine Warze bemerkte ich nicht mehr. Die Mutter
hätte sich genauso ausdrücken können.

»Ich weiß wirklich nicht, wovon Sie reden«, behauptete ich und wusste es nur zu gut.

Das war auch Herrn Pflüger klar. Er ließ es durch ein kurzes Lachen erkennen, halb ironisch, halb traurig. »Dann geh jetzt«, meinte er. »Aber vergiss nie, dass du immer zu mir kommen kannst, ich bin immer für dich da!«

Das war nun sicher nett, doch ich honorierte es ihm nicht. Draußen war ich schnell. Und da standen die Kameraden und warteten auf mich. »Glotzt mich nicht so an«, rief ich ihnen, so wütend wie verlegen, zu.

Am gleichen Abend war eine Mondfinsternis. Um sie zu sehen, versammelten wir uns vor dem Heim. Es war bitterkalt. Zunächst leuchteten unsere Gesichter noch im Licht. Oben hing der ferne Trabant, rund und voll, eine Silberscheibe. Dann kroch ein Schatten heran, bedeckte ein Stück, kroch weiter – es wurde auch dunkler unten bei uns und unsere Gesichter verschatteten. Dann war oben nur noch eine schmale Sichel zu sehen – schließlich nichts mehr, da war der Mond braungrau, ein Stück der Nacht, bis seine Scheibe wieder heller wurde und die Dunkelheit über sie hinauswanderte.

Den Kindern wurde kalt. Sie hatten genug gesehen. Nun wurde es langweilig. Nach und nach gingen sie ins Heim zurück. Nur Christl stand noch da und schaute an den Himmel, auf den strahlenden Erdbegleiter. Wir schwiegen beide. Aber mir schien, als ob ihre Schultern ein wenig zitterten. Sie trug ja nur einen dünnen Pullover. Da zog ich meine Jacke aus und legte sie ihr über. Sie schaute mich an. In ihren Augen spiegelte sich jetzt der Mond. Er schien mir nie schöner.

Dann änderte sich das Wetter, schlagartig. Die Nacht wurde tiefdunkel, diese oder eine andere. Ich lag im Bett und lauschte auf die Geräusche im Haus, ich lauschte nicht auf den Wind, der ums Haus heulte und an den Fenstern rüttelte, ich lauschte auf ein Knacken der Diele im Flur, auf ein leises Türenschlagen. Günther schlief bereits. Wie konnte er schlafen? Ich wusste die Antwort: weil er nicht wirklich liebte, das war es! Ein »Wohlbeleibter, die da nachts gut schlafen«, wie es Shakespeare gedichtet hatte, das war er.

Mich störten seine satten, ruhigen Atemzüge. Ich stand auf. Aus dem Dorf schlug es Mitternacht. Ich trat ans Fenster. Nun hörte ich, dass der Regen rauschte – der Regen! Ich machte die Tür auf und schlich im Pyjama auf den Gang. Da stand eine schmale Gestalt am Fenster. Ich wusste, wer es war. »Konntest du auch nicht schlafen?«, fragte ich leise.

Christl nickte.

»Wie das regnet. Jetzt ist es aus mit Schnee und Skilauf.«

Sie nickte wieder. Vorsichtig bewegte sie den Griff, öffnete das Fenster, leise. Wenn uns nur niemand hörte! Ein Erwachsener etwa! Das wäre schlimm gewesen.

Der Wind fuhr uns in die Haare, doch er wehte hier sanft, denn er kam von der anderen Seite über das Haus. Wir lehnten uns hinaus und sahen, wie sich die Schneeflächen in schmutziges Grau verwandelten.

»Blödes Vorderhindelang, blödes Allgäu«, flüsterte ich. »In Arosa hätte es so etwas nie gegeben, Regen im Januar!«

»Aber ich wäre nicht in Arosa gewesen«, erwiderte sie flüsternd.

Wie wahr. Es schlug mich fast um. Und jäh erhellte sich der Horizont über den Bergen. Ferner Donner grollte: Wetterleuchten. Ein Gewitter im Winter.

Ich schob meinen Arm an Christl vorbei und fasste den offenen Fensterflügel. Nun stand sie zwischen mir und dem Sturm. Sie erschien mir so zart, so zerbrechlich im seidenen Morgenrock, ihr Gesicht so bleich, ihre Haare so weich! Wie sie duftete. Ich wagte nichts zu sagen, spürte ihre Schulter an meinem Arm, sah ihre kleine weiße Ohrmuschel nahe vor mir. Und mein Herz schlug! Das war alles. Aber es war fast schon zu viel.

Christl war es, die zuerst wieder sprach: »Riechst du es? Das ist der Frühling.«

Unten ging eine Tür. Wir flogen auseinander, in unsere Zimmer.

Dann, im rieselnden Regen machten wir einen Spaziergang. Es

ging zu einer Ruine. Wir rannten neben den Wegen auf weichem Waldboden. Christl neben mir, ich stolperte über eine Wurzel, streifte im Fallen ihre herabhängende Hand mit den Lippen, lag schon zu ihren Füßen, dachte, jetzt hab ich sie geküsst, aber sie hat es nicht gemerkt, sprang schnell auf und lief davon.

Bald entdeckte ich einen flachen, dünnen Stein auf dem Boden, grauer Schiefer. Brüchig war er, das sah ich auf den ersten Blick, ich hob ihn auf, wog ihn in der Hand, dachte, wenn es mir gelingt, ihn auseinanderzubrechen, dann liebt sie mich. Der Stein brach gleich, hinterließ bröselnden Staub.

Und ich raste wieder davon, toll vor Freude.

Später saßen wir im Klassenzimmer und lernten den *Erlkönig* auswendig, unsere Schulaufgabe. Wir waren zu dritt: Günther, Christl und ich. Christl kritzelte etwas auf einen Zettel, sie hatte den Ellenbogen aufgestützt, den Kopf auf der Hand, die Haare hingen über ihre Stirn.

Ich mühte mich:

»Wer reitet so spät durch Nacht und Wind …

Wer reitet so spät … wer reitet … reitet…«

Ach, zum Teufel, mochte doch reiten, wer wollte.

»Ich liebe dich, mich reizt deine schöne Gestalt,

Und bist du nicht willig, so brauch ich Gewalt …«

Das war es, das konnte ich auswendig, ohne es zu lernen, das kam aus meinem Herzen, das hätte von mir gedichtet sein können. Auf einen kleinen Zettel, kaum größer als meine Hand, schrieb ich es und verbarg ihn zerknüllt darin.

Auch Günther lernte. Er schien uns nicht zu bemerken, hatte seine Sache wohl verloren gegeben.

Ich flüsterte Christl zu: »Was schreibst du da?«

»Ach, nichts! – Aber du?«

Ich zuckte mit den Achseln und riss den Zettel entzwei, ließ nur drei Worte stehen. »Drei Worte.« Sie konnte es sich vielleicht denken. Sie wurde rot – und ich wurde rot und wir schwiegen beide, schauten auf den Tisch. Bis ich fast unhörbar sagte: »Gib mir deinen Zettel!«

»Nein!«, rief sie erschrocken und riss ihn ebenfalls in kleine Stücke. Die ließ sie vor sich liegen. Langsam schob ich meine Hand vor. Sie tat, als merkte sie es nicht. Ich fügte das Puzzle zusammen.

»Ich bin verliebt in Max«, stand da, mit Rissen dazwischen. Aber sie schrieb nur »verliebt«, nicht: »Ich liebe …« Das dämpfte mein Glück. Ich schluckte.

Christl sah's. »Ach, das durftest du nicht«, meinte sie leise. Wortlos reichte ich ihr meinen Zettel, sie las ihn und verbarg ihn in ihren Händen. Wir schauten uns nicht an. Günther beachtete uns nicht.

Dann kam der Gong zum Abendessen. Christl schoss hoch, an uns beiden Jungens vorbei und aus der Tür.

Wir spielten Verstecken im Wald. Alles wurde bedeutsam. Wir tauschten unsere Jacken, damit die anderen, die uns suchen mussten, in die Irre geführt wurden. Sie wurden es.

Wir saßen hinter regenfeuchten Büschen, aber voneinander getrennt, eng zusammengekauert.

Wir waren hinter einem Heustadel. Ich lehnte an der Holzwand, Christl saß vor mir auf einem Stein, einige Meter entfernt. Mich konnte kein anderer sehen, die Hütte verbarg mich, sie aber nicht. Ich streckte die Hand aus, lockte: »Komm zu mir!«

Sie schaute irgendwohin, nur nicht auf mich. »Komm doch du zu mir«, antwortete sie.

Wie konnte ich das, man hätte mich doch gesehen. »Bitte, komm«, bat ich drängender, »gib mir endlich einen…«

»Was?«

Ich wagte es nicht zu sagen, machte nur »Ach« und bohrte mit der Schuhspitze ein Loch in den feuchten Grund.

»Du musst ihn dir schon holen«, lockte sie.

Dann stand sie auf und ging langsam fort. Als sie später die Klinke zum Schulzimmer niederdrückte, fasste ich ihre Hand. Wir waren allein. Sie schaute auf. Kurz und flüchtig berührten sich unsere Lippen. Ein spröder Kuss. Gleich wendeten wir uns voneinander ab und liefen auseinander.

Christl musste das Heim verlassen. Sie war nur für eine kurze Zeit gekommen, ich weiß nicht warum. Es waren vielleicht familiäre Gründe gewesen. Wir saßen auf meinem Bettrand und erzählten uns von unseren Eltern, von unserem Zuhause. Christl kam aus Hamburg-Altona. Ihr Nachname war melodisch, mit einem lateinischen Klang – Rhenius. Der Vater besaß ein großes, vornehmes Haus im großen, vornehmen Park. »Was hat dein Vater für einen Beruf?«, wollte ich wissen.

Sie guckte an die Wand. »Das mag ich nicht sagen.«

Das war ja sonderbar! Verbrecherkönig würde er doch wohl nicht sein, oder? Später erfuhr ich es. Der Vater war Rechtsanwalt, Syndikus großer Reedereien. Es war ihr nur zu mühsam gewesen, mir das zu erklären.

Heimlich trafen wir uns im Schlafzimmer der Mädchen. Günther setzte sich auf Carlas Bett. Der Mond schien wieder durch das Fenster, silbernes Licht. Es lag auf Christls Gesicht. Ein Strahlen. Es brannte keine Lampe. Ich weiß nicht, was die anderen taten, jedenfalls – sie liebten sich nicht.

Da küsste ich Christl. Vielleicht küsste auch sie mich. Ihre Lippen waren rau und weich zugleich.

Am nächsten Abend hatten wir Jungens uns wieder ins Zimmer der Mädchen geschlichen, wieder saß ich bei Christl. Ich las Tiergeschichten von Manfred Kyber vor. Meine Stimme zitterte vielleicht vor übergroßem Gefühl. Die Geschichten waren aber auch hübsch: »Ja, sagte das Krokodil zum Äffchen, kommen Sie runter, ich will Sie fressen!«

Das Äffchen dachte nicht daran. Christls Kopf lag auf ihrem Kissen. Sie hörte zu und lächelte.

Nach dem Vorlesen löschten wir das Licht. Man konnte nicht einmal von einem Bett zum anderen sehen, so dunkel war es. Christl rückte nah zu mir heran. Ich atmete den Duft ihrer Haare. Noch immer ungeschickt, berührten sich unsere Lippen. Sie schob mir ein Kissen in den Rücken. Vorsichtig wanderte meine Hand unter ihre Pyjamajacke an der Wirbelsäule empor und auf die Schulterblätter. Wie zart ihre Haut war.

Da ließ ich die Hand liegen. Mehr wagte ich nicht. Wagte kaum, die Hand zu bewegen. Ich küsste ihre Haare und ihren Nacken.

Carla und Günther bemerkten nichts. Sie schliefen, auf dem Bett gegenüber. Sie atmeten ruhig. Günther schnarchte sogar leise.

Später weckte ich ihn. Wir schlichen aus der Stube der Mädchen, standen im dunklen Gang.

Da überwältigte mich der Gedanke: Jetzt ist alles vorbei …

Am nächsten Morgen reiste Christl ab. Ich saß auf der Bank vor dem Haus und schaute ihr nach. Sie drehte sich um und winkte: eine kleine Hand.

Mir erschien die Welt trostlos und grau. Ich stand schnell auf und ging in mein Zimmer. Günther ließ mich allein. Er verstand wohl. Er war jetzt ein Freund.

Ich weiß kaum, wie ich die nächste Zeit verbrachte. Ich ging wie verloren umher. Mein Herz war schwer. Gleichzeitig aber war es leicht. Es war etwas Wunderbares geschehen, ich hatte geliebt und ich wurde geliebt. Ich flog und ich lag doch tief am Boden, denn Christl war nicht mehr da. Ich schrieb ihr auch nicht. Wohl besaß ich ihre Adresse und hütete sie. Doch jetzt gab es noch nichts zu sagen. Ich war ja wie benommen. Und man ließ mich. Onkel Georg zeigte schweigend Verständnis. Vielleicht war er auch durch viel größere Dinge in Anspruch genommen, von einer kleinen Tragödie, deren Beginn noch vor Weihnachten gelegen hatte, vor der Zeit der Kerzen und duftenden Tannenzweige im Heim.

Eine »Tante« hatten wir, Hanna – auch Ta-Ha genannt. Sie saß oft in ihrem Kämmerchen, dann brannte auf ihrem honigfarbenen Schreibpult eine Kerze und es roch nach Tannenzweigen. Eine innige Zeichnung der heiligen Mutter mit dem heiligen Kind in Rötel, von Ruth Schaumann, hing an der Wand, ein bisschen nahe am Kitsch, mir wurde erzählt, dass Ruth Schaumann blind oder taub oder stumm war, ich betrachtete ihre Werke deshalb immer mit scheuer Bewunderung.

Ta-Ha hatte Tränen in den Augen. Wir mochten sie besonders gern, sie war ein weiches, hübsches und wohlgeratenes Mädchen, sauber von Herz, Seele und Gewand, duftend nach Reinheit und Nivea – ja, rein und blond war Ta-Ha mit ihren streng gescheitelten Haaren. Und diese sanfte Reinheit bekam ein uneheliches Kind, das war schlimm und eigentlich eine Schande. Wer der Vater war, blieb lange verborgen, sie verschwieg es. »Sie schützt ihn«, hieß es. Dass es eine gar so große Schande war, konnte ich selbst ja nicht finden, hatte doch die Mutter zuerst zwei uneheliche Kinder gehabt, die nun meine hochanständigen Schwestern waren, und man sah weder ihnen noch der Mutter etwas an, die selbst ja auch unehelich geboren worden war, vor langer Zeit, im vorigen Jahrhundert. Da konnte ich an Ta-Ha nichts Böses entdecken. Vielleicht taten dies nicht einmal Ta-Frie und O-Gé, Elfriede und Georg Ehlert, unsere Heimleiter, aber einige Eltern mochten so eng denken, sie meinten womöglich, ihr Kind nicht einer »Tante« anvertrauen zu können, die so unmoralisch war.

Ta-Ha ward also gekündigt. Deshalb vor allem hatte sie feuchte Augen. Wir wollten alle, dass sie blieb. Aber sie schüttelte den Kopf: »Es geht nicht.«

Ob die Fliege – Herr Pflüger – der Vater des Kindes war? Es wurde getuschelt. Geheiratet haben sie damals nicht – in diesen Vorfrühlingstagen, aber beide waren plötzlich verschwunden und ich verstand Herrn Pflügers warnende Worte in seiner Unterhaltung mit mir nun etwas besser.

## Ins Deutsche Jungvolk

Ein neuer Lehrer kam, ohne Warze. Er war forsch, bewirkte aber beim Lernen doch auch nicht mehr. Er hieß Herr Bensing. Ich mochte ihn eigentlich recht gern, insofern ich damals überhaupt Sinn für andere, erwachsene Menschen gehabt hatte. Denn nur sehr langsam nahm ich wieder Teil am allgemeinen Leben. Mein Interesse kehrte zurück. Max Schmeling – mein Vornamensvetter! – schlug Joe Louis, den schwarzen Amerikaner im Boxring k.o. Ich empfand Stolz. Wir Kinder schwatzten miteinander über diesen »deutschen« Sieg. Wir hatten einen Helden, es war, als hätten wir selber gesiegt.

Auch die Politik ließ uns nicht ruhen. Als der Schnee um das Kinderheim endgültig schmolz, als mehr und mehr Gras auf den Wiesen sichtbar wurde, noch graugrün und überfeucht, als die Sonne die Eiszapfen an den Dachrinnen zum Schmelzen brachte, die dabei länger und spitzer wurden und blitzend tropften, ließ Hitler deutsche Truppen ins entmilitarisierte Rheinland einmarschieren. Das verstieß gegen den Versailler Vertrag. Kurzzeitig roch es nach Krieg. Wer weiß, vielleicht wäre viel größeres Unheil vermieden worden, wenn die Alliierten damals eingegriffen hätten. Aber sie ließen »den Führer« gewähren. Das war am 7. März 1936. Der Frühling kam. Und die Deutschen empfanden es überwiegend als eine befreiende Tat, erfreut auch über die Aussicht, dass bald jeder einen Volkswagen bekommen konnte, der weniger kosten sollte als tausend Mark.

Herr Bensing drängte mich, ins Deutsche Jungvolk einzutreten, zu den Pimpfen, den kleinen Hitlerjungen. In die richtige Hitlerjugend rückten wir dann später automatisch nach. Ich war unschlüssig. Organisationen dieser Art waren mir lästig. Dass ich aus politischen Gründen Aversionen gehabt hätte, wäre gewiss zu viel gesagt gewesen. Doch Begeisterung beflügelte mich auch nicht und ganz geheuer war mir die Sache nicht. Anderseits – es waren ja alle meine Schulkameraden im Jungvolk, wieso sollte ich da eine Ausnahme machen? Mit welchem Recht und mit welcher Begründung? Und war das alles nicht eigentlich mehr als ein Pfadfinderspiel?

Ich unterschrieb schließlich den Aufnahmeantrag und teilte es der Mutter brieflich mit. Sie telegrafierte zurück: »Es war recht, dass Du unterschriebst, frohe Ostern.« Doch das Telegramm kam ohne das Komma an. Ich hatte meine Unterschrift schon vergessen, nun verstand ich den Text nicht. Wieso war es recht, dass ich »frohe Ostern« unterschrieb? Wo hatte ich jemals frohe Ostern geschrieben? Sehr allmählich erst dämmerte mir der Zusammenhang.

Im Jungvolk ging man rücksichtsvoll mit mir um. Ich sehe mich im Frühsommer in einem Kreis von Buben um niedrige Latschenkiefern gelagert. Wir trugen schwarze, kurze Kordsamthosen und braune Hemden. Wir lauschten den begeisterten Schilderungen unseres Scharführers von der Überlegenheit der deutschen Waffen. Ein Verkehrsflugzeug zog hoch über den sommerblauen Himmel. Jede unserer Flugabwehrkanonen, genannt Flak, wäre in der Lage gewesen, es von dort oben herabzuholen, so treffsicher waren sie alle. Wir brauchten keine Angst zu haben, vor keinem Feind der Welt. Und im Übrigen wollte unser Führer ja den Frieden und nichts als den Frieden, er versicherte es immer wieder. Und dass die Flugabwehrkanonen eben keine Angriffswaffen waren, lag doch auf der Hand.

Die Latschen verströmten einen würzigen Geruch und das Flugzeug war am Himmel verschwunden. Alles Gerede von Krieg und Waffen war weit, weit weg.

Doch so ganz weit war es wohl doch nicht, nur für mich war es weit. Im Juli begann der spanische Bürgerkrieg. Hitler stellte sich auf General Francos Seite, er schickte ihm die Legion Condor zur Unterstützung, deutsche Waffen, deutsche Soldaten, aber keine Reichswehr, nein, Hitler griff ja nicht selbst offiziell in den Krieg ein, er schickte nur »Freiwillige«.

Und ich lag in der Sonne auf der Terrasse. Auch in Vorderhindelang gab es Liege- und Ruhestunden. Ich las mit glühenden Backen *Die drei Musketiere*, doch schaute ich auch schon in Goethes *Faust*, ja, ich konnte den Anfang fast auswendig. Herr Bensing wunderte sich über so verschiedenartige Neigungen. Ich machte keine Unterschiede. Aber ich wusste wohl, dass die Mutter sie machen würde.

Vielleicht war es der *Faust*, der mich veredelte? Man fand im Heim, ich hätte einen so guten Einfluss auf andere Kinder. Man gab mir einen neuen Zimmerkameraden, den man schwer erziehbar nannte. Ich fand ihn reizend, ich mochte ihn und er mochte mich. Willig ließ er sich von mir »günstig beeinflussen«, ohne dass wir beide etwas davon merkten. Aber es ist wohl möglich, dass ich ihm Gedichte vortrug und dass er dafür empfänglich war. Zum Verwundern wäre das nicht gewesen, denn er kam aus literarischem Hause, er hieß Klaus Reclam und war verwandt mit dem berühmten Verleger, ein Neffe vielleicht. Und gerade der Reclam Verlag hatte ja viele Dichter in billigen Ausgaben verlegt, darunter sogar Goethes *Faust*.

Für den *Faust* war Klaus noch zu klein, er war drei Jahre jünger als ich, ein zierlicher Knabe und wie ein Kobold. Wenn wir uns zum Waschen ausgezogen hatten, betrachteten wir uns wohl auch in ganzer, naturgewollter Nacktheit und betrachteten das, was uns einmal zu Männern machen sollte, in nicht allzu ferner Zukunft, woran wir nicht zweifelten. Bei diesen betrachtenden Gesprächen blieb es und die Mär von meinen veredelnden Einflüssen konnte sich halten. Möglicherweise war das Geheimnis, dass ich Klaus Reclam in keiner Weise zu veredeln versuchte, sondern mit ihm war, wie ich halt war – ähnlich wie er und jedenfalls herzlich. Nur dass ich vielleicht mehr Gedichte las.

So kam also der Sommer und mit ihm näherten sich auch die großen Ferien. Es war ausgemacht, dass ich diese – über Berlin und die Olympischen Spiele fahrend – auf Hiddensee verbringen durfte, in unserem Haus, der Lietzenburg. Doch die Ferien begannen in Norddeutschland früher als bei uns im Allgäu. Deshalb reisten einige Ferienkinder aus Hamburg an, während ich noch im Heim war. Ich wurde kurzzeitig ausquartiert und logierte allein in Onkel Georgs kleiner Bibliothek. Ich lag unter Büchern auf einer Liege, die in die Regale eingefügt worden war, und fühlte mich wohl. Ich durfte das Grammofon benutzen und spielte mir Mozarts Duett aus dem *Don Giovanni*: »Reich mir die Hand, mein Leben« vor, ununterbrochen, bis zu meiner Mitmenschen Erschöpfung und bis man mich bat, mir doch um Gottes willen einmal etwas anderes reichen zu lassen … Wie konnte ich das, da ich doch dabei an Christl dachte, jetzt wieder mehr als sonst schon, denn die Ferienkinder kamen aus Hamburg, und das war auch Christls Heimatstadt, sie hatten die gleiche Luft wie sie geatmet.

Ich mochte diese Kinder besonders, übrigens nicht nur um Christls willen, sie waren auch sonst liebenswert, adrett gekleidet, fröhlich und besonders herzlich zu mir. Meine Erinnerung an sie ist nicht mehr klar; aber von großer Freundschaft, von Eintracht weiß ich, und ich halte es nicht für unmöglich, dass ich mich wieder verliebt hätte in eines der Mädchen, wenn wir nur länger zusammengeblieben wären. Ich genoss die Sommerabende mit ihnen auf den Wiesen und Bergalmen bei Hindelang. Da gab es dunkle Tannen und klare Sterne und ein Übereinstimmen der jungen Seelen.

Ich weiß noch, dass ich um dieser Kinder willen sogar höchst ungern heimgefahren bin, in die Ferien, dass ich mir ernsthaft überlegte, ob ich nicht in Hindelang bleiben solle – und vieles in meinem Leben wäre gewiss anders verlaufen, wäre ich damals im Heim geblieben. Es hätte dann nach den Ferien kein Zurückkehren hierher geben müssen, kein Heimweh, keine Flucht, die mein Leben gründlich veränderte.

Doch ich blieb nicht. Zu groß waren die Verlockungen, zu ereignisreich sollte schließlich auch die Zeit sein, die vor mir lag.


## Berlin im Fahnenmeer

Die Jugend der Welt kam nach Deutschland zu den Olympischen Spielen, eingeladen vom Führer, so schrieben es die Zeitungen. Und sie folgte der Einladung unseres Führers, diese Jugend der Welt. Sie kam zu uns zu einem Fest der Freude und des Friedens – gewaltig waren die neuen Bauten auf dem Reichssportfeld, bewusst im klassisch-griechischen Stil gehalten, so erzählte man und so kam es mir ja auch vor, denn die olympische Idee kam auch aus Griechenland, mit dem Feuer, wir sahen es im Kino in der Wochenschau, in Schwarz-Weiß, aber mit feierlicher musikalischer Untermalung. Wir sahen die jungen, die wohlgewachsenen

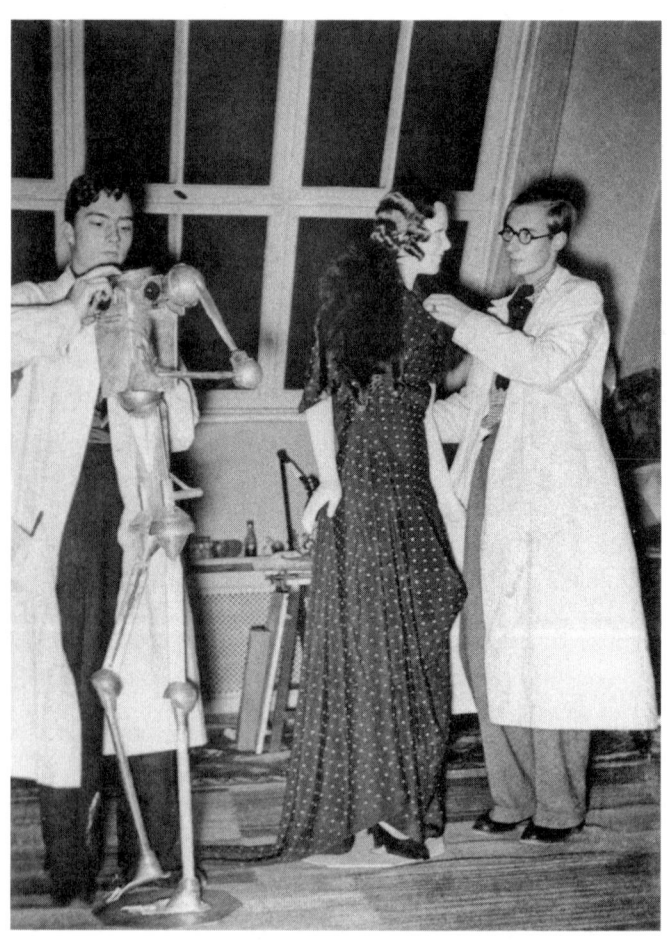

*Die Brüder Michel und Jochen bei der Arbeit im Berliner Atelier*

Menschen, die das Feuer entzündeten und die Fackeln trugen –
bis nach Berlin, bis in die Hauptstadt unseres Deutschland.

Ich wohnte in Berlin in der Seesenerstraße 30, ganz dicht am
S-Bahnhof Halensee, in unserer Atelierwohnung. Sie war vor allem Bruder Jochens Domizil. Ich liebte diese drei Zimmer mit
den schrägen Wänden unter dem Dach, mit den großen Fenstern
im Dach, ich liebte die einfach gezimmerten, schwarz gestriche-
nen Möbel, liebte alle Bilder an den Wänden, die Zeitschriften
der eleganten Welt, die der modebewusste Bruder hielt – alles war
hier wie eine Pforte zum Wunderbaren, und das war es erst recht
in diesem Jahr, wo die Mutter mit uns im offenen Auto, der »Trudel«, grau von Farbe und schnittig, durch die Reichshauptstadt
fuhr, hinaus zum Olympiastadion und unter einem Wald von
Fahnen, Fahnen der ganzen Welt und in der ganzen Buntheit der
Welt, zu Sträußen gebündelt auf den Straßenkreuzungen, und im
Tageslicht, in der Sonne leuchtend, nachts von Scheinwerfern angestrahlt.

Die Mutter schien zufrieden zu sein. Es ging aufwärts mit ihrer Firma. Ihre Kinder, das Jockerle und das Finerle – der Bruder
und die Schwester –, arbeiteten mit wachsendem Erfolg an den
verstellbaren Schaufensterfiguren. Zu den Kinderfiguren waren
inzwischen Erwachsene gekommen, eine Dame »Margarete«, deren Kopf die Schwester Fifi modelliert hatte. Der Bruder Jochen
steckte ihr Kleider aus fließendem Stoff und fotografierte sie in
raffiniertem Licht, sodass aus den kunsthandwerklichen Figuren
modische Mannequins wurden. Im eleganten Seidenhaus Michels in Berlin hatte Jochen das Dekorieren und das Stecken von
Kleidern aus nichts als aus Stoffen gelernt, auf Wunsch der Mutter. Immer verfolgte diese ja all ihre Pläne mit Vitalität und Intensität. Sie reiste immer noch, dekorierte, entwickelte neue
Modelle, unterstützt nun von diesen beiden Kindern, dazu noch
zeitweise von Michel, dem Physiker, der bei der Konstruktion der
Metallskelette half.

Damals also war die Mutter voller Zukunftshoffnung. Das Fest
der Olympischen Spiele war wie eine schöne Begleitmusik dazu,

eine Bestätigung auch, dass der Führer es richtig machen würde und dass man ihn nun auch im Ausland anerkannte. Man fand, es sei schon erstaunlich, was dieser Mann zustande gebracht hatte in so kurzer Zeit. Die ganze Welt huldigte ihm und viele ausländische Olympiamannschaften grüßten ihn beim Einmarsch ins Stadion mit dem ausgestreckten Arm, dem Hitlergruß, den man flugs in olympischen Gruß umbenannte. So taten es die Franzosen, so hatten es die Briten schon in Garmisch-Partenkirchen zu den Winterspielen getan. Nein, er wollte keinen Krieg, er wollte überhaupt nichts Böses, das sah man jetzt wieder. Die Mutter hielt meine Hand im Auto und blickte auf die Fahnen, die so festlich an uns vorüberglitten, und hoffte, dass auch ich glücklich sei und in Zukunft glücklich werden würde.

Im Augenblick war ich es.


## Die verzauberte Insel


Von Berlin fuhr ich nach Hiddensee, in die verwunschene Welt, auf die helle, kleine Insel. Anmutig ausgestreckt windet sie sich durch den Bodden, das Wasser der Ostsee nördlich Stralsund. Sie ähnelt einem Seepferdchen, das zierlich vor dem großen Rügen liegt. Man erreichte Hiddensee damals nur über Stralsund mit dem Dampfer, die Fahrt dauerte über zwei Stunden, es war also nicht gut möglich, in einem Tag hin- und zurückzureisen, wodurch die Tausende von Tagesausflüglern ferngehalten wurden, die sich heute über dieses zauberhafte Eiland ergießen, von seinem Charme nichts ahnend und ihn zerstörend. Hiddensee war damals wirklich noch eine stille Insel, nicht gerade verlassen, nicht ganz einsam, aber doch besucht nur von Menschen, die ihre Eigenart zu schätzen wussten. Vor allem waren es Künstler, Maler, Schriftsteller, Schauspieler, die nach Hiddensee kamen. Gerhart Hauptmann schrieb 1935, dass sich Hiddensee zum geistigsten aller deutschen Seebäder entwickelt habe, und so wurde es für mich heranwachsenden Knaben auch zu einem geistig-künstlerischen Erlebnis, dessen Einfluss ich nicht hoch genug einschätzen kann. Es war der einmalige Zusammenklang von makellos-reiner Landschaft und menschlicher Substanz, der auf mich einwirkte und den ich in mich aufnahm, so intensiv, wie ich es nur damals vermochte und wie es sich zu keiner Lebenszeit wiederholen lässt.

Kam ich am Stralsunder Bahnhof an, lief ich, ohne die rote Backsteingotik der alten Hansestadt zu beachten, gleich zur Anlegestelle und stieg auf das Schiff. Glücklich sog ich den Geruch von Tang und Salzwasser in mich ein. Das Licht blendete, das Wasser schmatzte am Schiffskörper – die Welt hatte ihr Gesicht verändert. Alles fiel von mir ab, nichts bedrückte, nichts bedrängte mich mehr. Ich wartete auf die Abfahrt. Dann bewegte sich der Dampfer langsam unter dem lebendigen Himmel, der grau war und weiß-blau. So war auch die See, grau und weit, und überall umkränzt von niedrigen Ufern mit ihren Baumreihen, die wie ausgeschnitten dastanden, transparent. Vereinzelte Fischer angelten im Bodden, die See war ruhig, Kormorane standen schwarz auf Pfählen – mitten im Spiegel – und warfen ihr Bild nach unten. Das war die vollkommene Freiheit.

Endlich tauchte die Silhouette der Insel auf: der Hügel, der Leuchtturm – und da war auch der Turmzacken unseres Hauses, da war die Lietzenburg. Am Bollwerk, wo der Dampfer anlegte, reckten vereinzelte Segelboote die schwarzen Linien ihrer Maste, Möwen kreisten, kreischten, stiegen, segelten. Kleine Wellen schlugen an die Mole.

Ich las einmal Hiddensee etwa so beschrieben: Die Wiesen waren sattgrün, die Hügel waren sattgrün, der Wind wehte ständig. Im Frühjahr leuchtete der Ginster. Schlüsselblumen wuchsen auf den Hügeln, bald kamen die Glockenheide, die Königskerzen und die Immortellen hinzu mit ihrem würzigen Duft. Der Geruch des Salzwassers mischte sich mit dem des Thymian. Wacholder und Sanddorn trugen Beeren, Möwen und Uferschwalben segelten darüber, der Seeadler kreiste, wilde Schwäne strichen über die See, die Sprosser sangen in warmen Sommernächten so betörend wie anderswo die Nachtigallen, und die Kraniche verdun-

kelten den Himmel. Vor allem aber war es das Licht, das Hiddensee verzauberte: »Diese Klarheit, dieses stumme und mächtige
Strömen«, wie Gerhart Hauptmann es ausdrückte. Einmal stand
alles in gleißender Sonne, gleich darauf breiteten sich Schatten aus
und plötzlich leuchteten einzelne Bilder auf: grasende Kühe oder
die Wogen der See. Aber eigentlich könnte man sogar sagen: Hiddensees größter Zauber war seine großartige und uferlose Ereig-
nislosigkeit, von der auch meine Seele ergriffen wurde, das schöne Gleichmaß der Tage.

Die Lietzenburg war ein etwas konfus geplantes, immer wieder erweitertes und ausgebautes Jugendstilgebäude. Es besaß einen gewissen Ruhm, war ebenso backsteinrot wie die Bauten
Stralsunds und war gekrönt von einem kleinen Türmchen. Von
dort hatte ich den weitesten Blick über die geliebte Insel. Die
Kühe standen winzig vor dem Dorf Vitte auf der Weide, schwarze Flecken im Grün. So hatte sie auch mein verstorbener Onkel
Oskar gemalt. Darüber türmten sich meist Wolken, denn der
Himmel war stets belebt, erzählte immer Geschichten, war oft
auch in Aufruhr. Die See zwischen Rügen und Hiddensee, der
Bodden also, schimmerte, ganz klein sah man ostwärts die Küste
von Rügen und im Süden die winzigen Konturen der Stadt Stralsund mit ihren Türmen. An klaren Tagen konnte man im Westen am Schnittpunkt von Himmel und Meer die Küste Däne-
marks ahnen, als schwarzen Strich im Dunst.

Tag für Tag lief ich durch den knirschenden Sand zum Kaufmann Dittmann und erwarb in der winzigen Buchhandlung daneben die neueste Zeitung. Da fand ich die Berichte von den
Olympischen Spielen in Berlin, die Berichte über den Medaillen-
regen, der auf unsere deutschen Sportler niederging. Ich empfand
jede Medaille beinahe so, als hätte ich sie selbst errungen. Ich
identifizierte mich mit unseren Athleten, obwohl ich doch sonst
mit Sport wahrhaftig nichts im Sinn hatte. Aber es war wie ein
Rausch.

Damals verbrachte auch der Bruder Friedebald, nun fast siebzehn Jahre alt, seine Ferien auf der Insel. Er kam von der Schule

aus Weimar und erzählte mir von einer »Glazialkosmogonie«, das war eines Wieners, Hanns Hörbiger, »Welteislehre«, die derzeit viel von sich reden machte. Dieser Hanns Hörbiger war der Vater der beiden Schauspieler Attila und Paul Hörbiger. Ich verstand von seiner Lehre, bei der es vor allem um Eisstücke ging, die im Weltraum herumsausten, etwas ganz anderes, nämlich, dass die Erde keine Kugel sein sollte, die frei im All schwebte und sich um die Sonne drehte, sondern dass sie innen hohl sei. Wir lebten also auf der inneren Kruste, und Sonne, Mond und alle Sterne waren von der Erde umschlossen wie in einem Ball. Unsere Welt wölbte sich ringsum nach oben auf und stieß hoch über uns gewissermaßen zusammen. Es war dies eine Schau, die mich verwirrte, lange beschäftigte und die ich nicht zu glauben vermochte. Aber Friedebald fand es richtig, sich damit zu befassen, gerade das Bild des Weltraums im Inneren der Erdkugel war es, was Friedebald mir begreiflich zu machen versuchte. Zum Beweis der verblüffenden Behauptung erklärte er: »Wenn ein Schiff am Horizont verschwindet, dann kannst du sehen, dass seine vorderen Segel nach oben steigen.« Was ich nicht nachprüfen konnte und glauben mochte oder auch nicht. Ich glaubte es eigentlich nicht und doch war es eine fantastische Vorstellung, sich unsere Erde als Hülle um das All zu denken. Nur – was war dann außen herum? Wir würden es nie erfahren, denn nie würde man die Erdkruste durchstoßen können.

War das Wetter nur einigermaßen erträglich, ging ich zum Strand, also fast täglich, über die Hügelkuppe. Der Weg führte durch den niedrigen Kiefernwald zur Steilküste. Der Ausblick war von atemberaubender Schönheit, ringsum duckten sich die vom Wind zerkämmten Nadelbäume, da standen die silbrigen Sanddornbüsche, noch vom vergangenen Herbst über und über mit bernsteingelben Früchten geschmückt, wuchernd – und Ginster. Schwarzdorn duckte sich unter Ebereschen und Holunder. Dazwischen blühten weiße Heckenrosen. Der sandige Hang fiel steil, fast senkrecht ab. Ich stand hoch über dem Meer im dichten Gebüsch, das duftete. Die See dehnte sich unter mir unendlich und hellgrau gegen den Himmel, der selbst kaum lichter war, aber er trug die Sonne wie ein Juwel, das seinerseits wieder eine glänzende Scheibe auf das Wasser warf.

Über diesem Aussichtspunkt der herbschönen Einsamkeit kreisten im Herbst die Vogelschwärme, hier hörte ich die Kraniche schreien, hier sah ich ihren herzbewegenden Flug. Hiddensee war und ist das Drehkreuz der Vogelzüge, zweimal im Jahr ist die Luft über der Insel ein einziges Flattern und Steigen, Rauschen und Schweben.

Es war auch in jener Zeit, dass meine Karl-May-Leidenschaft abgelöst wurde – oder schon abgelöst worden war – durch eine ebenso leidenschaftliche Schwärmerei für Richard Wagner. Ich kannte seine Musik von Schallplatten und aus dem Radio. Einmal war ich in Weimar auch im *Tannhäuser* gewesen, wo mein Bruder als Statist mitgewirkt hatte. Die Mutter versprach mir, dass ich mit ihr in Bayreuth den *Parsifal* hören durfte, auf der Rückfahrt ins Kinderheim. Meine Freude war groß.

Unverständlich blieben mir damals die Äußerungen einer älteren Dame, die mit uns im kleinen Boot nach Rügen hinübergesegelt war. Sie behauptete, die Hand über Bord haltend und im Wasser schleifen lassend: »Wagners *Parsifal* macht süchtig. Das ist Rauschmusik. Nein, du musst die Matthäus-Passion von Bach hören, dann fühlst du dich erhoben und geheiligt!«

»Geheiligt!« Ich wollte mich nicht geheiligt fühlen und Bach war mir noch ein Notenbuch mit sieben Siegeln, unbegreiflich. Wagner war es, der jetzt die richtige Nahrung für meine pubertierende Seele war, nach der sie verlangte.

## Die Olympischen Spiele und Parsifal

Doch zunächst standen mir noch einige Tage in Berlin bevor. Der Mutter war es gelungen, einige Eintrittskarten für die Olympischen Spiele zu bekommen. Beim Polo war ich, fühlte mich aber eher gelangweilt. Wohl gefielen mir die Pferde, doch sie waren

meist so weit entfernt und jagten nur hin und her über das Spiel-
feld. Alles war längst nicht so festlich und aufregend, wie ich es
mir vorgestellt hatte. Auch die Zuschauerbänke waren ernüchternd leer. In die Dietrich-Eckart-Bühne ging ich, die im Wald
lag, weshalb sie nun heute Waldbühne heißt, einem griechischen
Theater nachempfunden. Ich saß auf der Steinbank im offenen
Rund, umgeben von brandenburgischen Kiefern, und sah ein
Thingspiel, eine Form des nationalsozialistischen Theaters, die
damals von der Propaganda favorisiert wurde, weil sie dem Gedanken der Gemeinschaft Ausdruck geben sollte und dem völkischen Geist huldigte. Das Stück hieß das *Frankenburger Würfel-
spiel*, es wurde dargestellt in altmodisch-historischen Kostümen,
mit vielen langweiligen Chören in schwülstiger Sprache.

Am nachhaltigsten beeindruckte mich die Schlussfeier, das
dunkle Stadion in der Nacht, die langsam hereinsank, der blau-
schwarze Himmel, Beethovens *Ode an die Freude* und die Tänzerin Palucca, die über das riesige Sportfeld wehte, die zierliche, so
flinke Gestalt – dann der Lichterdom, der von den im weiten Um-
kreis installierten Scheinwerfern hoch über das Stadion errichtet
wurde, diese Kuppel aus Strahlen, die sich im Zenit vereinigten –
das war erhebend, feierlich. Dass es Scheinwerfer zur Flugabwehr
waren, wer dachte daran? Kaum einer ahnte, dass sie in wenigen
Jahren schon den Himmel über Berlin ganz anders ableuchten
würden. Noch war Frieden. Und diese Feier schien eine macht-
volle Dokumentation für ihn zu sein und die Versicherung dafür,
dass er dauern würde.

Dem Frieden diente es auch, so schrieb man, dass am 24. August 1936 der Wehrdienst auf zwei Jahre verlängert wurde. Es
hieß, dass es nur für die Verteidigung geschah, denn Hitler wusste wohl, dass die Deutschen keinen Krieg wollten. Diese Aussicht
traf uns Jungens hart.

Die Mutter hatte einen Doktor Müller kennengelernt, der
wohnte in Bayreuth und war ein intimer Kenner der Musik Richard Wagners. Am Flügel führte er uns in den *Parsifal* ein. Ich
weiß nicht, mit welchen Gefühlen die Mutter das auf sich nahm.

Sie machte sich ja wenig aus Musik, hielt sich selbst für unmusikalisch und ließ die Klangwolken wohl eher meinetwegen, aus erzieherischem Pflichtgefühl, an sich vorüberrauschen. Wagner war ja vielleicht immerhin ein Schritt nach oben, in Richtung Parnass. Sie lauschte aber artig und gesammelt, mit ernstem Gesicht, vielleicht jedoch mit erschrockenen Ohren. Herr Doktor Müller spielte mit Kraft und Könnerschaft auf dem schwarzen Flügel im holzgetäfelten Zimmer. Danach saß er mit uns auf seiner Terrasse, erläuterte die Handlung, den tiefen, christlichen Sinn und wie Wagner selbst die Erlösung gesucht habe. Die Mutter, die Nietzsches Zarathustra als eines der größten Sprachkunstwerke liebte und daraus zitierte, ergriff in Gedanken Partei für Nietzsches Atheismus und gegen Wagners späte, schwülstige Religiosität.

Vor dem Haus wehte der Wind in den Laubbäumen.

Die Mutter wirkte erschöpft. Doch war ihr für mich kein Opfer zu viel. Sie hielt auch im dunklen Festspielhaus still, über vier lange Stunden. Da musste sie die sehnend-zehrenden Klänge in sich aufnehmen, die – von Streichern dargeboten – noch ganz anders in der Seele vibrierten als von Doktor Müllers Klavier. Und ich lauschte der singenden, sündhaften Kundry und liebte die singende, schöne Kundry und liebte auch all die reizenden Blumenmädchen in Klingsors Zaubergarten. Und heilig schwebte ich mit der Taube über dem Heiligen Gral.


## Ausbruch

Ich fand schwer in die Welt, kaum auf den Boden der Tatsachen zurück. Diese Musik, diese Aufführung war wie eine Droge für mich gewesen, die eine lange, lange Verweildauer in meinem Blute hatte. Das alles waren aufwühlende Dinge gewesen, sie hatten den vierzehnjährigen Knaben über sein Alter hinaus berührt, ihn reifen lassen – und für Kinderheime gründlich verdorben. Ich reiste nicht nur mit fürchterlichem Heimweh, ich reiste mit Widerwillen nach Vorderhindelang zurück. Wohl konnte ich unseren Freunden in Nürnberg, bei denen ich übernachtete, von meiner Kunst des Skilaufs vorschwärmen. Sie sahen sich mit mir einen Bergfilm mit rasanten Skiläufern an und ich behauptete kühn, genauso gut zu fahren. Das war damals gar so schwer freilich nicht und auch nicht so unwahrscheinlich wie heute, denn man fuhr allgemein noch nicht hervorragend. Doch reichte auch meine Liebe zum Skilaufen nicht dazu aus, in Hindelang bleiben zu wollen.

Die Mutter hatte mir, dem halb erwachsenen Kinde, beim Abschied in Bayreuth versprochen, dass ich jederzeit wieder heimfahren dürfe, wenn ich nicht im Kinderheim bleiben wolle. Sie dachte wohl, mir die Trennung zu erleichtern, indem sie alles in mein freies Ermessen stellte. Sie hoffte, einmal im Heim, würde ich mich bald wieder eingewöhnen.

Ich machte gar nicht erst den Versuch dazu. Noch unterwegs, auf der Reise, schrieb ich eine Postkarte, völlig aufgelöst: »Liebe Muh, ich bin gerade in Augsburg und es wird furchtbar schwer für mich werden. Es ist alles so trostlos und ich würde schon hier ausreißen, wenn es nicht so furchtbar feige wäre. Aber Du kannst Dich darauf vorbereiten, lange bleibe ich nicht.«

Die Mutter war auf der Leipziger Messe, die Postkarte ging in das Ringmesshaus, wo sie ihre Puppen ausstellte, es war Ende August.

Die Hamburger Kinder, die mich vielleicht hätten trösten können, waren nicht mehr da. Mein kleiner Freund Klaus Reclam, auf den ich einen guten Einfluss ausüben sollte, wurde von mir mit seelischer Haltlosigkeit konfrontiert. Ich schwamm in Tränen. Onkel Georg und Tante Elfriede waren hilflos.

Vielleicht half ein Telefongespräch mit der Mutter, das ich vom Büro des Kinderheimes führen konnte, spätabends, im Lichtkreis der Lampe, und allein. Also unbelauscht! Aber am Abend fühlte ich mich immer besonders verlassen. Noch einmal bekräftigte mir die überforderte Mutter, die vielleicht sogar ein schlechtes Gewissen hatte, weil sie mich so oft fortgab, dass ich jederzeit wieder abreisen dürfe. Da stand mein Entschluss fest. Ich nahm Klaus

Reclam das Ehrenwort ab, mein Vorhaben nicht zu verraten. Zum Glück schliefen wir damals im Erdgeschoss. Am kommenden Morgen um fünf Uhr früh kletterte ich mit meinem Koffer aus dem Fenster. Die Wiesen waren noch nebelverhangen. Wie ich den Bus am Straßenrand erreichte, danach den Zug – ich weiß es nicht mehr. Irgendwie kam ich nach Sonthofen und von dort nach Immenstadt. Am frühen Vormittag saß ich im D-Zug, der mich heimbringen sollte, nach Kösen, zur Mutter.

Auf dieser Fahrt begegnete mir Doktor Yoshio Hayashi. Er war Hals-Nasen-Ohrenarzt in Tokio, kam also aus einem Land, das freundschaftliche Beziehungen zum nationalsozialistischen Deutschland anknüpfte. Er sprach ein gutes, wenn auch leicht gebrochenes Deutsch, bereiste Europa, meinte, dass er Deutschland liebe, fand Gefallen an dem Jungen, der ich war, plauderte lebhaft mit mir, ich gab ihm verständige Antworten. Wir mochten uns und tauschten zum Zeichen unserer Freundschaft unsere Brieftaschen. Doktor Hayashi war kürzlich in Ägypten gewesen und hatte dort eine als Souvenir erstanden: Osiris und Hathor in bunten Farben gemalt. Diese Brieftasche erhielt ich, während er von mir eine bekam, die Friedebald mir aus dunkelblauem Leder selbst gebastelt hatte, die Nähte mit dickem Band umnäht. Jahrelang begleitete mich das ägyptische Erzeugnis, wurde speckig und löste sich schließlich auf. Und jahrelang wechselte ich Briefe mit Doktor Hayashi, doch sahen wir uns niemals wieder. »Weimar ist am schönsten Stadt zu leben in Deutschland ich glaube«, schrieb er mir von seiner weiteren Reise.

Da war ich schon wieder in Kösen und die Mutter musste sehen, was sie mit mir anfangen konnte. Völlig verbummelt war ich, nach normalen Begriffen und im Hinblick auf die Schule – und noch schlimmeres Verbummeln drohte, da ich das Heim verlassen hatte.

Vielleicht bereute die Mutter auch ihr so leichtsinnig gegebenes Versprechen. Was sollte sie nun mit mir tun? Sie schrieb entschuldigende, um Verständnis werbende Briefe an die Heimleiter: »Eine Reisebekanntschaft, die er unterwegs mit einem japanischen Arzt hatte, sandte ihm gestern ein Foto von dieser Heimfahrt. Wenn Sie das traurige, fast gramvolle Gesichtchen sähen – wären Sie nicht mehr böse. Es war nichts als Heimweh, das er nicht mehr aushalten konnte … Bitte bedenken Sie, dass er fast drei Jahre lang von zu Hause fern war und ein besonders gefühlvolles Kind ist. Ich hatte gehofft, ihn länger bei Ihnen lassen zu können. Aber nun muss ich ihn zunächst einmal daheimbehalten. Ich suche nach einem netten Junglehrer oder gutem Privatunterricht.«

Ich lag einige Tage mit Fieber im Bett.

Am 9. September verkündete Hitler auf dem Nürnberger Parteitag seinen zweiten Vierjahresplan. War es auf diesem Parteitag, dass er sagte, er habe weniger Angst vor einem Attentat als davor, dass ihm eine junge Mutter ein Baby in das Auto legte? War es damals, dass er rief: »Manche Leute in Deutschland sagen: Der Führer: ja! Aber die Partei: nein! Und ich sage: Der Führer ist die Partei und die Partei ist der Führer!«

Das Volk jubelte. Wir hätten gewarnt sein müssen. Denn die Partei und ihre »Übergriffe« wurden doch von vielen Menschen abgelehnt, die sich dennoch zu Adolf Hitler bekannten. Geschickt wurde die Mär aufgebaut, dass er von den schlimmen Dingen selbst nichts wüsste. Man war bereit, dem Mörder einen Bonus zu geben. Er hat ihn weidlich ausgenutzt.


## Traudel Binding


Was mich anbetrifft, den Schüler, der keiner war, so sehe ich sie heute noch in der Mutter Zimmer sitzen, brav die Hände auf dem Schoß gefaltet, klein von Statur, ein junges Mädchen eigentlich noch, frisch von der Hochschule: Traudel Binding. Sie war, so hieß es, entfernt verwandt mit dem Dichter Rudolf Georg Binding, der *Wir fordern Reims zur Übergabe auf* geschrieben hatte und die *Moselfahrt aus Liebeskummer*, Bücher, die der Mutter gefielen. Vielleicht wünschte sie sich ähnliche einmal von mir. Jedenfalls mag der Dichtername die Mutter bestimmt haben, mit Traudel Binding den Anfang zu machen. Sie versuchte nun, mich durch Hauslehrer unterrichten zu lassen, falls das überhaupt noch möglich war. Und mindestens konnte ja der Schulrat beschwichtigt werden, wenn ich eine staatlich anerkannte Lehrerin hatte.

Sie war meine erste und einzige Hauslehrerin, jedenfalls in Hinblick auf ihr weibliches Geschlecht. Ihr folgten später nur noch Männer, deren zwei.

Jetzt saß sie also vor der Mutter, der berühmten Frau, und blickte auf mich und die Frau und sagte wohl nicht, was sie wirklich dachte. Ich nehme heute an, sie wird es ziemlich unglaublich gefunden haben, was sie von meiner Schulbildung erfuhr. Konnte sie aus mir noch einen regulären Schüler machen, reif für eine normale Schule? Sie versprach jedenfalls, sich alle Mühe zu geben.

Sie erklärte mir, dass ich mich anstrengen müsste und nochmals anstrengen. Aber auch: »Gemeinsam werden wir es schaffen, das willst du doch?«

»Ja«, antwortete ich und war so überzeugt nicht. Sie war mir jetzt schon lästig, mochte sie auch mit einem berühmten Dichter verwandt sein. Was mich in jenem Augenblick einzig an ihr faszinierte, war ihr rehbrauner Lederhut mit überdimensionierter Krempe, die ein wenig herabhing. Der Hut war aus Dreiecken zusammengesetzt und verlieh ihr ein sonderbares, fast heiliges Aussehen. Auf manchen alten Bildern trugen Kardinäle ähnliche Kopfbedeckungen, die ihr Gesicht wie ein Heiligenschein umgaben. Traudel Bindings Wangen darunter waren rund und rosig, das ganze Mädchen war rund und rosig und taufrisch, aber für mich als Freundin natürlich viel zu alt. Und dass ich ihr dennoch eine gewisse Sympathie entgegenbrachte, lag nur daran, dass ihr Dasein mir nun das Daheimbleiben ermöglichte. Sie war das notwendige Übel – und ihr Unterricht dazu. Ich musste nicht wieder in ein Heim. Nie wieder! Daher war ich ihr gut – mit Reserve.

Traudel Binding bezog ein kleines Zimmer unter dem Dach. Vermutlich wurden nun Schulbücher und Hefte angeschafft bei

Herrn Donath, dem Buchhändler über der Brücke. Vermutlich saßen wir einige Stunden am Tage zusammen und lernten.

Aber der Winter kam, das Weihnachtsfest, der Schnee. Zum Heiligen Abend schickte ich Christl, meiner großen Liebe, eine Puppe, die den Namen Mäcke trug, und ein Buch, das die Mutter verfasst hatte. Ich schrieb ihr einen Brief, der eher kühl war, kühl aus Scheu. Ich wünschte ihr ein frohes Fest: »Gruß Max«, nicht einmal: »Herzlichen Gruß«, vielleicht aus Sorge vor einer Entdeckung meiner Gefühle. Die Mutter, Meisterin zärtlichster Unterschriften, hätte sich vielleicht doch Gedanken gemacht und sich darüber gewundert, was ihr Hasenherz schon alles erlebt hatte.

Dieses Hasenherz reiste mit Traudel Binding zum Skilaufen. Aber eigentlich war es wohl anders: Sie reiste mit mir. Und nach dieser Reise war sie schon wieder nicht mehr bei uns. Wir fuhren meinetwegen, wegen meiner immer labilen Gesundheit, ins Erzgebirge, nach Oberwiesenthal. Das war nicht so weit, freilich auch nicht so schön, für zwei oder drei Wochen Aufenthalt aber wohl geeignet.

Ich war Traudel Binding in der Kunst des Skilaufens weit überlegen. Der Unterricht in den Fächern der Schule wurde eingestellt und ersetzt durch meine sportlichen Unterweisungen. Die Hänge waren flach, der Schnee nicht hoch, aus den Tälern nebelte es, es war kalt, wir fuhren über niedergelegte Zäune und stapften mühsam wieder bergauf.

Aber die Skiübungen auf kahlen Wiesen waren es nicht, die mir Oberwiesenthal unvergesslich machten, es war der Mann, bei dem wir wohnten. Er war Zahnarzt, kümmerte sich freilich nicht um meine Zähne mit der Klammer, seine Gemahlin vermietete uns lediglich die beiden Zimmer mit Frühstück. Das Haus lag außerhalb des Dorfes, umweht von Nebel und Wind. Es pfiff durch die Fensterritzen, doch war es dank brauner Holzvertäfelung recht behaglich.

Der Zahnarzt war ein stämmiger Mann mit voluminösem Brustkasten. Er kämmte seine langen Haare nach Art eines Künstlers nach hinten, ließ sie kammersängerhaft wallen. Das hatte durchaus seinen Sinn. Er erfuhr bald von meiner Wagner-Anbetung und dass ich in Bayreuth gewesen war, im *Parsifal*, neben der berühmten Mutter saß und: »Aus Mitleid wissend, der reine Tor« gehört hatte, aufnahmebereiten Herzens. Er erfuhr auch, dass ich in meiner Freizeit an einem Werk über Opernkomponisten arbeitete, beginnend mit Claudio Monteverdi. Ich hatte mir mein Wissen und allerlei Biografisches aus Prospekten und Lexika abgeschrieben, auf dickes rehbraunes, gehämmertes Büttenpapier, jeweils nur auf die linke Seite. Auf die rechte wurden Bilder der Komponisten geklebt, die ich aus Schallplattenkatalogen ausschnitt. So entstand ein in meinen Augen beachtliches Opus und wog so manche fehlende Schulprüfung, so manches mangelnde Zeugnis auf.

Das also hörte der Zahnarzt von mir, denn ich war stolz darauf und daher mitteilsam. Das brachte auch ihn zum Reden. Es erwies sich, dass er eine ebenso wunderbare wie erstaunliche Opernkarriere hinter sich gebracht hatte. Ein Sänger war er gewesen, ehe er das Zähnebohren begann, und zwar kein schlechter, sondern – er hob die Hände – einer der besten Heldentenöre Deutschlands. Auf der Bühne des Münchner Nationaltheaters hatte er agiert und Wohlklang verströmt, und das war doch eines der führenden Theater Europas, sogar Berlin überlegen.

Ich nickte benommen. Es war beeindruckend, einem so bedeutenden Künstler gegenüberzusitzen. Wir befanden uns in seinem Wohnzimmer, der stattliche Mann atmete tief ein und wölbte den Brustkasten, er schleuderte die Haare zurück und sang einige Töne, die kleine Stube war davon erfüllt. Ich glaubte ihm. Und es war mir unverständlich, dass man nach so großartiger künstlerischer Laufbahn, nach diesen Erfolgen, Zahnarzt werden konnte, etwas so Profanes, denn er erzählte mir:»Ich habe alle Wagner-Partien gesungen: ›Nun sei bedankt, mein holder Schwan‹ oder ›Morgenlich leuchtend, in rosiger Pracht …‹ Ja, den *Lohengrin* und den *Walter Stolzing* und ›Winterstürme wichen dem Wonnemond‹ …« Dem ganzen *Ring* hatte er den Glanz seiner

Stimme verliehen, und dazu auch noch den großen Opern von Verdi, *Holde Aida* genauso wie »O wie so trügerisch sind Weiberherzen…« In *Aida* hatte er den Radames verkörpert und das Publikum zu Beifallsstürmen hingerissen. Mit Rosen und Tulpen war er überschüttet worden. Seine Mähne flog wieder.

»Ja«, wagte ich aber nun doch zu fragen, »warum haben Sie das denn aufgegeben?«

Nichts erschien mir unverständlicher.

»Ja, warum?«, murmelte er, meine Frage wiederholend und ihr nachsinnend. Seine Augen tauchten in meine, gerade wie in ein Zahnloch. »Warum? Das hat mich schon mancher gefragt. Weißt du, ich war zu erschüttert, zu sensibel. Ich habe mich zu sehr mit jeder Rolle identifiziert, ich brach vor Erregung zusammen, hinterher regelmäßig, und manchmal schon in den Pausen. Die Nerven! – Ich fiel oft in Ohnmacht und lag dann in meiner Garderobe. Daran bin ich fast zugrunde gegangen. Ein Künstler, weißt du, darf nur scheinen, er darf nicht sein! Ich aber verkörperte jede Rolle mit aller Intensität und erlebte die Handlung, wie wenn sie mein eigenes Schicksal wäre. Das war mein Fehler!«

Ich begriff. Diese künstlerische Erregung war mir durchaus verständlich, auch mich wühlte es ja bereits auf, wenn ich nur »Reich mir die Hand, mein Leben …« anhörte, geschweige denn, dass ich die seelische Kraft gehabt hätte, es zu singen, auf einer Bühne, die reizende Partnerin neben mir!

So weit der Zahnarzt aus Oberwiesenthal. Traudel Binding und ich verließen ihn wieder. Im Personenzug reisten wir heim, nach Kösen zurück. In einem der geräumigen Abteile, die es längst nicht mehr gibt, für Reisende mit Traglasten, beging Traudel Binding einen entscheidenden Fehler. Sie trug, da wir die Skikleidung in die Koffer gepackt hatten, wieder ihren rehbraunen Hut mit der breiten Krempe. Sie schlug mir vor: »Was meinst du? Wir vertragen uns doch so gut – du kannst du zu mir sagen.«

Ich war leicht geschmeichelt. Vom Bruderkuss war zwar nicht die Rede, aber das war mir recht, küssen mochte ich sie nicht. Im Grunde maß ich der Sache auch kaum große Bedeutung bei. Vielleicht versprach sich meine Hauslehrerin eine Förderung des Unterrichts, wenn die Schranke des Sie geöffnet wurde.

Nicht so die Mutter! Ich weiß nicht, was sie vermutete oder befürchtete. Sie sprach auch nicht mit mir darüber, aber vielleicht sah sie mich gefährdet. Sie wollte keine zu enge Bindung zwischen uns, keine Vertraulichkeit. So plötzlich, wie Traudel Binding gekommen war, so plötzlich verschwand sie auch wieder, ihr wurde gekündigt. Ich glaube, dass die Mutter ihr Unrecht tat. Vielleicht war sie auch nur ein wenig eifersüchtig – jedenfalls: Ich genoss wieder meine Freiheit, und zwar für Monate. Ich fragte nicht, ich nahm es hin und klebte an meiner Geschichte der Oper. Vollendet habe ich sie übrigens nie.

Und wir schrieben bald das Jahr 1937. Wie üblich saß ich in der Neujahrsnacht am Radio, hörte die Neunte Symphonie von Beethoven und war voller guter Vorsätze, leistete mir selbst, unverlangt, heilige Schwüre zu lernen, zu arbeiten! Wann und wo? Es waren ja weder ein Lehrer noch eine Schule in Sicht.

Dass wenige Tage vorher, nämlich einen Tag vor dem Heiligen Abend, im viele Tausend Kilometer entfernten China, in Hanchou, der Stadt, die schon Marco Polo als die schönste der Welt rühmte und die noch heute als Chinas Perle gilt, am Westsee gelegen, ein Mädchen geboren wurde, das fast dreißig Jahre später durch seinen Charme, seine Sensibilität, seine künstlerischen Begabungen und seine Lebensklugheit endlich Frieden in mein Herz brachte, ahnte ich nicht. Ich hätte einen so fern liegenden Gedanken wohl auch entrüstet von mir gewiesen. Hier, dieses eine Mal, ist der in der Wolle gefärbte Agnostiker, der ich bin, geneigt zu sagen: »Gottes Wege sind wunderbar.« Gottes Wege? Jedenfalls ist unser Leben eine Kette von Zufällen, wie ja auch unsere Existenz die Folge einer Kette unzählbarer Zufälle ist, durch die Millionen Jahre der Erdzeit – und sogar noch davor.

Inzwischen imponierte ich den Kösener Kindern durch mutige Schussfahrten auf den Skiern, steile Wiesen hinab, zwischen kahlen Obstbäumen, auf wässrigem Schnee, vereistem Gras, Maulwurfshügeln. Ich hatte erneut Schonzeit. Ein neuer Lehrer war noch nicht gefunden und weiblich sollte er nicht wieder sein, das erschwerte die Suche womöglich. Aber ich bemerkte von der Mutter Bemühungen auch nichts, sie ließ mich nicht daran teilnehmen. Sie reiste wie immer durch Deutschland, verkaufte Puppen und dekorierte Schaufenster. War sie daheim, diktierte sie ihre seitenlangen Briefe, arbeitete in der Werkstätte, war übertrieben zärtlich zu mir, zu ihrem Herzensmaxl, wurde aber darüber hinaus ganz aufgesogen von der Firma.

Ich lebte mein ganz eigenes Leben, nicht am Rande, wohl aber doch nebenher. Ich lebte ganz in meiner eigenen, verträumten Welt. Ich las, las tagelang. Manchmal ritt ich auf unserem Esel aus, zum Vogelherd im Wald, auf den Galgenberg, ritt auf Gras, unter Laubbäumen in raschelnden Blättern, unter weitem Himmel. Ich ritt auf den Napoleonstein, von wo man einen so weiten Blick hat auf die pastellfarbene Landschaft, bis hinüber nach Naumburg mit den Domtürmen und hinab auf Bad Kösen, auf die Dächer der Stadt. Der klein gewachsene Kaiser Frankreichs in seiner zwiespältigen Größe war mir recht gegenwärtig: Und so viel ich von ihm wusste – es war ja nicht viel, kaum Umrisse –, sosehr beeindruckte er mich. Später würde ich mehr von ihm wissen!

Später? Wann später und wodurch? Ich lernte ja nichts. Nun, eben einfach später und durch die Zeit. Ich war ja noch jung und hatte unendlich viele Jahre vor mir, nicht nur Jahre, sondern sogar Jahrzehnte. Was sollte ich mir Gedanken machen!

Ich fuhr wieder nach Hiddensee. Unser Haus Lietzenburg, die Jugendstilvilla, hatte die Mutter in eine Pension umwandeln müssen. Die laufenden Ausgaben wurden ihr zu groß. So musste mit dem Haus Geld verdient werden, um mindestens die Unkosten zu decken. Die Schwester Fifi, von der Arbeit in der Werkstätte im Sommer entbunden, leitete diese Pension, sie hatte eine Köchin, die tüchtig war, aber »ein Besen«, hatte einen Hausdiener, der den Gästen die Koffer vom Dampfer abholte und mit der blauen Schiebkarre am Schulterriemen mühsam durch den mahlenden Sand stapfte.

Hiddensee – das waren auch die menschlich reichsten Zeiten meiner Jugend, vielleicht sogar meines Lebens. Tage vollkommenen Glücks, von Mai bis in den September hinein, sogar bis Anfang Oktober: keine Schule, nur interessante Leute. Otto Gebühr war regelmäßig auf Hiddensee – wenn auch nicht als unser Gast –, der Schauspieler, der als Friedrich der Große zu Ruhm gekommen war, in Filmen, die den Krieg, alles Soldatische und Preußen verherrlichten. Mit ihnen stimmte der Propagandaminister Goebbels uns ein auf die Vabanquespiele seines Führers.

Friedebald, mein optimistischer Bruder, war nun nicht mehr mit mir auf der Insel. Er hatte in Weimar, bei Nietzsches Verwandten, der Familie Oehler, wohnend, sein Abitur gemacht und war danach gleich freiwillig zum Arbeitsdienst eingerückt, um »es schnell hinter sich zu bringen«. Er wollte bald mit einem Architekturstudium beginnen. Nun präsentierte er in Wittenberg, wo Luther seine Thesen an die Kirchentür geschlagen hatte, den Spaten. Wir hatten ihn zu seinem Geburtstag besucht. Da kam er zum Festessen ins Hotel, es war alt und behäbig. Der Bruder trug seine graue Uniform und schien mir vor Kraft und Gesundheit zu strotzen, er war aber liebevoll und bescheiden. Er zeigte uns die Baracke am Waldrand, wo er malochen musste, er führte uns zu der beeindruckenden Baumwurzel im Wald, die er allein rodete. Die Mutter rief: »Ach, mein Friederle, mein Friedebald, dass ich dich dazu geboren habe!« Sie stand aber seiner körperlichen Leistung doch eher verständnislos gegenüber, lachte sogar, was ihn kränkte.

Ich bewunderte den Bruder, aber mit Maßen. Als Statist auf der Bühne hatte er mir besser gefallen. Und das sagte ich ihm auch. Da meinte er, ihm ginge es nicht anders. Aber er müsse nun einmal seine Pflicht tun.

Auf Hiddensee fehlte er mir, der Gesprächspartner. Ein Gespiele war er nun schon lange nicht mehr, darüber waren er und ich hinausgewachsen. Bald würde er Soldat sein, auch das freiwillig, auch das, um es »schnell hinter sich zu bringen«. Er gehörte einer verlorenen Generation an, die um alles betrogen wurde, sogar um ihr Leben.

Anderseits gab es Menschen genug in unserer Pension, in diesem und in den folgenden Jahren. Da war der unmäßig krankhaft-fette Reeder aus Hamburg, der sich unglücklich in meine Schwester Fifi verliebte und bei aller Dicke nur guten Herzens war.

Da war Hemi, die Frau eines Arztes aus Oberschlesien. Sie wohnte nicht in der Lietzenburg, doch war sie mit uns eng befreundet, ein weiblich-mütterliches Wesen, hellhäutig, hellhaarig, mit rundem Gesicht. Sie hasste Hitler alle Zeit und war enttäuscht über jeden, der ihn nicht hasste. Hemi bewohnte in der Nachbarpension, nahe der Gerhart-Hauptmann-Villa, ein Holzhäuschen, das idyllisch im Wald unter Birken lag.

In derselben Pension »Thalheim« malte der Maler Bindel duftige Aquarelle. Er stand Tag für Tag vor seinem Holzhäuschen, auf einem langen Tisch hatte er Papier aufgepinnt und fuhr mit dem großen Tapeziererpinsel über die Farben, alle Konturen Nass in Nass verwischend.

In den Vollmondnächten tanzte ein sonderbarer Heiliger splitternackt auf der feuchten Wiese vor dem Schlafzimmerfenster der Schwester Fifi. Er hielt sich für die Reinkarnation Christi oder doch mindestens für den Verkünder seiner Wiederkehr. Man akzeptierte ihn freundlich. Er verteilte Broschüren, die mit »Der Meister spricht« betitelt waren, doch ihr Inhalt schien mir nicht meisterhaft, eher dunkel, was vielleicht aber nichts zu bedeuten hatte. Ich verstand die Tiefe wohl nur nicht. Er war, wie er so im Mondlicht tanzte, eine bleiche, erotisch anregende Jünglingsgestalt, sehnig, hager, mit lang wallendem Haupthaar, leidenschaftlich hervortretenden Backenknochen und glühenden Augen.

Die Schwester hat über ihn gelacht, doch war sie auch geschmeichelt.

Mich versuchte er als Jünger zu gewinnen. Er wanderte mit mir über die grünen Hügel, redete vom ewigen Heil und von erhabenen Dingen, machte mir aber wenig Eindruck, der ich die Taube über Parsifal schweben gesehen hatte. Ich fühlte mich eher unbehaglich, war seinem Redestrom auch nicht gewachsen. Die

Schwester Fifi hatte ihn im Verdacht, er sei bisexuell, sowohl hinter den Frauen her als auch hinter den Knaben, zu denen ich ja auch noch zählte, in diesem Sinne.

Vielleicht sprach sie ein ernstes Wort mit ihm. Er unterließ jedenfalls seine Bekehrungsversuche.

Hiddensee war damals überhaupt ein Treffpunkt zahlreicher sonderbarer Heiliger und Weltverbesserer. Hier wurde vieles geglaubt und noch mehr behauptet. Es war das Licht der Insel, das die Schwärmer anlockte und sie süchtig machte nach Schwärmerei. Ich selbst erlebte die Lietzenburg als ein Gehäuse und eine Zuflucht für Künstler, Träumer, Eigenbrötler, Theaterleute, für Gelehrte und Musiker. In Hiddensees Wald traf ich den greisen Dichter Gerhart Hauptmann beim Spaziergang. Er hatte die Insel schon früh kennengelernt, in unserer Lietzenburg schrieb er seine berühmteste Novelle *Der Ketzer von Soana* zu Ende, von unserem Onkel Oskar erwarb er das Land für sein eigenes Haus.

Ich erinnere mich an Jürgen Fehling, den ebenso berühmten wie körperlich massigen Regisseur, er war damals schon über fünfzig, wie er die reizende, kaum siebzehn Jahre alte Schauspielerin Joana Maria Gorvin auf seinen Schultern trug, ihre nackten Beinchen vor seiner Brust herabbaumelnd. Er hielt sie an den zarten Knöcheln. Einmal reiste sie vor ihm ab, mit dem Dampfer, da stand er am Bollwerk, schief auf seinen Stock gestützt, und winkte ihr so lange nach, wie die zierliche Gestalt zu sehen, ja, nur noch zu ahnen war, endlich nur noch ein Strich auf dem immer kleiner werdenden Schiff, das von Kloster nach Vitte einbog und eine lange Rauchfahne hinter sich über den Bodden schleppte. Er sah einsam, sehr rührend aus, dieser alternde Mann, der seinem jungen Glück hinterherblickte.

Fritz Rémond, Schauspieler und Regisseur mit beachtlicher Figur und aus den Fugen geratenen Gesichtszügen, in jeder Beziehung ein raumgreifender Mann, führte dauernd lose Reden im Mund, vor allem schweinische. Er witzelte über sexuelle Dinge und sah offenbar nicht viel anderes, spottete aber auch ungeniert über den Führer und war unser gern gesehener Gast. Er bewohnte das schönste Balkonzimmer. Es bereitete ihm Vergnügen, mich durch die Frage, ob ich wieder lieb zu mir selber gewesen sei und mir Freude bereitet hätte, in Verlegenheit zu bringen, zumal ich noch gar nicht verstand, was er meinte. Nach dem Krieg wurde er Prinzipal des privaten Theaters im Zoo in Frankfurt. Er beschäftigte dort den jungen Boy Gobert, der später Intendant in Hamburg, Berlin und Wien wurde und die temperamentvolle Krista Keller, eine vorzügliche Schauspielerin, die es durch Heirat zur Principessa di Cerami brachte.

Viele Namen habe ich vergessen. Aber was sind Namen? – Das Leben und die Menschen waren alles. Sie suchten neben dem Wind vom Meer und dem Duft der Hügel den weiten Horizont und den freieren Geist. All diese verschiedenen Persönlichkeiten, irgendwie waren sie wohl auch »meine Schule«, nur in einem sowohl verwascheneren als auch umfassenderen Sinne und nicht geeignet für einen Schulabschluss oder gar als Grundlage eines Studiums. An ein solches war bei mir aber wohl sowieso nicht mehr zu denken – auf immer.

### Die Odenwaldschule – Diether

Dennoch war ich gereift, nicht nur älter geworden, sogar ein wenig gefestigt. Vielleicht war noch ein Versuch zu wagen, mit meinem Einverständnis, das ich wohl oder übel geben musste. Der Mutter fiel die Odenwaldschule ein, auf der einige ihrer Kinder gute Zeiten erlebt hatten, bei Heppenheim an der Bergstraße gelegen und von Paul Geheeb in humanistischem Geiste gegründet. Nun war zwar Paul Geheeb ins Ausland gegangen, in die Schweiz, aber etwas von seinem Geist versuchten seine Nachfolger doch zu bewahren.

Ich sah ein, dass etwas mit mir geschehen musste. Ich schickte mich ins Unvermeidliche, zumal es wieder nur »auf Probe« war. Genauso fasste ich es auch auf und so musste es wohl auch die Schule betrachten.

Ich reiste in die OSO, wie die Odenwaldschule abgekürzt hieß, bezog ein schmales Bett in einem schmalen Zimmer in einem der Häuser mit hohen schwarzen Schindeldächern. Ich besuchte einige Schulstunden, von denen ich nicht viel verstand, saß in der Aula und hörte sonntägliche Schülerkonzerte, die mir gefielen, und lernte einen blonden Jungen kennen, der mein Freund wurde für viele Jahre, wenn wir uns auch nur selten sahen. Er hieß Diether Ockel. Sein Vater war Intendant des Ulmer Theaters. Diether sprach mit mir den *Faust*, seitenlang. Und wir lasen ihn mit verteilten Rollen.

Wir saßen mit vielen anderen Schülern auf einer Waldlichtung am Holzfeuer und Diether wies mich auf ein Mädchen hin, Inge, seine Freundin. Nur gerade jetzt hatten sie irgendwelche Schwierigkeiten miteinander, die Diether nicht ernst nahm. Aber das alles durfte niemand wissen, denn sonst flogen sie beide von der Schule, Diether und das Mädchen. Ich fand so eine Strafe hart, reich an Erfahrung, wie ich doch schon war, doch ging Diethers Verliebtheit vielleicht schon über die Grenze hinaus, die damals selbst eine aufgeklärte Schule zog und ziehen musste. Jedenfalls holte er verstohlen eine Fotografie von seinem Mädchen aus der Jackentasche, in der Badehose, und nur in dieser, sitzend, mit nacktem Oberkörper und rührend kleinen Brüsten.

Seine liebste Freizeitbeschäftigung war es, lange, unendlich lange unter der Dusche des Waschraums zu stehen, am Nachmittag, wenn es eigentlich nicht erlaubt war. Er überredete mich dazu. Heimlich schlichen wir hinunter, standen unter den Wasserschwällen, dampften, trieften und zogen prickelnd noch Reiz aus der Besorgnis, so nackt und schutzlos, entdeckt zu werden.

Diether vor allem genoss es. Er regte sogar an, seine Freundin zu dieser heimlichen Körperkultur mitzubringen, doch dazu war ich zu feige. Wir wären gewiss von der Schule geflogen. Ich schämte mich wohl auch, mich so entblößt vor einem Mädchen zu zeigen – und so entblößt ein Mädchen zu sehen, trotz der Episode in der Dornenhecke in Hiddensee – oder vielleicht gerade ihretwegen. Noch fehlte mir der Mut zu solchen Exzessen.

Als die Herbstferien kamen, verließ ich dieses schöne Landschulheim wieder. Mein Gastspiel war nur kurz gewesen. So ganz hatte es mir trotz des duschenden Freundes doch nicht gefallen. Oder die Schule sah keine Möglichkeit mehr, mich noch zu fördern. Bei mir war wohl schon Hopfen und Malz verloren. Wahrscheinlich trafen alle Gründe zusammen. Mir fehlte es sowohl an Lerneifer als auch an Vorbildung.

Ich kehrte wieder nach Bad Kösen zurück – zur Mutter, die vielleicht nun doch am Verzweifeln war. Denn ohne Unterricht konnte ich nicht mehr bleiben. Und wie viel war auch bereits vertan an Zeit und an Gelegenheit! Ich war menschlich sicher ein frühreifer Knabe, aber eine Art Kaspar Hauser – oder ein Wolfskind – in Bezug auf die Schule. Bald wurde ich sechzehn.

### Doktor Alfred

Aber nun erschien Doktor Alfred, kein großer, aber ein kräftiger Mann. Er strömte eine Energie aus, die mich einschüchterte. Sein mondrunder Kopf saß fast übergangslos auf den Schultern. Er begann seine erzieherische Tätigkeit mit einem Gang in den Kurpark, unter das Gradierwerk, das schwarz über uns aufragte und seinen heilsamen Geruch nach Salz und Sohle verströmte. Es war ein trüber Tag, die Wolken hingen tief, und trübe waren meine Aussichten, das sagte mir Doktor Alfred schonungslos: »Du musst lernen, lernen und nochmals lernen. Du musst dich auf den Hosenboden setzen! Das Herumlungern und Faulenzen ist jetzt vorbei.« So drückte er sich aus, vielleicht sogar in noch härteren Worten. Er brach einen Zweig vom Busch, streifte die Blätter ab und machte eine Gerte daraus. Die ließ er durch die Luft pfeifen, vielleicht aber weniger, um mir Schläge anzudrohen, sondern eher, um sich selber Mut zu machen. Mir wurde trotzdem weh ums Herz, ich war beklommen und kleinlaut, wusste nichts zu sagen, nickte nur hilflos und brummte maulig: »Jaja!«

Aber zu meiner freudigen Überraschung ließ sich dann alles

doch recht kommod an. Gleich zu Beginn unseres Zusammenseins – das ich im Nachhinein kaum Zusammenarbeit nennen möchte –, im schönsten, farbigsten und rundum sonnendurchfluteten Oktober, begab sich Doktor Alfred mit mir auf eine Wanderung über den »Rennsteig«, über diesen alten Grenzweg zwischen Thüringen und Franken. Es waren die Tage, in denen Mussolini wie ein Triumphator in Berlin gefeiert und mit frenetischem Jubel empfangen wurde, während andererseits der Herzog von Windsor Hitler seine viel beachtete Aufwartung machte. Wir aber zogen zwischen hohen Bäumen über den Kamm des Thüringer Waldes, von der Saale bis zur Werra, wanderten etwa zwanzig bis dreißig Kilometer am Tag. Begannen den Marsch im schiefergedeckten Neustadt, sahen den Kickelhahn, auf dem Goethe *Wanderers Nachtlied* geschrieben hatte.

Wir sprachen überhaupt viel von Goethe, der sich hier als Minister um den Straßenbau gekümmert und »liederliche Wirtschaft bis nachts eins« getrieben hatte. Ich befragte meinen Lehrer, was ich darunter zu verstehen hätte, und er antwortete mürrisch: »Mit Weibern eben!«

Mein Doktor trug bequeme Überfallhosen aus grau gesprenkeltem Stoff, er las und rezitierte mit mir im Wandern Goethes *Hermann und Dorothea*, er betonte die Hexameter sorgsam und wies mich darauf hin, ein wie vortrefflicher Naturbeobachter dieser Dichter gewesen sei, der zum Beispiel, wenn es brannte und die Flammen loderten, vom Feuer schrieb: »sich selber den Zugwind erzeugend …«. Wir schritten über den schmalen Pfad, über weichen Waldboden, durch das schlichte schwarzgrüne, vielfach geflickte Baumkleid, ließen uns auf dem Inselsberg vom Wind durchpusten und suchten den fernen Brocken und die Wartburg über die wogenden Waldgebirge. Unendlich friedlich, unendlich grün lagen die sanft gerundeten Hügel unter uns, ineinanderfließend und ihre Farbe mit dem vibrierenden Licht verdeckend. Wir kamen über die Wasserscheide zwischen Werra-Weser, Rhein-Main und Saale-Elbe, erfreuten uns an den verschiedenen Grüntönungen, an einer märchenhaft unwirklichen Welt, in der jederzeit Elfen und Zwerge zwischen die Baumstämme treten konnten, und durchstreiften die herrlichen Laubwälder bei der »Wilden Sau«.

Erleichtert und froh begrüßte ich jeweils die nächste Gelegenheit zum Einkehren oder Rasten: in Gastwirtschaften, Waldlichtungen, auf Bänken, hoch gelegenen Aussichtspunkten. Wir übernachteten in einfachen Gasthäusern oder in Privatquartieren, einmal, in einem düsteren Tal, bei einem Graubart, der Hunde schnitzte, die an Aschenbechern schnüffelten, und Elefanten, die Bücher stützten. Mir gefielen seine Kunstwerke, ich wählte sorgfältig aus und kaufte, von meinem Lehrer beraten, einige Stücke. Wir schickten sie im Paket nach Kösen, wo sich die Mutter gewiss über den noch recht unentwickelten Geschmack ihres Bildhauersohnes gewundert haben mag.

Aber was den Geschmack anlangt, kam ja in Deutschland auch sonst einiges ins Wanken. Im Sommer hatte Hitler selbst das Haus der Deutschen Kunst in München und die erste große Deutsche Kunstausstellung eröffnet. Da zeigten uns die Bildhauer Thorak und Arno Breker, wie der arische, heldenhafte Mann und die germanische Frau auszusehen hatten, und der Maler Ziegler übertraf sie womöglich noch an peinlichem Realismus. Der Bruder Jochen amüsierte sich darüber, dass man ihn den »Meister der gekräuselten Schamhaare« nannte, während die Schwester Fifi, in der Deutschen Wochenschau mit diesen Plastiken konfrontiert, sich verblüfft fragte, ob Männer wirklich so wild-muskulös wären. Dramatischer als damals, im künstlichen Spiel von wanderndem Licht und modellierenden Schatten, lassen sich Körper wohl kaum darstellen. Es gab auch einen pompösen Festzug, der die »Zweitausend Jahre Deutsche Kultur« glorifizieren sollte, auf die wir stolz sein konnten, denn kein anderes Volk der Erde hatte ähnlich große Leistungen vollbracht für die ganze Menschheit. Benno von Arent, Hitlers Reichsbühnenbildner, ließ viele historische Kostüme und aufgeputzte Wagen vorbeifahren, die von Brauereipferden gezogen wurden. Auf ihnen durften rein arische, wunderbar nordische Mädchen ihre idealen Brüste zeigen.

Doch das war keineswegs alles. Damit wir auch wirklich begriffen, was deutsche Kunst war – und was andererseits eben nicht, sondern ihr Abschaum –, wurde ebenfalls in München die große Ausstellung »Entartete Kunst« gezeigt. Danach wanderte sie durch Deutschland.

Ob Doktor Alfred der Nazipartei angehörte, weiß ich nicht mehr. Meine Erinnerung ist, dass er Hitler aus katholischer Überzeugung ablehnte. Aber Politik hat für uns niemals eine Rolle gespielt. Ich besuchte ja in Kösen auch niemals das Jungvolk, nahm nie an Heimabenden oder Marschübungen teil, war immer entschuldigt. Die folgende Zeit verging dann irgendwie, wieder daheim in Bad Kösen und in der Stube, die nicht die hellste war, aber anheimelnd, wie hier alles anheimelnd war, jeder Stuhl, jeder Tisch, jedes Bild. Sie verging, die trübste Jahreszeit, mit Schulstunden, mit einigen oder wenigen, doch dazu war Doktor Alfred ja schließlich gekommen und ich nehme an, die ersten Wochen werden wir auch gearbeitet haben, im November und Dezember.

Dann war aber schon wieder Weihnachten, die selige Kruse-Weihnachtszeit, und der zweite Januar sah mich mit meinem neuen Hauslehrer bereits in einem Gasthof auf der Seiser Alm, in Südtirol.


## Die Seiser Alm


Der Gasthof hieß »Monte Piz«, er hatte aber mit Bergen eigentlich gar nichts zu tun, im Gegenteil, er lag so tief im Einschnitt, dass er nur an wenigen Mittagsstunden von der Sonne gestreift wurde. Er war ein Holzhaus mit dünnen Wänden und eiskalten Stuben, kaum geheizt, die Schlafzimmer überhaupt nicht. Man erreichte ihn auf Skiern oder auch mit dem Schlitten von der oberen Seilbahnstation. Hoch standen die Schneewände ringsum und es herrschte bitterster Frost, der uns schaudern machte. An Arbeit war unter solchen Umständen nicht zu denken und es wurde auch nicht daran gedacht. Wo hätten wir auch lernen sollen, wenn nicht in der Gaststube, die meist voller Menschen war, Wintersportler, die sich draußen nicht aufhalten mochten. Ich wurde gleich krank, bekam eine schwere Bronchitis, quälenden Husten, eine Ärztin war dort, Bernhardine Blümel, die wollte mich mit Heudampfbädern kurieren. Über die Waschschüssel mit dem kochenden Sud musste ich meinen Kopf halten, unter dem Handtuch und unter der Bettdecke, recht wacklig auf der Matratze, schwitzen und tief atmen, was ich tat, ohne dass sich der Husten besserte.

Die Mutter wurde verständigt, es gäbe da einen anderen Gasthof auf der Höhe der Alm, inmitten weiter Hänge und mit Aussicht auf die Felsnadel des Schlern. Nein, es war doch schon eher ein Hotel, mit Balkonen, auf denen man den ganzen Tag, vom Morgen bis zum Abend, in der Sonne liegen konnte: »Albergo Delai«.

Dorthin übersiedelten wir ins sonnigste Doppelzimmer und fühlten uns wohl. Die Ärztin, wir nannten sie bereits Berni, zog mit uns um, sie war herzlich, gefühlsbetont, war gern mit dem Sohn von Käthe Kruse zusammen, und ich war stolz darauf, dass sie gern mit mir zusammen war.

Doktor Alfred genoss die Tage ebenfalls und genoss die Sonne. Er wurde braun wie ein Afrikaner, aber wir arbeiteten nichts. Wo waren all seine Vorsätze und Ermahnungen? Ich hütete mich, ihn daran zu erinnern.

Doktor Schlesinger aus München wohnte im Hotel, ein Rechtsanwalt, der mir unumwunden erklärte, dass er Jude sei. Er war ein scharfer, witziger Kopf, nahm sich meiner an und fand in mir einen Partner, der ihm an Frechheit gewachsen war. Das gefiel ihm. Doktor Schlesinger küsste die Mädchen, die, bis auf die seidene Unterwäsche entblößt, vor dem Hotel im Liegestuhl lagen, unter die Achseln und meinte, dies müsse man tun, um zu erfahren, wie eine Frau schmeckt. Die Mädchen genossen es. Ich wusste nicht, was er meinte, machte es ihm auch nicht nach, obwohl sich manche wohl hätte küssen lassen. Aber ich wäre viel zu scheu dazu gewesen.

Eine Hilde war es, die Doktor Schlesinger besonders gern küsste, eine junge Frau von fünfundzwanzig Jahren. Sie war knusperbraun und sprühte vor Gesundheit, sie sprühte auch vor Lebens- und Liebenslust. Aus Seis am Schlern wanderte sie zu uns herauf auf die Alm, an Sonn- und Feiertagen, oder wenn sie sonst gerade Zeit dazu hatte. Sie hatte oft Zeit. Sie hieß mit Nachnamen Feichtner und führte in Seis, eine knappe Stunde zu Fuß unterhalb der Alm, mit Mutter und Schwester ein Hotel. Auf die Alm kam sie der Sonne, des Flirtens und des Skilaufs wegen.

Doktor Schlesinger hasste selbstverständlich die Nazis, und hier war er in Italien, da konnte er es unbesorgt tun und auch aussprechen, so eng war das Bündnis zwischen Hitler und Mussolini noch nicht. Die Krise um Österreich schwelte gerade. Vieles gab uns Stoff zu Anzüglichkeiten – aber wir machten uns nicht nur lustig. Doktor Schlesinger saß ja die Angst im Nacken. Ich weiß nicht, was aus ihm geworden ist. Bis in die ersten Kriegsjahre hinein wechselten wir gelegentlich noch Briefe, er schrieb mir geistreiche Episteln, nahm kein Blatt vor den Mund und war ohne Furcht, dann hörte ich nichts mehr von ihm.

Ein Nordlicht sahen wir über dem Schlern flammen, wie grün und blau aufgezogene Vorhänge, von großer Pracht. Es illuminierte den Himmel lange. Doktor Alfred und ich stiegen mit Berni nachts auf einen Berg, nur um von seinem Gipfel den Vollmond zu betrachten.

Noch gab es keine Skilifte, aber die ersten Stahlkanten kaufte ich mir in Ortisei und stürzte am ersten Tage dauernd. Ich fuhr mit Bettlaken Ski, die ich mir hinter den Rücken band. Sie blähten sich wie Fallschirme.

Und dann kam Monika Eckhardt, nicht allein, sie war ganz frisch verheiratet mit einem deutschen Filmregisseur, der in Rom mit ihr lebte. Sie war Modezeichnerin gewesen, bevor sie Herrn Eckhardts Frau wurde, zierlich schlank, knapp über zwanzig Jahre alt, eine graziöse Erscheinung, duftend und dunkelhaarig. Monika und Herr Eckhardt hörten mit uns abends Bruckners Vierte, die *Romantische Symphonie,* in Doktor Alfreds und meiner Stube

*Doktor Alfred und Max
Kruse im Skiurlaub auf
der Seiser Alm, 1938*

von Schallplatten, die ständig umgedreht oder gewechselt werden mussten. Draußen war es stockfinster, bei uns brannte nur eine halbhelle Lampe, wir lagen auf den Betten und Herr Eckhardt war eifersüchtig, ich weiß nicht auf wen, er war aber ständig eifersüchtig und besorgt um die Liebe seiner reizenden Monika. Die Symphonie beginnt mit wunderbaren Waldhörnern, und so war mir zumute, ganz durchflutet vom Hörnerklang und von Monikas Düften berauscht.

Da Herr Eckhardt selber nicht Ski lief und Doktor Alfred es erst zu lernen begann, als mein Schüler, machte Monika mit mir eine Tour. Allein stiegen wir auf einen Gipfel, wo wir uns niedersetzten, um auszuruhen, Berge und Stille ringsum und ein sanfter Wind in Monikas Haar.

Wir schwiegen, bis Monika zu mir sagte: »Du darfst mich küssen, Mäxchen«, und ich küsste sie und fühlte mich wohl, wenngleich es noch keine große Liebe war, wohl aber eine reizende Verliebtheit. Dann schwiegen wir abermals.

Bald reiste Monika wieder ab, nach Rom, mit ihrem Gatten. Dass sie einen tieferen Eindruck auf meinen Doktor Alfred gemacht hatte, ahnte ich nicht.

Er fasste sich ein Herz und begab sich mit mir und Berni auf eine verwegene Tour, vielleicht, um den Aufruhr seiner Gefühle zu bändigen, den Goldknopf hinauf. Im Bergrestaurant gaben mich die beiden Erwachsenen aus Jux für den Enkel des deutschen Kaisers aus und ich wurde entsprechend bedient und höflich behandelt. So ausgelassen waren wir. Am Nachmittag fuhren wir auf der anderen Seite des Goldknopfes ins abgelegene Tal, ich mit den beiden blutigen Anfängern, denn weder Berni noch Doktor Alfred beherrschten ihre Skier auch nur einigermaßen. Es war eine Qual, eine Tortur, für alle. Wir kamen in den Wald, in die Nacht, in den Harsch, brachen immer wieder ein, die beiden stürzten dauernd, lagen mehr auf dem Boden, als dass sie auf den Brettern standen oder gar fuhren. Wir bekamen Angst, bestanden schließlich nur noch aus Angst. Es wurde dunkel und schnell Nacht. Wir erkannten nicht mehr, ob es aufwärts oder abwärts ging. Aber das Glück war uns hold, wir sahen endlich das Licht von Häusern, so klein, so entfernt, mit welcher Erleichterung begrüßt! Da waren dann Campitello und später auch Canazei und wir konnten einen Pferdeschlitten mieten. Es war bitterkalt, aber der Mond stand halb am Himmel und hatte einen hellen Hof. Die Tannen ragten tiefschwarz auf, der Schnee knirschte, das Pferd schnaubte, wir hörten seinen wattigen Hufschritt im Schnee, das Lederzeug ächzte, wir fuhren auf schmaler, gewundener Straße zum Sella-Joch empor, waren überglücklich, dem Leben wiedergegeben zu sein und den Gasthof erreicht zu haben. Hier bekamen wir Zimmer, in der Nacht musste ich erbrechen, war völlig überanstrengt, zitterte, fieberte, lag schweißnass im Bett.

Da Berni aber wieder heimreisen musste und sich die Abfahrt allein nicht zutraute, ließ mich mein Doktor im Gasthof zurück.

Er begleitete sie ins Tal, mit der Seilbahn auf die Alm und danach zum Zug nach Ortisei. Ich blieb einen Tag allein und eine weitere Nacht, aß Haferschleim und kam wieder zu Kräften. Am übernächsten Morgen, bei strahlender Sonne und in aller Herrgottsfrühe, schnallte ich meine Skier an und suchte mir den Weg über die lawinengefährdeten Hänge, um die roten Felsen des Sellajoches herum, eine Tagestour, ins »Albergo Delai«. Gottlob war der Himmel wolkenlos, die Welt um mich ein Fanal des Lichts, ich ging wieder bis an die Grenze meiner Kraft und empfand die Einsamkeit, die Unberührtheit der Natur ringsum. Nirgends war ein Mensch, geschweige denn eine Behausung, und ich empfand mich als so winzig, wie ich ja wirklich war.

Unterwegs, nach mehreren Stunden durch die Schneeeinsamkeit, kam ich zu einem einsam gelegenen Sporthotel, in dem die reichen, vornehmeren Gäste logierten. Hier konnte ich essen, mich ausruhen, hier gab es Tennisplätze, die im Winter zum Eislaufen benutzt wurden. Auf ihnen explodierte die Sonne. Und hier wurde gerade ein Film gedreht, dessen Star Anny Ondra war, die spätere Frau des Boxers Max Schmeling. Ich fotografierte die kleine, schmale Schauspielerin mit den weißen Beinen im schwarzen Röckchen, ehe ich mich auf den letzten Teil des Heimweges machte, der noch vor mir lag, von Hügel zu Hügel.

Doktor Alfred empfing mich, als habe er es nicht anders erwartet, als dass ich wohlbehalten heimkommen würde, aber gewiss war er erleichtert. Und er empfand wohl, dass er die in ihn gesetzten Erwartungen kaum erfüllt hatte und dass es wohl besser sei, der Mutter nicht persönlich Rechenschaft abzulegen. Heute meine ich, er hatte schon früh beschlossen, nie mehr mit seinem Schüler nach Kösen zurückzukehren, und handelte nach der Devise: »Nach mir die Sintflut!« Ich wüsste sonst nicht, warum dieses Lehrer-Schüler-Verhältnis sich so plötzlich löste, es löste sich jedenfalls. Doktor Alfred fuhr noch von der Seiser Alm, wo er mich ohne Erklärung allein ließ, direkt nach Rom und kehrte von dort nicht mehr zurück. Es ging im Hotel Delai die Rede, er sei auf Monika Eckhardts Spuren in Rom verschollen. Das war er freilich nicht gänzlich, denn während des Krieges trafen wir uns noch einmal, in Freundschaft, da war er Soldat, wir hatten andere Themen und sprachen nicht über diese Episode.

## Österreich-Anschluss

Schon vorher ohne Unterricht, jetzt auch noch ohne Lehrer, blieb ich dennoch auf der Alm. Ich verlegte aber meinen Sitz des Wohllebens und der Untätigkeit hinab nach Seis am Schlern, in das Hotel von Hilde Feichtner, die sich neben mir zum weiteren Bräunen sonnte, den schwellenden Busen im Büstenhalter, auf dem Balkon und sowieso schon braun wie Milchschokolade. Sie küsste mich und saß auf meinem Bettrand, im seidenen Morgenrock, der sich über den Beinen öffnete. So gab er meinen Blicken ihre Beine und die Seidenstrümpfe preis und die Haut – über dem Strumpfrand und unter den Spitzen der weißen Dessous – mit den dekorativen Strapsen. Da sagte mir Hilde: »Wie schade, dass du noch zu klein bist.«

Ich ahnte es nur, doch ich wusste eigentlich immer noch nicht so recht, wozu ich zu klein war.

In Bozen kaufte ich ihr ein Korallenarmband, es war nur ein Souvenir, ein billiger Schmuck, wie es ihn zu Tausenden gibt, aber ich wusste nichts anderes und verfügte ja auch nicht über große Mittel. Sie nahm es heimlich entgegen, im Dunkeln und verborgen hinter ihrem kleinen Wagen, einem Fiat Topolino – dem beliebten Auto-Mäuschen der Italiener. Sie küsste mich zwar wieder, schien mir aber doch eher geniert zu sein, eine Preziose war das Armband ja wirklich nicht.

Inzwischen hatte Hitler auch den Oberbefehl über die Wehrmacht an sich gerissen, die »Affäre Blomberg« hatte die Gemüter erregt. Immer ging es bei Hitler um Homosexualität, wie er behauptete, wie auch damals bei der Liquidierung des Stabschefs Röhm. Ribbentrop war Reichsaußenminister geworden.

Am 12. April war ich immer noch in Seis, am 12. April marschierten die deutschen Truppen in Österreich ein, zwei Tage später fuhr Hilde mit ihrer Schwester und mir nach Innsbruck. Dem Vater schrieb ich zum Geburtstag nach Berlin: »In Innsbruck war ich zwei Tage nach dem Einmarsch. Die Leute waren alle selig vor Freude und die ganze Stadt schwamm in einem Fahnenmeer. Jeder deutsche Schutzmann wurde stürmisch begrüßt und viele Leute hatten Tränen in den Augen. Über der Stadt donnerten den ganzen Tag deutsche Flieger. Und dazu die hohen Berge und der blaue Himmel, es war ein unbeschreiblich schönes Bild. – Ich habe Dir eine Brieftasche gemacht …«

So überschwänglich hatte ich den Tag erlebt. Grellweiß war die Nordkette, ein Gebirgs-Juwel, und Hitlers Sturzkampfbomber schossen im freien Fall auf die Stadt herab, sich dicht über den Dächern wieder fangend und in donnernder Schleife emporziehend. Aus Österreich wurde die Deutsche Ostmark. Die Leute jubelten, auf dem Heldenplatz in Wien feierten sie Hitler wie kaum einen Menschen vor ihm.

Und ich? Fuhr ich nun nach Hause, kehrte ich nach Kösen zurück, wartete dort ein neuer Lehrer auf mich? Weit gefehlt. Die Mutter reiste mit mir und der hübschen Schwester Hanne nach Oberitalien. Im Tal der Etsch reckte eine Monumentalplastik, ein nackter Mann auf dem Pferd, seinen linken Arm, das sollte der Duce Italiens, Mussolini, sein. Wir überquerten den Gardasee mit dem Dampfer. Da sah ich von oben auf ein Mädchen herab, es saß auf der Bank und trug ein Kopftuch. Ich vergaß sie nicht und dachte lange an sie, die ich nicht erreichen konnte, vielleicht gerade, weil ich sie nicht erreichen konnte, mit der ich niemals sprach und die ich nie von Nahem betrachtete. Ich war viel zu schüchtern, als dass ich zu ihr hinabgegangen wäre. In Bozen stolperte ich auf der Straße über ein Geschöpfchen, das über seinem Engelsgesicht eine Krone trug in Form eines goldblonden, dicken Zopfes. Lang streifte ich durch die Straßen, hoffend und betend, sie wiederzusehen.

Die Mutter, die Schwester und ich standen in der Lichtflut auf dem Balkon des Castellos von Malcesine, steil über dem See. Wir

*Käthe Kruse und Sohn Max im Frühjahr 1938
vor der Markuskirche in Venedig*

besuchten die Mailänder Messe, die Mutter führte mich vor Gemälde von Raffael in der Galerie Brera, wir tranken Kaffee vor dem Dom, ich wanderte im Dämmer des Innenraums unter seinen Säulen, legte den Kopf in den Nacken und spürte zum ersten Mal, was Gotik ist, dieses Bauwunder des Mittelalters, das sich nie wiederholt hat. Die Mutter zeigte mir Venedig, wir fuhren in der Gondel auf dem Canal Grande und ich war benommen, bezaubert. Wir schlenderten unter dem Schirm im Nieselregen über den Markusplatz, wo sich alles spiegelte, und die Schwester Hanne fütterte die Tauben. Wir wohnten dicht bei der Rialtobrücke, ich blieb dem Hotel Marconi mein Leben lang treu. Dann verließ uns Hanne, ich weiß nicht wohin.

Mit der Mutter reiste ich zurück über Zürich, wo mir Franz Carl Weber vom Spielwarenhaus das Buch *Der grüne Heinrich* von Gottfried Keller schenkte, mit seiner persönlichen Widmung, das war am 4. Mai 1938, das Datum steht in dem Band. Der *Grüne Heinrich* war in braunes Halbleder gebunden und Franz Carl Weber war väterlich, herzlich zu mir. Er meinte, für diese Dichtung sei ich nun reif genug, und zeigte mir das Haus, in dem Gottfried Keller als Stadtschreiber gearbeitet hatte. Er lud die Mutter und mich zu sich ein, in seine vornehme Villa über der Stadt, umgeben von einem Park. Seine Frau stammte aus dem Süden der Schweiz, glaube ich, sie hatte etwas von ihrem südlichen Charme an ihre Tochter vererbt. Das Mädchen war kleiner als ich und auch jünger, zierlich, mit einer niedlichen Nase. Sie zeigte mir ihr Zimmer und setzte sich mit hochgezogenen Füßen auf das Fensterbrett. Wir sahen auf den üppigsten Garten im Frühling und vor mir waren ihre nackten Knie mit den zarten Scheiben, die ich zaghaft küsste. Da lachte sie und sah mich mit warmen Augen an, schlug die Zöpfe zurück und strich sich über das Haar. Dann gingen wir wieder hinab zu den Erwachsenen, denn wir wurden zum Essen gerufen.

Die Mutter fuhr mit mir nach Calw im Schwarzwald, dort hatte sie von einer Höheren Handelsschule erfahren – wäre diese wohl etwas für mich gewesen, eine Lösung meiner Probleme? –

Ich konnte es mir nicht vorstellen und der Direktor der Schule vermutlich noch weniger, nach dem, was ich an Voraussetzungen mitbrachte. Zwar wurde viel beredet, wir besichtigten Klassenräume und hochgiebelige Häuser, in denen ich hätte wohnen können, doch dabei blieb es dann auch und die Mutter gab es möglicherweise sogar ganz auf, dass ich noch eine Schulbildung und einen Abschluss bekommen könnte. Sie reiste mit mir – vielleicht um ihre letzte Hoffnung ärmer – nach Stuttgart weiter. Wir wohnten im Hotel »Zeller«, weil sie mit den Zellers befreundet war. In vielen Städten hatte sie Hotels, zu deren Inhaber, Portiers, Zimmermädchen, Kellnern und Kellnerinnen sie herzliche Beziehungen pflegte. Sie kaufte mir in der nächstgelegenen Buchhandlung viele historische Romane, einen ganzen Stapel, damit ich mich daraus weiterbilde und nachhole, was alles versäumt worden war, allein, in Gottes Namen denn. Es waren Bücher über Könige und Kaiser, Biografien, eine recht willkürliche Zusammenstellung natürlich, denn die Buchhandlung führte ja nicht die gesamte Geschichtsliteratur, lückenlos und geordnet, und was hätte diese mir auch genützt. Außerdem hätte sie ein Vermögen gekostet.

Ich war zufrieden. Eine Handelsschule hätte ich nur ungern besucht. Ich war froh, dass dieser Kelch so schmerzlos an mir vorbeigegangen war. In der Nacht, die Mutter war eingeladen, saß ich im Fenster unseres hochgelegenen Hotelzimmers, hatte das Licht gelöscht und schaute auf die dunklen Dächer draußen. Da dachte ich, dass vielleicht hier ein Mensch lebte – aber ich meinte ein Mädchen –, und jetzt gerade schliefe, den Kopf und die Haare auf seinem Kissen, und nichts von mir wüsste. Und doch seien wir füreinander bestimmt und würden uns lieben, eines nicht mehr fernen Tages. Dann würde ich mich in Sehnsucht nach ihr verzehren und sie sich nach mir.

Ich hatte sogar recht.

Das Mädchen lebte damals in Stuttgart, wir wussten nichts voneinander, nach dem Kriege wurde es meine Frau. Ein Anfall von Hellsichtigkeit war dies freilich nicht, sondern ein Zufall. Ich glaube nicht an übersinnliche Erscheinungen und halte es ganz mit der Vernunft und dem Beweisbaren.

Die Mutter hatte Freunde in Heidelberg – da ergab sich für mich ganz unerwartet die Gelegenheit, zu Christl zu fahren. Sie war in Kassel in einem privaten Schulheim. Eilige Briefe wurden gewechselt, die Mutter erlaubte mir, zu ihr zu fahren, ein Treffpunkt in Kassel wurde vereinbart, Christl schlug das Bahnhofshotel vor. Dort sollte ich einen Brief von ihr mit näheren Angaben vorfinden. Ich glühte, bestand nur aus Sehnsucht und Ungeduld, reiste von Heidelberg nach Kassel, stand fiebernd im Gang des Zuges, weil ich es im Abteil nicht aushielt, sauste, meinen schweren Koffer schleppend, ins sogenannte Bahnhofshotel, das sich als eine Kaschemme entpuppte, wo es nach abgestandenem Bier roch, ein Gestank, der mir immer zuwider war. Ich bekam ein Briefchen ausgehändigt, klein wie eine Briefmarke, ich jagte die Treppe empor, in mein schäbiges Zimmer, riss das Kuvert auf – las und fiel aus allen Wolken: Sie schrieb in zierlicher Schrift, dass sie ganz plötzlich habe abfahren müssen … Zu ihrem Vater … und keine Zeit mehr gehabt, mich zu benachrichtigen … Und ich möge nicht böse sein. Und vielleicht ein andermal.

Ich war nicht böse, aber die Welt brach zusammen und ich wusste kaum, wie ich die Zeit verbringen sollte, wie die Nacht bis zur Abfahrt des nächsten Zuges nach Kösen.

Die Schwester Fifi hatte ihr erstes Kind erwartet, von Hubert, dem Grafologen, den sie auf Hiddensee kennengelernt hatte, und brachte es in Kösen zur Welt. Das war meine erste richtige Nichte und ich war stolz, nun ein echter Onkel zu sein, da ich bisher doch immer nur ein Halbonkel gewesen war, durch meine Halbschwester, aus der ersten Ehe des Vaters.

Überglücklich war Fifi, als sie ihr Baby im Arm hielt, die Gundula, und es war überhaupt ein Tag voller Sonne, damals im Naumburger Krankenhaus. Fifi war plötzlich Mutter und gänzlich Mutter, als sei sie nie etwas anderes gewesen und als habe sie niemals etwas anderes sein wollen.

323

Nun musste die Schwester Hanne die Leitung der Pension Haus Lietzenburg auf Hiddensee übernehmen und schritt mit mir sorgenvoll über die duftenden Hügel. Sie fragte sich und mich, ob sie der Aufgabe gewachsen sei und es den anspruchsvollen Gästen wohl recht machen könne. Die Köchin Else und der Hausdiener waren ihr geblieben.

Dass Hanne die Pension wunderbar leiten würde mit ihrer Tüchtigkeit und ihrem anmutigen Charme, war für mich sicher. Noch schrieb ich keine Gedichte, desto mehr machten mir meine erwachenden Gefühle zu schaffen, rissen an mir, beutelten mich, nahmen mir Verstand und Vernunft, wenn ich denn je welche besessen hatte. Eine Cousine kam zu uns nach Hiddensee, ein Mädchen, das mir gefiel, und es gefiel mir trotz allem durchaus nicht jede. Sie musste im Badezimmer wohnen, weil die Pension überfüllt war. Sie hatte einen guten und festen, deutlichen Busen. Ich schlich vor die Badezimmertür und presste das Auge ans Schlüsselloch, konnte aber nichts sehen und war allein auf meine Fantasie angewiesen. Das Mädchen duftete – schien mir – nach Erde und Sommerwiese. Besonders die Erde stand hoch im Kurs, denn die Mutter hatte oft eine Anekdote erzählt: Als der Vater um sie warb, verglich er sie mit dem Duft feuchter Frühlingserde. Darüber war sie zunächst gekränkt: keine Rosen? Keine Veilchen? Bis er ihr das Treffende und Schmeichelhafte dieses Vergleichs klarmachte, denn die Frühlingserde enthält ja alle Düfte der Welt als Möglichkeit und ist ihre Verheißung.

Mit der Erde hatte es auch Frau Müthel, die Gattin des berühmten Berliner Regisseurs Lothar Müthel. Sie wohnte bei uns. Ich habe sie als eine vehemente, mütterliche Frau in Erinnerung. Ihr machte es das größte Vergnügen, unseren Hund Jeremy, einen tigerähnlich gescheckten Mischling, Abkömmling unserer Bömby mit einem grässlichen Promenadenköter, auf den Rücken zu drehen und an seinen Pfoten zu schnüffeln. »Ach, wie das riecht«, meinte sie. »Es gibt keinen besseren Geruch.« Ich schnupperte bei Jeremy ebenfalls zwischen den auseinandergezogenen Zehen. Er ließ es sich ruhig gefallen. Ich fand den Geruch auch würzig, der Hund roch dort wirklich nach den Wiesen und Kräutern der Insel, die er vollkommen frei durchstreifte.

Sie war nicht die einzige bekannte Frau vom Theater, die in der Lietzenburg wohnte. Hilde Körber, die große, schweigsame Schauspielerin, war bei uns mit ihrer jüngsten Tochter Susanne, ein Mädchen mit Zöpfen, so niedlich anzusehen. Wir verliebten uns ein wenig ineinander. Wenn sie mich sah, flog sie auf mich zu, umarmte mich und presste sich an mich. Ihr Köpfchen reichte mir höchstens bis zum Kinn und ihr Haar war seidig. Die Mutter lebte gerade in Scheidung von Veit Harlan und litt darunter. Er hatte sie wegen der jungen Christina Söderbaum verlassen, die in seinem Film »Kolberg« zum Schluss durch Selbstmord im Meer sterben musste, weshalb sie die »Reichswasserleiche« genannt wurde. Veit Harlan erwarb sich makabren Ruhm mit Nazipropaganda-, sogar Hetzfilmen, von denen »Jud Süß« gewiss der übelste war und am nachhaltigsten wirkte, vielleicht gerade deshalb, weil er so gekonnt inszeniert worden war. Hilde Körber war blass, verhärmt, sie lachte aber trotzdem über ihre Tochter, mochte uns beide und ich mochte das Mädchen. Es war eine Schwärmerei, die vorüberging, wie dieser Sommer.

Die Schwester Hanne war befreundet mit der jungen Schauspielerin Ursula Herking, die erfolgreich in komischen Filmrollen debütierte. Hochschwanger war sie, als sie zu uns kam und so – ihre zeitweise Unförmigkeit mit Humor kommentierend und jede Unterhaltung mit trockenem, manchmal bissigem Berliner Witz würzend – spielte sie mit uns das beliebte Boccia. Nach dem Krieg kam Ursula Herking zu Ruhm, als erstes weibliches Mitglied der Münchner Lach- und Schießgesellschaft, neben Dieter Hildebrandt ein Star des deutschen Kabaretts.

Boccia war das Spiel der Lietzenburg. Ein Urlaub bei uns war nicht ohne Boccia denkbar. Von zwei Parteien mussten je sechs schwarze und sechs gelbe Holzkugeln so nah wie möglich an die zuerst ausgeworfene rote Zielkugel herangebracht werden, gerollt, geschoben oder auch geworfen, bedächtig oder heftig. Man konnte auch andere, nahe liegende Kugeln wegschmettern, wenn man sie traf. Boccia war beliebt, es förderte die Kommunikation unter den Gästen, den ganzen Tag konnte man das Klacken der Holzkugeln hören. Der Reiz des Spiels bei uns bestand darin, dass es nicht auf einer glatten, präparierten Bahn gespielt wurde, sondern auf dem Rasen, in Sandkuhlen und in jedem anderen Gelände, um das Haus herum und auf den Hügeln davor. Man musste also die Unebenheiten des Bodens so genau wie möglich abschätzen und einberechnen. Ein zusätzlicher Reiz lag darin, die rote Kugel entweder ganz nah oder weit weg zu platzieren. Es gab wahre Meister, die das Spiel in der charakteristischen Haltung beherrschten, weit vorgebeugt, lange und aufmerksam ausschauend, zielend, prüfend und überlegend, die linke Hand aufgestützt, die rechte weit ausschwingend, auch dann noch, wenn die Kugel bereits rollte.

Der Bruder Jochen saß, mit seinen Freunden Day und Paulchen – jung und elegant alle drei – auf der sonnendurchfluteten Frühstücksveranda. Im weißen Strohsessel mit der hohen Rückenlehne las er die Briefe seiner Freundin Rita aus Berlin laut vor. Sie war Mannequin und duftete ebenfalls süß, wie Jochen bemerkte, wenn auch nicht nach Frühlingserde, sondern nach Pariser Parfum. Sie erschien mir schön und etwas mollig, nach den Fotos, die Jochen herumzeigte, und sie überschüttete ihn brieflich mit Küssen, das mochte er. Jochen war damals – und blieb es – ein außerordentlich hübscher Bursche, sehr schlank, mit eleganten, langen Beinen, wohl ausgebildetem Thorax und einem meist strahlenden Gesicht – nein, er war nicht immer strahlend, dieser Bruder, aber in Hiddensee war er es, voller Witz und Heiterkeit.

Ja, Jochens Thorax war wohlgebildet, der meine war es nicht mehr. In Kösen war ich einmal gegen einen Zaunpfosten gerannt, der am Straßenrand eingerammt worden war, ein runder, eisenharter Pfosten. Er hatte sich mit voller Wucht und furchtbarem Schmerz in die Mitte meiner Rippen gebohrt, die noch nicht sta-

*Der Bruder Jochen auf Hiddensee*

bil waren. Den Schlag spüre ich – in Gedanken – noch heute. Ich war wie benommen und taumelte. Es bildete sich zunächst nur ein blauer Fleck, aber das war nicht das Schlimmste. Schlimm war, dass sich von diesem Tag an die Rippen nach innen bogen, sodass ich eine Trichterbrust bekam, deren ich mich schämte. Sie machte mich über die Maßen scheu – noch zu den Hemmungen wegen meiner vorstehenden Zähne. Ich trug deshalb Badeanzüge mit Oberteil, was mich dem Spott der Gleichaltrigen aussetzte. Sie kannten ja auch den Grund nicht, weil ich ihn verbarg, statt mich zu ihm zu bekennen. Ich bekam Vitaminpräparate gegen Rachitis und musste unter Anleitung meiner Schwester Maria, die das studiert hatte, auf dem Steilhang über dem Meer, auf den Wiesen um die Lietzenburg und in würziger Waldluft Gymnastik machen. Sie schlug das Tamburin dazu mit dem Schlegel. Doch die Gymnastik fruchtete nichts und die Verunstaltung blieb.

Der große Philosoph Kant, so tröstete man mich, sei mit einem ähnlichen Leiden behaftet gewesen, einer Hühnerbrust, und trotzdem alt geworden. Ja, aber er war Philosoph gewesen und hatte es sicher mit stoischer Geduld getragen, das tat ich nicht, damals noch nicht. Später lernte ich eher, mich mit dem Unabänderlichen abzufinden, ja, ich lernte daraus, dass ein Unglück sich als ein wahres Glück erweisen konnte, denn diese Verunstaltung bewahrte mich später davor, Soldat werden zu müssen, und rettete mir so womöglich das Leben. Noch öfter hat es sich mir später im Leben erwiesen, dass etwas, das zunächst als Schaden empfunden würde, sich später als Glücksfall erwies. Man sollte daher Geduld mit seinem Schicksal haben.

Ich bewunderte Jochen, weil er so makellos »gebaut« war, wie die Mutter es ausdrückte. Michelangelos David in Florenz war bestimmt nicht hübscher als er. Ich bewunderte ihn aber auch sonst, weil er so witzig war, und außerdem war er immer reizend zu mir.

Ich las damals ein Buch über Marco Polo, einen Roman in etwas schwülstiger Sprache, der mir großen Eindruck machte, zumal ich Venedig ja nun kannte. Ich begann, das Werk zu dramatisieren, wollte es für ein Marionettentheater bearbeiten und entwarf eine Bühne, bei der man den Boden Zentimeter für Zentimeter nach unten versenken konnte, denn ich wollte meine Dekorationen und Figurinen beliebig versenken können. Das stellte ich mir äußerst effektvoll vor und damit erschöpfte sich das Schauspiel im Wesentlichen.

## Odo, der Mentor

Auf einem Esel konnte ich reiten, das hatte ich in Kösen mit der grauen Zwergeselin Rosinchen – oder Asina – praktiziert. Nun mietete ich mir im Gutshof von Kloster auf Hiddensee ein Pferd, einen gutmütigen, dicken Ackergaul. Er wurde mit einem Sattel versehen und ich konnte aufsitzen. Man musste allerdings aufpassen, dass das Tier nicht in eines der zahlreichen Karnickellöcher trat und sich das Bein brach. So, hoch zu Ross, streifte ich über die Insel, eitel, wenn ich Leuten begegnete, nachdenklich und versonnen, wenn ich allein ritt.

Von diesem Pferd führt eine direkte Verbindung zu Odo, der mein letzter Hauslehrer wurde. Er kam nämlich aus Devin bei Stralsund, wo er die Kinder eines großen Gutshofs unterrichtete – und die hatten viele, rassige Pferde. Ich besuchte sie einmal, um Odo kennenzulernen, und durfte mit Frau Krukow ausreiten, im Galopp über die Stoppelfelder. Mir vergingen Hören und Sehen.

Odo war kein ausgebildeter Lehrer, er war ein angehender Schriftsteller oder er hielt sich dafür. Das mochte die Mutter auch für ihn eingenommen haben: ein musischer Mensch für ihren Herzensschatz, ein Dichter für ihren Dichter in spe …

Odo gefiel mir gleich, er war so ganz anders, als man sich einen Lehrer vorstellt, schwungvoll, noch keine dreißig Jahre alt, salopp gekleidet, er trug weite Hosen, die um seine überlangen, dünnen Beine flatterten, und ebenso weite Jacken. Er hatte auseinanderstehende Augen und ausdrucksvoll starke Backenkno-

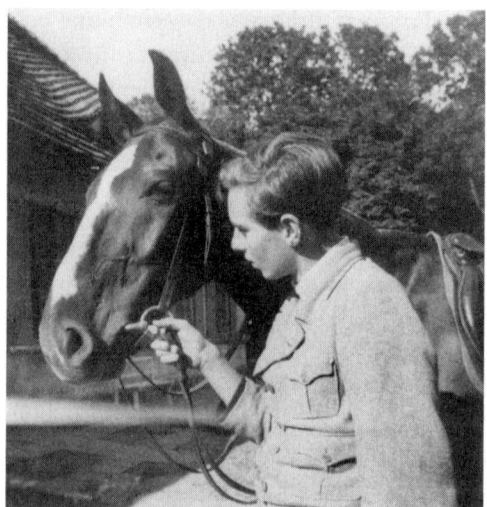

chen, dazu schütteres, dünnes Blondhaar. Er war voller Geschichten, die er bereitwillig erzählte. Meist waren es Aufschneidereien,
die seine enormen Fähigkeiten auf allen Gebieten und seine glänzende, ruhmvolle Zukunft zum Thema hatten, sodass ihm mein
Vater auf seine trockene, knurrige Art einmal zubrummte: »Män-
neken, Sie sind der reenste Märchenerzähler!«

Odo kam zu mir, als sich der Sommer neigte. Bald versicher-
ten wir einander – ich in der Telefonzelle auf Hiddensee, er noch
bei Krukows in Devin – unsere tief empfundene Freundschaft.
Ich fühlte es auch so, und das war vielleicht keine schlechte Mit-
gift für den verzweifelten, späten Versuch, aus mir noch einen
Menschen mit Kenntnissen zu machen, mochten sie auch noch
so lückenhaft sein.

Odo war jedoch nur kurze Zeit auf Hiddensee, es reichte aber,
um zwischen ihm und Schwester Hanne Funken zu zünden. Ich
dachte mir noch wenig dabei. Im Herbst brachen er und ich auf
der Insel unsere Zelte ab, Odo zog mit mir nach Berlin. Die Mutter mietete uns eine möblierte Bürger-Wohnung in der Spichern-

straße 20. Vor allem das Wohnzimmer war beachtlich, mit Klavier und gedrechselten Plüschmöbeln. Odo nahm von diesem Wohnzimmer Besitz, ich wurde in ein winziges Schlafkämmerchen verbannt, dessen Fenster zum dunstigen Hof führte. Ich fand das in Ordnung und fühlte mich dennoch wohl. Das Leben mit Odo gefiel mir, das in Berlin noch mehr. Es war turbulent, Odo erfüllte den Plüschraum mit seinen Fantasien und hatte mit Unterricht kaum etwas im Sinn. Aber nicht so sehr aus Faulheit, sondern aus Genialität. Mein Gott, Schule – was ist das schon? Er pflegte dafür unsere Freundschaft und hütete sich, sie Belastungen auszusetzen. Er verschonte mich mit lästiger Arbeit. Ich begann wieder Tagebuch zu schreiben und fragte mich mit den ersten Sätzen, ob ich es wohl ein Leben lang tun würde. Rasch ließ ich es wieder – leider. Ich entwarf einen Film für die Schauspieler Heinz Rühmann und Hans Moser, in dem ein Mann aus dem Mittelalter in die Neuzeit versetzt wurde. Das war doch interessanter, als mathematische Formeln zu lernen. Odo unternahm es, mit mir Hörspiele zu schreiben, zunächst für den Schulfunk, später konnte man ja weitersehen, nach oben gibt es nie Grenzen, die Berliner Staatstheater standen uns offen – in unserer Fantasie. Vorläufig waren es Spiele über deutsche Könige und Kaiser, gekrönt mussten die Häupter schon sein, darunter taten wir es nicht. Nun ja, dabei lernt man ja auch etwas. Wir verfassten auch eine Ballade über Maria Stuart im dunklen Kerker. Während ich umständlich und langatmig die Szenerie beschrieb, kam Odo gleich dramatisch zur Sache:

»Ein dunkler Gang, und dahinter ein Tor,
Und zwei mit Gold bestochene Wächter davor …«

Ich begriff, wie weit er mir überlegen war.

Es war dies das Jahr der künstlich herbeigeführten Krise um die Sudetendeutschen, Konrad Henlein war ihr Führer im Sinne Adolf Hitlers, sie wollten »Heim ins Reich«. Auf dem Reichsparteitag am 12. September 1938 drohte Hitler offen mit einer Intervention, am 15. September war der englische Premier Chamberlain auf dem Obersalzberg beim »Führer und Reichskanzler«, dann redete Hitler im Sportpalast, geiferte, forderte, drohte wieder. Daladier aus Paris, Chamberlain aus London, Mussolini aus Rom und Hitler trafen sich in München, die Krise wurde beigelegt, ein geplanter Staatsstreich der Reichswehr unter Generaloberst Halder, der Hitlers aggressive Politik nicht mitmachen wollte, wurde deswegen leider abgesagt, es gab eine deutsch-englische Friedenserklärung, Hitler versicherte: »Wir wollen keine Tschechen«, und die Tschechoslowakei musste das Sudetenland an das Deutsche Reich abtreten.

Es gab am 9. und 10. November aber auch Pogrome und die sogenannte »Reichskristallnacht«, in der die Synagogen in Deutschland in Brand gesetzt wurden. Ich sechzehnjähriger Junge war der Goebbel'schen Propaganda ausgesetzt und gestehe, dass ich das Ausmaß der Schändlichkeit nicht erkannte.

Als es Winter wurde, waren wir wieder in Kösen. Die Berliner Wohnung wurde aufgegeben. Aber das änderte nichts daran, dass Odo immer neue Projekte mit mir entwarf, Filmdrehbücher, darunter auch eines über Meerschweinchen, die sich auf einer Zollstation so wahnwitzig vermehrten, dass die Beamten dieser Flut nicht mehr Herr wurden und nicht mehr treten konnten. »Schwein ist Schwein« hieß das Elaborat. Odo hatte den Stoff in einer Zeitschrift gefunden. Auf ein Studium an der Deutschen Filmakademie wollte er mich vorbereiten, dass ich Regisseur oder Drehbuchautor werden konnte, war für uns eine ausgemachte Sache, es war vielleicht die letzte Chance, die mir das Schicksal bot – aber was für eine.

Odo war eigentlich nicht nur mein Lehrer, sondern eher mein Mentor. Er jedenfalls nannte sich so, und in dieser Art sah es die Mutter wohl auch, froh, wieder eine Lösung gefunden zu haben. Sie glaubte fest an meine Begabung. Ich würde meinen Weg schon machen. Ich war glücklich, notierte: »Odo zeigt mir ein Ziel: Filmakademie und Regisseur … Endlich!« Ich begrüßte es begeistert und fuhr fort: »Odo scheint mich zu lieben … ich mag ihn ganz gerne, aber lieben? Nein! Ich glaube überhaupt nicht, dass Lieben der richtige Ausdruck ist von Mann zu Mann.«

Aber ich litt auch und hielt es in meinem Tagebuch fest: »Christl schreibt nicht, ich bin verzweifelt.« Und trotzdem fragte ich mich auch besorgt, ob sie nicht vielleicht hässlich sei, das wäre doch schlimm gewesen: »Wir haben uns nun drei Jahre nicht gesehen! Was waren wir kleine, dumme Kinder!« Und fuhr gleich darauf selbstkritisch fort: »Und was bin ich jetzt?«

Diese Frage stellte ich mir mein ganzes Leben.

Mir wurde auch klar, dass die Liebe am Arbeiten hindert, und ich erkannte ahnungsvoll: »Wenn ich sie (nämlich Christl) nicht bald einmal wiedersehe und zurückerobere, gibt es ein Unglück!« »Zurückerobere …« als ob ich sie jemals erobert gehabt hätte! Vokabular der Pubertät.

Einen Gigli-Film – vielleicht *Ave Maria* – fand ich »zum Kotzen« und bemerkte: »Odo und ich meinen, dass wir die großen Reformatoren des Films werden müssten. Aber Mutti wünscht offenbar, dass ich einen Beruf in einem Museum ergreife.«

Ja, die Mutter fand nun, dass ich auch eine ausgesprochene Begabung für das Ordnen und Sortieren hätte, die ihr fehlte. Auf ihrem Schreibtisch herrschte leicht das Chaos.

Irgendwann, dieses Datum habe ich leider nicht notiert, heirateten Hanne und Odo. So wurde ich zur finanziellen Basis der Ehe. Im Winter 1939 reisten wir zu dritt mit mir zum Skilaufen nach Nauders in Tirol und ich bereicherte mein Schmierheft mit der Feststellung: »Es treibt mich zu schreiben, und ich weiß doch nichts. Ich sitze vor dem Papier wie ein leerer Topf.« Oder: »Die Unvollkommensten verlangen von mir Vollkommenheit.«

Wir verbrachten das Frühjahr darauf in dem Austragshäusel eines Südtiroler Obstbauern in Schenna oberhalb von Meran, wo ich mich bemühte, künstlerisch zu fotografieren und mir eine Dunkelkammer im Keller einrichtete, umgeben von Wänden aus Granitgestein. Ich fand, es war ein wundervoller Raum.

Hanne und Odo residierten im ersten Stock, ich wohnte unter ihnen im Parterre. Und Hanne führte den Haushalt.

Ich erlebte erregte Diskussionen von Südtiroler Bauern mit, die nach einem Abkommen zwischen Mussolini und Hitler für eine

Rückkehr nach Deutschland optierten, das heißt, sich dafür entschieden, ihren Besitz in Südtirol gegen einen in Deutschland oder Österreich zu tauschen. Das wollte auch unser Bauer, einer der wohlhabendsten hier, denn er dachte national und mochte kein Italiener werden. Sein Hof lag auf der Höhe, hinreißend schön, mit weiter Aussicht über Meran und das Tal, die Bäume standen in voller Blüte, so üppig, wie ich es nie wieder erlebt habe. Undenkbar war es für mich, ein solches Paradies aufzugeben.

Odo schritt mit ausgreifenden Schritten über die Wiesen und ließ mich ein wenig Französisch memorieren nach dem populären Ullstein-Lehrgang: 1000 Worte Französisch. Ich lernte:»Je ne parle pas assez bien français pour me faire comprendre«, lernte es auswendig und wendete es später in vielen Lebenslagen an. Es passte immer und half fast immer, verleitete aber meine jeweiligen französischen Gesprächspartner zu der irrtümlichen Annahme, ich könnte mit ihnen fließend französisch parlieren. Ich glaubte, meine vier Vorderzähne hätten endlich ihre ansehnliche, gerade Position gefunden, die Spange wurde entfernt, die Zähne ihrer drückenden Fessel befreit – wenige Wochen später standen sie genauso schief da wie früher. Jahrelange Qual war umsonst gewesen. Ich resignierte und meinte, ich hätte keine andere Wahl, als mich mit dieser Verunstaltung abzufinden. Es machte mich nicht gerade glücklich.

Im Frühsommer endete aber auch dieses Intermezzo mit Odo. Die junge Ehe ging in die Brüche, obwohl Hanne ein Kind erwartete, trennten sich die beiden. Dadurch wurde auch mein weiteres Zusammensein mit Odo unmöglich. Ich verließ Schenna.

Auf der Rückkehr von Schenna traf ich die Mutter in Innsbruck. Sie trug diesen neuerlichen Misserfolg mit Fassung. Jedenfalls ließ sie sich keinen Kummer anmerken. Meine Schulzeit, wenn man dies denn so nennen konnte, war aber nun unwiderruflich vorbei – so schien es. Die Mutter wandelte mit mir nachts durch den Innsbrucker Schlosspark, da waren die Bäume von unten angestrahlt und leuchteten grün. Ich sah es mit Verzauberung. Ich kaufte mir chinesische Gedichte in einer Nachdichtung von

Klabund und war betrunken von diesen Versen – und plötzlich dichtete ich selber, meine ersten Strophen, ein Gedicht über die Liebe, wie könnte es anders sein:

Über eine Brücke aus Glas schreiten wir zwei,
Erschüttere sie nicht, sie bricht,
Beschwere sie nicht, sie bricht,
Aber sie glänzt golden im Licht.

Die Mutter sah vielleicht ihre Träume heranreifen, sie bewunderte zunächst meine bescheidenen, leichtfüßigen Verse, fand es später aber doch bedauerlich, dass ich immer nur über die Liebe reimte. Das kränkte mich dann.


### Der letzte Friedenssommer

Die Liebe war wirklich mein einziges Thema, auch wieder daheim in Kösen. Sie beutelte mich, ich dachte nichts anderes, ich empfand nichts anderes. Doch es war eine ganz platonische Liebe, eine Liebe wie von Dante zu seiner Beatrice. Sie hatte sich entzündet an einem winzigen Bildchen, das mir Christl geschickt hatte, kaum so groß wie ein Passfoto. Es zeigte das Mädchen mit Kopftuch neben einem Pferd – das warf mich einfach um. Die Glut stieg in mir hoch, wenn ich nur an sie dachte, und ich dachte immer an sie, träumte, dichtete, fantasierte. Ich überschüttete sie mit hochtrabenden, verwirrten und wirren Briefen, auf die sie mit Anstand und Kühle antwortete. Ich beleidigte sie mit Worten, trennte mich von ihr, legte mich ihr gleich wieder zu Füßen, alles auf dem Papier. Brieflich schickte ich ihr Gedichte, ich meinte, ohne sie nicht mehr leben zu können, und hatte sie doch so lange nicht gesehen, die in Hamburg wohnte und auch keine Anstalten machte, das meinetwegen zu ändern.

Die Mutter zahlte das Porto. Und ich verkaufte meine sechzig Karl-May-Bände für eine Mark das Stück an einen gutmütigen

*Friedebald Kruse, etwa achtzehn Jahre alt*

Buchhändler. Sie hatten ihre Schuldigkeit getan, ich war darüber hinausgewachsen. Nun begann ich, Rilke zu lesen. Seine Verse zogen süß in meinen Sinn, fast bin ich versucht zu sagen: in mein Blut.

Hubert, Fifis Mann, sorgte sich inzwischen um meine Entwicklung in der realen Welt, er ließ mir Schwimmunterricht geben und Tanzstunden vom Tanzpaar im Hotel »Mutiger Ritter«. Da hing ich an der Leine im lehmbraunen Saale-Wasser und machte meine Froschbewegungen – da nahm mich die Tanzpartnerin in den Arm, und daheim, dort, wo an Weihnachten der große Baum seine geschmückten Äste ausbreitete, übte ich die gezirkelten Schritte und akzentuierten Bewegungen des Tangos.

Aber die Idylle konnte nicht dauern. Die Zeichen, die wir hätten sehen sollen, wir haben sie nicht gesehen. Oder – wenn wir sie auch sahen, wir hätten doch nichts ändern können. Auch wir waren gefangen in unserer Welt, die sich uns äußerlich nicht schlecht darstellte. Und so geblendet wie wir waren Millionen andere, alle um uns herum. Was geschah, stand propagandistisch verzerrt in den Zeitungen. England gab Polen eine Garantieerklärung, Frankreich tat es ihm nach. Hitler kündigte das Flottenabkommen mit Großbritannien, er kündigte den Deutsch-Polnischen Vertrag. Er marschierte in der Tschechoslowakei ein und proklamierte das Protektorat Böhmen und Mähren. Dazu gab es zu jedermanns Überraschung mit dem seither wütend verteufelten Bolschewismus, mit der Sowjetunion, einen Nichtangriffspakt. Wir erfuhren es beim Frühstück aus dem Radio und verstanden die Welt nicht mehr. Im Mai war ein Militärbündnis mit Italien abgeschlossen worden, der Stahlpakt. War nun Hitler ein Genie oder ein Irrer?

Der Bruder Friedebald war sein Soldat. Der Bruder Jochen konnte noch in Berlin fotografieren. Der Bruder Michel arbeitete als Doktor der Physik in der Großindustrie. Keiner, nicht die Mutter, nicht die Schwestern, ahnte das kommende Verhängnis. Es gab unter uns nur einen überzeugten Nationalsozialisten: den frischgebackenen Mann von Fifi, den Grafologen und Vater ihrer

Kinder. Man hielt ihm gegenüber nicht zurück mit Zweifeln oder Kritik. Er widersprach, vertrat seine eigene Anschauung, aber er hat nie jemanden verraten, auch später nicht, als die militärische Lage dramatisch wurde und wir leicht hätten verurteilt werden können, sei es auch nur, weil wir die Nachrichten des britischen Rundfunks BBC hörten, wie wir es im Krieg dann taten, mit gedrosselter Lautstärke.

## Der Krieg beginnt

Am 1. September 1939 hatte Hitler den Angriff auf Polen befohlen. Der Zweite Weltkrieg hatte begonnen. Unsere Welt stürzte zusammen. Nicht sofort, noch siegten unsere Truppen ja und trugen die Zerstörung in andere Länder. Unser Zuhause blieb unberührt. Aber das, was Deutschland gewesen war, unsere Heimat, unser Geborgensein, auch das menschliche, es wurde nach und nach zertrümmert. Der Zusammenbruch dauerte sechs Jahre. Dann war alles dahin.

Von dieser Zeit ist schon oft berichtet worden und sie wird noch oft beschrieben werden, man hat versucht, sie zu deuten, und wird es weiter tun, wieder und immer wieder. Wir, im kleinen Bad Kösen, lebten wie auf einer Insel. Lange Zeit, sehr lange Zeit waren alles nur abstrakte Nachrichten, Sondermeldungen des Oberkommandos der Wehrmacht, waren alles nur ferne Ereignisse für uns. Sie erzeugten Hoffnungen auf ein rasches Ende, die zunehmend angefressen wurden von Zweifeln. Zuerst wollten wir gewiss den Sieg. Es wäre die Unwahrheit, das zu leugnen. Die Niederlage Deutschlands konnte niemand wünschen, der die Zeit nach dem Ersten Weltkrieg miterlebt hatte. Wir waren überzeugt davon, dass es dann keine lebenswerte Zukunft mehr geben würde, es konnte nur fürchterlich werden, und das wäre es wohl auch geworden, wenn sich Sowjetrussland und die westlichen Alliierten nicht feindlich gegenübergestanden und das zerschlagene Deutschland als Puffer gebraucht hätten. Die Erfahrungen des

Hungers, der Inflation, der Arbeitslosigkeit – all das war ja noch in lebhafter Erinnerung, kaum zwei Jahrzehnte her. Wir gaben uns nie Illusionen darüber hin, wer an diesem Krieg die Schuld trug, und waren gewiss, dass wir dafür zu büßen haben würden. Dazu kam eine panische Angst vor dem Bolschewismus, die von der Goebbels'schen Propaganda geschickt geschürt wurde. Unsere Freunde unter den russischen Emigranten, die aus der Sowjetunion geflohen waren, bestärkten uns darin. Niemand, auch nicht der überzeugteste Gegner des Naziregimes, hätte sich vorzustellen vermocht, was für eine glückliche Entwicklung, diese jahrzehntelange Friedenszeit, das Wirtschaftswunder und der Zusammenschluss Europas, uns bevorstanden.

Wenn ich es mit einem Bild zu erklären versuche: Wir lebten in Bad Kösen wie in einem Refugium. Um uns bröckelte das Land ab. Vielleicht war diese Idylle gerade deshalb so vollkommen, weil sie so gefährdet war. Im Nachhinein erscheint mir die Zeit wie ein Märchen. Um uns tobte das Grauen. In unserem Schloss aber herrschte Frieden.

Unser Schloss, das war das graue Haus, unsere Villa, bescheiden genug – unser Schloss war auch die Puppenwerkstätte. Der Park um unser Schloss war Bad Kösen, war lange Zeit Deutschland überhaupt, war Naumburg, war Weimar. Denn dort lebten unsere Freunde in ähnlichen Refugien.

Ich erzähle hier nicht die Geschichte des Krieges. Ich erzähle, wie ich den Krieg überlebte. Ich gebrauche noch einmal das Wort Idylle. Sie leuchtete gerade vor dem Hintergrund von Tod und Schrecken.

Doch noch standen wir ja am Anfang des Grauens. Mit dem Kriegsausbruch traten der Mutter Sorgen um meine Schule und Ausbildung gänzlich in den Hintergrund. Bald achtzehn Jahre alt, unterlag ich auch keiner Schulpflicht mehr. Recht ungesichert stand ich dem Leben gegenüber. Meine Hände waren so leer wie mein Kopf. Dass mein Kopf noch gefüllt werden könnte mit normaler Schulkost, erschien aussichtslos. Vielleicht halfen meine Hände?

Mit einem Kösener Tischlermeister wurde ein Abkommen getroffen. Ich ging zu ihm, nicht als Lehrling, sondern als eine Art Volontär. Vielleicht bezahlte ihm die Mutter sogar etwas. Am Morgen um sechs machte ich mich auf den Weg über die Brücke. Unten rauschte der Fluss über das Wehr, hoch oben funkelten die Sterne. Ich fühlte mich herzlich schlecht, Tischler wollte ich nicht werden und ich hasste es, so früh aufstehen zu müssen.

War ich nach zwanzig Minuten Fußmarsch angekommen, kletterte ich die Außentreppe zur Werkstatt empor, sägte, hobelte, verzinkte Holzverbindungen, versuchte mich an Schubladen.

Der Kampf um Warschau tobte. Unser wortkarger Meister machte schon damals keinen Hehl aus seiner Meinung, dass dieses Abenteuer schlecht ausgehen würde. Ich stand an den Maschinen. Die Handwerksburschen entdeckten schnell meine Überempfindlichkeit gegenüber – unanständigen Witzen. Sie nutzten das lustvoll aus. Oft hatte ich mit ohnmächtiger Wut zu kämpfen. Ich hatte eine solch rüde Art bisher noch nicht kennengelernt. Sie waren viel robuster und stärker als ich. Sie waren auch mächtiger. Sie waren Gesellen, ich nicht einmal Lehrling – oder wehe, wenn ich es gewesen wäre. Sie konnten mich schikanieren.

Ich brach die Kanten von Rolljalousien mit dem Hobel. Der Meister war oft nicht zufrieden mit mir. Die Schlacht um Warschau wütete weiter, der Kampf zog sich in die Länge. Der Meister knurrte: »Jetzt hat er sich übernommen, du wirst es sehen!« Er meinte Hitler.

Schließlich aber brach die polnische Front zusammen und Warschau kapitulierte.

Ich zimmerte eine Fußbank und mattierte sie braun. Ich brachte das kleine Werk der Mutter und war stolz darauf. Ich war nie ungeschickt mit den Händen. Aber Tischler wollte ich trotzdem nicht werden, ich erklärte es ihr. Sie seufzte: »Ach, Herzblatt …«

Der Schnee fiel. Die Dunkelheit am Morgen wurde immer undurchdringlicher, sie währte immer länger. Ich fror, schützte meine Ohren notdürftig mit schwarzen Klappen, verfluchte den langen Weg. Da rettete mich der Bildhauer Igor von Jakimow, er sollte einige Köpfe für Schaufensterfiguren fremder Rassen modellieren, vor allem Malaien, für das Völkerkundemuseum in Amsterdam, das Fotos geschickt hatte. Igor war der erste Mann meiner Halbschwester Annemarie gewesen, in der Zeit des Ersten Weltkriegs. Sie hatte ein Buch verfasst, *Der Gutshof Jakimow*, in dem sie ihre Zeit mit Igor in Russland anschaulich beschrieb. Schon früher hatte Igor für die Mutter gearbeitet und Puppenköpfchen geformt. Jetzt wohnte er bei uns im Haus, aß bei uns, arbeitete aber in einem Nebengebäude der Werkstätte. Dort stand ihm ein großer Raum zur Verfügung. Er redete mit volltönender Stimme. Wenn er zu uns kam, dröhnten die Wände vom Treppenhaus bis zum Dachboden. »Igorrr ist da!«, brüllte er schon in der Tür.

Igor erschien mir wie ein menschlicher Vulkan. Er war Russe und man hörte es, obwohl er Deutsch vollkommen beherrschte. Als mich die Mutter fragte, ob ich bei ihm mitarbeiten wolle, war ich froh. Und sie fand es vielleicht gescheiter, wenn ich etwas lernte, das ich in ihrer Werkstätte anwenden konnte. Igor unterwies mich darin, Ton durchzukneten, ihn zu walken und Alabastergips anzurühren. Ich schmierte die weiße Masse auf die von ihm gestalteten Köpfe aus grauem Ton, die mich mit fremdartig geschnittenen Augen anschauten, flache, breitgedrückte Nasen hatten und wulstige Lippen, lernte es, verlorene Formen zu machen oder mehrfach verwendbare Stückformen, und goss sie aus. Jeder Guss war ein Ereignis. Ließ sich die Form lösen? War der Kopf gelungen, vollständig, kein Ohrläppchen abgebrochen?

Ich tat es gern und brachte es zu kleiner Meisterschaft.

Die Russen kämpften im finnischen Winter. Ich sympathisierte mit den Finnen. Ihr Widerstand erschien mir heldenhaft. Igor, obwohl Russe, war auch dieser Meinung und äußerte sie laut und temperamentvoll.

Daheim kam mir ein Buch über die Handlesekunst in die Hände, ich erfuhr, dass eine schmale, kleine Linie unter dem Ringfinger ein Zeichen für Künstlertum sei. Dort waren meine beiden Hände aber ganz glatt. Das kränkte mich und wunderte mich noch mehr. Wie, war ich etwa kein Künstler? Das wollte ich doch sein. Verstohlen klemmte ich den kleinen Finger unter den Ringfinger, um die magische Falte künstlich zu erzeugen. Ich hielt die unbequeme Stellung lange und unverdrossen, wann immer es möglich war. Vielleicht war diese Falte ja die Ursache des Künstlertums – und nicht umgekehrt seine Folge.

## Ermahnungen, Küsse und ein Entschluss

Doch als der Frühling kam, war Jakob Schaffner in Naumburg, auf einer Vortragsreise, der Schweizer Dichter und Freund der Mutter. Er las in einem Hotel, einem gelben, biedermeierlichen Bau unter Bäumen. Ich fuhr mit dem Omnibus zu ihm und hörte ihm zu. Jakob Schaffner trug aus seinen Werken vor, aus *Johannes Schattenhold*, er las von seiner ärmlichen, bitteren Jugend. Danach durfte ich mich zu dem Mann mit dem charaktervollen Gesicht an den Gasthaustisch setzen. Er redete mit mir von alten Zeiten, von den Tagen am Hallwilersee. Er wollte wissen, wie weit ich es gebracht hätte mit der Schule, seit damals. Da hatte ich nun wenig zu melden und nichts, was ihn erfreute. Er war sogar aufrichtig ungehalten und knurrte mich an: »Du hast doch jede Chance, Menschenskind, mit dieser Mutter! Und du machst nichts aus deinem Leben! – Ja«, erklärte er, »ich war ein armer Bub, ich konnte nichts lernen, aber du musst das Abitur machen und studieren, das ist das Mindeste, was man von dir verlangen kann!«

Ich war verlegen und zerbröselte das Brot mit den Fingern, ich trank meinen Apfelsaft, schwieg lange und fragte: »Wie stellen Sie sich das vor, wie soll ich jetzt noch das Abitur machen?«

»Das ist deine Sache«, befand er. »Du musst es jedenfalls selber tun, kein anderer kann es dir abnehmen.«

Da hatte er recht, aber es erschien mir gleichwohl unmöglich.

»Wenn dir nur endlich der Knopf aufgeht«, meinte der Dichter zum Schluss. Und schrieb mir in seinen nach der Lesung erworbenen Roman *Der Dechant von Gottesbüren* die Widmung: »Alles Gute kommt aus dem Kampf, und das Beste ist die Gestalt.«

Darüber kann man wohl streiten, aber es entsprach dem Zeitgeist. Ernst Jünger hat damals vielleicht nicht viel anders gedacht. Ich sagte der Mutter nichts von Jakob Schaffners Standpauke, verschwieg ihr seine harsche Kritik an mir und vergaß sie. Aber ich reiste nach Weimar. Nicht der Schule wegen, ach nein, wir hatten dort liebe Freunde, die Kinder vom Major Oehler, der das Nietzsche-Archiv leitete.

Schnucki war Major Oehlers jüngste Tochter, zwei Jahre jünger als ich, mit braunen Haaren und kindlich-schlanker Figur. Wir gingen abends zusammen in das Violinkonzert von Beethoven. Die Musik erfüllte uns, wir kehrten nicht auf dem kürzesten Weg nach Hause zurück. Es war eine warme Frühlingsnacht. Der Mond schien voll und hell und wir saßen auf einer Bank, im Licht des Erdtrabanten, dieser Glanzscheibe am Himmel, zwischen den sprossenden Bäumen. Ich legte meinen Arm um Schnucki und wir küssten uns. Nicht gerade oft, vielleicht ein oder zwei Mal, sehr schüchtern, doch diesem Kuss verdanke ich einen der wenigen klugen Entschlüsse meines Lebens.

Ich kam zur Mutter nach Bad Kösen zurück und verkündete: »Käthchen, ich will in Weimar das Abitur machen!«

Worauf sie antwortete: »Du bist verrückt! – Da steckt doch ein Frauenzimmer dahinter!«

Recht hatte sie, aber verrückt war ich gleichwohl nicht.

Wie es gehen sollte, war uns freilich beiden ein Rätsel. Mir aber war klar, dass ich nach Weimar wollte, zu Schnucki und zu ihren Küssen. Auf den Vollmond hätte ich dabei zur Not auch verzichtet.

Die Mutter empfand dies schließlich auch als Chance. Sie reiste mit mir nach Weimar. Sie sprach mit dem Direktor der Deutschen Aufbauschule, in der Bruder Friedebald gewesen war. Der Direktor meinte: »Wenn Ihr Sohn die Aufnahmeprüfung für die Oberprima besteht, warum nicht.« Er nannte der Mutter drei

Lehrer, die mir Privatstunden geben könnten. Dorthin pilgerten wir, und die Mutter führte lange und ernste Gespräche, bei denen ich zuhörte und beklommen nickte.

Der Mathematiklehrer war schon alt und pensioniert, er war aber besonders angesehen und galt als Koryphäe. Er meinte sachlich: »So etwas habe ich noch nie erlebt – aber man kann es ja versuchen.«

Die anderen Lehrer äußerten sich ähnlich. Ich bekam Privatstunden in Mathematik, in Englisch, Deutsch und Latein und hatte jeweils das Pensum von fünf Jahren Oberschule nachzuholen, in einem Zeitraum von knapp neun Monaten. Vor allem in Latein und Mathematik schien dies fast aussichtslos zu sein.

Und Major Oehler zerschlug meine Hoffnungen auf Schnuckis Küsse: Ich wurde nicht in sein Haus aufgenommen, obwohl er ein Zimmer für mich frei gehabt hätte. Auch er hatte ein langes und ernstes Gespräch mit der Mutter, aber mit ihr allein. Ich musste draußen warten. Sie sagte mir hinterher lakonisch: »Hier kannst du nicht wohnen.«

Mir schwammen die Felle davon. »Warum nicht?«

»Na, denk mal nach«, meinte sie und damit war das Thema erledigt. Meinen Plan gab ich dennoch nicht auf. Die Mutter fand eine Unterkunft bei der Gräfin Dohna, Am Horn 39. Dort war ich schließlich sogar besser aufgehoben.

Schnucki schrieb mir ein halbes Jahr später eine Art Abschiedsbrief. Sie sei innerlich so zerrissen, mal wolle sie gar nichts mit Jungens zu tun haben und mal wieder doch. Und ich solle sie bitte in Ruhe lassen und im Übrigen: Alles Liebe und Gute für mich und die Schule.

Es war vielleicht richtiger so. Monate später traf ich sie einmal wieder, in einem Gartenhäuschen im Weimarer Park. Es diente ihrer Schwester und ihrem Schwager als Wohnung. Wir waren allein, sie trug ein blaues, enges Kleidchen mit großen Hornknöpfen. Wir lümmelten uns auf der Couch und hörten Jazzplatten, die ihrem Schwager gehörten und die ich nicht mochte. Damals fand ich noch, das sei keine Musik. Wir gerieten uns in die Haare, ich verlor den kleinen Disput, wie ich jeden Disput verliere, aber hier kam dazu, dass ich nicht bei der Sache war. Der Jazz war mir herzlich gleichgültig. Ich wollte Schnucki küssen und liebend gern hätte ich ihr die Hornknöpfe aufgemacht, von oben nach unten. Doch sie verwehrte mir alles und es blieb bei dem Wunsch und bei dem Jazz – zu meiner Enttäuschung.

## Das Haus der Gräfin Dohna

Aus ihrem großen Haus hatte die Gräfin Dohna eine Pension gemacht. Es gab Zimmer über drei Stockwerke. Bei ihr wohnten Gabriele Reuter, die – wie meine Mutter – bewusst ihr Kind ohne Trauschein zur Welt gebracht hatte, auch Professoren, Lehrer und Studenten vom Bauhaus, der Kunstgewerbeschule in Weimar, von der einmal so viele neue Impulse ausgegangen waren, vor der Zeit des Nationalsozialismus. Von diesem Ruhm zehrte die Schule damals noch.

Die Gräfin war fast sechzig, sie trug an einem schweren Körper. Ihr Gesicht, von grauen Haaren umrahmt, war geformt und charaktervoll, erlebtes Leben, erlittenes Schicksal, und doch war es herzlich, ja, mütterlich. Ich bekam von ihr eine Dachstube, die recht geräumig war, mit weißen Möbeln. Hier installierte ich meinen Volksempfänger, das Radio. Auch die Gräfin hatte unten, wo sie lebte, einen Volksempfänger. Jeden Sonntagmorgen hörte sie in ihrem noch dunklen Zimmer das »Schatzkästlein«, eine Sendung mit Lyrik und Kammermusik. Das war eine ihrer wenigen kulturellen Freuden, denn sie ging selten aus, da sie nicht gut zu Fuß war.

Die Aussicht aus meiner Stube war die hübscheste Weimars, sie ging über den Park mit seinen großen, kuppelrunden Bäumen und Wiesenflächen, aus denen oft der Nebel aufstieg über die Dächer der Stadt bis hin zum Hypothekenhügel, wie man die gegenüberliegende Höhe nannte, der vielen, mit Hypotheken gebauten Einfamilienhäuser wegen. Die Sonne wanderte über das Haus der

Gräfin, sie kam am Mittag zu mir und ich sah sie am Abend untergehen.

Hier war ich gut, ja wunderbar untergebracht. In dieser Stube schrieb ich meine Gedichte und schickte aus dieser Stube Briefe an Christl: »Eines Nachts wachte ich auf, es ist Vollmond, und unter mir im Park, nahe bei Goethes Gartenhäuschen, spielte einer die Geige. Und ich setzte mich auf mein Fensterbrett, um zu lauschen. Der Nebel wallte im Tal um die Bäume, zwischen den Ästen blinkte die Ilm im Mondschein zu mir herauf und die goldene Laterne selber hing so recht schwer und trächtig am tiefdunklen Himmel.«

Ein wenig schwülstig drückte ich mich aus, das lag an meinen Jahren und an meiner Zuneigung zu Rilke.

Aber so etwa empfand ich, während ich nebenbei doch mit zäher Lässigkeit lernte.

Tag für Tag machte ich mich auf den Weg, meist am Nachmittag, wenn meine Lehrer nicht in der Schule unterrichten mussten und für mich Zeit hatten. Ich wanderte auf knirschenden Wegen durch den Park, in die Stadt, erklomm Treppen in dunklen Fluren, setzte mich an Esstische, schlug meine Bücher auf, lernte, mit dem Rechenschieber umzugehen, Gleichungen zu lösen, lernte, Lateinisch und Englisch zu deklinieren und Charakterbilder aus isländischen Sagas zu zeichnen. Daneben verging kaum ein Tag, an dem ich nicht selbst geschrieben hätte, melodiöse Verse. Sie kamen aus meiner Empfindung, kaum aus meinem Verstand.

Ich hatte aber trotzdem noch genügend Zeit, um Meister Strathmann aufzusuchen, der im Weimarer Nationaltheater ein berühmter Sänger gewesen war, der gefeierte Hans Sachs in den *Meistersingern*. Er war nun pensioniert und gab Gesangsstunden. Viele Schüler hatte er nicht, wenn ich an seine Tür klopfte, erwartete er mich bereits hinter dem Flügel in blauer, schlotternder Jacke. Er legte eine Hand am ausgestreckten Arm neben den Notenständer und rief mit volltönender Stimme: »Herrrrein!«

Er sagte: »Es muss klingen wie bei einem Hund. Wenn der bellt, dröhnt der ganze Brustkasten ...« Und gerade das war es ja, warum ich singen wollte. Mein Brustkasten sollte nun endlich dröhnen und sich weiten.

Meister Strathmann hatte ein viel zu lang geratenes linkes Ohrläppchen, das er ständig mit der rechten Hand zupfte, zwischen Daumen und Zeigefinger streichelte und weiter in die Länge zog. Er pflegte damit zu schlackern, wenn er den Kopf schüttelte.

Bei ihm sang ich Tonleitern und Vokalisen und schließlich sogar Mozart: »Der Vogelfänger bin ich ja …«, in der sonnendurchfluteten Stube, während nichts an den Krieg erinnerte.

Wir lebten in trügerischer Ruhe. Im Mai 1940 überrannten Hitlers Truppen Frankreich. Mein Bruder Friedebald kam an die Küste nach St. Malo. Er trug jetzt die Uniform eines Feldgendarms. Feldgendarm war er geworden, weil er nicht schießen wollte. Als Feldgendarm diente er hinter der Front. Dort begann er zu aquarellieren und war glücklich dabei. Er schrieb ausführlich, erfüllt, zweifelte immer wieder an seiner Begabung, war hungrig nach Bestätigung und sehnte das Ende des Krieges herbei. Dann wollte er Architektur studieren.

So friedlich klangen seine Briefe. Wir konnten seiner in Ruhe gedenken. »Fast den ganzen Tag hat heute wieder die Sonne geschienen, bis sich die Wolken, die sich den ganzen Tag über gejagt hatten, gegen Abend zusammenschlossen und es heftig regnen ließen. Aber ganz ließ sich der Himmel nie zudecken und irgendwo riss wieder ein blauer Flecken auf, von weißen oder lichtgelben Streifen umrandet. Gerade in dem Regen bin ich längs der Steilküste entlanggegangen, mit dem Blick auf das weite Meer und das verhangene, blaugrau schimmernde Land.«

Das waren keine Kriegsbriefe.

Ich wanderte mit der Freundin meiner Mutter, einer Lehrerin mit dem Vornamen Emy, über die Höhen von Weimar. Der Sommer neigte sich bereits und Emy litt am Herzen. Sie ängstigte sich. Ich besuchte sie oft und brachte ihr meine Gedichte. Sie war wohl die einzige überzeugte Nationalsozialistin in unserem Freundeskreis. Schon vor der Machtergreifung hatte sie an den Führer geglaubt, für ihn gekämpft und von ihm Deutschlands Errettung aus Not und Schmach erwartet. Nun, bei so großen Siegen sah sie sich glänzend bestätigt. Sie träumte von einem vereinten Europa unter Deutschlands Führung. Sie war, so seltsam das heute klingen mag, eine Idealistin durch und durch. Sie gehörte zu denen, die meinten, der Führer wisse von all den Dingen, die man verurteilte, selber nichts, das seien alles nur Übergriffe der unteren Organe und höchst bedauerlich, aber mit der Weltanschauung des Nationalsozialismus und seiner überzeugenden Lehre hätten sie nichts zu tun. So etwas sei bei jeder Revolution unvermeidlich.

Dass in Buchenwald bei Weimar Menschen im Konzentrationslager gefangen gehalten wurden, erfuhren wir wohl, darüber wurde auch gesprochen, aber wie es dort wirklich zuging, blieb ein streng gehütetes Geheimnis. Ein Arbeitslager zur Umerziehung sei es, so hieß es. Und so nahm man es hin. Wer es nicht tat, verschwand gleich selbst in einem Konzentrationslager. Die Gestapo – die Geheime Staatspolizei – war allgegenwärtig.

Dass der Dichter Ernst Wiechert in Buchenwald inhaftiert gewesen war, raunte man immerhin. Die Gräfin Dohna gab mir sein Buch *Das einfache Leben* zu lesen. Es war kurz vor dem Krieg erschienen, wurde aber erst jetzt richtig bekannt. Es galt als große Literatur und wurde viel diskutiert. War denn der Rückzug in die Natur und einfaches Leben, die er pries, eine Möglichkeit, sich dieser Zeit zu entziehen, aus der Welt zu flüchten, Augen und Ohren zu verschließen, ganz ins Innere einzukehren? War dies – so gesehen – ein Buch des Widerstands? Die Gräfin fand, so einfach sei das Leben, das Ernst Wiechert beschrieb, im Grunde auch wieder nicht, und hatte auch sonst einiges an ihm auszusetzen. Ein Wunder war es immerhin, dass er veröffentlicht werden durfte.

Ich gestehe, dass für mich das Leben schön war, eine meiner besten Zeiten »am Hof« der Gräfin Dohna, wie man es wohl nennen konnte, denn irgendwie hielt sie ja Hof mit der Menge der netten und interessanten Menschen, die bei ihr wohnten. Und alle lebten und dachten wie wir.

Ich machte wechselnd den Mädchen und jungen Frauen den Hof, manche ließen sich von mir ihre kleinen Brüste küssen, ohne dass es zu mehr gekommen wäre. Manch andere wünschten dieses Mehr wohl, aber ich war nicht einmal gewillt, sie zu küssen. Eine junge Lehrerin der Modeschule manikürte mir die Fingernägel und meinte, mit den meinen müsste ich mich schämen.

Im Advent verkleidete sie mich als Nikolaus, ich brachte den Studentinnen der Modeklasse Äpfel, Nüsse und Verse. Sie erschienen mir alle hübsch und in ihrem Saal herrschte keine weihevolle Atmosphäre, es knisterte vor erotischer Spannung. Ich fühlte mich durchaus nicht wie Knecht Ruprecht, sondern wie der Hahn im Korb – trotz meines Wattebartes.

Dennoch lernte ich weiter. Und als ich – zur Englischstunde – am Schloss vorbeiwandernd, plötzlich feststellte, dass ich in Englisch dachte, schien mir sogar die Aufnahmeprüfung nicht mehr unerreichbar zu sein. Trotzdem verzichtete ich in diesem Jahr auf die Sommerferien, auf Hiddensee und nahm dafür weiter Privatunterricht.


## Tage in Weimar


Am 10. Juni 1940 wurde ich zum ersten Mal in Bad Kösen für die Wehrmacht gemustert. Ich erinnere mich kaum an die Prozedur, wohl aber daran, dass ich mich genierte, als Nackter unter so vielen Nackten in der graugrünen Gaststube. Ich wurde als »Arbeitsverwendungsfähig Heimat« und »Ersatzreserve II« eingestuft. Ich erhielt einen grauen Wehrpass mit diesem Eintrag, musste also nicht einrücken. Fürs Erste war meine Schulzeit nicht durch das mir so fremde Soldatsein gefährdet. Was für ein wunderbares Gefühl.

Im Jungvolk war ich vor Jahren in Hindelang gewesen, aber seit damals war ich dort nie mehr erschienen, vom Dienst in der Hitler-Jugend war ich befreit worden, obwohl ich doch automatisch Mitglied war, aus dem Jungvolk übernommen, eine Uniform be-

saß ich nicht. Auch in die Partei wurde ich später feierlich überführt, vor roten Fahnen, mehr oder weniger zwangsläufig. Bei
Versammlungen war ich nicht ein einziges Mal. Endlich schrieb
mir der Kösener Ortsgruppenleiter – genannt Goldfasan, nach
der Farbe seiner Uniform – deswegen mahnend. Ich antwortete
schriftlich, dass ich durch meine »schulischen Verpflichtungen«
zu sehr in Anspruch genommen sei. Da wollte er nähere Erklärungen haben. An einem Sonntag, den ich daheim verbrachte,
wanderte ich zu ihm und klingelte an seinem Haus. Er streckte
den Kopf unter dem Dach aus dem Fenster: »Ja, was habe ich
denn unter ›schulischen Verpflichtungen‹ zu verstehen?« fragte er,
nicht einmal unfreundlich. Ich erklärte ihm die Situation. Es
muss überzeugend geklungen haben, denn ich wurde in Zukunft
nicht mehr aufgefordert und brauchte auch keine Erklärungen
mehr abzugeben.

Aber ich sah den Hetzfilm *Jud Süß* in Weimar, den der Vater
meiner zierlichen Ferienliebe Susanne, der Regisseur Veit Harlan,
gedreht hatte. Unvergesslich ist mir das Bild der erschlaffenden
Beine, nachdem der Jude erhängt worden war, übrigens dämo-
nisch gespielt von Werner Krauss, dem virtuosen Schauspieler.
Der Film war überhaupt mit der Elite der deutschen Schauspieler besetzt, mit Ferdinand Marian, Heinrich George und Christina Söderbaum, Veit Harlans junger Frau. Veit Harlan konnte sich
nach dem Krieg damit rechtfertigen, dass er unter Drohungen zu
dieser Arbeit gezwungen worden sei. Aber kein anderes Werk hat
wohl eine gleiche, verheerende Wirkung gehabt und die antijüdi-
sche Stimmung auf ähnlich raffinierte, gekonnte, sogar diabolische Weise aufgeheizt. Aufgestört lief ich heim durch die nächtlichen dunklen Straßen. Ich wusste nicht, was ich glauben sollte.
Ja, das Gift wirkte auch in mir und doch wehrte ich mich dagegen und ahnte, dass dies perfide Goebbels'sche Propaganda war.
So viele jüdische Freunde hatten die Mutter und der Vater doch
gehabt, die Mutter ihren geliebten Assi, Dr. Assenheim, Direktor
der Odol-Fabrik in Dresden, der Vater seinen Biografen Fritz
Stahl und Bernhard Dernburg, den er porträtiert hatte, mit zu-

sammengekniffenen Augen, um nur wenige zu nennen. Dernburg, eine Zeit lang Reichsfinanzminister und Vizekanzler, hatte der Mutter geraten, sich niemals ein Auto zu kaufen: »So viel Taxi könnse jarnich fahrn, wat een Auto kostet!« Wo waren sie nun? Einige waren gestorben, andere hatten Deutschland verlassen. Aber da blieb eine Grauzone.

Die Mutter – sie war unermüdlich, dekorierte und reiste, sie besuchte Kaufhäuser und ihre Spielwarenkunden. Wenn es möglich war, nahm sie mich mit. Einer dieser Reisen verdanke ich es, dass ich Dresden noch unzerstört sah, die Wunderstadt des Barock. Das war so eine Pracht, eine neue Welt für mich. Wir wohnten im Trompeterschlösschen, einem stilvollen alten Hotel, ich hörte mein erstes Cembalokonzert, wanderte durch den Zwinger, mit schon müden Füßen, stand an der Elbe auf der Brühl'schen Terrasse und sah den dunklen Fluss vorbeiströmen.

Ich kehrte nach Weimar zurück, ins Haus der Gräfin Dohna.

Gabriele Reuter war meinem Vater nahegestanden in der ersten Zeit seiner Liebe zu meiner Mutter. Durch ihre Güte und Vernunft hatte sie der Mutter schließlich sogar geholfen, indem sie den Vater dazu bestimmte, seine Käthe endlich zu heiraten. Gabriele Reuter war eine bekannte Schriftstellerin gewesen, 1859 in Alexandria geboren.

Tante Gabriele, wie wir sie nannten, bewohnte zwei Stuben im ersten Stock des Dohna'schen Hauses, eingerichtet mit alten Möbeln und Bildern. Sie hatte schlohweißes Haar und eine schwere Figur. Gütig war ihr Gesicht, fein und klar. Man brachte ihr das Essen auf das Zimmer, nie aß sie mit uns an der großen Tafel. Von Zeit zu Zeit wurde sie von ihrer scharfzüngigen, aber auch witzigen Tochter – eben ihrem unehelichen Kind – Lili Avenarius besucht. Ein wenig fürchtete ich mich vor Lilis entschlossenem, immer schonungslosen Mundwerk. Sie war überlang und sehr hager.

Doch war sie ja selten da und ich ging manchmal zu ihrer Mutter, sie las mir aus Briefen vor, die sie an meinen Vater geschrieben und die er ihr zurückgegeben hatte. Jetzt las ich ihr Thornton Wilders *Die Frau aus Andros* vor, vom Anfang: »Seufzend drehte sich die Erde in ihrer Bahn…« bis zum Schluss: »Und im Osten leuchteten die Sterne friedlich hernieder auf das Land, das bald das Heilige genannt werden sollte und schon seine kostbare Bürde reifte.« Sie hörte mir dankbar und aufmerksam zu, die halbblinden Augen geschlossen, die Hände im Schoß gefaltet, eine große, erhabene Gestalt. Sie fand dann alles »schön – eine ganz neue Kunst!« Was so richtig nicht war, denn die wirklich neue Kunst lernten wir ja erst nach dem Krieg kennen, als wir die bei uns verbotene Literatur endlich kaufen und lesen konnten.

Danach sah ich Tante Gabriele viele Tage lang nicht, sogar Wochen. Ich trat nicht in ihr Zimmer, hatte Sorge, von ihr festgehalten, zum Wiederkommen gedrängt zu werden. Ich war beschäftigt mit meinen eigenen Dingen, mit meinen Schularbeiten, mit Gedichten, die ich schrieb und mich königlich dabei fühlte. Der dichtende junge Mensch ist ja auch wirklich in einem höheren Zustand. Mein Herz und meine Seele waren auch in Anspruch genommen von den Mädchen und jungen Frauen in der Pension, ich ging mit Schnucki Oehler zum Skilaufen beim Schloss Belvedere, einen langen Weg dorthin über die Allee, fand eine ihrer blonden Freundinnen so hübsch, dass ich kurzfristig träumend und wachend an sie dachte. Ich war stolz, dass ich besser Ski laufen konnte als alle anderen und dass ich dafür bewundert wurde, wenn ich den kleinen Hang im Schuss hinabsauste und ihnen Unterricht geben durfte. Ich war mit Schnucki im pompösen Schillerfilm und fühlte mich dem idealistischen, jungen Schiller verwandt. Er wurde von Horst Caspar verkörpert, der als besonders schön und begabt galt, er starb früh. Ich war beeindruckt und ärgerte mich über Schnucki, weil sie viel kritischer war als ich, die hochtrabende Propaganda durchschaute und sich ungeniert darüber lustig machte, dass die Dialoge nur aus aneinandergereihten Spruchbändern bestünden.

## Aufnahmeprüfung – und der Ministerpräsident

Aber ich lernte doch weiter und Anfang Februar 1941 musste ich zur Aufnahmeprüfung. Zum ersten Mal lief ich den Weg in die Deutsche Aufbauschule, am Horn entlang, am Schloss und am bombastischen Gelände für die Partei vorbei, das im Bau war und in rotem Backstein von »klassischer Größe« zeugen sollte. Es war ein kühler Tag. Ich fror, aber im Wesentlichen vor Aufregung. Ich trat allein in das würfelförmige Schulhaus, fragte den Hausmeister nach dem Raum für meine Prüfung, betrat den grauen Gang, die breite Treppe, und wusste, dass es nun ernst mit mir werden würde. Ich hörte die Geräusche durch die Klassentüren, der Gang war leer, was ihn noch kahler machte, als er von Natur aus schon war. Ich lauschte auf die Stimmen der Lehrer, auf die Antworten der Schüler, auf ihre Unruhe.

Wie würde ich mit ihnen zurechtkommen, wo ich doch bisher immer ein Einzelkind gewesen war und immer verzärtelt, bevorzugt behandelt, fast nur von Erwachsenen umgeben?

Mein Prüfungszimmer war ein kleiner, quadratischer Raum, sehr düster, die Fenster gingen zum Hinterhof, kein anderer Mensch war hier. Ich trat ein, setzte mich auf eine Mittelbank, nicht ganz vorne hin. Die Bänke waren gelb und mit Schnitzmustern überzogen, mit Namen, Zeichen. Mir erschien die riesige schwarze Tafel bedrohlich, es roch nach feuchten Wänden.

Nacheinander kamen die Lehrer, befragten mich mündlich, ließen mich mit den schriftlichen Aufgaben allein. Nur neun Monate lang hatte ich Privatstunden gehabt, um fünf Jahre nachzuholen, nun sollte ich in die Oberprima. Ich wurde geprüft in Deutsch, Englisch, Latein und Mathematik. Mit dem Mathelehrer verstand ich mich nicht, er machte es mir schwer. Ich wurde nervös und vermurkste die Lösung, was ihn wunderte, denn er hatte doch Gutes über mich von meinem alten Privatlehrer gehört.

Ich wurde trotzdem aufgenommen. Noch unsicher verließ ich das Schulhaus, aber doch erleichtert.

Die Mutter war aus Bad Kösen herbeigeeilt, um mich zu beglückwünschen. Sie schloss mich in ihre Arme. Klein war sie immer gewesen, jetzt erschien sie mir winzig und rührend. Sie strahlte. Sie hatte es ja immer gewusst: Ihr Herzblatt hatte es geschafft! Es würde auch das Abitur noch schaffen. Was jetzt noch kam, war doch ein Kinderspiel gegen das Vergangene.

Sie hatte ein Zimmer im gerade erst renovierten Hotel »Elephant«, (es schreibt sich wirklich mit ph) Weimars Nobelherberge. Dort gingen die hohen und höchsten Parteigenossen ein und aus. Doch das Hotel war angenehm. »Nun, mein Liebling, jetzt können wir uns aber freuen. Nichts war vergeblich, alles hat sich gelohnt. Aber du siehst blass aus! Du hast Erholung nötig. In diesem Zustand lasse ich dich nicht in die Schule!« Sie telefonierte mit dem Schuldirektor und setzte dabei all ihren Charme ein. Er sagte ihr, er könne mich für vierzehn Tage beurlauben.

»Länger nicht? Wer kann es denn?«, fragte sie.

»Nur der Herr Ministerpräsident persönlich«, kam die mürrische Antwort, vielleicht in der Hoffnung, dass die Mutter es so hoch hinauf in der Hierarchie doch nicht wagen würde.

Er kannte sie nicht. Die Mutter schaffte es. Der Ministerpräsident hieß Marschner, ich habe ihn selbst nicht gesehen. Er wurde mir nur als »sehr vernünftiger Mann« geschildert, »gar kein Nazi, nicht zu verwechseln mit dem Gauleiter Sauckel«.

Die Mutter ließ sich bei ihm anmelden und plauderte über zwei Stunden mit ihm über die Möglichkeiten, in Weimar eine neue Kunstgewerbeschule zu errichten, an der sie unterrichten sollte. Sie war bereits wieder aufgestanden und schon in der Tür, da fiel es ihr ein: »Parbleu!« So sagte sie manchmal, wenn es auch nicht ganz passte. »Jetzt hätte ich doch beinahe vergessen, weshalb ich eigentlich hergekommen bin.« Und sie erzählte von mir und ihrem Anliegen.

»Wie lange soll es denn sein?«, fragte der Ministerpräsident.

»Ein Vierteljahr«, antwortete die Mutter kühn, bereit, sich etwas abhandeln zu lassen.

Der Ministerpräsident genehmigte meinen Urlaub bis nach

den Osterferien. Er ließ es dem Schuldirektor gleich telefonisch mitteilen.

Ich wartete auf die Mutter in ihrem Hotelzimmer. Als sie endlich kam, dämmerte es, überall draußen gingen die Lichter an. Die Mutter triumphierte. Wieder einmal hatte sie einen wichtigen Mann um ihren Finger gewickelt. Sie erzählte mir lachend die Geschichte.

»Aber wohin?«, fragte ich froh.

»In die Berge!« Nie hatte sie mich leichteren Herzens fortgeschickt.

Es erwies sich, dass der Hoteldirektor des »Elephanten« mit dem Direktor der Nebelhornbahn in Oberstdorf befreundet war. Er rief diesen an. Im »Berghotel Höfatsblick« waren alle Zimmer belegt. »Aber der junge Kruse muss rauf!«

Der Direktor der Bergbahn, dem auch das »Nebelhornhotel« unterstand, quartierte kurzerhand einen Monteur aus. Ich bekam dessen Zimmer und reiste nur wenige Tage später.


## Mausi


Als ich von Oberstdorf mit der Seilbahn auf die Höhe des Nebelhorns fuhr, ahnte ich nicht, dass dies eine Schicksalsstunde war. Aber freilich, in diesen Jahren des eigentlichen Lebensbeginns, wenn das Leben anfängt, ein eigenes zu werden, wird jede Stunde zum Schicksal. Jetzt trägt alles in die Zukunft und alles gestaltet Zukunft. Man begrüßt täglich Neues, das bleiben wird. Am Ende des Lebens gibt man nur noch aus der Hand und nimmt Abschied.

In der Dämmerung schwebte ich über Felsen und eine makellose Schneelandschaft, müde von der langen Bahnfahrt durch halb Deutschland, aber seelisch ausgeruht und entspannt. Ich war froh. Diesmal plagte mich keinerlei Heimweh und ich hatte ein gutes Gewissen. In meinem Gepäck hatte ich Papier und Füllfederhalter und einen unausgegorenen Plan zu einem Drama, von

*Zum Skifahren auf dem Nebelhorn bei Oberstdorf*

dem ich nicht viel mehr als den Titel wusste. Es sollte *Aretin* heißen. Mit Versen über dräuende Wolken begann es, damit sollte
künftiges Unheil angekündigt werden.

Aufatmend glitt ich in die Bergstation ein, die schon dunkel
war. Hier war zugleich der Eingang des Hotels. Die Kammer des
Monteurs war ein normales Einzelzimmer, wie alle anderen auch,
klein, aber behaglich. Ich verfügte – außer dem Bett – über einen
Schrank und einen Tisch mit Stuhl, das war mir erwünscht für
die Arbeit an meinen Werken. Die Schreibmaschine hatte ich
auch mitgebracht ins Gebirge, meine Handschrift war ja wirklich
schlimm, was einerseits von meiner übererregbaren Seele herrühr-
te, andererseits aber auch daher kam, dass wir mehrmals von der
deutschen zur lateinischen Schrift wechseln mussten, sodass ich
in keiner ganz selbstverständlich zu Hause war und beide oft vermischte. Einmal sollten wir die »gotische« oder Süterlinschrift benutzen, die als die deutsche Schrift galt, weil wir doch Deutsche
waren und stolz darauf zu sein hatten, dann wieder wurde uns die
lateinische verordnet, weil Hitler meinte, die Herrschaft über Eu-

ropa errungen zu haben, und als Europas Herren mussten wir die allgemeine Schrift, die lateinische, schreiben und lesen können.

Mein Zimmerchen lag an der Hinterseite des Hauses, in den Hang hineingebaut. Eiszapfen hingen vor meinem Fenster. Es war völlig zugeschneit. Am nächsten Morgen sah ich, dass nur wenig Licht durch den Schnee drang. Er schimmerte märchenhaft. Ich schaufelte mich aus. Und dann auf die Skier und hinaus. Der Übungshang lag gleich hinter dem Hotel.

Schon in der ersten Stunde sprach mich ein Mädchen an: wie das Wetter würde? Sie glaubte, dass ich der Skilehrer sei. Das schmeichelte meiner Eitelkeit. Skilehrer war ich ja nicht, und wie das Wetter wurde, wusste ich auch nicht, aber sie gefiel mir sofort und wir blieben zusammen. Sie trug die dunkle Überfallhose, wie sie damals Mode war, und einen grauen Anorak.

Mechthild hieß sie und wurde von ihrer Familie Mausi genannt. Sie wohnte mit ihrem Bruder Helmut im Nebenhaus, da gab es ein Matratzenlager – und sie blieb nur drei Tage. Das tat mir gleich leid. Ihre Mutter hatte ein Zimmer im Hotel bekommen, eine strenge Frau mit lang gezogenem Gesicht und von preußischem Adel, namens Elena von Loebell. Sie fand immer vieles »unmöglich«, hatte aber überraschenderweise ein Herz für das einsame »Jüngelchen«. So nannte sie mich und meinte, es sei nicht schön, dass ich ganz allein an einem Tisch säße. Sie lud mich an ihren ein, da aß ich nun mit Mausi, mit Helmut und ihr und war nicht mehr allein und fühlte mich wohl.

Wir alberten. Wir waren gleichzeitig aber auch schon jetzt traurig, weil die Zeit so kurz war. Wir verliebten uns rasch ineinander, obwohl Mausi bereits einen ausgewachsenen Freund in Stuttgart hatte. Dass wir uns bald duzten, dass ich sie wie Mutter und Bruder Mausi nannte, war aber doch selbstverständlich. Sie war ein schlankes Geschöpf, ein wenig älter als ich, graziös, aber nicht klein, ihre Augen waren dunkel und lebendig, voll Spott, dann wieder verhangen, wie wenn sie Kummer habe. Der Mund war weich, die Nase leicht höckerig, die Augenbrauen dicht, das Haar schwarz und schulterlang. Und ihre Hände waren wunderschön, sie hatte wohl die makellosesten Hände, die ich kannte, schlank, fein und lang die Finger. Einschränkend könnte man höchstens sagen: Ihre Hände waren ein wenig kraftlos. Und das war sie wohl auch als Mensch, aber gerade das zog mich an. Und ihre schönen Hände liebte ich.

Der Bruder Helmut tolerierte unsere Freundschaft mit unfrohem Gesicht. Aber unfroh sah er von Natur ins Leben, nicht unseretwegen. Er hatte auch Gründe dazu, die ich zunächst noch nicht kannte. Ich war ihm wohl eher gleichgültig.

Mausi nannte sich selbst in melancholischem Spott meine »Gelegenheit«. Damit spielte sie nur auf das Zufällige, Gelegentliche unseres Zusammentreffens an, ohne weitere Hintergedanken. Eine Mischung nannte sie sich auch, da war die Melancholie vielleicht noch berechtigter, denn sie war Halbjüdin, wie sie mir am zweiten Abend mitteilte, als wir am Kachelofen zusammensaßen, plauderten und flachsten. Damit wollte sie mir von vorneherein klarmachen, wie hoffnungslos unsere Beziehung war. Dass sie ein »Mischling« war, erschreckte mich ihretwegen. Sie war kaum geduldet in unserem Staat, von der Partei verfemt, die Universitäten waren ihr verschlossen. Derzeit ging sie noch auf die Kunstgewerbeschule in Stuttgart und schliff Fische mit Schleierschwänzen in feine Trinkgläser. Aber es stand zu befürchten, dass sie auch das bald nicht mehr durfte.

Ihr Vater, Dr. Richard Heilner, Gründer der Deutschen Linoleumwerke, lebte, ins Abseits gestellt als Jude, in Stuttgart. Er hatte dort eine kleine Wohnung. Er und Mausis Mutter waren voneinander geschieden, schon vor der Nazizeit. Er war ein reicher Industrieller gewesen, vierzigfacher Millionär, wie Mausi nicht ohne Stolz erzählte. In einem schlossähnlichen Anwesen war sie aufgewachsen, in Stuttgarts feinster Gegend. In der Weltwirtschaftskrise 1929 hatte der Vater sein Vermögen verloren, er meinte, die Deutsche Bank habe ihn darum betrogen – das war ein Wirtschaftskrimi, der ihn bis an sein Lebensende grämte. Derzeit ging es ihm noch einigermaßen, seine Kinder konnten ihn besuchen, er litt äußerlich keine Not, besaß zwei der kostbarsten

Geigen, die sogenannte Coronation Strad – eine Stradivari, die zur Krönung eines britischen Königs gespielt wurde –, und eine Guarneri.

Unsere drei Tage verflogen, Mausi reiste wieder ab, mit Mutter und Bruder. Ich stand an der Seilbahnstation und sah die Gondel in die Tiefe sinken, mit wehem Herzen. Kaum war sie verschwunden, lief ich in meine Stube, um ihr gleich zu schreiben: »Liebe – tapfer sein, das ist alles auf dieser Welt, und Tränen sind eine Brücke dazu.« Was das heißen sollte, wusste wohl ich selbst nicht so recht. Es klang aber bedeutend. Im Übrigen waren meine Gefühle ja echt und tief. Sie rissen mich fast um. Ich schloss meinen Brief: »Das Schicksal hat Dir dunkle Steine in den Schoß geworfen, vielleicht kann ich Dir einmal nützlich sein.«

Der Bruder Jochen kam wenige Tage später mit seiner jungen Frau Ruth auf das Nebelhorn, fand es aber gleich langweilig dort oben und Ruth fand es noch langweiliger. Das Skigebiet war ja winzig, es gab keinen anderen leicht erreichbaren Ort und nachts war gleich gar nichts los. Wir lagen in der Sonne und lästerten über die Kruse-Familie, was er gern tat. Dann fuhren die beiden ins elegantere Zürs am Arlberg. Sie versuchten, mich zum Mitkommen zu überreden, umsonst. Ich wartete hier auf Briefe, wartete sogar auf Mausis Wiederkehr. Das hatte sie mir als Möglichkeit angedeutet.

## Erste Erfüllung

Und sie kam auch noch ein zweites Mal auf das Nebelhorn, Anfang März war sie wirklich da. Sogar ihre Ankunftszeit in Oberstdorf hatte sie mir mitgeteilt, und sie würde allein kommen, genehmigt von der Mutter, dem Jüngelchen anvertraut. Am Morgen schon nahm ich meinen Rucksack, schnallte die Skier unter, jagte das Nebelhorn hinab, unter der Seilbahn hindurch, über Buckelwiesen mit waghalsigen Sprüngen, kam auf den Bahnhof von Oberstdorf, wartete sehnsüchtig auf ihren Zug, er kam, sie kam nicht, ich fand sie nicht, meine Enttäuschung war grenzenlos. Ungeduldig fragte ich nach der nächsten Möglichkeit, diesem Zug wanderte ich entgegen zum Nachbarort, nach Fischen. Es war ein strahlender Tag und die Nadelbäume standen scharf gezeichnet im Licht neben den Schienen.

Doch auch in diesem Zug war sie nicht: Ich stieg ein, zurück nach Oberstdorf, ich rannte von Wagen zu Wagen, durch die Reihen der Sitzbänke, mehrmals, hin und zurück. Man sah mich bereits verwundert an. Ich kam spät nach Oberstdorf, zu spät, die letzte Seilbahn am Abend war schon aufs Nebelhorn gefahren, ich suchte den Direktor, redete mit ihm, bettelte, unwillig ließ er meinetwegen alles noch einmal in Gang setzen – wer täte das heute! Hinauf …

Oben stand sie in der Dämmerung, dünn und rührend. Sie wartete auf mich und sagte mit dunkler, etwas schwermütiger Stimme: »Ja, was machst denn du?«

Da spürte ich, dass sie mein war, zum ersten Mal ahnte ich es und glühte.

Was folgte, empfand ich als Glück. Zwar lag immer ein Schatten über uns. Würden wir zusammenbleiben oder gar jemals heiraten können? Noch schien es nicht ganz ausgeschlossen, wenn auch schwierig. Aber sie lachte, als ich davon sprach. Was für ein Unsinn! Jedenfalls drohte uns damals noch keine unmittelbare Gefahr. Die Lage an den Fronten war noch gut für Hitler-Deutschland, überall siegten unsere Truppen. Dass die ersten Luftangriffe begannen, registrierten wir nur, noch ohne große innere Bewegung. Auch Mausis Vater lebte noch unbehelligt in seiner Wohnung, wenn auch eingeschränkt. Er war Weltkriegsteilnehmer gewesen und Träger des Eisernen Kreuzes. Vielleicht nützte ihm dies.

Manchmal besuchte Mausi ihren Vater. Das Zusammensein mit ihm war harmonischer als das mit ihrer Mutter. Dass sie aus Stuttgart stammte, in Stuttgart lebte, erschien mir nachträglich bedeutungsvoll. Ich dachte an jene Nacht im Hotel Zeller, als ich im Fenster gesessen und gefühlt hatte, dass hier ein Mensch lebte, der mir zum Schicksal werden würde.

*Mechthild, die Freundin, im Skiurlaub*

Wir fuhren Ski, Tag für Tag. Der Berg strahlte im Glast. Der Himmel war seidenblau – so scheint es mir heute. In Wahrheit wird das Wetter gewesen sein, wie es immer ist: wechselhaft. Beim mühsamen Aufstieg auf den Nebelhorngipfel mit Fellen, im Schutz einer uns einhüllenden Wolke, grau in Gräue, beugten wir uns zueinander, umarmten uns ungeschickt, von Skiern und Bindungen behindert, und küssten uns ein Mal – das erste Mal. Ich empfand es als heiligen Augenblick. In meinem Kalender, wo ich mir immerhin dürftige Eintragungen machte, notierte ich nur ein K als Zeichen für »Kuss« und hoffte, dass sich niemand den Reim darauf machen könnte. Es erschien mir als großes, intimes Geheimnis.

Im Hotel wurden wir freundlich behandelt. Die Bedienung verwöhnte uns geradezu und fand, wir seien ihre nettesten Gäste. Kein Wunder, wir strahlten ja. Auch sonst nahm niemand Anstoß an uns. Wir tanzten an den Samstagen bis zur Erschöpfung. Wir liebten uns im Zimmer des Monteurs. Als es für mich das erste Mal war, entlud sich meine übergroße Erregung in schallendem Gelächter, in das sie schließlich, wenn auch verwundert, einstimmte. Das Zimmer war wie eine Schneehöhle, die Fenster waren wieder völlig verschneit, wir konnten nicht hinaussehen – aber auch keiner hinein. Das schaffte Geborgenheit. Wir schlichen auf Zehenspitzen über die Flure. Wir saßen jeden Abend in einer Ecke vor dem grünen Kachelofen im Keller, immer allein. Ich las ihr die Bruchstücke meines *Aretin*-Dramas vor – noch immer wusste ich nicht, was ich mit dem Stück eigentlich wollte. Aber ich war jedenfalls ergriffen. Ein anderes Werk von mir, Knittelverse, ein ABC, das sich ähnlich wie Eugen Roths *Ein Mensch* mit allzumenschlichen Situationen beschäftigte, gefiel ihr nicht. Ich nahm es ihr nicht übel.

Einmal begegnete sie mir auf dem Hotelflur, da rannte sie auf mich zu, sprang an mir hoch, umarmte mich und überschüttete mich mit vielen schnellen Küssen.

An unsere Zukunft dachten wir auch, natürlich. Wir wollten zusammenbleiben. Aber das konnte nicht sofort sein. Erst musste ich mein Abitur machen, durch unsere Liebe sollte es nicht gefährdet werden. Dann wollte ich studieren, irgendetwas. Mir würde schon noch etwas einfallen. Germanistik vielleicht. Und sie wollte nicht beim Glasschleifen bleiben. Sie hatte noch keine festen Pläne, konnte sie wohl auch nicht haben.

Noch rechneten wir mit einem baldigen Kriegsende und vielleicht mit einer Lockerung der diffamierenden Einschränkungen. Hatte Hitler erst Europa unterworfen und unter seiner Herrschaft vereinigt, musste doch alles anders werden. Dann würde wieder ein freierer Geist walten. Das würden schon die anderen Völker erzwingen. So dachten wir, das hofften wir, ahnungslos. Und es war gut, dass wir ahnungslos waren, jedenfalls für uns war es gut, wir wären sonst wohl verzweifelt – damals.

Als Mausi abfahren musste, reiste ich auch und begleitete sie nach Stuttgart. Ich besuchte ihre adlige Mutter mit dem länglichen Gesicht, lag neben Mausi und ihrem bisherigen Stuttgarter Freund vor dessen Kamin. Sie schwor, diese Beziehung sei nun vorbei.

Meine Gefühle waren zwiespältig. Ich übte mich aber in Großmut. Fuhr ich zu ihr in der Straßenbahn die gewundenen Straßen empor, fühlte ich, dass ich ein reifer Mensch geworden sei. Oder ich wanderte zu Fuß zu ihrer Schule, jetzt die Akademie der bildenden Künste, dicht bei der Weißenhofsiedlung, war voller Hoffnung, beglückt, sie wiederzusehen, ging unter den Bäumen, die schon Knospen ansetzten, es duftete und die Forsythie stand in gelben Büschen. Darüber war der Himmel so hell und auch in mir war es licht. Dazu sangen die Vögel.

Sie nannte mich »Dichterling«.

Ich hatte noch Ferien und reiste nach Berlin, weil der Bruder Friedebald Heimaturlaub hatte, nur einige Tage. Er besuchte mit mir das Deutsche Theater. Zu dessen Intendanten, Heinz Hilpert, pflegte die Mutter herzliche Beziehungen. Wir durften in eine Generalprobe, es spielte die junge Eva Lissa, die ich von einer Münchner *Don-Carlos*-Aufführung her anschwärmte. Der Bruder verliebte sich sofort in sie. Er drängte mich, sie anzusprechen, für ihn. Wir fassten Mut und gingen in die Kantine, die im Keller lag. Da saßen die Schauspieler am langen Tisch und aßen. Zögernd ging ich, den drängenden Bruder im Rücken, zur wunderschönen Eva Lissa. Neben ihr saß die viel berühmtere, aber auch ältere Elisabeth Flickenschildt, deren scharfes Mundwerk gefürchtet war. Ich fasste mir ein Herz, stotterte mein Sprüchlein: Dass ich Frau Lissa in München gesehen habe, im *Don Carlos*, als wunderschöne und vom Infanten geliebte Stiefmutter ... Und so beeindruckt gewesen sei ... Und es nie vergessen hätte ... Worauf Elisabeth Flickenschildt sich umdrehte, mich durchdringend maß, von oben bis unten und zischte: »So! Und ich habe in der gleichen Aufführung gespielt und von mir waren Sie nicht beeindruckt!«

Natürlich ringsum Gelächter.

Ich versank fast im Erdboden und war stumm vor Verlegenheit. Friedebald schickte Eva Lissa nachträglich einen riesigen Rosenstrauß.


### Schule

In Weimar begann die Schule richtig für mich, die tägliche Fron, das mir so ungewohnte Zusammensein mit vielen anderen jungen Menschen, Schülern. Ich schrieb an Mausi: »Die Klasse ist ein wilder Haufen, Zeitunglesen, Singen und die Lehrer zur Verzweiflung bringen sind an der Tagesordnung während der Stunde ... Alle halbe Minute schlechte Witze machend, die schleichende Zeit verfluchend ... Die Lehrer begegnen mir als Kumpan dieser Gesellschaft vorläufig noch mit berechtigtem Misstrauen ...«

Aber im Grunde waren die Kameraden nett, vor allem zu mir freundlich, obwohl ich doch als ganz Fremder zu ihnen kam, die zum Teil schon jahrelang beisammen gewesen waren. Keiner redete mich dumm an, keiner versuchte, mich zu unterdrücken oder sich aufzuspielen. Man war wohlwollend zu mir, bestaunte mich kurz. Dann nahm man mich hin. Ich durfte zufrieden sein.

Daheim las ich *Wind, Sand und Sterne* von Antoine de Saint-Exupéry und die Liebesgeschichte *Yester und Li* von Bernhard Kellermann: »Wie oft ich es schon gelesen habe, das weiß ich nicht, aber ich brauche es nur aufzuschlagen, dann kann ich es nicht wieder aus der Hand legen. Dann liege ich da und trinke Wort für Wort in mich hinein wie ein aufgelöster Schwamm. Ach, am liebsten läse ich es Dir vor ...«

So schrieb ich an Mausi. Beim Unterricht gab es keine Schwierigkeiten. In Deutsch lieferte ich gute Aufsätze ab, immer nur gute, »sehr gut« waren sie nie, allein schon der Schrift wegen. Ich quälte mich damit, über »Völkische Verpflichtung« zu schreiben, so waren unsere Themen. Ich hielt einen Vortrag über Rilke, die Kameraden klatschten, der Lehrer meinte, es sei lobenswert gewesen, fand diesen Dichter im Prinzip aber doch zu wenig heldisch für unsere große Zeit. Ich referierte über Kaiser Karl IV., den mit der Goldenen Bulle, ich schätzte ihn, weil er ein so friedlicher Kaiser gewesen war.

In der Musikstunde malte ich die Noten für Terzen, Quinten und Quartsextakkorde. Hätte ich nur verschwiegen, dass ich Schüler von Meister Strathmann war. Nun musste ich Gesangsnoten mitbringen und auf das Podest. Da sollte ich Mozarts »Der Vogelfänger bin ich ja ...« vortragen. Die Noten waren für meine Stimme zu hoch, Meister Strathmann hatte sie mühelos vom Blatt eine Terz tiefer transponiert, unser Musiklehrer vermochte das nicht, schimpfte, wurde nervös, wir bekamen Streit miteinander. Irgendwie ging es dann doch, ich postierte mich neben den Flügel, sah meine Kameraden vor mir wie das Publikum des Nationaltheaters, eine unübersehbare, feindliche Menge. Das Fenster war zwar sonnendurchflutet, so ähnlich wie bei Meister Strathmann, aber mir fehlte seine kundige Unterstützung. Nun musste ich singen, krähen: »Stets lustig, heissa, hoppsassa ...« und war das Gegenteil von lustig, nämlich gequält. Trotzdem bekam ich freundlichen Beifall, war dann froh, mich wieder in meiner Bank verkriechen zu dürfen und dass es bei dieser einzigen Darbietung meiner Sangeskunst blieb.

Ich lernte die unterschiedlichen Temperamente unserer Lehrer kennen und zu ertragen. In Physik tobte die Klasse nur und der verzweifelte Lehrer schrie, gestikulierte – es half ihm nichts. Der Erdkundelehrer dagegen sprach nur flüsternd und keiner muckste sich, wir waren musterhaft. Unser Lateiner war ein Choleriker. Er wurde absichtlich gereizt. Dann verlor er die Nerven, brüllte und litt. Ich schrieb ihm aus meiner Dachkammer einen verständnis-voll-mitfühlenden Brief, legte ihm ein gerade gedichtetes Sonett bei:

Meine Träume locken wie Oasen
Aus den blassen Wildnissen des Tags …

Er dankte ebenso brieflich, fand, mein Gedicht habe Bestand, auch wenn ich später anderes schreiben würde. Wir sprachen nie über diese Episode, aber er begegnete mir seitdem mit großer Freundlichkeit. Kam im Caesar ein *Ablativus absolutus* vor, dann ließ er mich ihn entdecken und die Ehre der Klasse retten. Als der Krieg verloren gegangen war und nach den Amerikanern die So-wjetrussen in Weimar einrückten, erhängte sich dieser körperlich kleine Mann. Er sah für sich offenbar keine Zukunft mehr.


*Intermezzo*


Christl schrieb mir von den ersten Fliegerangriffen auf Hamburg, doch Deutschland hatte mit dem Luftkrieg begonnen. Schon im Jahr davor waren unsere Bomben auf Rotterdam gefallen, um England und London hatte eine Luftschlacht getobt, die Hitler verloren hatte, die Stadt Coventry war verwüstet worden.

Am 22. Juni 1941 befahl Hitler den Angriff auf Russland. Jetzt spürten wir lähmende Besorgnis. Doch zunächst siegte die Wehr-macht wieder, so rasch und so schnell, dass die militärische Füh-rung schon glaubte, der Feldzug sei bereits entschieden. Diesem Hitler schien nichts unmöglich zu sein. Er selber sprach später, im Oktober, im Sportpalast, von dem schwersten Entschluss seines Lebens und rief den Herrgott um seinen Segen an. Auch Verbrecher berufen sich auf Gott. Es ist nicht wahr, dass dieses Regime atheistisch war, es hatte seine eigene Religion.

Da ich nicht mehr in Privatstunden zu gehen brauchte, hatte ich als regulärer Schüler auch reguläre Ferien. Eine Versetzung stand nicht mehr bevor, dass ich das Abitur machen würde, daran bestand kaum ein Zweifel. Es wurde ja so viel nicht verlangt. Mausi schrieb mir, dass man sie zur Erntehilfe einziehen würde, sie musste aber dann zum Kriegsdienst zu Bosch.

Ich fuhr im Sommer nach Hiddensee, auf die geliebte Insel, zuvor konsultierte ich auf der Mutter Drängen ihren Naturarzt in Berlin, Dr. Devrient. Er lief strumpflos in offenen Sandalen und verzehrte während der Untersuchung rohe Mohrrüben. Er verordnete mir viele verschiedene homöopathische Tröpfchen, die ich in kleinen Flaschen mit mir führte, war entsetzt über »das Rauchen des schon so schmalbrüstigen Max«, was mich nicht hinderte. Damals war ich für kurze Zeit fast süchtig, fand schick und vornehm, was auch die großen Brüder taten.

In der Lietzenburg bewohnte ich lange das schönste Zimmer, das wir den »Himmel« nannten. Aus meinem Fenster hatte ich einen Blick, kilometerweit, nach Westen über das Meer, manchmal bis nach Dänemark, nach Süden bis Stralsund, nach Osten über Rügen hinweg und nach Norden über die Hügel der Insel. Das Meer trug Schaumkronen und rauschte ununterbrochen, ein dauernder Gesang. Auch die Bäume rauschten, doch auf andere, kurzatmigere Weise, und der Himmel war blau und unendlich.

Ein hübsches Mädchen entdeckte ich, das trug einen knappen Badeanzug, trug ihn auch auf dem Postamt, wo wir die Briefe abholten, am Abend, nachdem der Dampfer angekommen war. Da drängten sich die Leute im kleinen Raum, die Hausdiener, die Gäste, und warteten auf die Verteilung. Und dieses laszive Geschöpfchen mit fast nichts am schwellenden Körper saß auf dem Brett vor dem geschlossenen Schalter und ließ die hübschen Beine baumeln, rauchte und genoss die Blicke, die es auf sich zog. Immer mangelte es ihr an Zigaretten. Es gab sie ja nur in geringsten

Mengen auf Raucherkarten. Ich gab ihr gern von meinen ab, besorgte ihr zusätzlich weitere. In der Pension hatte ich Quellen, nicht alle Gäste rauchten, aber alle bekamen die Karten. Sie wohnte im winzigen Dorf Grieben, ein wenig abseits also, in einem Fischerhaus unter dickem Strohdach, in noch winzigerem Zimmer. Malven und Rosen davor und innen Zigarettenrauch. Ich brachte ihr meine Schachteln und sie beglückte mich mit einem Abendspaziergang zum Leuchtturm, über die Hügel. Der weiße Turm schickte sein Licht über die Insel und über die See, Licht vom gelben Spiegel, der sich drehte und drehte. Es duftete nach Wiese und Gras, nach Meer und nach Sommer, wie es nur in der Jugend duftet, wenn alles noch neu ist und das erste Mal.

Ich rang lange mit mir, endlich fasste ich Mut, nahm die langen Haare des Mädchens im Nacken zusammen und hielt sie dort, es muss für sie recht unbequem gewesen sein, so neben mir herzugehen, mit meiner Hand im Nacken. Ich sagte ihr, dass ich mir etwas von ihr wünsche, aber ich brachte nicht heraus, was es war.

Einen Kuss hätte ich mir gewünscht, für jede Zigarette einen, aber ich blieb stumm wie ein Tölpel, sie immer an ihrem Haarschopf fesselnd und behindernd. Sie half mir nicht weiter, war wohl, aller wohlgeratenen, zur Schau gestellten Laszivität zum Trotz, selbst noch schüchtern. Bei dieser Schüchternheit blieb es, auch als wir über den Klippen lagen und die Nacht hereinbrach und der Riesenfinger des Leuchtturms heller und schärfer wurde bei seinem kreisenden Weg durch die Dunkelheit. Er zog über unsere Köpfe und die Sanddornbüsche.

Unzufrieden mit mir trottete ich zur Lietzenburg zurück.

Das Mädchen musste wieder heim. Auf der Insel kamen und gingen die Menschen.

Ich rauchte, dichtete und las, flirtete nonchalant mit einem anderen Mädchen aus der Nachbarpension der Frau von Sydow und schrieb über diesen Flirt eine Kurzgeschichte ohne Handlung. Ich gab sie keinem zu lesen. Da war vom Reiz eines jungen Mädchengesichtes zu lesen, dessen »Leben noch hinter einer Wachsschicht des Äußeren verborgen ist …« Ich schrieb überhaupt viel in dieser Zeit, nicht nur Gedichte, auch meine Gedanken: über die Kraft des Glaubens, die mir fehlte, und über das Genie, das mir genauso fehlte.

Der Freund jenes Mädchens, das ich Nannerl nannte, nach Mozarts Schwester, aus einer Laune heraus, besuchte sie für wenige Tage auf der Insel. Er war Feldwebel und ein entschlossener Mann. Von meiner Dichterei erwartete er nichts Gutes für sie. Er forderte mich zu einem Spaziergang über die Hügel auf, trug seine graue Uniform mit der Pistole im Gürtel und machte mir seine älteren Rechte unmissverständlich klar. Da ließ ich Nannerl, an der mir so viel nun auch wieder nicht gelegen war, küsste stattdessen ihre rundliche Freundin, die das gerne hatte in stürmischer Nacht im Strandkorb, umweht von feinem Flugsand.

Es ging alles so dahin wie Sonne und Wind.

Dimitri Bobotanoff war unser Gast auf der Lietzenburg, ein rumänischer Arzt aus der Charité. Er hatte eine schöne Frau, temperamentvoll waren beide. Ich balgte mich mit ihr zum Spaß, wir waren allein, sie ließ sich auf ihr Bett fallen und zog mich mit sich, doch damit ließ ich das Spiel bewenden. Ich las Dimitri, der sich dafür interessierte, aus dem *Aretin* vor. Noch immer war ich kaum über Nebelwolken und Kerkerszenen hinaus gediehen. Zum ersten Mal zeigte sich ein Zuhörer enttäuscht, es verletzte mich, weil ich ihm recht geben musste und es mir doch nicht weiterhalf. Ich betäubte meinen Kummer mit zahllosen Zigaretten, mein Zimmer stank danach.

Hie und da traf ich Erich Heckel auf den Wiesen, den expressionistischen Maler und Mitbegründer der »Brücke«. An die fünftausend Werke von ihm wurden von den Nazis 1939 als entartet verbrannt, er wurde als »Formzertrümmerer« verfemt. Ich freute mich, wenn ich seine kleine Gestalt erkannte. Dann gingen wir zusammen über die Hügel. Er war nun fast sechzig Jahre alt, immer allein, eine einsame Gestalt. Er lebte in Berlin, bis sein Atelier 1944 durch Bomben zerstört wurde. Ich sehe ihn schlank, zart und ein wenig gebeugt neben mir, in weiter, wohl auch abgetra-

*Han von Plessen, der Freund, auf Hiddensee*

gener Jacke, aber schlampige Kleidung trugen wir ja alle. Er äußerte sich genau, scharf und verbittert über die Nazis, kein Wunder.

Ich befreundete mich herzlich mit den Stralsunder Geschwistern Sannemüller, Senta, Gerd und Horst. Alle drei waren älter als ich, die Brüder zwei ebenso brillante wie leidenschaftliche Musiker, der eine Geiger, der andere Pianist. Sie spielten bei uns Brahms-Sonaten, sie spielten am Tag und sie spielten bei Nacht, ich mochte sie. Ich glaube, durch sie lernte ich Hemingway kennen, wir diskutierten über die mir ganz neue, so moderne und sachliche Wort-Kunst beim Spazierengehen. Die Sonne stand über den raschelnden Pappeln und wir stritten, ob es erlaubt sei, sie als eine »glühende Bratpfanne am Himmel« zu bezeichnen, wie es der amerikanische Dichter getan hatte.

Und dann wurde Han von Plessen mein Freund, ein blonder junger Mann. Er hatte ein klares, offenes Gesicht, graublaue Augen und immer die Pfeife im Mund. Er war jung verheiratet, wie mir schien mit der hübschesten jungen Frau, die man sich wünschen konnte. Auch diese beiden wohnten in einem Fischerhaus in Grieben unter dem dicken, tief gezogenen Strohdach. Nun kamen sie zu mir zur Lietzenburg, dort spielten wir Boccia auf den Wiesen.

Han von Plessen litt unter dem Krieg, unter dem Zwang, ein Soldat sein zu müssen. Er wollte künstlerisch arbeiten, musste aber an die Front, fuhr in einem Panzer und war nur auf Urlaub auf der Insel.

Es war vielleicht ein Phänomen, dass wir den Krieg so wenig wahrnehmen wollten, über Dichter und Maler redeten, Bücher kauften, von Filmen sprachen … Aber es war nicht außergewöhnlich. Niemand, am wenigsten die Fronturlauber, mochte an den Krieg erinnert werden, und sie mochten von »draußen« nicht sprechen, sie tauchten bei uns ein in eine friedliche und noch weitgehend unbeschädigte Welt. Diese unbeschädigte Welt war auch ihr eigentliches Leben, der Krieg war der Wahnsinn, den man irgendwie überstehen musste.

## Woche des Deutschen Buches

Ende August musste ich in die Schule nach Weimar zurück, ich reiste über Berlin, besuchte den Buchhändler Patting in der Buchhandlung Amelang, die mir wie ein zweites Zuhause geworden war. Patt, wie wir ihn nannten, legte mir eine Mappe mit Drucken von Aquarellen des Engländers William Turner vor, sie gefielen mir gleich außerordentlich, wie mich selten Bilder angesprochen hatten – diese Duftigkeit, diese verschwimmende Atmosphäre, ich meinte, noch nie eine so vollkommene Malerei gesehen zu haben. Ich kaufte die Mappe, ließ mir die Bilder rahmen und hängte sie in meinem Weimarer Zimmer auf. Dann besang ich sie in Gedichten. Sie entsprachen vollständig meiner träumerischen Seelenlage.

In der Schule lasen wir Goethes *Faust*.

Mausi war noch immer bei Bosch verpflichtet, sie schrieb mir einen Abschiedsbrief, sie habe einen anderen Freund, einen Medizinstudenten aus Tübingen mit Namen Will. Das tat mir weh, vielleicht am meisten meiner Eitelkeit, aber ich wusste auch schon, dass es mehr als ein Mädchen gab, das man lieben konnte.

Einmal kam Hitler nach Weimar. Ich befand mich gerade in einer Seitengasse der Innenstadt und hörte von ferne den Lärm, das brausende Heil-Geschrei, hörte: »Der Führer ist da!« Ich rannte auch, um diesen Mann zu sehen, der Europa unterwarf und unser Schicksal war, sah ihn von Weitem im offenen Mercedes stehen. Die Menschen erdrückten ihn fast und brüllten. Sein Gesicht erschien mir abweisend, sogar bösartig, er scheuchte seine Bewunderer mit dem Arm fort, sie sollten Abstand halten, gleich darauf erhob er ihn wieder zum Gruß. Dieser Mann mit dem kleinen Schnauzbart und dem Scheitel auf der rechten Seite, das war nicht »der Führer«, das Idol der Massen, das war ein Besessener, von dem Eiseskälte ausging.

Ich habe die gleiche Eiseskälte noch einmal gespürt im Hotel »Elephant«, anlässlich der »Woche des deutschen Buches«, zu der Goebbels die deutschen Autoren alljährlich befahl – oder lud. Da bewohnte dieser Dämon eine Suite, in der er auch arbeitete. Ich sah den kleinen Mann mit dem schmalen Gesicht und dem verkrüppelten Fuß, dessen er sich schämte, nur kurz, nur im Vorübergehen, und dennoch empfand ich einen kalten Hauch. Er wehte mir aus seinem Zimmer entgegen, ich spürte ihn körperlich, ohne dass ich hätte sagen können weshalb. Denn es geschah ja nichts und ich verstand auch keins seiner Worte, ich hörte nur die leise, schneidende Stimme, die so ganz anders klang, als wenn der diabolische Redner öffentlich sprach.

Ich ging zur Kundgebung, hörte ihn zu den deutschen Dichtern sprechen und sie an ihre Pflicht erinnern – in dieser heldischen Zeit. Nicht alle Autoren lehnten den Nationalsozialismus ab, das ist wahr, aber viele machten sich doch über ihn lustig. Von einer Atmosphäre der Angst spürte ich aber nichts, damals, in Weimar auf der Tagung. Da hatte sich alles versammelt, was in der Literatur Rang und Namen hatte. Vielleicht kam man auch nur, um Freunde und Kollegen zu treffen. Die Nazis duldeten damals auch noch viele, die es bald schwer hatten. Hans Carossa wandelte goethisch erhaben durch die Hotelhalle, mit schönem Kopf und weißem Haar, er war freundlich zu jedermann, auch zu mir. Walter von Molo polterte auf gutmütige Weise, hatte das charaktervolle Gesicht eines Bergbauern, aß mit der Mutter und mir zu Abend und erklärte: »Wenn ich Ihren Maxl so sehe, dann tut es mir leid, dass ich nicht noch einen Sohn habe!« Was natürlich nur eine Schmeichelei war. Sein Sohn Conrad wurde nach dem Kriege ein erfolgreicher Filmproduzent. Jakob Schaffner traf ich hier wieder. Er war froh, dass sein Rat gefruchtet hatte und ich das Abitur machen wollte. Dass es weniger sein Rat gewesen, sondern die zaghaften Küsse eines Mädchens im Mondschein, verschwieg ich.

Voller Achtung und Scheu näherte ich mich dem Autor Karl Heinrich Waggerl aus Wagrein, der seine Kalendergeschichte so gekonnt vortrug und manchmal an einen traurigen Clown erinnerte. Die Mutter korrespondierte seit Langem mit ihm, den sie schätzte. Aber sie schätzte ja viele.

Ich half der Gräfin Dohna, die schwarzen Welpen ihres Dackels großzuziehen. Ich fotografierte die drolligen Kleinen und schenkte ihr zum 60. Geburtstag ein Büchlein mit den Bildern. Dazu verfasste ich Verse, von denen Denis Boniver, bekannter Architekt aus Stuttgart, derzeit am Weimarer Bauhaus Professor, in schönstem Schwäbisch befand: »Es isch eppes!« Da war ich stolz. Ich hielt zum Festessen eine kleine Rede, bei der ich der Gräfin dankte, und schloss: »Das Gute wird erst gut durch Güte!« Das hatte mir der Dichter Karl Heinrich Waggerl kürzlich als Widmung in eines seiner Bücher geschrieben. Da erhielt ich wieder viel Beifall. Aber ich schämte mich lange, weil ich bei dem berühmten Autor eine Anleihe gemacht und es verschwiegen hatte. Ich wusste noch nicht, dass die meisten Festreden aus Plagiaten bestehen.

Mit der Tochter des berühmten Architekten Ludwig Mies van der Rohe schloss ich eine Hausflur- und Treppenfreundschaft in dem Sinne, dass wir uns immer wieder auf der Treppe oder in einer Ecke des Flures trafen, nebeneinander auf den Stufen hockten oder uns an die Geländer lehnten und miteinander schwatzten, die politischen Ereignisse besprachen, den Krieg – und was wir erwarten mussten, was wir noch erhoffen durften. Ihr Vater war von 1930 bis 1933 Direktor des Bauhauses gewesen und emigrierte 1938 in die USA. Von ihm stammte – unter vielen anderen, in die Moderne weisenden Bauwerken – der deutsche Pavillon auf der Weltausstellung 1929 in Barcelona, in dem die Mutter so erfolgreich wie strapaziös die deutsche Spielwarenindustrie repräsentiert hatte. Wir hatten reichlich Gesprächsstoff.

Ein Junge stieß zu uns, Klaus Heinrich von Puttfarken. Er kam aus dem Osten Deutschlands, von einem großen Gut in Pommern oder Ostpreußen, war hochaufgeschossen und still, etwas wenig älter und gereifter als ich. Wir verstanden uns gut, obwohl er ein recht lästiges Talent darin entwickelte, mich – eifersüchtig und weniger erfolgreich – bei meinen Flirts zu stören. Er war nüchtern und trocken in seinen Äußerungen, ganz preußisch, wie man es sich im guten Sinne vorstellt. Er wusste, dass er bald eingezogen werden würde, hatte jetzt nur noch Schonfrist und meinte: »Du wirst es erleben, das geht schief! Wir können nicht die ganze Welt besiegen. Und nun kommt der Winter in Russland. Es war alles ein Wahnsinn. Großes Glück hat jeder, der heil heraus und wieder nach Hause kommt. Ich glaube für mich nicht daran.« Er war von düsteren Vorahnungen erfüllt. Auch er ist gefallen.

Ich durfte nach Berlin, aß mit dem greisen Vater zu Abend, er war der Welt schon entrückt, abgeklärt, weit von uns entfernt. Christl war in der geliebten Stadt, zu Besuch bei ihrer Mutter, ich lud sie ins Staatstheater ein, Käthchen ermöglichte alles. Es gab Schillers *Turandot*, eine glanzvolle Aufführung, wie die Theater damals alle glanzvoll waren: Opium für die Intellektuellen. Mit Kunst – oder was sie dafür hielten – schmückten sich die politischen Verbrecher.

*Turandot* ist die Geschichte einer grausamen Prinzessin aus dem alten China, die alle ihre Freier enthaupten lässt – bis auf den einen, der ihre Rätsel löst. Orientalisch bunt war das Bühnenbild. Farbiges Licht fiel von der Bühne herab in den Zuschauerraum, fiel auf Christl neben mir, sie saß da im schwarzseidenen Kleid, dunkel waren auch ihre Haare, ihr Gesicht dagegen hell wie Bernstein. Dieser Vergleich lag mir nahe durch Hiddensee, wo wir den Bernstein suchten, fanden und in den offenen Händen wogen. Im Gesicht ihre dunklen Augen, dazu der Duft ihres Parfüms, alles vermischte sich, wurde zu einem erfüllenden Glücksgefühl. Mein Wunsch wurde wieder wach, der Augenblick möge dauern, nie enden, ich suchte ihn in Gedanken festzuhalten, wie damals in Zürich, als ich bei der Mutter die Treppe mehrmals emporstieg. Aber auch hier ohne Erfolg. Ich hatte das oft, dieses Bedürfnis, besonders im Theater, auch in der Staatsoper. In *Orpheus und Eurydike* von Christoph Willibald Gluck dachte ich: Wenn es doch nie zu Ende ginge, während von oben der reine Wohllaut des »Ach, ich habe sie verloren, all mein Glück ist nun dahin…« zu mir hinabströmte.

Nein, nichts dauerte, auch nicht der Augenblick neben Christl.

Mit jedem Vers von der Bühne, mit der erregenden Handlung
verging die Zeit. Ich schaute zu ihr hinüber, sie bemerkte diesen
Blick, erwiderte ihn, lächelte, vielleicht ahnungslos, vielleicht mit
freundlichem Spott. Es kam zu keiner Berührung. Später schrieb
ich ihr ein Gedicht, das mit den Versen endete:
»… von den zarten Armen
Der Mädchen hoffe kein Erbarmen,
Sie alle heißen Turandot.«
In aller Frühe reiste ich nach Weimar zurück und zwängte mich
in die Schulbank.

## Ein Sterben

Im November, fast ein Jahr seit meinem Vorlesen, als ich aus einer Privatstunde heimkehrte durch den verwilderten Garten mit
den nun kahlen Bäumen, bat mich die Gräfin Dohna in ihr immer ein wenig verstaubt riechendes Zimmer. »Tante Gabriele liegt
in der Agonie«, sagte sie bekümmert, mit ihrer rauen, fast männlichen Stimme. Die Gräfin wirkte ja überhaupt männlich mit ihren knapp geschnittenen Haaren, die ohne Locken und herren-
mäßig kurz an den Ohren endeten. Sie schloss nun zuerst die
Augen und schaute mich gleich darauf wieder voll an. Ich verstand das mir neue Wort nicht, Agonie, ich hatte es noch nie gehört. Aber ich begriff sofort, dass es Bitteres, Endgültiges ausdrückte. Die Gräfin legte mir ihre Hand auf die Schulter: »Willst
du sie noch einmal sehen?«
Jetzt verstand ich erst richtig. »Noch einmal …« Tante Gabriele
lag im Sterben. Mein erster Impuls war, den Kopf zu schütteln,
hinaufzugehen in mein Zimmer und mich dort zurückzuziehen,
vielleicht das Radio anzumachen oder eine Schallplatte aufzule-
gen. Doch ich nickte. Die Gräfin nahm die Hand von meiner
Schulter: »Dann geh jetzt.«
Ich stieg die Stiegen empor. Tante Gabrieles Zimmer war leer.
Da stand der Tisch, an dem sie ihre Suppe gelöffelt hatte, dort ihr

Stuhl, in dem sie gesessen. Die Bilder an den Wänden, die Teppiche, die Tapeten, die Uhr, alles schien nur auf sie zu warten.

Die Tür zu ihrem Schlafzimmer stand halb offen. Von dort klangen beängstigende Laute zu mir herüber, Röcheln … Auf Zehenspitzen setzte ich mich in Bewegung, ging ich durch ihren Wohnraum, spürte mein Herz und war beklommen. Ich schob die Tür weiter auf. Dann trat ich ein. Ein bleiches Licht kam durch weiße, zugezogene Vorhänge, doch das Fenster dahinter stand offen.

Linker Hand, gleich neben der Tür, stand Tante Gabrieles Bett. Ich erkannte sie nicht und wusste doch, dass sie es war. Ihre Wangen waren eingefallen, ihr Mund halb geöffnet. Sie lag auf dem Rücken, die Decke hochgezogen bis über die Brust, ihre Augen waren geschlossen, ihre Haare strähnig. Sie atmete schwer, schien nach Luft zu ringen. Sie schlief auch, aber sie litt offenbar unter einem Albtraum und niemand konnte sie wecken. Ihre beiden Hände wanderten über die Bettdecke, griffen in den Stoff, ließen ihn wieder los, in kurzen Intervallen.

Es war Stille im Zimmer, das nur klein war, wenig mehr Raum hatte als für das Bett und den Schrank. Ich hörte auch keinen Laut aus dem schweigenden Haus, nichts von draußen, keinen Vogel, kein Motorengeräusch. Nur den angstvollen Atem, ihr schweres Sterben, das ein leichter Tod war, wie die Gräfin mir später sagte.

Ich stand, war unfähig, mich zu bewegen, unfähig, ihr über die Stirn zu streichen oder über ihre Hände. Ich empfand Beklemmung, Grauen vor ihr, vor dem gütigen Menschen in seiner Todesnot, schlich wieder hinaus, war blass, nagte an meiner Unterlippe.

Lili Avenarius reiste an, die hagere Tochter. Sie war ganz in Schwarz gehüllt, in dünne Stoffe, die wie Schleier wehten, was sie zu einer wehenden Gestalt machte. Sie sah ergriffen aus, aber gefasst. Tante Gabriele wurde in Weimar begraben. Doch an das Begräbnis erinnere ich mich nicht, auch nicht, ob die Mutter dazukam. Mir waren Begräbnisse ein Grauen. Der Mutter ging es genauso.

Ich flüchtete nach Berlin, war mit Christl in einer Morgenfeier im Deutschen Theater, hörte Verse, hörte die temperamentvolle Pianistin Elly Ney Mozart spielen, drei Tage später waren wir zusammen im *Faust*, in der berühmten Aufführung mit Gustaf Gründgens als Mephisto, die auch verfilmt wurde.

Der deutsche Angriff war vor Moskau und Leningrad zum Stehen gekommen, aber das wussten wir nicht so genau. Der Bruder Friedebald war bei Smolensk, er spürte noch nichts vom Grauen des Krieges, war noch immer bei der Feldgendarmerie, nicht bei der kämpfenden Truppe. Schon in Frankreich hatte er ja zu aquarellieren begonnen, in Russland setzte er es fort. Er war beeindruckt, ergriffen von der Weite der russischen Landschaft. Er hatte uns schon vor dem Feldzug beruhigend geschrieben, noch im Frühjahr aus Polen: »Hier ist Polen so, wie ich es mir vorgestellt habe, ländlich und breit, und freundlich, wo es glaubt, vertrauen zu können. Wir kommen hierher als Retter, der Bolschewismus hat hier wüst gehaust und beim Auftauchen der Uniformen besteht hier noch nicht die Gedrücktheit, die uns im westlichen Teil oft entgegentrat.«

Und ein andermal: »Es ist schön, als Befreier in ein Land zu kommen – auch wenn das Gewissen dabei nicht ganz rein ist und man weiß, dass die schwere Zeit folgt.«

Und wieder: »Aber wie soll ich Dir nun klarmachen, dass das Leben hier gar nicht schwer ist. Besonders für uns, die wir das alles in Ruhe und Sicherheit an uns vorüberziehen lassen können … Wir sind in Russland und haben grünes Tuch an, wir haben oft enge Quartiere und meistens schmutzige. Wir müssen marschieren – aber nicht mehr als erträglich – aber Krieg ist das nicht. Und der Umgang mit den Bauern und ab und zu ein Gespräch mit den Kameraden, die Bücher, die ich lese, die Briefe, die ich bekomme und schreiben darf, sind alles Dinge, die das Mindestmaß der Freude, die der Mensch braucht, um zu leben, erreichen und oft überbieten. Könnt Ihr Euch aber vorstellen, dass hier keine Glocken läuten. Nie!«

Das schrieb er zu Weihnachten, und am Neujahrstag 1942:

»Und dann sind wir alle vor die Tür getreten und haben nach Westen geblickt, in unserem Rücken donnerte es in bitterem Ernst. Es ist eine helle Nacht mit verdecktem Mond.«

Auch der Bruder Jochen war eingezogen worden, auch er kämpfte nicht. Er war bei der Heeresbildstelle, zunächst in Griechenland. Dort fotografierte er die Akropolis und die Stadt Athen: melancholische, stimmungsvolle Aufnahmen. Er hatte nun einen kleinen Sohn mit seiner Ruth, den er liebte.

## Weimarer Impressionen

Oft in diesen Wintertagen saß ich in meiner Weimarer Stube, war überfallen von Verzweiflungen, über die Lage der Welt und über mein eigenes Ungenügen an dem, was ich meine Dichtung nannte. Dann zog ich mich auf meine Couch zurück, zündete mir die Pfeife an – die Zigaretten hatte ich aufgegeben – und ließ die Rauchschwaden durch meine Bude ziehen. Ich träumte ihnen nach. Die Wolken strichen über meine hochgezogenen Knie hinweg, tanzten kreisend um Tisch und Stühle und sanken zu Boden. Brannte die Lampe, lag unten der Rauch und oben leuchtete das Licht. Ich war aber auch von Todesfurcht befallen, schreckte nachts im völlig verdunkelten Raum auf und spürte den Schatten. Es war eine so tiefgehende Furcht, dass die Empfindung immer in mir lastete, selbst in fröhlichen Stunden. In meine Träume kam ein Gefühl der Verlorenheit und Angst, an das ich mich noch aus meinen ersten Kindertagen erinnerte. Schlangen, Verbrecher und grausige Morde waren nicht selten ihr Inhalt, mindestens ein Gefühl des Gehetztwerdens, das mich ständig verfolgte. Ich verbrannte den *Aretin* vom Nebelhorn im Kohleofen, ich verbrannte viele Entwürfe und kleine Geschichten und hatte dabei doch ein unbehagliches Gefühl. Ich war froh, dass mich niemand dabei überraschte.

Es war viel Papier, ein großer Haufen, den ich den Flammen überantwortete, ich hatte keine sentimentalen Gedanken, solange es brannte, auch nicht hinterher, beim Anblick der gefiederten Asche. Ich war so eifrig bei diesem Vernichtungswerk, dass ich das Feuer oft durch die Fülle der Blätter erstickte. Ich zögerte, zweifelte, las, stieß auch hin und wieder auf Gedanken, die ich längst vergessen hatte und mir nicht zugetraut hätte. Ich freute mich auch, wenn ich etwas fand, was ich glaubte, nun besser ausdrücken zu können.

Ich las damals die *Frankfurter Zeitung* und liebte das Feuilleton, besonders die Essays von Benno Reifenberg. Diese Zeitung, die sich im Rahmen des Möglichen der Propaganda enthielt, immer hart am Verbot vorbeischrammend, war meine tägliche Nahrung, aber auch eine Anfechtung für mich, weil ich fürchtete, die Brillanz solch geschliffener Beiträge selbst niemals erreichen zu können. Damals erschien ein Artikel mit dem Resümee: *Das Schöne ist Ziel der Kunst.* Heute wäre ein solcher Satz undenkbar, ich zweifelte damals schon, vermochte dem aber keinen Ausdruck zu geben, notierte mir nur: »Vielleicht darf Kunst gar kein Ziel haben, wo sie enden kann. Wenn aber ein Ziel, dann Verwandlung, also Wirkung auf Menschen.« Ich meditierte über den Aufwand, der in Liedern und Dichtungen mit der Liebe getrieben wurde und wird – auch in den bildenden Künsten, meinte, dass nichts damit bewirkt werde, und schrieb: »Von Gefühlen schweige«, was natürlich ein grotesker Fehler war und der sicherste Weg zum Misserfolg ist. Ich ging im Weimarer Park auf Wiesen und unter Bäumen. Die Sonne bohrte sich durch die Wolken. Zeitweilig war es so schmerzend hell, dass ich die Augen zukniff. Und plötzlich begannen Vögel zu singen, die ich nicht benennen konnte. Ein Specht trommelte auf einen Baum – es war eine Frühlingsahnung und die Ilm rauschte. Soldaten gingen mit ihren Mädchen am Ufer spazieren. Auch das war eine Seite des Krieges.

Noch immer war ich bei Meister Strathmann in der Gesangsstunde und bedauerte ihn, weil sein Ruhm nun verblasst war, bedauerte das Ende jeglichen Ansehens: Ich sah die Vereinsamung des alten Mannes, das Stillwerden um diesen Menschen, sein Leerwerden. Ich blickte am Spätnachmittag aus meinem erhöhten Fenster in die Abendsonne, wenn sie gelbrot über der Stadt lag. Farblos grau waren die entfernten Häuser, die auf den Baumspitzen des Parks zu stehen schienen. Da und dort waren die in den kalten Himmel aufsteigenden Rauchfahnen durchleuchtet. Der Schnee in der Tiefe des Parks unter mir war graublau, die kahlen Bäume dazwischen wie braune Striche, und ich saß im Fenster mit gebeugtem Rücken und notierte mir alles. Langsam, ganz langsam floss das Licht die Zimmerwand hinauf, indem die Sonne sank.

Nachts hatten wir die Fenster zu verdunkeln – den ganzen Krieg über – mit schwarzen Papieren oder Pappen. Wir bastelten uns selber Rollos. Dörfer und Städte versanken in lichtloser Schwärze. Die Spur des Menschen verschwand aus der Nacht. Nur dass der Himmel sich mit seinen Gestirnen wieder reiner, klarer und prächtiger entfalten konnte, versöhnte ein wenig.

Einmal entfernte ich im Winter diese Verdunklung vor dem Schlafengehen, ohne eine Lampe anzumachen. Da war das Fenster dahinter zu einer blitzenden Wand geworden, vereist, vom Mondlicht überstrahlt. Von oben warfen die Stängel des wilden Weins Schattenornamente auf die Fläche. Perlen und Sternchen flammten. Und in einem kreisrunden, ausgesparten Loch schwamm der Mond, geformt wie ein türkischer Märchenpantoffel.

Aber auch in Weimar gab es Fliegeralarm. Wir kamen im Luftschutzkeller der Gräfin Dohna zusammen, nachts, und immer öfter, aufgeschreckt vom Heulen der Sirenen, das allen grässlich in den Ohren klang. Die Gräfin hielt überhaupt nichts von Hitler und glaubte nicht an den Sieg. Sie machte kein Geheimnis aus ihrer Meinung und sie konnte es unbesorgt tun, denn es war keiner unter ihren Gästen, der Nazi gewesen wäre. Man sagte überhaupt, was man dachte. Aber man sagte es leise und vergewisserte sich vorher mit einem Blick über die Schulter, ob man allein war.

Die Mauern unseres Hauses bebten einmal. Es fielen drei Bomben in der Nähe, nachts, ganz dicht neben Goethes Gartenhäuschen. Es waren kleine Bomben gewesen. Am Morgen besahen wir uns die Krater. Das berühmte Häuschen des Dichters war verschont geblieben – doch man wunderte sich, wieso es überhaupt als Ziel gegolten hatte. Es war wohl eher ein Zufall gewesen.

## Abitur

Ich blieb beschützt. Ich lebte mein Leben fast wie in Friedenszeiten. Wir litten weder Hunger noch Not. Sorgen waren unsere Belastungen, aber nicht mehr. Ich schlief mit einem niedlichen Mädchen, das in der Pension wohnte. Nachts schlich ich über knarrende Stufen zu ihr hinab, in ihre Kammer. Da waren wir froh, wenn uns die Sirene nicht aufschreckte. Ich mochte sie, doch es war nicht die ganz große Leidenschaft. Das war und blieb Mausi, mit der ich ständig Briefe wechselte, mochte sie auch andere Wege gehen. Ich floss über vor Verständnis und Weisheit und erklärte ihr unverdrossen meine Liebe. Darüber hinaus hatten meine Briefe wenig Inhalt, die Erlebnisse des Alltags erschienen mir nicht berichtenswert – leider.

Das Zimmer meines Mädchens im Hause Dohna war klein, fast nur ein abgeteilter Alkoven mit dünner, weiß gestrichener Holzwand. Alles vollzog sich leise darin und heimlich, herzlich und verspielt.

Der russische Winter mit seinem Frost brach über die Soldaten an der Ostfront herein. Wir in der Heimat wurden aufgefordert, unsere Skier abzugeben. Es war Pflicht. Ich brachte meine mit Bedauern zur Sammelstelle, wo sie auf einem großen Haufen landeten und bestimmt niemals sinnvoll verwendet wurden. Aber indem ich dies schreibe, frage ich mich schon, ob denn in diesem wahnwitzigen Krieg überhaupt etwas hätte sinnvoll sein können, außer Hitlers Beseitigung.

Völlig daran gehindert, Ski zu laufen, wurden wir freilich nicht, in den Wintersportorten konnte man Skier leihen, ganz wollte man das Geschäft für die Einheimischen, die davon lebten, nicht zum Erliegen bringen.

Immer klarer wurde es, dass Hitler nicht siegen konnte. In Russland tobten die Kämpfe mit aller Härte. Der Generalfeldmarschall von Brauchitsch wurde abgelöst, Hitler machte sich selbst zum Oberbefehlshaber auch der Ostfront. Er befahl den fanatischsten Widerstand.

Die Rote Armee trat zum Gegenangriff an.

Dieses Weihnachten begingen wir bedrückt. Der Bruder Jochen hatte Urlaub, er verbrachte ihn bei uns, er litt unter dem Soldatsein und sprach es offen aus. Es gab auch politische Spannungen mit dem Schwager Hubert. Nächtelang diskutierten die Erwachsenen, wenn ich schon schlief. Ich notierte mir dennoch: »Von vielen Dingen, die ich hörte, war ich entsetzt … Nun werden wir wohl alle zu stilleren Leuten, seit wir sehen und hören können.«

Konnten wir sehen und hören? Wir erfuhren doch relativ wenig, wir sahen nicht einmal die Spitze des Eisberges. Dass Hitler im Januar 1942 die »Endlösung« der Judenfrage plante, wusste kaum sein engster Kreis.

In der Schule gewann ich einen Freund, Gerd Baumbach. Er besuchte mich in meiner Stube, zeichnete mich in Rötel, dafür besaß der stille, hoch aufgeschossene Junge großes Talent. Er bekam das Notabitur und wurde eingezogen, er musste gleich an die Front und fiel. So mancher Kamerad musste damals von der Schulbank weg Soldat werden. Mich schützte ein Vermerk im Wehrpass vor dem Dienst mit der Waffe.

Auf dem Schulweg begegnete ich im Weimarer Park einer Mutter. Ihr vierjähriger Sohn hob ein wenig Schnee auf, ballte ihn zusammen und bewarf sie damit. Dabei rief er: »Schau, lauter Handgranaten. Piff-Paff! Nun bist du tot!« Das registrierte ich irritiert: Handgranaten, Krieg, Tanks, Bomben – tot! Ein Spiel für Kinder … Und die Mutter lächelte und sagte gedankenlos: »Fein, mein Kleiner!« Ich konstatierte, dass alle Bemühungen der Kunst bisher vergeblich gewesen waren. Ich war noch sehr jung.

Damals las ich Stefan Andres' Buch *Das Grab des Neides*. Ich besuchte viele Konzerte, ließ mich forttragen auf Wogen des Gefühls oder machte mich über die Künstler lustig. Ich ging gern ins Weimarer Theater. Meine Mutter kannte den Intendanten und ich bekam manche Freikarte.

Im Februar 1942 begann mein Abitur. Die schriftlichen Arbeiten zogen sich über eine Woche hin. Ich bekam eine Deutscharbeit mit dem Thema *Das Buch, ein Schwert des Geistes* – und schrieb, was ich selbst nicht glaubte. Der Deutschlehrer meinte: »Kruse, Sie schreiben zu intellektuell. Einfach müssen Sie schreiben, für das Volk.« In diesem Punkt hat der Mann recht gehabt.

Nach Beendigung aller schriftlichen Arbeiten wurde ich im Hausflur der Schule von meinem Klassenlehrer festgehalten. Er nahm mich am Jackenrevers und sah mich vergnügt an: »Sind Sie mit ›befriedigend‹ einverstanden oder wollen Sie noch mündlich geprüft werden?«

Ich war heilfroh, so glimpflich davongekommen zu sein. Ein Befriedigend genügte damals ja vollkommen für ein Studium. Und mehr wollte ich nicht. Aber ich war dann doch beleidigt, dass ein anderer Schüler die Abiturrede halten sollte.

Unser Musiklehrer orgelte, der Schulleiter, der den strammen Nazi herauskehrte, hielt die übliche, langweilige Ansprache: dass wir nun ins Leben hinausträten … Und von der heldischen Zeit … Und vom Endsieg. Wir veranstalteten die Abiturfeier in einer Gaststätte, das Bier floss. Ganz fröhlich waren freilich nicht alle meine Kameraden, denn nun drohte die Einberufung zur Wehrmacht. Manche hatten sie schon in der Tasche.

Ich musste noch ein zweites Mal zur Musterung in Bad Kösen. Das Lokal lag am Abhang, am Berg, ein grauer Hotelkasten. Im Hof nahmen wir Burschen Aufstellung, der Unteroffizier brüllte uns an, wir seien allesamt Scheißkerle und man würde uns schon die Flausen austreiben. Mir kam die Übelkeit hoch. Ich meinte, diesen Ton niemals ertragen zu können. Ich war der weitaus Älteste, die anderen waren fast noch Kinder. Dann ging es in den Saal der Gaststätte hinauf, wir mussten uns ausziehen. All die nackten Bürschlein, was für dürftige Gestalten: Ich verstand nicht, was die Mädchen an uns finden konnten, wir waren doch alle so hässlich in unserer Blöße! Ein Major leitete die Musterung, der war kulturell interessiert und der Mutter verbunden, er ließ mich zehn Kniebeugen machen, vom Arzt das Herz abhören, betrachtete mich geringschätzig und meinte: »Was sollen wir denn mit solchem Kroppzeug!« So wurde ich ausgemustert, »völlig wehruntauglich«, auch von allen anderen Diensten befreit.

Ich war von einem Albdruck erlöst.

Friedebald schrieb unermüdlich Briefe aus Russland: »Gestern sind wir durch eisigen Gewitter-Hagelsturm gefahren und dann gelaufen. Fantastisch unheimlich und großartig die sturmgepeitschten Pferde, die sich teils zusammendrängen und vom Sturm abwenden, teils sich ihm entgegenlehnen, und das alles in düsteren olivgrünen Indigo-Farben unter blitzendem Himmel. Ja, malen! – Später lag der Ort mit den zwei Kirchen dunkel vor dem hellen Horizont unter den schwarzen Wolken. – Heute mussten wir ein paar Männer von den Evakuierten wegnehmen zur Arbeit. Mit einem alten, gutmütigen Mann, dessen Gesicht rot vom Bart umkränzt, ging seine Tochter ein Stück noch mit, bis ich es verbieten musste. Unter Tränen ein weithin schallender Abschiedskuss, die alten, wulstigen Lippen waren beinah zu fühlen.«

Da ich auch nicht zum Arbeitsdienst musste, stand mir eine Zeit in Berlin bevor, die »studentischer Ausgleichsdienst« genannt wurde. Man zog mich in die Reichsstudentenführung ein. Ein wenig freute ich mich sogar darauf, denn ich kam dadurch für ein halbes Jahr nach Berlin. Aber bis dahin blieben mir noch über zwei Monate.

Helen A. Fenner war eine sowohl dynamische wie chaotische und ein wenig ins Verrufene schillernde Person, eine Briefbekanntschaft der Mutter, derzeit – eine ihrer vielen Lebensstationen – Leiterin des Fremdenverkehrsamtes in Lech am Arlberg. Sie besorgte mir ein Zimmer beim Grafen Auersperg im Hotel »Goldener Berg«. Dort verbrachte ich Tage der Sonne im März, mit Leihski und eigenen Fellen. Nun gab es dort schon den ersten Skilift, er war eine Sensation.

Der Ort Langen am Arlberg war die Bahnstation. Von dort musste man zu Fuß wandern, einem Bauernschlitten folgend, der das Gepäck beförderte. Es ging über den Pass bei Zürs und wieder nach Lech hinab, ein Weg von mehreren Stunden: Schlittenkufen, Schlittenspuren, verschneite Felsen und verschneite Tannen, Bergeinsamkeit, nur das Stapfen und Schnauben der Tiere, das Knirschen des Schnees. Und zunehmende Erschöpfung.

Ich wohnte im Nebenhaus des Hotels, in holzgetäfelter Stube, eng war alles und war doch ein Glück. Ich schrieb an Mausi nach Stuttgart, sie teilte mir mit, dass sie mit einer Freundin nach Obergurgel wollte. Kurzerhand brach ich meine Zelte in Oberlech wieder ab, gab mein Zimmer auf, eilte den beiden Mädchen entgegen – aber in Obergurgel fanden wir keine Unterkunft. Alles war überbelegt, wie fast überall. Noch am gleichen Abend und in die Dunkelheit hinein mussten wir zurück, verbrachten eine Nacht im provisorisch hergerichteten Heustadel, bitterkalt, ich küsste Mausi, wie sie da unter dem hochgetürmten Plumeau lag und schlotterte, in all ihren Kleidern. Am Morgen telefonierte ich nach Lech, erreichte Frau Fenner, diese zauberte und brachte uns wieder in Oberlech unter, es war ein Wunder.

Die beiden Mädchen wohnten beim Bauern. Mausi hatte moralische Anwandlungen, sie wollte ihrem Will in Tübingen treu bleiben, es gab Kräche und versöhnende Aussprachen, ich dichtete: »Entsagung, wer lernt sie vorm Tod …«, und las den beiden Mädchen viel vor, Stefan Andres und Gedichte von Ina Seidel.

Die ersten großen Angriffe auf Lübeck und Köln wurden als Luftterror bezeichnet. Ich erfuhr, dass mein Freund Diether Ockel aus der Odenwaldschule verwundet in Berlin lag.

Mit Fellen stiegen die beiden Mädchen und ich zur Madloch empor, zweiundeinhalb Stunden. Da war Sonne und Gipfelglück, die blendende Welt.

Wir trennten uns wieder, Mausi fuhr im Schlitten über Zürs, dann nach Lindau zu ihrer Mutter. Ich reiste nach Innsbruck, schrieb vom »Wunder der Rückreise«, vom beginnenden Frühling: »Aus dem Bummelzug heraus sah ich auf die Wiesen, auf Pri-

meln und Veilchen, und die Kirschbäume blühten, die kleinen im
Schutz der breiten Häuser. So bunt war das alles, die Blumen, die
Büsche, die Berge und der knallblaue Himmel. In Innsbruck aß
ich bei sinkender Sonne auf der Hungerburg zu Abend und nahm
dort den letzten wehmütigen Abschied von den Bergen. Wer
wusste denn, für wie lange!«

Der Zug ab Innsbruck um neun Uhr abends war so überfüllt,
wie es die Züge damals meist waren, es gab keinen Sitzplatz, ich
hockte fröstelnd im finsteren Gang auf dem Koffer. Es war auch
deshalb so finster, weil ja nicht nur der Zug ohne Licht fuhr, sondern auch alle Städte, alle Dörfer, alle Bahnhöfe, durch die wir
fuhren, verdunkelt waren. Nirgends brannte ein Licht, nicht das
winzigste. Die Tristesse der dunklen Landschaft drang in meine
Seele.

Ein fremdes Mädchen suchte Platz, ich rückte zur Seite, sie
setzte sich neben mich, der Koffer knickte leicht ein, wir lehnten
uns aneinander und suchten Trost aneinander. Traurig und übermüdet kam ich in Naumburg an. Es war immer noch dunkel,
noch zog der Tag nicht herauf.

Aber daheim blühten die ersten Kätzchen.


## Studentischer Ausgleichsdienst

Ich blieb nur kurz in Kösen, reiste gleich nach Berlin, kam dort
weit nach Mitternacht an, in der Atelierwohnung der Mutter.
Und mir blieb keine Frist, am 15. April 1942 trat ich meinen
Dienst als Ausgleichsstudent an. Die eigentlichen Aufgaben dieses Amtes blieben mir immer verborgen. Ich wurde dem Aus-
landsreferat zugeteilt, das von einem Doktor Bähr geleitet wurde,
einem kleinen, drahtigen Mann. Er trug die graugrüne Uniform
eines Sonderführers, konnte aber leger, sogar tolerant sein.

Das Gebäude unterschied sich äußerlich nicht von einem Berliner Mietshaus. Schmutzig war die Fassade, groß das Eingangs-
portal. Eine Treppe führte hinauf. Draußen standen Bäume, es

prangte der schönste Frühling. Oft ging ich in den Tiergarten, der war nah. Da saß ich in der Sonne, die Knospen an allen Bäumen brachen schon auf und auf den Wiesen standen Szilla und Anemonen. Ich saß unter den Büschen am Weiher, auf dem quakende Enten schwammen. Manchmal kamen sie zu mir und zwickten mich in die Hose. Und die Spatzen waren fröhlich.

Auf dem Platz vor unserem Postamt spielten die Berliner Gören, da öffnete der Ginster schon seine gelben Blüten und erinnerte mich an Hiddensee. Wie sehnte ich mich nach der Insel.

Unser Dienstantritt war einigermaßen amüsant. Doktor Bähr, die graue Maus, empfing uns in seinem Büro. Uns – das war ein Häuflein von knapp zehn Jungens, etwa gleich alt oder sogar jünger als ich. Sie waren alle irgendwie behindert, hatten einen steifen Arm, einen verkrüppelten Fuß oder ein Gebrechen, das man ihnen nicht ansah, so wie mir. Bei mir deuteten nur die vorstehenden Zähne auf meine rachitische Veranlagung hin. All meine Schicksalsgenossen standen in achtungsvoller Haltung vor dem Schreibtisch, die Hände an der Hosennaht, während ich mich lässig halb auf die Armlehne eines Sofas gesetzt hatte, schon mehr lümmelnd. Ich dachte mir nichts dabei. Doktor Bähr hielt uns einen Vortrag über den Dienst an der Heimatfront, den wir in aufopfernder Pflichterfüllung zu erfüllen hätten, genau so, wie wenn wir Soldaten wären. Plötzlich blickte er mich scharf an, ich erwartete ein Donnerwetter wegen meiner flegelhaften Haltung, doch das Gegenteil trat ein: »Wie heißen Sie? – Kruse? – Sie sind die schönste Puppe Ihrer Mutter!« Und er forderte die anderen auf, sich an meiner Lässigkeit ein Beispiel zu nehmen. Er wolle keine Strammsteher, normal und natürlich sollten wir uns geben, aber aus dieser gelassenen Einstellung heraus sollten wir uns zu besonderer Leistung emporschwingen.

Nichts lag mir ferner.

Doktor Bähr wurde in seiner Ansprache mehrfach von Telefonanrufen unterbrochen. Und als er uns endlich leutselig entließ, rief er mit gespielter Verzweiflung, nun habe er vergessen, irgendeinen hohen Würdenträger anzurufen, um die Begnadigung eines zum Tode verurteilten belgischen Studenten zu erbitten. Vielleicht war es Doktor Goebbels oder sein persönlicher Referent. Aber nun sei es wohl zu spät dazu, die Hinrichtung bereits vollzogen. Wir hatten alle den Eindruck, dass er diese makabere Szene nur spielte, um uns zu beweisen, wie bedeutend er war und was er alles vermochte.

Zunächst hatte ich nur Pakete zu packen, dann klebte ich Zeitungsausschnitte. Aber bald kam ich in ein Büro zu Günther Reichhelm. Wir sollten eine Zeitschrift herausgeben, die eine geradezu schwindelnd hohe Auflage hatte, denn sie wurde kostenlos an ausländischen Universitäten verteilt und in mehrere Sprachen übersetzt. Sie hieß *Neues Europa* und war in Deutschland nicht zu haben. Dafür war sie auch viel liberaler, als es bei uns erlaubt gewesen wäre.

Unsere Arbeit empfand ich als leicht, wir bekamen die verschiedensten Meldungen aus der Wissenschaft und aus den Universitäten auf den Schreibtisch, Forschungen, Erfindungen. Wir kürzten und schrieben um. Propaganda wurde dabei bewusst vermieden. Die Propaganda war eben, dass es auch ohne Propaganda ging. Die Nazis wollten zeigen, dass sie ja gar nicht so schlimm seien. Ich erinnere mich noch genau an die Meldung von der ersten gelungenen Kernspaltung und der ungeheueren Energie, die dadurch freigesetzt wurde. Ich hatte gleich das Gefühl, dies müsse von epochaler Bedeutung sein.

Mein Chef, Günther Reichhelm – zuckte darüber die Achseln. Er war blond, sein Haar schütter, sein Gesicht scharf geschnitten, sein linker Arm verkrüppelt, er konnte nur mit einer Hand arbeiten, essen und schreiben, verstand aber geschickt mit ihr umzugehen. Er glaubte an den Führer und war vom Endsieg überzeugt, ich konnte aber offen mit ihm reden und er tolerierte meine skeptischen Ansichten, ich hatte niemals Sorge, er könne mich anzeigen. Er diskutierte viel und gern mit mir, war voll Bewunderung für gefühlsstarke – oder rohe – SS-Männer, die, zu härtestem Dienst abkommandiert – darüber dürfe er nicht reden! – nach Erfüllung ihrer Pflicht in ihren Kojen lagen und Partituren von Johann Sebastian Bach auswendig lernten. Er, der Behinderte, nahm sich diese Leute zum Vorbild, so musste man sein. Er litt unter der Angst, nicht als vollwertig zu gelten.

Dennoch nahm er es gelassen, sogar freundlich zur Kenntnis, dass ich eine Halbjüdin liebte. Einem Einzelnen, einem Kameraden und Freund, ließ man Vieles durchgehen, was offiziell nicht erwünscht war. Er fand Mausi hübsch, ich zeigte ihm ihre Fotografie: Sie stand mit langen Haaren an einem Bahndamm, mitten in einem Margeritenfeld, ein Mädchen wie eine Blüte.

Wir bekamen eine Stenotypistin zugeteilt. Es war ein hübsches Geschöpf, weich und weiblich an allen Gliedern, die lebendige Verlockung. Günther Reichhelm wettete mit mir, wie bald er sie so weit hätte, dass sie mit ihm schlafen würde. Mir war sie gleichgültig, denn sie hatte Stroh im Kopf. Er lud sie in ein Restaurant zum Abendbrot ein und lächelte am nächsten Morgen vielsagend.

Immer in dieser Zeit, wenn mich Doktor Bähr sah, und sei es von Weitem, auch auf der Straße, rief er laut: »Kruse, Sie sind die schönste Puppe Ihrer Mutter!« Das war mir unangenehm. Aus dem Puppenalter war ich doch hinaus. Sowieso hatte ich mit den Puppen der Mutter immer noch so wenig im Sinn, dass ich sie nicht einmal alle kannte. Sprach man mich darauf an, musste ich passen.

Immer wieder war ich in der Buchhandlung Amelang am Bahnhof Zoo, kaufte bei Patt, dem feinsinnigen Ernst Patting, meine Bücher, viele Bücher, darunter nun auch *Auf den Marmorklippen* von Ernst Jünger. Es wurde als Buch des inneren Widerstandes verstanden, in dem mit der Person des Oberförsters Hitler gemeint sein sollte. Ich konnte das nicht erkennen, verstand es nur als Meisterwerk der Sprache, dessen magisch-mystische Wortkunst mich anzog.

Ich dichtete auch viel, befreundete mich im Amt mit Dorothee, der stillen Tochter des Zeitungswissenschaftlers Emil Dovivat. Sie war in meinem Alter, ein Mädchen mit klarem, reinem Gesicht, glatt gekämmten, gescheitelten Haaren. Sie dichtete selbst, schrieb mit feiner, harmonisch-ausgeglichener Schrift, nahm An-

teil an meinen Versuchen und hörte mir geduldig zu. Ihr Vater wurde nach dem Krieg Mitbegründer der CDU in Berlin und lehrte an der Freien Universität.

Meinen greisen Vater dagegen besuchte ich selten in Nikolassee. Er war dort in einem Sanatorium untergebracht, die Schwester Maria betreute ihn auch hier. Seine Haare waren nun schlohweiß, sein Bart ebenfalls, weiß und lang. Er saß mit kantigem Gesicht im Liegestuhl, sprach wenig, nur knurrige Worte. Er klagte, dass ich so wenig käme, und rauchte ständig seine Stumpen. Er versicherte immer wieder: »Ich glaube an den Sinn des Lebens!« Er tat es sogar noch auf dem Sterbebett. Ich meinte, er würde ewig leben. In diesem Alter macht man sich noch keine Gedanken über die Kürze der uns zugemessenen Zeit – und dass sie vorbeigehen könne.

Eine Freude war, dass der Bruder Friedebald drei Monate Studienurlaub bekam, aus Russland. So konnte er endlich auch mit einem weiblichen Wesen zusammen sein, mit seiner Freundin Gretl. Am ersten Abend schon war er mit mir im Deutschen Theater, wie sahen die blutjunge Elfriede Kuzmany als Käthchen von Heilbronn. Prompt verliebte ich mich in das so reine Geschöpf. Es ging ein unbeschreiblicher Zauber von ihr aus. Ich schrieb Verse, sehnte mich, litt – und vergaß sie, so wie jede Liebe stirbt, die keine Nahrung durch Nähe, durch Begegnung und Berührung, erhält.

Aber ich liebte auch die Stadt selbst, Berlin, nicht nur ihre Theater und die Konzerte, ich liebte die Straßen, die Busse und U-Bahnen, den Kurfürstendamm und den bezaubernden Frühling in Potsdam und Werder. Wäre kein Krieg gewesen, ich hätte wohl in Berlin bleiben mögen.

Ich wurde krank, Angina, fieberte bis an die Grenze des Todes, der Naturarzt der Mutter, dem sie blind vertraute, heilte mich mit Abführmitteln. Ich war so elend, dass ich deren unaufhaltsame Wirkung kaum überstand. Fast einen Monat brauchte – und konnte – ich nicht ins Büro. Halb genesen, schrieb ich meine erste Erzählung, sie handelte von einem Mann, der vor der Liebe auf der Flucht ist. War ich das auch? Auf der Flucht vor der Liebe? Eher im Gegenteil. Vielleicht war es ein Wunschtraum: Ruhe vor den Leiden und Stürmen der Gefühle. Ich war ja fast immer verliebt.

Christl kam nach Berlin, sie besuchte mich noch am Krankenbett. Aber danach sahen wir uns nicht oft. Sie ging ihre eigenen Wege und mein Herz hing an Mausi. Und doch – das hinderte mich nicht, immer ein wenig für Christl zu schwärmen, liebevolle Gedanken für sie zu haben. Es hätte sicher nur eines Winks von ihr bedurft. Sie war ein schönes Mädchen, reifer als Mausi, schon eine junge Frau.

Nur ein einziges Mal sah ich in der Straßenbahn auch einen Menschen mit dem gelben Judenstern, er stand vorn im Einstieg, sich hinzusetzen war ihm verboten. Er blickte zum Fenster hinaus und drehte uns anderen, so gut es ging, seinen Rücken zu. Manche betrachteten ihn mit verstohlener Neugier, andere blickten ostentativ beiseite, ich empfand Scham, die lange anhielt, vermischt mit dem Gefühl der Hilflosigkeit.

Und von Mausi kamen besorgte Nachrichten über ihren Vater. Sie schrieb: »Pa kommt fort, und vorher wird man ihm, soviel ich weiß, alles abnehmen …« Mehr erfuhr auch sie nicht. Er blieb aber doch noch eine Zeit lang in Stuttgart. Ich war »sehr bewegt und habe viele Stunden darüber nachgedacht, dass man trotzdem das Vertrauen nicht verlieren dürfe. – Hoffen«, schrieb ich ihr, »das heißt Leben!«

Ich besuchte meinen Freund aus der Odenwaldschule, Diether Ockel, im Lazarett, das in einem Berliner Krankenhaus eingerichtet war. Es war ein sonniger Tag, strahlend der Mai, er passte gar nicht zu dem traurigen Anlass. Diether humpelte mir auf Krücken entgegen, hing schleppend dazwischen und zog die beiden Füße nach. Beide Fußgelenke waren durchtrennt, er würde nie wieder richtig laufen können, er ahnte es damals schon. Er gab sich aber noch gelassen: »Für mich ist die Scheiße vorbei«, meinte er. Intendantensohn, Schauspielerkind, ganz dem Theater verbunden, gab er auch jetzt seinen Traum, Schauspieler zu werden, nicht auf, nahm später noch Sprachunterricht, wurde Regieassistent, nahm nach dem Krieg den Namen seiner Mutter an, Diether von Sallwitz, da der Vater als »Mitläufer« belastet und als früherer Intendant von Ulm überall bekannt war. Nach dem Krieg wurde Diether einer der ersten Sprecher der Tagesschau des Fernsehens, Millionen kannten sein Gesicht. Sitzend sah man ihm sein Gebrechen nicht an. Er heiratete, bekam einen reizenden Sohn, doch seine Depressionen waren zu groß. Er nahm sich in seiner Garage das Leben, in den Sechzigerjahren, ein spätes Opfer des Krieges, wie es so viele gab.

Die Mutter mietete eine zweite Wohnung in der Sächsischen Straße, das Atelier in Halensee wurde zu klein. Sie bereitete sich darauf vor, den Vater zu uns zu nehmen. Ich bekam Biedermeiermöbel für meine Stube, goldgelbe Stühle, einen goldgelben Schreibtisch, einen goldgelben Schrank. All das gefiel mir – war es nicht einem Dichter angemessen? Im Übrigen war ich aber nicht eigentlich eitel, zwar stolz auf meine Werke, aber gleichzeitig von Zweifel zerfressen. Im Amt gab mir eine stets hilfsbereite, warmherzige Frau, die immer besorgte Mutter meines Kameraden Ekkehard Roth, eines Nazigegners, der an einem verbildeten Fuß litt, den liebevollen Spitznamen »Miko«, wegen meiner ausgeprägten Minderwertigkeitskomplexe. Trotzdem schwang ich mich in die höchsten Gefilde der Dichtung auf und verfasste einen weisheitsschwangeren Sonettkranz, den ich Josef Weinheber abgeguckt hatte, aber auch einen simpel gereimten Text für ein Bilderbuch mit den Puppen der Mutter. Ohne dass ich es ahnte, begann ich damals meinen Berufsweg.

Ich kaufte für uns alle ein mit Lebensmittelkarten, die man auch in den Restaurants brauchte. Die Entbehrungen begannen, spürbar zu werden. Wir bekamen pro Person und Tag nur noch einen halben Liter Magermilch. Ich kochte und wusch ab. Manchmal besuchten wir das chinesische Restaurant in der Meineckestraße, hier wurde vorwiegend mit Reis und Gemüse gekocht.

Ein krasserer Gegensatz war wohl nicht denkbar als der zwischen meinem behüteten Leben und dem Geschehen an den Fronten und den Verfolgungen der politischen Gegner und Juden. Hiervon merkten wir allerdings nichts. Es kommt mir mein Dasein zu dieser Zeit heute wie ein Träumen vor, ein Schlaf auf sumpfigem Grund. Aber alle träumten irgendwie, wenn sie in der sogenannten Heimat lebten. Wir sollten ja träumen. Man kann es natürlich auch Verdrängung der Wirklichkeit nennen. Aber ich lebte in Übereinstimmung mit all den anderen, die meine Volksgenossen genannt wurden. Es war unser Lebenswille, der träumte. Es lebte kaum einer grundsätzlich anders, wenn er sich nicht im Widerstand organisierte, aber das waren verschwindend wenige, von denen wir nie etwas erfuhren. Es nahm auch niemand Anstoß an meinem behüteten Leben. Ich war nicht an der Front, gewiss, und das war ein Privileg, das ich meinen Altersgenossen voraus hatte. Aber auch darin war ich nicht allein, es gab noch andere Männer, auch junge, die freigestellt waren, aus was für Gründen auch immer, meist zur Arbeit in der kriegswichtigen Industrie. Und man freute sich über jeden, der daheimbleiben konnte.

Es war die Regel, dass man in die Kinos ging, die Filme sollten uns ja bei Laune halten. Die Theater, die Kabaretts waren überfüllt, die Menschen kleideten sich gern gut, sie spielten das Spiel: »Es ist normales Leben« und wollten es so oft wie möglich spielen. Gewiss gab es leidenschaftliche Auseinandersetzungen über Sinn oder Unsinn und das Verbrechen dieses Krieges. Es gab aber auch das Dilemma – in dem selbst die Nazigegner steckten –, dass man die Niederlage ebenfalls nicht wünschen mochte, denn alle meinten, deren Folgen würden verheerend sein, schlimmer noch als nach 1918. Ich erwähnte es schon einmal: Keiner vermochte sich diese Schrecken auszumalen. Die Zeit nach dem Ersten Weltkrieg war wie ein Trauma, viele hatten sie erlebt. Zur Furcht vor einer Niederlage im Krieg kam nun noch eine geradezu panische Angst vor der Sowjetunion, vor dem, was Bolschewismus genannt wurde. Wir hatten kaum andere Kenntnisse als durch die Goebbels'sche Propaganda. Nicht die Russen fürchtete man eigentlich, die Russen wurden vielfach geschätzt, der russische Mensch, die »russische Seele« sogar geliebt, fast jeder kannte russische Emigranten, aber gerade diese waren ja vor den Bolschewisten geflohen und schilderten das Leben in der Sowjetunion in den düstersten Farben: Unterdrückung, Gefängnisse, Arbeitslager, Sibirien, Rechtlosigkeit – das war es, was uns erwartete. Der Bolschewismus war das Schreckgespenst schlechthin und daher kam die Zerrissenheit selbst bei denen, die Hitler hassten. Dass er allein der Schuldige am Krieg war und sein Auslöser, darüber gab es keine Meinungsverschiedenheiten, auch wenn die Nazis vom uns aufgezwungenen Lebenskampf sprachen. Unsere einzige Hoffnung war eine Revolte der Wehrmacht mit anschließenden Friedensverhandlungen bei noch einigermaßen intakten Fronten.

In jenen Tagen litten wir in Berlin noch nicht unter Fliegerangriffen. Ich erinnere mich an keine einzige Theateraufführung, die wegen Alarm abgebrochen werden musste. Wir erhielten unsere Nachrichten durch die Wehrmachtsberichte und aus den Zeitungen. Alles war verfärbt, frisiert. Aber andererseits kamen jetzt immer häufiger die Meldungen über gefallene Söhne, Brüder und Männer. Und man hörte heimlich den englischen Sender BBC, was mit dem Tode bestraft werden konnte. Das Paukenzeichen aus der fünften Symphonie von Beethoven, mit denen diese Nachrichtensendungen angekündigt wurden, ging uns ins Blut und war zugleich das Signal für höchste Vorsicht.

Mausi teilte mir bekümmert mit, dass sie in zwei Monaten in eine Fabrik zum Kriegsdienst müsse. Sie versuchte, eine Studienmöglichkeit zu finden, nirgendwo war sie geduldet, geschweige denn gern gesehen. Sie fuhr nach München, wollte dort zur Kunstakademie, schrieb: »Es ist alles so unendlich schwer, nirgends werde ich genommen, auch der Professor (in der Kunstgewerbeschule Stuttgart) will mich krampfhaft loswerden. Im Notfall melde ich mich noch zu Dir als Pflichtjahrmädchen und hüte Dich …« Sie meinte trotzdem, es ginge ihr gut: »… bis auf den Hunger, den ich ständig habe, der ist aber schon fast krankhaft, die Marken sind einfach zu knapp und das Essen zu wenig und zu schlecht.« Und ihr Freund Will musste nach Russland.

Unsere Abteilung der Reichsstudentenführung veranstaltete einen Gemeinschaftsabend, der in der Holzbude des Schrebergartens von Frau Roth stattfand, bei strömendem Regen. Ich verfasste dazu einen Sketch, den Günther Reichhelm mit mir vortrug. In fingierten Telefongesprächen glossierten wir alle Mitarbeiter und unseren Chef und nahmen kein Blatt vor den Mund, auch politisch nicht. Wir ernteten schallendes Gelächter und viel Beifall. Doch zum Schluss mussten wir gemeinsam Lieder aus der »Kampfzeit« des Nationalsozialismus singen. Kaum eines kannte ich.

## Inselferien

Im August bekam ich Urlaub. Ich verbrachte die Tage auf Hiddensee, wie Friedebald und seine Freundin Gretl, bis er von dort aus wieder nach Russland musste. Es wohnte ein Sänger bei uns, Peter Munteanu, Rumäne, ein berühmter Tenor mit betörender Stimme. Er sang an vielen großen Opernhäusern, bei uns wohnte er unter Kiefern in einem Holzhäuschen hinter dem Siegesboten des Vaters. Manchmal trug er auf dem kleinen Hügel eine italienische Arie vor, dann kamen die schmelzenden, seidenweichen Töne zur Lietzenburg. Ich empfand betrübt, dass ich ihm an Sangeskunst nichts, aber auch gar nichts entgegenzusetzen hatte, trotz Meister Strathmann. Gleich zwei hübsche Mädchen brachte er für sich mit, das eine war seine Braut, das andere ihre Schwester. Ich fand die jüngere mit Blondhaar reizend, hatte aber mit meinen Gedichten und meiner noch immer nicht überwundenen Scheu keine Chancen neben seinem Belcanto. Ich hörte ihn später noch oft im Radio, dann erinnerte ich mich an diese Tage und hatte den Geruch von Kiefern in der Nase.

Damals genoss ich die Zeit auf der Insel noch bewusster als früher. Ich konnte mir nicht vorstellen, dass die Insel jemals aus meinem Leben genommen werden würde, wie es nach dem Krieg geschah – alles wurde zur Zeit der DDR enteignet.

Ein anderer Gast unseres Hauses war ein Berliner Zahnarzt, Doktor Jakobshagen. Er besah sich meine vorstehenden Zähne mit kundigen Augen und meinte, ich würde ihretwegen immer unter Hemmungen leiden, das sei nicht gut für meine Entwicklung, gerade jetzt, wo ich doch schon ein ausgewachsener junger Mann sei. Er bot mir an, sie zu einem Freundschaftspreis abzuschneiden und Jacketkronen daraufzusetzen. Das leuchtete mir ein. Ich wollte auch gern schön sein, überall dort, wo es zu machen war. Wieder in Berlin suchte ich ihn in seiner noblen Praxis auf, wo die Wandschränkchen mit Rosenmustern bemalt waren. Doktor Jakobshagen setzte die Bohrer an und sägte, ich hielt die Schmerzen kaum aus, er bohrte Löcher für die Verankerungen, ich hielt die Schmerzen noch weniger aus, er entfernte mir die Nerven, nun hatte ich Ruhe, aber tote Stümpfe im Mund. Immerhin bekam ich schöne Zähne und konnte lachen, ohne die Hand vor den Mund halten zu müssen. Ich tat es aber noch lange, diese Gewohnheit hielt sich hartnäckig.

Der Vater zog aus dem Sanatorium zu uns. Noch sehe ich ihn aufrecht durch die Wohnung gehen, nun achtundachtzig Jahre alt. Ich sehe ihn im Sessel sitzen, schweigen, aus dem Fenster schauen und höre ihn mit seiner knotigen Hand auf die Armlehne klopfen.

Im Oktober ging meine Dienstzeit zu Ende. Ich blieb in Berlin, ich hatte kein weiteres Ziel. Es wurde auch an ein Studium gedacht, vielleicht im nächsten Jahr. Vielleicht in Freiburg im Breisgau. Inzwischen bot sich ein Referent für Frankreich aus dem Auswärtigen Amt an, mir ein »Privatissimum in Philosophie« zu geben. Er war ein schlanker, sensibler Mann mit zartem Gesicht. Die Mutter suchte ihn auf, sprach mit ihm, schaute sich ihn an und hielt danach nichts von dem Plan. Sie ließ durchblicken, der Doktor sei vielleicht homosexuell. Davor hatte sie immer Angst für ihre Söhne.

Mausi kam nach Berlin. Bald musste sie ihr »Pflichtjahr« in einem Haushalt mit Kindern ableisten und suchte eine Familie, die bereit war, eine Halbjüdin aufzunehmen und sie freundlich zu behandeln. Wo sollte sie hin? Ich holte das Mädchen am Anhalter-Bahnhof ab, es erschien mir äußerst zerbrechlich, aber auch künstlich, stark geschminkt. Mausi hatte ein blasses, ja, schneeweißes Gesicht, war eingehüllt in Wolken von Parfüm und rauchte wie süchtig. Sie fühlte sich immer noch an ihren Will gebunden, obwohl er ihr den Laufpass gegeben hatte, und entzog sich mir. Wir stritten uns, vertrugen uns wieder. Wir erwogen diesen und jenen Plan für sie, kamen aber zu keinem Ergebnis. Eine Berliner Zahnärztin war im Gespräch, aber es war alles noch unbestimmt. Der Gedanke kam auf, dass sie vielleicht doch studieren könne, wenn nicht regulär, so doch wenigstens als Gast, wenn sie die richtige Protektion bekäme.

Sie reiste unsicher wieder ab, uneins mit sich und ihrem Schicksal, das es so gar nicht gut mit ihr meinte. Meine Mutter hatte Beziehungen nach Freiburg, auch ich wollte vielleicht dort studieren, ich schrieb Mausi den Plan nach Stuttgart, sie antwortete: »Ich fürchte, dass mich das Arbeitsamt zu einer Zwangsarbeit einziehen wird, wenn ich mich in Freiburg polizeilich anmelde. Ich werde zu einer Berufsausbildung ja nicht aufgenommen, ich darf höchstens Kurse belegen. Und dass die Partei, Arbeitsfront und Arbeitsamt, in einer fremden Stadt sehr bald von meiner Existenz wissen, davon bin ich überzeugt, und dass Du, wenn Du mit mir auftrittst, auch einige Gefahr läufst, weißt Du doch hoffentlich auch, es ist also ein recht zweischneidiges Schwert … Wenn für Gasthörer und für Studenten die gleichen Bestimmungen gelten, so sind es in meinem Fall die, dass nur auf ein besonderes Gesuch studiert werden darf, und ich glaube nicht, dass ich die Genehmigung bekäme, ich würde nur Staub aufwirbeln und auf mich aufmerksam machen.«

Sie belegte dann einen Stenokurs, mehr wurde ihr nicht gestattet, und schrieb: »… ich fürchte mich grässlich vor dem Arbeitsamt. Ich sitze auf dem Pulverfass, und wann es losgeht, weiß ich nicht, niemand kann mir raten.«

Ich versprach ihr, dass sie ihr eigenes Leben führen solle und dass sie nicht eingezogen werden würde. Ich weiß nicht, wo ich die Zuversicht dazu hernahm. Ich wollte ihretwegen beim Reichsarbeitsministerium vorsprechen.

Mit Han von Plessen, der noch Urlaub hatte und der mit seiner Frau Susanne in einer kleinen Wohnung lebte, spielte ich Abende lang Schach. Einmal besuchten wir Tatiana, die Freundin unserer Familie, die wunderschöne Frau. Ausgeprägte Backenknochen verliehen ihr einen zusätzlichen, fremdländischen Reiz. Tatiana war russische Emigrantin, wir liebten, ja, verehrten sie alle, mir schien sie immer ein in sich ruhender, gesammelter Mensch zu sein. Wer weiß aber, ob sie sich nur so in Zucht nehmen konnte, welche Stürme und Leidenschaften auch in ihr tobten. Han kam zum ersten Mal zu ihr, sie kannten sich aber aus

Hiddensee. Er hatte es schwerer beim Militär als der Bruder Friedebald, er war seelisch nicht so robust, er litt unendlich unter dem stumpfen Gehorsam, an der vollkommenen Verleugnung des eigenen Ichs. Bei Tatiana kam er in ein kultiviertes Heim, in eine künstlerische Atmosphäre, denn Tatiana war eine begabte Malerin. Es bedeutete ihm viel, mit einem so reifen, künstlerischen Menschen zu sprechen, über das, was sein Lebensinhalt war und was seine Lebensaufgabe werden sollte, über Kunst, Malerei. Er war so erregt, dass er sich nicht ruhig auszudrücken vermochte, sein ganzer Frust brach aus ihm heraus, er stieß seine Worte, Bruchstücke von Sätzen, nur so hervor, ohne einmal einen Gedanken zu vollenden, oft in Angst, ihn zu verlieren. Tatiana war sein vollkommenes Gegenteil, ganz gefestigt, ihre Worte schienen zu strömen. Ich empfand sie damals stark, diese Diskrepanz zwischen diesen beiden Daseinsformen, den Unterschied auch zu dem Leben, das ich führen durfte. Ich spürte fast körperlich, wie sehr Han darunter litt, Soldat sein zu müssen, und war überglücklich, dass dies an mir vorübergegangen war. Tatiana und Han sprachen auch über die Lage an den Fronten, sie sprachen über die politische Situation, vor allem im Zusammenhang mit Russland, aus dem Tatiana ja geflüchtet war. Sie redeten über sein Schicksal, das Schicksal seiner Generation: für eine schlechte Sache zu kämpfen. Han erschien mir mehr und mehr wie ein Gepeinigter, der im Panzer fahren und schießen musste, während er doch künstlerisch arbeiten wollte.

Diese Unterhaltung mit einem Menschen, der so leben konnte, wie er leben wollte, hatte Han aufgewühlt. Glücklich war er, als ich ihm vorschlug, noch einmal nach Hiddensee zu fahren. Wir reisten zu dritt mit seiner schönen Freundin Susanne, es war schon kühler Herbst, die Lietzenburg war längst geschlossen. Wir brachten unsere eigene Bettwäsche mit, aßen im Hotel »Dornbusch« oder verköstigten uns selbst, waren herzlich zueinander. Wir saßen in den Nächten auf dem großen Balkon, hatten den gestirnten Himmel über uns und sprachen über die Unendlichkeit des Weltalls und unsere Winzigkeit. Wir fühlten uns gleichzeitig verloren und geborgen und der Anblick der Sterne in der Höhe und über dem Meer war wunderbar.

Han genoss die Nächte und die Tage. Ihm ging die Pfeife nie aus. Susanne erwartete ein Kind. Ich war voller Verständnis für beide. Nie wieder im Leben sind Freundschaften so uneingeschränkt, so ohne Vorbehalte wie in diesen Jahren und im Schatten des Krieges. Ein Telegramm rief Han zurück aus dem Urlaub. Er musste wieder an die Front.

## Der Tod des Vaters

Meinem Vater ging es schlechter. Seine Kräfte ließen rasch nach, er verfiel. Er konnte nur noch liegen. Ein Pfleger kam in die Wohnung, ein Mann mit einem Totengesicht. Er war mir unsympathisch, auffällig sein Gebiss, kräftig die Statur. Er hob, wusch und bettete den Vater. Es ging rasch zu Ende.

Der Vater lag ausgestreckt auf seinem Bett, auf dem Rücken auch er, wie ich seinerzeit seine Freundin Gabriele Reuter liegen gesehen hatte. Nun ging sein Atem schwer, rau und rasselnd. Das war die Agonie, jetzt kannte ich sie, das Wort und seine Bedeutung waren mir zum Bild geworden.

Die Mutter hatte keine Kraft, den Todeskampf mitanzusehen. Sie verließ das Haus, ging zu einem Bestattungsunternehmer, regelte alles im Voraus. Der Mann drückte sein berufsmäßiges Beileid aus, er fragte, wann der Gatte verstorben sei. Die Mutter sagte, er lebe noch. Aber als die Mutter heimkehrte, war es überstanden. Sie weinte nicht, keiner von uns weinte, nur die Schwester Maria hatte feuchte Augen, sie hatte den Vater am längsten betreut, er war schließlich eine Art Kind für sie geworden. Der Vater war achtundachtzig und ein halbes Jahr mehr geworden. Ein volles Menschenleben.

Ist es nicht doch zu kurz?

Nun hatten wir einen Leichnam im Haus. Nie vermochte ich mich an dieses bleiche, an Verwesung gemahnende Wort zu gewöhnen. Es war mir unbehaglich, die Nächte mit dem toten Mann unter einem Dach zu verbringen. Ich schlief unruhig, redete mir Vernunft zu, erlangte sie schließlich. Die Mutter ließ eine Totenmaske abnehmen. Dann kamen die Männer mit dem Sarg, sie betteten den Vater hinein, die Mutter warf noch einen Blick auf ihn, den sie vor Jahren so sehr geliebt hatte. Nun lag er hier mit den schütteren Haaren und dem weißen Bart.

Im Oktober war er gestorben. An einem Spätherbsttag begruben wir ihn auf dem Jerusalemer Friedhof, wo auch seine Eltern lagen. Die Mutter bat den Pfarrer Ueberschar dazu, sie hatte sich eine seiner Predigten vorher angehört, würdig und unsentimental wollte sie es haben und so wurde es, unter Herbstlaub. Und sie war erleichtert, als auch dies vorüber war.

Die Frage, wo ich studieren sollte, wurde aktueller. Freiburg stand immer noch zur Debatte. Ich konnte Mausis Bedenken brieflich zum Teil zerstreuen, sie wollte nun mindestens einmal mit mir dorthin fahren, mit dem Bekannten meiner Mutter, einem Regierungsrat, sprechen, die Situation prüfen. Ich reiste zu ihr nach Stuttgart, züchtig hörten wir bei ihrer adligen Mutter Beethovens Violinkonzert von Platten, am nächsten Tag setzten wir uns in den Zug und fuhren gemeinsam nach Freiburg. Im Hotel bekamen wir zwei Zimmer mit kleinen Balkons und Blick auf die alte Mauer, auf den Turm und die Hauptstraße. Abends tranken wir Wein in der Halle und redeten über unsere Beziehung zueinander und unsere Situation im Allgemeinen, über die Studienpläne, die Möglichkeiten, die Schwierigkeiten. Wir spazierten durch die ganz stillen, ganz menschenleeren, verdunkelten Straßen, kein einziges Fenster leuchtete, aber der Mond hing über uns, silbern, die alten Häuser waren von ihm erhellt, es war das reinste Mittelalter oder auch die reinste Romantik.

Ich ließ Mausi keine Ruhe, ihre Zurückhaltung erschien mir unnatürlich. Nachts kletterte ich von Balkon zu Balkon in ihr Zimmer, kroch neben sie ins Bett, sie wehrte sich erst, fand endlich aber, sie sei doch auch nicht aus Stein – und so geschah's denn. Ganz froh war sie nicht darüber.

Aus dem Studium wurde dann trotzdem nichts, für uns beide nicht, wir waren deprimiert. Wir reisten nach Berlin, zu Käthchen, zur Mutter, Mausi besuchte die Zahnärztin, die sie vielleicht im Pflichtjahr zu sich nehmen wollte, die beiden saßen sich gegenüber, die Frau und das Mädchen, es wurde ein recht gutes Gespräch: ja, Kinder wären zu versorgen, ob Mausi sich das zutraue, ihre Mischlingsrasse spiele keine Rolle, im Gegenteil, die Zahnärztin war keine Nationalsozialistin. Hier wäre Mausi wohl gut aufgehoben gewesen, aber die Ärztin musste es sich von der Reichsärztekammer genehmigen lassen, eine Halbjüdin zu sich aufzunehmen, und bekam die Erlaubnis nicht.

Wir waren noch niedergeschlagener und wussten nicht, wie die Zukunft werden könnte. Ich jedenfalls entschloss mich endlich, auf der Mutter Drängen, für Jena als Studienort. Sie wollte mich näher bei sich, bei Kösen haben. Dann konnte ich über die Wochenenden heimkehren.

Nach und nach kam in Friedebalds Briefe aus dem Krieg ein neuer Ton: »Hier sind wir in einem Dorf acht Kilometer hinter der Front, jeder Schuss ist zu hören, doch keiner rührt mich … Am meisten freuen mich hier die Russen, ich kann ihnen gar nicht böse sein. – Wer sollte diese Kinder etwa hassen?!« Und: »Das Artilleriefeuer lässt eigentlich die ganze Nacht nicht nach. Der Russe hat hier anscheinend einiges vor … Heute Nachmittag ist der Fesselballon in Brand geschossen worden, ehe er wirklich hoch war. Nicht schlecht, die prompte Abwehr.«

Die Heeresbildstelle, die Jochen Zuflucht geboten hatte, wurde aufgelöst, wir fürchteten, dass nun auch er an die Front müsste.

### Student in Jena und Mausis Pflichtjahr

Und meine Zeit in Berlin war vorbei. Ich wusste nicht, dass es für immer war, ich sah diese Wohnung niemals wieder, die Stadt nur völlig verändert, ein Menschenalter später. Im Wintersemester 1942 schrieb ich mich in Jena ein, stand im langen Gang der

Friedrich-Schiller-Universität, im grauen Licht, zwischen dicken Steinmauern, stand in der Schlange der Wartenden, sie war nicht lang. Es konnten nicht viele junge Leute studieren damals. Ich betrachtete meine Kommilitonen mit verhaltener Neugier, wurde anstandslos aufgenommen mit meinem befriedigenden Abitur. Ich schrieb mich ein für Kulturwissenschaft, bekam mein Studienbuch, es war braun und der Stempel auf meinem Foto zeigte den Reichsadler mit dem Hakenkreuz.

Zunächst wohnte ich in der düsteren Pension »Haus Kroug«, Kaiser-Wilhelm-Straße 6. Das Zimmer war üppig groß, aber kalt, ausgestattet mit pompösen Plüschmöbeln. An Heizung musste gespart werden, Energie wurde knapp. Vor den Fenstern standen kahle Bäume, da balgten sich die Katzen; auf dem Tisch, an dem ich meine Lehrbücher unsicher betrachtete, lagen Decken, dick wie Teppiche. Lieber als zu lernen schrieb ich, angeregt durch Rilkes *Duineser Elegien*, selbst ein ungereimtes Gedicht, mehrere Seiten. Ich nannte es *Stimme des Leisen*, es war eine Flucht nach innen. Ich vervielfältigte es und verschickte es als Weihnachtsgruß. Der mir gewogene Schriftsteller Walter von Molo, dem die Widmung »Dem Gedenken Rainer Maria Rilkes« vermutlich weniger gefiel, fand es frühreif, voller Erkenntnisse, die er erst in hohen Jahren gehabt habe. Ich las die *Sonette einer Griechin*, die anonym erschienen waren, Eckhard Peterich wollte sie entdeckt haben und gab sie heraus. Ich bewunderte diese Gedichte, mit dem schmerzlichen Bewusstsein, dass ich selbst von dieser Kunst, von diesem Können noch weit entfernt sei.

Ich hörte auch diese und jene Vorlesung, ohne rechtes Ziel. Ich fand es schwer, auf mich allein gestellt zu sein, ohne Stundenplan, ohne Leitung. Ich besuchte Lichtbildervorträge in Kunstgeschichte, saß in verdunkelten Räumen, erfuhr, dass den Portalen der frühen Kirchen die römischen Triumphbogen zum Vorbild gedient hatten, bei denen das mittlere Tor ebenfalls das größte war. Ich besuchte einen Philosophieprofessor, der über Fichte las, der mir zu national war und zu heldisch, aber das wurde vielleicht damals besonders betont, und über Hegel, von dem ich zu wenig verstand. Ich verstand immer zu wenig und hoffte auf spätere Erleuchtung, lernte mittelalterliche Schriften lesen, deren Schönheit mich anzog und in die Vergangenheit entführte, ich ging sogar – ich weiß nicht warum – zum Theologen, zur Exegese.

Alle Hörsäle waren leer, da saßen nur wenige stumme Gestalten, auch einzelne Mädchen. Die Studenten waren an der Front oder gefallen, der Tod schlug täglich zu, alle Familien lebten in Angst, alles verdüsterte sich. Die Hoffnungen wurden geringer, sie schwanden bald ganz. Luftangriffe wurden häufiger, noch nicht auf Jena, wo immerhin das Werk von Carl Zeiss ein Ziel gewesen wäre, wohl aber in den größeren Städten. An meinem 21. Geburtstag hatte der Kampf um Stalingrad begonnen, das Inferno und die endgültige Wende des Krieges.

Ich ahnte nichts davon und empfand ein ungetrübtes Hochgefühl bei dem Gedanken, dass ich nun mündig geworden sei, ein erwachsener Mensch. An diesem Tage – oder in diesen Tagen – muss ich in Weimar gewesen sein, denn die Erkenntnis meiner Mündigkeit ist verbunden mit einer Gartenmauer dort. Ich strich an ihr vorbei, streifte einige der noch feuerroten, kurz vor dem Abfallen stehenden Blätter des wilden Weines ab und war glücklich, dass ich von nun an selbst über mich zu entscheiden hatte, nur ich selbst und nie mehr ein anderer.

Das ist vielleicht ein hübscher Gedanke, aber man erfährt bald, dass man nie ganz frei ist, niemals völlig selbst bestimmen kann, bis ins hohe und höchste Alter. Und dann wird einem das bisschen Freiheit, das man vielleicht erworben hatte im Leben, auch wieder genommen.

Ich ging in Konzerte, hörte und sah Enrico Mainardi Cello spielen, makellos – »sah ihn« schreibe ich deshalb, weil er ein so eindrucksvoller Mann war, so allein auf dem Podium, das Instrument zwischen den Knien und hin- und herschwankend im Rhythmus des Bogenstrichs. Er spielte einige der Solosuiten von Bach.

Weiter als unser behütetes Dasein daheim und das Inferno an den Fronten konnten Welten nicht auseinanderliegen. Mein einziger Tribut an den Krieg war, dass ich mit dem Gewehr schießen lernen musste. Es war eine studentische Pflicht. Ich lag vor den Scheiben und versuchte zu treffen, oft gelang es nicht und bald war auch dieses lästige Soll erfüllt.

Georg Rosenstock war ein Student, der präzise, knapp formulierte Gedichte schrieb. Sein Freund, ein junger Arzt, empfahl sie mir, und ihn dazu. Ich freundete mich mit beiden an, Georgs Lyrik blieb mir aber eher verschlossen, sie war meiner schwärmerischen und volksliedhaften Art zu fern. Er würde, so meinte Doktor Arnold, ein bedeutender Dichter werden. Da fühlte ich gleich einen Stachel. Ich las Georg und seinem schönen Freund eine Geschichte vor, die ich – angeregt von Maupassant – geschrieben hatte. Die Einleitung der Erzählung war lang, Käthchen fand sie »ein wenig zu lang, mein Liebling!«, aber den beiden jungen Männern gefiel sie gerade so, wie sie war, und so war ich mit ihnen ausgesöhnt. Wir verbrachten viele Stunden auf dem Balkon in der beginnenden Nacht, in leidenschaftlichen Gesprächen, Georg Rosenstock hatte Studienurlaub von der Front, seine Uniform und sein Gewehr bewahrte er im Schrank auf.

Käthchen besorgte mir ein ärztliches Attest fürs Gebirge. Mausi erhielt von ihrer Mutter ebenfalls die Erlaubnis zum Reisen, sie wollte offiziell mit ihrer Freundin Eva fahren, einem lieben Mädchen. Ich reiste nach Stuttgart, übernachtete im »Zeppelinhotel«, berichtete nach Kösen von den ersten Zerstörungen in der Stadt durch Bomben.

Mit Mausi und Eva traf ich mich in der Morgendämmerung auf dem Bahnsteig, Mausi hatte eine neue, niedliche Frisur, ich war sofort wieder entflammt, dazu bedurfte es ja nicht viel. Aber wie stand sie zu mir? Nie war ich sicher. Wir hatten eine entspannte Fahrt nach Lindau, alles schien gut zu sein, von Langen aus mussten wir bis nach Lech laufen, es war ein stundenlanger erschöpfender Marsch, nur das Gepäck wurde auf dem Schlitten befördert. Im Mondschein kamen wir an.

Es wurde ein Aufenthalt der Missverständnisse und Eifersucht. Zwar bereitete ich den Mädchen eine Weihnachtsfeier, nahm es ernst und fühlte mich festlich, ich schmückte den kleinen Baum, beschenkte die beiden, las ihnen Geschichten vor, aber Mausi lernte eine Gruppe von Studenten kennen, die ich gleich nicht mochte, sie versagte sich mir, reizte mich aber, wusch sich in meinem Zimmer die Haare, trug dabei nur ein weißes Höschen und ein Unterhemd, auf dem sich ihre Brüste abzeichneten. Sie regte mich auf, dann wollte sie nichts von mir wissen. Sie ging, ich warf wütend eine Orange hinter ihr her und zertrümmerte das Fensterglas der Zimmertür. Der nette Hotelbesitzer, Graf Auersperg, schüttelte nur den Kopf.

Mausi setzte ihren Flirt mit den Studenten fort, die ungehemmt angaben und meine Schwächen schnell entdeckten, denn ich war ja unfähig, mich in Zucht zu nehmen. Auch sie kannten die *Sonette einer Griechin*, ich machte aus meiner Bewunderung keinen Hehl. Ein mickriger Egon, den ich am wenigsten mochte, konnte einige auswendig, in der Halle trug er sie vor und deutete mir an, er selbst habe sie geschrieben. Das war ja denkbar, da der Verfasser angeblich anonym war. Er setzte noch eins drauf, heuchelte Teilnahme, sagte mir: »Du hast Mausi verloren, sieh zu, dass du dabei nicht kaputtgehst!«

Ich war in der Tiefe meines Herzens und in meiner Eitelkeit getroffen, gleich zweimal, einmal durch die unerwiderte Liebe, das andere Mal durch die Kunst. War mir dieser Egon, dieser fiese Kerl, wirklich so überlegen? Ich wurde immer eifersüchtiger, maßlos, nun auf einen hübschen Günther, den Mausi deutlich bevorzugte, mit dem sie immer zusammen war. Sie wich mir auf dem Übungshang aus, trennte sich absichtlich von mir, wenn wir in der Schlange vor dem Skilift zusammenkamen, was ich mit der Kraft der Verzweiflung zu erreichen versuchte, in dem ich mich rücksichtslos vordrängelte oder andere generös vorließ. Sie sah immer reizend aus und kokettierte hemmungslos. Sie genoss es, umschwärmt zu werden, was ja verständlich war, da sie sich im Deutschland der Nazis sonst doch immer minderwertig fühlen musste. Sie fuhr im Schottenrock mit Kniestrümpfen Ski, senkte niedlich den Kopf und blickte schräg aus den Augenwinkeln.

Hätte ich sie nur besser verstanden, es wäre alles viel leichter gewesen. Aber wann wird der Mensch reif, wann lernt er es, sich in Zucht zu halten? Ich konnte es nicht.

Vielleicht hätte ich mich mit der Freundin Eva trösten können, die mich gernhatte, ein so besonders liebes Mädchen, charakterlich reizend, aber ich liebte sie eben nicht, und so einfach machte ich es mir nun auch wieder nicht. So souverän war ich nicht, so bedenkenlos.

Endlich fuhren die Studenten ab, vor uns. Mausi küsste ihren Günther zum Abschied. Wenige Tage später bekam sie einen sehr langen Brief von ihm: Er wolle doch einmal Kinder haben und einen großen Hof im eroberten Russland, er könne niemals eine Halbjüdin heiraten. Sie möge ihn verstehen, ihm nicht böse sein, und im Übrigen sei es sehr hübsch gewesen.

Das war vielleicht ein Schock, aber Mausi nahm es erstaunlich gelassen hin. So tief war ihre Verliebtheit schließlich doch nicht gegangen. Es herrschte bald wieder Frieden zwischen uns und ich las den beiden Mädchen wieder Dichtungen vor.

Mausi hatte all ihre Pläne aufgeben müssen. Das Studieren wurde ihr verboten. Der schon früher einmal erörterte Gedanke, dass sie ihr unumgängliches Pflichtjahr bei uns in Kösen ableisten könne, nahm Gestalt an. Allen berechtigten Bedenken zum Trotz setzte sich die Mutter so dafür ein, dass meine Schwester Fifi vorschlug, sie zu sich und ihren drei Kindern zu nehmen. Der Antrag beim Naumburger Arbeitsamt wurde gestellt, während sich Mausi auf dem Stuttgarter Amt ihrerseits um die nötige Genehmigung bemühte. Ende Januar 1943 kam ihr Telegramm nach Kösen: »Hurra, Zustimmung erhalten, man will mich hier nicht.«

Der traurige Grund für diese rasche Genehmigung war, dass in Stuttgart angeblich keine Familie zu finden sein würde, der es zugemutet werden könne, eine Halbjüdin in ihr Haus zu nehmen! Man teilte ihr auch mit, dass sie nach dem Pflichtjahr nur als ungelernte Arbeiterin in eine Fabrik verpflichtet werden könne. Eine andere Berufsmöglichkeit hatte sie nicht, wenn sie überhaupt eine hatte.

Leicht würde das Pflichtjahr bei uns für Mausi trotzdem nicht sein. Wir verabredeten, dass ich in den ersten Tagen nach ihrer Ankunft nicht dabei sein sollte. Sie fand, es wäre dann leichter für sie, sich einzugewöhnen, leichter vielleicht auch für meine Familie, die Mutter, die Schwester.

Meine Mutter nahm ja durchaus ein Risiko auf sich. Sie musste um den Bestand der Puppenwerkstätten kämpfen. Einige Male bestand Gefahr, dass sie schließen musste, vor allem aus Materialmangel. Nur durch gute Beziehungen und ihre Überredungskunst war es ihr bisher gelungen, das zu verhindern. Auch von der Gestapo war sie schon einmal vernommen worden. Dennoch würde man es ihr verübeln, dass sie einen »jüdischen Mischling« bei sich aufnahm.

Dass sie kommen würde, hatte ich in Jena erfahren, und als ich dann heimfuhr nach Kösen, wenige Tage später, holte sie mich am Bahnhof ab, stand als kleine, dunkle Gestalt auf dem Bahnsteig und ich war glücklich.

Das waren die Tage der endgültigen Kapitulation Stalingrads, General Paulus ergab sich mit dem kläglichen Rest der sechsten Armee. Hitler tobte. Goebbels redete im Sportpalast und fragte: »Wollt ihr den totalen Krieg?« Er wurde umjubelt vom befohlenen »Ja!« der fanatisierten Massen.

Bei uns daheim leerte Mausi Töpfchen, machte die Betten, fegte, heizte die Öfen. Sie erledigte alles auf die ihr eigene, charmante Art, brav und bemüht.

Immer wieder kam ich nach Hause, nicht nur über die Wochenenden, es gab auch sonst längere Perioden, in denen ich nicht in Jena war. In Kösen hatte ich ein behagliches Zimmer, ein Stockwerk über dem, in dem Mausi schlief. Nachts schlich ich über knarrende Dielen zu ihr hinab.

Die Mutter – bisher scheinbar ohne Arg – hörte es einmal, rief, nun voller Besorgnis, nach mir, suchte mich, fand mich nicht in meinem Bett, ich ging zu ihr, sagte ihr die Wahrheit, sie gab sich erst erstaunt und behauptete, schockiert zu sein, denn, was sollte daraus werden – so, wie die Lage nun einmal war, konnten wir an eine dauerhafte Verbindung nicht denken, an eine Ehe schon gar nicht. Und wenn etwas bekannt wurde, waren die Folgen schlimm, für Mausi wie für mich!

Ich sagte: »Ach, Käthchen!«

Und dann trank sie mit uns, Mausi im Morgenrock, ich im Bademantel, eine Flasche Rotwein. Sie gab uns ihren Segen, obwohl sie wusste, dass nicht nur Mausi, sondern auch ich die größten Schwierigkeiten bekommen würde, sollte unsere Beziehung, die als »Rassenschande« galt, bekannt werden. Keine Sekunde stand es für sie zur Debatte, dass Mausi uns nun zu verlassen hätte, obwohl sie damit sogar den Bestand ihrer Firma riskierte. Sie meinte: »Möge euch das Schicksal gewogen sein.« Für uns galt es, die kommende Zeit zu überstehen, denn an einen Sieg der Nazis, den Mausi und ich befürchten mussten, glaubte keiner mehr.

Mausi sagte Tante Mutti zu ihr oder auch Tante Muh.

Fortan hatten wir es leichter, waren heimlich nur noch aus Sorge vor dem Hausmädchen, das nichts wissen durfte, Rosa hätte uns in der Hand gehabt und erpressen können. Auch die Schwester Fifi ließ nur gelegentlich kritische Bemerkungen fallen, wenn sie mit Mausis Arbeit nicht zufrieden war. Spannungen zwischen der jungen Mutter und dem Pflichtjahrmädchen gab es immer wieder, dann flossen auch Tränen.


### Das Bienenhaus

Als es März wurde, ein sonniger Frühling, baute ich mir in der Zimmerei Kotte ein Bienenhaus, unter Anleitung des Meisters. Da kam es mir nun doch zugute, dass ich etwas Tischlern gelernt hatte und mit dem Stecheisen umgehen konnte.

Mit Mausi fuhr ich an einem strahlenden Tag ins Tal der Unstrut, über Naumburg und Freyburg hinaus, im Bummelzug. Wir standen auf der Plattform im Freien. Es lag ein unglaubliches Ahnen in der Luft, die Felder schienen aufzuplatzen, waren noch feucht, dunkel, doch kündigte sich allenthalben das erste Grün an. Ich sagte Mausi, dass wir später heiraten wollten, wenn der Nazispuk vorbei sei. Sie lachte mich aus: »Du bist verrückt!«

Daran, dass der Krieg im Grunde schon verloren war, zweifelten wir nicht. Danach konnte es keine Judenverfolgung mehr geben, alle Rassenschranken würden fallen. Wie die Zukunft freilich wirklich aussehen würde, konnten wir nicht ahnen.

Ein pensionierter Volksschullehrer hatte zwölf Bienenvölker zum Verkauf inseriert. Wir schauten sie uns an. Es war das vollkommene ländliche Paradies. Der gebeugte Mann mit dem Käppchen auf dem weißen Haar führte uns in seinen duftenden Garten, duftend auch nach Frühlingserde. Die Bienen flogen schon aus, zu Tausenden tanzten sie vor den Kästen, das war der große Friede. Wir kauften die zwölf Völker. Im Lastwagen wurden sie uns später nach Kösen gebracht. – Im Garten der Puppenwerkstätte schlug ich das Bienenhaus auf und pflanzte Weiden als Frühjahrstracht davor.

Friedebald schrieb oft aus Russland, er liebte das Land und die Leute nach wie vor, ihre Einfachheit. Er erlebte alles mit wachen, künstlerischen Sinnen. Er war immer in der Etappe, nie an der Front. Durften wir nicht für den Augenblick beruhigt sein? War nicht der Krieg sowieso bald zu Ende? Im Juli landeten die westlichen Alliierten auf Sizilien. Mussolini, der Duce Italiens und Verbündete Hitlers, wurde zum Rücktritt gezwungen, verhaftet und später von Partisanen erschossen.

### Jochens Tod und Friedebalds Liebe

Da traf uns der Schlag zum ersten Mal. Unser Ortsgruppenleiter erschien nicht nur zu freudigen Anlässen. Immer öfter war er von Haus zu Haus unterwegs mit Todesnachrichten von der Front. Nun kam er auch zu uns, es war uns unfasslich, denn keiner der Brüder kämpfte mit der Waffe. Aber der Bruder Jochen war tot. Es war eine undurchsichtige Geschichte: Als die Heeresbildstelle, wo er diente, aufgelöst worden war, sollte er mit seiner Einheit nach Russland verlegt werden, er klagte aber über Schwindel und Kopfschmerzen. Der Stabsarzt hielt ihn für einen Simulanten, der sich drücken wollte. Von seinem Standort im Süden Deutschlands wurde er – über Berlin – an die Ostfront kommandiert. In Berlin besuchte er noch einmal seine Freunde Day und Paul Schulz, musste sich danach mit Übelkeit in seiner Kaserne niederlegen – und stand nie wieder auf. Er starb – wie die Obduktion ergab – an einem Gehirntumor.

Mausi und ich waren gerade mit dem Leiterwagen unterwegs zur Post, um Pakete für die Werkstätte abzuholen. Da wurde uns die Nachricht zugetragen. Wir ließen den Wagen auf der Straße stehen und eilten heim, zur Mutter. Sie war bleich, tränenlos zunächst, aber später entlud es sich. Der Ortsgruppenleiter saß noch bei ihr, der braungelbe Todesengel. Die Mutter fragte uns nach den Paketen, wir erklärten, dass wir sie einfach stehen gelassen hätten, sie schien böse zu sein: »Man darf seine Pflicht nie versäumen!« Solche Reaktionen geschehen immer aus Selbstschutz.

Der Bruder war schon mehrere Tage tot, sehr spät – eben wegen des zunächst unklaren Befundes – war es uns mitgeteilt worden. Nun wurde er nach Bad Kösen überführt.

Die Familie versank in Trauer. Ich weinte, während ich nebenbei versuchte, mich mit der Lektüre des plattdeutsch schreibenden Dichters Fritz Reuter abzulenken. Ich war fassungslos. Der Tod Gabriele Reuters, nicht einmal der Tod des Vaters hatten mich stark berührt. Das waren alte Menschen, die ein erfülltes Leben hinter sich gehabt hatten. Ihr Tod war ein natürliches, sanftes Dahinscheiden gewesen, aber der Bruder Jochen wurde mir von der Seite gerissen, ich verlor ihn, den charmanten Freund, den Kameraden.

Friedebald war zufällig gerade auf Urlaub bei uns, aus Russland, das er liebte, trotz des Krieges. Ihm war Jochen nie nahegestanden. Diese beiden Brüder waren sich fremd gewesen, zwei einander entgegengesetzte Charaktere. Nun war auch Friedebalds Urlaub von diesem Tod überschattet. Nur zu natürlich, dass er sich Mausi zuwandte, die selbst unbeteiligt war. Oft und immer öfter saßen die beiden zusammen, diskutierten miteinander, Friedebald bemühte sich immer noch, einen Sinn in diesem Krieg zu sehen, er musste es wohl auch, um selbst nicht daran zu zerbrechen. Er hielt ihn für notwendig, für schicksalhaft.

Dass Mausi ein äußerst apartes Geschöpf war, fand auch er. Es amüsierte ihn, wie scharfzüngig und treffsicher sie die Eigenheiten und Schwächen der Kruse-Familie glossierte, da war sie in ihrem Element.

Dann wurde Jochen beerdigt. Soldaten trugen seinen Sarg. Soldaten spielten das Lied vom guten Kameraden, Salven krachten über seinem Grab. Das war uns allen so fremd und auch Jochen wäre es fremd gewesen. Die Schwester Fifi legte einen Kranz nieder, den sie mit rotwangigen Äpfeln aus unserem Garten geschmückt hatte. Am nächsten Morgen waren die Äpfel fort. Ein Nachbar hatte sie abgerissen, er fand es unerhört, dass wir in diesen schweren Zeiten, wo Nahrungsmittel so knapp waren, Obst auf ein Grab legten.

Die Schwester weinte und empörte sich.

Die Mutter beging bald darauf ihren sechzigsten Geburtstag. Mit schmerzlichem Gesicht saß sie der Freundin Tatiana, der Malerin, zu einem Porträt Modell.

Erich Pfeiffer-Belli von der *Frankfurter Zeitung* kam zu uns, um einen Artikel über sie zu schreiben. Ich holte den geachteten Schriftsteller, von dem wir gerade eine Novelle in der Zeitung gelesen hatten, vom Bahnhof ab und begleitete ihn durch den Kurpark. Ich verfasste selbst ein Requiem aus vier Gedichten für die Mutter, ich war in meiner Tiefe aufgewühlt. Der Maler der Puppenaugen schrieb sie mit gotischen Buchstaben auf edles Papier, das Buch wurde in Naumburg handwerklich gebunden.

Aus Hamburg kam Herr Diekmann vom Kinderparadies. Er war einer der ältesten Kunden der Mutter, hielt in der Werkstätte eine Rede, bei der ihm die Tränen über die Wangen flossen und viele andere weinten ebenfalls. Es war aber doch auch ein Tag voller Herbstsonne und überwältigender Blumenfülle.

Als Friedebald die letzte Nacht daheim war, ging er zu Mausi.

Er schrieb mir später aus Russland, wie er den Urlaub empfunden hatte: »… so stand ich überall vor verschlossenen Türen und am letzten Abend sehe ich, dass die eine, die einzige, offen ist.«

Ich ahnte nichts, damals, war von Mausi entfernt, wie ich von vielen entfernt war, wohl auch von Friedebald. Ich ließ mich hineinziehen in meinen Schmerz um Jochen, vielleicht auch nur generell in meinen Schmerz, wozu ich immer neigte.

Später dann war Mausis Tür für mich zu. Ich klopfte, rüttelte an der Klinke, vergeblich, keine Antwort. Als es zu einer Aussprache kam, ahnte ich die Wahrheit und wollte sie wissen, sie mochte nichts sagen: »Frag mich nicht.«

Ich: »Bist du seine Geliebte geworden?«

Sie: »Frag mich nicht!«

Es dauerte Tage, bis ich es erfuhr, es traf mich schutzlos und ganz ohne Erfahrung. Ohne inneren Halt, außer mir, bat ich die Mutter: »Jetzt hilf mir, hilf mir wirklich!«

»Was ist denn?«

Ich sagte es ihr.

»Mein armer Schatz« war ihre sanfte Reaktion. Sie nahm mich in den Arm, schrieb aber Mausi später von unserer Reise: »Ich persönlich, weißt Du – nachdem nun alles gut abgelaufen ist und nachdem es sich um meinen geliebten Friedebald handelte –, finde es schön, dass du es getan hattest. Niemand ist dir böse. Halt den Kopf wieder gerade, dann kann Dir niemand etwas tun.« Sie warnte aber auch: »Die Frau zahlt immer drauf! Das ist ein eisernes Gesetz der Natur. Jeder Liebhaber nimmt uns soundsoviel Flügelstaub mit von der Seele. Und das ist es eben nicht wert … Also Du bringst durchaus nicht nur Kummer und dergleichen in ›unsere Familie‹.«

Die Mutter konnte menschlich sehr großzügig sein, sie war es oft und in allen Dingen der Liebe, die sie selbst genug gebeutelt hatte, bis an den Rand ihrer Existenz.

Ich verstand sie und verstand sie doch nicht, vergrub mich in meinen Kummer, hörte Beethovens Violinkonzert – Stunden um Stunden.

Mit dem Bruder Friedebald telefonierte ich, als er noch in Berlin war, auf der Durchreise nach Russland. »Was hast du getan, du, mein Bruder!« Das Gespräch bewegte auch ihn. Doch er fand seine Ruhe wieder. Aus seinem Quartier schrieb er an Mausi: »Solch eine Zeit – und die unsere besonders – ist ja wie ein Traum und im Wachen und Schlafen setze ich ihn fort … Was das spätere Leben für mich und die mir Nahestehenden bringen wird, darüber mache ich mir schon beinahe keine Gedanken mehr. Das ist nicht Leichtsinn. Das ist für mich notwendig – daneben versuche ich mein Leben in den Tag zu leben, Begegnungen möglichst bald dahin zu führen, dass sie fruchtbar werden. Nein, warten kann ich nicht, dazu geht alles zu schnell an mir vorbei … Es gibt vielleicht nur sehr wenige Tage im Jahr, von denen ich sagen kann, ich hätte gelebt.«

Liebevoll nannte er sie »Cocktail« und machte sich darüber lustig, dass man sie offiziell als einen minderwertigen Menschen betrachtete. Seine Einstellung zu ihr war dennoch nicht ganz ungebrochen. Mir erklärte er: »Du fragst, ob ich sie als Mutter meiner Kinder möchte. Ja, natürlich. Aber nie möchte ich Kinder in die Welt setzen, die dieses unglückliche Erbteil mit sich tragen müssen, gegen das sie sich nicht wehren können und das ihnen in unseren Gegenden immer Schwierigkeiten machen wird.« Dass alles Jüdische ein unglückliches Erbteil sei, glaubte auch er. Es war schwer für einen jungen Menschen, sich ein unabhängiges Urteil zu bilden. Er hatte kaum jemals anderes gehört. Er bat sie, wenn auch schweren Herzens: »… bitte bleib bei Maxl, wenn es jetzt nicht schon zu spät ist.« Und: »Wie ich dir schreiben kann, ob ich dir schreiben darf, ich weiß alles noch nicht, immer ist es wieder der Bruder, der mir von allen Geschwistern am nächsten steht, wenn er auch spröde ist.«

Die Mutter wollte mit mir nach Tannheim in Tirol, dort lebte Jochens Frau, nun seine Witwe, mit dem kleinen Sohn Kristian, Käthchens Enkel. Ihnen wollte sie nahe sein um Jochens willen und ich sollte dort »zur Ruhe kommen«. Ich rettete meine wunde Seele zu Büchern, las, las, lag im Bauerngasthof im Bett oder auf dem Balkon, wanderte, schrieb Mausi von der Gebirgslandschaft, von saftigen Wiesen und Kühen, von Seen im Wald, in denen sich das milde, gedämpfte Licht spiegelt, fügte weise Betrachtungen über das Leben zu zweit an und spielte mit Jochens Kind, fotografierte den blonden Knaben.

Eine geifernde Rede von Goebbels wurde durch Lautsprecher auf den Dorfplatz von Tannheim übertragen. Die Mutter und ich lagen auf dem Balkon in Liegestühlen und hörten sie mit. Dazwischen läuteten jede Viertelstunde die Glocken fünf Minuten lang, sodass man nichts verstehen konnte, kein Wort. Und die Bauern gingen in die Kirche und sangen dort ihre Lieder.

Mausi schrieb mir von nächtlichen Raubzügen auf Felder, wo sie mit Fifi Zuckerrüben klaute, der zu Sirup verkocht wurde. Sie bekam – wie sie mir so heiter mitteilte – »Briefe von ihren beiden Männerles«, damit meinte sich mich und Friedebald. Ich wusste nicht, ob ich weinen oder lachen sollte. Die Mutter fand es charmant. Meine Seele entspannte sich.

Mausi schrieb aber auch über ihren Vater: »Die Nachrichten von Pa sind beängstigend. Und ich selbst habe so wenig Mut oft, alles zu ertragen. Bin mit mir selbst so sehr im Konflikt ...«

Ende Oktober fuhr die Mutter mit mir wieder heim, wir besuchten unterwegs den Schriftsteller Walter von Molo in Murnau, dessen Ansichten über Hitler und den Krieg ihn an den Galgen gebracht hätten, wären sie bekannt geworden. Uns gegenüber nahm er kein Blatt vor den Mund. Er war ein knorriger Mann, im Wesen weich und gütig, dem sich mein Herz mehr und mehr zuneigte, mit dem ich immer vertrauter wurde, obwohl mir seine Bücher so nah nicht standen. Und das, meine ich, spricht für den

Menschen Walter von Molo, denn ich mochte ihn nicht deshalb, weil ich ihn bewunderte. Dass eine »Halbjüdin« nun meine Gefährtin war, fand seine uneingeschränkte Sympathie. Auf seine polternde Art redete er mit mir über das Verhängnis, in dieser Zeit leben zu müssen und vom Untergang der Menschheit zu wissen.

In München wanderte die Mutter lange mit mir durch die Straßen, wir sahen die Bombenschäden und verbrachten den Abend mit Erich Pfeiffer-Belli in besorgten Gesprächen.

Wieder daheim, wurde meine Beziehung zu Mausi wie früher. – Herr Selig, der die Mutter vor dem Krieg in England vertreten hatte, besuchte uns, gewichtig saß er auf dem Sofa beim Tee und war sicher, dass Hitler den Krieg bald verlieren würde. Dann musste sich das Leben wieder normalisieren. Und es sei doch nicht nur ein Verbrechen, sondern auch unglaublich unklug, ein Wahnsinn, wie er die Juden behandle. Dabei wussten wir alle nicht einmal, wie grauenhaft das Verbrechen wirklich war.

Mit meiner Gesundheit schien es noch immer nicht zum Besten zu stehen. Für das Wintersemester wurde ich »wegen Krankheit beurlaubt«. So steht es in meinem Studienbuch, doch wirklich krank war ich in Wahrheit wohl nicht. Ich zog aber wieder von Jena nach Kösen um. Und Käthchen kam auf die Idee, mich ins Sanatorium Jungborn in den Harz zu schicken. Dort war der Vater vor Jahren lange zur Kur gewesen.

Als ich in Bad Harzburg ankam, war es schon dunkel. Ich zitterte und war völlig durchgefroren, denn der Zug war ungeheizt gewesen. Hoch auf dem Bock eines Pferdelieferwagens rollte ich ins Sanatorium, ständig in Gefahr, hinunterzufallen. Zum Abendbrot gab es rohes Sauerkraut und grünes Tomatengemüse, kalt und säuerlich, vor dem Schlafengehen Schlamm – nämlich eingeweichte Heilerde –, und wo ich wohnte, durften keine Mädchen hin – es war im sogenannten Herrenpark. Die Bettwäsche war rau und porös, das Bett spartanisch, Bücher waren verpönt, weil man sich ganz »befreien« sollte. Um sieben Uhr in der Frühe weckte mich Gebrüll, und als ich aus dem Fenster sah, tobten fünf weiße, nackte Männer im Garten und klopften sich die Bäuche.

Mein ästhetisches Empfinden fühlte sich von ihrem Anblick beleidigt.

Vor dem Frühstück mussten wir ins eiskalte Sitzbad, das wir uns danach über den Kopf zu gießen hatten, dann gab es wieder Schlamm …

Und wir hörten das Dröhnen der Fliegerangriffe auf Hannover.

Die spartanische Unterbringung währte nur kurze Zeit, bald zog ich um in den schöneren Teil der Anlage, in den Lindenhof, da freute ich mich über das holzgetäfelte Zimmer. Ich schloss Freundschaft mit dem jungen Arzt, Doktor Küchler, er hatte nur vier Finger an der rechten Hand, war nicht nur schlank, sondern sogar hager, übergroß – und war trotz seines fehlenden Zeigefingers ein hervorragender Pianist. Eines Abends spielte er in seiner Wohnung vor einigen ausgewählten Gästen Beethoven und Chopin, es war ein Adventsonntag, er wünschte, dass ich meine Gedichte läse – wir waren damals alle süchtig nach Kunst, nach Erbauung. Wir wären alle erstickt, hätten wir das nicht gehabt: dieses Sich-Wegträumen.

Kerzen brannten auf dem grünen Kranz, man hörte mir zu. Ich las nicht schlecht, aber ich scheute mich doch, die eigenen Verse zu lesen, obwohl ich ja viele schrieb, auch in dieser Zeit. Auf Rilke und Rudolf Alexander Schröder wich ich aus, da fühlte ich mich sicher. Diese Gedichte gefielen zwar und mein Vortrag ebenso, doch lieber hätte man etwas Persönliches, aus meiner Arbeit gehört, meinte der Arzt. Da wurde ich rot und schaute zu Boden. Doktor Küchler setzte sich erneut an den Flügel und schloss mit Schuberts *Wandererfantasie*.

Mausi berichtete mir, dass die Schwester Fifi im Zug kurz vor dem Schlesischen Bahnhof in Berlin einen fürchterlichen Alarm mitgemacht habe und nach dem Angriff vier Stunden durch das brennende Berlin gelaufen sei. Bis zur Sächsischen Straße wäre alles Schutt, Asche, Brand und Rauch gewesen Sie schloss: »Vielleicht sind Deine Bienen die Einzigen, die diesen totalen Krieg überleben.«

Ich begegnete einer blonden Hanna, Universitätsassistentin, ein wenig älter als ich, ein reifer, liebevoller Mensch, ich empfand Zuneigung zu ihr, genoss ihre Zärtlichkeit und hatte kein schlechtes Gewissen. Sie erzählte von ihrer menschlich-schwierigen Beziehung zu ihrem Professor, den sie liebte, der sie liebte, der aber verheiratet war, und ich hörte verständnisvoll zu.

Als Käthchen diese Hanna kennenlernte, meinte sie, so eine liebevolle Frau hätte sie sich gewünscht, für mich, ihren Herzensmaxl, den sie immer gefährdet fand.

Wieder daheim, wechselte ich Briefe mit Hanna und übergoss mich noch eine Zeit lang auf dem Balkon morgens mit kaltem Wasser. Nach und nach ließ ich beides. Hanna ist später zusammen mit ihrem Professor bei einem Bombenangriff in Kiel ums Leben gekommen, die erste von einigen warmherzigen Frauen, die mein Leben bereicherten und deren Tod unschließbare Lücken hinterließ.

Friedebald erhielt noch einmal Urlaub, nur für wenige Tage. Aber sie waren kein reines Glück für ihn. Er war Mausi nah, sah sie täglich, in die er doch verliebt war, dazu ausgehungert nach weiblicher Zärtlichkeit als Soldat – und musste sich zurückhalten. Er reiste schweren Herzens ab, sie begleitete ihn zum D-Zug nach Naumburg. Es muss für die beiden ein wehmütiger Abschied gewesen sein.

Er schrieb ihr dann aus Russland: »In den paar Tagen Urlaub hab ich ja sehen müssen, was ich zu tun habe. Es fällt mir schwer genug – aber darauf kommt es ja nicht an. Es ist wohl das erste Mal, dass ich mich wirklich und zu meinen Ungunsten entscheiden musste. Hätte alles in der leichtsinnigen Art unserer ersten Berührung weitergehen können, wäre es etwas anderes gewesen, aber dazu sind wir beide wohl nicht gebaut. Wenn ich Dir noch manchmal schreibe, dann ist das wie das lange Winken aus dem Zuge. Auf einmal biegt er dann um die Kurve.«

Gleichzeitig schrieb er mir: »Es hat mich viel mehr mitgenommen, als ich vermutet hatte.« Er bat mich, wenn er das nächste Mal auf Urlaub käme, mit ihr zum Skilaufen zu verreisen oder sie für acht Tage zu ihrer Familie zu schicken, damit sie dann nicht in Kösen wäre. »Wir müssen beide noch überwinden, dabei hast Du es leichter …«

Am 3. Januar 1944 überschritt die Rote Armee die polnisch-sowjetische Grenze.

Und Mausi hatte ihr Pflichtjahr abgedient. Da der Leiter des Naumburger Arbeitsamtes, ein Freund und Verehrer der Mutter, seine Hand über sie hielt und das Risiko einging, ihren Makel als Halbjüdin nicht in ihre Akten einzutragen, wurde sie nicht zum Kriegsdienst eingezogen, musste nicht in eine Rüstungsfabrik und wurde nicht interniert wie ihr Bruder Helmut. Die Mutter stellte sie als Sekretärin an, so konnte sie bei uns – bei mir – bleiben.

Als Friedebald aber bald darauf schrieb, dass er noch einmal auf Urlaub kommen könne, verschickte mich Käthchen mit ihr nach Tirol. Die Züge waren so überfüllt, dass wir durch die Fenster hineinklettern mussten. In Seefeld hatte meine frühere Freundin aus Seis am Schlern, Hilde Feichtner – fünf Jahre war das nun her – jetzt ein Hotel. Sie nahm uns auf, ohne zu fragen, und gab uns zwei nebeneinanderliegende Zimmer mit einer Verbindungstür. Es war wie eine kleine Wohnung, ein Doppelzimmer.

Hilde Feichtner balgte sich aber auch mit mir in ihrer Küche und meinte zärtlich, es sei schade, dass ich nicht ihr Geliebter werden könne. Doch war sie selbst, die rassige, braun gebrannte Südtirolerin, mit einem Innsbrucker Zahnarzt verbunden, mit dem sie offenbar immer wieder Schwierigkeiten bekam und unendliche Telefongespräche führte, die sie aufwühlten.

Alte Freunde hatte die Mutter in Seefeld, reiche Leute, deren Namen ich nicht mehr weiß. Ich besuchte sie, eine würdige, hochkultivierte alte Dame. Sie saß neben dem weißen Kachelofen und bewirtete mich freundlich mit Tee und Kuchen. Ich kam allein, schwieg über Mausis »Manko«, denn die Dame war eine in der Wolle gefärbte Nationalsozialistin, immer noch, zwei ihrer Söhne waren bei der SS, darauf war sie stolz, und es war ihre unausrottbare Überzeugung, dass die Juden das Verhängnis der Welt seien.

*Die Freundin Mechthild (Mausi) in Seefeld, 1943*

Ich hätte ihr gern widersprochen, aber mir fielen die richtigen Argumente nicht ein, obwohl ich sogar den Mut dazu gehabt hätte. Ich litt darunter, dass mir die Worte fehlten, und das ließ mich noch schmerzlicher verstummen. Ich haderte mit mir selbst. Vor über zehn Jahren hatte mir die Mutter nach Arosa geschrieben, dass wir beide Menschen seien, die nur mit der Feder in der Hand denken könnten, und genauso war es.

Der Schnee schmolz in Seefeld, es war keine Freude mehr, Ski zu laufen. Mausi und ich reisten weiter nach Tannheim, in die Nähe von Ruth, Jochens Witwe. Sie brachte uns bei einem Bauern unter, die fragten nicht, ob wir verheiratet seien, brachten uns in einem Zimmer mit zwei Betten und riesigen Plümos unter. Wir schneiten ein, konnten tagelang nicht vor die Tür treten, waren ans Zimmer gefesselt, wurden beide krank und rührend gepflegt von den Bauersleuten. Deren Tochter war eine begabte Bildschnitzerin, ich versuchte, sie in einer Erzählung zu schildern. Es misslang, aber wir saßen dann, als wir uns erholten, warm in der Küche am Herd, auf dem das Wasser im »Schiff« dampfte. Die Holzscheite prasselten, knackten und die Glut tauchte den Raum in ihr flackerndes Licht, wenn die Ofentür geöffnet wurde.

## Noch größerer Schmerz

In Kösen begann für mich das Bienenjahr. Ich stellte die Tränke auf, wo sich die ersten Immen niederließen, schaute nach den Weidenkätzchen, die ihr frühes Futter waren. Bald würde der Raps blühen. Da kam die Schwester Fifi zu mir in meine Idylle, totenblass, sie war eben durch den Ortsgruppenleiter informiert worden. Friedebald war tot. Fifi weinte nicht, sie war eher versteinert, der Schmerz saß tief. »Wie sollen wir es ihr sagen?«, fragte sie und meinte die Mutter.

Friedebald war, wie Jochen, nicht im Kampf gefallen, er war auf dem Rückzug verunglückt. Mit einigen Kameraden saß er in einem PKW. Sie überholten einen Panzer, der abgeschleppt wurde. Ihr Fahrer hatte das Warnzeichen übersehen und prallte beim Einscheren zwischen Panzer und Zugfahrzeug gegen das Abschleppseil. Sie kamen ins Schleudern und wurden überrollt. Mit ihm starb ein zweiter Soldat. Er habe nicht leiden müssen, hieß es. Das heißt es wohl immer.

»Wie sollen wir es ihr begreiflich machen?« Die Frage stand in Fifis Gesicht ohne Farbe.

In mir regte sich Entschlossenheit, eine Wut gegen das Schicksal. Ich empfand es als so schlimm, dass es keinen Trost geben konnte. »Ich sage es ihr gleich«, erklärte ich und lief auch schon los. Ich war fast besinnungslos, empfand aber auch eine Art Pflichtgefühl. Ich rannte den ganzen Weg vom Werkstättenpark in unsere Privatwohnung, die Treppe empor, ins Schlafzimmer der Mutter, das klein war und eng, sie hatte sich gerade niedergelegt.

Ich war erbarmungslos, denn was nützte noch Schonung, ich murmelte vielleicht: »Du musst jetzt sehr stark sein«, doch was konnte das helfen. Es traf uns ja alle.

»Friedebald ist gefallen«, sagte ich tonlos.

Sie fasste es nicht gleich, dann schrie sie: »Nein!«

Sie warf sich über ihr Bett und schickte mich hinaus. »Lass mich allein!« Ich schloss die Tür.

Stille, lange Stille in ihrem Zimmer.

»Du hättest es ihr so nicht sagen dürfen«, meinte die Schwester, sie weinte nun auch. Wir alle weinten, aber was hätte es genützt, »es« anders zu sagen.

Man beerdigte den Bruder an einer Dorfkirche in Russland bei Tarnopol mit einem schlichten Holzkreuz. Ein Kamerad, der mit ihm befreundet war, schickte uns Fotos vom Grab.

Noch einmal ging ich nach Jena auf die Universität, ich wechselte aber die Fakultät. Die Mutter übte sanften Druck auf mich aus. Ich belegte nun Volkswirtschaft bei Professor Erich Preiser, der einen sehr guten Namen hatte. Ich zog auch zu ihm, als in die Familie integrierter Untermieter, er bewohnte das frühere Haus des Dichters Hermann Löns, der, wie Käthchen bekümmert erzählte, nicht nur ein bekannter Tierschriftsteller gewesen war, was ich wusste, sondern auch Quartalssäufer, worunter ich mir noch nichts vorstellen konnte. Das Haus war braun, vom Keller bis zum Dach, da es vollständig aus Holz gebaut war. Es lag auf halber Höhe in einem kleinen Garten. Ich zog unter das Dach und schlug Lehrbücher auf, deren Inhalt mir so fremd war wie ägyptische Hieroglyphen.

Nun musste ich Werner Sombart lesen, wobei der große Nationalökonom mit umfassender Bildung ja fast noch Literatur war gegen all den anderen trockenen Stoff. Zur geistigen Erfrischung lieh mir Professor Preiser aber auch einen dicken Wälzer von Bernard Shaw, in dem dieser geistreiche Spötter beweisen wollte, dass der Arbeiter weniger an höheren Löhnen als an mehr Freizeit interessiert sein würde, in Zukunft. In gewissem Sinne war es ein prophetisches Buch.

Professor Preiser mochte ich. Wir verstanden uns immer besser. Er war nicht groß, eher zierlich, hager, seine Augen funkelten lebendig durch die Brillengläser. Er war geistreich, hasste die Nazis, sah sich aber vor. Viele nächtliche Stunden saß ich mit seiner Familie, der Frau und den Kindern, im Luftschutzkeller. Da sagte er, was er dachte. In seinen Vorlesungen war es leer, aber das lag nicht an ihm. Alle Hörsäle waren leer, nur eine hübsche Kommilitonin sah ich, von mir immer über kahle Stuhlreihen getrennt. Man saß so, in merkwürdiger, selbst gewählter Isolation, klapperte mit dem Pultdeckel, wenn der Professor kam und wenn er wieder ging.

Ich schrieb mir aus den Vorlesungen auf, dass die Nachfrage den Preis einer Ware bestimmt, und wunderte mich darüber, denn von der Mutter wusste ich es anders: Sie multiplizierte die reinen Selbstkosten, Löhne und Material einfach mit vier, das war dann der Endverkaufspreis ihrer Spielpuppen. So machte sie es schon immer.

Vielleicht konnte ich der Firma ja nun doch etwas nützen? Möglicherweise hatte sie es ja falsch gemacht und war deshalb nie auf einen richtig grünen Zweig gekommen?

Ich frischte meine bescheidenen Italienisch-Kenntnisse aus Ascona auf und nahm Stunden bei einer Privatdozentin. Ich besuchte die verehrte Dichterin Ricarda Huch am 18. Juli 1944, anlässlich ihres achtzigsten Geburtstages. Die groß gewachsene, schlanke Frau mit dem durchgeistigten Kopf und den hängenden Augenlidern machte mir tiefen Eindruck. Sie trug ein langes schwarzes Kleid, das sie noch zerbrechlicher erscheinen ließ, ihr Gesicht, ihre Hände noch blasser. Viele Menschen waren in ihre kleine Wohnung gekommen, um ihr zu gratulieren, viel geistige Prominenz. Das Glückwunschtelegramm vom Propagandaminister Goebbels legte sie achtlos, wahrscheinlich widerwillig beiseite. Sie war wie eine Fürstin, eine Fürstin der Gedanken. Den Verleger Kippenberg, der den Insel-Verlag leitete, und seine Frau Katharina begleitete ich später auf der sonnigen Straße in ihr Quartier. Anton Kippenberg war für mich wie ein Halbgott, da er das Werk von Hermann Hesse und Rainer Maria Rilke betreute. Ich hoffte, auch ich würde einmal sein Autor werden.

In diesen Wochen stiegen Fesselballons in den Himmel über Jena, sie waren zum Schutz der Zeiss-Werke vor feindlichen Tiefliegern gedacht. Sie sahen sogar hübsch aus, geformt wie Zeppeline und silbern, aber sinnvoll erschienen sie uns nicht.

Immer dramatischer war die Lage an den Fronten geworden, im Osten wie im Westen. Im Mai waren die Alliierten in Italien gelandet, am 6. Juni 1944 begann die lang erwartete Invasion in der Normandie. Das Ende war abzusehen. Russland begann eine Großoffensive und rieb in wenigen Tagen achtunddreißig deutsche Divisionen auf. Aber Goebbels versprach unbeirrt den Sieg, noch einmal wurde London beschossen, durch die zur »Wunderwaffe« hochstilisierte Rakete V-2. Später brachten die Amerikaner diesen ganzen Technikerstab mit Wernher von Braun aus Peenemünde in die Vereinigten Staaten. So begann das Zeitalter der Raumfahrt. Da spielte es dann gar keine Rolle mehr, dass alle diese Männer für Hitler gearbeitet hatten. Ein späterer Freund von mir war als Justitiar bei der Gruppe.

Meine Freundin Christl bekam einen Sohn und bat mich um

425

Spielzeug, weil man in dem völlig zerbombten Nürnberg, inmitten von Ruinen und ausgebrannten Häusern, wo sie jetzt mit ihm lebte, nichts auftreiben konnte.

## Der Anfang vom Ende

Am 20. Juli erfolgte das Attentat auf Hitler. Unsere Hoffnung auf ein baldiges Ende des Krieges war nur allzu kurz. Noch als wir die hasserfüllte Stimme dieses dämonischen Mannes wieder im Radio hörten, beteten wir, dass dennoch der Umsturz eingeleitet, die Aktion nicht ohne jede Auswirkung verlaufen sei. Er selbst sprach von der »Vorsehung«, die ihn gerettet habe. In diesen Tagen kursierte ein »Wirtinnen-Vers« über Hitler:

Frau Wirtin hat auch einen Traum,
Der war so schön, man glaubt es kaum,
Er klingt wie ein Tedeum,
Sie sah den Adolf ausgestopft
Im britischen Museum.

Georg Rosenstock, der angehende Arzt und Dichter, hatte noch Studienurlaub und hauste in Jena mit seiner jungen Frau und einem Säugling in einer Bude, die voller Babywäsche hing. Er zitterte vor Erregung und war voll Verzweiflung und Wut, dass alles umsonst gewesen war und Hitler überlebt hatte. Er holte seinen Karabiner aus dem Schrank, schwenkte ihn und rief: »Am liebsten wäre ich mit der Knarre rausgelaufen und hätte mitgemacht.« So ging es wohl vielen. Es bleibt ein tragisches Rätsel, dass Deutschland bis zum allerbittersten Ende aushalten musste. Es gab nur den einen, winzigen Trost, dass eine neue »Dolchstoßlegende«, die einem geglückten Attentat auf Hitler die Schuld an dem verlorenen Krieg gegeben hätte, nicht entstehen konnte, so wie man 1918 das Zusammenbrechen der Heimat dafür verantwortlich machte, während die Front unbesiegt geblieben sei.

Nach und nach erfuhren wir von den Einzelheiten des missglückten Staatsstreichs, von den Prozessen, den Hinrichtungen. Die Mutter hatte den früheren Leipziger Oberbürgermeister Goerdeler gekannt, der dazu bestimmt gewesen war, die neue Regierung zu führen. Zu ihm hätte sie Vertrauen gehabt. Von Christl erfuhr ich, dass ihr Vater im Zusammenhang mit dem Attentat verhaftet worden war. Sechs Monate, davon drei an Händen und Füßen gefesselt, wurde er gefangen gehalten.

Vom Freunde Han von Plessen erhielt ich den letzten Brief, den er noch schreiben konnte, aus seinem Panzer: »Ich sitz in meiner ›Kutsche‹ … und draußen ist der Teufel los. Es pfeift und kracht ohne Unterlass und die Luft ist voll vom Getöse der Flieger, die über uns kurven und stürzen. Bomben zerbersten dumpf, MGs hämmern wie wahnsinnig … mich hat das Schicksal dahin geführt, wo es zurzeit wohl am unangenehmsten ist, mitten in die Invasionsfront. Alles bisher Erlebte ist ein Nichts gegen diese Hölle. Die Materialüberlegenheit ist ungeheuer. Seit Wochen wimmelt der Himmel von Fliegern, und keiner von uns. Die schweren Bomber fliegen zu Hunderten wie zur Parade. Fast pausenlos trommelt die Artillerie auf uns. Und von morgens früh stehen wir paar Männchen da, warten ab, halten still und warten. Und warten auf was? Was wird kommen? Wann kommt es? Verzweifelt und resigniert tun wir unsere Schuldigkeit …«

Kurz danach, am gleichen Tage, ist er gefallen. Einer von vielen unersetzlichen Verlusten. Eine ganze Generation wurde ausgelöscht. Wie sehr fehlten diese jungen Männer nach dem Krieg: ihren Familien, den jungen Frauen, dem Land – als Menschen, Begabungen. Sie fehlten mir als Brüder, Freunde, Kameraden, Persönlichkeiten. Die letzten Worte von Han, quer auf den Rand des Briefes geschrieben – als ob sie ihm wichtig gewesen wären – lauteten: »Nun regnet es Dreck in den Wagen von einer neben uns eingeschlagenen Bombe. Entschuldige daher das Aussehen der Blätter.« Nicht der leiseste Vorwurf, dass ich behütet daheim sein durfte, kein Wort der Missgunst, sondern eine Entschuldigung wegen einer Bagatelle – in seiner Lage! Diese Bescheidenheit hat mich zusätzlich bewegt. Ich litt nicht nur um ihn, um den Freund, den ich gemocht hatte wie wenig andere, ich empfand auch Scham.

Im August proklamierte Goebbels zum zweiten Mal den totalen Krieg. Theater, Konservatorien, Kunstakademien, Kabaretts wurden geschlossen, die meisten Orchester aufgelöst. Auch die Universität Jena stellte den Studienbetrieb ein. Ich nahm Abschied von meinem Professor und Wirt, von der Familie Preiser. Wir umarmten uns in der Hoffnung auf ein Überleben und Wiedersehen.

Nun zog ich gänzlich nach Kösen.

## Bienensommer

Hier glühte, hier summte der Sommer. Es wurde ein Bienenjahr, dem Krieg zum Trotz. Es war rein äußerlich die vollkommene Idylle, während in Deutschland die Städte in Trümmer sanken, in Glut und Feuer. Da hingen nun unsere Imkermäntel, unsere Handschuhe, unsere Gitterhauben im Bienenhaus. Mausi und ich schnitten Königinnenzellen aus, wir legten Absperrgitter ein und zeichneten die Königinnen mit farbigen Punkten. Ich begann eine Königinnenzucht, trat in den Imkerverein ein, abonnierte die Imkerzeitung. Meine »Anlage« wurde besichtigt, die bäuerlichen, wesentlich älteren Imker, alle so betagt, dass sie nicht mehr an die Front mussten, schritten durch unseren Garten, besahen sich alles mit Fachverstand und lobten uns. Mausi schleuderte mit mir den goldgelben, duftenden Honig. Wir kannten die verschiedenen Blütezeiten, die Trachten, vom Raps, vom Klee, von der Luzerne, der Akazie und Linde. Wir hatten vor dem Winter Zucker gefüttert und noch etwas für den Haushalt übrig behalten. Ich genoss die Sommersonne im Bienenhaus und hatte zärtliche Gefühle für die kleinen braunen Insekten mit dem feinen Pelz. Waren sie nicht wie fliegende Bärchen?

Mausi teilte alles mit mir, es war wohl die glücklichste Zeit unseres Zusammenseins, Brand und Untergang zum Trotz. Ich bewahrte die gefüllten Honiggläser im Schrank auf, flüssiges Gold, freute mich an ihrem leuchtenden Anblick und verkaufte das Pfund für fünf Mark an meine Geschwister und Käthchen, das war damals ein stolzer Preis. Aber Geld spielte kaum eine Rolle, jeder hatte genügend, man konnte ja auch nichts mehr dafür kaufen und war immer knapp mit den Lebensmittelmarken. Man tauschte, wo es ging – und bei der Mutter ging es oft, auch bekam sie viel geschenkt. Wer damals eine Puppe haben wollte, der musste Stoffe einsenden, bunte Reste. Die Werkstätte nähte Kleidchen daraus.

Um wenigstens etwas zu tun, setzte ich meine Gesangsstunde fort, schon im Winter hatte ich mich bei einer älteren Lehrerin in Naumburg angemeldet und ihr vorgesungen. Sie war eine Heroine, eine Walküre, Schülerin der großen Sängerin Lilli Lehmann, wie sie stolz betonte. Sie trug sicher ein Korsett, so gerade hielt sie sich, mit einem Hohlkreuz. Groß war sie, nicht etwa fett, nein, aber ein durch und durch gestandenes Frauenzimmer, wie man sich eine Wagner-Sängerin damals vorstellte. Sie unterhielt und verpflegte einen stillen, gebeugten Mann, gebeugt auch vielleicht von ihr, der einmal Beamter gewesen war, Regierungsrat.

Ihre Stube war prächtig. Ölschinken in Goldrahmen hingen an den Wänden, ein schwarzer Flügel stand auf dickem Teppich. Dazu Polstermöbel, alles in hellen, kühlen Tönen, viel Grün, etwas Gelb. Auch die Heroine trug hell, nicht schwarz oder düster. Sie ließ mich schmettern, war nicht zufrieden mit dem, was ich bei Meister Strathmann in Weimar gelernt hatte, er hatte meine Bemühungen wohl nicht so recht ernst genommen. Aber sie erklärte sich bereit, mich zu unterrichten, nahm mich als Schüler an. Nun fuhr ich einmal in der Woche mit dem Omnibus zu ihr nach Naumburg, ich sehe grün-durchsonnte Blätter über den gewölbten Oberfenstern des Busses. Oft musste ich stehen, weil es zu voll war. Ich hing dann im Riemen, den Kopf auf dem Arm, gegen die Ellenbogenbeuge gestützt. So ließ ich mich schaukeln und träumte dabei. Der Bus war altersschwach, er rüttelte. Die

Menschen saßen mit hängenden Köpfen auf den Bänken. Ich fühlte mich über ihr Geschwätz erhaben. Ich fuhr zum Singen, ich war überhaupt ein Künstler.

Es fehlte mir an der Atemtechnik, für die Lilli Lehmann so berühmt gewesen war. Meine Lehrerin fasste mich gleichzeitig mit der rechten und der linken Hand im Kreuz und auf den Bauch und spürte mein Zwerchfell, wie es sich hob und senkte. Sie war dabei ganz Aufmerksamkeit, lauschte mit den Fingerspitzen und mit den Handflächen in mich hinein, mit sanftem Druck, dem ich meinen Atemdruck entgegenzusetzen hatte.

Dann sangen wir. Sie lehrte mich, den Atem zu stützen, nur mit dem Zwerchfell. Es musste sich senken beim Einatmen und steigen, wenn der Ton dem Mund entströmte. Sie machte es mir vor, demonstrierte es auch am eigenen Leib, indem sie nun dort ihre Hand ruhen ließ, die willig die Bewegung verdeutlichte. Sie lehrte mich, die Zunge vorn an die untere Zahnreihe zu legen und dann nach oben in den Gaumen federn zu lassen. So sollte das rollende Zungen-Rrrr entstehen, das ich bis dahin nicht beherrschte. Ich musste viele Male schnell hintereinander: »T-deten… T-deten… T-rrreten« sagen und »T-däumen… T-däumen… Trrräumen…«, dann sang ich: »T-däume, t-räume, holderrr, süßerrr Knabe …« Ich übte es bis zur Verzweiflung, auch daheim vor dem Spiegel, damit ich die eigene Zunge sehen konnte und beobachtete, wie schnell sie vibrierte, auf und ab, auf und ab, schneller, schneller: T-deten… T-däumen. Bis es saß und rollte, das rollende Zungen-Rrr, das man brauchte, um ein richtiger Sänger zu werden.

Meine Lehrerin begleitete mich am Flügel, sie schrieb selbst mit sauberer, gestochener Schrift die Noten meiner Lieder ab, in meiner Stimmlage, sie ließ mich einfache Stücke singen, aber bald auch den Herrn Heinrich, der am Vogelherd saß; die *Forelle* von Schubert und den Mörike-Text: »Du bist, Orplid, mein Land, das ferne leuchtet«, diese geheimnisvoll-poetischen Verse, deren Sinn ich nicht verstand, die mir aber schön erschienen. Nur vermochte ich meine Empfindung nicht über die künstlerisch gewölbte

Zunge zu bringen. Sie blieb in meinem Herzen verschlossen und fand nicht den Weg zu Ohr und Herz des Zuhörers. Ich war unbegabt für den Ausdruck und dachte doch daran, einmal Sänger zu werden. Ich verkündete es den Mädchen im Büro meiner Mutter, vor hellen Fenstern, zwischen Akten und Briefen der Kunden.

In was für einer Zeit wollte ich singen? In was für einem Deutschland?

Die Mutter selbst glaubte es wohl nicht so recht, aber dass das Singen gut für mich und für meinen verkümmerten Brustkasten war, das hoffte sie, und das war sicher richtig. Ich kam jedes Mal voll Schwung und Kraft aus der Stunde heim, erfüllt von Händel oder Pergolesi.

Wenn ich nicht sang, Klavier übte – schauerlich unsystematisch –, meine Bienen versorgte, so schrieb ich. Oder ich las Hölderlin, den *Hyperion* und seine Gedichte. Meist lag ich dazu auf dem Fußboden und saugte dazu dickflüssiges, klebriges Biomalz aus Dosen, das wir von unseren Freunden bekamen. Die beiden Töchter der Firma kannte ich aus Arosa. Wenn ich an Hölderlin denke, habe ich den Geschmack des süßen Sirups im Mund.

### Sirenennächte

Ganz friedlich aber war es selbst in unserer Oase nicht. Immer häufiger mussten wir nachts in den Luftschutzkeller. Das Heulen der Sirenen riss uns aus dem Schlaf, tief in der Nacht oder gegen Morgen. Wir waren entnervt von diesem grellen, klagenden, auf- und abschwellenden Geräusch, das nicht nur Unheil verkündete, das selbst schon ein Unheil zu sein schien. Die Schwester Fifi hatte die ehemalige Waschküche als Zufluchtsort einrichten lassen, es war feucht dort unten, auf dem Steinfußboden lagen Matratzen, die Fenster waren mit Ziegeln und Sandsäcken abgesichert, die Mitte des Raumes wurde durch einen kahlen Baumstamm gestützt, der die Trümmer tragen sollte, wenn das Haus zusammenstürzte. Da lagen wir übermüdet und hörten das Brummen und

Donnern der Bomberstaffeln, die über uns hinwegzogen, minu-
tenlang, viertelstundenlang, nach Leipzig, nach Dresden, nach
Berlin. Die Kräfte der Alliierten schienen unerschöpflich zu sein.

Es fielen auch Bomben auf Kösen, doch sie stürzten ins Feld
und richteten keinen Schaden an. Wir besahen uns die Trichter,
fragten – froh, davongekommen zu sein – nach dem Sinn dieses
Abwurfs.

Am hellen Tag sah ich ein abgeschossenes Flugzeug vom Himmel stürzen. Es schien direkt auf unser Haus zuzutrudeln, die
Nase nach unten, die Flügel breit und sich langsam drehend – es
wurde rasch größer. Wir retteten uns hastig in den Keller: Nichts
geschah, keine Detonation, kein Aufprall. Das Flugzeug war weit
entfernt in den Wald gestürzt.

Dann wieder schwirrten böse Gerüchte durch den Ort, eines
Morgens. In der Nacht habe der stellvertretende Ortsgruppenleiter im Wald einen englischen Flieger erschossen, der sich mit
dem Fallschirm gerettet hatte. Die Sache wurde vertuscht, aber
es blieb ein schlimmer Geschmack im Mund. Der Hass auf die
Flieger war bei den unvernünftigen Leuten zwar groß, doch man
wollte trotzdem, dass die Genfer Konvention anerkannt würde,
schon um der eigenen Söhne willen, die in Kriegsgefangenschaft
waren.

Das Kinderheim neben unserem Wohnhaus wurde Kriegslaza-
rett. Ich versuchte, mein Leben weiterzuleben, so gut es ging. Soll
der junge Mensch nicht auf die Zukunft hoffen? Ich schickte an
Erich Pfeiffer-Belli, der die Redaktion der *Münchner Neuesten
Nachrichten* übernahm, einige Arbeiten und merkte an: »Alles
verliert ja in dieser Zeit an Wichtigkeit.« Er druckte eine kleine
Erzählung von einem Mann, der seine Todesangst durch die Kon-
zentration auf eine künstlerische Arbeit zu besiegen versucht. So
war unsere Stimmung – die Freundin Dorothee Dovifat aus Berliner Tagen schrieb mir: »Wir müssen ja die Welt jetzt ins Unsicht-
bare verwandeln.«

Seelisch und in Gedanken wurde keiner den Krieg los. Mausi
erhielt schlechte Nachrichten von ihren Verwandten aus Stuttgart

und Hannover, wo die Mutter jetzt in einem Gutshof ihres Schwagers lebte. Hannover sähe schlimmer aus als Warschau, schrieb dieser Schwager, und in Stuttgart hätte der Hindenburgbau einen Volltreffer erhalten. Die Gewerbehalle und die Liederhalle waren getroffen worden, und das Kaufhaus Breuninger, ein Kunde der Mutter, war ausgebrannt.

Zu uns in den Garten kamen russische Gefangene mit Hacke und Schaufel, bewacht von Soldaten mit umgehängten Karabinern, ein grauer Trupp, abgerissene, freundliche Männer, dazu abkommandiert, uns zu helfen. Sie rodeten Bäume, legten Wege und Beete an, beseitigten Wildnisse, waren meist schweigsam, manchmal sangen sie aber auch ihre schönen russischen Lieder, lachten, waren fröhlich, immer geduldig. Sie wussten, dass der Krieg im Grunde vorüber war und bald, so durften sie hoffen, waren sie wieder daheim.

Die Schwester Fifi kochte riesige Kessel voll dicker Suppe für sie, die deutschen Bewacher fanden, sie verwöhne »den Iwan« unzulässig. Doch die Arbeit war schwer. Diese Gefangenen waren für uns fast tröstliche Vorboten einer neuen Zeit, von der wir dennoch das Schlimmste erwarteten.

Mausis Vater musste in ein Konzentrationslager – nach Theresienstadt. Er wurde im Güterwagen »verladen«. Er schrieb in einem tapferen Brief, er nähme es hin wie ein Soldat, der seinem Befehl gehorcht. Er schien der Mutigste und Gelassenste von uns allen zu sein. Niemand von uns dachte aber auch daran, dass dies sein Todesurteil sein könnte. Vom wirklichen Ausmaß der Naziverbrechen machten wir uns keine Vorstellung. Wirklich hat er die bittere Zeit überlebt. Vielleicht, weil er ja Weltkriegsteilnehmer gewesen und mit dem Eisernen Kreuz ausgezeichnet worden war, oder auch, weil er »halbarische« Kinder hatte.

Mausi litt unter allem. Auch ihr Bruder Helmut kam in ein Lager für Halbjuden. Aber auch er überstand die bittere Zeit.

In meine Situation kann ich mich heute kaum noch zurückver-setzen. Ich war ja jung, ich wollte leben. Aber ringsum ging alles in Trümmer. Wo war noch Hoffnung? Man ersehnte das Ende, ohne zu wissen, was es bringen würde. Wir alle wehrten uns mit aller seelischen Kraft dagegen, von den Schrecken des Krieges er-drückt zu werden, die sogar noch um vieles größer waren, als wir ahnten. Flammende Städte, die Hölle Dresdens, getötete Söhne, Brüder und Freunde – schließlich das Elend der Flüchtlinge aus dem Osten –, das alles betraf auch uns. Wir wurden täglich da-mit konfrontiert. Wir waren erfüllt von Trauer und Entsetzen, Tag und Nacht. Aber wir versuchten, manchmal durchzuatmen, uns irgendwo festzuhalten, wir wollten erfahren, dass das Leben nicht ganz verloren war, dass es auch in uns weiterfloss. Hatten wir noch eine Zukunft? Und welche?

Weihnachten verbrachten wir still, es läutete auch nur noch eine einsame dünne Glocke auf der Kirche, denn die Glocken wa-ren alle eingeschmolzen worden, bis auf diese eine. Zur Jahres-wende verfasste ich einen Gruß, den die Mutter drucken ließ und an Freunde und Kunden verschickte, ein Sonett, das unsere Nie-dergeschlagenheit ausdrückte:

Der dunkle Sang ist noch nicht ausgesungen,
Der Sänger, der die Saiten schlägt, ist hart …
Die Kräfte, die den Untergang gestalten,
Gestalten voller Emsigkeit.

Ich musste etwas tun, mich von meinen Ängsten ablenken, durch Tätigkeit, durch Kreativität, durch etwas, was Freude machte und vielleicht in die Zukunft führte. Mein Schreiben allein genügte mir nicht. Auch die Hände sollten sich rühren, das war immer heilsam. Und es musste etwas sein, was ich daheim verwirklichen konnte, jetzt, hier, sofort …

Da verfiel ich auf das Marionettentheater, das halb verrottet in der Bodenkammer lag. Meine Geschwister hatten damit gespielt, schon vor meiner Geburt, Theaterstücke des Grafen Pocci. Nun griff ich danach, wie nach einem seelischen Rettungsring. Ich versuchte die Augen zu schließen vor der Wirklichkeit, vor Tod, Krieg, Bomben und Niederlagen.

Das gab meiner flatternden Seele Halt, ich war mit Intensität dabei. Ich reparierte das kleine Theater, baute es um, versah es mit einem roten Seidenvorhang und baute eine Beleuchtungsanlage: nahm einen Trafo der Spielzeugeisenbahn, viele Schalterchen, viele Taschenlampenbirnen. Die Puppen waren winzig, zehn Zentimeter hoch vielleicht, es waren alte Puppenstubenpuppen der Mutter, in den Zwanzigerjahren hatte sie solche gefertigt. Ich arbeitete sie um. Ich schmückte sie mit bunten Kostümen, ließ mir von der Werkstättenschneiderin helfen, die es gern tat. Die Schwester Fifi war sofort dabei, tatkräftig und hilfsbereit, sie entwarf Bühnenbilder nach meinen Anweisungen, stellte sie plastisch aus einer Modelliermasse aus Kunststoff her, die sie gerade selbst entwickelt hatte. Man kann sie im Backofen brennen, sie war später unter der Bezeichnung Fimo auf dem Markt. In der ersten Zeit nannten wir sie Fimoïk, gesprochen Fimo-ick, zusammengesetzt aus ihrem Namen Fifi und dem Wort Mosaik. Ein Gasthaus mit Butzenscheiben entwarf sie, mit einer brennenden Außenlaterne, eine Schlossfassade mit Fenstern, die man von hinten beleuchten konnte, und einen Schlossgarten mit barocker Brunnenfigur. Zwei Stücke hatte ich geschrieben, einen Einakter, angeregt durch ein Gedicht von Paul Verlaine, eine Entführungskomödie. Das andere war ein dreiaktiges Schauspiel in fünffüßigen Jamben.

Mausi ließ sich gerne anstecken. Gemeinsam fuhren wir in ein abgelegenes Thüringer Dorf, dort suchten wir einen alten Marionettenspieler auf. Er führte uns seine romantischen Bühnenbilder und seine raffinierten Beleuchtungseffekte vor, den aufgehenden Mond über nächtlichen Gebirgszügen. Das animierte mich.

Nicht nur die Schwester Fifi, genauso die älteste, Maria, begeisterte sich, fast zu sehr. Ich notierte damals: »Wenn ich stundenlang eine recht effektvolle Beleuchtung herausgearbeitet habe, kommt Fifi und sagt, ich verderbe ihr die Dekoration, und dann muss ich alles wieder ändern! Mariechen hat unterdes Feuer gefangen und scheint die Musik dazu machen zu wollen. Jedenfalls liegt sie auf dem Bauch über dem Flügel und zupft an den Saiten – was geheimnisvolle Zaubermusik sein soll. Außerdem sucht sie händeringend in Kösen nach einer Oboe, am liebsten möchte sie ein ganzes Orchester und eine Oper daraus machen. Dabei hat sie es noch gar nicht gelesen.«

Es kam dann doch nicht zu Marias Musik, es stand kein Flügel in meinem Zimmer, das ich zu unserem Theaterraum umfunktioniert hatte. Das Theater stand auf der Trennlinie zur Veranda. Mausi und ich lagen auf einem Podest über der Bühne, probten und ließen die kleinen Figuren über den Boden schleifen. Ich erlebte laufend Überraschungen. So musste ich darauf verzichten, dass ein General und ein Minister vor ihrem Herzog niederknieten, denn es sah aus, als würden sie auf dem Bauch rutschen. Andererseits erzielten wir auch kunstreiche Effekte, so konnte ein Kammerherr sein Lorgnon punktgenau vor seine Augen führen. Wir übten alle Rollen mit verstellten Stimmen, Mausi die weiblichen, ich die männlichen, und erzeugten magischen Lichtzauber. Auch wir ließen einen Mond über den Nachthimmel wandern und entliehen uns die Musik von Schallplatten: Rossini und Beethoven.

Dann kam die Vorstellung. Die Mutter saß im Sessel, die ganze Familie war zugegen, alle waren animiert und dankbar. Käthchen meinte hinterher: »Ach, Herzblatt, nun ist das Leben wieder schön!«

Ja, eine Flucht aus der Realität war das schon. Aber in Wahrheit litten wir und sahen dem Inferno entgegen. Wir brauchten Zuversicht. Für Sekunden fanden wir sie. Auf die eine oder andere Weise versuchte jeder zu überleben, zunächst körperlich, dann aber auch seelisch, was genauso wichtig war. Die immer freundliche Dorothee Dovifat schrieb mir: »Es ist ein zu schönes Gefühl, dass es in diesem chaotischen, harten, männlichen

Deutschland noch Menschen gibt, die Ruhe und Geduld und Talent genug besitzen, ein Puppenspiel zu inszenieren.« Gleichzeitig teilte sie mir mit, dass sie aus der Schweiz Hermann Hesses *Glasperlenspiel* bekommen habe. Das war also möglich.

Ich dachte schon daran, Puppenspieler zu werden und nach dem Krieg ein kleines Theater im Bad Kösener Kurpark zu bauen. Lag es nicht nahe: Marionetten und Käthe-Kruse-Puppen? Ich bastelte ein Pappmodell des Gebäudes, die Mutter wollte es unserem Landrat zeigen und ihn für das Projekt erwärmen. Es kam nicht mehr dazu.

Ein junges Mädchen, eine junge Frau wohl eher, kam zu uns, eine Russin, sie sollte der Schwester Fifi im Haushalt helfen, das war wenig sinnvoll, denn sie war ein ganz anderes Leben gewöhnt, sie war apart, rassig und vital, aber bei all ihrem Charme ein verschlamptes Geschöpf. Sie war vorher befreundet gewesen mit Wehrmachts- und SS-Offizieren, wohl mehr als das, so wie sie aussah. Nach der Niederlage würde sie als Kollaborateurin gelten und musste fürchten, erschossen zu werden. Diese junge Russin war auch noch musikalisch und spielte gut Klavier. Wenn ich in Vaters Stube an unserem Bechsteinflügel bei einer Schubert-Sonatine immer wieder den gleichen Fehler machte, stolperte sie auf der Treppe und kam zu mir, um mir vorzuspielen. Als der Krieg zu Ende ging, verließ sie uns von einem Tag auf den anderen. Viel, viel später erfuhren wir, dass sie bei der amerikanischen Besatzungstruppe untergekommen sei, was meine Mutter mit der lakonischen Bemerkung quittierte: »Solche Mädels fallen immer auf ihre hübschen Füße.«

### Kriegsende

Die Widerstandslinien brachen immer rascher zusammen, die Fronten rückten näher. Die Schwester Fifi vergrub im Gartenhaus mithilfe eines Mitarbeiters vermeintliche Wertgegenstände in Kisten, sie verbarg im Keller unseres Hauses unter dem Podest einer alten Badewanne Lebensmittel für Notzeiten. Nach und nach hatte die ganze Familie Kruse in Bad Kösen Zuflucht gesucht und gefunden, aus dem Westen, aus dem Sudetenland, das vor 1938 die Tschechoslowakei gewesen war. Fifi hatte ihre inzwischen drei Kinder bei sich, die drei Kinder des Bruders Michel – er war, wie ich, nie Soldat, sondern als Physiker dienstverpflichtet gewesen – waren bei seiner Frau Irm und damit bei uns, dazu war Irm vor einem knappen Monat vom vierten entbunden worden. Die Schwester Hanne war hier mit zwei Kindern – und die älteste Schwester Maria.

Käthchen, die Mutter, nie zu vergessen. Nun schlüpften auch Sombarts – die Witwe und die hübsche Tochter Ninetta des Nationalökonomen – für kurze Zeit bei uns unter. Als ich fünfundvierzig Jahre später unser während der DDR-Zeit völlig heruntergekommenes Haus wiedersah, wunderte ich mich, wie viele Menschen, wie viel Schicksale es damals aufnehmen konnte. Womöglich habe ich noch den einen oder anderen vergessen.

Als sich die Alliierten näherten, ging es uns viel zu langsam, sie wurden ungeduldig erwartet. Wir waren froh, dass es die Amerikaner sein würden, so, wie sich die Dinge entwickelten. Panzersperren wurden noch errichtet, Sprengladungen an den Brücken angebracht. Ich musste zum Volkssturm, zum letzten Aufgebot, jeder spottete über diese sinnlose Veranstaltung. Mit dem alten, drahtigen Schuster Simon, der uns gegenüber wohnte und arbeitete, in dessen kleine Werkstatt ich so oft als Kind gegangen war, sollte ich nun nachts die Eisenbahnbrücke unter der Rudelsburg bewachen. Vor wem? Für wen? Unsere zusammengewürfelten Volkssturmleute trafen sich in einem Streckenwärterhäuschen an der Saale. Da sah sich niemand mehr vor. Man hätte uns leicht alle als Defätisten erschießen können. Es brannte eine grelle Lampe hinter den dicken Papierrollos der Verdunklung, die Kameraden von der anderen Schicht, die wir ablösen sollten, futterten noch ihre Brote.

Der Schuster schlurfte dann mit mir über die dunkle Brücke, über die Eisenbahnschwellen, zwischen den Schienen, die wie helle Bänder waren, denn sie spiegelten das blasse Licht der Sterne. Sein Schritt war schwer, er hatte den Karabiner auf dem Rücken. Wir waren zwei einsame, so nutzlose Gestalten in der Dunkelheit, zu nichts mehr gut, und das wussten wir. »Nu is die Scheiße bald zu Ende«, das tröstete den Schuster, der immer ein Gegner der Nazis gewesen war und das nie verleugnet hatte.

»Hoffentlich«, antwortete ich.

Unter uns floss die Saale, so gleichmütig. Was gingen sie die Menschen an.

Die Tage waren erfüllt von Gerüchten. Desertierte, flüchtende deutsche Soldaten kamen durch Kösen. Sie wagten ihr Leben, so oder so: Entweder fielen sie noch in den letzten Kämpfen, oder sie wurden als Fahnenflüchtige erschossen. Sie trugen gestohlene oder geliehene Zivilkleidung. Man half, wo man konnte. Das Lazarett neben unserem Wohnhaus löste sich auf diese Weise von selber auf.

Die Saalebrücke wurde nicht gesprengt. Ninetta Sombart kam von der Straße gelaufen und meldete uns. »Die Alliierten kommen!« Wir suchten den Luftschutzkeller auf, die alte Waschküche, sie roch nach Menschen und Moder. Wir hatten schon weiße Laken an anderen Häusern gesehen. Das war nicht ungefährlich, Fanatiker gab es noch immer und es existierte ein Befehl, wonach in jedem Haus, das eine weiße Fahne hisste, alle Männer erschossen werden sollten. Nun hängten wir selbst ein Bettlaken vor das Fenster. Dann fielen Schüsse, nicht viele, Panzer ratterten, es wurde an die Kellertür geklopft, energisch. Ich lief, öffnete, zwei Farbige standen vor dem hellen Hintergrund des Tages. Das war ein fremdartiger Anblick, aber wie froh begrüßte ich sie: »Come in.« Rasch durchsuchten sie das ganze Haus, vom Keller bis zum Dach, auch die Speisekammer, waren sachlich, sogar höflich, es war eine Wohltat.

Wir atmeten auf.

Zwei Tage später gab es einen demonstrativen Durchzug der Sieger. Es war wie eine Parade, eine Straße hinauf, die andere wieder hinab, an der Werkstätte vorbei. Kanonen, Lkws, Panzer,

Jeeps, Jeeps. Kein Soldat ging zu Fuß, es waren ausgeruhte, erholte Jungens. Wir hingen aus den Fenstern, staunten und lasen Konservendosen von der Straße auf. Der Inhalt schien uns delikat und war für sie doch nur einfache Verpflegung.

Sorge plagte uns nur, dass die Deutschen noch einmal zurückkommen könnten. Es wurde von einem Gegenstoß gefaselt. Doch die Kraft der Wehrmacht war erschöpft.

Nur einmal jagte ein deutscher Tiefflieger über den Werkstättenhof, die Kugeln pfiffen. Ich rannte um mein Leben, spürte die Angst, eine Mauer schützte mich, dann war alles vorüber.

Die ersten amerikanischen Soldaten erschienen in der Werkstätte. Sie kauften Puppen, sie kamen zahlreich, in Trupps, sie brachten deutsches Geld, das nicht viel wert war, sie brachten aber auch Fröhlichkeit mit und Zuversicht – und Zigaretten, die neue Währung. Wir konnten die Nächte wieder durchschlafen, es gab keine Alarme mehr, keine Sirenen. Das war wunderbar, ein Vorgeschmack auf den Frieden.

Präsident Roosevelt starb plötzlich, Harry S. Truman wurde sein Nachfolger. Kurzzeitig kam der Gedanke auf, der sogar eine Hoffnung war, dass sich die USA unter seiner Führung nun gegen die Sowjetunion richten und sich dazu mit den Resten der deutschen Armee verbünden würde. Es war nur ein Strohfeuer, das rasch verrauchte. Es war vielleicht nicht einmal ganz unrealistisch, aber es hieß, er hätte es der öffentlichen Meinung nicht zumuten können.

Der Stellvertreter unseres Ortsgruppenleiters, der den Flieger erschossen hatte, erhängte sich. Der Ortsgruppenleiter selbst wurde auf einem Lastwagen abtransportiert. Niemand wusste, wohin, man wollte es wohl auch nicht wissen. Wir mussten unsere Kameras abgeben, versteckten aber eine wertvolle Contax im Schornstein, hatten Angst vor einer Entdeckung.

Mausi war nun frei, wieder ein gleichberechtigter Mensch. Einen Tag halfen wir beide unserem Bürgermeister im Rathaus als Dolmetscher, mehr schlecht als recht. Doch wir waren wichtig und wurden gebraucht.

Flüchtlinge aus Schlesien, aus dem Osten, aus Berlin waren in Kösen. Der Bruder Michel reiste irgendwie aus Frankfurt an, um seine Familie zu holen. Manche dachten daran, Kösen wieder zu verlassen. Andererseits waren die Freundin Hemi und ihr Arztgemahl aus Schlesien zu uns geflüchtet. Sie hatten alles verloren, das Haus, den Garten, alle Habe, die Patienten. Nur ihr nacktes Leben konnten sie retten. Der Generalmusikdirektor Kopsch aus Berlin war da – es war voll geworden.

Carl Froelich, der große Filmregisseur, lebte mit seiner jungen Frau auf der anderen Seite der Saale in einem kümmerlichen Zimmer. Er litt an einer Augenkrankheit, die ihn stark behinderte, war fast blind. Er hatte den ersten deutschen Tonfilm gedreht, dann den wunderbaren *Traumulus* mit Emil Jannings, aber seine Filme *Fridericus* und *Heimat* mit Zarah Leander waren sicher auch auf der offiziellen Linie der Propaganda mitgeschwommen und zur Nazizeit war er kurz Präsident der Reichsfilmkammer gewesen, so war er also nicht völlig unbelastet. Trotzdem war er voll Zuversicht, dass es wieder eine deutsche Filmkunst geben würde, und hatte Pläne, in die er mich einbezog.

Dass Hitler sich erschoss im Führerbunker der Reichshauptstadt, wir nahmen es nur noch so hin, ohne besondere Bewegung. Die Zeit dieses Mannes war abgelaufen, das war nur noch die Konsequenz. Deutschland lag in Trümmern, alle Städte, viele Dörfer – Tod und Elend, wohin man sah, am schlimmsten natürlich im Osten, Ostpreußen, Schlesien. Wir bedauerten nur, dass man diesen Mann nicht in einem vergitterten Käfig durch das Land ziehen konnte, um ihm das ganze Desaster vor Augen zu führen, um ihn anzuspeien, mit Steinen nach ihm zu werfen. Der Hass war da – es war vielfach ein Hass auch auf sich selbst, weil man ihm zu seinem Wahnwitz verholfen hatte. Nun erst, da sich die Konzentrationslager nach und nach öffneten und darüber berichtet wurde mit den erschütternden Bildern, wurde uns das ganze Ausmaß seiner Verbrechen bewusst. Es begann ein langsamer Prozess der Erkenntnis und die Selbstbefragung nach dem eigenen Anteil an der Schuld.

Jedoch gab und gibt es keine Worte für das Inferno der zurückliegenden Zeit. Mir wurde zum ersten Mal klar, welcher Schändlichkeit der Mensch fähig ist, wenn er glaubt, wenn er von einem Wahn überzeugt ist. Denn das war die überwiegende Mehrzahl der Deutschen gewesen, fanatisch Gläubige bis zum Schluss, keineswegs Verbrecher. Ist der Glaube, die von Beweisen unabhängige Gewissheit, nicht vielleicht die gefährlichste aller menschlichen Eigenschaften, gefährlicher noch als die primitive Mordlust? Denn der Glaube mordet nicht nur, er liefert auch noch die Rechtfertigungen für das Morden und verleiht ihm eine höhere Weihe. Und wenn der Glaube die gefährlichste Eigenschaft ist, so ist der Zweifel die segensreichste, denn der Zweifel tötet nie, er unterdrückt nie, er zündet keine Scheiterhaufen an, er lässt leben, lässt gewähren und duldet. Von daher ist mir jedenfalls ein unausrottbares Misstrauen gegen jede Art von blindem Glauben geblieben, ideologisch oder religiös, da sehe ich keinen Unterschied.

Ich verfasste wie in einem Rausch mehrere Schauspiele mit zahlreichen Personen, die alle liebten, litten und starben, darunter auch eine Komödie um den Halbgott Oberon und seine Gattin Titania in der modernen Welt. Ich schrieb mit Bleistift auf den Knien, die Fehler übertrafen die Dramatik bei Weitem. Ich sammelte meine ersten Gedichte, ließ sie sauber drucken und hellblau binden, ein Büchlein mit dem Titel *Der erste Schritt*. Käthchen war glücklich, trotz der vielen Liebesgedichte. Und ich sprang die Treppe der Druckerei hinab, stolz, die Bändchen im Arm. Jetzt begann das Leben.

Die große Ricarda Huch, der die Mutter das Büchlein geschickt hatte, schrieb ihr: »Die Verse haben etwas Frühlingshaftes, das ist ihr Reiz. Man sieht einen glücklichen Träumer, dem Blumen, Sterne und Quellen ihre Geheimnisse zuflüstern. Er gibt sie in seinen Versen wieder, so gut er sie versteht. Jeweils erhascht er ein Wort der Wundersprache, jeweils bleibt es ihm dunkel, aber er singt es nach auf seine Weise.«

Ich empfand das als Einschränkung, die mir Staub von den Schmetterlingsflügeln blies.

Es wurde Mai, auf der Dachterrasse unseres Hauses, in warmer Abendluft, las ich meine Komödie *Pan Oberon* vor, die Carl Froelich höflich anhörte und freundlich beurteilte. Dann lud er mich ein, an einem Drehbuch mitzuarbeiten. Ich schrieb ihm immer zu lange Dialoge. Er meinte aber gutherzig: »Kruse, so, wie Sie schreiben, fühlt man sich in eine andere, bessere Welt versetzt.« Das ist kaum der Weg zum Erfolg.

Zuerst war Thüringen, bis Leipzig, von den Amerikanern besetzt, dann, zu unserem Schrecken, tauschen sie unser Gebiet mit den Russen gegen einen Teil von Berlin. Wir fürchteten Schlimmstes, denn der Roten Armee ging ein verheerender Ruf voraus, Erschießungen, Vergewaltigungen, Plünderungen seien die Regel.

Noch rechtzeitig davor stand Mausis Bruder Helmut vor der Tür, mit dem Fahrrad. Er wollte die Schwester abholen nach Hannover, zu einem Onkel aufs Landgut Erichshof. Für sie war es der Schlusspunkt unter dem Akt ihrer Befreiung. Unser Abschied war kurz, auch sie bekam ein Fahrrad, dann fuhr sie mit ihm davon im viel zu knappen grauen Höschen. Auf dem Gepäckträger hatte sie zwei kostbare Geigen, eine Stradivari und eine Guarneri, die sie dem Vater aufgehoben hatte. Von ihm hatten wir noch keine Nachricht. Ein Winken, dann waren sie aus dem Tor.

Die Gräfin Uwaroff war eine russische Emigrantin, sie ist mir als wohlbeleibt und schwer atmend in Erinnerung. Sie hauste über dem alten Pferdestall des ehemaligen Parkhotels, in einem winzigen Zimmer. Sie riet mir dringend, bevor die russische Besatzung käme, Kösen zu verlassen: »Wer weiß, wohin man Sie verschleppen wird. Den Kommunisten ist alles zuzutrauen!«

Die Mutter nahm es sich zu Herzen.

Tage der Unsicherheit, des Wartens. Die Amerikaner zogen ab. Mausi schrieb, sobald sie dort angekommen war, aus Erichshof, der Bruder Helmut brachte mir den Brief, denn es gab weder Post noch Telefon: »Ich mache mir so schreckliche Sorgen um Euch! – Mäxchen, was werdet Ihr tun? … Käthchen wird über Dich ihre Fittiche breiten und Dich irgendwie beschützen. Ich hatte so fest vor, in anderthalb Monaten wieder bei Dir zu sein …«

Da war meines Bleibens nicht mehr. Die Mutter erkämpfte sich eine Fahrgenehmigung für den »Jonathan«, Jochens elegantes Opel-Kabriolett, offiziell für ihren Betrieb. Dass dies gelang, verdankten wir der Tüchtigkeit, sagen wir ruhig: der genialen Art, mit der sie mit Menschen umzugehen verstand, und ihrem großen Namen. In zähem Ringen hatte sie von der – noch amerikanischen – Militärregierung Passierscheine und Benzin bekommen, was eine nervenaufreibende Komödie für sich gewesen war. Die Schwester Fifi brachte mich, Käthchen begleitete uns. Wir wollten zu Mausi, auf das Gut bei Hannover.

Wir fuhren die gewundene Straße über Kösen empor, durch die verschatteten Wälder. Die Stadt und ihre Dächer verschwanden hinter den Bäumen. Ich sah sie ein Menschenalter nicht wieder, den Kirchturm, das Gradierwerk. Meine Kindheit, die Jugend waren zu Ende – eine behütete Zeit. Zugleich war aber auch eines der düstersten Kapitel der bisherigen Geschichte abgeschlossen. Nun fing ein neues an, es begann, was wir damals noch nicht ahnten, die Zeit eines unerhörten Wandels, eines Neubeginns, und es traf sich gut für mich, dass ich ein Alter erreicht hatte, in dem das Erwachsenenleben erst beginnt. Ich war gerade vierundzwanzig Jahre alt geworden.

Die verwandelte Zeit

## Der Erichshof

Das Land war grün und der Himmel klarblau. Dicht belaubte
Bäume standen am Straßenrand, unberührt vom Elend der Zeit.
Ich saß auf dem hinteren Notsitz, neben mir war alles vollgestopft
mit Koffern und Kartons. Ich hatte so viel wie möglich mitgenommen von meiner Habe, wusste ich doch nicht, ob ich jemals
wieder zurückkehren würde nach Kösen, nach Hause. Der Fahrt-
wind blies mir ins Gesicht, ich kniff die Augen zusammen.

Von meiner Zukunft hatte ich nicht die geringste Vorstellung.
Das traf freilich auf uns alle zu. Auch Käthchen und Schwester
Fifi, die beide vorne saßen, ahnten nicht, was sie erwartete. Im
Augenblick machten sie sich allerdings auch keine Gedanken da-
rüber. Sie wollten mich nur zu Mausi und zu deren Verwandten
bringen, und danach sofort wieder nach Hause zurückkehren.

Die Mutter schützte ihren Kopf durch eine eng anliegende
Kappe, die verhinderte, dass ihre Haare flogen, nur seitlich wehten einige Strähnen heraus. Sie blickte durch ihre große Horn-
brille angestrengt auf die Straße. Obwohl sie der Fahrkunst von
Fifi völlig vertraute, war sie doch besorgt um das Leben der ga-
ckernden Hühner, der streunenden Hunde und der abgemager-
ten Katzen.

Vor allem aber tat es ihr weh, an den zerlumpten, abgerissenen
Soldaten vorbeifahren zu müssen, die am Straßenrand standen
und winkten, die mitgenommen werden wollten, mit Blicken
und Armbewegungen bettelnd, in abgerissener Kleidung, in
schlotternden Hosen und Jacken. Die meisten waren dürr, ausge-
mergelt, die glücklicheren mit gültigen Papieren, die anderen auf

eigene Faust unterwegs, auf der Flucht vor Gefangenschaft und Verschleppung. Wir konnten keinen mehr mitnehmen.

Unsere Fahrt ging – aus dem noch amerikanisch besetzten Thüringen ins britisch besetzte Niedersachsen, durch mittelgroße Städte, die meist in Trümmern lagen. Die Verwüstungen überschritten jede Vorstellung. Im Stadtkern standen nur Ruinen und Mauerreste, türmte sich Bauschutt. Allerorts patrouillierte Militär. Auf dem Land fuhren wir an Zeugnissen des alliierten Vormarschs und des deutschen Rückzugs vorbei, an ausgebrannten Panzern, zerschossenen Lastwagen, Kanonen, Flugabwehrgeschützen.

Wir passierten Straßensperren, rumpelten über Gräben, umfuhren gesprengte Brücken, rutschten auf lehmigen Wegen zu Flüssen hinab, dann über lose, auf schwankenden Booten oder Fässern befestigte Bretter, die ratterten wie Maschinengewehre. Die Straßen waren in erbärmlichem Zustand, selten begegneten wir einem anderen Auto, hie und da mal einem Lastwagen, oder auch Militärfahrzeugen, Pferden, Gespannen, Bauernkarren.

Nordhausen, Osterode im Harz, das zerstörte Hildesheim durchfuhren wir und erreichten am frühen Nachmittag unser Ziel, den Erichshof bei Hannover. Das Gutshaus lag einsam zwischen Äckern und Wiesen. Von der Landstraße bogen wir in einen Feldweg, rechts eine rote Backsteinmauer, links ein grünes Himbeerfeld.

Das Tor stand offen. Wir fuhren wie in ein Hufeisen. Rechts und links Ställe, Scheunen, Lagerräume, in der Mitte grün schimmernde Lindenbäume, die ihre Schattenornamente auf den Kies warfen. Als Abschluss, wie mit ausgebreiteten Armen, das Herrenhaus.

Dort hielt die Schwester an. Wir stiegen aus, die Mutter dehnte die Arme.

Ich war recht unsicher, wie wir – wie ich – aufgenommen werden würden, ich war doch allen, außer Mausi und ihrer Mutter, fremd. Aber ich freute mich auf das Wiedersehen mit meiner geliebten Freundin.

Das Motorengeräusch war im Hause gehört worden, das Bremsen, danach die Stille. Der Gutsherr trat heraus, Ernst Buresch, er blieb auf der Türschwelle stehen, ihm folgte die Hausfrau.

Impulsiv, wie es ihre Art war, lief Käthchen auf die beiden zu. Viel hätte nicht gefehlt, und sie hätte die ihr völlig unbekannten Leute umarmt, aber sie hielt sich zurück. Sie wollte ja etwas: »Bitte nehmen Sie Maxl bei sich auf, bis sich die Lage geklärt hat. Es wird sicher nur für kurze Zeit sein müssen!«

Der Gutsherr, schlank, etwa fünfzig Jahre alt, aber bereits mit ergrauten Schläfen, ging auf Distanz, reagierte zurückhaltend: »Unser Haus ist voll bis unter das Dach! Wir haben schon so viele Flüchtlinge aufnehmen müssen, dass kein Winkel mehr frei ist.«

»Aber kommen Sie erst einmal herein«, forderte uns die Hausfrau auf. Sie trug einen goldbraunen Zopf wie eine Krone auf dem Kopf. Sie rief durch die offene Tür in die Dämmerung der Halle: »Mausi!«

Sie musste es dreimal wiederholen, endlich kam sie, auf die ich wartete, schwarzhaarig, schlank, graziös. Wir waren inzwischen in die Halle getreten, empfangen von Familienbildern und Hirschgeweihen auf brauner Holztäfelung. Eine breite Treppe führte ins Haus hinauf, in der Mitte standen Polstermöbel um einen runden Tisch herum. Es war ein lichtloser Raum, aber er schirmte vom Draußen ab.

Als Mausi uns erkannte, stockte sie, noch auf den letzten Treppenstufen, vielleicht erschrocken, jedenfalls verblüfft. Wir hatten uns ja nicht anmelden können, es gab damals, wie gesagt, keine Post, kein Telefon, kein Telegramm. Käthchen nahm Mausi gleich in die Arme, sie durfte es, und küsste sie auf die Backe, was ich lieber sein ließ. Das Mädchen ließ es geschehen, leicht verlegen, sie hauchte: »Ach, Tante Mutti!«, mehr brachte sie nicht heraus. Sie begrüßte Fifi und hielt mir die Hand entgegen, schmale Glieder, lange Finger. Ich nahm sie, schaute ihr in die dunklen Augen, meinerseits befangen.

Man bot uns Platz an und wir sanken in die Sessel. Nun kam auch Mausis Mutter, hoheitsvoll stieg sie die Treppe herab, eine

Frau aus preußischem Adel, Elena von Loebell. Auf dem Nebelhorn war sie freundlich zu mir »Jüngelchen« gewesen, aber was wusste sie wohl von meiner wahren Beziehung zu ihrer Tochter? Wahrscheinlich nichts, obwohl sie es sich doch hätte denken können. Prüde, wie sie war, wäre sie wohl entsetzt gewesen und ich hätte gleich wieder umkehren können. Die Begrüßung war kühl, aber Tante Elena, wie ich sie nannte, war doch auch dankbar, dass Käthchen ihre Tochter während der letzten, kritischsten Jahre der Nazizeit so selbstverständlich behütet hatte.

Die Unterhaltung war kurz, Käthchen kam noch einmal zur Sache. Die Zeit drängte ja auch. »Die Sowjets«, erklärte sie, »können morgen oder übermorgen bei uns einmarschieren. Wir wissen nicht, was dann geschieht. Bitte nehmen Sie mein Maxl vorübergehend hier auf. Vielleicht kann auch Mausi später wieder zu uns kommen – wenn sie es möchte.«

Mausi zog eine Zigarette aus ihrer Schachtel – wo sie sie nur herhatte? Zigaretten waren damals nur mit Mühe zu bekommen–, steckte sie zwischen die Lippen und inhalierte.

Mausis Mutter suchte die Augen ihrer Schwester Tini, der Hausfrau. Die Gutsherrin wiederholte zunächst, dass das Haus voll sei. Da ließe sich keine Stecknadel mehr unterbringen. Doch dann fiel ihr ein, dass man den Gärtner fragen könne. Soviel sie wisse, hätten die Bühres noch ein kleines Zimmer frei. Wenn ich damit zufrieden sei, wäre ich dort gut untergebracht.

Das war dann auch wirklich so, denn bei den Bühres war ich sofort wie ein kleiner König. Frau Bühre entdeckte ihr Herz für mich. Das Zimmer war zwar winzig, aber es enthielt alles, was ich brauchte, Bett, Schrank, Tisch und Stuhl.

Die Gärtner, Herr und Frau Bühre, waren die Gesundheit selbst, körperlich und seelisch. Rasch wurden sie mit der Mutter einig, Geld spielte damals keine Rolle, es besaß keinen Wert, und auf meine Lebensmittelkarten waren die Gärtnersleute nicht angewiesen. »Du meine Güte, wie mager Sie sind!«, stellte die gute Frau sofort fest. »Sie wiegen bestimmt zwanzig Kilo zu wenig! Das werden wir ändern!«

Käthchen strahlte. Ihr Maxl würde es gut haben. Es wurde vereinbart, dass ich immer bei Bühres essen sollte, es sei denn, dass ich »drüben« eingeladen war. Für den heutigen Abend war ich bereits ins Gutshaus gebeten worden.

Schwester Fifi drängte zum Aufbruch, voller Sorge um ihre drei Kinder. Käthchen sah das ein, die Heimfahrt war ja ein Abenteuer, in den Abend, in die Nacht hinein, bei so unsicheren Verhältnissen. Sie zog mich so stürmisch an sich, als ginge es um einen Abschied fürs Leben, begreiflich, die Gerüchte, die den Sowjettruppen vorauseilten, waren beängstigend, es drohten Vergewaltigungen, Raub und Erschießungen.

»Mein Herzblatt«, versprach Käthchen dennoch, »wir holen dich bald wieder!«

Dann fuhren sie.


## Himbeeren

Ich winkte, bis sie aus dem Tor verschwunden waren, auch Mausi winkte. Dann drehte ich mich ihr zu und dachte, nun hast du mich am Hals.

Sie nahm die Situation pragmatisch. »Ruh dich erst einmal aus, ich schau später nach dir.«

Das tröstete mich. Wie gut, dass sie hier war. Das milderte das Gefühl der Heimatlosigkeit, das mich nun doch überfiel. Ich nickte, lächelte ein wenig verloren und ging in mein neues Quartier, die schmale Treppe empor, durch den dunklen Flur, an der Küche vorbei, wo ich Frau Bühre am Herd hantieren sah, gegen das Licht der sinkenden Sonne. Ich betrat mein Zimmer, packte aus, die Koffer, die Pappkartons, die Schreibmaschine, legte mich auf das Bett, verschränkte die Arme unter dem Kopf, war unruhig, stand wieder auf, stellte mich ans Fenster und schaute hinaus in den Gemüsegarten, auf die Bohnenstangen, die grün belaubt in Reihen standen, wo die Kohlköpfe blaue und weiße Muster bildeten. Auch Lauch wuchs da, ich begann mich einzufühlen und mich zu fragen, ob es hier wohl auch ein Bienenhaus gäbe.

Frau Bühre klopfte, sie brachte mir eine Schüssel Himbeeren, mit Zucker bestreut. Das war damals wie eine Einladung zu fürstlicher Tafel. Gerade auch Zucker war streng rationiert, nur spärlich auf Lebensmittelkarten zu haben. Sie meinte, ich möge es mir schmecken lassen, und war gleich wieder verschwunden. Da spürte ich Wohlbehagen, nahm den Löffel, genoss, sah, dass in der ersten Etage des Gutshauses gegenüber ein Spiegellicht aufblinkte, weil ein Fenster bewegt wurde, Mausi lehnte sich hinaus und grüßte zu mir herüber.

Minuten später war sie bei mir, ich hörte ihren Schritt die Treppe emporkommen, kannte diesen Rhythmus aus Kösen, sie klopfte, aber das war nur Tarnung, daheim war sie immer gleich in mein Zimmer gehuscht, wenn sie mich morgens weckte und unter meine Bettdecke kroch, um sich von mir, der ich noch verschlafen war, die kleinen Brüste küssen zu lassen. Ein hübsches Erwachen.

Jetzt hatte sie kaum die Tür hinter sich geschlossen, da hatte ich sie schon im Arm und meine Lippen glitten über ihre Wangen, ihren Hals, suchten ihren Mund. Sie flüsterte: »Vorsicht, hier ahnt ja niemand etwas! Mima« – so nannte sie ihre Mutter – »würde bestimmt ein Theater machen und du müsstest gleich wieder verschwinden!«

Ich küsste sie wieder. Diesmal war sie nachgiebig. »Benimm dich wenigstens drüben!«

Ich meinte, es wäre nicht schön gewesen, dass sie so lange fort gewesen sei!

»Es waren doch nicht einmal drei Wochen!«

»Für mich war es eine Ewigkeit. Keine Post – nur Ungewissheit und Gerüchte! Ich war so unsicher, ob wir uns überhaupt jemals wiedersehen würden. Und es hat sich jetzt doch alles geändert. Du brauchst keinen Schutz, brauchst mich nun nicht mehr! Ich sehe dich noch Kösen verlassen, als dein Bruder dich abholte, du kamst mir so verletzlich vor auf deinem Fahrrad. Übrigens war dein Höschen doch viel zu kurz, ein Wahnsinn bei so vielen vagabundierenden, nach Frauen ausgehungerten Soldaten, Deutschen, Amerikanern und Engländern. Und dazu noch die beiden Geigen deines Vaters, einfach so, auf dem Gepäckträger, unersetzlich, jede ein Vermögen wert! Spielst du hier wenigstens wieder?«

»Ach, du weißt doch, dass ich viel zu unbegabt bin!«

Das hörte ich nicht gern. Dass sie sich so wenig zutraute, bekümmerte mich schon lange. Gewiss, sie war als »Halbjüdin« mit dem Gefühl aufgewachsen, minderwertig zu sein, Schulen, Universitäten, sogar ein Handwerk – alles war ihr verschlossen gewesen. Aber das war nun doch vorbei, jetzt war sie nicht nur gleichberechtigt, sondern sogar bevorzugt, von vornherein schuldlos.

Sie sagte mir, wann ich zum Abendessen ins Gutshaus hinüberkommen solle, »in einem Anzug mit Schlips. Tante Tini hält auf Formen.«

»Wer ist sonst noch da?«

»Viele. Jede Menge Flüchtlinge. Meine andere Tante, Adelheid, verheiratet mit Max Kiepert, einem früheren Regierungsrat, na, so ist er auch, knochentrocken, aber er komponiert, denkt er jedenfalls. Wenn du seine Sympathie gewinnen willst, dann sprich ihn darauf an. Sie sind ausgebombt. Aber was soll ich viel reden, du lernst sie ja alle gleich kennen.« Damit huschte sie hinaus.

Als der Gong ertönte, er wurde auch vor dem Haus geschlagen und erfüllte den ganzen Hof, ging ich hinüber, mit Krawatte.

Die Flügeltüren des Speisesaals standen offen, der Raum war lang gestreckt, noch taghell, es wurde früh zu Abend gegessen. Es kamen zahlreiche Leute, vielleicht zwanzig, Onkel Ernst, jetzt heiter, da das Problem meiner Unterbringung gelöst war, setzte sich ans Kopfende der langen Tafel. Die Hausfrau, Tante Tini, mit ihrem Zopf wie eine geflochtene Krone aus Bernstein ihm gegenüber.

Onkel Ernst wies mir einen Mittelplatz an, an Mausis linker Seite. Daneben ihre Mutter, Elena von Loebell. Ich sah Tante Adelheid und ihren Mann und die vierte der Schwestern, Tante Thea, von Beruf Oberstudienrätin, klug und daher gewissermaßen aus der Art geschlagen, mit lang gezogenem pferdeähnlichen Gesicht. Sie war schon früh mit einem Sohn gesegnet worden, der Vater wurde nicht erwähnt, womöglich war das ein eher dunkles Kapitel in dieser Familie. Der Junge hörte auf den Kosenamen Mohr und war ein hübscher Bengel, aber auch ein Schlingel. Derzeit lebte er im zerbombten Stuttgart bei anderen Verwandten. Ich glaube, dass Tante Thea die Einzige war, die sich hier nichts vormachte, wie Mausi und ich zueinander standen, dazu war sie wohl zu lebenserfahren, ja, vielleicht empfand sie sogar eine Art Schadenfreude Mausis Mutter gegenüber, ihrer prüden Schwester. Mich maß sie mit spöttischem Blick.

Das Essen war reichlich, hier gab es keinen Mangel, wo sonst ganz Deutschland hungerte. Kartoffeln, Blumenkohl und Schinken. Die Gespräche drehten sich um das Unheil der Zeit und um die Anordnungen der britischen Militärregierung, bis mich Tante Thea ansprach: »Und Sie wollen also Schriftsteller werden?«

»Ach, ich schreibe doch erst Gedichte und kleine Geschichten.«

»Aber das ist interessant«, rief Max Kiepert, der Oberregierungsrat über den Tisch. »Da könnten wir mal miteinander reden! Ich finde, man sollte diese Übergangszeit nicht ungenutzt lassen! Vielleicht können Sie mir ein Libretto schreiben? Ich habe ja bereits eine Operette komponiert, sie heißt *Bockbier*, ich spiele sie Ihnen gern vor!«

Ich fühlte, dass ich hier aufgenommen worden war. »Wunderbar«, antwortete ich, vorgewarnt von Mausi, und fing mehr als einen amüsierten Blick auf. Alle machten sich hier lustig über Onkel Max und sein Komponieren.

Tante Thea sprach rasch von etwas anderem: »Aber Sie haben doch auch studiert? Wollen Sie in die Firma Ihrer Mutter eintreten?«

»Nie und nimmer! Nichts liegt mir ferner!« Ich wies das entschieden von mir. »Vielleicht hätte meine Mutter das gern. Aber viel eher möchte ich zum Theater oder zu einer Zeitung. Mit Puppen habe ich gar nichts am Hut.«

Onkel Ernst sprach nun von seinen Sorgen: »Die Zeit ist mehr als unsicher, befreite Zwangsarbeiter aus den östlichen Ländern und deutsche Banditen strolchen überall herum. Uns ist in der vorigen Nacht ein Rind gestohlen worden, beim Nachbarn wurde ein Schwein im Stall geschlachtet – niemand hat es gemerkt. Wir halten daher nachts Wache, abwechselnd, jeweils zu zweit, alle zwei Stunden lösen wir einander ab. Sie werden sich doch sicher beteiligen?«

»Selbstverständlich!«

»Wenn es Mausi recht ist, könnt ihr beide zusammen Wache schieben!«

War dieser Mann ein Engel? Zwei Stunden mit Mausi allein in der Nacht? Ein größeres Geschenk hätte er mir nicht machen können. Ich spürte Wärme auf meinen Wangen. Da von ihrer Mutter Elena, die vielleicht überrumpelt war, kein Widerspruch kam, neigte Mausi ebenfalls zustimmend ihre schwarzen Haare über den Teller. Tante Thea warf uns einen Blick zu, der mir etwas von Kumpanei zu haben schien. Aber vielleicht wünschte ich das bloß.

Onkel Ernst fuhr fort: »Heute dürfen Sie noch ausschlafen. Aber morgen seid ihr beiden von zwei bis vier Uhr früh an der Reihe!«

Ich schlief gut in dieser ersten Nacht auf dem Erichshof.


## Nachtwachen

Wie der nächste Tag verging, versank im Dunkel meiner Erinnerung. Ich weiß es nicht mehr. Sobald aber nachts die Turmuhr des Dorfes zwei Mal schlug, war ich schon auf. Es war dunkel, als ich in den Gutshof trat, ich wartete auf Mausi, zog mich hinter die Linde zurück, ungeduldig. Endlich hörte ich die Haustür, sie schlüpfte heraus. Gleich war ich bei ihr. Sie begrüßte mich flüchtig, wir waren ja nah am Haus. Zuerst erfüllten wir unsere Pflichten, untersuchten das Schloss vom Hoftor, gingen um den Hof, vom Herrenhaus über die Quartiere der Landarbeiter, die Remisen, die Scheunen, die Werkstätten, die Schuppen der Landmaschinen. Wir überzeugten uns davon, dass alle Türen verschlossen waren, drückten die Klinken.

Die Pferde schlugen unruhig, aber das war die Regel. Wir hörten es im Schweinestall quietschen, doch da hatte wohl nur eine Sau ihr Junges gequetscht. Bei den Kühen klirrten die Ketten, auf dem Scheunendach sang ein Kater. Das alles waren Geräusche des Friedens.

Schließlich gingen wir in den Gemüsegarten. In den Mistbeetfenstern spiegelte sich der schwarze Himmel mit den Sternen. »Aber das ist hübsch«, meinte ich, entzückt von den blinkenden Edelsteinen.

Wir umrundeten den niedrigen Luftschutzbunker, der sich in der Rasenfläche aufwölbte wie ein Hünengrab. Jetzt war er Onkel Ernsts Weinkeller. Eine Kostbarkeit! Zarter Wind wehte. In der Ferne bellten Hunde.

Zurück in den Hof. Vor der Remise stand eine Kutsche, ein offener Wagen. Wir erkannten ihn in der Finsternis kaum, er war wie ein mit Kohle gezeichnetes Gestänge auf Rädern. Ich fasste Mausis Hand, setzte den Fuß auf den Tritt und stieg auf den Bock. Sie ließ sich leicht mitziehen, fragte nichts. Der Wagen senkte sich ein wenig und richtete sich wieder auf. Sie lachte dunkel: »Zum Glück ist er gut geschmiert!« Ich sank auf den Kutschbock, zog sie an mich und küsste sie.

Es blieb nicht bei den ersten Küssen. Es war alles selbstverständlich. Der Sitz war hart, obwohl mit Rosshaar gepolstert, mit brüchigem Rindsleder überzogen, das unsere Haut erst kühl und rau berührte, doch es erwärmte sich rasch. Wir bemerkten es sowieso nicht. Wir spürten uns und sprachen nichts, wir hatten anderes im Sinn, ich war eingehüllt von ihrer Gegenwart, also vollkommen glücklich, denn ein vollkommeneres Glück gibt es nicht als das Vergessen von Vergangenheit und Zukunft. Alles geschah leicht und selbstverständlich, da wir Erfahrung miteinander hatten und unsere Wünsche kannten.

In dieser und in den folgenden Nächten, in denen wir zur Nachtwache eingeteilt waren, machten wir nacheinander alle Sitzgelegenheiten im Hof, im Park und im Garten zum Untergrund unserer Liebe. Es waren nicht wenige: das schief gezogene Korbsofa vor dem Holztisch in der überdachten Nische; die Lattenbank im Park unter den Bäumen, die über uns rauschten; der Eisentisch in der Laube, an deren Gerüst Kletterrosen rankten. Da hatte es gerade genieselt, wir wischten die spröde Platte ab und empfanden zusätzlichen Reiz durch die kühle Nässe.

Es war noch oft kühl im Juni, aber jung, wie wir waren, hinderte es uns nicht, uns der Nachtluft auszusetzen, die Kleider griffbereit daneben, sodass wir rasch wieder hineinschlüpfen konnten.

Hinterher griff Mausi zur Zigarette, genoss den Rauch in tiefen Zügen, da leuchtete das glühende Ende auf und überstrahlte Mund und Nase ihres mädchenhaften Gesichts. Sie blies mir den Qualm zu, lange und schweigend, das empfand ich als Zärtlichkeit und so war es gemeint.

Niemals hörten wir Schritte, obwohl die Landstraße dicht an der Parkmauer vorbeiführte, niemals Stimmen. Es herrschte aber auch Ausgangssperre für jedermann ab elf Uhr abends. Es fuhr kein Auto, kein Lastwagen, es ratterten keine Panzerketten. Die Stille war makellos, in ihr wurde nur das Rauschen der Bäume, das heimliche Knacken der Äste intensiv. Fast hörten wir das lautlose Fallen der Blätter. Auch die Nachtvögel meldeten uns, dass sie lebten, manchmal rauschten Flügel. Und wenn wir nicht wirklich Nachtigallen hörten, so hätten wir doch glauben können, dass sie für uns schlugen.

Das Einzige, was manchmal in unsere Entrückung drang, waren die Schläge der Kirchturmuhr, von fern her hallend. Sie zeigten uns an, dass auch diese Zeit ablief.

Bald begann ich wieder zu schreiben, ich verfasste eine Geschichte
über einen zu klein geratenen, drahtigen Mann, der drei Nachtwachen hielt, sich mehrfach von harmlosen Geräuschen und Erscheinungen, wie aufwehendem Papier, narren ließ und blinden
Alarm schlug, aber schließlich doch das Herz der Gutsherrin er-
oberte, in die er verliebt war. Beobachtungen und Fiktion misch-
ten sich, es war eine harmlose Erzählung, ich las sie eines Abends
vor und erntete Gelächter, besonders, da man in dem knochen-
trockenen Helden Onkel Max porträtiert fand und weil ich ihn
fragen ließ, ob der Gutsherrin Zopf wohl echt war.

Einige Tage später wollte Onkel Ernst ein Kammerkonzert ver-
anstalten, da nahm Tante Tini mich beiseite: »Wollen Sie nicht
ein paar Gedichte dazu vortragen, umrahmt von Musik? Das wäre
doch hübsch!« Sie lächelte mich an und der Zopf krönte ihr
Haupt.

Ich tat es gern. Ich hockte an meinem Tisch in Frau Bühres
Zimmer, sie stellte mir gezuckerte Himbeeren dazu und ich
schrieb mit heilem Gemüt, gerade, als habe nicht eben noch der
fürchterlichste Krieg getobt, dichtete von Blüten und Düften.
Das Konzert fand im Freien statt. Zwischen Wohnhaus und Park
gab es eine kleine Fläche, mit Kies bestreut, von Büschen und
Bäumen umrahmt. An der Hausmauer rankten sich Kletterrosen,
im Garten blühten Rittersporn und Lilien. Nelken dufteten und
im Frühbeet lag der pralle Kürbis im Dung. Am schönsten aber
waren vielleicht die aufrechten Malven in vielen Farben. Sie erzeugten die Illusion vollkommenen Sommerfriedens.

## Neue Freunde

Aus Hannover kamen drei Künstler, die erste Geige, die Bratsche,
das Cello. Ihre Töne entfalteten sich unter den Linden. Onkel
Ernst und Tante Tini lauschten mit gesammelter Miene, froh, ih-

ren Flüchtlingsgästen Mozart, Beethoven und Brahms bieten zu können. Wir saßen im Halbkreis, gegen die Hauswand, die Wärme ausstrahlte, allmählich verfärbte sich das Licht, Waldvögel krakeelten und übertönten das gehauchte Piano.

Zwischen Mozart und Beethoven las ich meine gefälligen Verse, die niemandem wehtaten, die weder Wunden aufrissen noch sie zu heilen versuchten, sondern sie schlicht ignorierten – und man wollte das so. Keiner mochte an vergangene Schrecken erinnert werden. Ich wurde mit Beifall bedacht und gelobt, saß zwischen den Musikern und war sicher, dass ich ein Dichter werden wollte, nichts anderes. Wie – das freilich ahnte ich nicht, ich machte mir aber auch keine Gedanken darüber. Ich fand, ich sei noch sehr jung und mit zunehmenden Jahren würde sich alles von selbst ergeben.

Daheim rückte die Rote Armee ein. Wir erfuhren es aus dem Radio. Noch immer gab es keine Post und kein Telefon, mit der nun russisch besetzten Zone bestand schon gar keine Verbindung. Ich machte mir Sorgen um meine Mutter, um Fifi, um alle, meine Gedanken waren immer dort, aber ich konnte nur warten. Gerüchte gab es dafür in Mengen, es war ein quälender Zustand.

Doch es war nun wohl auch klar, dass ich so bald nicht wieder würde zurückkehren konnte, in die Geborgenheit. Dort hatte ich mich entfalten können, dort hatten mich keine Fragen nach der Zukunft bedrängt. Irgendwie würde sich alles regeln, Käthchen hegte immer diese Zuversicht. Mit ihrer harmonischen Natur und ihrem natürlichen Gefühl hatte sie bisher jede Schwierigkeit überwunden und sie hoffte, auch die Zukunft zu meistern.

Daheim hatte ich meine eigenen Theaterstücke mit den winzigen Marionettenfiguren aufgeführt, und als die Amerikaner einrückten, mit dem Gedanken gespielt, im Kurpark von Bad Kösen ein kleines Theater zu bauen. Puppenspieler – noch dazu mit eigenen Stücken, das wäre vielleicht ein Weg in die Zukunft gewesen, jedenfalls hätte es im Rahmen meiner Begabung gelegen. Nun musste mir etwas anderes einfallen. Da lag ich oft wach, träumte, döste vor mich hin, grübelte. Zwar drängte die Entscheidung nicht, ich hatte genug Geld für die nächste Zeit, auch gab es noch keine Universität, an der ich mein Studium hätte fortsetzen können, aber das würde sich ja wohl irgendwann ändern. Jedenfalls musste ich meinen Weg nun allein finden. Immerhin, soviel stand für mich fest, mit Literatur musste mein Beruf etwas zu tun haben, und da mir klar war, dass ich weder jetzt noch in naher Zukunft vom Schreiben würde leben können, kam ich eines Nachts auf eine, wie mir schien, großartige Idee.

Als ich am Tag danach mit Mausi auf der uns von den Nachtwachen her so vertrauten Bank aus geflochtenem Korb saß, unter dem Balkon auf der Terrasse des Nebenhauses, klopfte ich bei ihr auf den Busch. Die Sonne schien schräg, es ging gegen Nachmittag, und da Mausi an meiner rechten Seite saß, gegen das Licht, waren ihre schwarzen Haare durchleuchtet. Ihr schmales Gesicht lag im Schatten. Ihr Anblick war mir lieb und der Gedanke an eine gemeinsame Zukunft wurde für mich immer selbstverständlicher. Ich fragte sie: »Wir könnten einen Buchverlag gründen!«

»Du bist ja verrückt«, war ihre knappe Reaktion.

»Na«, meinte ich, »noch sind ja Zeitschriften, Broschüren und Bücher verboten, aber das wird nicht so bleiben, sicher gibt es bald Lizenzen der Militärregierung. Als Deutscher habe ich wahrscheinlich noch keine Chance; wenn ich Glück habe, gehe ich als politisch unbeschriebenes Blatt durch, aber du könntest eine Lizenz beantragen!«

»Ich verstehe doch nichts von Büchern!« Mausi griff nach einer Zigarette.

»Du warst unterdrückt, durftest nicht studieren, es war nur unser Glück, dass du nicht in ein Lager oder zur Zwangsarbeit musstest. Jetzt hast du alle Möglichkeiten. Ich habe mir auch schon einen Namen ausgedacht, ›Laterne Verlag‹. Wie findest du das? Ich stelle mir unter ›Laterne‹ ein Licht nach der langen Dunkelheit vor. Bestimmt liegen jede Menge toller Manuskripte in den Schubladen, die während der Nazizeit nicht gedruckt werden durften.«

Mausi meinte: »Lass mich erst einmal zur Ruhe kommen. Es

ist alles noch so neu für mich. Ich weiß noch nicht, was ich machen will. Ich habe doch auch keine Ahnung von Geschäften.«

»Darum dachte ich, wir beide könnten einen Kursus belegen. Onkel Ernst sagte mir, dass es einen für doppelte Buchführung in Hannover gibt …«

Damit war sie schließlich einverstanden. Am nächsten Tag schon fuhren wir in die Stadt. Der Himmel leuchtete, die Sonne prallte, es begann einer der heißesten Sommer seit Langem. In der Trambahn entwickelte sich Hitze, aber der Wagen war nicht ganz voll. Mausi und ich fanden Sitzplätze nebeneinander und das reichte aus, mich fröhlich zu stimmen. Sogar die Ruinen, die draußen vorbeiglitten, waren nicht ausschließlich ein schlimmer Anblick, denn sie leuchteten rot, backsteinrot, brandrot vor einem blauen Himmel. Da türmten sich Steinhalden, Schutthalden, auf denen frisches Grün wuchs, Gras und Brennnesseln, Unkraut. Schmale Wege führten wie ausgetreten über die Hügel. Aber es waren eben doch auch Mauerreste, kahle Wände, Skelette, hohe, dünne Kamine, Zacken, eine bizarre Landschaft, fast eine Stunde lang Zerstörung. Manchmal war hoch oben noch ein Schlafzimmer zu sehen, wie aufgeschnitten, Bett und Schrank, Leitungsrohre überall, verbogen und abgerissen, wenn auch übergossen von Sonne, die alles nicht nur erträglich machte, sondern sogar vergoldete. Und überall war man dabei, den Schutt wegzuräumen. Die Tram hielt, wir fanden das Haus, die Fassade wies Risse auf, sie überzogen die Wände wie Craquelé. Zum Kurs wurden wir gleich angenommen, es gab kaum andere Schüler. Mausi und ich setzten Zahlen nebeneinander, untereinander, in Kolonnen, alles musste peinlich genau und sauber sein, und ich fand es verwirrend, dass ich jede Zahl zweimal schreiben musste – in welche Spalte aber? In die für »Material« oder für »Büro«, »Reisespesen« oder »Verschiedenes«. Nun, das war eben das Geheimnis der doppelten Buchführung. Von dieser erwarb ich hier immerhin einige Grundbegriffe.

Wieder in meinem Gärtnerzimmer, ordnete ich meine aus Kösen mitgebrachten, handschriftlichen Dichtungen. Mausi schrieb sie mir mit der Schreibmaschine ab. Ich band sie mit schwarzem Zwirn in farbige Pappe und fand, ich sei auf dem Weg zum erfolgreichen Schriftsteller.

Ich träumte noch.

## Wartezeit und neue Aspekte

In den ersten Augusttagen reiste Mausi mit ihrer Mutter nach Stuttgart. Ein Lastwagen brachte sie nach Hannover, dann mussten sie versuchen, nach Köln zu kommen, von dort gab es bereits wieder einige Züge, wenn auch überfüllt, und über den Rhein war eine Holzbrücke geschlagen worden. Mit Pferdewagen, Lastautos, zu Fuß – irgendwie würde es schon gehen. Sie wollten sich durchschlagen wie alle anderen. Ihre Mutter wollte einige Dinge ordnen, wollte sich informieren, ob sie noch Möbel besaß und ob sie ihre Wohnung wiederbekommen könne. Passierscheine hatte sie schon. Und Mausi wollte wissen, was aus ihrem Vater geworden war. Vielleicht war er ja bereits wieder heimgekommen, dann wollte sie sich um ihn kümmern, falls er Hilfe brauchte.

Es sollte nur für fünf Tage, höchstens für eine Woche sein. Jetzt überfiel mich das Gefühl der Verlassenheit. Keine Nachtwachen mehr, kein schweigender Park, in dem sich unsere Gefühle aneinander entfalten konnten. Ich wusste nichts mehr von ihr und konnte auf keine Nachricht hoffen.

Aber es tröstete mich, dass sie so bald zurückkehren wollte. Ich nahm mir vor, die Zeit auszunutzen, und schrieb eine Erzählung über mein allererstes tiefgehendes Gefühl, die Kinderliebe zu Christl im Kinderheim Vorderhindelang. Ich versank in der Erinnerung, war aufgewühlt, fühlte wie damals.

Im Gutshaus las ich sie vor, man hörte mir gern zu, es gab ja sonst keine Unterhaltung an den langen Abenden, Onkel Ernst hatte Wein aus seinem Versteck im Luftschutzbunker geholt, Jahrgang 1921. Das war vielleicht ein Zufall, aber ich betrachtete es fast als eine Aufmerksamkeit, denn das war mein Geburtsjahr.

Der Wein war also fast fünfundzwanzig Jahre alt, tiefgolden, sämig, er ging mir schwer über die Zunge und tat seine Wirkung auf meine Vortragskunst.

Meine Erzählung, zärtlich-spröde, und für uns heute keineswegs anstößig, endete mit schüchternen Küssen im Schlafzimmer, endete mit meiner Knabenhand unter dem Mädchenpyjama, auf nacktem Rücken. Man fand die Geschichte zwar hübsch, aber Tante Tini äußerte: »Da sieht man mal wieder, wie gefährlich es ist, Jungen und Mädchen gemeinsam zu erziehen. Ich war schon immer für eine Trennung der Geschlechter.« Ach, wenn sie gewusst hätte, was in ihrem Park in der Nacht geschah! Tante Thea meinte, etwas verständnisvoller, ihr habe meine Geschichte gezeigt, wie früh und wie heftig schon Kinder Liebe empfänden.

Von Mausi kam keine Nachricht. Ich wurde unruhig und versuchte, mich abzulenken. Noch in Bad Kösen hatte ich einen Einakter geschrieben, *Spuk um Helena*, er spielte in bäuerlichem Milieu, ein Schwank, und ich überlegte, ob ich ihn nicht hier aufführen könnte, mit Laienschauspielern. Ich schritt deshalb prüfend durch den Park, fand aber keinen Platz für eine Freilichtbühne, bis auf eine Scheune, die hochsommerlich duftete, der Geruch dampfte aus den Heuhaufen. Das wäre der richtige Ort für das Spiel gewesen, nun fehlten mir noch die Schauspieler, daheim hatte ich an die Schwester Hanne gedacht, die über ein ausgeprägtes komisches Talent verfügte, aber wo sollte ich hier ähnliche Begabungen finden?

Ich setzte mich auf den gestampften Lehmboden, lehnte mich an die feste Wand aus graugrünen Gräsern, spürte die Wärme, versuchte, mir das Spiel vorzustellen – und dachte an Mausi. Wann kam sie wohl wieder? Kam sie überhaupt wieder?

Ich sehnte ihre Rückkehr herbei.

Bei meinen Wirten waren meine Teller immer voll, nicht nur mit Kohlrabi, Blumenkohl und Lauch, Bühres bekamen aus dem Gut von allem reichlich, weit über die Lebensmittelkarten hinaus. Wenn Frau Bühre das Essen bereitete, am Kohlenherd, in dem auch im Sommer das Holz flackerte, tönte aus dem Volksempfänger über dem Sofa Musik, da hörte ich zum ersten Mal des Russen Tschaikowski Klavierkonzert, das Frau Bühre liebte, wie sie sagte, obwohl der Ton schwankte und von Heulen und Pfeifen gestört wurde. Kam ihr Mann vom Garten heim und war er zum Ausguss gegangen, um sich Hände und Arme bis zu den Ellenbogen hinauf zu waschen, mit schäumender, scharf riechender Kernseife, trug sie das Essen auf. Sie füllte mir den Teller, ich nahm zu an Gewicht und an Kräften.

Einmal sprach Herr Bühre von einem Herrn, der ihn immer wieder besuchte. Er kam mit der Straßenbahn und mit einem leeren Rucksack. Fuhr er wieder davon, war der Rucksack prall voll. Dieser Herr nun war der frühere Intendant des Hannover'schen Theaters gewesen, bis der letzte Vorhang gefallen war. Nun lebte er ohne Aufgabe in der Stadt, war politisch belastet und hatte viel Zeit. Eines Tages brachte er nicht nur Kartoffeln und Gemüse, sondern auch ein Stück Butter von Herrn Bühre heim und eine Komödie von mir.

Acht Tage später sollte ich den Intendanten besuchen, voll froher Erwartung fuhr ich zu ihm. Aber die Butter hatte er vielleicht schon aufgegessen und ich brachte kein neues Pfund mit – jedenfalls verlief alles enttäuschend. Unfreundlich war der Intendant zwar nicht, nur ehrlich, als er sagte: »In der Kunst geht es überhaupt nur mit Ehrlichkeit.« Wir saßen in seinem Salon, der das Bomben-Inferno überstanden hatte, vor dem Theatergott lag mein Manuskript. Er bescheinigte mir zwar eine hübsche Begabung, doch, doch, die sei gewiss vorhanden, viele gute Ansätze. »Aber, mein junger Freund, in der Kunst führen gute Absichten höchstens zum Kunstgewerbe! Am besten gefiel mir Ihr Anfang, als Oberon und Titania beschließen, wieder einmal unter Menschen zu gehen, in unserer modernen Zeit. Wie sie da im Lichtkreis auf der dunklen Bühne sitzen, das ist eine hübsche Szene. Ich dachte, das beginnt gut, es machte mich neugierig, da hätte etwas daraus werden können. Aber dann wurde ich mehr und mehr enttäuscht. So wie Ihr Stück jetzt ist, haben Sie damit keine Chance.«

Ich erstarrte. Alles in mir wurde hart, ich bekam einen trockenen Mund, konnte kaum schlucken. Dabei sah ich alles sofort ein, wie Schuppen fiel es mir von den Augen, ja, das Stück war misslungen, völlig, ganz und gar, ich war restlos unbegabt, am besten warf ich alles gleich fort, etwas anderes konnte ich nicht tun, wozu es wieder mit heimnehmen? Ich erkannte überdeutlich, dass ich zum Dichter, zum Dramatiker nicht geboren war, und verließ den Salon mit gebrochenem Herzen, spürte die geistige Ohrfeige fast körperlich, lief ein Stück zu Fuß, war fertig mit meinem Leben und dachte daran, mich in Hannovers Maschsee zu ertränken.

Wo waren nun meine Aussichten, als Schriftsteller zu Ruhm und Ansehen zu kommen?

In diesen Tagen wurde ich aber auch sonst zunehmend unruhiger. Die Tage, die Wochen vergingen und von Mausi kam keine Nachricht. Die Zeit der Ungewissheit, ohne Telefon, ohne Briefpost, war quälend, zumal die Luft mit Gerüchten jeder Art voll war. Unter diesen Voraussetzungen malt sich die Fantasie leicht das Schlimmste aus.

Damals lernte Tante Tini einen jungen Künstler aus Hannover kennen. Er hatte sich einen Stempel in gotischen Buchstaben anfertigen lassen, Reimar Dahlgrün, Konzertpianist. Er wurde eingeladen, der schwarze Steinwayflügel wurde von der Wand weggerückt, damit sein Ton klingen konnte. Stühle wurden aufgestellt, drei Reihen hintereinander.

Ich freute mich auf das Konzert.

Es war Spätnachmittag, noch Sommer, und das Licht hielt sich lang. Da der Himmel bewölkt war, leicht überzogen, war es grau auf eine freundliche Weise. Alle hatten sich umgezogen, ein besseres Kleid, einen festlicheren Anzug aus dem Flüchtlingsgepäck. Der Pianist war bereits anwesend, stand neben seiner Frau – und ihr Anblick riss mich hin. Der Künstler selbst mochte etwas älter sein als ich, möglicherweise ging er auf die dreißig zu. Sein Haar lichtete sich, es war strohblond. Und er trug einen Frack, der etwas zu weit war, was rührend wirkte, ein wenig unbeholfen an diesem kräftig gebauten Mann. Der Gattin Haar war schwarz, es lag glatt um den Kopf, um einen kleinen, zarten Kopf, wie aus Elfenbein geschnitzt, in dem große und dunkle Augen leuchteten, die das Abendlicht spiegelten.

Ich stürzte augenblicklich in diese Augen und es bereitete mir Mühe, mich wieder daraus zu befreien. Sie war – um wenige Jahre jünger als ihr Mann – zum Entzücken. Was die Natur bei Reimar Dahlgrün nicht gewollt hatte, das Zierliche, Feine, das hatte sie an seiner Frau vollbracht, sie war wie gedrechselt.

Ich musste Halt auf einem Stuhl eine Reihe hinter ihr suchen, aber nur so weit seitab, dass ich sie noch anschauen konnte. Und da fand ich, dass ein mädchenhafter Nacken mit der Linie der Wirbel unter hochgestecktem Haar ebenfalls unwiderstehlich sein konnte.

Das anmutige Geschöpf hieß Charlotte.

Der Vortrag des Künstlers stand für mich ganz in ihrem Zeichen, er spielte Schumann, danach eine Beethovensonate und Brahms, natürlich schaute ich auch zu ihm, schon anstandshalber, der Künstler saß gebeugt am Instrument, wie wenn er dort die Töne suchte, und bewies eine verblüffende Behändigkeit der Finger, die ich ihm nicht zugetraut hatte. Ich hatte ja selbst ein wenig Klavierunterricht genommen und beneidete Reimar Dahlgrün nun glühend; einer meiner Lebensträume wäre es gewesen, der beste Pianist der Welt zu werden, auf jeden Fall der beste, und die ganze Klavierliteratur auswendig zu beherrschen. Manchmal fantasierte ich mich in einen Konzertsaal hinein, saß im Traum am Flügel, König der Könige. Nun wurde mir die Macht des Klavierspiels wieder zum Greifen deutlich: Ein solches Zaubergeschöpf hatte sich aus seiner Höhe herabgelassen, die Gattin des Künstlers zu werden, der doch eher einem Bären glich als einem Klaviergott, wenn auch einem sympathischen.

Es ergab sich nach dem Konzert noch ein Gespräch mit dem Pianisten, das war im kleinen Kreis nicht schwer, zumal mir jedwedes Lob leicht über die Lippen floss, und die Bewunderung erfreute auch diesen Meister – die Gattin stand daneben! Über banale Floskeln hinaus freilich fiel mir kaum etwas ein, das war eine echte Behinderung, nicht nur bei dieser Gelegenheit, nein, immer wenn mir viel an flüssiger Konversation gelegen war, wenn sie wichtig gewesen wäre, dann war ich wie ein Stockfisch, stumm. Aber vielleicht nahm gerade meine wortarme Verlegenheit für mich ein, jedenfalls fanden die beiden Dahlgrüns Gefallen an mir, ich bekam ihre Visitenkarte und freute mich darüber: Hannover-Waldheim, mit der Linie 10 leicht zu erreichen. Sie hofften, mich wiederzusehen.

Aber ich vergaß Mausi nicht und hörte nicht auf, ihre Rückkehr herbeizusehnen. Ich wusste durchaus, wo ich hingehörte, wenn ich auch flatterte, denn ich war leicht erregbar. Ich dachte aber auch an meine berufliche Zukunft; in Mausis Namen reichte ich den Antrag auf eine Verlagslizenz ein. Einen langen Tag hatte ich an dem Schriftstück gefeilt, formuliert, verworfen, neu geschrieben. Zwei kurze Seiten waren daraus geworden, das Begehren, die Begründung: Laterne Verlag. Der Verlag moderner, junger Literatur. Das klang gut, wie ich fand.

Ich brachte den Antrag einem bekannten Buchhändler in Hannover, den ich mit einer Puppe der Mutter erfreute, man kann auch sagen, zu bestechen versuchte. Der wollte ihn zum zuständigen Offizier der Militärregierung bringen, den er kannte. Nun musste ich warten.

Bald darauf besuchte ich eine ältere Freundin Käthchens, Lotte Leban. Ich hatte ihren Namen auf einer langen Liste von daheim mitbekommen, Adressen von Menschen, die mir im Notfall helfen konnten, Verehrer der Mutter, sie hatte ja mehr als genug. Diese Dame bewohnte derzeit nur eine einfache Stube, auch sie war in Berlin ausgebombt. Ich musste zwei Stockwerke emporsteigen, eine dunkle Treppe, die Stufen ächzten. Rasch kam das Gespräch auf die Mutter, auf ihre Zukunft im nun sowjetisch besetzten Thüringen, die Lotte Leban düster beurteilte. Sie meinte: »Sie wird nicht bleiben können! Die Russen werden alles kaputt machen. Hoffentlich kommt sie noch rechtzeitig heraus.« Dann fragte sie auch nach meinen Plänen, und – wie es sich traf – Lotte Leban verfügte über ein Manuskript, ein Werk von mehr als vierhundert Seiten, Konflikte, Gefühle, Gedanken. Das war doch bestimmt etwas für mich! Gern wollte sie es mir anvertrauen. Auf der Heimfahrt in der Straßenbahn hielt ich den Band auf dem Schoß, in meinem Zimmerchen begann ich sofort zu lesen. Konnte es doch den Beginn einer bedeutenden Laufbahn markieren. Große Namen wie Insel-Verlag, S. Fischer, Suhrkamp schwebten mir vor, Freundschaften und Briefwechsel mit den berühmtesten Schriftstellern der Zeit.

Zunächst legte ich mich aber erst einmal auf mein Bett, das Kopfkissen zusammengeknüllt, und las, las … Aber je weiter ich vordrang, desto kleinlauter wurde ich. Lotte Leban schrieb einen schweren Stil, vielleicht war das ja bedeutend, aber ich verstand ihn nicht, ich fühlte mich unfähig, die Arbeit zu beurteilen. Und was sollte ich der Autorin sagen, der Freundin der Mutter?

Ich begann, etwas von den Schwierigkeiten des Verlegerberufes zu ahnen.

Und ich war allein, die Tage vergingen, die Wochen. Von Mausi erhielt ich keine Nachricht. Ich wurde immer unruhiger. Wusste ich doch nicht einmal, ob sie in Stuttgart angekommen war.

Dann kam ein Brief – der erste Brief meiner Mutter nach über vier Wochen der Ungewissheit. Wenigstens in der britisch besetzten Zone gab es wieder Post. Eine Bekannte, die in Bad Kösen gewesen war, hatte ihn nach Göttingen mitnehmen und dort in den Briefkasten werfen können. Die Isolation begann sich zu lockern.

Der Brief trug das Datum vom 22. Juni 1945. Die Mutter berichtete: »Die Russen sind am 3. und 4. hier eingezogen, die Amerikaner waren wirklich vorher völlig weg und das russische Heer sah sehr trübselig aus. Es ist auch allerhand vorgekommen, an Plünderungen sowohl wie an den berühmten Vergewaltigungen. Der Krieg ist zwar aus, aber nun beginnt die Wiedergutmachung. Die Grenzen zwischen den Zonen sind wohl noch völlig gesperrt. Jetzt laufen Gerüchte aller Art über einen Wechsel der Besatzung, aber wir hören alles und glauben nichts mehr. Dein Professor aus

Jena meint, dass die Universität im Herbst wieder eröffnet würde und dass nichts dagegenstünde, dass Du weiterstudierst ...«

Freilich widerrief sie alles einige Tage später: »... alle Fragezeichen, Gedankenstriche und Ausrufungszeichen bedeuten immer viel, was man aber – gewitzigt wie wir von früher her sind – lieber nicht schreibt. Bleibe dort, solange Du nur bleiben kannst. Wir erwarten schmerzlich viele Flüchtlinge ...«

Bald darauf erschien Kurt Seemann auf dem Erichshof, ein früherer deutscher Major, der sich jetzt irgendwie durchs Leben zu schlagen versuchte.

Mit großem Mut und noch mehr Glück war er einem Gefangenentransport nach Russland entkommen. Verstaubt und müde stand er vor der Tür und fragte nach mir. Er hatte die grüne Grenze bei Nacht überschritten, zu Fuß, ein Ortskundiger hatte ihn auf dunklem Pfad geführt, gegen Bezahlung, immer in Gefahr, entdeckt zu werden. Dann drohten Arrest, Verhöre, und man wusste nie, wohin man abgeschoben wurde.

Er brachte mir ein Tagebuch der Mutter, das sie schrieb, als Briefersatz, seit ich sie verlassen hatte. Tag für Tag hatte sie von allen Ereignissen berichtet, eng in der deutschen Sütterlinschrift.

Frau Bühre versorgte Kurt Seemann, ich zog mich mit dem Tagebuch in mein Zimmer zurück und las unter dem Datum des 2.7.1945: »Montagabends. Die ersten Russen sind da. Ich habe noch nichts gesehen und bin auch nicht neugierig. Mir war am Morgen von ganzem Herzen schlecht ... Dicht vor Naumburg seien sie schon, und so kümmerlich, Mongolen, mit ganz mickrigen, kleinen Autos und roten Fahnen. Ich selbst bin merkwürdigerweise ruhig geworden. Vielleicht erscheint mir die ärmliche Schilderung entsprechender für Lage und Zeit als das herrenmäßige motorgebrausige Auftreten der satten reichen Amerikaner. Gut, dass wir zunächst sie hatten, aber für das verarmte Deutschland ist der anderen, von unten auf arbeitende russische Geist vielleicht der entsprechendere. Wenn sie uns keine Gesinnungsknechtung auferlegen, sondern uns arbeiten und selbst erkennen lassen, so bin ich guten Willens.«

So war Käthchen, immer guten Willens, so hatte sie sich durchs Leben gekämpft, auch durch die tiefsten Täler, guten Willens und mit überreich liebevollem Herzen. »Vorhin«, schrieb sie weiter am 3.7., »kamen zwei Regimenter durch Kösen, es regnete leicht und es war kalt. Und es waren müde Kolonnen. Ab und zu ein reitender Offizier dazwischen und eine Menge dünne, lang gezogene Kanonen. Und viele Panjewagen mit ersichtlich deutschen, wohlgenährten Pferden. Aber in der Hauptsache doch müdes Fußvolk, viele ganz junge Kerlchen dabei, viele nette Gesichter, manches mongolische dazwischen. Aber im Ganzen nichts von einem siegreichen Heer. Ach, gar keine Vergleichsmöglichkeit zur motorisierten, prachtvoll ernährten amerikanischen Armee, die wohl überhaupt keine Infanterie besaß. Tja, was werden uns diese nun bringen? Ich will mir vorstellen, dass sie vielleicht nicht als Herrscher kommen, sondern als Eroberer, mit ihren Ideen das Volk zu gewinnen, zu durchbluten. Zunächst stehen ihnen Angst und Misstrauen gegenüber.«

Ich schloss das Buch und verschob die weitere Lektüre auf später. Als ich wieder mit Kurt Seemann zusammensaß, erzählte dieser: »Ihre Mutter konnte nicht alles schreiben. Es ist zu riskant. Niemand darf wissen, dass sie damit rechnet, alles aufgeben und selbst flüchten zu müssen.«

»Will sie denn herkommen?«

»Das weiß sie noch nicht. Sie sollten sich aber nach Räumen für eine Werkstätte umsehen. In der englischen oder amerikanischen Besatzungszone werden die Verhältnisse viel günstiger sein als in der sowjetischen, schon in Hinblick auf das benötigte Material, Stoffe, Tierhaare. Ihre Mutter wird bei den Russen bald nichts mehr bekommen. Was noch da ist, wird nach Russland abtransportiert werden, die ganze Industrie kommt zum Erliegen, alle Fabriken werden demontiert.«

»Ich soll hier Räume suchen?«

»So habe ich Ihre Mutter verstanden!«

In den nächsten Tagen befragte ich viele Menschen. Ich sprach mit dem Gutsherrn. Er erzählte von einer Sesselfabrik im Nachbardorf, die leer stünde. »Wenn Sie wollen, können Sie mit unserem Pferdewagen mitfahren, wir haben ein paar Sack Getreide in die Mühle zu liefern.«

Ich fuhr, quälend langsam, wie es mir schien, auf der staubigen Straße, vor mir das wippende Hinterteil des Gaules. Die Sonne strahlte, das Fuhrwerk rüttelte. Ich ließ den Kopf hängen, geriet ins Träumen. Wo Mausi nur blieb? Warum kam sie nicht wieder, warum schrieb sie nicht wenigstens einmal? Von ihr fehlte jedes Lebenszeichen. Es verunsicherte mich, belastete mein Herz.

Die Sesselfabrik war ein kahles Gebäude hinter pastellroter Fassade. Ein Angestellter zeigte mir leere Räume, die den Geruch nach Holz und nach Leim ausdünsteten, völlig kahl, keine Maschine, kein Tisch, kein Stuhl mehr, alles ausgeräumt von der Besatzungsmacht, nüchtern und ernüchternd. Ich versuchte mir die Arbeiterinnen der Mutter hier vorzustellen, die Näherinnen, die Stopferinnen, die Perückenknüpferinnen, unmöglich war es wohl nicht. »In der Not frisst der Teufel Fliegen«, wie man sagt.

Allerdings waren die Aussichten dann doch nicht so gut, vorübergehend könne man sich ein Mietverhältnis vorstellen, aber auf längere Zeit strebe man den Wiederaufbau an und wolle alle Räume wieder selber nutzen.

Ich rüttelte im Pferdewagen zurück. Nun war es Abend und vom Kirchturm des Dorfes, dessen nächtlicher Uhrenschlag mir so vertraut war, klangen Glocken durch das gesättigte Licht.

Ich wartete sehnsüchtig auf Mausis Rückkehr.

## Bad Pyrmont

Kurt Seemann wies mich darauf hin, dass Bad Pyrmont, etwa zwei Stunden von Hannover entfernt, doch ähnliche Voraussetzungen aufwies wie Bad Kösen. Es war ebenfalls ein Badeort, da wäre die Puppen-Handarbeit doch das Richtige. Er sagte, er kenne dort einen Rechtsanwalt, sie seien zusammen im Krieg gewesen.

Wir fuhren.

Der Bummelzug war überfüllt, die Leute hingen vor den Fenstern und Türen, auf den Trittbrettern, sie saßen sogar auf den Puffern. Alles war düster, die Waggons verstaubt, die Kleidung der Menschen armselig, zerrissen, abgetragen. In den Abteilen wurde Körper an Körper gepresst, man konnte kaum atmen. Die Weserbrücke war zerstört, wir überquerten den Fluss zu Fuß, stiegen in einen dort wartenden anderen Zug, froh, uns wieder in einen Wagen quetschen zu können.

Der Rechtsanwalt in Bad Pyrmont zeigte sich interessiert. Er kannte eine Stadträtin, eine Ärztin, Bernhardine Blümel …

Ich stutzte bei dem Namen. »Haben Sie Telefon? Fragen Sie sie, ob sie 1938 auf der Seiser Alm war?«

»Aber nein! Vielmehr ja!«, rief Bernhardine am anderen Ende der Leitung. »Er soll sofort kommen!«

Eine Viertelstunde später lagen wir uns in den Armen. Sieben Jahre war unser abenteuerlicher Ausflug um das Sella-Joch her. Die Großmutter bereitete schwarzen Tee. Im Arzthaushalt gab es manches, an dem sonst Mangel herrschte.

Wir kamen jetzt gleich zur Sache. Berni, so nannte ich sie gleich wieder, war sofort dafür, die Werkstätten der Mutter in Pyrmont anzusiedeln. Zwar sei die Stadt wenig aufgeschlossen für Industrie, man wollte vor allem den Kurbetrieb wieder in Gang bringen. Aber andererseits brauche man unbedingt Arbeitsplätze für die vielen Flüchtlinge. Sie wolle sich dafür einsetzen, wozu sei sie Stadträtin! Heute solle ich bei ihr bleiben, ich könne bei ihr schlafen.

Für Kurt Seemann fand sich auch ein Quartier.

Ich brauchte nur wenige Tage zu warten, dann konnte sich Kurt Seemann wieder auf den Rückweg nach Bad Kösen begeben und die Nachricht mitnehmen, dass es in Pyrmont eine alte Gewerbeschule gäbe. Die Räume standen jetzt leer, die Schule durfte ihren Betrieb noch nicht wieder aufnehmen. Die Stadt wäre bereit, diese Räume an Käthe Kruse zu vermieten.

Ich bat meine Mutter dringend um Auskunft, wie viele Leute kommen sollten, man brauchte auch Wohnungen und Zuzugsgenehmigungen. Ich gab Kurt Seemann unendlich viele Fragen mit. Alles musste schnell entschieden werden. Hatte die Mutter ernsthaft die Absicht, aus Bad Kösen wegzugehen? Alles im Stich zu lassen? Oder wollte nur die Schwester fort? Fifi hatte immer wieder einmal davon gesprochen, auszuwandern, vielleicht sogar nach Übersee.

Und wer sollte den Betrieb denn hier leiten? Jetzt gleich oder später? Endgültig oder nur vorübergehend? Was für Material wurde für den Anfang gebraucht, was für Maschinen und Werkzeuge? Worum sollte ich mich kümmern? Nun erwies es sich als Nachteil, dass ich nicht die geringste Ahnung von der Arbeit in der Firma hatte. Natürlich hatte ich das Werkstättengebäude immer und immer wieder betreten, ich kannte jeden Raum, sei es für das Stopfen der Körper, Ärmchen und Beine; sei es für das Bemalen der Köpfe, mit den Staffeleien der Augenmaler im besten Licht. Ich wusste, wie die Presse für das Prägen der Köpfe aus Pappe, Jute und Stoff bewegt wurde; ich kannte das Stofflager und die Näherei, hatte oft und oft das Entwerfen neuer Kleidchen miterlebt, das Fotografieren der Prospekte, die Endkontrolle, den Versand. Das alles war mir vertraut, aber eben weil es mir so vertraut gewesen war, hatte ich es auch als selbstverständlich hingenommen, ich hatte mir keinerlei Gedanken darüber gemacht, hatte meine Gedichte, Geschichten und Schauspiele geschrieben, meine Marionettenspiele inszeniert und alles der Mutter überlassen. Niemals hatte ich mitgeholfen, niemals Hand mit angelegt, nicht einmal im Büro.

Und jetzt?

Wenn ich ehrlich sein soll, so dachte ich wohl immer noch wenig über meine Zukunft nach. Ich erfüllte lediglich meine Aufgaben, erledigte die Dinge, die mir aufgetragen wurden. Dass sie mein Leben betreffen könnten, nahm ich nicht an. Wenn die Mutter in der englischen oder in der amerikanisch besetzten Zone ihre Herstellung wieder aufnehmen musste, so würde sie es machen und kein anderer, sie würde kämpfen, arbeiten, wie sie es immer getan hatte, mit all ihrer Kraft, und sie würde es auch wieder schaffen. Ich hatte doch auch ganz andere Pläne, studieren, einen Verlag gründen oder Journalist werden. Auf jeden Fall wollte ich schreiben, sonst stand alles in den Sternen. Es ist die Frage, inwieweit der junge Mensch überhaupt in der Lage ist, ernsthaft an seine Zukunft zu denken. Er lebt in der Gegenwart, tut, was ihm gesagt, wozu er angeregt wird, atmet, schaut, nimmt auf und empfindet.

Jetzt reiste ich zum Erichshof zurück – in ähnlich überfüllten Zügen. Dort fand ich wieder keine Post vor, weder einen Bescheid auf meinen Antrag für eine Verlagslizenz noch eine einzige winzige Zeile in Mausis nervöser Schrift. Ich wurde von Tag zu Tag unruhiger. Mehrmals hatte ich ihr schon geschrieben, immer wieder, die Briefe verschiedenen Bekannten mitgegeben. Mausi musste sie bekommen haben, zumindest einen: »Immer hoffe ich, dass Du plötzlich hier ankommst oder wenigstens eine Nachricht. Aber Legionen von Minuten sind schon verstrichen … Du darfst mich jetzt nicht im Stich lassen! Bitte vergiss nicht, dass ich Dich brauche! Mausi, tu doch was! Rühr dich doch irgendwie!«

Ich rührte alle. Tante Thea, die Oberstudienrätin mit dem Pferdegesicht, holte mich in ihre Stube, ins Nebenhaus, oberhalb der Remise. Der Raum war früher eine Scheune gewesen, die Wände aus rohen Balken, die Möbel aus dunklem Holz, etwas Licht kam von wenigen Kerzen, im Windzug flackerte der Schein über die Wände. Tante Thea war heiter, sie spielte eine Kartenlegerin, trug ein schwarzes Schultertuch, hatte eine Flasche Wein aufgetrieben – organisiert, wie man es nannte –, nicht aus Onkel Ernsts heilig gehüteten Vorräten, sondern von einem kleinen Händler, dessen Sohn sie Nachhilfestunden gab. So befragte sie ihr Pendel nach Mausi. Ihr Ring hing am Faden, er baumelte über dem magischen Zirkel, zitterte, kreiste, beschrieb ein Oval. Sie schnarrte: »Ihre Zukunft ist unklar, zweierlei steht da nebeneinander.« Sie griff nach den Karten, mischte, legte aus, den Buben, neben die Dame den König, raunte: »Mausi liebt einen reichen, dicken, verworfenen Lebemann!«

Ich lachte. Das glaubte ich nun doch nicht. Der Abend wurde

zur Nacht, der Wein war ausgetrunken, Tante Thea riet mir, mein Herz nicht an Mausi zu hängen, wir seien beide noch jung und man lege sich immer zu früh an die Leine; was ich jetzt gerade durchmache, gehöre zum Leben, wichtig sei, dass ich daraus lerne. Sie, an meiner Stelle, hätte nicht mehr den Mut, sich an Mausi zu binden, ein Blinder könne doch sehen, dass ich das vorhatte. Und im Übrigen würde die Liebe sowieso überschätzt. Sie sei doch nur eine Sache der Hormone, die ihren Zweck hinter einem Feuerwerk seelischer Empfindungen verstecke.

Ich sagte, ich wisse noch gar nicht, was ich vorhätte.

»Machen Sie sich selbstständig, begeben Sie sich in keine Abhängigkeit. Ich rate Ihnen, studieren Sie und erhalten Sie sich Ihre Freiheit, solange Sie noch keine eigene Existenz gründen können.« Ich spürte Tante Theas Reserviertheit gegenüber Mausi, ihrer Nichte, während die Kerzen immer weiter herunterbrannten, die Dochte verkohlten und die Schatten zuckten. Möglicherweise, dachte ich zerknirscht, war ihr Sohn Mohr in Stuttgart gerade der Nutznießer von Mausis befürchteter Treulosigkeit.

### Beginnen Sie mit der Fabrikation

Kurt Seemann war der Erste, der zurückkehrte, er kam aus Bad Kösen wieder. Acht Tage war er unterwegs gewesen, fast immer zu Fuß, selten in überfüllten Zügen.

»Nun?«

»Sie fragen? Ihre Mutter meint, dass weder sie selbst noch Ihre Schwester Fifi Kösen jetzt schon verlassen können, die Firma, die Mitarbeiter, alles aufgeben, die Werkstätte, das Wohnhaus …«

»Ja, was dann?« Ich war überrascht, verstand nichts mehr. Ich hatte doch unbedingt Räume suchen sollen.

»Das stimmt. Und Sie dürfen die Räume in Pyrmont auch keinesfalls aufgeben! Mieten Sie! Beginnen Sie mit der Fabrikation, aber rechnen Sie nicht damit, dass schon bald jemand aus Kösen nachkommt.«

»Wie stellt sich meine Mutter das vor? Ich will das nicht und habe doch auch nicht die geringste Ahnung von der Produktion.«

»Ihre Mutter meint, Sie sollten nur aufsitzen, reiten würden Sie dann schon können!«

Wieder allein, saß ich auf meinem Bett und grübelte. Ich hörte die Schritte nicht. Die Tür flog auf ohne Klopfen. Mausi stand auf der Schwelle. Ich fuhr hoch und umarmte sie: »Dass du wieder da bist!«

Sie war herzlich, aber zurückhaltend oder gehemmt. Das aber ist oft so nach Wochen der Trennung. Man fremdelt. Zudem hüstelte sie. Trotzdem reiste sie gleich mit mir nach Pyrmont.

Gemeinsam besichtigten wir die für die Werkstätte vorgesehenen Räume, die im Vorort Holzhausen lagen, in einem backsteinroten, niedrigen Bau aus den letzten Jahren des vergangenen Jahrhunderts. Er ähnelte einem alten Bahnhof. Ein Teil war noch belegt, aber er sollte vielleicht demnächst geräumt werden, dann konnten wir dort auch eine Wohnung bekommen. Alles war heruntergekommen, innen wie außen. Gas für die Erhitzung der Kopfformen musste erst noch gelegt werden. Aber es waren feste und solide Räume, hell genug, geräumig genug für den Anfang.

In dieser Nacht brachte Berni uns ganz selbstverständlich gemeinsam im Behandlungsraum unter, eine zweite Liege wurde hineingestellt. Mausi sollte unter den warmen Lichtbogen, um ihre Bronchitis auszukurieren. Der Apparat war wie ein Tunnel, er wölbte sich über sie, innen mit Glühbirnen bestückt; die wärmten und tauchten ihren nackten Mädchenkörper in ein gelbliches Licht. Mausi hätte sich nicht ganz auszuziehen brauchen für die Behandlung, der Oberkörper hätte genügt. Aber nun lag sie da, Leib, Seidenhaut, schwarz die gelockten Haare, die ihr Gesicht einrahmten und über ihre Schultern fielen. Die Füße übereinander, streckte sie ihre Beine aus, was diese länger machte, ihre Schenkel straffte. Ihre Bauchdecke sank entspannt ein, der Nabel lag tief, die Beckenknochen zeichneten sich ab, die Brüste fielen mit den Warzen nach den Seiten.

Ich saß auf meinem Bettrand: »Das kannst du nicht machen!«, murmelte ich.

»Du kennst mich doch!«

»Ja, aber nach so langer Zeit …«

»Leg dich zu mir!«

Es war eng unter dem Lichtbogen. Ich sengte mir den Rücken an den Glühbirnen. Sie lachte. Ich hob das Wärmegerät weg, stellte es auf dem Fußboden ab. Nun kam alle Helligkeit in der Stube von unten, schwach, aber der Schein warf die Schatten an die Decke.

»Warum bist du so lange fortgeblieben?«

»Ach schau, meine Mutter konnte sich ihre alte kleine Wohnung wieder einrichten. Da musste ich helfen. Dann kam meine Schwester plötzlich aus Chicago. Sie ist bei der amerikanischen Armee! Du kannst dir nicht denken, was da los war, keine Stunde Ruhe. Und dann auch noch mein Vater …«

»Wie geht es ihm?«

»Er hat alles überstanden. Und er hat noch einmal geheiratet, eine Frau, die er im Konzentrationslager Theresienstadt kennengelernt hat. Ich weiß nicht, was ich dazu sagen soll.«

»Freu dich, dass er lebt. Sicher ist es das Beste für ihn. Lauter gute Nachrichten. Trotzdem hättest du doch mal eine Zeile schreiben können, eine einzige!«

»Jetzt hör auf!«

»Was war mit Mohr?«

»Ach der … Ein kleiner Filou. Bist du etwa eifersüchtig?«

»Im Augenblick nicht mehr!«

Später, in der gleichen Nacht, der Lichtbogen brannte noch auf dem Boden und verströmte aufsteigende Wärme, schlug ich Mausi vor, zu heiraten und die Puppenwerkstätte gemeinsam aufzuziehen.

»Du bist ja verrückt! Ich heirate dich nie!«, antwortete sie prompt.

Drei Wochen später waren wir Eheleute. Und wieder nur zwei Tage später verließ Mausi Pyrmont, im Morgengrauen. Kurt Seemann sollte sie im Harz über die grüne Grenze schleusen. Sie wollte das Puppenmachen im Schnellverfahren lernen. Sie erreichte Bad Kösen nach zwei strapaziösen Tagen. Als sie bei Käthchen eintrat, völlig überraschend, blickte diese auf und erkannte sie, verblüfft über ihr unerwartetes Kommen. Da streckte ihr Mausi wortlos die rechte Hand mit dem Goldring entgegen. Käthchen verstand und küsste sie auf beide Wangen. »Warnen«, meinte sie später, »muss man vorher vor jeder Ehe, und immer mit Recht. Denn heiraten ist leicht, aber das Leben ist nicht leicht, und das Zusammenleben erst recht nicht, und das Auseinandergehen ist furchtbar schwer. Aber wenn die Würfel einmal gefallen sind, dann kann man nur noch die Arme öffnen und segnen und sich freuen! Und die gemeinsame Arbeit ist eine schöne Basis. Also macht es gut!«

Nun war ich wieder allein, wie im Sommer, aber alles hatte sich verändert. Ich war nun verheiratet. Und Berni konnte mir ein Zimmer geben, das eine für sich abgeschlossene Wohnung war und unter dem Dach lag, in der zweiten Etage des geräumigen Hauses. Ganz unten wohnte und praktizierte noch ein anderer Arzt, den sie nicht mochte. Die Einweisung des jungen Ehepaares Kruse – also unsere – durch das Wohnungsamt war nur eine Formsache.

Das Zimmer war mit modernen Holzmöbeln ausgestattet, ein tief herabgezogenes Fenster, das über die ganze Breite der Stube reichte, ließ viel Licht ein, davor ein schmaler Balkon.

Zwar gab es nur ein Bett, aber es war breit genug für zwei junge Menschen, die sich liebten.

Die Versorgung mit Lebensmitteln war anfangs ein Problem. Ich nahm wieder ab. Berni schrieb mir ein ärztliches Attest, ich bekam amtliche Zulage, ein Viertelpfund Butter wöchentlich, ein halbes Pfund Nährmittel und einen Viertelliter Milch täglich. Berni staunte: »So viel bekommen nicht einmal meine Todkranken!«

Der November kam mit aller Trübe, die diesen Monat in Verruf gebracht hat. Der Nebel ließ die Bäume des Vorgartens schwarz und kahl hervortreten. Die fahlen Blätter, die noch an den Ästen hafteten, wirkten wie Schmuck der Trauer. Ich stand vor den Glasscheiben, die Hände in den Hosentaschen, und sah den schwarzen Vögeln zu, wie sie herumschwirrten und sich auf den Zweigen niederließen.

Ich sagte mir die Zeile eines Nietzschegedichtes auf: »… wohl dem, der jetzt noch Heimat hat«, und empfand, dem November zum Trotz, dass ich eine neue Heimat hatte und dass dies ein Glück war. In diesem Monat wurde ich fünfundzwanzig.

Noch einmal wartete ich lange auf Nachricht von Mausi, doch diesmal verstand ich den Grund. Briefe wurden nun zwar befördert, aber sie dauerten länger als zur Postkutschenzeit – wenn sie überhaupt ankamen, es blieb immer unsicher. Da war Kurt Seemann schneller und zuverlässiger. Nach drei Wochen kehrte er aus Bad Kösen zurück. Er fühlte sich wichtig und gebraucht. Er brachte mir einige Spielpuppen mit – viel mehr wert als Geld! – und erfreuliche Nachrichten.

Die Mutter schrieb: »Du hast mir das überhaupt schönste Geschenk gemacht mit deinem Einspringen zusammen mit Deiner Mausi. Es ist nicht abzusehen, wie gut das für uns alle war – oder sein wird. Für mich jedenfalls ist es wunderschön, ich bin plötzlich nicht mehr allein. Und die unerwarteten Geschenke des Schicksals sind ebenso wie die unerwarteten Schläge die zutiefst wirkenden.«

Seemann brachte auch Briefe von Mausi: »Hase, schon wieder wird es länger, als wir dachten, nun bin ich schon acht Tage in der Werkstätte und habe viel gelernt. Aber ich werde wohl erst Anfang Dezember wieder bei Dir sein können. Es ist viel mehr zu tun, als ich mir vorgestellt hatte. Und auch diese Zeit ist eigentlich zu kurz.«

Sie bat mich: »Iss all unsere Vorräte auf, bitte! Wer füttert dich denn? Bitte, bitte, keine falsche Sparsamkeit!! Der liebe Gott wird uns schon weiterhelfen, würde Tante Mutti sagen. Du darfst auf keinen Fall ›runterkommen‹. Sieh zu, dass du die Puppen tauschen kannst. Besorge dir etwas, damit Du zusätzlich zu meiner

Lebensmittelkarte noch etwas hast. Diese sollst du ganz verbrauchen; wenn ich wieder zurück bin, findet sich wieder Rat!« Sie beschwor mich aber auch: »Denke bitte nicht daran, auch nach Kösen zu kommen! Es ist zu riskant. Alle Mütter sind froh, deren Söhne nicht hier, sondern woanders gut untergebracht sind.«

Ihre Briefe waren mit blassem Bleistift in erregter, fahrig-flüchtiger Schrift geschrieben, Worte der Liebe und Sehnsucht, der kindlichen Zärtlichkeit. Sie berichtete mir auch von ihrer Fahrt: »Wir kamen mit dem Zug bis Göttingen und liefen dann in das Dorf – ach, ich weiß nicht, wie es hieß. Zwei Stunden Fußmarsch! Aber schon am Abend waren Seemann und ich bei dem Kesselschmied, der uns über die Grenze bringen sollte. Das war eine klobige Gestalt, fast zum Fürchten. Wir mussten in seiner Werkstatt warten, wie in der Hölle, zwischen Ambossen, Hämmern und glühenden Feuern. Als es ganz finster geworden war, gegen elf, ging es los, außerhalb des Dorfes hetzten mich die Männer wie einen Rekruten über die Sturzäcker, und als ich kaum mehr schnaufen konnte und schweißnass war, fragten sie mich scheinheilig, ob es mich etwa anstrenge. Na, aber wir kamen gut hinüber, sahen keinen Russen, wir schliefen bei einem Bauern, bestiegen in Nordhausen den Zug und waren mittags um eins in Kösen. Tante Mutti war wirklich überrascht, sie hatte nichts geahnt, nicht von meinem Kommen, nicht von unserer Heirat, aber sie schickte sich ins Unvermeidliche. Schwester Fifi gab mir dein Zimmer und dann bemühten wir uns, Du zueinander zu sagen. Es klappte bald.«

Berni versorgte viele Menschen. Manchmal erbettelte ich von ihr Brennholz, dann saßen wir gemeinsam in meiner Stube und buken uns auf meinem eisernen Ofen Eierkuchen, oder wir öffneten eine Büchse englischen Fisch. Im Übrigen versorgte ich mich selbst, schälte Kartoffeln, putzte Gemüse, kochte Reis. In ihrer Familie war ich ganz selbstverständlich aufgenommen worden. Kamen abends die Freundinnen der niedlichen Töchter, saß ich ebenfalls am Tisch und spielte mit ihnen: ›Was soll das Pfand in meiner Hand?‹ Die Atmosphäre war nicht frei von jugendlicher Erotik, nur Scham hielt uns davon ab, zur Auslösung der Pfänder Küsse zu fordern oder Jäckchen und Blüschen. Aber der Vorwitz erstickte im Kichern.

Es wurde rasch winterlich und die feuchte Kälte drang durch die Ritzen, alle Fenster waren undicht. Ich erhielt einen Bezugschein für Brennholz, ein Festmeter war alles, was uns zustand, kein Stück Kohle dazu. Das konnte nicht reichen. Ich schrieb an Onkel Ernst im Erichshof, ob er helfen könne. Grübelnd lag ich im Bett und fühlte eine neue Art von Verantwortung, nicht mehr nur für mich selber, sondern jetzt auch für eine Frau, meine Frau. Ich dachte mit Sehnsucht an sie.

Überall in Deutschland froren die Menschen. Es wurde ein bitterkalter Winter. Ich heizte noch nicht, obwohl meine Finger klamm waren und der Frost bis in die Knochen drang, ich saß im Mantel in der Stube, einen Schal um den Hals, um die Beine die Decke. Manchmal kroch ich am Tag sogar ins Bett, dann kam ich mir vor wie Spitzwegs armer Poet in der Dachkammer. Nur der große Regenschirm fehlte zum Bilde.

Ich bekam dann doch noch mehr Brennholz, nicht nur durch Onkel Ernst, es taten sich auch andere Quellen auf, aber das führt nun zu einer neuen, überaus wichtigen Person. Ich fragte Berni: »Ich werde für den Aufbau der Firma eine Hilfe brauchen. Es sollte wohl eine Frau sein, sie sollte einfach alles können, Buchführung, Steno, Schreibmaschine. Und Organisationstalent müsste sie außerdem haben.«

»Mehr nicht?«, fragte Berni und ihr Blick kroch nach innen. »Mag sein, dass du wieder einmal Glück hast, vielleicht ist er – oder sie – schon gefunden. Ich denke an eine Patientin. Sie heißt Margarete Illhardt ...« Berni suchte die Karteikarte, nahm ihren Rezeptblock und kritzelte die Adresse, fast unleserlich.

## Margarethe Illhardt

Eine Stunde später saß ich ihr gegenüber. Frau Illhardt war klein-
gewachsen, der große Kopf saß dicht auf den Schultern, der Oberkörper war kurz, der Bauch wölbte sich unter dem Schürzenkleid,
die Füße erreichten den Boden vor dem Sofa kaum. Ich beugte
mich unwillkürlich zu ihr nieder. Aber ich spürte, dass sie ein
Energiebündel war, sie verfügte über die Dynamik eines weiblichen Napoleon, vielleicht glich sie ihm sogar, mit ihrem männlichen Gesicht, das noch strenger wurde durch das eng anliegende
aschblonde Haar.

Margarete Illhardt lächelte, als sie hörte, dass es sich um die Käthe-Kruse-Puppen handelte, und war sofort bereit mitzuhelfen.
Und das war damals durchaus nicht die Regel, denn kaum einer
wollte nur für Geld arbeiten, für das man so gut wie nichts kaufen konnte. Zigaretten und Lebensmittel waren der größte Wert.
Ob man einen Fahrradschlauch suchte oder ein Klavier, Butter
oder Kaffee – nur auf dem Schwarzmarkt wurde es gehandelt.

Aber darüber setzte sie sich hinweg. Sie erkannte sofort, wie
wichtig es war, Textilien zu besorgen: »Da kann ich Ihnen sicher
helfen. Ich war früher einmal Referentin für den Einzelhandel
Textil in der Provinz Hannover, ich kenne Gott und die Welt, ich
kenne alle Wege und so gut wie alle infrage kommenden Firmen.
Ich bin viel in Norddeutschland herumgereist …«

Wir wurden uns rasch einig. Ich konnte ihr diktieren und ihr
ebenso freie Hand lassen. Sie war mit allen Wassern gewaschen,
ein selbstständiger, ehrgeiziger Mensch. Als erstes Ergebnis ihrer
Bemühungen waren plötzlich Briketts zu haben, wie durch Zauberei, nur kleine Mengen, aber fast eine Lebensrettung. An solchen Wundern war diese schlimme Zeit ebenfalls reich, sogar in
der russisch besetzten Zone. In Bad Kösen war die Mutter einmal
mitten in der Nacht von einem Freund angerufen worden, der
den Abend bei ihr verbracht hatte. Nach Hause unterwegs war er
über Kohle gestolpert, ein ganzer Haufen Briketts lag mitten auf
der Saalebrücke, der Teufel mochte wissen, wie er da hingekom-

men war. Ein einzelner Sowjetsoldat bewachte ihn und bedeutete dem Freund der Mutter gutherzig, er dürfe ihn haben. Da telefonierte er Käthchen, die nun die Tochter Fifi und ihre neue Schwiegertochter Mausi aus dem Bett scheuchte. Mit dem Leiterwagen und einer Flasche Schnaps für den Posten ratterten die drei Frauen zur Fundstelle, die Mutter fand, der junge Soldat erinnere sie an ihren in Russland gebliebenen Sohn Friedebald, sie empfand Sympathie für ihn, der ja schließlich auch weit von seiner Heimat entfernt war. Der Soldat sprach sogar ein wenig Deutsch, sie strich ihm mit der immer weichen Hand übers Gesicht und legte sogar kurz ihre Wange an seine, wobei sie sich recken musste. Er ließ es sich, ein wenig geniert und völlig überrumpelt, gefallen.

Ich konnte das spitzweg-ähnliche Dichterdasein aufgeben und wieder uneingemummt schreiben. Briefe, Briefe … Ich knüpfte Kontakte zu den vielen Kunden der Mutter, diktierte Frau Illhardt, die sich ihrerseits um neue Verbindungen zu Herstellern bemühte. Noch fehlte es uns zwar an Listen, an Aufstellungen, aber ich wusste immerhin, dass ich außer bunten Stoffen vor allem derben Nessel brauchte, für die Puppenkörper, dazu Pappe und Leim, Leder und Kunstleder, Stopfmaterial, also Tierhaare, schwer zu bekommen, Eisensplinte und jede Menge Farben und Malmaterial wie Terpentin, Schellack, Siccativ.

Und natürlich brauchte ich vor allem Mitarbeiter: Näherinnen, Stopferinnen, Malerinnen, einen Präger für die Köpfe, ich brauchte Nähmaschinen, und zwar nicht nur ganz normale, sondern spezielle, überwendliche, ich brauchte eine Handspindelpresse für die Puppenköpfe, für die ich noch nicht einmal eine Bronzeform hatte. Aber bei all diesen Aktivitäten vergaß ich nie, dass ich die Puppenwerkstätte nur aushilfsweise einrichten wollte. Ich sprang jetzt nur für Mutter und Schwester in die Bresche. Ich schrieb an den Schriftsteller Walter von Molo, den knorrigen Mann, der mit mir in Murnau über die Hügel geschritten war, mit dem Blick auf die Zugspitze: »Wir ziehen jetzt in der westlichen Besatzungszone einen Zweigbetrieb auf, aber ich glaube nicht und ich hoffe auch nicht, dass meine anderen Pläne und

Ambitionen davon verschüttet werden. Unterdes kann manches reifen, und wenn erst wieder gedruckt werden wird und es wieder Zeitungen gibt, kann man weitersehen.«

Ich begann sogar, ein Schauspiel zu schreiben, *Die chinesische Nachtigall,* angeregt durch Hans Christian Andersens Märchen, in gebundener Sprache und freien Rhythmen.

Mitte Dezember endlich erhielt ich die Nachricht, dass Mausi zurückkehren würde. Aber wann, das war ungewiss. Eine Woche lang, Abend für Abend, wanderte ich bei Anbruch der Dunkelheit mit dem Leiterwagen zum Bahnhof, eine halbe Stunde hin, eine halbe Stunde zurück, zum einzigen Zug, der aus Göttingen kam. Immer stand ich enttäuscht auf dem Bahnsteig, schaute und schaute. Die Leute fluteten, strömten, drängten, kletterten, sprangen aus den Wagen, quollen aus den Türen, aber sie war nicht darunter. Da vor dem Bahnhof zwei Pferdekutschen warteten, ließ ich den Leiterwagen schließlich daheim und verließ mich auf mein Glück, eine Kutsche zu bekommen.

Und endlich kam Mausi wirklich, begleitet von Kurt Seemann. Im spärlichen Licht der Bahnsteiglampe nahm ich das Mädchen, das nun meine Frau war und das mir zerbrechlicher erschien als jemals zuvor, in die Arme. Wir küssten uns. Und sie sagte: »Ich bin ja so froh, dass ich wieder da bin! Diesmal war der Zonenübergang schlimm!«

Wir beeilten uns, damit uns die Kutsche nicht weggeschnappt wurde. Kurt Seemann brachte Mausis Gepäck in den Wagen. Dann ließ er uns beide allein und machte sich zu Fuß auf seinen kurzen Weg.

Wir stiegen ein, Mausi freute sich: »Gut, dass ich nicht mehr laufen muss! Ich habe so genug davon!« Sie ließ sich aufs Polster fallen und lehnte sich zufrieden zurück. Ich zog ihr die schäbige Wolldecke über die Beine, sah in ihr helles Gesicht, das jetzt wie eine Maske war, denn die schwarzen Haare, die es umrahmten, verschmolzen mit der Dunkelheit und das machte es noch schmaler.

Ich küsste sie noch einmal.

Der Kutscher schnalzte, ließ die Peitsche knallen und die Zügel auf den Rücken des Pferdes klatschen. Der Wagen rollte an, ratterte. Langsam blieben die schwarzen Häuser zurück, neue kamen und glitten ebenfalls vorbei.

»Erzähl, alles, von Anfang an«, bat ich, »seit du mich verlassen hast!«

»Ach, diese Fahrt war schrecklich! Wir wurden beim Grenzübergang erwischt, die Engländer haben uns geschnappt. Drei Tage lang haben sie uns festgehalten, ungefähr dreißig Leute in einem engen Raum, man konnte weder stehen noch sitzen noch liegen – so ungefähr. Wir bekamen kaum etwas zu essen, ich habe richtig gehungert! Wir wurden alle entlaust, obwohl ich natürlich nicht eine einzige Laus hatte. Das war ihnen egal. Aber jetzt bin ich hier und alles ist vorbei.«

»Ich bin froh, dass ihr euch in Kösen alle vertragen habt, du, Käthchen und Fifi. Wie hat sich Herr Seemann angestellt?«

»Gut, er lernte Prägen. Er war Feuer und Flamme, er bekam Brandblasen und Schwielen an den Händen.«

»Hoffentlich kriegen wir bald eine Presse, einen Balancer und eine Kopfform.«

»Für die Kopfform wird Tante Mutti schon sorgen. Sie war rührend zu mir. Wir sollen zuerst die Form für den Kopf XII bekommen, dann können wir die Puppe XII und das Sternschnuppchen machen. Das sind die leichtesten beiden Modelle. Die Presse müssen wir selber auftreiben. Weißt du, im Grunde hatte ich mir ja alles viel zu einfach vorgestellt. Die meisten Leute werden in Kösen mindestens ein halbes Jahr angelernt, und dann auch nur an einer einzigen, bestimmten Arbeit, nicht an allen, so wie ich. Ich merkte bald, dass ich länger bleiben musste, als ich angenommen hatte. Es war einfach jeden Tag etwas Neues. Mal hab ich Sternschnuppen gestopft und mich dabei amüsiert, weil sie so drollig aussahen mit ihren flachen Gesichtern und den weichen Körpern, sie nehmen so ulkige Formen an. Na, besonders schwer ist das nicht, kniffliger ist es schon, ihre Körperchen zu nähen, trotzdem, die können wir schon machen. Wenn wir erst eine einfache Haushaltsnähmaschine haben und Trikot und Nähgarn und Nähseide, dann können wir mit den Körpern beginnen. Eine Farbtabelle für das Seidengarn habe ich mitgebracht. Leinenzwirn brauchen wir auch, weiß, rosa oder beige. Und Nähnadeln natürlich. Ach Gott, es sind ja tausend Dinge, meine Liste ist riesenlang. Kein Mensch ahnt, was man alles braucht, um Puppen herzustellen, von den Schuhen bis zum Scheitel.«

»Was wird aus dem Augenmaler?«

»Ja, das ist das Schwierigste. Es soll eine Augenmalerin zu uns kommen und dann bei uns einen Maler oder eine Malerin anlernen. Ich habe selbst schon ein bisschen retuschieren geübt, damit ich die Augen mindestens beurteilen kann. Es kommt ja auf jede Kleinigkeit an, auf den winzigsten Lichtfleck oder wie dick der Lidrand ist. Das ist das eigentlich Schwierige, der Blick für ›schön‹ und ›richtig‹ und ›fehlerfrei‹. Dazu gehört eine riesige Übung, das konnte ich natürlich nicht in zwei Monaten lernen, ich musste schließlich noch in die Stopferei – Körper, Arme, Beine – und dann zum Zuschneiden und Nähen der Kleidchen.«

»Mein armer Schatz!«

»Es wäre nicht gegangen, wenn nicht alle so nett und bemüht gewesen wären. Jeder wollte für unsere neue Werkstätte tun, was er konnte. Irgendwie hatte es wohl jeder im Hinterkopf, dass es auch für ihn einmal eine Auffangstelle werden könnte.«

»Eine neue Heimat und eine neue Existenz!«

»Zumindest eine Hoffnung in dieser unsicheren Zeit.«

»Demnächst ist in Pyrmont Magistratssitzung, nur für uns, da wird der Mietvertrag für unsere Räume noch einmal besprochen. Erst dann kann er unterschrieben werden. Aber der Bürgermeister hat gesagt, das sei nur eine Formsache.«

Die Straße lag im Dunkel. Nur wenige Laternen brannten und gaben spärliches Licht. Die Kutsche rollte von Schein zu Schein. Hinter kahlen Bäumen leuchteten unregelmäßig verteilte Fenster in schwarzen Fassaden und ließen sie wie extravagante Figuren kapriziöser Schattenspiele erscheinen.

»Nun erzähl aber mal, wie leben die Menschen drüben?«

»Du kannst dir keine Vorstellung davon machen, wie groß der Unterschied zwischen dem Leben hier – ach, jetzt kann ich wieder sagen ›bei uns‹ – in der englischen Zone und da drüben, in der russischen Zone, ist. Es ist bedrückend. Niemand weiß, wie es ihm morgen geht, was über Nacht mit ihm passiert. Tante Mutti geht es noch ganz gut, sie schützt wohl ihr großer Name, sie ist bisher unbehelligt geblieben, hofft das auch für den Winter, wo ihr nur noch genug Kohlen zum Heizen fehlen, aber Fifi wird schon irgendwie dafür sorgen. Sie ist glücklich, dass du nicht dort bist, alle Leute sind froh, deren Männer sich in Sicherheit, das heißt außerhalb der sowjetischen Zone, befinden. Alle großen Güter sollen enteignet werden, auch das der Freundin deiner Schwester …«

»Hilde Zenker …«

»Ja, wir beide waren einmal zu Besuch bei ihr, sie war eine besonders schöne, elegante und herzliche Frau und gar kein Nazi. Sie hat uns alles gezeigt, das Wohnhaus, die Ställe, die Scheunen, die großen Felder auf der Höhe, mit dem weiten Blick über das Saaletal.«

»Niemand von uns konnte ahnen, dass die Russen bis nach Kösen kommen würden.«

»Nun sind sie da«, sagte Mausi, »und viele verlieren alles, entschädigungslos. Deshalb ist Tante Mutti ja auch so froh, dass wir hier neu anfangen, obwohl sie dich immer noch lieber als Doktor sähe, mit einem abgeschlossenen Studium.«

»Sie meint wohl, dass ich das Studium nachholen kann, wenn sie erst einmal hierher übersiedelt ist.«

»Ich weiß nicht, ob sie so weit denkt, sie lebt im Moment wohl mehr von einem Tag zum anderen. Die Nachrichten, die sie von überall her bekommt, sind alle schlecht. In Berlin Kälte, Hunger, keine Heizung, offenbar auch keine Arbeit. Die Söhne in Gefangenschaft, vermisst oder gefallen.«

Der Kutscher bog von der Bahnhofstraße nach links in die Hauptallee, hier war es ein wenig heller, lebendiger auch, Menschen bewegten sich unter den Bäumen, dunkel und in Mänteln.

Bald erreichten wir unser Haus, es lag dem Schloss schräg gegenüber, wir schleppten das Gepäck in unsere Stube hinauf, Mausi war entzückt davon, fühlte sich daheim. Ich hatte kaltes Abendessen vorbereitet, erzählte von all meinen Unternehmungen, ließ aber auch durchblicken, dass ich mich nicht ganz auffressen lassen wollte vom Geschäft: »Ich will doch kein Kaufmann werden.«

Sie sah mich an mit einem Blick, wie wenn sie sagen wollte, dass sie all diese Strapazen nicht auf sich genommen hatte, um alles wieder aufzugeben, dass sie hoffte, die Firma würde ihre Zukunft werden, und zwar für immer. Mausi wünschte, dass diese Arbeit auch mich glücklich machen würde. Von einem Leben als Frau eines hungernden Schriftstellers hielt sie nichts, sie hatte mich schließlich auch erst geheiratet, als feststand, dass wir die Werkstätte gemeinsam aufbauen würden. Sie freute sich darauf, mochte es auch Sorgen und graue Haare mit sich bringen. Sie sagte leise: »Die Chance, die dir hier geboten wird, bekommt unter Tausenden kaum ein junger Mann.«

Ich schwieg, ein wenig irritiert.

Sie fasste nach meiner Hand und daraus entwickelte sich Zärtlichkeit. Wir lagen eng nebeneinander, denn das Bett war schmal.

## Holzhausen

Berni konnte uns mitteilen, dass die Werkstättenräume in Holzhausen derzeit gerade desinfiziert würden, danach wurden sie neu geweißelt – dann waren sie bezugsfertig. Ja, aber wir hatten ja nichts, kein einziges Möbelstück, kein Material, keine Arbeitskräfte. Sicher war nur, dass es grimmig kalt war und dass Weihnachten vor der Tür stand.

Margarete Illhardt machte uns Mut, sie verströmte Zuversicht. Man würde bestimmt bald anfangen können. Sie reiste in Norddeutschland herum, bis hinauf nach Nordhorn, und traf Absprachen über Material, das irgendwann auch einmal geliefert werden sollte. Sie kümmerte sich auch um die Bezugscheine beim Landeswirtschaftsamt. Wenn sie nicht auf Reisen war, diktierte ich ihr täglich, an frühere Kunden, an Lieferanten, an Behörden. Das Arbeiten mit ihr war eine Freude, sie war umsichtig und selbstständig.

Mausi sorgte für das Essen. Auf dem Balkon bewahrte sie ein Holzfass, in das sie Sauerkraut eingelegt hatte. Sie hatte das früher noch nie getan, aber Bernis Großmutter zeigte ihr, wie sie es machen musste. An Sauerkraut hatten wir keinen Mangel. Sonst auch nicht.

Mutter Käthchen gelang es, eine Genehmigung zur Lieferung von Puppen nach Pyrmont zu bekommen, per Bahnfracht, das war wie ein Wunder, unglaublich, dass sie das geschafft hatte, hundert Stück, die wochenlang unterwegs waren – aber nichts war nötiger, nichts half uns mehr.

Endlich bekamen wir auch ein Telefon. Ich kämpfte um Möbel für die Werkstatt und für eine größere Wohnung. Der britische Offizier, der das Holz dazu bewilligen musste, war in Urlaub. Aber es fanden sich Leute, die bereit waren, uns dies und jenes zu vermieten oder zu verkaufen. Frau Illhardt trieb einen Sägemüller auf, der versprach, Holz für die Einrichtung der Werkstätte zu liefern. Stoffmuster kamen ins Haus, wie Festgeschenke begrüßt, manchmal sogar eine Lieferzusage, wenn die Militärregierung Textilien freigab. Die erste Nähmaschine sollten wir im Januar bekommen. So hofften wir, im Februar oder März 1946 mit der Produktion beginnen zu können.

Eduard Hepp aus Wiedenbrück war ein alter Kunde der Mutter, der sich als ihr Freund fühlte. Er betrieb ein kleines Kaufhaus. Heppchen, wie er von uns bald genannt wurde, hatte bei einem Tieffliegerangriff ein Bein verloren, das hinderte ihn aber nicht daran, zu reisen, zu arbeiten, immer und überall da zu sein. Er konnte einfach alles besorgen, vorausgesetzt, dass er Puppen dafür bekam, verrechnet wurde zu Schwarzmarktpreisen, das Pfund Butter kostete fünfhundert Mark – aber das machte nichts, die Puppen waren auf dieser Basis ja auch entsprechend teuer. Er

489

hatte die Erlaubnis, ein Auto zu fahren; vor Weihnachten 1945 reiste er an, schleppte sich die Treppe zu uns hinauf, strahlend, lachend, drei fette Gänse unter dem Arm. Die eine hängten wir auf den Balkon für die Feiertage, die zweite und dritte bekamen Frau Illhardt und Kurt Seemann. Berni hätten wir auch mitversorgt, aber diese bekam ja alles, was sie brauchte, von ihren Patienten vom Land.

Als Weihnachten kam, begingen wir es bewusst als Fest, wir wollten feiern. Weder Mausi noch ich glaubten an Christus als Gottes Sohn, aber die Feier war in der Kruse-Familie so sehr Tradition, dass uns der Gedanke, damit zu brechen, nie gekommen wäre. Wir schmückten den Tisch mit Tannenzweigen, Kerzen und Lametta, tranken zum Gänsebraten Apfelsaft und waren danach so satt, dass wir kaum noch etwas anderes tun mochten.

Am kleinen Baum brannten Kerzen, Mausi spielte auf der berühmten Coronation Strad; wohl selten wurden einem so kostbaren Instrument, von dem die größten Virtuosen träumten, so unsichere Töne entlockt. Aber ich war gerührt.

Um Mitternacht schlüpften wir in die Mäntel und gingen mit Bernis Familie in die katholische Kirche, die so voll war, dass die Menschen dicht gedrängt davorstanden. Wir konnten nur auf der Außentreppe mithören.

Meine Gedanken gingen zurück und sie gingen voraus. Ich flüsterte Mausi zu: »Viel weiter als jetzt kann Deutschland kaum noch sinken, es wird wieder aufwärtsgehen.«

Dann machten wir uns auf den Heimweg. Die Nacht war mild, sogar die Dunkelheit umgab uns sanft und feierlich. Zu Hause zündeten wir noch einmal die Kerzen des Bäumchens an, schauten in die Lichter wie Kinder und nahmen uns in die Arme. Das erste Friedensweihnachten nach sechs schlimmen Jahren, denen sechs andere bitterböse vorausgegangen waren.

## Ein Auto und kein Auto

Es war fast Hochstapelei, zumindest Übermut, dass ich die Zuteilung eines Autos beantragte, für meine Werkstätte, in der noch nicht eine einzige Puppe genäht wurde.

Mausi zweifelte: »Ich glaube nicht, dass du das schaffen wirst! So viele Leute wollen einen Wagen haben, so viele brauchen noch dringender einen als wir, Ärzte, Unternehmer …«

»Mehr als ablehnen kann man es uns nicht.« Ich war aufs Amt gezogen. Ich gab an, ohne ein Fahrzeug sei die Herstellung der Puppen unmöglich. Der Beamte nahm das Papier wortlos entgegen und setzte seinen Stempel darauf, ehe er es einem Kollegen weiterreichte.

Das war nicht das einzige Formular, das ich in diesen Tagen ausfüllen musste. Seitenlang war der Fragebogen, der nach meiner Vergangenheit forschte, von der Geburt über die Schulzeit – ob ich beim Jungvolk mitmarschiert war, bei der Hitlerjugend strammgestanden hatte und Parteigenosse gewesen war. Doch das waren alles nur Chiffren, hinter denen das gelebte Leben nicht sichtbar wurde. Mausi hatte bereits einen Führerschein, ich musste das Autofahren erst noch lernen. Berni bot sich an: »Du kannst mich bei meinen Patientenbesuchen begleiten. Dann lasse ich dich ans Steuer. Den Führerschein musst du natürlich mit einem Fahrlehrer machen. Aber die Stunden bis dahin kannst du dir sparen.«

Es war alles einfach damals; auf den Straßen sah man nur selten ein Auto. Das Lenken fiel mir nicht schwer, doch die Straßen waren übersät von kleinen Trichtern, nichts wurde ausgebessert. Berni hatte Patienten in den abgelegensten Gegenden, auch auf dem Land, da fehlte es nicht an Steigungen, an Kurven – und gewendet werden musste immer wieder, auf kleinen Plätzen, in Garageneinfahrten oder Seitenwegen.

Waren wir in einem Dorf oder auf einem Bauernhof, brachte Berni oft Päckchen mit Wurst mit oder Butter, Eier, auch Hähnchen, deren nackt gerupfte Hälse schlaff aus dem Papier hingen.

Die Ärztin hatte ja viele Mäuler zu stopfen, die Kinder, die Großmutter und Freunde.

Überall waren die Leute damals unterwegs, vor allem die Städ-
ter, um auf dem Land Lebensmittel zu tauschen. Man nannte das
Hamsterfahrten. Man war mit Rucksäcken und Körben ausgerüs-
tet, in denen man all das mitbrachte, was man den Bauern zum
Tausch anbieten wollte. Dabei konnte es sich um Schmuck, Pelze,
Teppiche, Wäsche oder auch um wertvolles Porzellan handeln.

Im Januar erhielt ich ein Auto bewilligt. Ich sprang fast an die
Decke vor Freude. Und es stand nicht nur auf dem Papier, sogar
der Wagen – ein Opel Kadett – wurde in den offenen Schuppen
gebracht, neben dem Haus, neben Bernis Arztauto. Er war dun-
kelblau, eckig, das Wort Stromlinie wäre ein exotisches Fremdwort für ihn gewesen, denn er bestand eigentlich nur aus zwei an-
einandergesetzten Kästen, der niedrigere mit dem Motor vorn,
der höhere Aufbau für die Fahrgäste hinten. Ein Reserverad hing
unverkleidet, nackt, unter der Rückscheibe, einem Rettungsring
ähnlich. Es fehlten nur Deichsel und Ross, dann wäre es eine Pfer-
dedroschke gewesen, vielleicht hundert Jahre alt. Ein schlafender
Kutscher hätte mit hängendem Kopf und zitternder Peitsche in
einer Nebengasse damit warten können, bis er geweckt wurde.
Der Wagen schwankte auf hohen Rädern, die Reifen handschmal,
aber das Profil war griffig. Das Steuerrad stand störrisch hinter der
Windschutzscheibe.

Mausi und ich waren glücklich und stolz. Gewiss, dieses Vehi-
kel stammte wohl aus den frühesten Jahren des Automobilbaus,
aber es war nun unseres, unser eigenes – wir konnten damit fahren –, jedenfalls hofften wir es. Noch war der Wagen nicht zuge-
lassen und nicht einmal fahrtüchtig, es fehlten verschiedene Teile,
aber das würde Margarethe Illhardt gewiss ändern.

Wir nannten das Auto »Lieschen«, weil es so rührend aussah.
Aber eines Morgens stand es ohne Räder da, aufgebockt auf Holz-
klötze. Der Schreck fuhr uns in die Knochen. Ein Diebstahl, kein
Wunder, es konnte ja jeder an den Wagen heran, er stand hier wie
ausgestellt.

»Ihr armen Kinder«, meinte Berni – und fuhr zu einem Patienten. Ich verständigte die Polizei. Es wurde ein Protokoll aufgenommen. Der Traum vom Auto war ausgeträumt, denn dass wir unsere Räder nie wiedersehen würden, war uns klar, und andere Reifen und Räder zu kriegen, noch dazu passende, war fast noch schwerer, als an ein ganzes Auto zu kommen.

Drei Tage waren die Räder verschwunden. Dann ließ Bernis Arztkollege, der im gleichen Hause praktizierte, mich ganz nebenbei wissen: »Ich habe sie abmontiert. Regen Sie sich nicht auf! Ich bin Arzt und brauche die Räder dringend! Nehmen Sie das!« Der hagere Mann reichte mir gönnerhaft eine dicke Zigarre. Ich war so verblüfft, dass ich sie wortlos annahm, mich umdrehte und in meine Stube hinaufging.

»Ins Gesicht hättest du sie ihm werfen sollen«, fauchte Mausi. »So eine Unverschämtheit! Er ist ein Dieb, er hat gestohlen, er gehört in den Knast!«

Ich schwieg. Ich blieb ganz gelassen. In dieser Minute stellte ich zum ersten Mal fest, dass ich unfähig war, mich über rein äußerliche Dinge aufzuregen, Wut, Hass oder sogar nur Ärger zu empfinden. So etwas berührte mein Gefühl nicht. Ich ließ mich in den Lehnstuhl sinken, brummte: »Das Lieschen ist ja so oder so noch nicht fahrbereit«, und zündete mir die Zigarre an. Ich hustete und pustete den Rauch aus. Es schmeckte schwer und herb und kratzte im Hals. Nach all den Schrecken des Krieges, der Zerstörung fast aller Städte, was bedeutete da der Verlust von vier Rädern!

Wir fuhren dieses Auto nie. Lieschen blieb ein Traum. Zunächst setzte es der Arzt durch, dass er die Reifen behalten durfte, dann wurde der Wagen an einen anderen Interessenten vergeben. »Kommen Sie wieder, wenn Sie mit Ihrer Produktion begonnen haben«, wurde mir bedeutet. Ich wehrte mich zwar: »Ich werde nicht beginnen können, wenn es mir nicht möglich ist, Material zu beschaffen und zu transportieren.«

Nach einigen Querelen bewilligte man uns eine Fahrgemeinschaft mit einer anderen kleinen Firma. An zwei Tagen in der Woche stand uns ein Wagen zur Verfügung. Margarete Illhardt und Mausi fuhren müde und verfroren in der Gegend herum. Große Überschwemmungen machten viele Straßen unpassierbar, es gab immer noch keine Brücken und auf vielen Strecken keine Bahnverbindungen, so kam man nur nach stundenlangem Warten mit der Fähre über die Weser.

An den Tagen ohne Auto zogen wir Bernis Leiterwagen zur kahlen, ungeheizten Werkstätte, am Schloss vorbei, die endlose Schillerstraße hinauf bis zur Grießemerstraße 19 im Ortsteil Holzhausen. Dazu brauchten wir mehr als eine halbe Stunde und oft war es bitterkalt. Ich spürte die Anstrengungen der Tage, des Weges, der Nerven. Mein Herz meldete sich mit Schmerzen. Oder war es nur Einbildung? Jedenfalls gab Berni mir Injektionen.

Ich arbeitete in unserem einzigen Raum, der alles war, Arbeitszimmer, Schlafzimmer, Waschzimmer und Esszimmer. Ich diktierte Margarete Illhardt an dem großen Tisch, an dem wir auch aßen, und Mausi stand daneben und schnitt Zwiebeln, bis ihr die Tränen herunterrannen, bis Frau Illhardt auch zu heulen begann, ehe Mausi endlich auf der kleinen Platte zu kochen anfing.

Aber ich war nie ausschließlich Kaufmann. Ich war zweigeteilt und vergaß nicht, dass ich schreiben wollte. Ich dichtete weiter. Freilich floss es nicht mehr so leicht wie früher.

Meine Verse … Meine Mutter teilte mir aus Kösen mit, dass eine Buchhandlung in Leipzig hundert Exemplare meines Gedichtbändchens *Der erste Schritt* bestellt hatte, das ich nach Kriegsende in Kösen drucken ließ, ohne Gedanken an einen Verkauf.

»Aber das bedeutet in der Zeit des Warenmangels doch gar nichts«, meinte Mausi. Sie konnte bei solchen Nachrichten eine gewisse Besorgnis nicht unterdrücken. »Ich hoffe, du wirst nicht wieder umsatteln wollen.«

Ich schüttelte den Kopf.

Ähnliche Andeutungen kamen auch von Käthchen, doch schrieb sie mir trotzdem: »Schlag mich nicht tot, aber ich brauche ein paar Fotos von Dir. Und Du darfst nicht das Fell sträuben. Alle Dichter kämen ohne die Frauen nicht aus, oder glaubst Du etwa, dass diese furchtbar ernsthaften Männer rasendes Interesse an Lyrik haben? Ach, mach Dich nicht lächerlich! – Nein, nein, das wahre Buchpublikum sind wir Frauen! Und bitte überlege Dir ein paar Bilderbuchideen für Puppenbücher, die ich machen möchte. Ich kenne eine so nette Fotografin, Du, die macht fabelhafte Farbfotos.«

Nun, ich dachte nicht daran, den Aufbau der Werkstätte aufzugeben. Er gefiel mir ja und außerdem war ich auch ein Realist. Aber andererseits – dass ich jetzt die Puppenfirma gründete, tat ich schließlich doch nur meiner Mutter zuliebe. Eines Tages kämen sie alle aus der sowjetischen Zone herüber, Käthchen, Fifi und viele Mitarbeiter, dann wären Mausi und ich völlig überflüssig.

So konnte es sein – oder auch nicht. Und was würde ich dann tun? Zum Theater gehen, in die Redaktion einer Zeitung oder als freier Schriftsteller leben? Ich dachte kaum darüber nach. »Man kann die Brücke erst dann überschreiten, wenn man davorsteht«, lautet ein altes chinesisches Sprichwort, an das ich mich hielt.

Der Betrieb kam nur langsam voran. Wir hatten zwar bereits Polsterwatte als Stopfmaterial, einhundert Kilogramm für fünfhundert Mark. Aber Holzwolle war nicht zu bekommen. Ich beschwor die Mutter, zu helfen, Kurt Seemann schlug sich mit langen Listen, was am dringendsten gebraucht wurde, nach Kösen durch: Puppenfußsohlen, Puppenstrümpfchen, Puppenhalbschuhe, Spezialgarn zum Nähen der Körper, Puppenkleider … Leinenzwirn, Nähseide, Druckknöpfe, Haken, Ösen, gut gestopfte Musterbälge … Es nahm kein Ende. Ich schrieb: »Wir werden aufgefressen von der Stadt, fünfhundert Quadratmeter haben wir zur Verfügung, das ist viel, aber die Räume werden uns wieder weggenommen, für Flüchtlinge, wenn wir nicht bald zu arbeiten beginnen. Längstens bis zum ersten März will man noch stillhalten. Bei der Militärregierung fangen sie ebenfalls an, lange

Gesichter zu machen. Ich glaube, dass wir vielleicht überhaupt nur für die britischen Truppen werden arbeiten dürfen, und nicht für die deutschen Kunden. Jedenfalls haben wir die Produktionserlaubnis mit der Einschränkung: ›Für die Militärregierung‹ erhalten. Es fehlt an allem: Nähmaschinen sollen wir aus Bielefeld bekommen. Glühbirnen sind jedoch furchtbar knapp, sie sind kostbarer als Gold. Wir haben nicht eine einzige in der Werkstätte und nur eine in unserem Zimmer, wir tauschen von einer Lampe in die andere. Mit Briefpapier ist es ähnlich. Wir haben mindestens die erste Monatsproduktion an Puppen schon im Voraus versprochen, nur damit wir das nötigste Material und Werkzeuge bekommen. Der Handel funktioniert hier nur nach dem Motto: ›Gibst du mir, so geb ich dir!‹ Am dringendsten ist die Bronzeform der Köpfe, dazu Pappe, Jute und Stoff. Bitte, bitte, schickt uns Puppen, so viel wie möglich!«

Und Margarete Illhardt fütterte einen Hahn und eine Henne, nun hätte sie gern dazu noch vier Hühner gehabt, der Eier wegen, ob Käthchen nicht mit einem Hof befreundet sei …

Die Hühner wurden wirklich beschafft, wenn auch erst im Herbst. Und vier erste Nähmaschinen lieferte Pfaff in Kaiserslautern, im Tausch gegen zehn Puppen. Zunächst schien der Transport gar nicht möglich zu sein, da Kaiserslautern in der französischen Zone lag und die Ausfuhr vom französischen Zoll genehmigt werden musste. Doch Kurt Seemann entdeckte auf dem Fabrikhof einen Lastwagen, der die Maschinen als Beiladung mitnahm – geschmuggelt, ohne Zollkontrolle. Ähnlich ging es mit dem Nähgarn; auf einer seiner Fahrten erfuhr Seemann von der einzigen Nähgarnfabrik, in Hof, die noch Garn hatte. Das Nähgarn wurde gegen Wein, der an der Mosel besorgt wurde, eingetauscht. Und die ersten Stoffballen bekamen wir aus Hamburg gegen Eier.

Briefe nach Kösen dauerten mindestens zwölf Tage, manchmal auch drei Wochen, da war Kurt Seemann immer noch schneller, und vor allem zuverlässiger.

Die Kopfform musste auf offener Flamme erhitzt werden, Gas

hatten wir beantragt, es war uns auch in Aussicht gestellt worden. Wir bedrängten den Installateur, der uns die Leitung legen sollte, einen alten Schmied, der seine düstere Werkstatt nicht weit von unseren Betriebsräumen hatte, eine Rumpelkammer voll Eisen, Ambossen, Metallscheren, Hämmern, Zangen. Der Mann war wie ein Waldschrat. Ich begegnete ihm mit einer Mischung aus Sympathie und Abneigung, denn Berni hatte mich darüber informiert, dass er schon vor der Nazizeit überzeugter Kommunist gewesen war und dafür ins Gefängnis gesteckt worden war. Jetzt saß er für die kommunistische Partei im Stadtrat.

Dann stand Ernst Patting vor unserer Tür, Buchhändler und Freund aus Berliner Tagen, nun war er abgemagert, ein Bild des Elends. Gerade aus der britischen Kriegsgefangenschaft entlassen, besaß er nur seine zerlumpte Uniform. Er wurde verköstigt, verpflegt, ein Zimmer für zwei Nächte wurde gefunden, wo er sich ausruhen konnte, dann wollte er nach Berlin weiterfahren, zu seiner Mutter. Ich gab ihm einen Anzug, sein erstes ziviles Kleidungsstück, es schlotterte um seine hageren Glieder.

Aber Patting, auch Patt genannt, war überglücklich, dass er noch lebte und dass er wieder in Freiheit war. »Du ahnst nicht, wie ich nach Lyrik gehungert habe, all die Jahre«, sagte er, wir saßen am Abend zusammen, Wein gab es wenig, aber wir hatten immerhin eine Flasche, tranken, redeten. Nicht über den Krieg, davon hatte er, wie er sagte, genug. Er fragte nach meinen Gedichten.

Ich antwortete: »Gegenwärtig frisst mich die Firma auf.«

Für die Werkstätte interessierte sich Patt nur am Rande. Das erschien ihm ein Irrweg für mich, bestenfalls ein Umweg. Aber er wusste auch, dass gegen die gegenwärtigen Verhältnisse kein Kraut gewachsen war. Er sprach aber auch von seiner seelischen Situation: »Ich bin ganz zerbrochen. Ich versuche, meine zerfetzten Flügel wieder zu spannen, das zerzauste Gefieder wieder zu glätten. Aber es ist so viel kaputt gemacht worden!«

Der Abend war friedvoll, wir ahnten den Frühling, obwohl der Winter noch herrschte.

Dann reiste Patt wieder ab. Er wollte versuchen, wieder in einer Buchhandlung zu arbeiten, auch wenn es bis dahin noch Jahre dauern würde, denn in Berlin gab es jetzt fast nur Trümmer.

Uns hatten diese Tage mit Sonne verwöhnt, ich lag oft in Pelzdecken auf dem Balkon und fühlte mich wie im Hochgebirge.

Mein ältester Bruder Michel, Doktor der Physik, war gegenwärtig auch ohne Anstellung, sein früherer Chef war von der Militärregierung verhaftet, die Firma aufgelöst, demontiert worden, wie fast alle Fabriken. Niemand wusste, ob er in Deutschland jemals wieder als Physiker arbeiten könnte. Noch drohte uns der vom amerikanischen Finanzminister Morgenthau entwickelte Plan, aus Deutschland ein reines Agrar- und Bauernland zu machen. Um auch Michel zu versorgen, bemühte sich die Mutter um Räume für eine zweite Werkstätte in der damaligen amerikanisch besetzten Zone, also in Süddeutschland. So ergab es sich, dass in Donauwörth eine weitere Werkstätte entstand.

Davon wusste ich zunächst nichts, es hätte mich aber auch kaum berührt. Ich wäre froh gewesen, wenn unser Betrieb in Pyrmont endlich zu arbeiten begonnen hätte. Deutschland als Staat existierte nicht mehr, niemals konnten Familien und Freunde sich schlechter erreichen, auch auf Briefe war noch längst kein Verlass, oft gingen sie verloren, und in der sowjetischen Besatzungszone wurden sie noch dazu zensiert, strenger als in der Nazizeit, wo sie doch von der Geheimen Staatspolizei vernommen worden war, ließ uns Käthchen wissen. Seemann war deshalb fast ständig unterwegs, er war treu, aber er vergaß viel von dem, was ihm mündlich aufgetragen wurde. Unsere Aufregungen und Enttäuschungen rissen nicht ab. Seemann konnte die so dringend benötigte Kopfform nicht mitbringen, es musste erst eine für uns gegossen werden, aber zunächst fehlte der Gips, von der Bronze ganz zu schweigen. Seemann brachte auch die Augenmalerin nicht mit über die grüne Grenze. Die Mutter war der Ansicht, sie könne noch nicht genug, und hatte zusätzlich Zweifel, ob sie der Aufgabe, andere Augenmaler anzulernen, überhaupt gewachsen sei. Außerdem fragte sie, nicht ohne Logik: »Was wollt Ihr mit einer

Augenmalerin, wenn Ihr noch keine Form habt und daher keine Köpfe prägen könnt?«

Immerhin gab es dann doch einen Lichtblick, wenigstens Telegramme wurden wieder befördert. Nun gingen sie, manchmal mehrmals täglich, von Kösen nach Pyrmont und von Pyrmont nach Kösen, Hilferufe, Beruhigungen, Erklärungen, Verweise auf Sendungen, die irgendwie unterwegs waren, meist mit Boten, versuchsweise auch in kleinen Päckchen, als auch diese wieder erlaubt wurden. Käthchen schrieb, dass ihr himmelangst würde, angesichts der Kosten, aber andererseits durfte Geld ja keine Rolle spielen, und es spielte auch kaum eine Rolle, Käthchen rechnete fest mit einer baldigen Währungsreform: »Der Kurswert der Mark wird eines Tages herabgesetzt werden.« Sie erwartete es schon für die nächste Zeit, irgendwann über Nacht. Sie glaubte, dass nur sechzehn oder bestenfalls zwanzig Prozent allen Geldes übrig bleiben würden, eine genaue Vorstellung aber, wie die Maßnahmen aussehen könnten, hatte sie auch nicht, die hatte keiner. Auf jeden Fall sollte der Schwarzhandel ausgeschaltet werden. Sie riet uns: »Was man sofort noch kaufen und bezahlen kann, soll man kaufen.«

### Kapitän Navarra

Irgendwie konnte sie die Schwierigkeiten, eine neue Kopfform gießen zu lassen, überwinden. Und eines Tages stand Kapitän Navarra in ihrer Kösener Puppenwerkstätte. Der Kapitän war schneidig, elegant, ein tschechischer Offizier. Es war Anfang März 1946 und der Frühling kündigte sich an, die Sonne schien schräg ins Büro. Vielleicht kündigte sich auch Hoffnung an. Einmal musste es ja wieder aufwärtsgehen. Käthchen war nicht nur eine Meisterin der Menschenbehandlung, sie war auch eine Meisterin im Hoffen. Kapitän Navarra nun – er redete gern, er gab sich begeistert von den Puppen, gewann ihr Herz und darauf auch ihr Vertrauen, ein wenig großspurig war er auch, er berichtete, dass er in Bonn stationiert sei, dass er aber dank seines Militärpasses alle Zonen bereisen und alle Grenzen passieren könne.

Sie ging gleich darauf ein, fragte, ob er helfen könne, Material für ihr Maxl … Er bot sich an, er vermöchte viel.

Sie fragte: »Können Sie wirklich mit einem Auto über die Grenze in die englische oder in die amerikanische Zone fahren?«

»Das ist kein Problem!«

»Und Sie bekommen Benzin, die Fahrerlaubnis?«

»Gar keine Frage!«

»Und Sie meinen, dass Sie etwas mit hinübernehmen könnten zu meinem Sohn?«

»Sicher, wenn es keine Waffen sind. Allerdings, mein Wagen ist kaputt. Ich müsste versuchen, einen anderen zu bekommen.«

»Warten Sie«, rief Käthchen und führte ihn über den Hof, am Nussbaum vorbei zur Wellblechgarage. Das Tor wurde aufgeschlossen, da stand Jonathan, das zweisitzige Opel-Kabriolett mit der langen Kühlerhaube und dem hochklappbaren Rücksitz. Zwar hatte sie den Wagen mausgrau umspritzen lassen, denn er war ihr in seinem glänzenden Blaugrün zu elegant, zu aufreizend erschienen, so musste er den Russen ja ins Auge stechen. Wagen wurden tagtäglich beschlagnahmt, sogar auf offener Straße.

Nun – der Jonathan war auch in stumpfem Mausgrau immer noch bildschön, für einen jungen Mann mehr als begehrenswert. Das Auto unterschied sich weit von all den alten, ramponierten Vehikeln, die auf den Straßen zu sehen waren – und es waren außerdem wenig genug, sogar sowjetische Militärfahrzeuge waren selten, da war die Auswahl nicht groß. »Wäre Ihnen dieser recht?«, fragte Käthchen.

Kapitän Navarra war entzückt, aber er hielt mit seiner Begeisterung zurück. »Das ginge«, meinte er gleichgültig.

»Ich lasse ein paar Pakete packen. Und da wäre noch eine Kopfform, wirklich nur eine kleine Kiste …«

Der Kapitän versprach, alles in den Westen mitzunehmen, die Pakete mit Puppen, mit Material und die Bronzeform für den Kopf der Puppe XII. Er müsse, sagte er, allerdings über Bonn fahren, aus dienstlichen Gründen, danach wolle er die Sachen sofort nach Bad Pyrmont bringen, es könne sich nur um wenige Tage handeln. Er schrieb der Mutter seine Adresse auf.

Käthchen fiel dem Kapitän um den Hals. Er fühlte sich ein wenig geniert, aber sie war froh, ihr war der sprichwörtliche Stein vom Herzen gefallen.

Sie diktierte einen drei Seiten langen Brief an mich, an ihren Herzensmaxl und an seine Mausi. Sie gab ihn dem Kapitän ins Gepäck, so würden ihn die Kinder ja gleich haben, schneller als mit der Post, dachte sie.

Kapitän Navarra bekam wirklich Benzin, unter welchem Vorwand auch immer. Am nächsten Morgen wurde das Tor geöffnet und Kapitän Navarra brauste aus dem Werkstättenhof. Käthchen sah ihm glücklich nach. Nun würde unsere Werkstätte in Pyrmont endlich Puppenköpfe prägen können, nun konnte sie auch die Augenmalerin zu uns senden. Kapitän Navarra überquerte die Saalebrücke, heiter fuhr er durch Thüringen, das den frühen März atmete. Er überquerte die Grenze, wo man seine Papiere kontrollierte, hüben wie drüben, und ihn passieren ließ, hüben wie drüben. Dann dachte er, dass es schön sein müsse, jetzt durch das Rheintal zu fahren, die Verwüstungen sah er nicht, er fühlte seine Freiheit und dass die Welt ihm gehörte. Er erreichte Bonn, verschob seine Fahrt nach Pyrmont, lud die Pakete und die Kopfform in seiner Wohnung aus, verschloss sie – und genoss die Zeit.

Die Lage war prekär geworden, die Stadt wollte nicht länger warten und hatte uns mehrfach die Beschlagnahme der Betriebsräume angedroht.

Wir warteten drei, wir warteten fünf Tage. Wir wagten uns nicht mehr aus dem Haus, einer musste immer daheimbleiben. Es wäre schlimm gewesen, wenn Kapitän Navarra niemand angetroffen hätte und wieder umgedreht wäre.

Nach einer Woche begannen wir unruhig zu werden. Die Mutter fragte telegrafisch, mahnte zur Geduld, wurde aber auch zunehmend unsicherer. Sie gab uns des Kapitäns Bonner Adresse durch, schickte selbst Telegramme nach Bonn, mehr als eines.

Sie schrieb Briefe an den Kapitän, aber wann sollten die ankommen?

Eines Morgens kam die Nachricht, dass wir unsere Räume für die Puppenherstellung in vier Wochen zu verlassen hätten. Ich fühlte den Boden unter mir wanken. Ich setzte alle Hebel in Bewegung, eilte vergeblich zu unserem Rechtsanwalt, auch Bernie konnte nichts mehr für uns tun. »Ihr hättet eben längst mit der Herstellung beginnen müssen.«

Es folgten schlaflose Nächte, schwarze Ringe unter den Augen, Nervosität, zitternde Hände. Mausi rauchte Unmengen von Zigaretten, obwohl unser Mädchen Gretl, das seit kurzer Zeit für uns kochte, sie anflehte, es nicht zu tun, mit der Begründung: »Ich kann für zwanzig Zigaretten zwölf Eier bekommen!« Kein schlechter Tausch, er half uns sehr, oft machte Mausi gute Miene zum für sie bösen Spiel. Sie befand sich in einer Art Weltuntergangsstimmung.

Meine Mutter in Kösen nahm es relativ gelassen: »Lasst sie« – sie meinte die Stadt – »euch den Buckel runterrutschen. Stellt ihnen den Raum wieder zur Verfügung und lagert ein, was ihr an Material behalten könnt, wie zum Beispiel die Spindelpresse und dergleichen. Und dann haut ab, geht gen Süden und lebt irgendwo in einem kleinen Häuschen oder auch nur in zwei Stuben und wartet ab. Vielleicht kommen wir später alle irgendwo anders zusammen. Denn wenn sich die Verhältnisse hier so weiterentwickeln, sehe ich für die hiesige Werkstätte keine Chance mehr. Wenn es so weitergeht, kommt hier eine Armut und eine Arbeitslosigkeit, dass wir kaum noch lebensfähig sein werden. Freilich, das alles ist nicht leicht und der Weggang von hier wäre ein furchtbar schwerer Entschluss.«

Ich bewunderte ihre Ruhe. Etwas besser wurde es, als es mir gelang, drei andere kleine Räume für den Notfall zu finden. Aber ein Ersatz für die große Werkstätte, die uns nun, da wir sie wieder hergeben mussten, ganz wunderbar erschien, war das nicht.

Ich bat Kurt Seemann, nach Bonn zu reisen. »Holen Sie uns wenigstens die Form!« Der treue Bote fuhr und stand vor Kapitän Navarras verschlossener Wohnung. Kurt Seemann wollte sich vergewissern, ob er auch wirklich an der richtigen Adresse sei. Er fragte die Nachbarinnen, ob ihnen so ein eleganter Wagen, ein zweisitziges Opel Kabriolett, bekannt sei. Er erzählte, wer es dem Kapitän ausgeliehen hatte. Den Nachbarinnen war Käthe Kruse bekannt. Der Kapitän wäre sicher ein Hallodri, meinten sie.

Kurt Seemann wartete drei Tage, dann reiste er unverrichteter Dinge wieder ab. Er hinterließ nur eine Nachricht für den Kapitän.

Als dieser von einem Ausflug aus dem schon frühlingshaften Heidelberg zurückkehrte, vergnügt, gelöst, wurden ihm Kurt Seemanns Recherchen gemeldet. Er empfand das als Schnüffelei und schäumte. Verdächtigte man ihn etwa, den Wagen gestohlen zu haben? Man solle ihn kennenlernen.

Wir lernten ihn kennen. Er kam nicht zu uns. Käthchen überlegte, ob sie uns eine andere Kopfform, ihre eigene, abgeben könne. Aber auch sie selbst hatte nur jeweils eine Form für jedes Modell, sie hätte in ihrer eigenen Produktion gefehlt, aber immerhin, es blieb vielleicht keine andere Wahl und sie musste versuchen, in Berlin Ersatz anfertigen zu lassen – dieselbe Mühe, dieselben Aufregungen und Kosten noch ein zweites Mal.

Auf dem Höhepunkt der Erregung erschien Kapitän Navarra in Pyrmont. Zornbebend stieg er die Treppe empor. Wir, diese Kinder, könnten was erleben! So etwas ließ er sich nicht bieten, und wir sollten Gott danken, dass er ein so anständiger Mensch war. Ein anderer hätte Form und Material vielleicht in den Rhein geworfen und sich nie mehr sehen lassen. Was hätten wir dann wohl getan? Und unerhört, wie sich Herr Seemann in Bonn aufgeführt hatte! Die Leute hatten ihn, Kapitän Navarra, ja angeschaut wie einen Dieb.

Mausi atmete tief durch. Die Form war da! Sie entsann sich geistesgegenwärtig der lebensklugen Ratschläge ihrer Schwiegermutter. Nicht gerade, dass sie Kapitän Navarra um den Hals gefallen wäre, dazu war sie zu jung und zu hübsch, er hätte es missverstehen können, aber mit Worten tat sie es. Sie dankte ihm überschwänglich, sie erklärte unsere Lage hier ... Die Stadt ... Die Beschlagnahme der Räume ... Aber jetzt war ja alles vorbei und vergessen. Sie wickelte ihn kunstgerecht ein, sie erklärte alles zum Missverständnis, das niemand mehr bedauerte als wir beide. Kaffee? Unsere Gretl kochte Kaffee, wir hatten sogar echten Bohnenkaffee, eine Kostbarkeit, es war zwar der letzte, aber was machte das. Man saß sich nun gegenüber, der Kapitän war lange gefahren, er klagte – ein Rückzugsgefecht – über den Wagen, der seine Mucken habe, man trank danach auch ein Glas Wein, der Kapitän, der so wütend gekommen war, fuhr versöhnt wieder ab, versprach sogar wiederzukommen. Dann wollte er den Wagen bringen und ihn bei uns lassen.

Er kam nie, wir hörten nie wieder etwas von ihm. Käthchen schrieb ihm mehrere seitenlange Briefe, voll Herzlichkeit. Bis in den Frühsommer hinein tat sie es. Da hatte ich ihr längst mitgeteilt, dass ich den Jonathan wahrscheinlich gar nicht fahren könne. Denn einerseits brauche der Wagen viel zu viel Benzin, andererseits machten die Tommys – die Briten – auch auf die einfachsten Autos Jagd. Jeder deutsche Wagen wurde auf der Straße angehalten, und wenn er gefiel, hieß es: »Aussteigen!«, egal, ob die Papiere in Ordnung waren oder nicht.

Das wollte die Mutter zwar nicht so recht glauben, sie war überzeugt von der Korrektheit der Briten, die doch Erfahrung in ihren Kolonien gesammelt hätten, und wir wären nun einmal so etwas wie eine britische Kolonie geworden. Dagegen wäre für die Amerikaner die jetzige Situation ganz neu und sie benähmen sich manchmal wie Kinder ...

Sie irrte sich. Der Jonathan blieb verschollen, Kapitän Navarra auch. Schließlich war es nicht mehr so schlimm in diesen Zeiten, in denen nichts an seinem gesicherten Platz stand. Es ergab sich, wie durch ein Wunder, dass wir unsere Räume doch behalten konnten.

Und wir hatten das allernotwendigste Material zusammen. Mausi konnte endlich damit beginnen, die erste Mitarbeiterin zum Zuschneiden anzulernen. Mithilfe einiger Möbelstücke, die wir in die Werkstättenräume stellen konnten, Stühle und Tische, erklärten wir einen Raum großspurig zur »Stopferei«. Das Licht, das durch die Fenster kam, war hell und freundlich, hinter dem Haus erstreckten sich Wiesen. Da nähten die ersten Frauen Körper und stopften die Bälge, noch mit Holzwolle, weil Tierhaare, schon gar Haare von Rentieren, nicht aufzutreiben waren. Aber ich fand sie dennoch bereits erstaunlich gelungen, trotz zu dünnen Nessels, trotz noch ungeschickter Körperformen.

Nun war sogar die Kopfform da, Kurt Seemann setzte die Presse in Betrieb. Die schweren Gewichte drehten sich an der Stange über seinem gebeugten Haupt, die Spindel drückte den Eisenblock herab, auf die Form, die an Gasflammen erhitzt worden war, Wasser, Stärke und Leim zischten, Dampf stieg über den Bronzeteilen auf, Wangen, Mund, Nase, Ohren und Hals entstanden.

Mausi hielt den ersten Puppenkopf in der Hand.

Mit der Augenmalerin hatten wir Pech. Sie konnte sich bei uns nicht einfügen. Alles musste so sein, wie es in Kösen gewesen war, die Hocker genauso rund, die Staffelei genauso gerade, die Farben nur von Schmincke, alles wie in Kösen … Wir hörten es dauernd und begannen, Kösen zu verfluchen. Außerdem schaffte sie nicht im Entferntesten die Anzahl Augen, die vorgesehen war. Ein Dutzend Köpfe hätte sie am Tag malen sollen, herzlich blickend, mit Lichtflecken, mit liebem Ausdruck, dabei aber nicht neckisch, sondern immer verträumt, fast etwas ernst … Ihr gelang diese Menge nie.

## Die Nachtigall

Ganz wollte ich das Schreiben aber nie aufgeben. So lag es auf der Linie meiner zweigleisigen Lebensplanung, dass ich die Mutter teilhaben ließ an meiner literarischen Arbeit. Ich lud Erna Meyer-Bremen und deren Gatten, den Bassbuffo der Hamburger Staatsoper, an einem Abend zu uns, in die kleine Stube in der Schlossstraße, unter die einzige, ausdauernde Glühbirne. Mausi hatte für einen kleinen Imbiss gesorgt, zwei Flaschen Rheinwein waren aufgetrieben worden, Käthchen war voller Erwartung. Die Stimmung war aufgeräumt, heiter, harmonisch, als man zum eigentlichen Vorhaben kam. Meyer-Bremens und ich lasen mein dramatisches Märchen *Die Nachtigall* mit verteilten Rollen. Da war es kein Wunder, dass der gekonnte Vortrag der beiden Meyer-Bremens seine Wirkung auf Käthchen nicht verfehlte, sodass sie feuchte Augen bekam, ein wenig vielleicht auch vom Wein belebt, und ihrem Liebling, als sich Prinzessin und Dichter in die Arme gesunken waren und der Kaiser ergriffen ausrief:

»Stützt euern alten Vater, in die Hände
der Liebe leg ich mich, sie bringt die Wende!«

einen Kuss auf die Wange gab – mehr wollte ich, selbst tief ergriffen und verlegen, nicht dulden – und ausrief: »Sehr schön, mein Herzblatt, wunderschön!«

Dann überlegte sie, wem sie das Stück zeigen, wem zur Aufführung anbieten könnte. Sie kannte den führenden Schauspieler der Münchner Kammerspiele, Friedrich Domin, den sie mit mir als König Philipp II. in Schillers *Don Carlos* bewundert hatte. Sie schätzte ihn, wechselte Briefe mit ihm und hielt ihn daher für ihren Freund. Noch befanden sich die Theater zwar in schwierigem Aufbau, aber vielleicht in einiger Zeit … Ich lehnte jede Unterstützung durch sie energisch ab. Ich wollte es allein schaffen, mich allein durchsetzen.

Als Käthchen abgereist war und ihre glückliche Ankunft in Kösen melden konnte, dankte sie uns »tausendmal für alles. Es war so schön. Es ist viel Licht und Sonne in meinen Erinnerungen an Euch und viel Grün und Blüten und Wiesenwege. An Mausis Fleiß und an ihre Mühe und auch an die Resultate denke ich mit Dank und Rührung zurück. Relativ ist alles wunderbar und mehr als Relatives gibt es gemeinhin nicht im Leben. Bei uns ist die Lage weiterhin schlimm und wird immer schlimmer. Das Volk wird mit anderen Schlagworten wieder genauso dumm gemacht wie unter den Nazis. Das alles ist unendlich viel besser bei Euch.

Aber so lange hoffe ich noch zu leben, um über diese schwere Krisenzeit hinwegsteuern zu können.«

Der September kam, der schöne Monat, mit goldgelbem Licht, durchleuchteten Bäumen, die sich zu färben begannen. Warme Töne.

Ich empfand Glück. Es war auch Stolz dabei. »Deutscher Autoren-Verband Hannover« nannte sich die Vereinigung, die in diesen Tagen ins Leben gerufen wurde. Für mich war es ein Hoffnungsschimmer, wie wenn sich wieder eine Tür öffnete, in das andere Leben, das mein eigentliches Leben war. In Pyrmont, im kleinen Theatersaal, wurde die Gründung gefeiert. Es sollten Gedichte von vier Autoren gelesen werden, von einem Mädchen und von drei jungen Männern. Ich war dabei. Es gab die üblichen Querelen, die Vorbereitungen waren derart aufreibend, ein ständiges Hin und Her, Eifersüchteleien, gekränkte Eitelkeiten, Schwierigkeiten mit der Lizenz der Militärregierung, Schwierigkeiten mit der Mietung des Raumes, dass ich nahe daran war, alles hinzuwerfen.

Noch Tage danach ging ich innerlich erhöht, wie schwebend, ich glaubte, es sei nun ein Stein ins Rollen gekommen, der Stein meines Ruhmes, nun konnte man mich nicht mehr aufhalten und mein Weg in die Öffentlichkeit würde »mit der Gewalt einer Lawine« vor sich gehen – so geschwollen drückte ich mich brieflich, wenn auch selbstironisch, aus. Freilich, in Wahrheit ging ich schon bald wieder im Joch der Büroarbeit, da überdeckten die Anforderungen des Tages, die Briefe, die Diktate, die Entscheidungen, die zu treffen waren, alles. Die halbe Belegschaft fehlte, die meisten aus Unterernährung, der Mangel war groß, Suppen wurden aus irgendwelchen Wildkräutern gekocht, Bratkartoffeln briet man aus Kartoffelschalen, statt Zucker nahm man Saccharin. Ein Reichtum waren schon Trockenmilch und Trockeneipulver. Viele waren krank, auch Frau Illhardt, die gleichzeitig ihren Urlaub nahm. Dazu war die gesamte Puppenproduktion für die britische Militärregierung beschlagnahmt worden.

In diesen Tagen mussten wir unser kleines Zimmer bei Berni räumen, das war aber kein Unglück, wir hatten nun eine kleine Wohnung direkt über unserer Werkstätte in Holzhausen. Es gelang uns, Möbel zu erwerben, das schönste Stück ein weißer Schafwollteppich, handgewebt, kam von einer Freundin der Mutter, einer Handweberin aus Oberbayern, dazu zwei Sessel und ein Sofa, in graubraunem Stoffimitat aus Papier. Es glänzte und war hart – und doch! Davor ein runder Tisch. Und für fünfundzwanzig Mark im Monat mietete ich ein Klavier aus Hannover. Mausis Geigen wurden im Schrank verwahrt, einige Möbel kamen aus Stuttgart von ihrer Mutter, mit den richtigen Begleitpapieren und mit guten Begründungen waren solche Transporte seit Kurzem wieder möglich.

Geheizt wurde mit einem eisernen Ofen.

Die Firma begann zu blühen. Es war zwar 1946 und 1947 immer noch schwer, Arbeitskräfte zu finden, aber das Punktesystem, das ich eingeführt hatte, half, es sprach sich herum, dass man neben dem Geld, das wenig wert war, auch in Waren entlohnt werden konnte. Das war zwar nicht legal, die Militärregierung hatte ausdrücklich angeordnet, alle Löhne in Geld auszuzahlen. Nun, das taten wir auch, die Punkte gab es nur zusätzlich.

Die Augenmalerin blieb unser größtes Problem, aber wir fanden zwei begabte Männer, die ihre Kollegin nicht nur in der Anzahl – je ein Dutzend pro Tag –, sondern auch im Ausdruck übertrafen, im geschwungenen Lid, in der runden braunen oder blauen Iris, der dunklen Pupille, den winzigen Lichtflecken, dem schmollenden Mäulchen.

Anstelle von Kurt Seemann presste nun ein stiller Kriegsteilnehmer die Puppenköpfe. Kurt Seemann hatte eine andere Stellung angenommen, die mehr zu seinen Fähigkeiten passte, wir hatten uns in Freundschaft getrennt.

Mausi war zuständig für die Fertigung, ich für das Kaufmännische, aber ich begutachtete auch jedes fertige Modell, wenn es auf den Regalen bereitstand. Margarete Illhardt war Sekretärin, Einkäuferin, Verkäuferin, Vertreterin, Buchhalterin. Sie kannte Gustav Grödeke aus Hannover, der nun in Abständen erschien, seines Zeichens Steuerberater. Er erstellte zum Jahresende die Bilanz, ein schwergewichtiger Mann, der dicke Zigarren rauchte. Wenn er im kleinen Büro arbeitete, war der Raum fast ausgefüllt. Hier beschwor er mich, angesichts der immer nur roten Zahlen: »Ein Unternehmen muss Gewinn machen!«

Ich antwortete: »Ach, lieber Herr Grödecke, in diesen Zeiten ist Gewinn doch nicht wichtig.«

»Richtig. Aber denken Sie auch an die Zukunft. Ich bin hoffnungsvoll, bald werden die amerikanische und die britische Zone zu einem Wirtschaftsgebiet vereinigt werden und das wird der erste Schritt zur wirtschaftlichen Einheit Deutschlands sein. Sehr bald schon bekommen wir eine Währungsreform. Dann muss Ihr Betrieb auf gesunden Füßen stehen. Sie haben doch kein eigenes Kapital, kaum Werkzeuge, keine Maschinen.«

»Ja, bis dahin aber spiegelt sich das eigentliche Geschäft nicht in der Bilanz wider. Es läuft nebenher, Tauschgeschäfte, Kompensation. Was durch die Bücher geht, ist nur der Kaffeesatz, das Getränk wird ganz woanders gebraut und getrunken.«

Gustav Grödecke runzelte die Stirn, aber wir saßen gern nach der Arbeit zusammen und schwatzten. Er schwärmte für Richard Wagner, er wünschte sich glühend, bald zu den Festspielen nach Bayreuth fahren zu können. Gegenwärtig war Wagners Musik in Deutschland tabu, ich weiß nicht, ob sie verboten war, jedenfalls wurde sie nicht gespielt, Hitler hatte Bayreuth und Winifred Wagner zu offenkundig geschätzt – und sie ihn.


*Berlin*


Ich ging regelmäßig in die Gesangstunde. Erna Meyer-Bremen rang oft die Hände: »Singen muss Freude sein«, rief sie mir vom Klavier aus zu, »singen müssen Sie fast wie ein Kind, allerdings mit mehr Verstand und Können. Singen ist die natürlichste Sache der Welt. Kunst ist das Einzige, was nie enttäuschen wird!«

Da hatte sie recht, aber Kunst ohne Begabung gibt es nicht. Ich stützte die Atemsäule mit dem Zwerchfell, es beglückte mich und kräftigte mich. Jedes Mal wenn ich nach der Stunde wieder ins Freie trat, hätte ich die ganze Welt umarmen mögen. Aber ich wusste dennoch, dass es zum Sänger nicht reichte.

Klavierunterricht nahm ich auch weiter. Die Pianistin Dora Pein, genannt Dorette, wurde zu unserer liebsten Pyrmonter Freundin. Sie gab mir Chopins Briefe zu lesen, erzählte mir von seinem Winteraufenthalt auf Mallorca mit der Dichterin George Sand, von seiner Liebe und von seiner Lungenkrankheit.

Und natürlich las ich. Der Rowohlt Verlag kam auf die grandiose Idee, literarische Werke auf Zeitungspapier zu drucken. Ich kaufte alle, sofort, denn diese »Rotations-Romane«, die sich später zu den rororo-Taschenbüchern entwickelten, waren rasch ausverkauft. Der Buchhändler am Brunnenplatz legte mir die Hefte zurück. Hemingway, Tucholsky und John Steinbeck. Ich las und las, bewunderte und fragte mich, ob ich jemals etwas Ähnliches schaffen könne. Aber noch war ich ja jung, alles lag noch vor mir und vielleicht war es ja wirklich so, dass der Geist reift, auch wenn er mit ganz anderem beschäftigt ist.

Oft besuchten wir Dorette abends, es war ein langer Weg von Holzhausen bis in die Bahnhofstraße, und nun wurde es schon früh dunkel. Aber Mausi und ich nahmen den Marsch unverdrossen auf uns. Dorette bewohnte eine winzige Dachstube mit schrägen Wänden, fast ganz ausgefüllt vom großen Flügel. Da hatte nur ihr Bett noch Platz, es diente als einzige Sitzgelegenheit, davor stand der runde Tisch mit dem dominierenden Aschenbecher und zwei Stühle.

Waren wir die steile Holztreppe hinaufgekeucht, saßen wir beim mitgebrachten Wein, rauchten die mitgebrachten Zigaretten, flohen aus der Wirklichkeit und verstiegen uns in philosophische Höhen.

Noch einmal kam Käthchen nach Pyrmont, es war schon Spätherbst 1946, und sie benutzte den Omnibus, der dreimal in der Woche früh um 6 Uhr 30 in Berlin abfuhr und Hannover nach sechs Stunden erreichte. Man brauchte dazu einen Interzonenpass. Wir holten sie in Hannover ab, nun in einem eigenen Auto, das wir wenige Tage zuvor bekommen hatten. Es war ein uralter Ford, der mit einem Holzgasgenerator betrieben wurde, denn Benzin bekamen wir nicht. Es war ein Ungetüm mit einem riesigen schwarzen runden Ofen hinten links, der ständig qualmte. Wir nahmen damals das Ende des Ölzeitalters vorweg und fuhren mit »erneuerbaren Energien«. Weder ich noch gar Mausi konnten mit diesem Hexenkessel umgehen, weshalb wir einen Chauffeur engagiert hatten, ein Faktotum namens Wischermann. Immer wieder blieb das Fahrzeug stehen, dann stieg Wischermann aus, kletterte hinten auf einen Tritt, öffnete den Deckel, der höher lag, als das Auto hoch war, wobei der Qualm in dichten Schwaden emporstieg und einen durchdringenden Geruch nach heißem Teer verströmte, und stocherte mit einer Eisenstange in den glühenden Holzstücken, von denen er mehrere Säcke in Reserve auf dem Wagendach mitführte.

Käthchen fand es trotzdem wunderbar. Irgendwie sei es doch wieder ein Fortschritt und die Unabhängigkeit vom Benzin wäre doch ein Segen. Holz läge ja überall herum, meinte sie. Sie bewunderte auch unsere neue Wohnung in Holzhausen, schlief im Wohnzimmer; da sie klein war, reichte ihr das aus gewebten Packpapierschnüren bezogene Sofa.

Dann saßen wir am runden Tisch und Käthchen erzählte: »Mein Kopf ist ganz voll von Eindrücken, Beobachtungen und Fragen, du lieber Gott. Bei uns in Kösen ist die Produktion zwar nicht beschlagnahmt worden, aber sie stirbt langsam. Neues Material wird uns so gut wie nie bewilligt. Carl Zeiss in Jena wird bereits ganz abgebaut.«

»Dann könnt Ihr ja nicht mehr lange bleiben.«

»Wir warten auf ein Wunder. Die Reise nach Berlin war jedenfalls interessant. Es läuft möglicherweise alles darauf hinaus, dass ich so allmählich an eine Teilverlegung in die eine oder andere

Zone von Berlin werde denken müssen, um dann auch für die amerikanische oder englische Zone arbeiten zu können, die das Material bewilligen würde. Aber alles fließt, ich weiß noch gar nichts, habe nur den Kopf voll, und so unglücklich ich in Berlin auch war angesichts der erschütternden Verwüstungen, so herrscht eben doch eine ganz andere Luft dort, in der interalliierten Zone. Und das ist so wohltuend! Man kann an jedem Zeitungsstand jede Zeitung bekommen. Man ist nicht so ausgegrenzt wie in Kösen.«

Also Berlin? Mausi und ich schauten uns stumm an. Je länger wir unsere kleine Werkstätte in Pyrmont allein betrieben, umso mehr betrachteten wir sie auch als die unsere. Wir machten uns Gedanken. Hieß das nun, Käthchen würde Kösen bald aufgeben und in den Westen kommen? Berlin war sicher nur eine Zwischenstation, und so viele Werkstätten in Westdeutschland konnten kaum nebeneinander existieren. Sollten die Betriebe dann etwa zusammengelegt werden? Käthchen inspizierte die Produktion. Es gab Querelen wegen fünfhundert Puppenkleidchen, die ich auswärts hatte nähen lassen, weil unsere Näherei es nicht mehr schaffte. Doch sie gefielen ihr nicht. Ich dachte an Gustav Grödeckes Ermahnung, ein Betrieb müsse Gewinn machen. Die Kleidchen hatten fünftausend Mark gekostet, die konnte ich doch nicht zum Fenster hinauswerfen.

Der Mutter waren die fünftausend Mark egal. Mausi vermittelte. Sie kam auf die Idee, vor die blau karierten Kleider rote Schürzchen zu binden. Die mussten zwar auch erst genäht werden, dazu ein rotes Kopftuch auf die Haare – es wurde probiert und gesteckt – und alle waren zufrieden.

Käthchen sagte zu Mausi: »Ich reise froh wieder ab. Ich glaube, ihr habt das Schlimmste überstanden. Nur auf die Händchen musst du achten, sie müssen kurz und rund sein. Aber die Augen waren nun gut und ich bin im Ganzen zufrieden mit den Puppen, sie sind hübsch. Und alle Mitarbeiter habe ich gelobt und nur dich noch nicht, und dabei lebt doch sogar Gott davon, dass man ihn anerkennt, wie viel mehr der Mensch.«

Es wurde Herbst. Ein Ereignis erschütterte die kleine Werkstätte. Eine Puppe fehlte. Es gab keinen Zweifel, sie war gestohlen worden, nicht nur das, man hatte den Dieb beobachtet. Nun kam es heraus. Ich hätte lieber auf die Puppe verzichtet. Denn der Dieb war ein Heimkehrer, ein Kriegsversehrter, der nur noch ein Bein hatte, er hieß Hans Wudy, ging an Krücken und hatte bei uns eine Beschäftigung als Maler für Puppenköpfe gefunden. Er grundierte die Köpfchen in Fleischfarbe, eine ganz einfache Arbeit. Wir kannten seine Geschichte, er war ein zerstörter Mensch, vom Krieg zerbrochen. Als er eines Tages unverhofft bei seiner Familie wieder aufgetaucht war, hatte er den Platz bei seiner Frau besetzt gefunden. Ein cleverer Vertreter hatte ihn eingenommen, ein Mann, der auf dem Schwarzmarkt mit allem handelte, was er bekommen konnte, ein gesunder Kerl mit geraden Gliedern. Ungebrochen auch in der Seele, hatte er sich gut über den Krieg gebracht. Wudys Familie ging es durch ihn jetzt nicht schlecht. Keiner liebte ihn, nicht einmal die Tochter, die, im ersten Kriegsjahr gezeugt, den Vater kaum kannte und sich an den neuen Onkel, der viel verschaffen konnte, gewöhnt hatte.

Ihr hatte er Liebe schenken wollen, von ihr hatte er sich Liebe erhofft.

Was sollte ich nun tun? Da die Sache bekannt war, konnte ich sie nicht auf sich beruhen lassen. Das hätte einen Präzedenzfall geschaffen und dem Diebstahl Tür und Tor geöffnet. Schließlich hatte jeder Mitarbeiter entweder selbst Kinder oder die Verwandten und Freunde.

Ich bat Hans Wudy zu mir ins kleine Büro. Der stille Mann humpelte herein und ließ sich, die beiden Krücken unter einem Arm, den kurzen Beinstumpf vor sich, auf einem Stuhl nieder.

»Ach, Wudy«, sagte ich. »Es tut mir ja leid, aber Sie müssen die Puppe zurückbringen. Von einer Anzeige will ich absehen. Sie wissen doch, dass unsere Produktion von den Briten beschlagnahmt ist. Die wenigen Stück, die mir ausnahmsweise freigegeben werden, brauche ich alle für unsere Kunden. Ich bekomme sonst kein Material mehr. Verstehen Sie das?«

»Schon«, murmelte Wudy. Er blickte zu Boden.

Ich spürte das ganze Elend dieses Mannes, der alles verloren hatte, die Heimat, die Familie, den Glauben an seinen Führer. Ich hätte ihm die Puppe gern gegeben, ich hätte sie ihm sogar geschenkt, aber ich konnte es nicht. Ich blickte ihn bittend an: »Noch einmal, bringen Sie die Puppe zurück!«

»Nein«, murmelte er.

»Nein?« Meine Enttäuschung war groß.

»Das tu ich meiner Kleinen nicht an. Sie hat sich so gefreut. Nu ist die Puppe ihr Kind, und ein Kind nimmt man der Mutter nicht weg.«

Ich glaubte, Käthchen zu hören. Ich hätte sie mir hergewünscht, ich ahnte, wie sie entschieden hätte. Sie hätte die Schwierigkeiten mit unseren anderen Mitarbeitern in Kauf genommen und Wudy die Puppe geschenkt.

Ich sagte: »Dann weiß ich mir keinen anderen Rat, als dass Sie die Puppe bezahlen. Aber ich muss Sie trotzdem entlassen, um keinen Präzedenzfall zu schaffen, so leid es mir tut.«

Wudy nickte. »Es ist recht«, murmelte er. »Und ich dank auch ...«

Mausi und ich sprachen lange über diese Sache; auch sie wäre lieber ihrem Herzen gefolgt. Ich bat die Mitarbeiter am Abend, noch einige Minuten zu bleiben, und erklärte ihnen meine Entscheidung, warb um Verständnis dafür, dass ich ihm in diesem einen Fall die Puppe gelassen hatte. Aber wenn es wieder vorkäme, müsste ich es der Polizei und der Militärregierung melden. Für sie sei es eben doch ein Diebstahl gewesen.

Man verstand und wir gingen still auseinander.

## Kompensation

Mit dieser menschlichen Tragödie – das war sie in meinen Augen – waren freilich noch lange nicht alle Schwierigkeiten beseitigt. Doch ich überspringe diese Monate. Bis auf den Winter. Die Werkstätte musste geheizt werden. Kohlen hatten wir zwar von der Militärregierung bewilligt bekommen, aber in Wahrheit verdankten wir es nur Frau Illhardts Tüchtigkeit, dass eines Abends, schon bei Dunkelheit, wieder im Tausch gegen Puppen – man nannte das damals Kompensation –, deren Lieferung ich für später versprach, ein Lastwagenanhänger voll Koks seine Ladung vor unsere drei kleinen Kelleröffnungen schüttete. Das rasselnde Geräusch erschien uns wie Musik. Damals besorgte sich jeder, der es vermochte, auf eigene Faust Brennmaterial; »Kohlenklau« war ein geflügeltes Wort.

Der kommunistische Waldschrat, unser Nachbar und Schmied, lieh uns drei Schaufeln. Mausi und ich schippten mit Frau Illhardt im spärlichen Licht der Straßenlaterne, bis das schwarze Gold im Keller war. Auch Frau Illhardt bekam ihren Teil. Und glücklich, wenn auch müde und mit Schwielen an den Händen, ging sie heim. Mitternacht war vorüber, es war dunkel und kalt.

Es wurde überhaupt sehr kalt in diesem Winter, 1946 auf 1947, es wurde schlimm. Der bittere Frost forderte viele Todesopfer. Die Temperaturen sanken bis minus zwanzig Grad. Der Schnee lag bald hoch – das war sogar schön –, nur dass man sich kaum schützen konnte gegen die Kälte. In vielen städtischen Wohnungen hatten die Fenster noch keine Glasscheiben und Brennmaterial gab es kaum. Manche Betriebe schlossen wegen Kohlenmangel.

Das erste Weihnachtsgeschäft war ein Stress, da wir noch kaum liefern konnten und die Kunden das nicht einsehen wollten. Ununterbrochen klingelte das Telefon, die Leute rannten uns das Haus ein, nicht immer ganz vergeblich. Ich half, wo ich konnte. Aber ich fragte mich auch, ob ich wohl am Heiligen Abend endlich Ruhe haben würde. Mausi und ich sprachen vom Skilaufen wie von einem fernen Traum. Konnten wir wieder einmal wegfahren, entfliehen? Aber wohin? Es gab ja kaum ein geheiztes Hotel.

Selbst Weihnachtsbäume waren rar. Endlich trieb ich einen auf, eine hübsche, gerade Tanne. Eduard Hepp war rechtzeitig auf seinem einen Bein angereist und hatte für Weihnachtsgans und Butter gesorgt, auch das nur gegen Puppen, die wir zusätzlich aus Kösen bekommen hatten. Sogar Kerzen hatte Käthchen geschickt, irgendwo aufgetrieben, von einer ihrer Freundinnen.

Wir hatten Dorette eingeladen. Sie musizierte für uns, dann genossen wir Mausis Essen und den Wein, rauchten zahllose Zigaretten, freuten uns an den brennenden Kerzen, am geschmückten Baum, überraschten Dorette mit einer kleinen Puppe, die den Namen Mäcke trug, für ihre einsamen Stunden. Käthchen hatte geschrieben: »Bei uns werden die Kerzen sehr matt brennen, die Hoffnungslichtlein, denn die Bedrückung ist sehr spürbar. Die Leute sind alle furchtbar niedergedrückt und traurig, aber der Kommunismus macht auch keine großen Fortschritte.«

Ich notierte hinterher: »Wir hatten ein besinnliches Weihnachtsfest. Jedoch fliegt alles vorbei wie ein Traum und zeitweise ist man nur müde. Und doch muss man nun einmal bei der Stange – oder besser gesagt: beim Handwerk – bleiben.«

Der Winter wurde immer härter. Die Puppenwerkstätte arbeitete reduziert in zwei Räumen, nur für die Engländer und für den Export, was freilich nur auf dem Papier stand, denn aus Deutschland ausgeführt werden konnte noch kein einziges Stück. Fast alle anderen Betriebe waren bis Anfang Februar wegen Kohlenmangel stillgelegt. Schulen, Behörden und andere Einrichtungen blieben geschlossen. Der kleine eiserne Ofen in unserem Schlafzimmer, der beide Wohnräume erwärmte, wurde so kräftig angeheizt, dass das Rohr gefährlich glühte. Die kleine Hündin Moy kroch unter die Wolldecke.

An einem der kältesten Tage kam mein Freund Diether zu Besuch. Sein Theater in Lübeck hatte wegen des extremen Frostes schließen müssen. Er erzählte noch auf der Fahrt vom Bahnhof in unserem Holzkocherauto: »Das Leben bei uns ist zur Marter geworden. Diese Kälte! Und dabei sollen unsere Schauspieler jeden Tag auf der ungeheizten Bühne stehen, produktiv sein und Stimmung verbreiten. Ihre Worte gefrieren schon vorher. Es ist zu schlimm, das Frieren und der Hunger. Man braucht so viel Zähigkeit! Zum Glück haben wir die im Krieg ja gelernt. Na ja, wenigstens etwas! Doch am Leben erhält uns eigentlich nur die Hoffnung, die Hoffnung auf Wärme, Sonne, Sattsein und – natürlich – auf die Liebe. Aber auch die ist eingefroren.«

Er hing mit rührender Freundschaft an mir und mochte meine Gedichte, was mir guttat. Von meinen dramatischen Fähigkeiten war er nicht überzeugt, das war ein Wermutstropfen, der noch bitterer wurde, als Mausi mir abends im Bett riet: »Ja, das lässt du wohl besser! Es hat keinen Zweck, hinter Schimären herzulaufen! Ich habe die Geige ja auch weggelegt.«

Da biss ich mir auf die Lippen.


## Krankheit und Kritik

Mausi fieberte. Berni wurde gerufen, sie kam in ihrem braunen Auto, eilte die Treppe empor, besah sich den Hals, klopfte den Rücken ab, horchte in die Lunge: »Grippe, Bettruhe!«

»Aber der Betrieb, die Produktion, gerade jetzt – wir müssen liefern und haben Probleme mit den Malern, mit den Stopferinnen …«

»Ach was, die Puppen oder das Leben.«

»Ist es denn so schlimm?«

»Es könnte schlimm werden«, antwortete die Ärztin und schrieb ein Rezept.

»Ich kümmere mich um alles«, versprach ich Mausi. »Es muss ja gehen!«

Mausi glühte acht Tage, war matt. Als wir dachten, alles sei vorüber, klagte sie über starke Schmerzen. Die Schmerzen wurden rasch schlimmer, sie krümmte sich, es war Morgen und die Sonne knallte durchs Fenster. Draußen lag Schnee. Ich rief Berni wieder, besorgt, sie erschien sofort, betastete den Leib, drückte – und Mausi bäumte sich auf. »Der Blinddarm«, lautete die Diagnose. »Er muss raus, und zwar schnell.«

Die Ärztin telefonierte. Da war rasch alles geregelt; bis zur Operation blieb kaum Zeit. Mausi stand auf, warf ihr Nachthemd ab und reckte den nackten Körper auf dem Bett, streckte die Arme über den Kopf, erhob sich auf die Zehenspitzen. Jetzt, da sie die Diagnose kannte, konnte sie damit umgehen. Sie legte den Kopf zurück, sodass ihr die schwarzen Haare über die Schulter fielen: »Na, schau dir meinen Bauch noch mal an«, rief sie, wieder lachend: »So makellos siehst du ihn nie wieder!«

Ich küsste die straffe Bauchdecke dort, wo ich die künftige Narbe vermutete. Wir bekamen ein Taxi für die Fahrt ins Krankenhaus, unser Holzkocherauto war uns zu unsicher, wäre es unterwegs stehen geblieben – was dann? Bei Blinddarm zählt jede Minute.

Ich litt, als ich sie im Krankenhaus verließ. Mochte die Operation auch Routine sein, ich sah sie ungern unter dem Messer und sie sah so blass, so zart aus im Klinikbett.

Ich mochte nicht allein sein, flüchtete zu Dorette und verbrachte den Abend bei ihr. Sie tröstete mich mit guten Worten. Ich aber machte mir Sorgen und sprach sogar vom Tod. Da waren wir uns nicht einig. Ich sagte, ich sei überzeugt davon, dass der Tod das Ende ist, auch der Geist sei nichts anderes als Materie. Das Leben sei belebte Form. Wenn die Form zerfalle, ende das Leben. Die Form sei Leben.

Doch da war ich an die Falsche gekommen. Dorette widersprach heftig. Für sie war der Geist immateriell, rein sphärisch, unabhängig vom Körper und daher auch unzerstörbar.

»Du Schöps«, sagte sie, benutzte ein Wort, das man heute kaum noch kennt, »werd erst mal ein bisschen älter, dann wirst du anders denken!«

Am nächsten Morgen war alles vorbei, ich brachte Mausi Blumen, sobald sie aus der Narkose erwacht war, blass war sie noch, durchscheinend, der Kopf umgeben von den schwarzen Haaren.

»Du siehst aus wie Schneewittchen.«

Sie roch nach Desinfektionsmitteln und meinte, Schneewittchen hätte wohl nicht so gestunken.

Mausi war kaum wieder daheim, da kam die Mutter für eine Nacht, auf der Durchreise. Sie wollte zum Bruder Michel nach Donauwörth in Bayern. Dieser begann dort mit der Puppenherstellung. Die große Frage war, wie sich die wirtschaftlichen Verhältnisse entwickeln würden, nachdem die Amerikaner und die Briten ihre beiden Wirtschaftsgebiete zu einer Bizone vereinigt hatten. Waren da zwei selbstständige Werkstätten noch wirtschaftlich?

Wir redeten die halbe Nacht lang. Ich wehrte mich, mit dem Bruder zusammenzugehen. Und nicht nur das! Was sollte werden, wenn auch Käthchen und Fifi aus Kösen herüberkämen. Würde unsere Ehe den Belastungen eines so engen familiären Zusammenlebens und Arbeitens standhalten können? Mausi hatte den Aufbau hier mit so viel Energie durchgeführt und alles für uns beide auf die Beine gestellt. Was war ihre Aufgabe noch, wenn die Mutter, die Schwester, der Bruder ihre älteren Rechte beanspruchen würden? Um mich machte ich mir weniger Gedanken, ich hatte meine Bücher und ganz andere Pläne – aber sie?

Käthchen bemühte sich, meine Bedenken zu zerstreuen. Sie meinte: »Gemeinsame Interessen sind immer die beste Basis – es kann auch verschiedene Arbeit sein. Macht euch nur keine zu großen Sorgen. Noch ist für uns in Kösen ja nichts entschieden.«

Um weitere Möglichkeiten eines Bleibens in Bad Pyrmont zu erkunden, sprachen wir beim Bürgermeister vor. Herr Wischermann heizte den Holzkocher an, wir rumpelten über die gefrorene Straße in die Stadt. Der Bürgermeister empfing uns, ein kleiner, knorriger Mann. Käthchen warb: »Wir sind gern hier und möchten hier bleiben. Aber der Mietvertrag ist ja nur auf drei Jahre befristet. Das ist zu kurz.« Sie erzählte von Michel in Donauwörth und von ihren Erwägungen, Kösen zu verlassen. »Die Frage wird sein, wo man sich endgültig niederlässt.«

Der Bürgermeister malte Kringel auf sein Papier: »Ich hätte Ihre Werkstätte gern hier, Ihr Name, die berühmten Puppen, unser Ort, das alles passt zusammen. Wir brauchen auch Arbeitsplätze. Aber die Kreisgewerbeschule, in der Sie jetzt arbeiten, untersteht dem Landrat, nicht uns. Vielleicht könnte Ihnen die Stadt bei der Suche nach einem geeigneten Baugrund helfen!«

Da musste die Mutter den Kopf schütteln. »An Bauen ist gar nicht zu denken. Wir kommen ja ohne jedes eigene Kapital, ich muss drüben alles aufgeben, alles, was ich aufgebaut habe. Ich muss ganz von vorn anfangen.«

Wir schieden freundlich, aber ohne Ergebnis.

In der Werkstätte begutachtete die Mutter die Puppen. Zweihundert Stück standen versandfertig im dem Regal. Sie nahm jede einzelne in die Hand, drehte, wendete sie, wurde immer schweigsamer. Sie ließ sich Zeit, sagte nichts. Mausi, noch schwach nach der Operation, ahnte Schlimmes, dabei hatte sie die Puppen doch gar nicht selbst kontrolliert; da sie im Krankenhaus lag, war das meine Aufgabe gewesen.

Käthchen blickte Mausi und mir tief in die Augen und nahm uns mit sich ins kleine Büro. »Kinder, Kinder – die Puppen sind nicht gut! Von euren Leuten kann man es nicht verlangen, sie sind halt keine Maler! Alles kommt auf Ton und Farbe an. Schwarz, weiß, grau sind keine Farben. Die Maler müssen ständig kontrolliert werden. Genauso die Stopferinnen, das sind keine Bildhauerinnen! Ich kann nicht verstehen, warum die Augenmaler so schöne Muster vor sich auf der Staffelei stehen haben und dann so schwarz-weiß-rote Gespensterköpfe herstellen! Augen und Haare zu schwarz, Gesicht zu kalkig, die Münder wie geschminkte Frauenlippen!«

Mausi war abwechselnd glutrot und wieder blass geworden. Weder ich noch sie sagten ein Wort. Wir wussten, dass wir die Mutter ausreden lassen mussten.

»Ach nein, bitte, bitte, nicht so! Ich schlage vor, dass ihr die Namensetiketten *Original Käthe Kruse* weglasst. Denn dafür müssen sie so sein, wie ich sie empfinde. Ich habe es doch nur bis hierher gebracht mit der Werkstätte, weil ich den richtigen Instinkt und die Besessenheit hatte, dass es eben so und nicht anders sein dürfte. Es kommt auf das Allerkleinste an. Es müssen absolut unverwechselbare Käthe-Kruse-Puppen sein. Ihr dürft nicht fabrizieren und verkaufen, um zu leben und zu verdienen; das tut der Kaufmann. Wir aber behalten unseren Namen nur, wenn wir so gut arbeiten wie niemand sonst auf der Welt. Und der pekuniäre Erfolg ist nur die sich selbstverständlich daraus ergebende Folge, aber nicht Zweck und Ziel. So – seid nicht böse und nicht traurig. Wir schaffen es bestimmt!«

Kaum war sie abgereist, schrieb sie eine Postkarte: »Ich mache mir große Sorge, dass es euch zu sehr schockiert haben könnte, dass ich bat, die Etiketten noch wegzulassen. Denn meine Kunden kennen meine Puppen. Und ein abfälliges Urteil von ihnen muss vermieden werden. Man darf sich nie etwas durchgehen lassen bei künstlerischer Arbeit.«

Ich wusste, dass sie recht hatte, und doch rang ich innerlich die Hände. Denn das bedeutete Nacharbeit und Überstunden! Und ich hörte Gustav Grödecke wieder über den Gewinn predigen! Auch Mausi litt, obwohl sie sich nicht eigentlich schuldig fühlte. Doch bald konnte sie der Mutter schreiben: »Puh, ich bin so weit. Wir haben nun nichts anderes getan als Münder abgewaschen und neue – schöne – aufgepinselt. Ich habe herzlos aussortiert. Nebenher hat jetzt auch die Müllerin in der Stopferei begriffen, um was es geht. Sie thront nun über ihren Leutchen, ist streng und lässt nichts mehr durchgehen. Leb wohl und hab auch weiter Geduld, wir können ja immer nur sagen, dass wir uns ehrlich bemühen; wenn es ab und an mal abrutscht, so ist es halt schlimm.«

Die Mutter antwortete, rasch versöhnt: »Wenn Mausi über die Malerei selber unglücklich war, so ist alles in bester Ordnung. Wenn sie's selber gesehen hat, so hat sie es eben nur ihrer Krankheit wegen nicht verhindern können.«

Ganz langsam, schüchtern, regten sich Ansätze normalen Wirtschaftslebens. Ich fuhr mit Mausi zur Schneiderin nach Hannover, wir brachten ihr Stoff, denn ohne diesen konnte nichts angefertigt werden. Das Honorar für die Arbeit spielte daneben fast keine Rolle. Der New Look war in Mode gekommen, Fotos zierten die ersten Illustrierten Zeitungen, jedermann sehnte sich nach ein wenig Eleganz und Chic, wollte heraus aus den abgetragenen Kleidern. Die neue Linie war eng tailliert, das stand Mausi gut. Die Schultern waren schmal und rund und der Rock schwang weit um die Waden.

Auch ich sehnte mich nach Eleganz. Ich ertauschte einen Herrenanzugstoff, ein glänzendes Pfeffer-und-Salz-Muster, der in der Hand keinen schlechten Eindruck gemacht hatte. Der Herrenschneider in Hannover betrachtete ihn freilich skeptisch. Ich hasste es, so lange stillzustehen, bis der Meister mit den Nadeln zwischen den Zähnen die Heftfäden aus den Schultern gezogen und die wattierten Polster neu gesteckt hatte. Ich fand mich dann freilich doch elegant und war stolz, allerdings währte das Entzücken nur kurz, denn der Anzug war praktisch untragbar. Der Stoff war aus einer Holzfaser gewebt; Hose und Jackett sahen schon nach einer Stunde aus wie zerknülltes Packpapier.

Käthchen betrieb ihren Plan weiter, mit Inge Petersen Puppenbilderbücher zu fotografieren. Einige Themen hatten sie miteinander ausgeheckt: Papa und Mama, Schöne alte Kinderreime, Kalenderverse, Tante Annas Kinderlieder, Herr und Hund und ein Kochbuch. Nun bat Käthchen mich, für ein weiteres Buch eine ganz neue Geschichte zu schreiben, modern und witzig sollte es sein, aber zu ihren Puppen passend.

Ich las Mausi daheim aus *Pu der Bär vor* und Mausi war entzückt. Dann reiste ich nach Schloss Aue. Es waren die schönsten Frühlingstage, noch waren die Knospen nicht aufgebrochen, aber der Frost war gewichen, die Erde feucht, sie atmete Fruchtbarkeit. Das Schloss war eher ein Gutshaus, Inge Petersen bewohnte einige große Zimmer in der ersten Etage, durch deren Fenster das Licht flutete, was günstig war für die Farbaufnahmen, die im Tageslicht gemacht werden sollten, damit sie sich nicht rötlich verfärbten. Für den Druck musste damals noch auf drei Glasplatten fotografiert werden, rot, blau und gelb, eine mühsame Arbeit.

Inge Petersen begrüßte mich auf ihre temperamentvolle Art, enthusiastisch, sie schloss mich in die Arme: »Gut, dass Sie kommen, wir warten schon!« Damit setzte sie mich gleich unter Druck. Sie war eine große energische Frau, überströmend von Tatkraft, der Mutter sehr ähnlich in der Besessenheit auf Qualität. Sie führte mich an den Tisch, auf dem die für die Fotos vorbereiteten Puppen lagen, ein wirrer Haufen, aber reizend angezogen, fantasievoll, jede Puppe ein Einzelstück, nur für diesen Zweck geschaffen, Mädchen mit Zöpfen in langen Bauernkleidchen, mit Strohkörbchen im Arm, mit Kopftuch über roten Haaren, mit Filzhütchen, Schürzchen, rot, blau, grün, orange, weiß, mit Mustern. Und Buben, die aussahen wie aus einem Bilderbuch, in grauen Kniehosen, Knickerbockern, langen Hosen, blauen Bauernkitteln, mit blondem Scheitel, gelbem Strohhut mit tellerartiger Krempe und Spazierstock. Ein kleiner brauner Afrikaner war dabei im roten Anzug, ein Gärtner und eine Gärtnerin mit Schubkarre, ein kleiner Gelehrter mit Brille, zwei liebe Kinder, ein Bub und ein Mädchen, ein Briefträger, ein kleiner Landstreicher.

Ich stand davor und betrachtete die Figuren grübelnd. Sie gefielen mir. Aber mir mangelte jede Idee. Und ich fühlte mich bedrängt.

»Und das gehört dazu«, erklärte Inge Petersen und führte mich zu einem anderen Stapel, einem Haufen auf dem Fußboden, Plüschtiere von Margarete Steiff, in der Größe zu den Puppen passend, ein Kamel, ein Löwe, ein Rabe, ein Hund. Immer noch überlegend, wählte ich ein paar Puppen aus, zog ein paar Tiere aus dem Haufen, mehr oder weniger wahllos. Man wies mir eine kleine Stube unter dem Dach an, hier sollte ich arbeiten. Eigentlich doch eine recht absurde Idee: Nun schreib mal ein schönes

Märchen auf Kommando. Du hast zwei Stunden Zeit und gut fotografieren lassen muss sich die Geschichte auch noch!

Es gab einen viereckigen Tisch, ein Sofa. Ich baute Puppen und Tiere vor mir auf, setzte mich und starrte sie an. Ich hoffte auf eine Eingebung. Es war wie eine Hypnose. Ich hatte Papier, ich hatte einen Füllfederhalter, was ich noch nicht hatte, das war ein Gedanke, geschweige denn eine Geschichte. Ich erfand zunächst Namen. Wiebitte nannte ich das Mädchen, weil es so oft »Wie bitte?« sagen sollte, Kommitte den Bruder, weil er seine Schwester zum Mitkommen auffordern würde. Den Buben mit der Brille machte ich zum Doktor und nannte ihn Dok, den Briefträger nannte ich Marke, für den kleinen Schwarzen fiel mir Totokatapi ein, dann gab es noch die Gärtner, Herr Krume und Frau Blume, den kleinen Landstreicher Trallala – und die Tiere, ganz einfach: Löwe, Rabe und den Hund Wu.

Das alles schrieb ich auf ein Blatt, nicht gerade in schönster Handschrift, dann lehnte ich mich zurück und hoffte auf das Mittagessen.

Nach dem Essen schlief ich. Nach dem Schlafen trank ich Kaffee. Inge Petersens Frage, ob ich schon etwas geschrieben hätte, beantwortete ich mit einem hoffnungsvollen: »Vielleicht!« Mehr ließ ich mir nicht entlocken und sie meinte: »Ich verstehe schon, das Huhn gackert nicht über ungelegte Eier!«

Ich wurde wieder in meine Dichterstube verbannt. Ich ließ mich nieder, schraubte den Füllfederhalter auf und schob die Hülse zwischen die Lippen. Endlich schrieb ich doch einen Satz. Er lautete: »Wiebitte hatte die ganze Nacht nicht geschlafen.« So ähnlich fühlte ich mich. Was konnte nun passieren? Warum hatte sie nicht geschlafen? »Weil sie sich so auf den Ausflug freute.« Und dann? »Schon früh weckte sie ihren Bruder Kommitte, der natürlich noch schlief.«

Nun ja, das war immerhin der Ausgangspunkt einer Geschichte. Man könnte einen Spaziergang, einen Ausflug machen wollen. Man könnte von der Nachbarin erfahren, dass das gefährlich sei, weil ein Löwe aus dem Zoo ausgebrochen war und die Gegend unsicher machte. Das Mädchen Wiebitte war leichtsinnig, der Hund Wu warnte vergebens. So nach und nach, mit vielen Seufzern, und keineswegs rasch, sondern in drei Tagen Arbeit, bei der ich ständig von Zweifeln zerfressen war, ständig seufzte: »So geht es doch nicht …«, entstand die Geschichte. Ich nannte sie *Der Löwe ist los!* Ein guter Doktor spielte darin eine Rolle, der Briefträger Marke kam mit einem Brief vom Leuchtturm, der Rabe Ra erwies sich als hilfreich, Herr Krume und Frau Blume erschraken zu Tode, Trallala prahlte, dass er den Löwen dazu bringen könne, Pfötchen zu geben, Wiebitte fiel zu Löwe in die Grube, Totokatapi kam als Löwenfänger aus Afrika – und alles ging gut aus.

Ich bemühte mich um Humor, um Witz, um Ironie, die Mutter, die über Eschwege angereist kam, fand es gleich: »Wunderbar, mein Herzblatt!« Inge Petersen sah alles sofort fertig vor sich, die beiden Frauen begannen mit ihrer Arbeit, nicht nur an *Der Löwe ist los*, den sie im Freien fotografierten, sondern auch an den fünf anderen Bilderbüchern.

Meine Aufgabe war getan, ich reiste wieder nach Pyrmont und dachte nicht mehr daran. Ich besaß nicht einmal eine Abschrift des Manuskripts. Wie hätte ich auch ahnen können, welchen Weg dieses kleine Buch nehmen würde, bis auf den heutigen Tag.


## Dramatisches Versagen

Mit Diethers vernichtendem Urteil über mein Märchenspiel von der *Chinesischen Nachtigall* wollte ich mich nicht abfinden, schickte das Stück an den Schauspieler Friedrich Domin an die Münchner Kammerspiele. Dieser Theatergott bereitete gerade die Inszenierung von Paul Claudels *Der Seidene Schuh* vor. Er gab meine Arbeit an einen Berliner Theaterverlag weiter. Darüber hinaus war ich einem Stoff auf der Spur, der nach meiner Dramatisierung, wie ich fand, dringend verlangte. Es handelte sich um die Geschichte des Fischers Tommaso Aniello, auch Masaniello genannt, der sich 1647 an die Spitze einer Volkserhebung gegen die Vizekönige Neapels stellte, dann dem Größenwahn verfiel und ermordet wurde. Waren hier nicht alle Gegensätze, derer das Theater bedurfte, schon vorgezeichnet?

Ich war voller Hoffnung und begann mit den Vorbereitungen, mit der Konzeption des Dramas. Mausi ließ mich gewähren, sie sagte nichts, aber in ihren Blicken lag Zweifel.

Dass der Norddeutsche Rundfunk acht Gedichte für eine Zehn-Minuten-Sendung auswählte, nahm ich fast wie etwas Selbstverständliches hin. Der Redakteur schrieb dazu, er freue sich, in mir »einen Dichter von echtem lyrischen Vermögen kennenzulernen«.

Wie schön. Allerdings – die Sendung wurde nie ausgestrahlt.

Aber es gab auch Rückschläge. So schrieb ein kleiner literarischer Verlag: »Sowohl aus Ihren Gedichten wie aus Ihrer Erzählung spricht eine ausgesprochene Begabung. Leider fehlt den Arbeiten aber noch die Verdichtung und künstlerische Ausreifung.«

Ich hatte ja noch Jahre, Jahrzehnte der Reifung, des Wachsens vor mir.

## Suche nach neuen Räumen

Die glitzernde Schneewelt draußen, die schön war trotz aller Kälte, zumal uns diese nichts anhaben konnte, dank Koks im Keller und glühendem Eisenofenrohr, machte Mausi und mich sehnsüchtig nach dem Hochgebirge. Gern wären wir zum Skilaufen gefahren, aufs Nebelhorn, wo wir uns kennengelernt hatten. Da hatten wir uns zum ersten Mal geküsst, waren schließlich miteinander ins Bett gegangen, in der kleinen Stube, tief unter dem Schnee verborgen, das Fenster völlig zugeschneit, sodass nur spärliches Licht durchkam. Wir sahen den schönen Schneeberg vor uns, die gleißenden Pisten, den Gipfel im blauen Licht.

Wir bemühten uns um Zimmer, aber die ernüchternde Realität war, dass das Hotel nicht geheizt werden konnte. Wir blieben in Bad Pyrmont. Es war vielleicht gut so, denn ich erwachte eines Morgens mit höllischen Schmerzen am linken Auge. Wenn ich ins Licht blickte, sah ich farbige Kreise. Die Praxis des Augenarztes lag in der Hauptallee, hinter frisch verschneiten Bäumen, deren Äste in glitzernden Hülsen steckten. Der Arzt diagnostizierte eine Regenbogenhautentzündung, eine schmerzhafte, nicht unbedenkliche Krankheit. Der Augendruck wurde damals auf eine noch primitive, schmerzhafte Weise gemessen, indem der Stift einer kleinen mechanischen Waage auf das Auge gestellt wurde. Er war zu hoch, ich bekam Tropfen, die die Pupille öffneten, das Auge war groß und schwarz. Ich sah nur noch halb, unscharf, verschwommen.

Und die Krankheit war hartnäckig. In der Folge kam sie immer wieder. Diesmal wurde es mit dem Frühling besser, als die Kälte sich in Wohlbehagen auflöste.

Wir suchten nach neuen Räumen für die Werkstätte, da wir ja wussten, dass wir unsere bisherigen nicht behalten konnten. Im holsteinischen Itzehoe war im Krieg ein Waffenlager eingerichtet worden, eine weiträumige Anlage. Margarete Illhardt hatte erfahren, dass dort Räume freigegeben werden sollten, zur Industrieansiedlung. Sie fuhr mit uns im Holzgasauto in den Norden, die Hündin Moy, zur leidenschaftlichen Autofahrerin geworden, lag hechelnd neben uns. Immer wieder ruckte, stockte der Wagen, blieb stehen, bis Wischermann den Ofen wieder in Gang gesetzt hatte. Mit Glück ging es dann wieder ein Stück weiter. Je höher wir nach Norden kamen, über Lüneburg und die Heide hinaus, desto mehr weitete sich der Himmel, wurde zur blauen Himmelsglocke, hoch, klar, wolkenmarmoriert, in abwechslungsreicher Bewegtheit. Die unendlich weite Ebene war wie flach gepresst vom niedrigen Horizont. Schwarz-weiße Kühe grasten auf ebenen Wiesen. Gehöfte standen einsam da, aus rotem Backstein, die Dächer fast bis zum Boden heruntergezogen, in der Ferne verschwammen Pappelalleen im Dunst, der aus den Wiesen aufstieg.

Wir fuhren zunächst nach Bremerhaven, da war uns ein Lagerhaus angeboten worden, das stand leer, wir schritten auf der Mole davor auf und ab, einige Fischerboote dümpelten im Wasser, das

Haus war kahl, drei Stockwerke hoch, in heruntergekommenem Zustand, alles erschien uns grau und trostlos, wir vermochten uns nicht vorzustellen, dass wir hier leben und arbeiten könnten.

Etwas anders war es dann schon in Itzehoe; von der Stadt sahen wir zwar nichts, das Munitionslager lag außerhalb, aber es war eine parkartige Anlage. Wir fuhren über schmale Wege durch Wiesen und Birkenwäldchen, heiter, anmutig. Die barackenartigen Gebäude erreichten wir über verwilderte, überwachsene Fußsteige, suchten die Eingänge, es war kein einziger Mensch auf dem Gelände, wir bewegten uns führerlos, wussten nicht, welche der Hallen eventuell für uns zu haben gewesen wäre, aber das war vorerst auch noch gleichgültig, es kam nur auf einen ersten Eindruck an. Die Fenster waren zerbrochen, die Türen hingen schräg in den Angeln, aber wenn wir die Augen zumachten, konnten wir uns vorstellen, dass hier Arbeiterinnen über Puppenkörpern sitzen würden, nähten, stopften, Kleidchen zuschnitten, dort konnten die Staffeleien der Augenmaler stehen, hier war vielleicht ein Büroraum ...

Margarete Illhardt begutachtete alles sachlich, der Holzkocher stand auf einem kleinen Platz, Wischermann lag über dem Steuerrad, schlief. Der kleine Hund tobte durch den Rasen, vielleicht gab es Kaninchen. Mausi und ich setzten uns auf eine Türschwelle, sie zog eine Zigarette aus der Schachtel, ich gab ihr Feuer, nahm selbst meine Pfeife, stopfte, zündete den Tabak an, der sich erglühend wölbte.

»Könnten wir hier leben?«, wollte sie von mir wissen.

»Ich weiß es nicht. Vielleicht, wenn wir Arbeitskräfte bekommen, aber das mag sogar sein. Flüchtlinge gibt es überall. Und man will ja Industrie hier ansiedeln.«

»Und wir beide?«

»Ja, wir«, antwortete ich und sog an meiner Pfeife. »Wir fühlen uns doch schon ein bisschen daheim in Pyrmont.«

»Wir müssten noch einmal ganz von vorn anfangen, hätten niemanden, keine Menschenseele.«

Der kleine Hund tobte, war wie ein hin und her gekickter

schwarzer Ball auf den Wiesen, unter den Birken. Er würde sich hier wohlfühlen.

Dann fuhren wir zurück, durch die nachmittägliche Landschaft, die sich goldgelb färbte, kamen im Dunkeln zu Hause an und ich empfand fast Glück und Behagen, Heimatgefühl.

Abends sprach Mausi mit mir weiter, im Bett, im freundlichen Licht der kleinen Lampe: »Wo sollen wir nur hin, wenn wir nicht in Pyrmont bleiben können?«

»Ich hoffe immer noch, dass wir nicht wegmüssen«, antwortete ich. »Alles hängt von Käthchens Entscheidungen ab. Wo wird sie hingehen? Wo kann sie arbeiten? Nach Donauwörth zu Michel oder zu uns, oder legen wir die Betriebe alle zusammen? Ich weiß nicht, was ich wünschen, was ich fürchten soll.«

»Was ist mit der Schweiz«, fragte sie leise. Sie spürte Zärtlichkeit, suchte Nähe und bettete ihren Kopf auf meine Schulter. Die langen lockigen Haare fielen auf meine Brust.

»Ja, die Schweiz …« Arosa, Ascona – der Gedanke, in der Schweiz einen Zweigbetrieb einzurichten, lag plötzlich in der Luft, es gab da eine Verbindung nach Chur in Graubünden, bald ging eine lebhafte Korrespondenz hin und her. Gerda Erni wollte viel wissen, brauchte Auskünfte.

»Wir müssten irgendwie versuchen, mit ihr zu sprechen«, meinte Mausi. »Brieflich geht das nicht!«

»Ja, wir müssen zu ihr. Ich weiß nicht, ob wir eine Genehmigung kriegen, und wenn, dann dauert das Monate. Aber vielleicht ergeben sich auf der Exportmesse in Hannover Möglichkeiten. Ich will versuchen, Frau Erni morgen anzurufen.«

Wir knipsten das Licht aus.

Ein Telefongespräch nach der Schweiz war erst seit wenigen Tagen wieder möglich. Es war ein Ereignis. Ich wartete einen ganzen Vormittag ungeduldig darauf, blieb sogar in meiner Wohnstube, denn ich wollte nicht im Büro vor aller Ohren sprechen. Nach vier Stunden bekam ich wirklich die Verbindung. Ich war froh, endlich die kehlige, schweizerdeutsch gefärbte Stimme von Gerda Erni zu hören. Eine Tür zur Welt ging auf.

»Grüezi, Herr Kruse«, rief sie, es rauschte in der Leitung, die Verständigung war manchmal undeutlich und immer wieder gestört, unterbrochen. Und trotzdem – ich erinnerte mich meiner Zeit im Kinderheim, als ich selbst Schwyzerdütsch geredet hatte. Das war lange her, immerhin aber konnte ich es noch verstehen: »Grüezi, Frau Erni! Wie schön, Sie zu sprechen! Es ist das erste Mal seit dem Krieg, sogar das erste Mal seit über zehn Jahren, dass ich wieder mit einem Ausländer reden kann.«

»Ich freue mich auch!« Dann kam sie zur Sache. Sie wollte viele Einzelheiten wissen für Gespräche mit den zuständigen Behörden, denn es war ja nicht einfach, für Deutsche Arbeits- und Aufenthaltsbewilligungen zu bekommen. Ich antwortete auf alles. Und endete mit: »Hoffentlich können wir Sie bald kennenlernen!«

»Ja, auf Wiederhöre und auf Wiederluege!«

Von Itzehoe wurde danach kaum noch gesprochen. Dagegen fuhren wir einmal nach Worpswede, schmale, endlose Straßen, von Birken bestanden, entlang an schilfgesäumten Wassergräben, auf denen einst die Torfkähne schwammen. Erlengebüsch, Sand und Moosbeeren. Selten ein Mensch. Uferschnepfen staksten durch das Wollgras.

Auch zu Worpswede hatte die Mutter Verbindungen, zu Martha Vogeler, die ihren Mann, den Maler, Revolutionär und Pazifisten Heinrich Vogeler vor Jahrzehnten verlassen hatte. Marthchen Vogeler, wie Käthchen sie nannte, lebte im Barkenhof aus rotem Backstein, weiß verfugt, tief gezogen das riedgedeckte Dach, ein romantisches Haus in der idyllischen Landschaft, eines der Anwesen im Teufelsmoor, die sich in gepflegten Gärten voller Rhododendron verbargen. Aber das Schönste waren die Bäume: alte Eichen, Buchen und Linden, Birkenalleen, schrundige Kiefern und knorrige Kastanien, alles himmelhoch in der ehemaligen Sumpflandschaft mit Krüppelgesträuch auf schwankendem Moorboden, rote, vereinzelte Häuser zwischen Wassergräben und stillen Flüsschen, unter dem unendlichen Himmel mit seinem Wolkentheater. Martha Vogeler, die warmherzige, gütige Frau, betrieb eine Handweberei, sie hatte der Mutter die geschorene Wolle ihres Zwergpudels Tosi versponnen, und Mausi hatte ihr daraus schwarze Fingerhandschuhe gestrickt, eine mühsame Arbeit. Käthchen liebte sie sehr, sie waren so weich, fand sie, viel weicher als Schafwolle.

Worpswede gefiel uns beiden, es war ein verwunschener Ort zwischen Waldresten, ein Ort ohne eigentlichen Kern. Die Landschaft sprach uns an, der Ort übte auch auf uns seinen Zauber aus. Am Rand lag auch das Haus des Dichters Manfred Hausmann, den der Bruder Friedebald so gern gelesen hatte, es erhob sich auf einem Hügel zwischen Bäumen, nach dem Krieg war es still geworden um ihn.

Bilder, Gemälde, Kunsthandwerk, all das gab es in Worpswede, Künstler, Maler, Bildhauer – hier hatte auch die Frau von Rainer Maria Rilke gelebt; in Worpswede lebten überhaupt viele Erinnerungen an den Maler Fritz Mackensen, an Otto Modersohn und Paula Modersohn-Becker mit ihren traurigen Bildern. Hier mochten wir wohl Menschen finden, die wir gernhatten, Freundschaften, lange Abende mit Musik, guten Gesprächen über Dichtung und Kunst.

Aber – Arbeitskräfte, Arbeiterinnen und Räume für eine zwar handwerkliche, aber doch durchorganisierte Produktion, das fanden wir hier nicht. Wenn wir an Worpswede als Arbeitsstätte dachten, nicht nur für uns, auch für die Mutter, für die ganze Familie, dann hingen wir einer Illusion nach. Wir mussten Abschied nehmen, nicht nur jetzt von dem schönen Ort, sondern überhaupt von dem Gedanken, hierher übersiedeln zu können.

### Die erste Messe

In diesen Tagen erhielt ich mein Theatermärchen *Die Nachtigall* vom Berliner Theaterverlag Felix Blochs Erben, an den Friedrich Domin es geschickt hatte, zurück: »Wir möchten Ihnen raten, sich an einem eigenen Stoff zu versuchen und die Versform zu meiden.«

Nun, ich war ja schon an der Arbeit, meine Notizen zu Masaniello waren angeschwollen. Aber jetzt konnte ich an nichts anderes denken als die Exportmesse in Hannover, die erste nach dem Krieg; auch Käthchen und der Bruder Michel aus Donauwörth wollten kommen, ich hatte für den Stand und die ganzen Vorbereitungen zu sorgen, musste für die Mutter und den Bruder Zimmer suchen, privat oder, noch besser, in einem Hotel. Es gab mehr als genug zu tun, Korrespondenz, Absagen an Puppenkunden, denen wir noch nicht wieder liefern konnten, Kämpfe um Material. Mausi war mit den Vorbereitungen der Modelle für die Messe beschäftigt. Unsere Nerven wurden aufgefressen durch die aus allen Fugen geratene Zeit.

Ich schrieb meinem Professor aus Jena, der nun an der Universität Heidelberg lehrte: »Überall sehe ich Aspekte des Untergangs – Fehlschläge aller Bemühungen, die Welt wieder zu ordnen! Auch das Schicksal meiner Mutter ist noch sehr ungewiss. Wir müssen sogar mit einer völligen Trennung rechnen, denn die Grenzen werden möglicherweise hermetisch abgeschlossen werden, und ob sie die Sowjetzone noch rechtzeitig verlassen kann, und wohin, das ist alles ungewiss. Lieber Professor Preiser, folgt diesmal nach dem Hitlerwahnsinn das Unheil einer Teilung Deutschlands, der Welt, in Ost und West? Und macht sich, darüber hinaus, die Technik nun selbstständig und führt alles Leben ad absurdum, ehe neue Geschlechter wieder denselben Kreislauf beginnen können? Ich kann die Welt nicht mehr als unsere feste, gesicherte Erde, als das Fundament unseres Daseins betrachten, ich sehe sie als kreisenden Planeten im kreisenden Raum. Haben Sie davon gehört, dass es den Amerikanern gelungen sein soll, die Grenzen der Erdanziehungskraft zu überschreiten und dass bereits nicht nur Raketen unterwegs in den Weltraum sind, sondern dass auch schon Satelliten die Sonne wie Planeten umkreisen? Ich halte nichts mehr für unmöglich. Allerdings auch nichts mehr für erstrebenswert. Ich bewundere es mit dem Pessimismus dessen, der Zimmerleute beim Bau eines kunstvollen, für ihn bestimmten Galgens beobachtet.«

Zeitweise war ich von schwärzestem Pessimismus erfüllt. In dieser Situation riet mir meine angeheiratete Tante Thea: »Denk nicht nach, erstens gelingt es nicht und zweitens kommst du nicht weit und zu keinem anderen Ergebnis als schon Descartes: Empfinde, fühle, fantasiere – mit Herz, mit Einbildungskraft.«

Das fiel mir gegenwärtig schwer. Ich war wie gelähmt.

Für den Bruder Michel fand ich in Hannover eine Wirtin, die mich im Morgenrock empfing, Lockenwickler im Haar. Aber es stellte sich heraus, dass sie den Bruder freundlich aufnahm. Es mangelte ihm an nichts. Alle Leute freuten sich, dass Hannover Messestadt wurde, dass sich das Leben wieder regte, dass Ausländer kommen sollten.

Die Mutter wurde in einem unterirdischen, fensterlosen Bunker untergebracht, den man zu einem Hotel umgebaut hatte. Da brannte den ganzen Tag das elektrische Licht, die Gänge waren kahl, unwirtlich, die Zimmer totenstill, klein, feucht, die Atemluft dumpfig. Aber sie war zufrieden.

Hannover 1947 – das war eine merkwürdige Messe, auf der nicht für das Inland verkauft werden konnte. Die weitläufigen, niedrigen Messehallen breiteten sich außerhalb der Stadt auf einem sandigen Areal aus, Aussteller und Besucher reisten im Zug an, nur wenige mit dem Wagen, in Vorkriegsmodellen, oft waren das abenteuerliche Autos. Platz zum Parken gab es genug.

Drei Tage vorher fand der erste Parteitag der CDU in der britischen Besatzungszone statt. Der frühere Kölner Oberbürgermeister Konrad Adenauer wurde erneut zum Vorsitzenden gewählt. Käthchen entdeckte gleich ihr Herz für ihn: »Das ist ein guter Mann, ihr werdet es sehen!«

Bescheidener Schmuck wurde entfaltet, die Fahne Niedersachsens, das weiße, springende Pferd auf rotem Grund wehte vielfach, eine deutsche Flagge gab es noch nicht. Einige Firmen warben mit Plakaten, mit Tafeln, es geschah mehr aus Hoffnung auf bessere Zeiten als aus Notwendigkeit.

Käthchens Entschluss, selbst ganz nach dem Westen überzusiedeln, wurde stärker, immer noch freilich mit vielen Zweifeln, denn man gibt eine Werkstätte, die bereits über zwanzig Jahre besteht, nicht einfach auf, die Gebäude, das Wohnhaus, die Mitarbeiter. Sie sprach mit uns darüber, immer wieder, das Gespräch riss nie ab auf unserem kleinen Stand, sie war aber auch voller Herzlichkeit, wenn die Kunden kamen, und es kamen natürlich nicht nur Auslandskunden; auch die Inhaber deutscher Spielwarengeschäfte reisten nach Hannover und führten Gespräche, erneuerten ihre Verbindungen, ließen sich Lieferungen versprechen, von denen niemand wusste, ob sie jemals ausgeführt werden konnten. So viele langjährige Freunde waren darunter und alle bestürmten Käthchen, in den Westen zu kommen. Die Vitrinen mit unseren bunt gekleideten Puppen waren ständig umlagert.

Ich vergaß aber die Schweizer Pläne nicht. Und ganz entfernt tauchte nun wirklich die Möglichkeit einer Reise auf: Das zuständige Außenhandelskontor hielt sie nicht nur für nicht unmöglich, sondern sogar für wünschenswert. Die Sachbearbeiterin glaubte, die Ausreisegenehmigung beschaffen zu können. Nur standen keine Devisen zur Verfügung: »Daher wäre eine Einladung aus der Schweiz eine Voraussetzung.«

Käthchen strahlte: »Ach, das schaffen wir!« Gerda Erni konnten wir damit aber nicht belasten, es musste uns etwas Besseres einfallen.

Als Käthchen wieder abreiste, war sie erfüllt von neuer Hoffnung. Sie nahm die Strapazen der Reise gelassen auf sich. Bis Braunschweig kam sie gut voran, dort aber hingen die Menschen bereits wie Trauben am Zug. Eine Frau vom Roten Kreuz sprach sie an: »Ja, wie können Sie nur so spät kommen, der Zug ist schon seit einer Stunde überfüllt!« Aber Käthchen war froh, dass sie nicht früher gekommen war, »Halleluja«, rief sie innerlich, »gut, dass ich's nicht getan hatte, denn dann hätte ich in einem dieser vollgepfropften Abteile schmachten müssen, auf die die Sonne brennt und wo sich die zusammengepferchten Menschen den Schweiß abzuwischen suchen und wo die Jugend nach Luft schnappt, na, ich danke!« Mithilfe der Rotkreuz-Schwester und mittels dreier Zigaretten gelangte sie in den Eilgutwagen, das war mehr eine Bretterbude auf Rädern, völlig vernagelt, dunkel und dreckig. Sie suchte sich einen Platz zwischen Leimfässern und Heringstonnen, klemmte sich zwischen Leergut und Gepäck. Todmüde Menschen lagen zusammengekrümmt auf irgendwelchen Unterlagen und versuchten zu schlafen! Sie fand einen Schlitz in den Brettern, wo sie etwas atmen konnte, und fand alles gut, sogar feudal und war auf ihre Art »selig«, dass sie ihre alten Klamotten angezogen hatte; anders als in schäbiger Kleidung, stellte sie befriedigt fest, durfte sie nicht mehr reisen.

Ihr wurde von Tag zu Tag klarer, dass sie in der sowjetischen Zone weder bleiben konnte noch bleiben mochte. Aber sie konnte sich trotzdem noch nicht zu einem endgültigen Abbruch entschließen. Sie plante, vielleicht in Berlin, am besten im Westsektor, noch eine kleine, ganz bescheidene Werkstatt einzurichten. Sie kam mehr und mehr dahinter, dass die Behörden, selbst wenn sie wohlwollend waren, nichts anderes tun konnten, als das zu bestätigen, was sie selbst schon erledigt hatte. Sie fand es anstrengend und ermüdend, manchmal mehr als sie zu leisten vermochte, und auch entmutigend, wie ein zäher Teig, den sie kaum rühren konnte, in dem sie immer wieder stecken blieb. Die vielen Schwierigkeiten, die sie zu überwinden hatte, würden die Seiten eines Romans füllen.

Ende Oktober bekam sie endlich »eine süße kleine Vierzimmerwohnung, am Hohenzollerndamm, Nähe Roseneck«.

Eine Außenministerkonferenz in London scheiterte. Die Teilung Deutschlands schien besiegelt. Der sowjetische Außenminister tadelte den Plan einer Verschmelzung der drei Westzonen scharf. Käthchen kommentierte: »Was man am besten machen soll, das weiß man von einer Stunde auf die andere nicht mehr. Ich denke, dass, wenn auch noch die Währungsreform kommt, dass dann doch bei Euch im Westen immerhin gewisse Werte bleiben werden, während wir im Osten wahrscheinlich wenig oder gar nichts behalten würden. Nie weiß man, ob es vernünftig ist, was man tut. Ach, viel zu viele ernsthafte Sorgen! Unser

Gefühl zueinander ist, denke ich, sowieso das Einzige, was feststeht.«

Da war es ein Lichtblick, dass sie endlich wieder mit mir telefonieren konnte: »Es war zu hübsch, als ich plötzlich deine Stimme hörte.«

Ihr noch nicht entnazifizierter und daher beschäftigungsloser Freund, der Generalmusikdirektor Julius Kopsch, begleitete ihre Möbel auf dem Transport nach Berlin, vier Tage und vier Nächte im Waggon, angehängt an einen Viehtransport. Er kam erkältet und erschüttert bei ihr an. Unterwegs hätten viele Tiere notgeschlachtet werden müssen, denn die Eisenbahn sei in einem grauenhaften Zustand und jede Fahrt dauere viel länger als geplant, sodass Futter und Verpflegung für das Begleitpersonal viel zu früh verbraucht wären.

Käthchen kam zu der Überzeugung, dass auf nichts mehr Verlass war. Es war wohl das Vernünftigste, die Dinge »schwarz« zu machen. Das war offenbar die zeitgemäße Lehre von: »Hilf dir selbst, so hilft dir Gott.« Andererseits stellte sie auch fest, dass manches nur halb so wild zu sein schien und sich das Leben auf seinem Elendsniveau traurig stabilisierte.

Das Weihnachtsfest 1947 verlebte sie, getrennt von allen Kindern, allein. Eingehüllt in ihren gescheckten Pelzmantel, die »Katze«, ging sie auf den Friedhof und zündete am Grab zwei Kerzen an. Es lag nur einer ihrer Jungens hier, Jochen; Friedebald war ja in Russland beerdigt, aber sie hatte ihm einen Stein hinstellen lassen und wollte sich vorstellen, dass er hier lag, in ihrer Nähe. Sie haderte mit dem Schicksal, lange stand sie fröstelnd vor dem dunklen Fleck, auf dem die beiden Lichter flackerten, das Haupt gesenkt und mit feuchten Augen, aber sie hütete sich vor Tränen.

Es war bitterkalt, auch in Pyrmont. Die Freundin Dorette war krank. Für mich und Mausi hatte sich Weihnachten mit einem Übermaß an Arbeit und Unruhe angekündigt. Ich konnte nicht ans Schreiben denken, was mich bedrückte. Ich war eigentlich nur noch Geschäftsmann, selbst Mausi schüttelte den Kopf über mich und erklärte mich für verloren.

Am 23. Dezember wollten wir das Fest mit all unseren Mitarbeitern unter einem Baum in den Werkstättenräumen feiern. Ich war in meiner Wohnstube, erst halb angekleidet, das Hemd noch offen. Da klopfte es, Illhardine brachte einen Besucher, der sich als Rainer Minten, Dramaturg am Stadttheater Hannover, vorstellte.

Ich spitzte die Ohren. Geschah jetzt ein Weihnachtswunder? Rasch knöpfte ich mir mein Hemd zu. Ich bat Illhardine, in der Werkstätte zu sagen, dass man sich noch ein wenig gedulden möge. Und Rainer Minten erklärte: »Ich schaue nur schnell bei Ihnen herein, um zu fragen, ob ich Ihr Märchenspiel *Die Nachtigall* an Carl Orff und an Boris Blacher senden darf?«

Ich schaltete nicht gleich. »Warum?« Den Namen Carl Orff hatte ich wohl schon gehört und auch Boris Blacher war mir bekannt, aber was konnte das mit mir zu tun haben?

Die Antwort war: »Ich glaube, dass sich Ihr Stück zum Vertonen recht gut eignet.«

»Sie meinen, für eine Oper?« Ich verstand nicht, dass dies das große, vielleicht sogar lebensentscheidende Glück für mich hätte sein können. Oft geht es so im schöpferischen Leben, dass einmal ein Blitz aufzuckt und alles erhellt, aber sofort versinkt alles wieder in Dunkelheit. Ich gab zu bedenken: »Aber man hat mir gerade erklärt, es sei zu wenig dramatisch, es sei zu lyrisch.«

»Ja, aber ich kann es mir mit der richtigen Musik gut vorstellen. Würden Sie mir für Hannover die Erstaufführung geben, für den Fall, dass wir einen der beiden Komponisten, die ja zu unseren bedeutendsten gehören, dafür gewinnen können? Natürlich wäre das die Voraussetzung!«

Ich schaute den Mann groß an. Ich machte auf meinen Besucher fast einen zerstörten Eindruck. Ich war ja auch nervös, da ich beinahe körperlich spürte, wie meine Mitarbeiter unten auf mich warteten. Zuerst empfand ich es wie ein Scheitern, dass aus meinem Drama eine Oper werden sollte, schließlich aber meldete sich schüchtern Freude, dass es dann nur ein halbes Scheitern gewesen wäre, vielleicht – mit der Musik – sogar ein Erfolg.

Ich nickte: »Meinen Segen haben Sie!«

Rainer Minten verabschiedete sich gleich, er war selbst in Eile. Und ich vergaß die Sache. Hinunter zu den Mitarbeitern zum Weihnachtsbaum. Die Leute standen im Halbkreis, beleuchtet von den Kerzen, sangen »Stille Nacht«, einige weinten, die Erinnerung an geliebte Tote oder an die verlorene Heimat – geflüchtet, vertrieben oder ausgebombt – bedrängte fast jeden. Damals arbeiteten auch fast nur die Flüchtlinge und die vom Krieg Geschädigten, und die Erinnerungen an alles Verlorene waren noch frisch. Die Päckchen, die Mausi gepackt hatte, lenkten dann ein wenig ab von der Rührung. Es waren nur kleine Geschenke, etwas Geld, was kaum von Wert war, Stoffe, Seife und Strümpfe für die Frauen, Stoffe auch für die Männer, die Frau und Kinder hatten. Aber man fühlte sich verbunden.

Der Baum wurde nach der Feier in unsere Wohnstube hinaufgetragen, da schleiften die Äste und Kerzen über den Boden, und Lametta verzierte die Holzstufen mit silbernen Runen, die keiner lesen konnte. Den Heiligen Abend verbrachten wir allein, mit dem schwarzen Hund Moy – und doch nicht ganz allein, denn wir liefen hinaus in die kalte Nacht, über die dunkle Straße, in kleine Häuser, zu Nachbarn und brachten ihnen Päckchen; Kleinigkeiten – eigentlich doch zu fremden Leuten, aber wir waren in menschenfreundlichster, liebevollster Stimmung, erfüllt von weihnachtlichen Gedanken, nicht eigentlich fromm. Aber die Weihnachtsbotschaft erfüllte unsere Herzen, die noch jung und empfindsam waren, dennoch.

Auch in Pyrmont wurde das neue Jahr mit Glocken eingeläutet. Mausi und ich hörten sie bei geöffnetem Fenster. Die Nachtluft war kalt, Mausi fröstelte im ausgeschnittenen Abendkleid, ich legte ihr den Arm um die Schulter und zog sie an mich. Mit Sekt stießen wir miteinander an, Eduard Hepp aus Wiedenbrück hatte uns eine Flasche besorgen können. Die zarten Perlenschnüre aus Luftbläschen schimmerten beim Aufsteigen im Kerzenlicht.

Käthchen hatte uns zu Neujahr geschrieben: »Ihr wisst ja, dass irgendwo im Schicksalsgespinst einer sitzt, der auf uns aufpasst und immer alles viel vernünftiger lenkt, als wir es uns ausdenken können. Plötzlich erweist es sich, dann sind wir beschämt. Ich glaube, das bewirken unsere geliebtesten Toten.«

Ich sagte leise: »Hoffentlich wird das neue Jahr besser, als wir jetzt zu wünschen wagen. Alles ist so ungewiss. Wird Deutschland endlich doch wieder vereinigt, zumindest wirtschaftlich? Kommt die Währungsreform im nächsten Jahr? Können wir sie überstehen? Und wie werden sich die politischen und wirtschaftlichen Verhältnisse in der sowjetischen Zone entwickeln? Was wird Käthchen tun?«

»Wo werden wir überhaupt heute in einem Jahr sein?«

»Für den Augenblick dürfen wir jedenfalls froh sein, denn Millionen Menschen hungern noch, aber uns geht es sehr gut.«

Das war nur zu wahr. Gleich zu Anfang 1948 – des neuen Jahres – meldete sich eine Verehrerin der Mutter aus New York, Puppensammlerin, Gattin des Aufsichtsrates einer großen Versicherungsgesellschaft, also wohlsituiert. Sie schickte uns ein Care-Paket und fragte, was uns besonders fehle. Ich bat für Käthchen um schwarzen Tee, er war in der Sowjetzone nicht zu bekommen. Als das erste Paket eintraf, gefüllt mit Dosen aus den nach dem Krieg übrig gebliebenen Beständen der US-Armee, zehn Tagesrationen eines Soldaten enthaltend, tanzten Mausi und ich vor Freude in der Stube. Lilly Schöningh, eine ältere, scharfzüngige Freundin, die selbst über keine so nahrhaften Verbindungen verfügte, bemerkte spitz: »Der Teufel scheißt eben immer auf den größten Haufen!«

Wir lachten und stopften ihr den Mund mit wohlschmeckenden Sachen. Wir mochten Lilly, die ihren eleganten, übersensiblen Freund, der es nicht übers Herz brachte, den Silvesterkarpfen zu schlachten, als ihren »Beschäler« bezeichnete. Ich liebte Lilly gerade wegen ihres losen Mundwerks. Sie stammte aus der Verlegerfamilie Schöningh in Braunschweig, focht für Konrad Adenauer und seine CDU, war mit mir in der Europa-Union verbunden. Sie wohnte in Zimmern, die mit schönsten antiken Möbeln ausgestattet waren, bei ihr fühlte ich mich immer wohl, meine

Zuneigung zu ihr war aber auch nicht frei von Berechnung, denn Lilly Schöninghs Bruder war nun einer der Herausgeber der *Süddeutschen Zeitung*. Für einen angehenden Schriftsteller – war ich das? – mochte es gut sein, auf ihre Fürsprache rechnen zu können.

## Noch ein Drama

Gegenwärtig galt meine Liebe, meine unglückliche Liebe, aber weiterhin dem Drama; dabei konnte Lillys Bruder in München nicht helfen. Vor Wochen schon hatte ich eine neue Sekretärin engagiert, keineswegs des Stückes wegen, das nun doch nicht, nein, die Arbeit in unseren Werkstätten wurde allmählich zu viel für Illhardine, die ja auch viel unterwegs war. Frau Barby hatte die Lebensmitte schon überschritten und war weich, weiblich, nicht nur körperlich, sondern auch im Wesen, belastet dazu mit einem nervösen Herzen. Ihr diktierte ich ein Drama von beträchtlicher Länge, das Frau Barby gleich in die Maschine schreiben durfte, es gab da nichts zu ändern, zu verbessern. Ich bewegte mich mit ausgreifenden Schritten im Wohnzimmer auf und ab, von der Wand zum Fenster, blieb stehen, blickte zur Decke oder auf die verschneiten Bäume, fasste mich an die Stirn, schwieg ergriffen, das Haupt gesenkt und meinen Worten nachsinnend. Dann sprach ich weiter, von heiligem, von genialem Feuer erfüllt.

Frau Barby legte in den Pausen des Schreibens immer wieder einmal ihre Hand auf die wogende Brust, seufzte auch: »Mein Herz, mein Herz, mein Gott! Ach, das ertrage ich nicht! Es ergreift mich zu sehr!« Und ich war äußerst animiert.

Nur zwei Wochen brauchte ich, um das monströse Werk zu vollenden. Ich las es nicht einmal mehr durch. Über den Schauspieler Eduard Schmid-Claudy hatten wir die Bekanntschaft eines Journalisten gemacht, Hans Henjes, das war ein eher genusssüchtiger Typ mit kleinem Embonpoint, der sich gern an Mausis

Tafel bitten ließ, der aber als Kritiker mit spitzer Feder gefürchtet war.

Ich war von der Dramatik und von der Wucht meines Opus völlig überzeugt. Nun fasste ich mir ein Herz und lud Hans Henjes ein, Mausi kochte, der Leib des Besuchers wurde genährt, eine Weinflasche geöffnet, der Tisch abgeräumt. Mausi zündete sich eine Zigarette an, auf dem Schwarzmarkt kostete jede einzelne zehn Mark, und ein Facharbeiter verdiente in der Woche den Gegenwert von fünf Stück, also fünfzig Mark. Hans Henjes lehnte sich auf dem Packpapiersofa zurück, faltete die Hände über dem Leib, war gesättigt und zufrieden. Nun war er bereit, Dankbarkeit zu bezeugen, indem er zuhörte.

Ich holte mein Stück. Hans Henjes runzelte die Augenbrauen, taxierte den gewaltigen Umfang des Ordners und die Zeit, die er würde dulden müssen, und schob den Kopf auf breitem Hals ein wenig vor, aber er tröstete sich damit, dass es sich um besonders dickes Saugpostpapier zu handeln schien, in lindgrüner Farbe. Schreibpapier war immer noch schwer aufzutreiben.

Ich begann meinen Lesevortrag, dramatisch:

Hinweg, Thomas, hinweg!

Hans Henjes schloss die Augen, um sich alles besser plastisch vorstellen und um nach innen hören zu können. Er wurde zunehmend unruhiger. Nach den ersten zehn Minuten atmete er hörbar, nach zwanzig Minuten entrang sich ihm ein Stöhnen, bald darauf seufzte er: »Nein … Nein …«

Ich wurde stutzig, las aber weiter, nun etwas zögernder.

Hans Henjes' Blicke wurden immer blauer, wie durchlässig. Gleichzeitig sprach er dem Wein kräftiger zu; Mausi, bei der dritten Zigarette, holte die zweite Flasche. Ich, nun auf Seite zwölf angelangt – fast eine halbe Stunde Lesezeit, und über hundert Seiten lagen noch vor mir – warf mich, gemäß meiner Szenenvorschrift, auf die Knie.

Jedoch, das Unheil nahm bereits seinen Lauf und Hans Henjes ächzte: »Das ist ja eine Wagner-Oper! Nein! Nein! So geht das nicht, so geht das ganz und gar nicht!«

Ich verstand, fünf Minuten las ich noch weiter, jetzt aber selbst glucksend vor Lachen, obwohl das Geschehen doch an Dramatik und Tragik nichts vermissen ließ, ich lachte so sehr, dass ich schließlich unter den Tisch kroch, und Mausi lachte und Hans Henjes lachte.

Danach zerriss der Kritiker mein Stück. »Dass Sie sich in dieser dramatischen Haut nicht wohlfühlen, verrät allein schon die Sprache, die ja fürchterlich gesucht, geradezu unbeholfen oder konventionell ist. Nehmen Sie mir meine kritische Offenheit bitte nicht übel, ich glaube, das bin ich Ihnen schuldig! Es geschieht ja in der besten Absicht. Und es ist ja auch keine Schande, etwas versucht zu haben und daran gescheitert zu sein.«

Mausi sagte mir nachts im Bett, halb mitleidig, halb klagend: »Ich hab dir ja gesagt, du sollst es lassen!«

Und ich antwortete leise: »Ich versuche es trotzdem wieder!«

Dieses Opus las ich selbst niemals zu Ende, nachdem ich es diktiert hatte, auch in späteren Jahren nicht, ich ließ es in einem Ordner und schaute es nie mehr an. Da liegt es heute noch.

Natürlich grämte ich mich, aber – zu meiner eigenen Verwunderung – nicht zu sehr. Zwar grübelte ich, wieso ich mich so vergriffen hatte, wieso ich beim schöpferischen Vorgang so blind, so überzeugt gewesen war und doch etwas so Schwülstiges, sprachlich so unerträglich Gespreiztes geschaffen hatte. Ich erkannte auch, wie sehr weibliche Bewunderung, in diesem Falle die von Frau Barby, einen Dichter auf die falsche Fährte locken kann. Dann verdrängte ich alles. Und auch Mausi sprach nie mehr von diesem großen, in Gelächter endenden Ereignis.

Im Gegenzug ergab sich einmal eine ernsthafte Diskussion mit Hans Henjes über seine Vergangenheit als Journalist. In der Regel war Mausi äußerst tolerant und verständnisvoll, aber bei ihm stieß es ihr auf, dass er alle Mitschuld an den Naziverbrechen weit von sich wies und angab, dass er nichts von Konzentrationslagern und von den Kriegsvorbereitungen gewusst habe.

»Ja, in welcher Welt haben Sie denn gelebt?«, fragte sie mit einer ungewöhnlichen Schärfe, die ihn betroffen machte.

»Das ist ein Problem, dem wir Deutschen uns alle stellen müssen!« Er rührte in seiner Tasse. »Ich frage mich selbst, wie viel Schuld mich trifft.«

»Ich frage nur, in welcher Welt Sie gelebt haben, ich frage nicht nach Ihrer Schuld.«

»Als die Nazis an die Macht kamen, lebte ich in derselben Welt, in der ich heute noch lebe, in meiner ganz persönlichen. Ich wusste nicht, was Hitler für ein Mensch war. Es interessierte mich auch nicht.«

»Aber Sie waren Journalist!«

»Ja und nein. Schon 1931 hatte ich mich vom Journalismus verabschiedet und mir meinen Lebensunterhalt durch kleine Feuilletons und Sprachunterricht verdient. Bis 1938 bin ich dadurch mit dem Nationalsozialismus kaum in Berührung gekommen. Doch als ich eine Familie hatte, musste ich in den Beruf zurück. Da hatte ich es sogar schwer, überhaupt die Berufserlaubnis zu bekommen.«

»Sie waren nicht in der Partei?«

»Nein, deshalb bekam ich erst nach anderthalb Jahren eine Zulassung, nur auf Widerruf, eine vorläufige Erlaubnis, Kunstbetrachtungen zu schreiben. Erst 1943 konnte ich die erste feste Stellung an einer Zeitung – in Hameln – annehmen. Und nun lehnte ich es wiederum ab, über Politik zu schreiben. Allerdings wurde 1944 auch der letzte Schriftsteller dazu gezwungen. Mich jetzt noch zu weigern, wäre glatter Selbstmord gewesen, außerdem konnte ich ja gar nichts ändern. Ich hatte die Partei nicht in den Sattel gehoben, sie weder unterstützt noch Vorteile daraus gezogen. Aber ich habe sie hingenommen, das ist wahr. Mit dieser Schuld, wenn Sie es so nennen wollen, müssen wir alle leben. Aber niemand hatte den Krieg gewollt, außer Hitler selbst. Sogar unter führenden Nazis und hohen Militärs gab es viele, die warnten und ihn zu verhindern versuchten. Und was später dann durchsickerte, an Verbrechen, das erschien mir einfach nicht möglich,

ich konnte nicht glauben, dass Menschen, noch dazu Deutsche, so fürchterliche Dinge täten. Dabei habe ich noch nicht einmal das ganze Ausmaß der Verbrechen gekannt.«

»Aber das, was Sie wussten, hat doch schon gereicht!«

»Wir waren alle Gefangene. Gefangene in der Situation.«

Mausi brach das Gespräch ab. Sie ließ dieses Thema fallen, es brachte auch nichts. Tausendmal wurde es später wieder geführt, mit den verschiedensten Menschen. Damals gingen wir in der Regel schonend miteinander um, denn wir alle hatten die Zeit selbst erlebt und erlitten, jeder war in der einen oder anderen Weise einbezogen gewesen. Deshalb beurteilten wir einander viel differenzierter, verständnisvoller, als es die nach uns Geborenen taten.

Es muss etwas davor oder danach gewesen sein, dass an einem graufeuchten Nachmittag Dr. Bähr plötzlich vor unserer Tür stand. Vor einigen Jahren war er – als ich in der Reichsstudentenführung in Berlin meinen Dienst als Ausgleichsstudent leisten musste – mein Vorgesetzter gewesen. Nun stand er vor mir, klein, blass, zerfurcht, abgemagert, gebeugt, in zerlumpter Kleidung, ein Bild des Elends. Er hatte den Krieg überlebt, obwohl auch er an die Front musste, als die militärische Lage bereits hoffnungslos geworden war. Wir fragten nicht viel, fütterten ihn, er sah sein Leben zerstört und wollte in ein Kloster.

## Berlin und Donauwörth

Käthchen übersiedelte nach Berlin, nicht gänzlich, immer nur vorübergehend, immer wieder kehrte sie nach Kösen zurück, wenn sie nicht einen von uns in Donauwörth oder Pyrmont besuchte. Offiziell richtete sie sich ein Büro in Berlin ein, in Wirklichkeit war es nur ihre kleine Vier-Zimmer-Wohnung. Sie fühlte sich wohl in dieser Stadt, aller Zerstörung, allem Chaos zum Trotz. Immer schon hatte sie gern in Berlin gelebt, nun war es für sie ein erster Schritt in die freiere Welt. Das Leben in Berlin, das Dasein mitten im Strudel der vier Weltmächte, mitten im Durcheinander so vieler politischer, wirtschaftlicher und kultureller Bestrebungen zehrte zwar an ihren Nerven und doch belebte es sie. Sie fand es auch richtig, dass man im Hexenkessel lebte und standhielt. Natürlich hatte sie auch zahlreiche Freunde hier, die ihr halfen. Jeder Berliner bemühte sich auf seine Weise ums Überleben.

Aber immer wieder bat sie uns um Hilfe. Sie brauchte Material für die Werkstätte in Kösen, Siccativ und farblosen Heizkörperlack und Terpentinersatz und Firnis. Dann wieder Gesichtsmasken, »monatlich von jeder Größe mindestens zweihundert Stück. Und auch das wird kaum reichen, denn unser Gas ist so schlecht, dass wir kaum noch prägen können.« – »Maxl, kannst du mir Stoff schicken? Und was für welchen?« – »Heute Morgen kam auch unsere Perückenabteilung plötzlich mit der Nachricht, dass sie gar keine Haare mehr hätten.«

So war die Lage. Aber im Westen hatten wir auch nicht alles. Ich entgegnete: »Wenn es Dir möglich wäre, für Mausi ein Paar Strümpfe aufzutreiben, linksgewebte, so wären wir Dir sehr dankbar. Wenn Du sie nicht anders bekommen kannst, dann in Gottes Namen in Schwarz. Und wenn Ihr Glühbirnen beschaffen könntet, das wäre auch schön. Wie Du weißt, kommen diese ja aus der russischen Zone und sind deshalb hier teurer als drüben. Streichhölzer fehlen uns auch schrecklich.«

Da wurde die Mutter wieder unsicher, was die richtige Entscheidung war: »Aber wisst ihr, was man am gescheitesten machen soll? Ich nicht mehr. Es scheint mir langsam alles bisschen *tout mêmechose*.« Sie meinte, ganz egal. Schloss aber trotzdem: »Ich fände es doch so vernünftig, wenn unser Kösener Betrieb erhalten bleiben könnte.«

Es waren ihre Mitarbeiter, die die Sache so kompliziert machten, nicht die Gebäude, nicht die Möbel. Aber wie würden die noch so kleinen Betriebe der beiden Söhne, in denen doch nun auch schon eigene Leute angelernt und ausgebildet worden waren, so viele neue Leute aufnehmen können, die ganz selbstverständlich Ansprüche stellten, Ansprüche an besondere Positionen, an entsprechende Löhne? Es waren ja alles hoch qualifizierte

Arbeiter, ihre besten. Und es wurden dazu auch noch Wohnungen gebraucht, die überall knapp waren. Oft sandte sie Seufzer zum Himmel und hoffte, dass sie von oben erleuchtet werde.

Es war grau, Anfang Februar 1948, als ich mit Mausi nach Donauwörth reiste. Wir mussten den Bruder Michel besuchen, um mit ihm über die Zukunft der beiden Firmen zu sprechen. Fröstelnd saßen wir im Zug, das flache Land dehnte sich trostlos unter einer schütteren Schneedecke, durchsetzt mit braunen, schwarzen und graugrünen Flecken, Erde, Wiesen, Äcker, einzeln stehende Häuser, Dörfer, triste Städte.

In Donauwörth standen wir vor Michels Werkstätte, sie war in einer ehemaligen kleinen Schuhfabrik untergebracht. Das Haus lag einsam außerhalb der Stadt, man musste über die Donaubrücke, der Fluss trat oft über die Ufer, es war ein unfreundlich-kahles Gelände, dicht am Bahndamm der Strecke Augsburg – Nürnberg – Berlin. Ringsum war Schneematsch, braun überspritzt und überkrustet, auf den Wiesen lag die dünne grauweiße Decke, Krähen standen schwarz, flogen auf, kreisten krächzend. Mausi zog die Schultern zusammen.

»Gehen wir hinein«, schlug Michel vor und zeigte uns seine Arbeitsräume. Wie saßen in seinem kleinen Büro beieinander und besprachen die Lage. Mausi rauchte, Michel ebenfalls, eine Zigarette an der anderen, die Bude füllte sich mit Qualm. Michel wirkte nervös, er wippte ständig mit einem Fuß, wenn er redete, und er redete gern, während ich recht einsilbig war. Michel redete davon, dass er hier alles allein machen müsse, dass er zwar gute Leute habe, aber es fehle ihm eine Betriebsleiterin. Und zwei Firmen in einem Wirtschaftsgebiet, wie es die amerikanisch-britische Bizone nun sei, wäre wirtschaftlicher Unfug. Er hätte, sagte er, nicht die geringsten Bedenken, dass wir gut miteinander auskommen würden. Er stellte es sich so vor, dass er als Physiker – er lachte über seinen Scherz – selbstverständlich für das Physikalische, also die Körper, die Herstellung der Puppen verantwortlich sei, Mausi würde die künstlerische Leitung übernehmen, die Malerei, die Kleidchen, auch die neuen Modelle. Und ich solle mit meiner verbindlichen Art für den Vertrieb, den Verkauf und die Werbung zuständig sein.

Es klang alles vernünftig, was Michel sagte, fußwippend und rauchend, wobei er immer wieder den Rechenschieber zu Hilfe nahm, mit dem er so spielend umzugehen verstand wie andere Leute mit ihren Händen. Da war schnell überschlagen: Wirtschaftlich war die Zusammenlegung der beiden Firmen nicht nur sinnvoll, sondern sogar notwendig, und doch bedeutete es für uns, die Selbstständigkeit aufzugeben.

Wir machten noch keinen Vertrag, aber es war auch so klar, dass wir zusammengehen mussten. Wann, das stand noch offen, und auch das Wo war noch endgültig zu klären.

## Noch einmal – das Nebelhorn

Trotzdem glich es fast einer Flucht, dass wir nach unserem Aufenthalt in Donauwörth für eine Woche aufs Nebelhorn reisten. Dass wir ein Zimmer im Hotel »Höfatsblick« bekamen, dort, wo wir uns vor sieben Jahren kennengelernt hatten, verdankten wir verschlungenen Beziehungen. Wir vergaßen die Werkstätte, die Zukunft, die drohende Währungsreform, die kommende zweite Exportmesse, die Sorgen Käthchens, vergaßen alles. Wir lieferten unsere Lebensmittelmarken im Hotel ab und jagten – so gut wir es noch vermochten – über die Hänge, stiegen bergauf, Lifte gab es ja immer noch nicht, lernten den Strumpffabrikanten Ernst Bahner kennen, einen älteren, schlanken Herrn, der mit seinem Sohn und seiner Tochter ebenfalls einen Kurzurlaub hier verbrachte und die damals führende Strumpfherstellung Elbeo nach seiner Flucht aus Oberlungwitz in Sachsen in Westdeutschland wieder aufbauen wollte. Das ähnliche Schicksal und die ähnlichen Probleme schufen rasch eine freundschaftliche Beziehung. Es gab eine Tanzkapelle, die im Keller ihr musikalisches Wesen oder Unwesen trieb. Wir waren alle übermütig, mehr als ausgelassen, die Bahnertochter erwies sich als voller weiblichem Temperament, sie war nicht zu bändigen, flirtete mit mir, aber sie flirtete mit allen, und man nahm es nicht ernst, wir tanzten bis in die frühen Morgenstunden, standen trotzdem bald wieder auf den Skiern, genossen die klare Luft, genossen jeden Sonnenstrahl, den Schnee, die weiße Landschaft, die makellos war, strahlend – oder auch schwermütig, je nach Beleuchtung und Himmel.

Hier trat ich als der Chef einer zwar kleinen, aber doch weltbekannten Firma auf, ihr Ruhm war groß, das tat mir gut, das färbte auf mich ab, es hob meine Stimmung.

Auch Mausi genoss es. Vielleicht, dachte sie mit verschwiegener Hoffnung, ändert mein Max sich immer mehr, vom poetischen Idealisten zum kaufmännischen Realisten. Teilweise hatte sie recht, ich vergaß meine dichterischen Ambitionen. Schon daheim hatte ich einer Freundin geschrieben: »Nimm meine Gedichte nur als persönlichen Gruß. Eigentlich sollte ich mich von diesen Albernheiten frei machen und meine Verse niemandem mehr schicken.«

Dabei war freilich auch Kummer gewesen. Aber das alles vergaß ich im Schnee, auf dem Berg, in dieser Gesellschaft. Hier geriet ich in einen Rausch der Vergnügtheit, es war alles so fröhlich, ich, der eigentlich eher Schwermütige, taute so sehr auf, dass Mausi meinte: »Ich erkenne dich kaum wieder!«

Das kam auch daher, dass ich als Skiläufer brillierte. Ich unterrichtete die Bahnertochter und den Bahnersohn, während der Vater, in Wolldecken eingewickelt, auf der Terrasse vor dem Haus lag und den Bergfinken zusah und Bücher über vegetarische Ernährung las, von denen er mir eines mit Widmung schenkte.

Ich redete, parlierte, war witzig, war um keine Antwort verlegen, tanzte, ließ keinen Foxtrott, keinen langsamen Walzer, keinen Tango aus, nur beim Wiener Walzer hob ich abwehrend die Hände: »Lasst mich, um Himmels willen!«, denn mir wurde bei der ersten Drehung schon schwindlig, ich musste zum nächsten Stuhl flüchten und war das hilfloseste aller Geschöpfe.

Dafür stieg ich, der im Klavierunterricht den Takt nicht halten konnte, zu den Musikern aufs Podium ans Schlagzeug. Meine

Wirbel, die Schläge aufs Becken, auf die große Trommel mochten wohl dilettantisch sein, aber was mir an Können und Präzision, an Rhythmus fehlte, machte ich durch Vergnügtheit wett, zumal mitreißendes Temperament oft die Eigenschaft hat, sich sein eigenes Können zu erzeugen. Ich lachte, und als ich ermattet hinunterstieg, nahm mich die Bahnertochter in die Arme, biss mich ins Ohrläppchen und sagte: »Man könnte dich fressen!«

## Die zweite Hannovermesse

In Pyrmont gingen wir über die mit spärlichem Schnee bedeckten Wiesen, der kleine schwarze Hund tollte und genoss es; kam die Sonne heraus, konnten wir uns mit der Jahreszeit versöhnen. Wir wanderten über die Felder, erlebten sie im Matsch, braungrau, hofften, dass sie sich bald mit Grün schmücken würden. Manchmal kamen auch kalte Winde, dann schien alles zu klagen. Und die Sehnsucht nach den Bergen blieb, bis sich das Frühjahr ankündigte, da stellte Mausi mir ein stachliges Gewirr von Zweigen auf den Schreibtisch, an dem die ersten Knospen aufbrachen, hellgrün, wie Filigranarbeit.

In der Werkstätte bereiteten wir uns auf die nächste, die zweite Exportmesse in Hannover vor. Nun blühten der Flieder und die Apfelbäume, da schien auch das Herz zu blühen und die Welt war grün drum herum.

Wir standen in einer kahlen, aber lichten Halle. Es war einen Monat vor der Währungsreform, die unser Leben so nachhaltig veränderte, deren baldiges Kommen wir ahnten, ohne dass wir wussten, wann sie eintreten würde. Doch schon jetzt sah man bereits mehr Autos auf den Parkplätzen als im Vorjahr, auch die Aussteller waren zahlreicher, über zweitausend Firmen waren vertreten, und die Besucher aus dem In- und Ausland drängten sich in den Gängen. Es war die größte Messe nach dem Krieg, eine lebendige, fast erregte Atmosphäre, ein Aufbruch, oder eher die Erwartung des Aufbruchs. Aber das Geschäft war doch eher enttäu-

*Max Kruse mit Prof. Ludwig Erhard, dem ersten*
*Bundeswirtschaftsminister, im Gespräch auf der Messe*

schend, der anfängliche Optimismus wurde getrübt, das Export-
geschäft blieb weit hinter den Erwartungen zurück.

Käthchen strahlte aber und bekam rote Bäckchen, als Ludwig
Erhard an unseren Stand kam, seit vier Monaten bizonaler Wirt-
schaftsdirektor. Er paffte seine Zigarre, die zum Symbol seiner
Zuversicht wurde. Sie nannte ihn »Lieber, guter Erhard« und
strich ihm über die runde Backe, er hatte das noch nie erlebt,
schaute sie erstaunt an, dann lächelte er und bewunderte unsere
Puppen, freute sich, dass diese in seinem Wirtschaftsgebiet, im
Westen, hergestellt wurden.

Nun war es ja schön, dass Ludwig Erhard sich über die Puppenherstellung freute, die Mutter aber hatte diesmal wieder viel
an ihnen auszusetzen, obwohl sie doch so hübsch bunt in den Vitrinen standen und den Innenraum des Standes vor dem vorbei-
schleifenden Besucherstrom abschirmten, vor den Entzückensbe-

kundungen, den Gesprächen, den Geräuschen, dem Hämmern, dem Rufen. Wir saßen am runden Tisch auf vier kleinen Sesseln. Und als es am ersten Abend still geworden war – denn Fremde brauchten das alles ja nicht unbedingt zu hören –, zog Käthchen Mausi, Michel und mich vor die schmalen Schaufenster und sparte nicht mit Kritik: »Ach, geliebte Kinder, die Puppen sind wirklich schlecht. Um Gottes willen, das muss jetzt ganz anders werden. Der Stoff der Körper ist zu blass im Vergleich zu den kräftigen Gesichtern, und die Daumen sind viel zu lang und die Ellenbogennähte zu schlecht. Und Kinder, die Kleidchen! Wer sucht bloß die Stoffe aus? Ich hoffe, das sind Puppen aus von Privatleuten eingesandten Stoffresten? Und dann auch die Hütchen! Wenn ihr wüsstet, wie ich die gefressen habe! Mausi! Maxl! Michel! Kinder! Um Gottes willen!«

Wir ließen sie ausreden, schwiegen, nickten, wussten, dass es am besten war, ihr nicht zu widersprechen, nicht auf einen anderen Geschmack – bei den Kleidchen etwa – zu verweisen. Käthe Kruses Meinung war sakrosankt. Sie war so unfehlbar wie der Papst in Rom. Übrigens war sie gleich wieder »gut«, wie sie es nannte, zog sich mit uns, »ihren geliebten Kindern«, in den abgeteilten Stand zurück. Mausi und Michel griffen sofort zu den Zigaretten, um damit Ruhe zu inhalieren, ich schwieg und zeichnete Kringel auf einen Block, die Pfeife hatte ich mir gerade wieder abgewöhnt. Käthchen, um nur ja keine belastete Stimmung aufkommen zu lassen, bat: »Nun seid bitte nicht beleidigt und weint nicht! Es muss halt überwunden werden, wirklich und endgültig. Dann ist alles gut. Und im Grunde weiß ich ja, dass ich immer eine unglücklich Liebende bleibe, eine, die ›es‹ eben nie erreicht! Eigentlich wollte ich sagen: ›Kriegen tun es immer nur die anderen‹, damit meine ich das vollkommene Ergebnis, aber das ist auch nicht wahr, denn die anderen Puppen sind ja scheußlich, da sind wir uns doch hoffentlich einig, nur dürfen wir uns eben auch damit nicht beruhigen! Wir müssen einfach die Besten sein. Na, das wisst ihr ja!«

Ich hatte das Bedürfnis zu flüchten, ich murmelte, dass ich

mich mal auf der Messe umschauen wollte, das tat ich gern und wurde auch gnädig entlassen. Ich drängte mich durch die Menge, an den Ständen entlang, die ein Warenangebot ausbreiteten, das den Krieg und die Nachkriegszeit vergessen ließ. Freilich – man konnte ja nichts kaufen, es sei denn gegen Devisen oder in Kompensation mit anderen Artikeln. Maschinen interessierten mich nur am Rande, ich strebte zu den Konsumgütern, stand vor Radiogeräten, Plattenspielern, Musikinstrumenten, verliebte mich in ein braunes Kleinklavier der Firma Schimmel im Chippendale-Stil, das mit geöffnetem Deckel attraktiv ausgestellt war. Ich wünschte mir dieses Instrument, sprach mit den Verkäufern, schaute auch zum »kleinsten Flügel der Welt« hinüber, natürlich noch begehrenswerter, aber außerhalb jeder Möglichkeit.

Schweren Herzens trottete ich weiter, kam zur Damenoberbekleidung, eine verlockende Welt, sah viel, was mir nicht gefiel, blieb aber am Stand eines Modehauses hängen. Der von Dior kreierte New Look war nun knapp ein Jahr alt, ich war entzückt davon, fand diese Mode weiblich, kleidsam, charmant, wünschte, dass auch Mausi so angezogen wäre. Sie hübsch zu sehen, war mir ein Bedürfnis, ich sog Erotik mit den Augen ein. Hier lagen nun Kleider mit den weit geschwungenen Röcken, ein schwarzer Wollmantel, stark tailliert mit Kapuze, ich stellte mir Mausi darin vor, ich schaute lange, fasste mir endlich ein Herz, Frau Wienhöfer erwies sich als eine bescheidene Frau, ein bisschen ähnlich wie Käthchen, patent, tüchtig, herzlich, sie freute sich über meine Bewunderung. Jedes der Kleider hätte fünfhundert Reichsmark gekostet, der Mantel siebenhundertfünfzig, das wäre damals nicht das größte Problem gewesen, aber sie bekam die Stoffe dafür nicht, es waren nur Ausstellungsstücke, sie hoffte, hier internationalen Anschluss zu finden und dann im Ausland einkaufen zu können, mit den erlösten Devisen.

Immerhin – der Kontakt war geknüpft, man konnte ja nicht wissen, was die Zukunft bringen würde.

Ich wünschte mir die Kleider vor allem für unsere Reise in die Schweiz. Vor zwei Monaten, im März, hatte ich Gerda Erni nach

Chur schreiben können: »Endlich ist es mir gelungen, alle Unterlagen, die von Gott und der Welt angefordert werden, zusammenzubekommen. Nun habe ich unseren Antrag auf die Einreisegenehmigung, mit einer Befürwortung der Militärregierung, dem Schweizer Konsulat eingereicht. Wir werden, wenn wir sie haben, über Basel fahren. Aber das alles dauert sehr lang. Vielen Leuten geht es so, dass ihr Einreisevisum bereits wieder ungültig geworden ist, wenn sie das Ausreisevisum endlich bekommen. Es ist fast zum Lachen!«

Die Militärregierung hatte mir wirklich ihren Segen für die Reise gegeben, sie genehmigte mir auf der Hannovermesse sogar die Ausfuhr unberechneter Muster, zehn Puppen. Ich hielt das nicht sehr deutlich geschriebene Formular der Ausfuhrgenehmigung am Messestand in der Hand – und, einer augenblicklichen Eingebung folgend, ohne es geplant, beabsichtigt zu haben, probierte ich meinen neuen Stift auf einem Schmierzettel aus, sah, dass er dem auf dem Formular glich, und malte auf die Ausfuhrgenehmigung für die Musterpuppen eine zweite Null hinter die Zehn. Da waren es hundert geworden, eine ganz entscheidende Verbesserung unserer Lage, ich ahnte selbst noch nicht, wie sehr.

Korrekt war das nicht, aber wer konnte damals schon völlig korrekt sein.

Käthchen wollte auch dazu beitragen, dass es uns im Ausland an nichts mangelte. Sie besaß, von unserem Vater geerbt, ein schweres, wenn auch kunstvoll überladenes Armband, Barock oder nachgemachtes Barock, einen breiten Goldreif mit vielen Verschnörkelungen und mit in der Mitte aufgetürmten Edelsteinen, das wollte sie mir und Mausi schenken: »... damit Ihr nicht Not leiden müsst. Wenn es Gold ist, was ich nicht weiß, hat es natürlich großen Wert, wenn nicht, na, dann hat es immerhin noch einen kunsthandwerklich-historischen Wert, denn der Bayerische König Ludwig I. soll es seiner Geliebten, der Tänzerin Lola Montez, geschenkt haben.«

Ich war gerührt. »Behalte es«, erwiderte ich großzügig, im Besitz von hundert Musterpuppen.

Käthchen war darüber hinaus voller Teilnahme: »Weißt du, euer Umzug nach Donauwörth; das tut mir ja schon furchtbar leid, denn es war doch hübsch bei euch in Pyrmont.«

Ich nickte. »Mir tut es auch leid«, murmelte ich. »Aber es ist halt wirklich vernünftiger.«

»Ja, aber ich habe immer das Gefühl, es wäre doch eigentlich nett, wenn ihr euren eigenen kleinen Betrieb behalten könntet. Es ist doch schade, wenn ihr eure Selbstständigkeit nun aufgeben müsst.«

»Vielleicht komme ich dann eher wieder zum Schreiben.«

»Ich kenne kaum noch etwas von dir!«

»Ich habe eine Art Aufruf für ein Vereintes Europa geschrieben, *Die große Diskussion*, er ist vor Kurzem in einer Zeitschrift erschienen.«

»Ach«, sie fasste meine Hand, »das freut mich, dass du auch politisch tätig wirst. Ich meine, dass wir den herrlichen Gedanken der Europa-Union nur dadurch bewirken können, dass wir eine gesunde Deutschland-Union und eine gesunde Politik um unseren Kirchturm herum betreiben, also etwa ›Kampf der Bürokratie‹. Wenn wir das richtig machen, dann kommt die größere Union von selber.«

Wir wurden unterbrochen durch eine Verehrerin der Mutter, eine in wehende Seide gekleidete Dame aus Chile. Sie wurde überschwänglich begrüßt. Sie kam bald zur Sache: »Möchten Sie nicht in Chile eine Fabrikation aufziehen? Räume und Arbeitskräfte, billige und geschickte Arbeitskräfte, Frauen zumal, gibt es genügend, und die Nachfrage wäre bestimmt ebenfalls da, vielleicht auch ein Export in andere südamerikanische Länder. Was bei uns an Spielzeug angeboten wird, das ist ein ganz scheußliches Zeug!«

»Ach, Chile, Südamerika, Argentinien, Brasilien …«, murmelte Käthchen, die eigentlich genug an Kösen, Berlin, Donauwörth und Bad Pyrmont zu überlegen hatte.

»Denken Sie darüber nach! Ich helfe Ihnen in jeder Weise. Auch mit Geld. Das wäre kein Problem! Wenn Sie heute noch nicht Ja sagen können, so schreiben sie mir. Chile ist ein Land, das mächtig im Aufbau ist, und man ist sehr, sehr deutschfreundlich!«

»Ich will es mit meinen Söhnen besprechen«, meinte die Mutter, nicht sehr überzeugend. Der Gedanke, eines ihrer Kinder so weit wegzugeben, hatte so gar nichts Verlockendes, sosehr sie für die weite Welt aufgeschlossen war, so leicht sie sich auch verführen ließ – wenigstens für den ersten Augenblick.

## Die Währungsreform

Das Thema Geld beherrschte die Messe vor allem, jeder sprach von der großen wirtschaftlichen Veränderung, die man täglich erwartete. Manche erhofften sich eine Besserung, andere fürchteten krisenhafte Verhältnisse wie nach dem Ersten Weltkrieg in den Zwanzigerjahren, Hunger und Arbeitslosigkeit.

Die Mutter, immer gern positiv, hoffte und vertraute auf Ludwig Erhard, der ihr sympathisch war. »Er strahlt so viel Vertrauen und Zuversicht aus«, meinte sie und verließ Hannover zum Messeschluss, um wieder nach Berlin zu fahren.

Gleich danach bekamen wir unser Einreisevisum für die Schweiz. Es war bis zum einunddreißigsten August befristet. Aber ich schrieb umgehend an Gerda Erni nach Chur: »Wir könnten eigentlich sofort fahren, aber nun fesselt uns die Unruhe über die wohl unmittelbar bevorstehende Währungsreform an unseren Betrieb.«

Alles schwirrte vor Gerüchten. Die Unruhe lähmte jede Aktivität. Jeder Geschäftsmann hielt seine Ware zurück. Alles wurde gehortet, nichts verkauft, höchstens getauscht. Es musste etwas geschehen, die Lage wurde unerträglich.

Am Montagmorgen des 21. Juni 1948 wachten wir auf und waren arm – oder auch reich, wie man es betrachtet. Wir besaßen kaum Bargeld, außer vierzig Deutsche Mark, die jeder im Verhältnis eins zu eins umgewechselt bekam. Alle Bankguthaben wurden abgewertet, Warenlager und Immobilien hoch belastet. Aber andererseits wurde die Bewirtschaftung vieler Waren, die bisher nur auf Bezugsscheine zu bekommen waren, aufgehoben. Überall drängten sich die Menschen vor den nun plötzlich so vollen Schaufenstern. Und in unserem Stofflager befanden sich Stoffe, die für Puppen jetzt nicht mehr verwendbar waren, zu dick, zu schwer, zu düster und zu groß gemustert. Dagegen stellten sie plötzlich ein kleines Vermögen dar. Es hatte nun einen Sinn, sie zu verkaufen, und ich tat es, sechstausend neue Deutsche Mark flossen sofort in unsere Kasse und linderten die erste Knappheit. Wir konnten Löhne in Geld bezahlen, das etwas wert war. Nun hatte es auch wieder Zweck, Puppen an die deutschen Spielwarengeschäfte zu liefern, und diese drängten danach.

Ich rief in Hannover im Modeatelier Wienhöfer an – wie gern wurden mir nun die zwei auf der Messe bewunderten Kleider und der lange schwarze Mantel verkauft, gar kein Problem! Ich erkundigte mich beim Klavierhersteller Schimmel in Braunschweig – ich stieß auf offene Ohren – aber gern verkaufte man mir das Kleinklavier, gern auch den kleinen Flügel …

»Kauf ihn dir«, ermunterte mich Mausi. »Wir können deiner Familie ja sagen, ich hätte ihn dir geschenkt!«

Doch so viel Mut hatte ich noch nicht, noch vermochte ich die neue wirtschaftliche Lage nicht zu übersehen.

Aber es war eine Befreiung. Plötzlich waren die Zeitungen voller Anzeigen. Auch Autos wurden angeboten, sie mussten in unergründlichen Verstecken die Zeit überstanden haben. Mausi und ich fuhren sofort nach Hannover. In einem grauen Hinterhof, zwischen verkommenen Hauswänden, blinden Fensterscheiben, stand das weinrote Triumph-Adler Kabriolett, ein reizender Wagen, zierlich, charmant, so recht geeignet für uns, richtig auch für den kommenden Sommer. Sechstausendfünfhundert neue Deutsche Mark verlangte der Eigentümer, vielleicht hätte er ihn auch für weniger verkauft, aber wir waren ganz ungeübt darin, zu handeln, zu feilschen. Wir kauften ihn und fuhren heim durch Felder, die im Korn standen, durch Wälder, deren Bäume ihre belaubten Äste zu Kuppeln verzweigten, durch die Stadt Hameln, vorbei am Renaissanceschloss Hämelschenburg, das erhöht hinter den dunklen Säulen der Solitäre und den grünen Kugeln der Büsche lag und seine mit Glockenhelmen bestückten Treppentürme in den Wehrgräben spiegelte. Uns war, als sähen wir es zum ersten Mal, das Verdeck zurückgeschlagen, den heiteren Himmel über uns.

Ein unbeschreibliches Gefühl der Freiheit, des Aufbruchs, der Zukunftshoffnung!

Der Wagen war laut, ein kleiner Motor, aber wir liebten das Geräusch.

Jedoch – die Sowjetunion reagierte mit der Blockade Berlins. Die Mutter schrieb uns, mir und Michel: »Herzensjungens, die Tage waren natürlich schwer und ein ruhiges Herz hat man noch nicht, aber wahrscheinlich war es wieder einer der berühmten Kegelschüsse, mit denen mich der Schutzengel ja mit gesträubten Haaren – nun auch ziemlich ahnungslos – direkt ins Schwarze zu schicken pflegt. Na, wir wollen abwarten. Irgendwie wird sich diese schwierige Situation ja klären. Auf jeden Fall konnte man Berlin und die Berliner in dieser Zeit richtig lieb gewinnen, unsentimental, tapfer, ruhig, aber hilfsbereit und eben alle im selben Wurstkessel.«

Und nur wenige Tage später: »Berlin ist jetzt ein sehr unterschiedlicher Begriff. Wo Briefe nach dem Westen abgehen, weiß kein Mensch. Man muss die richtigen Briefkästen suchen und unter Umständen stundenlang laufen. Man sieht nur Trümmer, oft schon ziemlich weit abgetragen, ab und zu ist auch einmal eine Wohnung irgendwo erhalten geblieben, aus der auch einmal ein Mensch herausguckt. Ab und zu gibt es einen Trupp Männer, die Schwarzgeld verkaufen, Zigaretten oder so etwas, D-Mark oder russische Mark mit erheblichem Aufpreis. Manchmal, und das fällt auf in der gähnenden Leere der Straße, ist da ein Schutzmann. Wenn der einen ansieht, läuft es einem kalt den Rücken herunter, denn viele Menschen werden jetzt festgehalten. DM im russischen Sektor wird weggenommen. Rechts und links der Straße, ausgebrannt und niedergerissen, die Reichskanzlei, das ehemalige Göring-Palais, die Prinz-Albrecht-Straße, das kleine Goebbels-Palais und dann das Brandenburger Tor. Die Siegesgöttin darauf ist verschwunden und auf dem zertrümmerten Wagen weht die rote Flagge. Das eigentlich Erschütternde aber ist immer wieder der Tiergarten, wenn man daran noch nicht wieder gewöhnt ist. Der Blick tut sich auf über schlecht gepflegte Schrebergärten und verbrannte Baumstümpfe, die wieder ausschlagen, weit hin, über die Siegessäule hinweg, also tief, flach, grün. Ab und zu einmal ein Denkmal, das stehen geblieben ist, zum Beispiel das Goethes, das ich heute überhaupt zum ersten Mal richtig gesehen habe. Die Musen auf ihrem Sockel, ringsum, sind abgeschlagen, er aber steht groß, ruhig, selbstherrlich, unberührt. Ach, ich wünschte, ich hätte Euch hier. Man hört Radio, soviel man kann. Wir in unserer Wohnung, die in der Nähe des englischen Gouvernements liegt, haben relativ viel Strom, während in anderen Stadtteilen die Krankenhäuser und Betriebe, soweit sie es noch können, nachts arbeiten müssen. Die Trambahn kann man fast gar nicht mehr benutzen, weil sie nicht fährt, wegen der Stromsperre.«

### Das erste Kinderbuch

Es traf ein Brief der Fotografin Inge Petersen aus Aue bei Eschwege ein. »Hör mal«, rief ich Mausi zu und las ihn ihr vor: »Ich habe Ihr Buch *Der Löwe ist los* verschiedenen Verlegern gezeigt und kann Ihnen nun von einem, Erich Seemann, berichten, der mir dazu noch einen außerordentlich guten Eindruck macht. Heute schreibt er mir: ›Ich habe gestern Abend noch im Bett die Geschichte vom losgelassenen Löwen gelesen, und zwar mit besonderem Genuss. Die Geschichte hat mir ein Mordsvergnügen bereitet. Ich finde dieses Manuskript ausgezeichnet und freue mich darauf, Max Kruse kennenzulernen.‹« Erich Seemann leitete den Klemm Verlag, und ich war nicht wenig stolz darüber, dass *Peter-*

*chens Mondfahrt*, weltberühmt, dort erschienen war. Der Verleger reiste sogar selbst bald an, ein lebendiger, schon älterer Herr, schlank, nicht sehr groß, grauhaarig, mit wachen Augen.

Er saß am Abend mit uns zusammen und sagte zu mir:»Ihre Geschichte hat mir großes Vergnügen bereitet. Ich habe mich totgelacht, es ist ein wunderbares Kinderbuch. Nur eine Schwierigkeit habe ich – die Farbfotos! Sie sind hübsch und reizvoll, ich fürchte nur, dass der Druck zu teuer werden wird. Aber das Bücherverlegen ist insgesamt sowieso noch kein Thema, wir müssen die Auswirkungen der Währungsreform abwarten.«

»Meine Mutter vertritt die Ansicht, dass für die Kinder immer Geld da ist, für ihre Kinder geben die Leute immer viel aus«, antwortete ich.

»Das stimmt, aber vergessen Sie nicht die Konkurrenz! In gewissem Sinne sind alle Kinderbücher untereinander austauschbar. Die Titel sind nicht so wichtig, die Kalkulation entscheidet über Leben und Tod eines Buches, denn es muss erstens gut, zweitens amüsant, drittens vorzüglich reproduziert und viertens billig sein.«

»Ich hoffe, man wird meinen Löwen kaufen, weil man ihn besonders hübsch findet.«

»Ja, aber kein Vater, keine Mutter, keine Großmutter kann in der Buchhandlung den Text schon beurteilen. Zunächst spielt der Preis die entscheidende Rolle.«

»Ja nun«, meinte ich gedehnt, sogar ein wenig gekränkt in meiner Dichtereitelkeit, nämlich in der Annahme, man würde mein Buch den Buchhändlern doch geradezu aus der Hand reißen:»Aber die Fotos waren doch nun einmal der Anlass zu meinem Buch! Ohne sie wäre es gar nicht entstanden!«

»Und trotzdem wird man vor der Wahl stehen, ob man lieber auf das Buch verzichtet, oder …«

»Oder?«

»Nun, oder auf die Fotos! Illustrationen, einige davon vielleicht sogar nur schwarz-weiß oder zweifarbig, stellen den Druck vor viel geringere Probleme und sind daher auch viel billiger.«

»Ich glaube, dass kann ich meiner Mutter und Inge Petersen nicht zumuten. Schließlich haben sie lange dafür gearbeitet, sind im feuchten Garten herumgekrochen, haben die Puppen, die extra für die Fotos entworfen und gekleidet wurden, und die Tiere aufgestellt, die Szenen gestaltet, dekoriert. Nein, das kann ich ihnen nicht vorschlagen.«

»Dann muss ich es tun. Aber Sie müssen zumindest einverstanden sein.«

»Ich weiß nicht …« Ich rang mit mir. Mein erstes Buch, herausgegeben von einem renommierten Verlag, das war verlockend. Trotzdem hatte ich Hemmungen, von den beiden Frauen ein solches Opfer zu verlangen.

»Aber es wäre doch eine Chance für dich und das werden sie einsehen«, meinte nun Mausi, die bisher geschwiegen hatte. Diesmal ließ sie alle Bedenken gegen meine literarischen Ambitionen fallen.

»Das glaube ich auch, daher sollten Sie es sich gut überlegen«, erwiderte Erich Seemann.

Mit dieser lockeren Abmachung reiste er ab. Ich schrieb an Inge Petersen und die Reaktion kam prompt: »Ich kann durchaus verstehen, dass Sie gern möchten, dass der Löwe so schnell wie möglich erscheint. Ich will es auch und natürlich sind Sie der Autor dieses Buches. Aber warum die Fotos eine Belastung sein sollen, vermag ich nicht einzusehen. Im Gegenteil!«

Diese Antwort verstand ich gut, wenn sie mich auch für den Moment blockierte.

### Verhagelte Pläne

Ich hatte kaum an Gerda Erni in die Schweiz geschrieben: »Wir kommen, sobald es irgendwie möglich ist, auf keinen Fall lassen wir das Visum verfallen, es sei denn, dass etwas Ernstes dazwischenkommt«, da kam etwas dazwischen. Mausi hatte plötzlich Schwierigkeiten mit einem Weisheitszahn, er sollte gezogen werden, aber es wurde eine Quälerei, bei der versehentlich ihr Kiefer gebrochen wurde, ein Nerv durchtrennt. Mausi litt hinterher, lange, das Kiefergelenk blieb steif, schmerzte immer mehr. Der Zahnarzt in Pyrmont war überfordert, er wurde mit der Situation nicht fertig. In der Nähe von Stuttgart, also nah bei Mausis Mutter und Vater, gab es eine renommierte Kieferklinik, Stetten hieß der kleine Ort, in grüne Landschaft eingebettet. Dort ließ Mausi sich anmelden, ich fuhr sie im weinroten Auto hin und blieb die erste Zeit. Sie wurde mehrmals operiert, weinte vor Schmerz und vor Angst, wurde mit Penicillin vollgepumpt, in Ober- und Unterkiefer wurden zwei Stahlschienen befestigt, die Kiefer aufeinandergepresst.

Als das Schlimmste überstanden war, nahm ich Abschied. Sie empfing mich im Bett, blass, ja weiß, und flüsterte durch die Lippen, die sie nur wenig öffnen konnte: »Ob ich bis Ende August mit dir in die Schweiz reisen kann, weiß ich nun nicht. Der Chefarzt, ein rechter Brummbär, redet von sechs Wochen, andere meinen, es könnte wohl auch schneller gehen.«

»Nun hab Geduld. Das Wichtigste ist, dass du gesund wirst. Kannst du denn essen?«

»Ich bekomme nur flüssige Nahrung, ach, das ist ein Kummer, erst Suppe aus dem Röhrchen, dann flüssigen Kartoffelbrei, also auch Suppe, und dann noch mal Suppe. Ich bin als ein ganz schwerer Fall eingeliefert worden und die Ärzte haben irrsinnig geschimpft über meinen Zustand, es war ein Glück, dass ich noch rechtzeitig zur Operation kam, sonst wäre das ganze Gelenk von Eiter zerfressen worden.«

Ich musste sie allein lassen und kehrte wieder heim, in die Firma, sie litt schweigend, schrieb sehnsuchtsvoll, lag im Park der Klinik, las, neue Bücher, aber nur leichte Kost, eben auch »flüssige Dichtung« oder »literarische Suppe«, wie sie es nannte, wobei sie zu lächeln versuchte, so gut es ihr mit zusammengepressten Kiefern gelang.

Ich besuchte sie nach zehn Tagen erneut, jagte dauernd mit neunzig über die Autobahn, was damals ein waghalsiges Tempo war für den kleinen Wagen und was den Motor strapazierte. Ich wohnte bei meiner adeligen Schwiegermutter mit dem langen Gesicht, die selten lächelte und jetzt ja auch keinen Grund dazu hatte. Sie nahm mich nicht gerade unfreundlich auf, aber doch kühl, vielleicht nur gehemmt. Ich fuhr täglich ins Krankenhaus, Mausi empfing mich blass, sehr blass, aber liebevoll und bemitleidenswert.

Ich fuhr mit der sinkenden Sonne, von der die grüne Hügellandschaft vergoldet wurde, nach Stuttgart zurück, trank Württemberger Wein, machte einmal einen Ausflug in den Schwarzwald, ins verwunschene Dörfchen Zavelstein auf der Höhe, verweilte still im Burghof vor Wehrmauer und Burgturm, wo nur der Brunnen ein silbermelodisches Lied sang, schloss den Ort in mein Herz.

In Pyrmont wurden mir die Abende lang, nicht die Tage, höchstens der Samstag und der Sonntag, wenn in der Werkstätte nicht gearbeitet wurde, wenn ich allein war, das große Haus leer und still. Einmal kam Dorette zu mir, sie fuhr mit dem neu eingerichteten Bus von Pyrmont nach Holzhausen, ich kochte für uns beide, das konnte ich und tat es gern. Sie musizierte, saß wie ein verhungerter Vogel am Klavier, spielte Chopin. Sie ging mit Chopin um wie mit einem Freund, auf dessen Empfindsamkeit sie antwortete.

Abends gab es Gespräche bis tief in die Nacht, Gespräche, die noch fortgesetzt wurden, als wir bereits in den Betten lagen, in verschiedenen Zimmern, aber die Tür dazwischen stand offen, ich mochte dieses Reden von Bett zu Bett durch die Dunkelheit, wo die Worte Bänder knüpften, wo man den anderen nicht sah, nicht sein Gesicht, seine Regungen, Bewegungen, wo man nur durch seine Stimme mit ihm verbunden war. Es erinnerte mich auch an die Knabenzeit in der Odenwaldschule, an die nächtelangen Debatten mit meinem Freund Diether in unserem Zimmer, von schmalem Bett zu schmalem Bett, wobei die großen Kuppeln der Bäume draußen durch die geöffneten Fenster ihre dunkle Melodie dazugaben.

Vielleicht war die Atmosphäre hier ähnlich. Gewiss, die Fenster standen ja auch offen, es war eine warme Sommernacht, kuppelgroße Bäume freilich gab es draußen nicht, nur weiter unten vereinzelte Obstbäume in der abfallenden Wiese, die im Übrigen duftete, nicht gerade stark, aber doch mit einem Aroma, das die Zimmer erfüllte.

Ich war froh, einmal mit einem Menschen, der mir so nahstand, so freundschaftlich wie Dorette, und der dennoch ein fremder Mensch war, nicht familiär verbunden, über meine ureigensten Probleme reden zu können. Es drängte mich danach, meine Stimme war ein wenig heiser, ich hatte das schon ein andermal festgestellt, dass ich besonders gern über mich redete und dass ich dann heiser wurde, heiser vor innerer Beteiligung. Dorette antwortete nicht viel, aber ich spürte, dass sie meine Worte in sich aufnahm.

Das Schweigen währte eine Weile.

Dann, unerwartet: »Soll ich in dein Bett kommen?«

Ich war so verblüfft, dass ich nichts antworten konnte, weder Ja noch Nein herausbrachte.

Mausi hatte mir oft und oft – aber vielleicht nur aus Koketterie – gesagt, dass sie mir kleine Seitensprünge nicht übel nehmen würde, wenn es nur Seitensprünge blieben. Die Konsequenz meiner Antwort überlegte ich mir nicht.

Da hörte ich, dass Dorette aufstand. Sie kam barfuß. Als sie vor meinem Bett stand, dunkel in der Dunkelheit, schlug ich meine Decke zurück, davor stehen lassen konnte ich sie nicht! Sie schlüpfte darunter, streckte sich neben mir aus. Ich fühlte sofort, wie mager sie war, das hatte etwas Rührendes, Mitleiderregendes, ich spürte ihre Beckenknochen. Ich legte meinen Kopf auf ihre Halsbeuge, denn ich empfand ja große Herzlichkeit für sie und mochte ihr nicht wehtun. Ihr Haar berührte meine Stirn, es war ein wenig spröde.

Ihre Wange strömte einen schwachen Duft nach Parfüm aus. Ich schob meinen Arm unter ihren Kopf, den sie ein wenig anhob, und fasste ihre andere, mir abgewandte Schulterkugel. Aber was sollte ich tun? Es sprang kein Funke über, es regte sich nichts, ich spürte nichts, nur ein warmes, liebevolles Gefühl, aber das war nicht genug. Ich empfand das und litt darunter, aber da war nichts zu machen. Ich lag still da, denn mir fiel nichts anderes ein, und ließ meine Hand auf ihrer Schulter liegen, bewegte sie streichelnd.

Sie wartete. Aber sie verstand bald. Es war alles nach wenigen Atemzügen vorüber. Sie küsste mich auf die Backe und stand rasch auf, mit einer Entschlossenheit, die auf mich ein wenig rigoros wirkte, wie wenn sie sich befreien wollte aus einer unhaltbaren Situation.

Ehe ich noch etwas sagen konnte – aber wollte ich das? –, huschte sie in ihre Stube zurück, kroch in ihr Bett.

Nach einer kurzen Pause sagte sie leise:»Das darfst du nie mehr tun – nie mehr!«

Ich antwortete nicht. Ich hatte ja auch gar nichts getan. Aber das war es ja eben.

An diesem Abend blieben wir stumm, am nächsten Morgen gingen wir miteinander um wie immer, als sei nichts gewesen, frühstückten in Freundschaft und erwähnten diesen Vorfall nie. Ich dachte, dass es schon so sei, wie Käthchen sagte:»Die Zeit, der Ort und die Geliebte müssen zusammenpassen.«

Nur die Zeit und der Ort hätten gepasst.


### Käthe Kruses Geburtstag

Meinen kleinen Essay, diesen jugendlich leidenschaftlichen Artikel für ein neues Denken, für ein vereinigtes Europa, den ich kühn *Die große Diskussion* genannt hatte, fand die Freundin Lilly Schöningh, eine Anhängerin Konrad Adenauers, beachtlich und brachte mich mit einem jungen Architekten zusammen, der eben erst die Tochter des Bürgermeisters von Bad Pyrmont geheiratet hatte, was auch deshalb klug war, weil der Bürgermeister das führende Architekturbüro Pyrmonts innehatte.

Dieser Architekt gründete eine Kreisgruppe der Europa-Union. In geheimer, demokratischer Wahl wurde ich sein Stellvertreter.

Von Mausi aus Stetten kamen gute Nachrichten, sie wollte heim und ich holte sie ab, es wurde eine Fahrt durch den Spätsommer, wir legten einen Zwischenaufenthalt im Osterwald bei Salzhemmendorf ein, zur Erholung, da nahm uns ein kleines Gasthaus auf, dicht am Wald, mitten unter den Bäumen. Moy, unseren schwarzen Pudel, hatten wir bei uns. Wir wurden verwöhnt, brauchten keine Lebensmittelmarken mehr abzugeben, Butter gab es reichlich, auch Schinken und Käse, es herrschte an nichts Mangel. Wir wanderten in die einsamen Wälder, auf die menschenleeren Höhen, lagen allein im dämmrigen Grünlicht unter hohen Kiefern. Mausi setzte ihren marmorweißen Körper dem Licht und der Luft aus, beides hatte sie im Krankenhaus entbehrt, lag auf braungrünem Grund, Moy hechelte und stellte die Ohren auf, achtete auf die Geräusche. Aber da war nur Stille, höchstens der Wind und einmal ein Knacken, ein Rascheln. Eichhörnchen sprangen von Ast zu Ast, Spechte klopften, überhaupt übten sich Vögel in vielfältigen Zwitschergesängen.

Ich hatte ein Buch von einem Arzt und Nobelpreisträger bei mir, Alexis Carrel. Der blaue Band trug den Titel *Der Mensch, das unbekannte Wesen*. Das faszinierte mich. Ich las es so langsam, wie ich noch nie gelesen hatte, so sorgfältig, nachdenklich, machte mir viele Striche, Kreuze und Fragezeichen an den Rand, verunstaltete das Buch so, dass ich mir später noch ein zweites Exemplar kaufte, Ästhet, der ich war. Besonders hatte es mir das Kapitel *Geistige Lebensäußerungen* angetan, ich schrieb mit Bleistift eigene Anmerkungen dazu: »Es gibt keine Trennung zwischen Körper und Geist«, ich sah mich darin bestätigt, dass jeder Mensch mit anderen geistigen Fähigkeiten zur Welt kommt und dass seine Möglichkeiten, seien sie nun groß oder klein, der ständigen Übung bedürfen. »Es ist ganz klar, dass ich geistig vertrockne und nicht mehr schreiben kann«, sagte ich zu Mausi und war bekümmert. »Es fehlt mir ja völlig an Anregung, jetzt, wo ich Kaufmann geworden bin.«

*Mechthild (Mausi) im Osterwald mit Pudel Moy*

»In Donauwörth wird es vielleicht besser«, meinte sie. Sie war recht zufrieden mit ihrem Dasein als Betriebsleiterin und Gattin des Chefs und zog es der kümmerlichen Existenz an der Seite eines erfolglosen Schriftstellers bei Weitem vor.

Als der September seine Mitte überschritt, festlich und unberührt von den Nöten der Zeit, beging Käthchen ihren fünfundsechzigsten Geburtstag. Für sie war es eine Pflicht, gern hätte sie sich irgendwohin verkrochen, allein mit ihren Gedanken.

Sie wusste es nicht, denn der Mensch weiß die Zukunft nie voraus, aber sie ahnte, dass dieses Fest einen Abschied einläutete, den Abschied von mehr als fünfundzwanzig Jahren Arbeit in Bad Kösen. Hier war, nach den primitiven Anfängen in Berlin 1910, ihre erste Werkstätte entstanden, von hier waren ihre Puppen in die Welt gegangen. Hier hatte sie gearbeitet, ohne jeden Urlaub, ohne Sonn- und Feiertage, ein Leben der Unermüdlichkeit. Tausende von Briefen hatte sie hier diktiert, Puppen entworfen, kontrolliert, Prospekte gestaltet, Artikel und Rundfunkbeiträge geschrieben, war interviewt worden, hatte ihre ersten Kinder großgezogen und die letzten beiden zur Welt gebracht. Bad Kösen – das war Käthe Kruse.

Und nun ging diese Epoche zu Ende. Sie glaubte nicht, dass sie die Werkstätte in der sowjetisch besetzten Zone erhalten konnte. Kummer empfand sie wohl, aber immer vertraute sie auch auf ihr Glück.

Es begann schon in der Frühe, im warm leuchtenden Licht des Herbstes. Da kamen die Blumen, Sträuße, Rosen. Das kleine Blumengeschäft unter der Saalebrücke konnte die Anforderungen kaum erfüllen. Die Vasen reichten bald nicht mehr aus. Bis zum Abend war die Stube ein Blumenteppich. Dazu die Briefe, die Telegramme. Verschiedene Abteilungen der Landesregierung, der Ministerpräsident, schickten Telegramme und Schreiben mit handgemalten Adressen, die Besucher waren nicht zu zählen, und sie empfand, dass die Menschen es ehrlich meinten, und das bewegte sie.

Die Tochter Fifi hatte das Büro in einen Festsaal verwandelt, auf Reihen von Stühlen warteten die Mitarbeiter, die Gäste. Und wieder Blumen, Blumen, Blumen. Die Tochter Mimusch hatte aus dem Kurorchester ein Streichquartett gebildet, das intonierte – mehr oder weniger richtig, oder auch falsch – Musik. Nun ja, dachte Käthchen, es muss wohl sein. Ihr Augenmaler hielt eine Rede im Namen aller, Dank für die gute Zusammenarbeit … viele Jahre … gute Wünsche … Versprechen der Treue … Man würde nicht nachlassen … Und war stolz, dazuzugehören. Er sprach schwitzend vor Lampenfieber, meinte es aber herzlich. Der Bürgermeister redete im Namen der Stadt, die ebenfalls stolz war, und Käthchen wünschte sich, dass gerade er im Amt bleiben könnte, aber das war mehr als unsicher, denn er war ein anständiger Mann.

Es gab noch viele Reden, wie das üblich ist.

Um sechs Uhr abends ging Käthchen ins Privathaus, die Straße lag im letzten warmen Licht, die Bäume leuchteten, nach acht Uhr kamen noch einige Freunde; später, zum Ausklang des Tages saß sie noch eine halbe Stunde allein mit ihren beiden Töchtern bei Kerzenlicht, dankte ihnen, dachte an ihre beiden toten Söhne und an uns in Donauwörth und Pyrmont und meinte:»Es wird schon alles wieder gut werden!«

## Reise in ein Märchenland

Drei Tage vor Käthchens Geburtstag, Mitte September 1948, fuhren Mausi und ich endlich in die Schweiz. Im Zug rollten wir nach Süden, Basel war unser erstes Ziel. Der Grenzübergang war ein Abenteuer, nicht äußerlich, obwohl wir genau und umständlich kontrolliert wurden, die Pässe, die Visa, die Einreisegenehmigungen. Nein, allein dass wir wieder einen Pass besaßen, mit dem wir Deutschland verlassen, in andere Länder reisen konnten, erschien uns wie ein Wunder. Wir betrachteten die grünen Hefte unserer Pässe verklärt, wie Zauberbücher, die den Zugang zu feenhaften Reichen öffneten.

Ja, äußerlich lief alles korrekt und ohne Sensationen ab, die Sensationen fanden in unserem Inneren statt. Als wir den zerstörten deutschen Bahnhof Basels hinter uns gelassen hatten, die düstere Halle, die im Dunkeln noch düsterer, schmutziger, von innen heraus zerstört und verwahrlost aussah, als wir das kurze Stück zum Schweizer Bahnhof hinüberfuhren, kamen wir ohne Übergang in eine Welt aus flutendem Licht und Reichtum und schauten uns an wie selige Kinder vor dem Weihnachtsbaum.

Wir verstanden das alles nicht, diese Helligkeit, die bunten Auslagen, die vielen Plakate, die gut gekleideten Menschen, für die Not und Entbehrung Fremdwörter waren. Alles schien uns wie in Gold getaucht.

Ein wohlsituierter Kaufmann holte uns ab, so war es auf der Hannovermesse verabredet worden, er hatte uns eingeladen, bei ihm zu wohnen, die Tage unseres ersten Aufenthaltes in dieser

Stadt am Rhein. Er begrüßte uns mit seinem alemannischen Akzent, hochdeutsch frisiertem Schweizerdeutsch, und fuhr uns in seinem Wagen heim. Das war ein amerikanisches Auto, so geräumig, so komfortabel, ein Traum, fand ich, leise schnurrte es durch die Straßen, schwebte vorbei an leuchtenden Schaufenstern mit überquellendem Warenangebot, vielfarbig, wie von Aladins Wunderlampe herbeigezaubert.

Helligkeit und Wohlhabenheit atmend war auch der Aufgang zum Haus, es lag in einer kleinen, freundlich beleuchteten Gasse, dann stieg man einige Stufen im schmalen Gang hinauf, das Gebäude war alt, hundert Jahre oder mehr, ehrwürdig, das Alter war nicht mit Verfall verbunden, es machte alles noch kostbarer.

Wir wurden herzlich aufgenommen, von der Gattin, von den Kindern, die reinstes Baseldütsch sprachen, zu meinem Entzücken, ich freute mich, dass ich die Kinder verstehen konnte.

Aber ich empfand bekümmert, wie schäbig mein Anzug war neben dem des Hausherrn, der sich in feinstes englisches Tuch kleidete, auf die seriöse Schweizer Weise. Der kleine Bauch, über dem die Weste spannte, gehörte dazu. Es wurde an langer Tafel gegessen, auf weißem Damast, auch hier empfanden Mausi und ich die Wohlhabenheit, weniger eine des Geldes, schon gar keinen zur Schau gestellten Reichtum, sondern die Saturiertheit, das so Selbstverständliche, lang Erhaltene, Gepflegte der Dinge, was sogar auf die Art abfärbte, wie man miteinander umging. Ich vermochte es nicht zu erklären, es war wohl die Sicherheit, in der man lebte, dieses völlig Gelassen-Gesättigte, Unerregte. Man atmete gewissermaßen ruhiger. In Deutschland saß uns der Schrecken immer noch in den Knochen, wir waren uns des Friedens ja keineswegs sicher, es gab die Blockade Berlins und die Sorge, die Gegensätze der früheren Alliierten könnten weiter eskalieren, bis zu einem Krieg, zumal ja der Kalte Krieg herrschte, wie man es nannte.

Nichts davon hier. Man lebte mit zurückgelehnter Seele. Und das Speisezimmer war in Licht getaucht. Das Porzellan vom Feinsten, die Suppe edel, der Braten, nicht zu viel, aber köstlich, Gemüse des Herbstes, noch wurde im eigenen Land, im Tessin, geerntet. Und danach Mousse au chocolat.

Noch einmal das Porzellan: Der Hausherr war Sammler; mit seinem anheimelnden Bäuchlein, also in behaglicher Fülle lebend, zeigte er uns seine Vitrinen. Da standen die zierlichen Schalen, Vasen und Figürchen, Tänzerinnen, Harlekine, Zofen, Edelleute in Zopfperücken, auch Barockfigurinen, und eine besondere Kostbarkeit: der Hof Friedrichs II. von Preußen, also der König mit der Querflöte, äußerst zerbrechlich, und Meister Johann Sebastian Bach am Cembalo. Vor allem aber, und immer wieder, durch alle Epochen, die zierlichsten Mädchen, die mit Raffinesse mit Hüfte, Standbein und Spielbein, Fußspitze und Ferse spielten, anmutig die Büsten, anmutig die Köpfchen.

Der Hausherr war von seinen Porzellanfigürchen immer wieder aufs Neue entzückt und sagte es auch. Wie sollten wir ihm nicht gern bestätigen, dass auch wir alles hübsch fanden.»Mein Gott«, rief ich Mausi zu, als wir in unserer kleinen, so sauberen Stube in den weichen Betten lagen und tief und entspannt atmeten. Und sie verstand mich, ohne dass ich meinen Stoßseufzer hätte erklären müssen, denn sie antwortete:»Ja, dass es das alles noch gibt!«

»Und dass es sich erhalten hat, über all dem Wahnsinn von Nationalsozialismus und Krieg, Konzentrationslagern und Bombenterror.« Es war dunkel und ich schaute zum schimmernden Fenster. Da sah ich die spitzen Giebel der Stadt.

Jetzt waren die Tage ein Fest. Mausi und ich gingen wie träumend durch die Straßen, fast taumelnd, wenigstens mit der Seele, beschauten die Schaufenster. Da unser Gastgeber schon auf der Hannovermesse einige Puppen bei uns bestellt hatte, die wir ihm jetzt liefern konnten, und da er sie in Schweizer Franken bezahlte, erwarb ich gleich englische Stoffe für zwei Herrenanzüge, Fresco und fil à fil, ich lernte diese Fachausdrücke erst hier. Der Verkäufer war von ausgesuchter Höflichkeit, wir gingen an Banken und Wechselstuben vorüber, wo man unsere Deutsche Mark eingetauscht hätte, der Kurs stand auf achtzehn Schweizer Franken für

Hundert Deutsche Mark, ich war noch viel zu unerfahren, um auch nur zu ahnen, dass sich, wenn der Kurs der Mark stieg, hier ein Vermögen hätte verdienen lassen, ohne einen Finger zu rühren. Nicht, dass ich den Mut dazu gehabt hätte, meine Franken in Mark oder gar in deutsche Aktien zu tauschen, ich kannte solche Mechanismen nicht einmal, auch die Börse war fast ein Fremdwort für mich, obwohl Mausi Aktien des väterlichen Konzerns besaß, die jetzt kaum einen Pfifferling wert waren – aber gerade deshalb die wertvollsten Spekulationsobjekte waren. Doch auch zum Spekulieren muss man begabt sein.

Ich war dafür begeistert über einen unscheinbaren Gegenstand, den mir mein Gastgeber geschenkt hatte und der hier in allen Schaufenstern auslag – ein Kugelschreiber. Wie leicht es sich mit der rollenden Kugel schrieb! Vielleicht beseitigte das meine Schreibhemmung, denn mit Füllfederhalter oder Bleistift hatte meine Hand so viel Widerstand zu überwinden, da schrieb ich nicht leicht und rasch genug, meine Gedanken waren unendlich viel schneller; bevor ich sie festmachen konnte, vergaß ich sie.

Ach, wenn nun eine neue Ära des Schreibens begänne! Hier und heute.

Aber dann stellte ich fest, dass die Kugelschreiber noch weit in den Schatten gestellt wurden von einem Gerät, das ich in Zürich entdeckte, kaum größer als eine Zigarettenschachtel, silbrig, aus Metall. Ein winziges Mikrofon war eingearbeitet, und unsichtbar im Inneren drehte sich ein silberner Draht an einem Tonkopf entlang. Da konnte man hineindiktieren und alles wurde festgehalten, das war doch wirklich Zauberei: Nie mehr mit der trägen Hand schreiben, nur noch sprechen, wo immer ich wollte, auch nachts, im Dunkeln, im Bett.

Ich betrat das Geschäft, fast scheu, ließ mir das Gerät erklären, vorführen, rang lange mit mir, aber der Preis betrug über tausend Franken, dazu brauchte ich auch noch Zubehör. Das war eben doch viel Geld, ich begnügte mich vorläufig mit dem bunten Prospekt, ich konnte es mir ja überlegen und Mausi meinte:»So etwas wirst du in Deutschland auch bald bekommen.«

Da mochte sie recht haben und es war wohl klüger, das Schweizer Geld für anderes aufzubewahren.

Danach Zürich – die Bahnhofstraße, eine der elegantesten Einkaufsmeilen Europas, ich genoss den Bummel trotz schmerzendem Rücken, hinauf und hinab, vom Bahnhof zum See, wo ich mit Mausi stand, auf den hellgrauen Spiegel schaute, auf die fernen Berge, die Schwäne fütterte, die lautlos herantrieben. Da dachte ich an meine Kindheit, an die Kindertage, als ich hier war, ebenso die Vögel fütternd, und als ich die Zeit festhalten wollte, um bei der Mutter bleiben zu können, die ihre Zürcher Kunden besuchte und mich aus dem Kinderheim in Arosa hatte kommen lassen. »Sechzehn Jahre ist das nun her«, überlegte ich, »ist es nicht fast ein Menschenleben? So schnell vergehen die Jahre und was ist alles passiert seitdem, die halbe Welt ging in Trümmer.«

Mausi nickte, wir hielten uns an der Hand.

In Zürich bot ich unsere mitgebrachten Puppen an, bis auf einige Einzelstücke, die ich als Geschenke brauchte. Allein das große Spielwarenhaus Franz Carl Weber, eines der besten Europas, kaufte mehr als die Hälfte, froh, sie wieder in sein Sortiment aufnehmen, sie in seinen Schaufenstern ausstellen zu können; da drückte man bei den Preisen und sogar bei kleinen Qualitätsmängeln die Augen zu. »Sie haben mir gefehlt«, meinte der Chef Karl Weber. »Gut, dass diese Zeit endlich vorüber ist!«

Die restlichen Puppen bekamen ein guter alter Kunde der Mutter in St. Gallen und das Züricher Kaufhaus Jelmoli, wo Mausi und ich gleich einen Teil unseres Geldes für neue Einkäufe verwendeten – wir schwelgten in Qualität.

Der alte Karl Weber (der sich selbst mit einem K schrieb) erinnerte sich noch gut daran, dass er mir 1937 Gottfried Kellers Buch *Der grüne Heinrich* geschenkt hatte, und sagte zu mir: »Nun sind Sie kein grüner Heinrich mehr.«

Mausi und ich waren bei Maria Kläui-Pedrini untergebracht, die nur eine kleine Wohnung hatte. Auf halber Höhe über Zürich lag unser schmales Zimmer mit berückender Aussicht auf Stadt und See. Maria war eine herzensgute Frau mit strengem grauen Bubikopf, sie freute sich, dass wir gekommen waren, denn sie verband eine besondere Beziehung mit Käthchen. Vor fast fünfzig Jahren hatte sie in Ascona die ersten beiden *bambini* Käthe Kruses betreut, gewaschen, gewickelt, Maria Speranza und Sofie Ostara, daher auch die italienisch klingenden zweiten Namen: Speranza – die Hoffnung, Ostara, der Frühling, auch Ostern und der Osten. Maria Kläui-Pedrini war der einzige Mensch, der miterlebt hatte, wie Käthe Kruse ihre erste ungelenke Puppe gemacht hatte, aus einem Handtuch, das sie mit Sand füllte, damit die Puppe schwer war wie ein lebendiges Kind und die Glieder fallen ließ, eben auch wie ein Kind. Später hatte Maria Pedrini den Züricher Maler Kläui geheiratet und war mit ihm in seine Heimatstadt gezogen.

Nun sah ich diese Stadt bei Nacht von der Höhe, wo alles im tiefsten Dunkel lag, im Dunkel der Erde, die schwarz war, unter dem Himmel, der schwarz war. Aber die Stadt leuchtete, so wie am Himmel die Sterne funkelten, Milliarden. Und so strahlten unten, nur viel dichter beieinander, die Lichter der Großstadt, die Leuchtreklamen in allen Farben, ein sowohl blitzendes wie verharrendes Feuerwerk, weit ausgedehnt in der Ebene am See, nachts einer der hübschesten Anblicke, so wie jede Stadt von oben betrachtet sich nachts ins Zauberhafte verwandelt.

Es fiel mir jedes Mal schwer, mich loszureißen von diesem Anblick, es war wirklich wie Magie, es erfüllte mein Herz mit Glück und gleichzeitig mit Schwermut, ich fühlte eine unbenennbare Sehnsucht, vielleicht war sie sogar unstillbar, dabei entbehrte ich doch eigentlich nichts, ich hatte alles, was mein Herz begehrte, vielleicht mit Ausnahme dichterischer Erfüllung.

Wir fuhren nach Chur, die von Kindheit an vertraute Eisenbahnstrecke entlang am Walensee, unter den Sieben Churfirsten, der mächtigen Kette, den Felszacken, die den Himmel ritzten. Darunter lag der See, dunkel, wie zusammengepresst. Mit welchen Empfindungen war ich als Kind diese Strecke gefahren, Freude und Schmerz, davon spürte ich heute nichts, ich war heiter, ausgeglichen, entspannt, ich ließ meine Seele baumeln.

Am Bahnhof in Chur standen Gerda und Paul Erni, Schweizer wie aus dem Bilderbuch. Herr Erni ein kleiner Mann mit ausdrucksvoll modelliertem Gesicht, lebendig, fröhlich, mit scharfen Augen und gern scherzend, Gerda Erni mütterlich – sie hatte ja auch Kinder. Sie fuhren uns zu ihrem kleinen Haus in den Schönmattweg, von dort schauten wir über Gärten auf die Graubündener Berge, den Kranz ringsum, nun war es Herbst, das tat malerischen Augen gut, alles war farbig, bunt, glühte.

Mausi und ich bekamen ein Zimmer eine Holztreppe hinauf, auch die Wände waren holzvertäfelt und alles roch nach Fichten oder Kiefern, nach Harz und ätherischen Ölen, ich atmete es gern ein und fand es herrlich.

Ernis waren voll Interesse für alles, was Deutschland betraf, das Leben in dieser schlimmen Zeit, sie konnten die Verwüstungen, die Entbehrungen, die Ungewissheit kaum nachvollziehen, sie hörten alle Berichte wie Geschichten aus einer anderen, fremden Welt. Es wurde zwar auch noch von der Möglichkeit eines Zweigbetriebes in der Schweiz gesprochen, aber das war nun in die Ferne gerückt, Ernis verstanden die Gründe gut, die mich bewogen hatten, mit Bruder Michel in Donauwörth zusammenzugehen.

Paul Erni zeigte uns die Umgebung, gemütliche Bündner Gasthäuser, wo wir anheimelnd bewirtet wurden. Paul Erni amüsierte sich darüber, dass ich kein Bier trank, sondern die Schweizer Ovomaltine bevorzugte, das kraftspendende Malzpulver, das in Milch gelöst wird und nach Schokolade schmeckt. »Das ischt doch öppes für Chinder!«, mit gaumig-kehligem K gesprochen. Ich ertrug seinen Spott gern. Wir aßen dunkelrotes, hauchdünn geschnittenes salziges Bündnerfleisch. Und es fehlte nicht viel zur Verbrüderung.

Abends im Bett, innerhalb der Wände mit ihrem wohlriechenden Arom, sagte Mausi: »Weißt du, ich hatte mich etwas davor gefürchtet, dass die Schweizer uns Deutsche hassen würden, denn müssten sie uns nicht hassen, nach allem, was geschehen ist? Aber nun bin ich froh, dass man uns doch viel Sympathie entgegenbringt.« Das sagte sie, die mit einem jüdischen Elternteil unter den Nazis, also unter den Deutschen, gelitten hatte und immer unterdrückt, gefährdet gewesen war.

Wir schenkten den Ernis eine Puppe Mäcke mit strohblonden Haaren, die ich lebendiger Max ja nicht hatte, meine waren braun – mit blauen Augen, die ich ebenfalls nicht hatte, meine waren dunkel, aber die nun einmal meinen Namen trug. Und wir übergaben – verkauften – ihnen fünf weitere Puppen, die sie für ihre Bekannten und Freunde haben wollten.

Paul Erni hatte sich angeboten, das Geld zu verwalten, das ich in der Schweiz eingenommen hatte, es waren nun noch siebentausend Franken, außer den Mitteln, die wir für unseren weiteren Aufenthalt zurückbehalten hatten. Ich durfte damals als Deutscher kein Geld im Ausland besitzen, keine Devisen. Paul Erni versprach, ein Sonderkonto dafür auf seinen eigenen Namen einzurichten.

Mit herzlicher Umarmung schieden wir voneinander.

### Noch einmal – Ascona

Ich erfüllte mir einen Traum, wir fuhren in den Tessin, nach Ascona. Über zehn Jahre lang, über die Schrecken des Krieges hinweg, war dieser Ort meine Sehnsucht gewesen, die Fata Morgana meiner Wünsche. Nun freute ich mich, ihn meiner Mausi zeigen zu können, wie wenn er mein Eigentum gewesen wäre.

Der Reiz des Orts umfing auch sie sofort. Nur kurz wohnten wir in einem Hotel, im üppigsten Garten, aber zu teuer, wir suchten uns ein Privatzimmer, in dem wir auch kochen konnten, fanden es am Hang unter dem Monte Verità, in einem Steinhaus, linksseitig in enger Gasse, die zwischen grauen Mauern auf Steinpflaster hinaufstrebte, manchmal von niedrigen Stufen unterbrochen.

Diese Gasse, dieser Aufweg war schmal und beschwerlich, unsere Wirtin glich einer Hexe, doch das alles machte nichts. Unter uns, wenn wir auf den Balkon traten, breitete sich der Ort aus, malerisch, mit den grünen Bambusbüscheln, den dekorativen Palmwedeln, den Mimosen, den über die Mauern hängenden Bougainvilleen, den Weinranken, den Araukarien, Rotbuchen, Kastanienbäumen – und dem Kirchturm, in dem sich die großen Räder des Glockenspiels sichtbar drehten, wenn die Glocken angeschlagen wurden und wenn ihre Melodie über den Ort und den See schallte, von den Bergen aufgenommen und freundlich zurückgeworfen. Ich liebte diesen Klang seit meiner Kindheit; wenn ich ihn auch nicht mehr in den Ohren gehabt hatte, in meinem Herzen hatte er immer genistet.

Dazu der Lago Maggiore, das dunkle Auge, er streckte sich lang in den Süden, verschwamm dort mit dem Himmel zu einem einheitlichen, das Oben und das Unten umfassenden Licht, ließ sich gern von den Höhenzügen einrahmen, hielt die Pflanzenpracht der Inseln von Brissago dem Himmelsblau entgegen.

Hier verbrachten wir drei Wochen, Wochen des Glücks. Ich fotografierte Mausi vor dem großen Schrankspiegel, wie sie sich die Haare im Nacken hinaufschob, wobei ihr Körper die warme Farbe des Herbstlichts annahm. Wir lebten wie im Schlaraffenland, Birchermüsli, Cornflakes, Obst, Honig, Schlagsahne, Zucker. Wir schlemmten auch mittags, Risotto mit Steinpilzen, Fisch, Spaghetti. In dieser Zeit nahm ich neun Kilo zu und war immer noch dünn, zumindest aber, fand Mausi, sah ich nun aus wie ein richtiger Mann und nicht mehr nur wie ein Kleiderständer. Auch sie nahm zu, nicht so viel wie ich, aber doch so, dass ich es aus Höflichkeit übersah. Wir frühstückten auf dem Balkon, im Angesicht der rotbraunen Dächer, der Baumwipfel, des Sees und kniffen die Augen zusammen, weil das Licht so stark war, dass es blendete.

Wir besuchten eine Bekannte der Mutter, eine Bankiersgattin, die uns als Millionärin geschildert worden war, und das war sie wohl auch. Das Haus war eines der schönsten in Ascona, auf einer Felsnase gelegen, die sich über einer Haarnadelkurve in die Straße nach Brissago hineinschob. Hier, im verschwenderischsten Grün, umgeben von Blumen, stand das Haus, wie aus einer Ar-

*Mechthild (Mausi) auf dem Römerweg in Ascona*

*Max und Mechthild (Mausi) oberhalb von Ascona*

chitekturzeitschrift für die vornehme Welt, hellgelb, lang gestreckt. Die Dame empfing uns höflich, aber reserviert, sie war eine kleine, zur Fülle neigende Frau, behängt mit langen Perlenketten. Ihre Freundin, die Gattin des Diplomaten und Kunsthistorikers Wilhelm Hausenstein, war gerade bei ihr zu Gast und übernahm es, Mausi und mir die Gemäldesammlung zu zeigen und zu erläutern. Die Bilder waren geschmackvoll gehängt in zwei geräumigen, hellen Zimmern, durch deren geöffnete Fenster der Gesang der Vögel hereinschallte. Wir sahen zum ersten Mal Originale von Vincent van Gogh aus Arles, von Monet, Manet, Masken des Flamen James Ensor, unbezahlbare Schätze, damals schon, weit über den Kunstwert hinaus auch ein materielles Vermögen, das von Jahr zu Jahr an Wert gewann, astronomisch.

Als die Mittagsstunde nahte, komplimentierte uns die Hausfrau höflich hinaus: »Leider kann ich Sie nicht zum Essen einladen, dazu reichen meine Mittel nicht!«

Sie meinte, dazu bin ich zu arm! Nun hatten wir ja gar nicht bleiben wollen, aber diese Begründung, angesichts dieses Wohlstandes, brachte uns doch zum Lachen. Mausi meinte ironisch: »Da sieht man's mal wieder, die reichen Leute sind immer die geizigsten!«

Nun, vielleicht hing der Dame Reichtum ja nur an der Wand und ihr Konto war leer. Das hinderte Mausi und mich aber nicht daran, ihre Nichte abzuholen und mit ihr auf den See zu rudern, die Pancaldis liehen uns ihr Boot, die Familie führte in der Hauptstraße ein Andenkengeschäft mit bunten Postkarten und war mit Maria Kläui-Pedrini verwandt.

Die Nichte war noch ein Backfisch, auch sie kam aus Deutschland, aber sie langweilte sich bei der Tante, trotz der impressionistischen Gemälde, ohne gleichaltrige Freunde. Für Mausi und mich war sie zu jung oder wir waren für sie bereits zu alt. Es blieb bei der einen Ausfahrt.

An Mausis achtundzwanzigstem Geburtstag ruderten wir auf den See hinaus, auf die schimmernde Fläche, in Richtung der größten Insel, auf der vor dem Krieg ein reicher Wüstling gelebt

*Mechthild (Mausi) in Ascona*

haben sollte, der sich nicht nur mit den prächtigsten Bäumen, sondern auch mit nackten Mädchen umgeben hatte. So wollte es die Fama. Außer Sichtweite von Ort und Insel, in der Einsamkeit und Helligkeit des Sees, genossen wir die Herbstsonne ebenfalls hüllenlos. Mausi kokettierte im Heck mit hochgezogenen Beinen, sie hielt eine hellgrüne Dolde Tessiner Trauben wie ein barockes Schmuckstück empor und pflückte die Beeren mit den Lippen.

Abends führte ich sie ins Marionettentheater, das in einer dunklen Gasse hinter dem Castello lag. Wir freuten uns über die an Schnüren hängenden Puppen, das Stück hieß Bramarbas und war vom lateinischen Komödiendichter Plautus, wir lachten über die derbe Komik, den Witz und die sprühenden Dialoge in deutscher Sprache und erinnerten uns an unser Marionettentheater vom Ende der Kriegszeit in Kösen.

»Vielleicht können wir in Donauwörth wieder eines bauen«, überlegte ich, ohne es ernsthaft zu meinen.

Von der Mutter kam ein Brief: »Ich hoffe, ihr fühlt euch wohl in Ascona. Ich flehe Euch an, Euch nicht im Geringsten zu beeilen, sondern zu bleiben und zu genießen, was Euch das im Augenblick so freundliche Schicksal bieten mag. Ihr könnt mir keine größere Freude machen. Bleibt, bleibt solange Ihr wollt, so lange wie Ihr Lust und Ruhe und schönes Wetter habt. Der Wein muss doch jetzt reif sein und die Feigen, na, und ich denke mit Wonne zu Euch hin!«

Ein felsiger Badeplatz wurde unser Lieblingsort. Wir krochen durch einen Zaun; auf der Felsenplattform am See war nur Einsamkeit, die Wellen schmatzen leise, das Wasser war tiefblau und oktoberfrisch, Mausi verschmähte es, aber ich wagte den Sprung vom Steg, kehrte rasch um.

Wir fuhren nach Locarno und mit der Seilbahn zur Wallfahrtskirche Madonna del Sasso. Auch hier raschelten die Palmenfächer und die Möwen vom See kreisten, krächzten. Im dunklen Innern stiftete ich drei Kerzen. Ich hatte damals noch manchmal Anwandlungen religiösen Gefühls, es war mehr eine Stimmung, eine vage Hoffnung. Auch jetzt wünschte ich mir etwas von der Mutter Maria, eine der Kerzen sollte uns unsere Gesundheit bewahren, die zweite unsere Gefühle füreinander schützen, die dritte stiftete ich für mich allein: »Dass ich wieder schreibe.«

Aber am schönsten war unser letzter Ausflug nach Ronco, über den alten Römerweg, der sich am Hang entlangzog, steil hinaufkletterte, über Treppen und Kehren, schmal, zwischen Pflanzengrün, Gräsern, Farnen, Büschen und Bäumen, die Hitze bewahrend und sammelnd, sie ausströmend, in Duft, herbem Arom von Kräutern und Insektensummen. Es war wie ein Pfad im Garten Eden, wo unten der Paradiessee leuchtet, in einem Licht, das nicht einmal die genialsten Impressionisten, selbst Segantini nicht, hätten malen können. Heute ist dieser Garten Eden mit Häusern verbaut und nach Ronco führt eine asphaltierte Straße.

Im Blick zurück lag Ascona auf dem Maggiadelta, im Blick vorn zeigte sich das graue Kirchlein von Ronco, über dem senkrechten Abhang. Und Mausi trug ihr neues Kleid aus dem Modeatelier in Hannover mit weit schwingendem Rock und enger

Taille, schneeweißem Leibchen. Es war vielleicht nicht das praktischste Kleidungsstück für diesen wildromantischen Weg, aber es stand ihr, es schmückte sie selbst hier noch, wo alles ringsum Schmuck war.

Manchmal verabschieden sich Glückszeiten mit Höhepunkten, wie auseinanderfächernde, verglühende Raketen.

## Umzug nach Donauwörth

Deutschland empfing uns mit Kühle, wir spürten Betrübnis. Der kleine Hund Moy verging fast vor Freude. Aber der Klimawechsel schlug sich mir auch auf die Augen, linksseitig bekam ich wieder eine schmerzhafte Iritis, Regenbogenhautentzündung, die mich zur Verzweiflung brachte, ich lag im verdunkelten Zimmer und litt. Berni war der Meinung, meine Mandeln seien die Ursache und riet dazu, sie herausnehmen zu lassen, und zwar sofort. Ich fürchtete mich davor, ich hatte so viel Schlimmes gehört, würgte dann auch, als sie herausgeschält wurden. Das Behandlungszimmer war winzig und dunkel, ich spürte Beklemmung, glaubte, ich müsste sterben, der Arzt aber war gelassen-freundlich, nur seine Werkzeuge glichen Marterinstrumenten. Ich lag dann mit Eisbeuteln um den Hals, und Mausi besuchte mich: »Gut, dass wir das hinter uns haben!«

Denn der Umzugstermin rückte näher. Das Auge besserte sich freilich nur langsam, vielleicht hatte es doch nicht an den Mandeln gelegen. Überall in der Werkstätte stapelten sich Kisten, Kartons. Zahllose Fragen mussten geregelt werden. Nebenher lief das Weihnachtsgeschäft, wie immer mit Überstunden. Wir kamen kaum zum Nachdenken. Es war ein Tohuwabohu.

Das äußere Bild der Geschäfte, vor allem in den großen Städten, hatte sich bereits gewaltig verändert, im Vergleich zum Vorjahr fielen die Dekorationen geradezu üppig aus. Auch Lebensmittel gab es reichlich, fette Gänse bekam man für dreieinhalb bis sieben Mark das Pfund.

Für Mausi und mich war es nun das letzte Weihnachten in unserer Werkstätte. Alles erledigten wir mit dem Gefühl des Abschieds. Gern hätten wir Dorette bei uns gehabt, aber das arme Geschöpf war in der Lüneburger Heide, todkrank, und schrieb: »Wenn ich quälend lange wach liege, zähle ich die Stundenschläge: drei – vier – fünf. Da überfallen mich die qualvollsten Gedanken, aber manchmal, wenn ich mein Rippengestell abzähle, hab ich auch eine ganz glückliche Verfassung. Dann scheint alles von mir abgefallen zu sein und ich bin wie im Himmel. Keine Schwere, keine Wirklichkeit – so muss es sein, wenn man gestorben ist. Wenn es hell wird, muss ich aber mühsam wieder zurück auf diese bittere Erde.«

Wir begingen das Fest zu zweit, Mausi fand es dann doch schön, still und sogar vergnügt. Zur Betriebsweihnachtsfeier hatte sie ihre Mädels schon vorher darum gebeten, doch bitte laut und kräftig mitzusingen, aber als sie in den geschmückten Raum eingelassen wurden und den brennenden Baum sahen, begannen die meisten zu schluchzen, und Mausi musste fast allein auf ihrer Guarnerigeige die Weihnachtslieder spielen, mit Entschlossenheit, aber mit unsicherem Ton. Danach übernahm ein Mitarbeiter die Rolle des Weihnachtsmanns und hielt eine Rede, die auch Dank ausdrückte. Trotz des Abschieds war die Stimmung gelöst, sogar heiter, es gab keine Unklarheiten, einige Mitarbeiter folgten uns nach Bayern, die meisten blieben in Pyrmont, für alle hatte ich neue Stellen besorgt, Frau Illhardt erfüllte meine dringende Bitte, sie versprach, wenigstens für einige Monate in Donauwörth mitzuarbeiten.

Danach wurde der Weihnachtsbaum aus der Malerei in die Wohnstube hinaufgetragen, wir zündeten die Kerzen an und gaben uns den Weihnachtskuss, erließen uns aber das peinliche Absingen der Lieder und schauten uns unsere Geschenke an.

»Das Schönste ist mein kleiner Flügel«, murmelte ich. Noch stand das zierliche Instrument zwar in Braunschweig beim Fabrikanten, aber es war doch schon meins, und bald wurde es direkt nach Donauwörth verfrachtet. So hatte ich doch etwas, auf das ich mich freuen konnte, denn der Zeit in Donauwörth sah ich im Grunde mit gemischten Gefühlen entgegen. Wir aßen Reis mit Champignons und Huhn aus dem Einmachglas, es erinnerte uns an das Risotto in Ascona, das machte uns froh. Ein Versuch, Käthchen in Berlin anzurufen, scheiterte, wir warteten drei Stunden auf die Verbindung, dann verschoben wir es. Wir stiegen in unseren kleinen Wagen und fuhren mit unserer Moy zu Lilly Schöningh, wir waren so fröhlich, dass sie uns für beschwipst hielt, weil sie selbst still und missmutig mit ihrer Familie am Tisch saß. Es gelang uns kaum, sie aufzuheitern. Dabei gab es keinen benennbaren Grund für Traurigkeit, höchstens das Elend, das einen zu Weihnachten ergreift, wenn die Erinnerungen zu stark und zu wehmütig werden.

Auch Berni hätte gern fröhlich Weihnachten gefeiert, war aber zu erschöpft, ihre Mutter hatte sie sieben Tage lang nicht mehr schlafen lassen mit Herzanfällen.

Mausi lud sie in den Wagen, wir nahmen sie mit uns, damit sie wieder einmal ausschlafen konnte. Das war unser Abschied voneinander, denn nach den Feiertagen begannen gleich die Inventur und das Packen der Kisten.

Zu Silvester fuhren wir nach Hannover zu Dahlgrüns, wir hatten das Bedürfnis, mit ihnen zusammen zu sein, mit unseren liebsten Freunden, wir feierten bis halb sechs Uhr morgens ins Neue Jahr hinein, Mausi sagte zu mir:»Du bist ja überhaupt nicht wiederzuerkennen, du tanzt wie der Lump am Stecken«, das war eine ihrer Redewendungen aus der Stuttgarter Kinderzeit.

Meine Frackschöße flogen. Ich tanzte mit Mausi, küsste sie auf den Nacken, tanzte mit der zierlichen Charlotte Dahlgrün, die leicht in meinen Armen lag und die verführerisch duftete. Auch Reimar, rührend schwerfällig, tanzte und flirtete mit den beiden Frauen, denen das Kerzenlicht schmeichelte. Und, da sie zudem noch blühend und hübsch waren, gerieten wir alle in eine amouröse Stimmung. Die Musik kam vom Radio oder vom Plattenteller, wo die Scheiben ständig umgedreht werden mussten, eine Seite spielte knapp drei Minuten.

»In Amerika«, wusste ich, »soll es jetzt Platten geben, die eine halbe Stunde lang spielen.«

»Das wäre eine Revolution, auch für uns Musiker«, erkannte Reimar.

Vor Mitternacht unterbrachen wir, wurden vorübergehend ernst, schenkten die Gläser frisch ein, hörten die Ansprache des Berliner Bürgermeisters Ernst Reuter: »Dunkel sind die Abende, kalt sind die Wohnungen, und was das Allerschlimmste ist, wir sind abgeschnitten von jeder Berührung mit der Außenwelt. Wir hoffen alle …« Wir dachten an Mutter Käthchen und an alle Freunde, warteten auf die zwölf Schläge. Unter dem einsetzenden Glockengeläut tranken wir uns zu, wünschten uns Glück, ich nahm meine Mausi fest in den Arm, ließ meine Gedanken zurückschweifen und dachte in die Zukunft hinein.

Am nächsten Morgen, dem Neujahrsmorgen, kroch Mausi übermütig zu Reimar ins Bett, während seine Charlotte den Kaffee aufbrühte. Da lag der Bär steif und wusste nicht, wo er hingucken sollte. Mausis Lockerheit und Verspieltheit, die immer wieder einmal durchbrachen, vermochte er nicht auf gleiche Weise zu erwidern. Sie biss ihn ins Ohrläppchen, lachte, sprang auf und verschwand. Ich nahm es äußerlich lachend, innerlich aber doch mit beklommener Verwunderung.

»Musste das sein?«, fragte ich leise.

»Du flirtest ja auch mit Charlottchen«, erwiderte sie ein wenig spitz.

»Ja, aber ich lege mich nicht zu ihr ins Bett.«

»Noch nicht. Nun hab dich nicht so! Du tätest es doch am liebsten und ich kann es verstehen, denn sie ist reizend. Sei kein Frosch!«

Jetzt lachte ich wirklich. Noch war unser Himmel nicht getrübt. Die letzten Tage im Norden – das war Hannover für uns – sollten heiter sein. Bayern wartete, eine neue Umgebung, ein neuer Ort, ganz unbekannte, andere Menschen. Sicher auch eine völlige Änderung aller Lebensumstände.

Eine Woche später saßen wir in Donauwörth mit dem Bruder Michel im kühlen Zimmer und besprachen einen Vertrag, der unsere gegenseitigen Pflichten und Kompetenzen regeln sollte. Mausi und Michel waren eingehüllt in Zigarettenrauch und der Bruder wippte nervös mit dem Fuß.

Es war ein grauer Tag, draußen lag Schnee verschmutzt am Straßenrand und die Donau führte Eis.

## Epilog

Mit unserem Umzug nach Donauwörth begann das, was man später das Deutsche Wirtschaftswunder nannte. Bruder Michel fand bald eine Aufgabe als Physiker in Südafrika, er wanderte mit seiner Familie aus. Ich war bis 1957 alleiniger Inhaber der Firma, inzwischen kam die Mutter mit einigen ihrer Mitarbeiter nach Donauwörth, die Schwestern Fifi und Hanne mit ihren Kindern und die Schwester Maria. Die Belastungen für die Werkstätten wurden zu groß. Mausi und ich bekamen zwei Kinder, doch unsere Ehe ging auseinander, sie zog nach Stuttgart und heiratete bald ein zweites Mal. In der ersten Ausgabe dieses Buches nannte ich sie aus besonderen Gründen, die jetzt weggefallen sind, Miriam. Den Sohn Stefan und die Tochter Sylvia nahm sie mit sich. Ich übergab die Firma an meine Schwester Hanne, nachdem sich Fifi mit der Ofen-Knetmasse Fimo – abgeleitet von Fifi-Mosaik – selbstständig gemacht hatte. Ich zog nach München und verdiente mein Geld zunächst als Werbetexter. Als ich 1961 meinen Sohn Stefan zu mir nehmen konnte, übersiedelten wir ins Isartal. Er war damals neun Jahre alt. Sylvia blieb bei ihrer Mutter.

Schon vor der Währungsreform 1948 hatte ich *Der Löwe ist los* in Eschwege geschrieben, ich erzählte bereits davon. 1952 erschien das Buch mit Illustrationen der genialen Gulbransson-Schülerin Franziska Bilek im Freiburger Klemm Verlag. Nachdem dessen Verleger, Kurt Seemann, gestorben war, übernahm der Hoch Verlag das Buch. 1964 wurde es mit der Augsburger Puppenkiste als erste farbige Sendung des Hessischen Rundfunks verfilmt. Damit begann meine mehrjährige Zusammenarbeit mit Walter Oehmichen und seinem großartigen Regisseur Manfred

Jenning. Drei Löwe-Bücher, einen *Don Blech* und einen *Lord Schmetterhemd* hatte die Puppenkiste bereits umgesetzt, als ich im Herbst 1967 mit Manfred Jenning auf der Terrasse seines Augsburger Hauses zusammensaß und wir über weitere Pläne nachdachten. Die Hauptfigur sollte ein Tier oder eine Fantasiefigur sein, weil diese sich als Marionetten reizvoller darstellen lassen als Menschen. Nun hatten wir aber bereits einen ganzen Zoo von Tieren »verbraten«, wie man in der Fachsprache sagt, Löwe, Kamel, Hund, Rabe, Kakadu, Gibbon und so weiter und so fort. Ich war also zunächst ratlos. Es war ein schöner Herbstabend, die Sonne lag schon schräg auf den westlichen Höhenzügen, als ich im Auto heimfuhr und mir überlegte, was ich für Stefan und mich zum Abendessen kochen sollte. Kürzlich war ich Besitzer einer der

*Käthe Kruse und ihr Enkel Stefan, 1963*

*Max Kruse und sein Sohn Stefan, 1967*

ersten Tiefkühltruhen geworden. Das war damals noch eine Sel-
tenheit. Stefan liebte Forellen – also Forellen aus der Truhe. Da
dachte ich, wie wäre es denn, wenn ein Tier aus der Urzeit im Ei
eingefroren die Jahrtausende überstanden hätte und heute ausge-
brütet werden würde … Ein Tier aus der Urzeit, das konnte nur
ein kleiner Dinosaurier sein. Und wie konnte dieser heißen? Ur
wie Urzeit und -mel als Koseform. Das Urmel war geboren. Danach erfand ich die Geschichte mit all den anderen Figuren, Professor Habakuk Tibatong, Wutz, Tim Tintenklecks, Wawa, Ping
Pinguin, Seele-Fant …
Alles Weitere ist Fernseh- und Buchgeschichte.

Stefan erlebte die Verfilmung durch die Puppenkiste nicht
mehr, er verunglückte im April 1968 hundert Meter von meiner
Wohnung entfernt bei der abendlichen Heimkehr mit dem Fahrrad tödlich. Mein größter Schmerz. Seit 1965 ist Shaofang aus der
alten Chinesischen Kaiserstadt Hanchou meine Frau, sie malt
und musiziert.

Bisher hatte noch keine Generation so viele Entwicklungen miterlebt wie die meine. Ich nenne nur:

Vom Pferdewagen zum Düsenjet
Von der Petroleumlampe zur Leuchtdiode
Von der Dampfmaschine zur Kernenergie
Vom Kurbeltelefon zum Handy
Vom Theater zum Fernsehen
Vom Brief zur E-Mail
Vom Zeichenstift zur Digitalfotografie
Vom Treff zu Facebook
Vom Druck zum Internet
Von der Schiefertafel zum Laptop
Vom Grammofon zur CD
Vom Ofen zur Solarzelle
Von der Landkarte zum Navi
Vom Fesselballon zur Mondlandung

Vom Hörrohr zum Kernspin
Von der Amputation bei Bewusstsein mit der Säge bis zur Narkose und der Herztransplantation

Und vieles andere mehr. Von dem durch blutige Kriege immer wieder zerrissenen Europa zur Europäischen Union und den vielen anderen politischen und gesellschaftlichen Umwälzungen sowie der – allerdings beängstigenden – Umweltzerstörung ganz zu schweigen. Wie schön wäre es, ich könnte noch hinzufügen: vom Weltkrieg zum Weltfrieden? Aber vielleicht sind wir ja mindestens auf dem Wege dorthin, auch wenn ich das nicht mehr erleben werde.

Der vorliegende Text ist eine gekürzte und aktualisierte Neuausgabe der Bücher *Die versunkene Zeit* (1983, DVA), *Die behütete Zeit* (1993, DVA) und *Die verwandelte Zeit* (1996, Verlag Puppen & Spielzeug).

**Kruse, Max:**
Im Wandel der Zeit
Wie ich wurde, was ich bin
ISBN 978 3 522 20120 9

Umschlaggestaltung: Michael Kimmerle
mit einem Foto von Wolf-Dieter Weißbach, pictura-alliance/dpa
Innentypografie: Sabine Conrad
Schrift: Adobe Garamond, Granjon
Reproduktionen: immedia23, Stuttgart
Druck und Bindung: Friedrich Pustet, Regensburg
© 2011 by Thienemann Verlag (Thienemann Verlag GmbH), Stuttgart/Wien
Printed in Germany. Alle Rechte vorbehalten.
5 4 3 2 1°  11 12 13 14

www.thienemann.de
www.max-kruse-lesen.de
www.max-kruse-urmel.de